"岭南学丛书"

系列二

左鹏军/主编

粤西湛茂地区粤语语音研究

邵慧君◎著

中山大學出版社
SUN YAT-SEN UNIVERSITY PRESS
·广州·

图书在版编目（CIP）数据

粤西湛茂地区粤语语音研究/邵慧君著．—广州：中山大学出版社，2016.9
（岭南学丛书/左鹏军主编．系列2）
ISBN 978-7-306-05638-2

Ⅰ. ①粤…　Ⅱ. ①邵…　Ⅲ. ①粤语—语音—方言研究—湛江市②粤语—语音—方言研究—茂名市　Ⅳ. ①H178

中国版本图书馆CIP数据核字（2016）第046184号

出 版 人：徐　劲
策划编辑：嵇春霞
责任编辑：嵇春霞
封面设计：林绵华
责任校对：李艳清
责任技编：何雅清
出版发行：中山大学出版社
电　　话：编辑部 020-84111996，84113349，84111997，84110779
发行部 020-84111998，84111981，84111160
地　　址：广州市新港西路135号
邮　　编：510275　　传　真：020-84036565
网　　址：http://www.zsup.com.cn　　E-mail:zdcbs@mail.sysu.edu.cn
印 刷 者：广州家联印刷有限公司
规　　格：787mm×1092mm　1/16　29印张　534千字
版次印次：2016年9月第1版　2016年9月第1次印刷
定　　价：72.00元

广东省普通高校人文社会科学“十一五”规划研究项目“粤方言语音系统数据库建设”（06JDXM740001）成果
广东省哲学社会科学“十一五”规划一般项目“广东粤语语音数据库”（08J－03）成果
广东省普通高校人文社会科学重点研究基地华南师范大学岭南文化研究中心项目成果

“岭南学丛书”缘起

吾国土地广袤，生民众多，历史悠远，传统丰硕。桑田沧海，文化绵延相续，发扬光大；高谷深陵，学术薪火相传，代新不已。是端赖吾土之凝聚力量者存，吾民之精神价值者在。斯乃中华文化之壮举，亦人类文明之奇观。抑另观之，则风有四方之别，俗有南北之异；学有时代之变，术有流别之异。时空奥义，百转无穷；古今存续，通变有方，颇有不期而然者。

盖自近代以降，学术繁兴，其变运之迹，厥有两端，一为分类精细，一为学科综合。合久当分，分久宜合；四部之学而为七科之学，分门之学复呈融通之相，亦其一例也。就吾国人文学术言之，旧学新学，与时俱兴，新体旧体，代不乏人。学问之夥，盖亦久矣。是以有专家之学，许学郦学是也；有专书之学，选学红学是也。有以时为名之学，汉学宋学是也；有以地为名之学，徽学蜀学是也。有以范围命名之学，甲骨学敦煌学是也；有以方法命名之学，考据学辨伪学是也。外人或有将研究中国之学问者概称为中国学者，甚且有径将研究亚洲之学问者统名为东方学者。是以诸学之广博繁盛，几至靡所不包矣。

五岭以南，南海之北，或曰岭表岭外，或称岭海岭峤；以与中原相较，物令节候殊异，言语习俗难同，盖自有其奇骇者在。岭南文化，源远流长。新石器时代，已有古人类活动于斯；汉南越国之肇建，自成其岭外气象。唐张曲江开古岭梅关，畅交通中原之孔道；韩昌黎贬阳山潮州，携中原文明于岭表。宋寇准苏东坡诸人被谪之困厄，洵为岭隅文明开化之福音；余靖崔与之等辈之异军突起，堪当岭外文化兴盛之先导。明清之岭南，地灵人杰，学术渐盛。哲学有陈白沙湛甘泉，理学有黄佐陈建，经史有孙蕡屈大均，政事有丘濬海瑞。至若文学，则盛况空前，传扬广远，中土嘉许，四方瞩目，已非仅岭南一隅而已。

明遗民诗家，自成面目；南园前后五子，各领风骚。韶州廖燕，顺德黎简，彰雄直狷介之气；钦州冯敏昌，嘉应宋芷湾，显本色自然之风。斯乃承前启后之关键，亦为导夫先路之前驱。晚清以还，诸学大兴，盛况空前。其颖异者，多能以先知先觉之智，兼济天下之怀，沐欧美之新风，栉西学之化雨，领时代之风骚，导历史之新潮，影响远播海外，功业沾溉后世。至若澳门香港之兴，则岭海之珠玉，亦华夏之奇葩。瞭望异邦，吾人由斯企足；走向中国，世界至此泊舟。故曰，此诚岭南之黄金时代也。然则岭南一名之成立，则初由我无以名我，必待他者有以名我而起，其后即渐泯自我他者之辨，而遂共名之矣。

晚近学者之瞩目岭南，盖亦颇久矣。刘师培论南北学派之不同，尝标举岭南学派，并考其消长代变；汪辟疆论近代诗派与地域，亦专论岭南诗派，且察其时地因缘。梁任公论吾国政治地理，言粤地背岭面海，界于中原，交通海外；粤人最富特性，言语习尚，异于中土。盖其所指，乃岭南与中原之迥异与夫其时地之特别也。梁氏粤人，夫子自道，得其精义，良有以也。斯就吾粤论之，其学亦自不鲜矣。有以族群名之者，若潮学客家学；有以宗派名之者，若罗浮道学慧能禅学；有以人物名之者，若黄学白沙学。晚近复有以各地文化名之者，若广府、潮汕、客家、港澳，以至雷州、粤西、海南之类，不一而足；且有愈趋于繁、愈趋于夥之势。

今吾侪以岭南学为倡，意在秉学术之要义，继先贤之志业，建岭南之专学，昌吾土之文明。其范围，自当以岭南为核心，然亦必宽广辽远，可关涉岭南以外乃至吾国以外之异邦，以岭南并非孤立之存在，必与他者生种种之关联是也。其方法，自当以实学为要务，可兼得义理考据、经济辞章之长，亦可取古今融通、中西合璧之法，冀合传统与现代之双美而一之。其目标，自当以斯学之成立为职志，然其间之思想足迹、认识变迁、求索历程均极堪珍视，以其开放兼容之性质，流动变易之情状，乃学术之源头活水是也。倘如是，则或可期探岭外之堂奥，究岭表之三灵，彰岭峤之风神，显岭海之雅韵也。

考镜源流，辨章学术，为学当奉圭臬；学而有法，法无定法，性灵原自心生。然何由之从而达于此旨，臻致此境，则时有别解，地有歧途；物有其灵，人有其感。唯所追慕向往者，则殊途同归、心悟妙谛之境界也。吾辈于学，常法朴质之风；吾等之怀，恒以清正为要。今此一名之立，已费踌躇；方知一学之成，须假时日。岭南学之倡导伊始，其源远绍先哲；岭南学之成立尚远，其始乃在足下。依逶迤之五岭，眺汪洋之南海；怀吾国之传统，鉴他邦之良方。愿吾侪之所期，庶能有所成就也。于时海晏河清，学术昌明有日；国泰民安，中华复兴未远。时势如斯，他年当存信史；学术公器，吾辈与有责任。

以是之故，吾等同仁之撰著，冠以岭南学丛书之名目，爰为此地域专学之足音；其后续有所作，凡与此相关相类者，亦当以此名之。盖引玉抛砖，求友嘤鸣，切磋琢磨，共襄学术之意云耳。三数著作既成，书数语于简端，略述其缘起如是。大雅君子，有以教之；匡其未逮，正其疏失，为吾侪所綦望且感戴焉。

左鹏军
丁亥三秋于五羊城

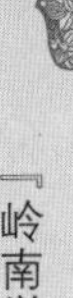

序

打从20世纪80年代以来，借着改革开放的强劲东风，神州大地掀起了学术振兴的浪潮，语言学科也不例外。曾几何时，汉语言文字的研究飞速发展，我国语坛持续呈现蓬蓬勃勃、一派繁荣的喜人景象！其中，汉语方言的调查研究更是硕果累累，颇有异军突起、独占鳌头之势，十分引人瞩目！以往长期寂寂无闻、被视为语言学中冷门学科的汉语方言，一跃而为人文社会科学中的一门“显学”。1979年诞生的全世界唯一的一份方言研究专业刊物《方言》和1981年成立的全国汉语方言学会，是方言工作飞跃发展的两大标志；几项方言研究巨大工程的相继完成，其成果如20世纪90年代问世的李荣主编的42卷《现代汉语方言大词典》和《中国语言地图集》，许宝华、宫田一郎主编五大卷《汉语方言大词典》，陈章太、李行健主编的五大卷《普通话基础方言基本词汇集》，以及21世纪初曹志耘主编的、显示全国汉语方言语音词汇语法特征分布的三大本《汉语方言地图集》，都是我国语言学发展史中堪称空前的辉煌巨作。奠定了汉语方言学科在我国语言学中举足轻重的地位。

汉语方言的调查研究从西汉扬雄的《方言》算起，足有2000多年的历史。古代的方言研究传统，是配合着训诂、文字、音韵等“小学”的研究来开展的，实际上只是传统“小学”的附庸。具有现代语言学意义，运用现代语言科学的理论、方法来开展汉语方言调查研究，是20世纪初才开始的，不过100年左右的历史。由于汉语方言众多，情况复杂，在语音词汇语法诸方面都有许多值得探讨的课题。但早期囿于对其重要性认识不足，专业力量又十分单薄，长期以来汉语方言的调查研究只由少数几位受过现代语言科学熏陶的前辈语言学家来做，研究内容大多只能着眼于方言间差别最为显著的语音方面，至于方言

词汇、方言语法的探讨，长期付诸阙如。直到20世纪中期，为配合民族共同语的推广和汉语规范化的需要而开展的全国性汉语方言普查，在广泛接触到各地方言面貌以后，人们才普遍认识到方言的特征同时出现在语音、词汇、语法三大语言要素之中，只有兼顾语音词汇语法的调查研究，才有可能全面认识汉语方言的面貌，呈现各地方言的个性与共性。在这一认识的基础上，从20世纪80年代以来，汉语方言的研究成果不断涌现，其中既有方言语音研究的成果，也不乏方言词汇语法研究的佳绩。时至今日，汉语方言的调查研究，已经基本形成了语音词汇语法研究全面开花的格局了。然而，方言无处不在，就方言涉及的地域而言，尽管经过30多年四面八方方言研究者的大力开拓、扩展、延伸，但仍存在某些鞭长莫及、难以覆盖的未经调查研究的"处女地"，这是近期一众同道经常议论，常感美中不足、引以为憾的事。拿我们的强势方言粤语来说，近10多年来已经陆续有粤西粤语，以至广西南部粤语的研究成果出现，人们对粤语的认识早已不限于代表性粤语了。前几年，以甘于恩教授领衔的"广东省粤语地图集"项目，布点更是遍及广东各地粤语，通过地图的形式让人们能够较全面地认识广东各地粤语的异同。尽管如此，粤语的研究还存在不少值得进一步关注的问题，粤西以及桂南粤语的调查还有一些需要填补的空白，深入挖掘某些粤语点中鲜为人知的特色，也还需要花力气来探讨。基于这样的现实，近期我在许多场合都一再提出粤语研究"西进"的呼吁。"西进"的目标自然是从粤西到桂东南这一连片的西部粤语地区，在"西进"中不仅要认真调查、详细描写这些地方的语言面貌，还要特别注意这些地方粤语与其他方言及少数民族语言间相互接触、相互影响的种种情况。这样一来，西部粤语的调查研究，也就大有文章可做了。令人欣喜的是，这一"粤语研究西进"的思路，深得几位博士门生的共鸣。他们知道我已年迈，再也没有条件可以亲自"出征"做田野工作了，只能由他们年富力强的方言专业团队来响应我的号召，发力实现粤语研究西进的共同抱负。这里面我要特别提到三位在西部粤语研究中卓有成绩的门生：陈晓锦和甘于恩、邵慧君夫妇。晓锦10多年来一直把眼光投向广西南部的汉语方言，带领她的学生连续不断地对广西西南的粤语（当地叫"白话"）和客家话进行调查研究，编写了多本有关广西粤语、广西客家话的专著，颇受方言学界的瞩目。甘于恩和邵慧君则着力于了解省内各地粤语的表现及其内部差异，为揭示广东粤语的整体面貌而努力。他们分别主持了"广东粤语地图集"和"广东粤语语音数字库"等相关项目，历时多年，都已取得丰硕成果并成功结项。这三位方言学博士为拓展粤语研究领域而不辞劳苦、尽心尽力，正体现出粤语研究西进的巨大魅力，深得方言学界同仁的赞赏。此刻摆在读者面前的这本《粤西湛茂地区粤语语音研究》，是邵慧君博士在花了五六年功夫，带领她的学生调查了全省60多个粤语点的字音，建立起“广东粤语语音数字库”之后，根据已经拥有的丰富材料，对粤西粤语的语音进行深入探讨的新著。这一“百尺竿头，更进一步”的学术实践，是作者锲而不舍、不断深入钻研粤语语音所取得的成果。作者称，之所以首先整理出版湛茂地区粤语的语音材料，是因为她自2006年至2011年期间，曾三度到该地区进行田野调查。其执着于湛茂地区粤语研究的情怀实在令人感动！现在我们看到的这本书，内容共有四个部分。其中，绪论部分主要梳理湛江、茂名各地的历史沿革、人文背景、方言分布及选点理据；第一章介绍所选11个方言点的音系；第二章表列11个点所有字音，并附上音韵地位；第三章收录作者关于粤西粤方言语音方面的研究论文①。这样丰富的内容，我想应该可以相当全面地揭示湛茂地区粤语语音的面貌了。如果接下来作者能够趁热打铁，抓紧把粤西地区其余粤语点的语音都进行一番深入的探讨，那就更是功德无量的事！当然，除了语音，词汇和语法的调查研究还有大量的工作要做，后续的课题还多着呢！千里之行始于足下，邵慧君博士对粤西粤语语音的深入探讨，为我所不断呼吁的“粤语研究西进”迈开了重要的一大步，怎不叫人喜悦万分！书成之际，她要我为之写序，我就把我的所思所想，拉拉杂杂写了这些。我对作者还寄予更大的期望，期待她能以只争朝夕的精神一竿子插到底，有计划、有步骤地把涉及粤西粤语的各种研究课题坚持不懈地做下去，为彻底弄清粤西粤语的面貌多做贡献！

詹伯慧

2015年12月于广州暨南园

① 这些论文此次结集出版前又逐一做了修改。

目　录

前　言

广东省内粤方言，经詹师伯慧、张日升教授领衔的几个大项目调查研究为出版的成果——《珠江三角洲方言调查报告》三卷［“字音对照”（1987 年）、“词汇对照”（1988 年）、“综述”（1990 年）］、《粤北十县市粤方言调查报告》（1994 年）、《粤西十县市粤方言调查报告》（1998 年），已基本铺开到各县市级，虽然部分材料稍嫌粗略，但亦为方言研究者描述了广东省粤语的整体概貌。上述这三个调查报告并未涵盖粤西湛江、茂名和阳江地区的粤语材料，后来《广东粤方言概要》（2002 年）一书虽然对全省粤语特点进行了描述，包括两阳（阳江、阳春）和高雷（茂名、湛江地区），但是书中没有给出详细的字音或词汇材料，“只是为广东粤语勾画出粗线条的轮廓来，为今后进一步深入研究广东粤语打下一个基础”①。

国内较早关注粤西方言的主要是局部方言特征或概述性质的研究，与粤西粤语相关的如张振兴《广东省雷州半岛的方言分布》（《方言》1986 年第 3 期）和《广东省吴川方言记略》（《方言》1992 年第 3 期），叶国泉、唐志东《信宜方言的变音》（《方言》1982 年第 1 期），熊正辉《广东方言的分区》（《方言》1987 年第 3 期），李健《化州粤语概说》（天津古籍出版社 1996 年版），何科根《吴化片粤语的语音特点》（《语文研究》1997 年第 3 期）等；另有方言志如罗康宁《信宜方言志》（中山大学出版社 1987 年版），戴由武、戴汉辉《电白方言志》（中山大学出版社 1994 年版）等；21 世纪以来，则有邵慧君关于湛江、茂名一带粤语描述的系列论文和林华勇《廉江粤语语法研究》（北京大学出版

---

① 詹伯慧主编：《广东粤方言概要》，暨南大学出版社 2002 年版，“前言”第 2 页。

社2014年版）。研究粤西闽语的早期有张振兴《广东海康方言记略》（《方言》1986年第4期），张振兴、蔡叶青《雷州方言词典》（江苏教育出版社1998年版）；21世纪以来则有林伦伦《粤西闽语雷州话研究》（中华书局2006年版）和陈云龙关于粤西闽语、濒危方言的系列论著及其博士论文。研究粤西客家话的成果相对于粤闽方言为少，主要有李如龙主编《粤西客家方言调查报告》（暨南大学出版社1999年版），练春招《粤西廉江石角客家方言音系》（《方言》2002年第3期），以及赵越《雷州半岛客家方言语音研究》（暨南大学2015年博士学位论文）。此外，还有一些硕士学位论文和各地方志中的方言篇，暂不详列。上述研究以论述性为主，真正给出详细方言资料的较少，不利于后人的进一步深入研究；而且各人在音系处理上各不相同，影响了大范围的统一比较。

本书研究材料主要来自于笔者主持的两个项目：2006年广东省普通高校人文社会科学“十一五”规划研究项目（基地重大课题）“粤方言语音系统数据库建设”和广东省哲学社会科学“十一五”规划2008年度一般项目“广东粤语语音数据库”。自立项起至2011年的五六年时间里，笔者及项目组成员利用寒暑假和其他节假日率不同年级的研究生下乡调查，跑遍了广东省内粤语分布的全部区域，完成了广州、佛山、韶关、清远、东莞、深圳、中山、珠海、江门、肇庆、云浮、阳江、茂名、湛江各地市共60余个粤方言点的字音调查。字表约3600字，主要依据中国社会科学院语言研究所编的《方言调查字表》（商务印书馆2006年版），其中少数《方言调查字表》有而粤方言不用的字如“汝、园、繰~边”等予以删除，而一些《方言调查字表》无而粤方言常用的字如“播、旭、叮”等则予以增加，全表按《方言调查字表》先后顺序排列，并标注其音韵地位；调查二期开始字表又增加了100多个粤方言用字，如“畀、踎、睺、噉”等，因先期调查的茂名地区未收录这批字，为求平衡把湛江地区的这批方言字也删了。调查软件则使用上海师范大学E语言研究所开发的斐风田野调查软件（早期为TFW），调查设备使用低噪的IBM－X系列笔记本，配备外置声卡和铁三角头戴式麦克风，要求环境噪音分贝值db≥60，信号采样值在5000≤smpl≤15000间。调查时对每个字进行逐个录音保存，尽量做到书面材料与音频资料同步存档，从而确保方言调查资料的可信度；而且每字均配备独立语图，以便语音与语图的互相印证，为进一步做语音实验分析打下基础。

绪　论

第一节　湛江市人文历史及方言分布总况

湛江市位于中国大陆最南端，广东省西南部，粤、琼、桂三省（区）交汇处，包括整个雷州半岛及半岛以北的一部分地区。东濒南海，南隔琼州海峡与海南省相望，西临北部湾，西北与广西壮族自治区的合浦、博白、陆川诸县毗邻，东北与本省茂名市的茂南区、电白县①和化州市接壤。市区位于雷州半岛东北部。湛江市现辖市区赤坎、霞山、坡头、麻章4区和廉江市、吴川市、遂溪县、雷州市和徐闻县5个县市。

湛江正式作为市的建制是“民国”三十四年（1945年）收复广州湾后，不过在此之前，湛江这块土地已有悠久的人类活动历史。通过对本地遂溪县鲤鱼墩、吴川市梧山岭、廉江市丰背村、徐闻县华丰岭、海康县（今雷州市）英楼岭等多处文化遗址考察可证，在距今约6000年的新石器时代中后期，本地已有人类活动。秦以前，岭南与中原商周王朝以及长江流域的吴、越、楚等国已有经济、政治、文化的交往；楚时为楚国的南疆；秦始皇统一中国后，湛江地属象郡。汉初，湛江地属南越国；元鼎五年（公元前112年），南越相吕嘉反，汉武帝遣伏波将军路博德、楼船将军杨仆平定南越；元鼎六年（公元前111年），置南海、苍梧、玉林、合浦、交趾、九真、日南等郡，其中合浦郡领高凉、合浦、徐闻等县，郡治徐闻，今湛江南部的徐闻、雷州、遂溪3县市当时属徐闻县，北部的吴川、廉江两市分属高凉、合浦县。汉以后，南部的3县市先后属交州、广州、合州、南合州、东合州，至唐贞观八年（634年），改东合州为雷州，统管雷州半岛3县，这一体制一直延至清代末期；北部两市先后属交州、

① 2014年由原电白县和茂名市茂港区合并成立电白区，本书以之前的行政区划为依据，仍称茂港区和电白县。

广州、罗州、化州，至明清属高州。“民国”元年（1912 年）起，5 县市先后属广东省高雷道、南路行政委员公署、南区善后委员会、南区绥靖委员公署；1945 年，“民国”政府收复广州湾，以原范围划设市治，定名“湛江”市。1949 年 10 月 1 日，中华人民共和国成立，湛江全境陆续解放；1952 年 11 月起，先后归属粤西区行政公署、湛江专区专员公署、湛江地区行政专员公署；1983 年 9 月，撤销湛江地区建制，实行地市合并、市领县体制，新组建的湛江市辖吴川、徐闻、海康、遂溪、廉江 5 个县市和赤坎、霞山、坡头（1984 年 9 月建置）、麻章郊区 4 个区。（见图 1）①

图 1　湛江市区划图

湛江市今辖赤坎、霞山、坡头、麻章 4 个区，以及廉江、吴川、雷州、遂溪、徐闻 5 个县市。境内方言主要有粤语、闽语和客家话这三种：①粤语（白话、土白话），主要通行于湛江市区、吴川市以及廉江市部分乡镇，遂溪县亦有少量分布。②闽语（雷州话、雷话、黎话），主要通行于雷州半岛南部徐闻、

① 参见广东省湛江市地方志编纂委员会编《湛江市志》，中华书局 2004 年版，第 178 页。

海康（今雷州市）、遂溪三地，即古代的雷州府，还有吴川、廉江部分镇村及湛江市郊，是闽南方言的一种。③客家话（俚话，当地俗称“哎话”），主要通行于廉江北部和西部山区，遂溪、雷州、徐闻各县市亦有零散分布，其特点与广东东部旧嘉应州客家话相近。

第二节　湛江各县市历史沿革及粤方言选点介绍

本研究在湛江地区共选择粤方言点 5 个，分别是湛江市赤坎区、廉江市廉城镇、吴川市梅菉镇和吴阳镇、遂溪县北坡镇。以下对此 4 个县市概况逐一进行介绍。

湛江市区：今湛江市区在形成以前，其范围分属遂溪、吴川两县。秦属象郡。汉初年属南越，元鼎六年（公元前 111 年）属汉合浦郡徐闻县。南梁设椹县。隋改为椹川县，赤坎属之。唐设铁杷县（后改名遂溪县），椹川归入。明清时期随着赤坎商埠的兴旺，曾先后在市郊湖光岩旧县村和东海岛设置椹川巡检司；清光绪二十五年十月（1899 年 11 月），法国胁迫清政府签订《中法互订广州湾租界条约》，将遂溪、吴川两县的部分陆地、岛屿以及两县间的麻斜海湾（今湛江港湾）划为法国租界，统称“广州湾”，从此广州湾成为一个独立的行政区域。1943 年，日军占领广州湾；1945 年“抗战”胜利后，中国政府收回广州湾，以原范围划设市治，定名为“湛江市”。

湛江市赤坎、霞山城区以粤语（湛江白话）为主，周边农村说闽语；市郊坡头区以吴阳土白话为主，兼有少量闽语，市郊麻章区以闽语为主，仅麻章镇部分村和湖光农场讲粤语。湛江市区白话的形成与商埠贸易（尤其是广州湾设立后对外贸易盛极一时）、大量外来人口涌入有一定关系。本研究选择历史最久的赤坎区中心地带白话作为湛江市区白话的代表。

廉江市：秦属象郡。汉初年属南越；元鼎六年（公元前111 年）分郡置县，属合浦郡合浦县。三国吴属高兴郡。晋属高凉郡高凉县。南朝宋、齐属高凉郡罗州县，南朝梁、陈属罗州高兴郡石龙县。隋仍之。唐武德年间析石龙县建石城县，属罗州郡，此乃县名为石城县之始；唐天宝年间以濂江河取名，石城县改名濂江县，属招义郡（罗州郡改名招义郡）。北宋废罗州郡，濂江划入吴川县，属辩州（后改名化州）；南宋析吴川西乡复置石城县，属化州。元仍之。明洪武元年（1368 年）属化州府，九年改属高州府化州县。清属高州府。“民

国”三年（1914 年）石城县改为廉江县（因与江西省石城县同名而奉令改之，并将“濂”改为“廉”字），属高雷道，后属广东省南路行政公署。新中国成立后，先后属广东省高雷专区、广东省粤西行政区、广东省湛江专区；1983 年 9 月 1 日，湛江地区撤销，廉江县属湛江市。[①]

廉江市境内第一大方言是客家话（偃话），多分布于北部和西部山区；其次是粤语（即白话，旧志也称“客话”），主要分布于廉城、安铺、石城镇及良垌、新民、吉水、营仔等镇大部分乡村，以及横山、河堤等镇少数乡村，廉江有一种当地称为“海话”的方言，主要通行于廉江沿海一带，与廉城镇白话相似，亦属于粤语；再次是闽语，当地称“黎话、雷话”，主要分布于南部邻近遂溪和安铺港的横山、河堤、龙湾及新民、营仔部分乡村。[②] 近数十年来，随着粤语影响越来越大，许多原本说闽语和客家话的人都因政治、经济、文化交往的需要，学会了粤语，并以讲粤语为时尚，这样就形成了局部地区的双言或三言现象。本研究选择廉城镇白话作为廉江粤语代表。

吴川市：秦属象郡。汉初属南越；元鼎六年（公元前 111 年）分郡置县，属合浦郡高凉县。南朝宋元嘉年间始置平定县（吴川县前身），属高凉郡；齐仍之；梁、陈时属罗州高兴郡。隋开皇九年（589 年）废平定县，设吴川县，属高凉郡。唐五代南汉属罗州招义郡。宋属辩州、化州（太平兴国五年改辩州为化州）。元属化州路。明洪武元年（1368 年）属化州府；九年降化州府为化州县，改属高州府。清仍之。新中国成立后，吴川县曾与茂名化州几度分合，至 1961 年从化州县划出，恢复吴川县，仍属湛江地区。[③]

吴川境内有粤、闽两种方言，无客家话。其中，闽语主要分布在兰石、王村港、覃巴等镇，早期也有称“东话”的。[④] 粤语可以分为两大类：一类以城关梅菉话为代表，有梅菉口音、塘㙍口音、长岐口音之分；梅菉镇位于广（州）湛（江）公路要冲，是全市政治、经济、文化和交通中心，因此，梅菉白话的影响日渐增大，通常被视为内外交际的“官方语言”。另一类是以吴阳话为代表的“土白话”，它通行于吴阳、中山、黄坡、塘尾、振文、樟铺、板桥等区镇。据估计，讲吴阳话的人占全市总人口的 60% 以上，达 40 多万。吴阳旧称“吴川街”，1938 年以前一直是吴川县治所在地，经济、文化十分发达，境内有吴川重镇芷寮港，商贸发达。从宋至清，共有状元 1 名、进士 19 名、举

① 参见廉江市地方志编纂委员会编《廉江市志（1979—2005）》，方志出版社 2012 年版，第 54～55 页。

② 参见甘于恩《汉语南方方言探论》，世界图书出版公司 2014 年版，第 30 页。

③ 参见吴川市地方志编纂委员会编《吴川县志》，中华书局 2001 年版，第 67 页。

④ 参见甘于恩《汉语南方方言探论》，世界图书出版公司 2014 年版，第 30 页。

人164名。显著的经济、文化地位使吴阳话成为吴川市的优势方言，平常人们所谓吴川话，大多是指吴阳的“土白话”。鉴于此，本研究在吴川市选择梅菉和吴阳两地的粤语作为代表。

遂溪县：秦属象郡。汉初属南越；元鼎六年（公元前111年）分郡置县，属合浦郡徐闻县。三国属吴。南朝宋属越州合浦郡徐闻县；齐永明改徐闻县为齐康郡，遂地属齐康县；梁分越州置合州，后改为南合州，遂地属南合州齐康县；梁普通四年（523年）遂地置扇沙县及椹县，属南合州。隋开皇九年（589年）省合浦郡，仍置合州；十年置铁杷县；十八年改椹县为椹川县，铁杷、扇沙、椹川三县皆今遂地，属合州；大业初改合州为合浦郡，并分置徐闻郡，椹川县并入扇沙县。唐武德年间省徐闻郡，仍为南合州，复置椹川县；贞观元年（627年）改南合州为东合州，省椹川、扇沙入铁杷县，属东合州；后经陈文玉奏请改东合州为雷州；天宝元年（742年）改雷州为海康郡，二年（743年）改铁杷县为遂溪县，属海康郡，县治设今湛江市郊旧县村，此为遂溪得名之始，据《雷州府志》记载，遂溪是取“溪水合流，民利遂之”之意；乾元元年（758年）复海康郡为雷州，遂溪属之。五代仍之。北宋开宝四年（971年）改雷州为雷州军，遂溪并入海康县；五年，复置雷州；南宋绍兴十九年（1149年）复置遂溪县，属雷州，县治设今遂城；乾道七年（1171年）雷州改为雷州军，遂溪属之。元至元十五年（1278年）改雷州军为雷州路，遂溪属之。明洪武元年（1368年）改雷州路为雷州府，遂溪属雷州府。清沿袭明制。“民国”时期，遂溪属高雷道、南路行政公署等。新中国成立后，遂溪先后属高雷专区、粤西行政区、湛江专区等。其间，1958年曾与廉江、海康南渡河以北合称雷北县；1961年重分，复置遂溪县，仍属湛江专区；1983年，湛江地区改为湛江市，遂溪县属湛江市。①

遂溪多数地区使用闽语（黎话），分布于东、中、南和西南部的黄略、城西、岭北、建新、城月、洋青、沙古、河头、乐民、江洪及西北部的北潭等地；另城月、城西、沙古、岭北、北坡、杨柑、附城等处有客家话居民，属于20世纪50年代修建雷州青年运河时从廉江鹤地水库和高州水库迁来的“水库移民”，② 人数约2万。遂溪粤语（白话）主要分布在县境中西部的杨柑、乌塘、北坡、港门、界炮、下六、草潭等乡镇及东北部附城；按口音的不同，遂溪粤语有“大种话”和“细种话”之分。③ 新中国成立后，白话在县内影响越来越大，许多原来讲黎话的居民，由于交往需要，多学会白话，使多数乡镇形成双

① 参见广东省遂溪县地方志编纂委员会编《遂溪县志》，中华书局2003年版，第78～79页。

② 参见赵越《雷州半岛客家方言语音研究》（博士学位论文），暨南大学2015年，第9页。

③ 参见甘于恩《汉语南方方言探论》，世界图书出版公司2014年版，第29～30页。

方言现象；特别是县城遂城居民原以讲黎话为主，由于外地干部的调入及内外交往的需要，逐渐变为以讲白话为主。鉴于遂城白话形成时间短且带有闽语特点，因此本研究选择北坡镇的白话（当地称“大种白话”，义指讲白话者较多较集中）作为代表。

湛江地区粤方言发音人具体情况如下：

陈华才　男，1942 年出生，籍贯广东澄海，出生地为湛江赤坎寸金街 921 社区，世居该地 8 代以上；中专文化程度，职业为干部，会说湛江白话和黎话；父母均为赤坎人，以讲白话为主，同时也会讲黎话。

刘永康　男，1947 年出生，籍贯廉江吉水镇，出生地为廉江廉城镇，世居该地 3 代以上；中学文化程度，职业为居委干部，会说廉城白话和少量普通话；父亲为廉城人，母亲为廉江新民镇人，均说白话。

陈志兴　男，1945 年出生，籍贯吴川覃巴镇那蓬岭村，出生地为吴川市梅菉头村，世居该地 3 代以上；小学文化程度，职业为工人，会说梅菉白话和极少普通话；父亲为梅菉头村人，讲梅菉白话，母亲为覃巴镇人，讲覃巴白话。

李增韶　男，1934 年出生，籍贯吴川吴阳镇李屋巷村，出生地亦同，世居该地 18 代以上；中学文化程度，职业为裁缝，会说吴阳白话、梅菉白话；父母均为吴阳镇人，只会讲吴阳话。

叶忠　男，1949 年出生，籍贯遂溪北坡镇叶屋村，出生地亦同，世居该地 8 代以上（祖先从吴川甘村迁入，发音人自认籍贯为叶屋村）；大学文化程度，职业为干部，会说叶屋村的大种白话、北坡墟的小种白话、黎话；父亲为叶屋村人，会说大种白话和黎话，母亲为北坡长毛田村人，会说小种白话、大种白话和黎话。

第三节　茂名市人文历史及方言分布总况

茂名市位于广东省西南部，东与广东阳江阳西县、阳春市交界，西边由南向北分别与湛江吴川、廉江市及广西陆川县、北流市接壤，北与广西容县、岑溪市和广东云浮罗定市相邻，南至南海。茂名市区处于市境南部，东、南接电白县，西邻化州，北接高州。茂名市现辖两区（茂南、茂港）和高州市、信宜市、电白县、化州市 4 个县、区、市。（见图 2）

图 2　茂名市区划图

距今约 4500 年的新石器晚期，茂名境内已有土著民族繁衍生息。秦统一中国后，今境内辖地分属南海郡、象郡、桂林郡。汉初属南越国；元鼎六年（公元前 111 年）灭南越国后，分属合浦郡（茂名、高州、电白、化州）和苍梧郡（信宜），由交趾刺史部（后改为交州）管辖。三国归吴。魏晋至唐五代宋，该地郡县置废频繁、郡治迁徙反复，信宜先后属广州苍梧郡、晋康郡，泷州梁德郡，永熙郡，南扶州，窦州等，茂名、高州、电白、化州 4 地先后属广州、高州、罗州、南宕州（后改为潘州）、窦州、南石州（后改为辩州、化州）等；北宋熙宁年间窦州并入高州，辖茂名、电白、信宜 3 县；南宋末升硇洲为翔龙县，化州领石龙、吴川、石城、翔龙 4 县。元各属高州路和化州路。明初改为高州府和化州府，不久降化州府为县，并属高州府。清仍明制。“民国”时先后属广东省高雷道、广东省南路行政区等。新中国成立后，先后属高雷专区、粤西行政区、湛江专区；1983 年茂名地市成立，辖信宜、高州、电白和化州 4 县。①

今茂名市境内方言主要有粤语（白话）、客家话（偃话）、闽南话（黎话、海话），还有少数地方说“旧时正”话、思贺话和容县话。这些方言的分布，与自然环境有着密切的联系。白话主要分布在鉴江及其支流罗江、陵江、曹江流域，客家话分布在东部、西部和东北部的边境山区，黎话和海话集中分布在电白境内，黄华江流域为白话和客家话混合区，袂花江流域为黎话和客家话混

① 参见茂名市地方志编纂委员会编《茂名市志·上》，三联书店 1997 年版，第 13～16 页。

合区。

粤语（白话）是茂名市分布最广、使用人口最多的方言，分布面积约占全市总面积的70%，使用人口约占全市总人口的65%，白话可在全市范围内通行；客家话，当地称“偃话”，使用人口约100万，约占全市总人口的20%，主要分布在市境东西两侧的山区。黎话，使用人口约55万，约占全市总人口的10%，主要分布在电白西至西南各镇以及茂名市区的鳌头、袂花镇；海话，使用人口约30万，集中分布在电白县东南沿海各镇，多为渔民所讲。黎话和海话同属闽南方言。“旧时正”话（当地谑称“狗屎正”话），使用人口约3万，散居在电白县的大衙、林头、麻岗、马踏、电城各镇的山村，为明代来自浙江等地的神电卫（今电城镇）驻军遗留下来的方言；思贺话集中在信宜县（今信宜市）思贺镇，使用人口约3万；容县话主要分布在信宜与广西容县毗邻的径口镇3个村，使用人口不足1万。①

第四节　茂名各县市历史沿革及粤方言选点介绍

本研究在茂名地区共选择粤方言点6个，分别是茂名市新坡镇、高州市（原高州镇）、信宜市东镇镇、电白县羊角镇（后划归茂港区）、化州市化州街和长岐镇。以下对此5个县市概况逐一介绍。

茂名市区：历史上，今茂名市区为茂名县地。茂名市区成立于1958年，出于开采页岩油的需要，将原茂名县南部的金塘、公馆、袂花、镇盛、鳌头等地区总共418平方公里的土地划出设立茂名工矿区，后改茂名市（县级），隶属湛江专区，原来的茂名县改称高州县；1983年，茂名成为地级市，管辖信宜、高州、电白和化州4县。

茂名市城区最早主要为今茂南区范围，包括高山、新坡、公馆、金塘、镇盛、鳌头、袂花、山阁8个镇，除鳌头和袂花两镇以黎话为主兼有白话外，其余6个镇均说白话。其中，新坡镇的居民占了相当大的比重，而且居住在城区的心脏地带，他们所说的白话基本上可以代表城区乃至茂名市区白话的主流。本研究选择新坡镇白话作为茂名市区粤语代表。

高州市：高州市原称茂名县、高州县。秦属桂林郡和象郡。汉初属南越国；

① 参见茂名市地方志编纂委员会编《茂名市志·下》，三联书店1997年版，第1615～1617页。

元鼎六年（公元前111年）属合浦郡高凉县，县治在今高州长坡镇旧城村。吴属广州高凉郡高凉县。南朝梁大通年间，在俚人聚居中心区置高州，此为高州之始，州治设于今高州长坡镇旧城村；兼置电白郡，郡治附于高州治内。隋置茂名县，属高凉郡，废电白郡为电白县；开皇十八年（598年）茂名改属罗州。唐贞观元年（627年），茂名县改隶南宕州；贞观八年（634年），南宕州改为潘州，州治茂名；贞观二十三年（649年），潘州并入高州，两州合并后，高州共辖6县；大历十一年（776年），高州治迁至电白（旧城）。宋代，地方行政区划进行了较大的调整：茂名、电白两县隶属高州；景德元年（1004年），高州并入窦州，州治茂名；景德三年（1006年），复置高州，州治电白，辖茂名、电白两县，窦州州治回迁信宜县；熙宁四年（1071年），窦州并入高州，州治电白，辖茂名、电白、信宜3县。元代，高州为高州路。明代，改路为府，高州路为高州府；洪武元年（1368年），高州府治迁至茂名县，茂名县城便称高州城。清承明制。“民国”时期，撤府留县，茂名县先后隶属广东省高雷道、南路行政区等。1958年成立茂名市，茂名县更名为高州县，治高州城；1993年设高州市（县级），隶属茂名市。①

高州境内方言有粤语（白话）和客家话（偃话）两大方言，高州白话主要分布在县境北部、西部、中部的大部分乡镇，使用人口超过110万，高州客话分布于南部根子、新垌、云洞、泗水、谢鸡和东北角马贵等乡镇，使用人口近30万。② 本研究以高州市区高州镇白话为代表。

信宜市：秦属桂林郡。汉初属南越国，元鼎六年（公元前111年）属交趾刺史部苍梧郡端溪县。吴属广州苍梧郡端溪县。晋析苍梧地置晋康郡，信宜属广州晋康郡端溪县地，直至南朝宋、齐；南朝梁天监元年（502年），析端溪县地始置县，称梁德县，并置梁德郡，属泷州；陈仍梁制。隋平陈，废梁德郡，保留梁德县，属泷州；开皇十八年（598年），改梁德县为怀德县，属泷州；大业三年（607年），废泷州，置永熙郡，怀德县属永熙郡。唐武德四年（621年），析怀德县地置信义、潭峨两县，并置南扶州，辖怀德、信义、潭峨3县；武德五年，再析怀德县地置特亮县，属南扶州；贞观元年（627年），因僚人造反，南扶州治所借寓泷州，自贞观元年至贞观六年，南扶州两次废置，其所辖怀德、信义、潭峨、特亮4县也随南扶州废置而属泷州或南扶州；贞观八年（634年），南扶州改名窦州，辖怀德、信义、潭峨、特亮4县，属容州都督府。五代仍唐制。宋开宝五年（972年），废怀德、潭峨、特亮等3县，其地并入信义县，属窦州；太平兴国元年（976年），避宋太宗赵光义讳，信义县改名信宜

① 参见高州市地方志编纂委员会编《高州市志》，中华书局2006年版，第89~94页。

② 参见甘于恩《汉语南方方言探论》，世界图书出版公司2014年版，第31页。

县，属窦州；景德元年（1004年），废高州，其辖县属窦州，窦州治所移茂名县城，信宜是属县；景德三年，复置高州，辖原属县，窦州治所迁回信宜县城；熙宁四年（1071年），废窦州，信宜属高州。元信宜县属高州路。明信宜县属高州府。清随明制。“民国”后基本与高州同。①

信宜市境内的方言分粤语（白话，本地也称信宜话）和客家话（倨话）两种，其中粤语又分三种：以东镇话为代表的信宜白话，全市超过三分之二人口使用这种方言；通行于径口镇部分乡村的容县白话，使用人口不足1万；通行于思贺镇的思贺白话，使用人口数万。客家话主要分布在东部山区，包括茶山、洪冠、钱排、合水、新堡、平塘等地，以及贵子、朱砂、旺沙、怀乡、白石、思贺、大成部分乡村，总使用人口为30余万。② 本研究选择信宜市区东镇镇的白话为粤语代表。

电白县（区）：秦为南海郡西境。汉初属南越国，元鼎六年（公元前111年）属合浦郡高凉县。吴属广州高凉郡高凉县。南朝宋元嘉十六年（439年），从高凉郡析置海昌郡，海昌郡辖地在今电白树仔镇、电城镇北部，此为电白境内设行政区之始；梁大通中（528年）析高凉郡置电白郡、南巴郡、连江郡等12个郡，兼置高州，统辖各郡，是以电白为郡名之始，今电白境地彼时属高州电白郡、海昌郡、南巴郡、连江郡。隋开皇九年（589年）废郡为县，省电白、海昌二郡置电白县，电白自此以县称。唐大历十一年（776年），高州徙治电白县，电白、良德、保宁隶高州。五代十国时，县名不变，属南汉国土。宋景德元年（1004年），高州废，电白县改隶窦州；三年（1006年），复置高州，电白县仍为该州治所。元朝属高州路，路治在电白县；大德八年（1304年）路治徙茂名县，以旧州址为电白县城；至正十五年（1355年），还治电白县。明朝，隶高州府；成化三年（1467年）九月，电白县移治于神电卫（今电城镇），同时高州府治从电白县徙迁茂名县。清仍明制。“民国”后基本与高州同。新中国成立后，属广东省南路行政公署；1950年，县治从电城镇迁至水东镇。③

电白县境内方言十分复杂，主要有闽语系的黎话、海话、东话、福佬话、潮州话等，客家话（倨话），粤语系的白话、麻兰话、阳江话、四邑话等，北方方言的“旧时正”话和山瑶话。

闽语是电白境内使用人口最多的方言，约占全县人口的65%，分布于沙琅江中下游和南部沿海的平原地带，电白闽语通称“黎话”或“雷话”；另有一种“海话”亦属闽语系统，分布于东部沿海地区，大多为渔民所讲。客家话是

---

① 参见信宜市地方志编纂委员会编《信宜县志》，广东人民出版社1993年版，第82~83页。

② 参见甘于恩《汉语南方方言探论》，世界图书出版公司2014年版，第31页。

③ 参见电白县地方志编纂委员会编《电白县志》，中华书局2000年版，第111~114页。

电白第二大方言，又称“偃话”或“山话”，分布于北部山区以及霞洞、大衙、马踏等镇，使用人口约占全县的23%。电白以粤语作母语的人并不多，主要分布于羊角、七迳、沙院、小良（上述4镇现归茂港区管辖）、博贺、那霍等镇，使用人口约占总人口的13%。[①] 不过，粤语是电白县内的主要交际语言，也是政府部门的通用语言，机关日常办公、电台广播、不同方言地区人们互相交际时都会使用电白粤语。因此，电白大多数讲闽语或客家话的人都会讲粤语，双言或三言现象比较突出。本研究选择以粤语为母语方言的羊角镇白话作为电白粤语的代表。

化州市：秦属象郡。汉初属南越国，元鼎六年（公元前111年）属合浦郡高凉县。吴属广州高凉郡高凉县。南朝宋元嘉三年（426年），筑石城于陵罗江口置罗州县，治所在陵罗江口，此为化州境内建县之始；齐置高兴郡、高兴县，郡、县治所在今化州镇，属越州，郡辖地在今化州南部及吴川、廉江市；梁大通中置石龙县、石龙郡，升罗州县为罗州，置刺史，领石龙、高兴两郡，州、郡、县治所均在今化州镇东北旧城岭；陈仍梁制。隋灭陈，废石龙、高兴两郡，石龙、吴川、茂名3县属罗州。唐武德六年（623年），罗州徙治石城，另置南石州，治于石龙；贞观九年（635年），南石州更名辩州。五代仍唐制，辩州领石龙、陵罗两县属南汉。北宋开宝五年（972年），废罗州入辩州，以吴川来属，废陵罗入石龙，辩州领石龙、吴川两县；太平兴国五年（980年），改辩州为化州，此乃化州命名之始（因州治所西南三里石龙岗有石龙古迹，以龙能变化，故名化州）；南宋乾道三年（1167年），析吴川西乡为石城县，化州领石龙、吴川、石城3县；景炎三年（1278年）升硇洲为翔龙县，化州领石龙、吴川、石城、翔龙4县。元朝属化州路。明属化州府；洪武九年（1366年），改化州为化县，并属高州府；洪武十四年（1371年）县复为州，仍属高州府，化州领吴川、石城两县。清袭明制。“民国”属高雷道、广东省南路行政区等。新中国成立后属广东省粤西行政公署、湛江专区等；1958年，化县与吴川县合并为化州县，治所驻化州城；1961年，吴川县析出，仍称化州县；1983年，撤湛江地方行政区，化州县属茂名市辖。[②]

化州方言大致有粤语（白话）和客家话（偃话）两种。化州使用客家话的人口占近1/3，又分“大偃”（兰山、中垌、合江、平定、文墟等镇）和“细偃”使用人口（新安、官桥等镇）两种。化州白话是本县分布最广、使用人数最多的方言，使用人口约占总人口的70%，主要分布于东、南、北三方，其中

---

① 参见甘于恩《汉语南方方言探论》，世界图书出版公司2014年版，第30～31页。

② 参见化州市地方志编纂委员会编《化州县志》，广东人民出版社1996年版，第93～95页。

有些地区粤客相杂，如文楼、平定、合江、官桥等镇。[①] 化州境内的粤语主要分上江话和下江话两种：上江话分布于化州中部的市区一带及东部南北一线，以化州市区为代表；下江话分布于化州南部长岐、杨梅、同庆 3 镇和东山镇南部，属化州土地最肥沃（鉴江冲积小平原）、人口密度最大的地区，是化州较早形成的居民聚居地[②]，以长岐话为代表。本研究分别选择化州市区化州街白话（上江话）和长岐镇白话（下江话）作为化州粤语的代表。

茂名地区粤方言发音人具体情况如下：

柯胜权　男，1953 年出生，籍贯茂名新坡镇合水村，出生地亦同，世居该地 23 代以上；高中文化程度，职业为村委干部，会说新坡白话和普通话；父亲为新坡人，讲新坡白话，母亲为袂花镇人，亦讲新坡白话。

唐鸿思　男，1948 年出生，籍贯高州市下南关（今潘州街道南桥居委），出生地亦同，世居该地 4 代以上；高中文化程度，职业为村干部，会说高州白话和普通话；父母均为南关人，讲高州白话。

刘克健　男，1946 年出生，籍贯信宜东镇镇文昌村，出生地亦同，世居该地 7 代以上；高中文化程度，职业为农民，会说信宜白话和少量普通话；父母均为信宜东镇镇文昌人，讲东镇白话。

李盛昌　男，1950 年出生，籍贯电白羊角镇福地角村，出生地亦同，世居该地 16 代以上；小学文化程度，职业为农民，仅会说羊角白话；父亲为电白羊角镇福地角村人，讲羊角白话，母亲为羊角镇南乡村人，亦讲羊角白话。

戴志　男，1945 年出生，籍贯化州市河西街樟村，出生地亦同，世居该地 22 代；初中文化程度，职业为民办教师和干部，仅会说化州街白话；父母均为化州市河西街樟村人，讲化州白话。

陈杰钧　男，1958 年出生，籍贯化州市长岐镇中塘村，出生地亦同，世居该地 30 代；高中文化程度，职业为村干部，会说长岐中塘白话和少量普通话；父母均为长岐中塘村人，讲长岐中塘白话。

---

① 参见甘于恩《汉语南方方言探论》，世界图书出版公司 2014 年版，第 31 页。

② 参见李健《化州粤语概说》，天津古籍出版社 1996 年版，第 6 页。

第一章　粤西湛茂地区 11个粤方言点音系

第一节　湛江市赤坎区寸金街粤方言音系

一、声母（19个）

p 波八品部	p^h 片婆倍拨	m 马无文剥		f 分饭科蝴	ʋ（v）威换活锅
t 多杜特爹	t^h 挑台断秃	n 泥内粒瓤	l 礼龙鸟舰		
ʧ 左猪庄汁	ʧ^h 清抽初厂			ʃ 西书森船	
k 家极沟捐	k^h 溪群菊恐	ŋ 我五岸勾		h 虾河看虹	
kw 瓜柜掘轰	kw^h 夸携困群				
ø 阿鱼染药					

说明：

1. ʧ、ʧ^h、ʃ 有两组变体，即 ʦ、ʦ^h、s 和 ʧ、ʧ^h、ʃ，彼此不构成对立。

2. i 开头的零声母字，不带明显的浊音摩擦，为了与其他辅音声母后的 i 介音韵母保持韵类洪细一致，本音系记作零声母而不作 j。

3. u 开头的零声母字，大多为齿唇化半元音 ʋ，少数为双唇半元音 w，ʋ 与 w 浊音摩擦不强，互为自由变体。

二、韵母（57个）

a 下麻瓜		ɛ 爹车骑	œ 靴	ɔ 歌波糯	i 朱鱼师	u 父胡污
ia 也		iɛ 惹野夜				
ai 态矮拐	ɐi 丽贵艾	ei 佢四悲	øi 吕许追	ɔi 海宰外		ui 贝女水
						iui 锐
au 包抄臼	ɐu 偷酒茅			ou 租桃爆	iu 表桥尿	
iau 猫	iɐu 休丘柚					

am 南淡敢	ɐm 锦函甘				im 尖嫌垫	
iam 钳泅	iɐm 任音淫					
			ɵn 崇		in 贬浅软	
aŋ 单关争	ɐŋ 伸均藤	eŋ 明井永	oŋ 虹东空	ɔŋ 干堂江		uŋ 半碗胖
iaŋ 柄井颈	iɐŋ 恩人孕	ieŋ 认英营	ioŋ 翁绒熊	iøŋ 娘双阳		
ap 杂插鸭	ɐp 合粒及				ip 猎涉协	
	iɐp 入泣					
			ɵt 捽率恤		it 跌切月	
aʔ 八刮窄	ɐʔ 罚特膝	ek 力悉域	ok 福浊曲	ɔk 割落角		uʔ 泼活阔
iaʔ 擘笛石	iɐʔ 日一逸	iek 忆逆役	iok 肉玉沃	iøk 剁脚约		
ŋ̍ 吴午悟						

说明：

1. 大部分 i 介音韵母只出现在零声母后面，但 iau、iam、iaŋ、iøŋ、iak、iøk 则可在其他辅音声母后面出现。

2. ou 有时主元音略展，介于 o ~ ə 之间。

3. 韵母 øi 从圆唇主元音 ø 收尾至 i，与广州话稍异；少数 øi 韵尾带圆唇音色，近 øy。湛江白话 øi 与 ui 构成对立。

4. 有撮口音色的韵母但在音系归纳上不存在撮口韵。例如韵母 i 有两个变体：止摄基本读 i，遇合三等有部分略带圆唇色彩，呈先撮后展的音色，但两者并无对立。同样，in、it 有时也略带圆唇，似 yn、yt（主要出现于山合三、四等部分字中），不过 in、it 与 yn、yt 在音感上不对立（如坚 = 捐、揭 = 缺、乙 = 月），个别字甚至可齐撮两读。

5. -m、-p 只有轻微的闭合动作，以 -p 尤甚，合口音色不明显。其中，am/ap 与 aŋ/aʔ、im/ip 与 in/it 音色略有差异但对立感较弱，ɐm/ɐp 与 ɐŋ/ɐʔ 则音色不同且对立感较明显。

6. 湛江白话收 -ŋ、-k/-ʔ 尾的韵母较多，主要是因为“山、臻”摄古音收 -n、-t 尾的韵母大部分转为收 -ŋ、-k/-ʔ 尾，只有山开三、四等读 in、it，个别臻合三等入声字读 ɵt。

7. ɐŋ、iɐŋ、ɐʔ 中有少数字韵尾舌位靠前近 -n/-t（如“伸、春、弘、孕、咳、膝”等少数“臻、曾”摄字），数据库字表中按实际音值输入，不过 ɐŋ/ɐn、iɐŋ/iɐn、ɐʔ 与 ɐt 并不构成音位对立。

8. eŋ、ieŋ、ek、iek 的主元音舌位略高，近 ɪ。

9. iøŋ、iøk 的 i 介音在辅音声母后时长较短，可记作前滑音；但考虑到零声母后的情况，现统一处理为 i 介音。

三、声调（8个）

阴平 55　多沙添岗　　阳平（阳去）21　麻琴尿停
阴上 35　跑取榄馆　　阳上 13　乳卵断隐
阴去 33　过蔗片泅
上阴入 55　恰粒笔七　　下阴入 33　鸭贴博洛　　阳入 22　夹物落贼

说明：

1. 湛江白话共有 8 个调，与广州话不同的是：阳平与阳去今同读为 21 调，该调有时拖音较长，读 211。

2. 阴上和阳上的起头调值比较接近，但阴上尾端上扬显著，阳上则平缓上升，实际可作 35 和 23。

3. 存在少数古浊入字调值偏高读归下阴入的现象，如“赂、捷、抹、诺、烙、骆、洛、络”等，以次浊声母兼主元音为长元音的字居多。

第二节　湛江廉江市廉城镇粤方言音系

一、声母（21个）

p 波把部痱　p^h 破婆平胖　m 磨麻无剥　f 夫饭科荒　ʋ 话卫温横
t 端大啄纠　t^h 土头断祷　n 女粒瓤验　l 鲁腊令努
ʧ 精猪斋者　$ʧ^h$ 清超初厂　ȵ 赁鱼饮日　ʃ 思山船说　ɬ 锁心绪雪
k 果家及件　k^h 茄靠近菊　ŋ 我牛仍勾　h 可许欺河
kw 瓜柜军掘　kw^h 夸裙屈梗
ø 阿乌如一

说明：

1. i 开头的零声母字，有些带浊音摩擦读 j，有些则不带浊音摩擦，为与其他辅音声母后的 i 介音韵母保持同韵摄韵类洪细一致，本音系一律记作零声母而不作 j。

2. u 开头的零声母字，有两种情况：当 u 为主元音时，前面不带明显浊音摩擦，记作零声母；当 u 为介音时，大多读为齿唇化半元音 ʋ，少数为双唇半元音 w，现统一为 ʋ。

3. ʧ、$ʧ^h$、ʃ 有两组变体，即 ʦ、$ʦ^h$、s 和 ʧ、$ʧ^h$、ʃ，彼此不构成对立。

二、韵母（58 个）

a 麻茶打瓜		e 靴些社车	o 多糯梳果	i 徐主师耳	u 布土古母
ia 也		ie 惹爷野夜			
ai 大派赖乖	ɐi 例西卫鬼	ei 取佢美挥	ɔi 代该豺外		ui 女赔退吹
					iui 乳锐
au 考闹吵校	ɐu 某头秀九		ou 努宝草剖	iu 表妙小桥	
iau 猫尿窍	iɐu 柔优柚幼				
am 贪南站甘	ɐm 林心琴欣			im 暂检店盐	
iam 钳舔	iɐm 檐任音淫				
an 丹关崖缆	ɐn 吞亲群莺		ɔn 干安顽项	in 鞭联船嫌	un 半管酸存
	iɐn 恩人隐孕				
aŋ 弯生冷争	ɐŋ 敏登衡轰	eŋ 怜清兄命	ɔŋ 当双光刊		oŋ 虹碰葱风
iaŋ 片圈娘姜命		ieŋ 认应影型			ioŋ 荣熊浓痈
ap 答甲腊习	ɐp 踏立湿吸			ip 峡页蝶涩	
iap 夹狭挟	iɐp 入				
at 法辣杀滑	ɐt 笔出达麦		ɔt 喝割渴	it 别跌雪月	ut 末活阔劣
	iɐt 日一逸				
ak 百贼客划	ɐk 得克黑擘	ek 极力辟锡	ɔk 簸落捉国		ok 木续六曲
iak 略脚劈锡		iek 曰忆翼液			iok 肉育玉郁
ŋ̍ 吴五午悟					

说明：

1. 廉江方言大部分 i 介音韵母只出现在 ȵ 和零声母后面，但 iau、iam、iap、iaŋ、iak 则可在其他辅音声母后面出现。

2. 果摄和假开三等主元音舌位明显比广州话高，分别介于 ɔ～o、ɛ～e 之间，记作 o、e。

3. 韵尾 i、u 收尾略松，舌位实际为 ɪ、ʊ。另外，韵母 ou 的复合音色相对较弱。

4. ui、un、ut 的主元音有时舌位偏低，近 ʊ，但帮、非组和见系声母后多为典型的 u。

5. -m、-p 尾在廉城话中存在弱化、不稳定的现象，主要有三种情况。

（1）am、ap（包括 iam、iap）的韵尾在该发音人的发音中只有轻微的闭合动作，闭口音色不明显，听起来与 an、at 接近，但在音感对立方面，该发音人能大致区分 am 和 an（仅个别字 am 读入 an，如“滥、缆”），而 ap 和 at 的音感对立略觉模糊。本调查也曾经问过廉城另外两个发音人，他们都能清晰区分 am、ap 和 an、at 的不同。

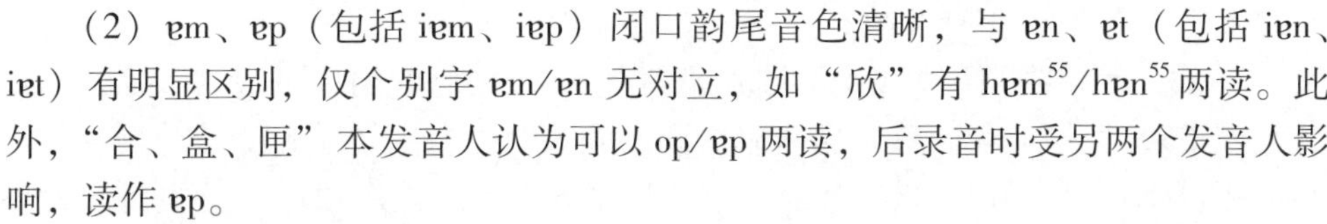
（2）ɐm、ɐp（包括 iɐm、iɐp）闭口韵尾音色清晰，与 ɐn、ɐt（包括 iɐn、iɐt）有明显区别，仅个别字 ɐm/ɐn 无对立，如“欣”有 hɐm^{55}/hɐn^{55} 两读。此外，“合、盒、匣”本发音人认为可以 op/ɐp 两读，后录音时受另两个发音人影响，读作 ɐp。

（3）im 韵尾只有轻微的闭合动作，闭口音色不明显，音色近 in，但在音感对立上，发音人基本可以区分 im/in（如淹≠演、厌≠燕），其相应的入声 ip、it 区分更清晰些。

6. －n、－t 韵尾发音位置偏后，但与－ŋ、－k 构成对立，主要有三种情况。

（1）an 和 at 韵尾发音比广州话略后，但与 aŋ、ak 构成对立。仅个别山摄字读作 aŋ，如“弯、湾”。

（2）山开一等见系字基本为 ɔn、ɔt，仅个别字（如“刊、罕”）读为 ɔŋ。

（3）ɐn、ɐt 与 ɐŋ、ɐk 在音色上的区分基本清楚，但古曾开一等字存在与臻开一等字交叉混读的现象，情况因人而异：该发音人古曾开一等（包括少数梗摄字，粤西粤语中曾梗摄主元音长短对立并不清晰，互有交叉）舒声 ɐŋ 多 ɐn 少，入声则 ɐt 多 ɐk 少，另外的两位发音人古曾开一等基本读同臻开一等为 ɐn 和 ɐt。此外，该发音人少数臻摄字也有读同曾摄的现象，如“闽、悯、敏、艸、奔”。

7. ak 与 ɐk 主元音长短对立较模糊，更多以声调来区分，前者逢阴调读 33，后者逢阴调读 55。

8. ak（含 iak）、ɔk 不是典型的－k 尾，收尾较松，音色近－ʔ 尾。

9. 韵母 iak 有个别字主元音略高，音色近 iɛk，如“石、只（量词）、历（黄历）”等，主要是梗开三、四等的个别白读，而宕开三等则无一例外均读 iak。

10. 韵母 eŋ、ek 有时主元音舌位偏低，从主元音至韵尾有一定的舌位变化，近 e^{i}ŋ，e^{i}k；入声韵 ok 主元音后有时带滑音 u，近 o^{u}k。

三、声调（8 个）

阴平 55　多超青空　　　　阳平（阳去）21/22　婆铜住硬

阴上 35　左土矩饼　　　　阳上 13　坐马软近

阴去 33　个肺胜慧

上阴入 55　剁哭粒匹　　下阴入 33　答喝热骆　　阳入 22　别立夺学

说明：

1. 廉江话共有 8 个调，与广州话不同的是，阳平与阳去今同读为 21 调，该调还有少数字读平调 22。虽然听觉有差异，但音感上无对立，属自由变体。

2. 廉江话阴上和阳上的起头调值比较接近，但阴上尾端上扬显著，阳上则

平缓上升，实际可作 35 和 223。

3. 廉江话存在阳去、阳入调值偏高归入阴去和下阴入的现象，如“柿、慧”读 33，“烙、骆、洛、络、骼、裂、鹿、劣、抹、寞、诺、沓、镯、热、聂、镊、捷、劫”等读 <u>33</u>。其中，阳入归读下阴入的以次浊声母且主元音为长元音的字居多。

第三节　湛江吴川市梅菉镇粤方言音系

一、声母（21 个）

ɓ 巴别捧	p^{h} 怕彭倍	m 无面袜	f 翻科芋		ʋ 遗快毁
ɗ 帝单踏	t^{h} 炭田肚	n 泥粒锚		l 了脸诺	
ʧ 煎转织	$ʧ^{h}$ 迁衬厂	ȵ 儿饮阎	ʃ <u>狮</u>霜十	ɬ 仙<u>狮</u>瑞	
k 基巨及	k^{h} 区棋级	ŋ 我坳淆	h 靴可雄		
kw 跪君骨	kw^{h} 坤规轰				
ø(ʔ-)哑爱安朽					

说明：

1. 声母 ɓ、ɗ 来自古“帮、端”母和“並、定”母仄声，发音前端口腔咽喉紧张，声带颤动，但浊音色彩不如周边吴阳、化州等地明显，语图上表现为声母前端浊音杠较短，个别字甚至内爆声母浊音弱化读作清声母 p、t，如“摆、败、但、弹”等。

2. ʧ、$ʧ^{h}$、ʃ 与齐齿呼相拼时，舌叶音色较明显，其余接近舌尖音 ʦ、$ʦ^{h}$、s，两者不构成对立。

3. ʔ-为零声母 ø 的自由变体，ʔ-在发元音前，声门闭合较紧，元音声带振动时伴随着声门的突然打开而发出，可以看成是声门打开的特殊形式，ʔ-与 ø 并无音位对立。此外，以高元音 i 开头的零声母音节发音起始带较重的浊音摩擦 j，为与其他辅音声母后的 i 介音韵母保持韵类洪细一致，本音系均处理为零声母而不作半元音 j。

4. ʋ 声母齿唇结合较松弛，略带浊音摩擦。

二、韵母（43 个）

a 马太乖	ɛ 糯姐车	o 多来豺	ɔ 角	i 除于紫	u 古陪吹

		iɛ 爷也嘢					
	ɐi 矮例葵		ei 女佢四				
au 烤搜卯	ɐu 某浮球			ou 布醋豪		iu 乳表超	
iau 猫绕撬	iɐu 皱油幼						
	ɐm 感1 心禽						
	iɐm 任音饮					in（im）检钱孙	
aŋ 惨慢更	ɐŋ 吞邓更		eŋ 绳井轻	oŋ 感2 同从	ɔŋ 赶帮堂		uŋ 本官换
iaŋ 踮洇畅	iɐŋ 恩忍寅	^{i}ɛŋ 钳梁张	ieŋ 认应赢	ioŋ 融翁用	iɔŋ 韧		
				op 合鸽匣			
						it 接揭夺	
aʔ 答辣百	ɐʔ 立七克	^{i}ɛŋ 夹略却	ek 蛰力尺	ok 复宿局	ɔʔ 割乐学		uʔ 阔活没
	iɐʔ 入日一		iek 忆易液	iok 沃玉肉			
ŋ̍ 吴午悟							

说明：

1. o 的实际舌位略低，介于 o ~ ɔ 之间。

2. ɛ 的实际舌位略高，近 ᴇ。

3. ɐi、ɐu 中 ɐ 的舌位略后。au 的主元音 a 舌位亦略后，且 a 发音较长，韵尾 u 时长较短收尾不到位，个别字韵尾 u 音色模糊，复合音色不明显。

4. 深摄 ɐm 韵的闭口韵尾保留较为明显，与“臻、曾”摄的 ɐŋ 形成对立。但是，其相应的入声韵则多读 ɐʔ，与“臻、曾”摄的入声无对立；从音色而言，深摄的入声少数字还能分辨出 -p 尾，大多数情况或略带唇齿化合口动作而无闭尾色彩读作 ɐʋʔ，或直接读作 ɐʔ。梅菉话中 ɐp、ɐʋʔ 与 ɐʔ 不形成对立，故统一为 ɐʔ。

5. in 有音位变体 im，im 主要来自咸摄开口三、四等字，in 主要出现于山摄三、四等。in ~ im 音色稍有差异，但无音位上的对立感；其相应的入声多读 it。

6. aŋ 的韵尾发音略靠前，包括“咸、山、梗”等摄的洪音字。其中，咸摄有个别字如“南、惨、腩”和口语字“啖、啱”音色近 am，但与 aŋ 无对立；其对应的入声读 aʔ，虽然韵尾有塞音弱化现象，但仍与舒声 a 形成对立；少数古咸摄入声字在音值上近似 ap，ap/aʔ 无对立。

7. oŋ 韵中个别字读音近 om，主要来自咸开一等见晓组，但 om ~ oŋ 无音位对立。咸开一等见晓组的入声还保留闭合较松弛的塞尾 -p，与通摄入声的 ok 对立。

8. ^{i}ɛŋ、^{i}ɛʔ 韵母有前滑音 i，音色较弱，不作为介音处理，少数来自咸、山摄开口三、四等的白读字，大部分则来自宕开三等。不过，宕摄有个别字读音为 iaŋ 或 eaŋ，如“襄、畅”。

9. 梅菉话的入声韵尾大量合并，今收 -p、-t 尾的韵母仅剩 op 和 it 两个，

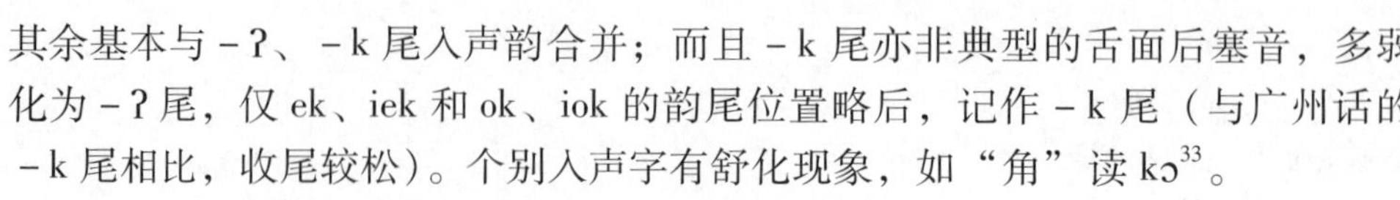

其余基本与 -ʔ、-k 尾入声韵合并；而且 -k 尾亦非典型的舌面后塞音，多弱化为 -ʔ 尾，仅 ek、iek 和 ok、iok 的韵尾位置略后，记作 -k 尾（与广州话的 -k 尾相比，收尾较松）。个别入声字有舒化现象，如“角”读 $kɔ^{33}$。

三、声调（8 个）

阴平 55　多思婚风　　阳平（阳去）31　茶寒父命

阴上 35　古我挺卵　　阳上 223　五耳厚艇

阴去 33　盖抗汉爱

上阴入 55　急七福一　　下阴入 33　塔割八劣　　阳入 31　薄舌月极

说明：

1. 读 55，部分字收尾时略有上扬，近 455。

2. 阳平与阳去合流，大多读为 31 调，有时略低读为 21 调，无对立。

3. 阴上 35，但有相当一部分字调值较低，读为 24，与阳上的 223 相近；阴、阳上较为明显的区分是：阳上多平缓略升，而阴上则直升，斜度不同。此外，梅菉的阴上和阳上不像广州话一样基本与中古的清上、浊上对应，不少古浊上（尤其是次浊上）字读如阴上调，如“我、坐、吕、语、卯、鸟、揽、懒、往”等等。总体而言，阴上和阳上在粤西粤语中逐渐混同已是共同的发展趋势。

4. 梅菉的入声调比较复杂，上阴入 55 基本与广州话同，只是调值有时偏低近 44；而下阴入 33 和阳入调 31 由于起点接近加上入声本身发音短促，且它们的内部又各有一个略低的变体 22 和 21，与古声母的清浊亦不完全对应，所以非常容易混淆、不易明辨。与粤西其他粤语共同的是，不少古浊入声字（尤其是次浊入声字）读下阴入而不读阳入，如“聂、抹、劣、绝、阅、罚、骆、烙、洛、麦、脉、读、鹿、毒、玉”等。

第四节 湛江吴川市吴阳镇粤方言（土白话）音系

一、声母（23 个）

ɓ 波八帮		p^h 部盘拍	m 美万末		f 夫缺兄	ʋ 外月匡
ɗ 多剁纠	t 尖断节	t^h 太断残续	n 女年纳	l 梨览列	ɬ 苏狮尿	
	ʦ 猪枕捉	ʦ^h 吹且插丈	ȵ 牛让业		s 师实产	
	k 家检级	k^h 区群杰	ŋ 牙眼玉		h 享下阔芋	
	kʋ 归绢刮	kʋ^h 亏拳困	ŋʋ 顽			

Ø/ʔ 雨孕恶

说明：

1. 有内爆声母 ɓ、ɗ，来自古“帮、端”母，且不论声调高低均存在浊音音色（吴阳话阴去调读 11）。

2. 声母 ts、ts^h、s 在 i 开头的韵母前音色近 ʧ、ʧ^h、ʃ。

3. 声母 k、k^h、ŋ 在合口韵前唇齿化色彩明显，有 kʋ、kʋ^h、ŋʋ 声母，ʋ 与声母结合很紧，如同合为一体的双部音。例如拳 kʋ^{h}in^{44}、卷 kʋin^{24}、顽 ŋʋaŋ^{44}（ŋʋ－仅个例）。此外还有唇齿半元音 ʋ－，如腕 ʋin^{24}。

4. 零声母洪韵字包括少数细韵字发音起始往往带紧喉 ʔ-，如淹 ʔim^{55}、矮 ʔai^{24}、压 ʔaʔ$^{\underline{11}}$、翁 ʔoŋ^{55}，ʔ－是零声母的变体，吴阳话零声母带紧喉音色较周边粤语更为明显。此外，零声母中凡是以 i 开头的韵母，如 i、iɛ、iɐu、in、im、iɐp、iɐt 等，有时带浊音摩擦 j（尤其配低调时较为常见）。本音系为了与其他辅音声母后的 i 介音韵母保持韵类洪细一致，不设 j 声母而处理为零声母。

二、韵母（52 个）

a 巴茄话		ɛ 朵坐蛇		o 多过助	i 鱼主事	u 姑虎负
		iɛ 惹也夜				
ai 带矮败	ɐi 迷洗外	ei 女区词意	^{u}ɔi 来赛海			ui 陪水回
	iɐi 系联～					iui 乳慧穗
au 交闹亩	ɐu 头九鲍		^{u}ɔu 毛讨奥	ou 土五芋	iu 庙小鸟	
iau 猫挠撬	iɐu 偶牛幼					
am 参揞咸	ɐm 心岑欣		^{u}ɔm 砍含甘		im 占检垫	
iam 钳嵌	iɐm 吟任音					

		en 升病英永			in 编钱圈	
		ien 蝇形孕				
aŋ 赚伞讲轰	ɐŋ 跟因纯能		ᵘɔŋ 肝装黄	oŋ 东昂痈	ʊn 连短款孙	
iaŋ 片长享阳	iɐŋ 人寅匀			ioŋ 熊容用		
ap 纳夹鸭	ɐp 立湿吸		ᵘɔp 合鸽盒		ip 接贴孽	
	iɐp 入揖					
	ɐt 喫	et 力席忆或			iʔ 灭铁月	ʊt 列脱阔雪
		iet 翼亦易				
aʔ 达笔角息客			ᵘɔʔ 喝博镬			ʊk 独竹玉
iaʔ 日却刷						iʊk 肉旭欲

说明：

1. 舌面声母 ȵ 后 i 介音音色并不明显，但考虑到韵母比较时同韵摄韵母的洪细对应，因此在音系处理中仍在 ȵ 后加上 i 介音。如任 ȵiɐm^{31}、入 ȵiɐp $^{\underline{22}}$、酿 ȵiaŋ^{22}、弱 ȵiaʔ $^{\underline{22}}$。

2. 大部分 i 介音韵母只出现在 ȵ 和零声母后面，但 iau、iam、iaŋ、iaʔ 也在其他辅音声母后面出现。

3. 韵母 ɛ 的舌位略高，开口度较小，介于 e 和 ɛ 之间。

4. 韵母 ai、ᵘɔi 的韵尾 i 较松弛，舌位偏低，介于 ɪ ~ e 之间。

5. 韵母 au、ᵘɔu 的韵尾 u 较松弛，舌位偏低，介于 ʊ ~ o 之间。

6. 韵母 en、et 中主元音舌位略靠后，介于前元音 e 和央元音 ə 之间。

7. ʊn、ʊt 的主元音略前，介于 ɵ 和 ʊ 之间；在唇音声母和 k、kʰ 声母后舌位较高，接近 un、ut。

8. 以 ɔ 为主元音的系列韵母在与声母结合时前面带有前滑音ᵘ，从前滑音ᵘ至主元音 ɔ 有一定的动程，实际为ᵘɔi、ᵘɔu、ᵘɔm、ᵘɔp、ᵘɔŋ、ᵘɔʔ；其中，ᵘɔʔ 还带有后滑音ᵘ，实际读作ᵘɔᵃʔ，由于吴阳话后滑音ᵃ 的音色没有化州下江话那么明显，因此吴阳音系中仅处理为ᵘɔʔ 以区别于下江话的ᵘɔᵉk。此外，ᵘɔŋ 和ᵘɔʔ 在舌根声母后不存在开合对立，如冈 kᵘɔŋ^{55} = 光 kᵘɔŋ^{55}、各 kᵘɔʔ $^{\underline{11}}$ = 郭 kᵘɔʔ $^{\underline{11}}$。

9. it 中的塞尾 -t 舌尖音色弱化，记作 iʔ，但因受主元音 i 的影响而发音略偏前。

10. im、iaŋ、iaʔ 等零声母字有时发音前面带紧喉 ʔ-，此时元音 i 舌位下降，实际音值为 ɪ，如淹 ʔɪm^{55}、央 ʔɪaŋ^{55}、约 ʔɪaʔ $^{\underline{11}}$，但它们与 im、iaŋ、iaʔ 不构成韵母对立。

11. 韵母 aŋ 有时鼻尾不明显，主元音带鼻化色彩，近 ãᵑ。

12. 韵母 aʔ 的主元音位置偏央，大部分读 Aʔ，吴阳话山 ~ 臻摄、梗 ~ 曾摄中阳声韵 aŋ ~ ɐŋ 对立清晰，但入声韵主元音长短/高低的 a ~ ɐ 对立则相对模糊

(虽然有些字听起来似乎长短有别，但整体而言无音位对立，与古音韵摄的对应亦不整齐)。由于这些入声韵（对应于广州话的 at ~ ɐt、ak ~ ɐk）在吴阳话中减省合并为 aʔ，因此其古音韵摄来源的不同主要依靠声调加以区分：阴入中臻、曾摄多读上阴入 44（广州话主元音为 ɐ），山、梗摄多读下阴入 11（广州话主元音为 a）；阳入则无严格的区分，仅个别字组存在声调对立（详见声调部分举例）。

三、声调（10 个）

阴平 55　魔西葱壅
阴上 24　果准跑乳
阴去 11　过菜变算
上阴入 44　笔出踢乜
下阴入 11　答杀脚劣

阳平 44　何才拳冯
阳上 33　我被弟扩
阳去 22　部地竞爷
阳入一 22　习列学六
（阳入二 33　突石墨合）

说明：

1. 吴阳话共有 10 个声调，平、上、去、入各分阴阳，入声还分上下阴入，个别阳入字有高低对立，暂列为阳入一和阳入二。

2. 吴阳话共有舒声调 6 个，除阴上 24 外，其余均以平调为主：阴平最高为 55，其次是阳平 44，然后是阳上 33，阳去 22，阴去最低为 11。阳去 22 起头略降，后端以平为主，近 322；阴去 11 极低且平（有时调头略呈降势），因整体调值过低而伴有嘎裂声，发音时喉部肌肉会出现颤抖。

3. 阴平为高平 55，阳平为次高平 44，这两个调的绝对音高值有时不太稳定，会出现阳平读得略高（近阴平）或阴平读得略低（近阳平）相互交叉的现象，但是在声韵相同的语音环境中，如送气清音、擦音、半元音声母拼相同韵母的情况下，来自古清平、古浊平的字则存在清晰的高低（55 ~ 44）对立，显示其古音不同的清浊来源，如叉 ʦʰa^{55} ≠ 查 ʦʰ^{44}、翻 faŋ^{55} ≠ 凡 faŋ^{44}、窝 ʋo^{55} ≠ 和 ʋo^{44}。

4. 阴上为中升调 24，大多来自古清上字，少数来自古浊上，如“跑、鸟、乳、纽、垄”等；阳上读中平调 33，除来自古浊上外，有少数来自古清去，如“判、疝、抗、扩、矿”等，多为书面语字，可能是受周边其他粤语阴去 33 调的影响。

5. 吴阳话入声调有 4 个。上阴入较广州话的 55 略低，记作 44；下阴入读 11，与阴去一样调值极低而伴有嘎裂声及喉部紧张。阳入有两个高低稍异的调值 22 和 33，以 22 居多。下面列出所有声韵相同但高低略有差异的阳入字组：

乏、伐、筏、罚 faʔ^{22}——佛仿~、~像faʔ^{33}

辣、律、率 laʔ$^{\underline{22}}$——栗、勒、肋 laʔ$^{\underline{33}}$

达 tʰaʔ$^{\underline{22}}$——疾、突、凸、特、贼 tʰaʔ$^{\underline{33}}$

篾、袜、勿、剥、麦、脉 maʔ$^{\underline{22}}$——蜜、密、物、墨、默、擘 maʔ$^{\underline{33}}$

滑、猾、获 ʋaʔ$^{\underline{22}}$——核、划 ʋaʔ$^{\underline{33}}$

白 pʰaʔ$^{\underline{22}}$——帛 pʰaʔ$^{\underline{33}}$

实 saʔ$^{\underline{22}}$——术、述 saʔ$^{\underline{33}}$

杂 tʰap$^{\underline{22}}$——踏、沓 tʰap$^{\underline{33}}$

铡 ʦʰap$^{\underline{22}}$——闸 ʦʰap$^{\underline{33}}$

怯、歉、协、侠 hip$^{\underline{22}}$——峡、胁 hip$^{\underline{33}}$

孽 ȵip$^{\underline{22}}$——业 ȵip$^{\underline{33}}$

昧、末、沫、没 mʊt$^{\underline{22}}$——抹 mʊt$^{\underline{33}}$

蚀 set$^{\underline{22}}$——食、石 set$^{\underline{33}}$

亦、译、易交~、液、腋 iet$^{\underline{22}}$——翼 iet$^{\underline{33}}$

剧、屐 kʰet$^{\underline{22}}$——极 kʰet$^{\underline{33}}$

族、毒、逐、俗 tʰʊk$^{\underline{22}}$——独、读、续 tʰʊk$^{\underline{33}}$

局 kʰʊk$^{\underline{22}}$——焗 kʰʊk$^{\underline{33}}$

以上大部分 $\underline{22}$ 和 $\underline{33}$ 的差异只是调位自由变体，并无区别意义；唯有 aʔ 韵中有少数字组发音人明确指出构成对立，如袜 maʔ$^{\underline{22}}$≠物 maʔ$^{\underline{33}}$、辣 laʔ$^{\underline{22}}$≠勒 laʔ$^{\underline{33}}$、麦 maʔ$^{\underline{22}}$≠墨 maʔ$^{\underline{33}}$、滑 ʋaʔ$^{\underline{22}}$≠核 ʋaʔ$^{\underline{33}}$、达 tʰaʔ$^{\underline{22}}$≠特 tʰaʔ$^{\underline{33}}$、罚 fat$^{\underline{22}}$≠佛 ʋat$^{\underline{33}}$，这些阳入调对立似乎与广州话长短元音的区别有关，不过对应并不严格，覆盖也不完全（详见上例）。因此，吴阳话声调系统中虽然列出阳入一和阳入二两个调类，除了这些少数对立的情况以外，绝大多数的阳入二实际只是阳入一的变体而已。

6. 个别字似有名词变调 55，读音不合古调来源，如嵌 kʰiam^{55}、岐 kʰei^{55}、栏猪~ laŋ^{55}。

第五节　湛江遂溪县北坡镇粤方言（大种白话）音系

一、声母（21 个）

p 波玻部拜	p^h 敷婆普拍	m 魔马雾灭	f 夫父课呼		ʋ 卫慧弯疫
t 多大党突	t^h 拖椭徒淡	n 拿努念捏		l 罗裸料拉	
ʧ 左猪者住	$ʧ^h$ 搓坐差齿	ȵ 儿严炎焰	ʃ 沙社暑玺	ɬ 蓑写素隧	
k 哥过寡据	k^h 颗拘其寇	ŋ 鹅饿五魏	h 河墟凯械		
kw 瓜傀桂惯	kw^h 夸葵困裙				
ø（j）阿乌爷夜					

说明：

1. 本调查因发音人舌筋稍短，故 ʧ、$ʧ^h$、ʃ 发音有时略靠后。

2. 以 i 开头的零声母字部分带轻微的浊音摩擦，部分则浊音摩擦不明显。本音系为了与其他辅音声母后的 i 介音韵母保持同韵摄韵类洪细一致，一律处理为零声母而不作 j。

3. 以 u 开头的零声母字分两种情况：一部分字（尤其是以 u 为主元音的）不带明显的浊音摩擦，本音系均处理为零声母而不记作 w；另一部分（尤其是以 u 为介音的）发音时多为唇齿半元音声母 ʋ，ʋ 开头与零声母 u 开头并不构成音位对立。

二、韵母（53 个）

a 巴化蛙瓜		e 些借射夜	o 多椭坐货	i 猪与只次	u 姑虎父富
ia 也		ie 爷野夜			
ai 孩带埋乖	ɐi 例废季唯	ei 碑思你里	oi 女虑矩句		ui 追屡改盖
					iui 锐睿蕊
au 褒卯交孝	ɐu 兜酒手纠		ou 毛早告茂	iu 膘小缴尿	
iau 猫觉	iɐu 柔友油幼				
am 耽览站衫	ɐm 侵深枕禁			im 镰陕欠念	
iam 钳舔赁泅	iɐm 任饮音淫				
				in 鞭剪建倦	un 干满玩安
		ien 贬片篇撵			

aŋ 凡兰散雁	ɐŋ 品吞慎近	eŋ 兵逞政姓	ɔŋ 郎霜广黄		oŋ 冬宋崇共
iaŋ 平命领 姓	iɐŋ 人忍认润	ieŋ 英影形型			ioŋ 张上容勇
ap 答蜡插甲	ɐp 合恰习吸			ip 峡接碟捏	
	iɐp 夹峡入捋				
				it 别热结月	ut 钵泼末阔
		iet 裂			
aʔ 八刻窄或	ɐʔ 笔突北塞	ek 逼力惜域	ɔk 薄作郭镬		ok 木秃竹局
iaʔ 剧尺劈笛	iɐʔ 日一逸	iek 益亦亿液			iok 略雀脚玉
ŋ̍ 吴梧午误					

说明：

1. i 介音韵母部分只出现在 ȵ 和零声母后面，不过 iau、iam、iap、ien、iet、iaŋ、iak、ioŋ、iok 除外，它们可在其他辅音声母后面出现。

2. 韵母 e、ie 和 o 的主元音 e、o 舌位略低，介于 e/ɛ 和 o/ɔ 之间。

3. 韵母 in、it 和 un、ut 韵尾大多为 -n、-t 尾，少数字舌位略后，接近 -ŋ、-ʔ 尾；但 i、u 主元音后不存在 -n/-ŋ、-t/-ʔ 的韵尾对立。

4. 韵母 aŋ、iaŋ、ɐŋ、iɐŋ 的韵尾偏前，实际为 -ɲ，少数字听起来似 -n 尾，但主元音 a、ɐ 后不存在 -n/-ŋ 尾的对立；同样，aʔ、iaʔ、ɐʔ、iɐʔ 的韵尾也有偏前（近 -t）或偏后（近 -ʔ）的现象，但主元音 a、ɐ 后同样不存在 -t/-ʔ 尾的对立。因此，主元音 a、ɐ 后统一归为 aŋ、aʔ，iaŋ、iaʔ，ɐŋ、ɐʔ，iɐŋ、iɐʔ。此外，主元音为长元音 a 的，其后面喉塞尾有弱化脱落现象，如“轧、责、窄”与“炸”同音，读 $ʧa^{44}$。

5. 韵母 ioŋ、iok 的主元音在零声母和 ȵ 声母后读 o，而在其他辅音声母后面则舌位略低，前者主要来自通摄三等，后者主要来自宕开三等，可看出古音来源不同的这两类字原本可能韵母读音略有差异，但因音近而逐渐合并的痕迹。

三、声调（9 个）

阴平 33　多瓜楷挤			阳平 11　罗除氏售
阴上 35　可把絮譬			阳上 13　吕脑染往
阴去 44　懊坎诞账			阳去 31　后召件匠
上阴入 55　粒笔侧福	下阴入 33	答八约拆	阳入 21　合月落目

说明：

1. 阴平 33 比阴去 44 略低，但由于调值相近，加上周围粤语基本为阴平高平、阴去中平的格局，因此北坡大种话的阴平、阴去调与古音的清平、清去对应不是很整齐，经常出现交叉现象，尤其是非口语常用字阴平偏高、阴去偏低的现象更为常见，可能是本土粤语层次和周边粤语层次混淆所致，而在口语常用字中阴平读 33、阴去读 44 则比较稳定。

2. 阳平调有时发音带降势，调值近21，为与阳去区别，记作11。阳去31则是较明显的中降调，声调起点较高，部分字甚至为42。

3. 古清入字今分为上下阴入，上阴入略高、下阴入略低。但是，上下阴入有少数字调值高低区分并不显著，反而更重在韵母主元音音色差异上，凡元音短促者多为上阴入55（或44），凡长元音者多为下阴入33，与中古韵摄对应亦较整齐。同样，阳入虽均为低促调，但似乎内部亦稍有不同。以长元音为主元音的声调起头较高，近31或42；短元音为主元音的多较低，为21或11。

4. 没有明显的连读变调，只是阳去字在前字位置时有时读中降调（31或42），有时则为低平调（22），后字位置则以降调为主；同样，阳入调在前字位置时有时偏高、降势明显，有时则偏低、降势不明显，而在后字位置时一般读降调。

第六节　茂名市茂南区新坡镇粤方言音系

一、声母（21个）

p 波本白	p^h 普贫柏	m 麻问剥	f 风苦灰	ʋ 位获篁
t 多特纠	t^h 体同托	n 泥粒粘		l 螺立脸
ʧ 珠杂丈	ʧ^h 茶切祟	ȵ 鱼人炎	s 丝神师	ɬ 写霜索
k 哥讲剧	k^h 购舅矿	ŋ（ɲ）牙逆研	h 开协宪	
kw 柜军骨	kw^h 葵轰窟			
ø（j-/ʔ-）哑屋入				

说明：

1. 塞擦音以舌叶音ʧ、ʧ^{h}为多，少数读作舌尖声母ʦ、ʦ^h，两者不构成音位对立；其相应的擦音多数读ʃ，少数读s，亦互为音位变体。

2. 有4个鼻音声母m、n、ȵ、ŋ，其中舌面鼻音ȵ和舌尖鼻音n在细音前形成对立，n来自古泥母，而ȵ母主要来自古日母、疑母细音和部分影、喻母细音字，如粘nim^{553}≠阉ȵim^{553}、年nin^{21}≠言ȵin^{21}；但宕开三古泥（娘）母的“娘”与“酿”声母成对立，分别读作niaŋ^{21}和ȵiaŋ^{31}。另外，舌面后鼻音声母ŋ一般不拼细韵，唯“研”ɲiɛn^{21}例外，声母读ɲ（音色接近ŋ而非ȵ），可看作ŋ的音位变体。

3. 半元音ʋ的唇齿化程度略轻，咬唇较松，介于ʋ～w之间。

4. 零声母另有两个变体：一是以 i 开头的零声母音节，带较重的浊音摩擦 j，本音系为了与同韵摄其他辅音声母后的 i 介音韵母保持韵类洪细一致，故不设 j 声母而处理为零声母带 i 介音，因此 j 可视为零声母的变体；二是非高元音开头的零声母字，部分字带前喉塞音 ʔ-，如握 ʔak^{33}、欧 ʔɐu^{553}。

二、韵母（62 个）

a 巴瓜打		ɛ 靴坐车		ɔ 我错过	i 鱼师衣	u 夫芋姑
ia 丫鸦		iɛ 爷也夜				
ai 牌涯怪	ɐi 批弟桂		ᴇi 肥基四	^{u}ɔi 再内爱		ʊi 女居配
						iʊi 乳穗锥
au 包校邹	ɐu 头勾休			ou 图报号	iu 表桥腰	
iau 猫尿撩	iɐu 油有幽					
am 谈站甘	ɐm 含林金				im 签甜严	
iam 钳 签踮	iɐm 任音涸					
an 蛋山关	ɐn 笨春君			^{u}ɔn 干安寒	in 片现团	ʊn 搬换款
	iɐn 恩仁引	iɛn 扁研 片				
aŋ 冷耕横	ɐŋ 等曾轰		eŋ 冰惊永	^{u}ɔŋ 帮床广黄		oŋ 东从容
iaŋ 娘枪羊	iɐŋ 韧		ieŋ 英蝇影			ioŋ 痈熊用
ap 塔盒铡	ɐp 立吸习				ip 聂接业	
iap 镊狭屑	iɐp 入					
at 达杀刮	ɐt 律屈出			^{u}ɔt 簸割喝	it 别设月	ʊt 没括活
	iɐt 日一逸	iɛt 裂曰				
ak 百宅获	ɐk 墨塞黑		ek 色尺籴	^{u}ɔk 剥落国		ʊk 目竹昨
iak 略削却		iɛk 擘	iek 亿域疫			iʊk 肉旭育
ŋ̍ 吴午误						

说明：

1. 大部分 i 介音韵母均出现在 ȵ 和零声母后面，只有 iau、iam、iap、iɛn、iɛt、iaŋ、iak、iɛk 也可在其他辅音声母后面出现。

2. 韵母 o 的舌位介于 o 和 ɔ 之间。

3. 以 ɔ 为主元音的系列韵母 ɔi、ɔn、ɔt、ɔŋ、ɔk 在与声母结合时带有明显的前滑音^{u}，从^{u} 至主元音 ɔ 具有一定的动程，且主元音舌位略高于 ɔ；在唇齿声母 f、ʋ 后面的滑音^{u} 虽不像在其他辅音声母后面那么清晰，但与广州话相比仍有一定的过渡动程。

4. 韵母^{u}ɔi 的韵尾较松弛，舌位不到高元音，实际收尾在 ɪ 或 e。

5. 韵母 ᴇi 的主元音舌位比广州话（ei）略低，介于 e ~ ᴇ之间，为示区别，记作 ᴇi。

6. 韵母 ʊi 在双唇、唇齿声母后开口度略小，但相比广州话的 ui 仍显开口略松，所以一律记作 ʊi。

7. 韵母 eŋ、ek 中入声主元音舌位略高于其阳声韵的主元音，音色近 ɪk。

8. 通摄入声韵主元音明显高于其阳声韵主元音，故记作 oŋ、ʊk 和 ioŋ、iʊk。

9. 韵母 ak、ᵘɔk 的舌面后塞音 -k 收尾已弱化，音色近 -ʔ，个别甚至有舒化的趋势。

三、声调（9 个）

阴平 553　天开妹		阳平 21　才人邻
阴上 335　古炒乳		阳上 113　五淡椅
阴去 33　盖汉蟒		阳去 31　共买如
上阴入 55　笔七一	下阴入 33　说捉抹	阳入 22　麦习越

说明：

1. 新坡白话声调共有 9 个调：平、上、去声各分阴阳，入声则有上阴入、下阴入和阳入 3 个调。

2. 阴平整体呈高降调，但发音较长，前段有平拖之势，故记作 553；个别字亦读 53，与 553 不构成音位对立。

3. 阳平读低降 21，少数字起头偏高，介于 2 ~ 3 之间；该调低降之后略有平拖，近 211。

4. 阴上为高升调，但前段有较明显的平拖，记作 335；相对于广州话的 35 调而言，茂名新坡的调值尾端似乎并未升至最高音，介于 334 ~ 335 之间。阳上调为中升 113，升幅不大，实际可作 223，其调值与阴上 335 的区分度不如广州话的 35 与 13 明显。此外，新坡的阴上和阳上调也不像广州话一样基本与中古的清上、浊上对应，不少古浊上字（尤其是次浊上）读阴上调，如努 nou^{335}、蕊 ȵiʊi^{335}、鲁 lou^{335}、厚 hɐu^{335}。

5. 阳去读中降 31（起头较阳平略高），降势明显；与阳平 21 不同的是，其降调前段带平拖，类似 331 调。

6. 阳入调为低平 22，但调值略带降势。

第七节　茂名高州市潘州街粤方言音系

一、声母（21 个）

p 波白豹	p^{h} 普贫剖	m 麻万巫	f 风阔胡		w（ʋ）伟横蛙
t 多电 知	t^{h} 体甜蜕	n 泥粒拎		l 螺立舰	
ʧ 知杂曾	ʧ^{h} 茶床切	ȵ 鱼人掩	ʃ 师神色	ɬ 写霜 师	
k 哥件郭	k^{h} 舅矿估	ŋ 牙研勾	h 开汉合		
kw 果柜国	kw^{h} 葵窟群				
ø（ʔ/j）哑铅入					

说明：

1. 塞擦音以舌叶音 ʧ、ʧ^{h}、ʃ 为主，少数读作舌尖声母 ʦ、ʦ^{h}、s，两者不构成音位对立。

2. 有 4 个鼻音声母，即 m、n、ȵ、ŋ。其中，舌面鼻音 ȵ 和舌尖鼻音 n 在细音前形成对立，n 来自古泥母，而 ȵ 母主要来自古日母、疑母细音和部分影、喻母细音字，如粘 nim^{553} ≠ 阉 ȵim^{553}、镊 nip^{21} ≠ 业 ȵip^{21}；但宕开三古泥（娘）母的“娘”与“酿”声母成对立，分别读作 niaŋ^{11} 和 ȵiaŋ^{11}。舌面后鼻音 ŋ 主要与洪韵相拼，个别可拼细韵，如“碾、研”读 ŋiɛn。

3. 零声母存在不同变体：洪音开口前大部分为 ø，个别字带紧喉色彩为 ʔ-，两者无对立；洪音合口前则为带轻微浊音摩擦的半元音 w，少数字进一步唇齿化为 ʋ。零声母在细韵前则带不太重的浊音摩擦，近半元音 j。为与其他辅音声母后的 i 介音韵母保持同韵摄韵类洪细一致，本音系中凡 i、y 开头的音节一律记作零声母而不作 j。

二、韵母（65 个）

a 爬瓜打	œ 朵螺怠	ɛ 茄坐车	ɔ 我坐过	i 如师衣	u 夫芋姑	y 猪取异
		iɛ 爷也夜				
ai 踩拉拐	ɐi 黎贵切一~	ei 鼻 师鬼	^{u}ɔi 菜内孩		ʊi 居配随	
					iʊi 乳穗锥	
au 爪校牡	ɐu 茂走舅		ou 粗刀母	iu 小桥丢		
iau 猫尿寮	iɐu 油幽皱					
am 谈站敢	ɐm 含林金			im 签垫盐		

iam 签钳拈	iɐm 任音泅					
an 蛋山关	ɐn 笨春群		^{u}ɔn 干安寒	in 片现全	ʊn 搬款门	yn 团村善
	iɐn 恩仁寅	iɛn 贬研 片				
aŋ 甥耕横	ɐŋ 邓莺轰	eŋ 病顶颖	^{u}ɔŋ 帮床广		oŋ 东从胸	
iaŋ 娘枪羊	iɐŋ 韧	ieŋ 鹦赢荣			ioŋ 浓用熊	
ap 盒鸭杂	ɐp 立吸习			ip 聂接乙		
iap 夹狭挟	iɐp 入					
at 达杀刮	ɐt 蜜出屈		^{u}ɔt 葛割喝	it 裂切~开决	ʊt 没钵活	yt 薛夺穴
	iɐt 日一逸	iɛt 裂				
ak 白格划	ɐk 麦测突	ek 踢石籴	^{u}ɔk 剥落国		ʊk 目竹局	
iak 略踢曰		iek 亿域穴			iʊk 肉郁育	
		iɛk 擘				

ŋ̍ 吴午误

说明：

1. 高州市区方言中多数 i 介音韵母出现在 ȵ 和零声母后面，只有 iau、iam、iap、iɛn、iɛt、iaŋ、iak、iɛk 各韵可在其他辅音声母后面出现。

2. 韵母 ɔ 的舌位略高，介于 o 和 ɔ 之间。

3. 果合一等端系字有 ɛ 和 œ 两种读法，如“锁、坐”读 ɛ，“朵、螺、梭”读 œ；发音人对个别字似乎把握不定，如“糯、锁”有 ɛ/œ 两读音。不过假开三等则基本读 ɛ，音色比较清晰，如“写、车”。

4. 韵母^{u}ɔi 的韵尾舌位偏低，实际收尾在 ɪ。

5. 韵母 ʊi 在双唇、唇齿声母后大多开口度略小，近 ui。

6. 以 ɔ 为主元音的韵母 ɔi、ɔn、ɔt、ɔŋ、ɔk 在与声母结合时带有明显的前滑音^{u}，从^{u} 至主元音 ɔ 具有一定的动程，且主元音舌位略高于 ɔ；在唇齿声母 f、w（ʋ）后面的滑音虽不像在其他辅音声母后面那么清晰，然而与广州话相比仍有一定的动程；带前滑音^{u} 的 ɔ 系列韵母多与古开口一等韵母对应，但是^{u}ɔŋ、^{u}ɔk 两韵在见组声母中存在开合对立，如冈 k^{u}ɔŋ^{553} ≠ 光 kwɔŋ^{553}、讲 k^{u}ɔŋ^{35} ≠ 广 kwɔŋ^{35}、角 k^{u}ɔk^{33} ≠ 国 kwɔk^{33}。

7. 韵母 i ~ y、in ~ yn、it ~ yt 的齐撮对立比较模糊，与古音开合的对应亦出现交叉：如遇摄合口（除 ʊi 韵外）大部分读 y，少数则带有先撮后齐的音色，甚至读 i（如“徐、鱼、淤”等），而止摄开口大多读清晰的 i，个别字却读 y（如“施、异”等）；山开三、四等大多读 in、it，少数读作 yn、yt（如“善、乾、荐、薛”等）；山合三、四等大多读 yn、yt，少数读作 in、it（如“全、选、铅、劣、决”等）。总体而言，高州市区方言基本保留齐撮系列韵母的对立，但也开始出现混淆，舒声韵中遇摄读入止摄的字多于止摄读入遇摄的字，阳声韵则齐齿读入撮口和撮口读入齐齿的字数大致相当。

8. 韵母 ip 塞音韵尾略松弛，没有完全闭合，有些收尾位置在双唇 w 或唇齿 ʋ 的位置。此外，少数中古收 -t、-k 尾的字在高州市区话中收 -p 尾，如"泽、摘、舌、乙"等。

9. 主元音舌位较低的入声韵 ak、^{u}ɔk、iɛk，其塞尾 -k 出现弱化的趋势，部分字塞尾近 -ʔ。

10. 通摄入声韵主元音舌位明显高于其相应的阳声韵主元音，故记作 oŋ、ʊk 和 ioŋ、iʊk。

11. 梗开三、四等基本无文白异读，仅个别入声字如"脊、踢"有文白异读，白读为 iak、文读为 ek。

三、声调（9 个）

阴平 553　天开锥		阳平 11　才人为
阴上 35　古史五		阳上 223　肚淡舅
阴去 33　次盖汉		阳去 31　大丈妹
上阴入 $\underline{55}$　笔尺菊	下阴入 $\underline{33}$　抹说客	阳入 $\underline{21}$　习日值

说明：

1. 高州市白话共有 9 个调：平、上、去各分阴阳，入声则有上阴入、下阴入和阳入 3 个调。

2. 阴平调整体呈高降调，但发音较长，前段有平拖之势，故记作 553；个别字亦读 53，与 553 不构成音位对立。

3. 阳平调读低平，调值大多为 11，少数偏高近 22，彼此不对立。

4. 阴上为中升调，调值介乎 34 ~ 35 之间；阳上亦为升调，起点略低而平缓上升，记作 223（阳上调中有些字读音偏高，近 224）；高州话阴上和阳上的区分度不如广州话的 35 和 13 明显，而且它们与中古清上、浊上的对应亦颇混淆，显示出两个相近调值存在混同的趋势。

5. 阳去读中降 31（起头音高值较阳平略高），降势明显。

6. 阳入调亦有明显降势，因入声促调的缘故，降幅略小于阳去，记作 $\underline{21}$。

第八节　茂名信宜市东镇镇粤方言音系

一、声母（21个）

p 豹办壁	p^h 普贫被棉~	m 麻袜剥	f 风苦霍		w 位获窝
t 多特 知	t^h 体同疸	n 泥粒鳅		l 螺立脸	
ʧ 知杂邵	$ʧ^h$ 茶切邪	ȵ 鱼人皱	s 沙神私	ɬ 写霜 私	
k 哥沟割	k^h 琴决况	ŋ 牙勾研	h 开协香		
kw 果广橘	kw^h 亏裙屈				
ø(ʔ/j)暗屋入					

说明：

1. 塞擦音以舌叶音 ʧ、$ʧ^h$ 为多，少数读作舌尖声母 ʦ、$ʦ^h$，两者不构成音位对立；其相应的擦音则多读 ʃ，少数读 s，亦互为音位变体。

2. 有4个鼻音声母，即 m、n、ȵ、ŋ。其中，舌面鼻音 ȵ 和舌尖鼻音 n 在细音前形成对立，n 来自古泥母，而 ȵ 母主要来自古日、疑母细音和部分影、喻母细音字，如“年” nin^{13} ≠ “言” $ȵin^{13}$；但宕开三古泥（娘）母的“娘”与“酿”声母成对立，分别读作 $niaŋ^{13}$ 和 $ȵiaŋ^{13}$。另舌面后鼻音声母 ŋ 一般不拼细韵，如研 $ŋen^{13}$。

3. 声母 k、k^h 与圆唇化的声母 kw、kw^h 构成对立。

4. 零声母存在不同变体：洪音开口前多数带有紧喉色彩为 ʔ-，少数不带为 ø；洪音合口则为带有轻微浊音摩擦的半元音 w，少数字进一步唇齿化为 ʋ。细音前带有或重或轻的浊音摩擦，近半元音 j，为了与同韵摄其他辅音声母后的 i 介音韵母保持韵类洪细一致，本音系中凡 i、y 开头的音节一律记作零声母而不作 j。

二、韵母（64个）

a 沙瓜打		ɛ 茄车社 iɛ 爷也夜	œ 朵糯锁	ɔ 罗过蔬	i 师字以	u 醋父母	y 取徐书
ai 柴街矮	ɐi 弟桂危	ɛi 肺鬼 师	øy 赘	ᵘɔi 再内害		ʊi 女配于~是 iʊi 乳穗锥	
au 校吵邹	ɐu 走牛亩			ou 毛草号	iu 表笑条		

iau 猫尿爪	iɐu 休游皱						
am 谈监三	ɐm 林金揞			ɔm 暗甘咸	im 甜签禅		
iam 钳涸拈	iɐm 任饮淫						
an 蛋关赚	ɐn 笨秦君	en 片匾研		^{u}ɔn 干寒案	in 变前牵	un 搬官换	yn 联寸善
	iɐn 人因闰						
aŋ 生耕横	ɐŋ 灯橙轰	eŋ 丁惊永		^{u}ɔŋ 当广窗		oŋ 中同瓮	
iaŋ 娘枪羊	iɐŋ 韧	ieŋ 应赢形				ioŋ 翁浓容	
ap 塔十粒				ɔp 鸽盒合	ip 贴业接		
iap 夹入聂(老)							
at 达 郁密		et 裂揭挖		^{u}ɔt 割喝渴	it 别裂揭	ut 泼抹括	yt 切雪捋
iat 日一逸			iœt 曰				
ak 北获则		ek 力尺剧		^{u}ɔk 莫国索		ok 目竹局	
iak 略削脚		iek 翼益液				iok 郁肉旭	
ŋ̍ 吴午误							

说明：

1. i 介音韵母多出现在 ȵ 和零声母后面，只有 iau、iam、iap、iaŋ、iak 也在其他辅音声母后面出现。

2. 韵母 œ 的舌位略高，介于 œ 和 ø 之间。

3. 韵母 ᴇi 的主元音舌位比广州话的 ei 低，但为了便于辨认，在数据库中统一处理为 ei，音系中则写作 ᴇi。

4. 韵母 ʊi 大多数情况下比广州话的 ui 开口略大，但在双唇、唇齿、半元音声母后则开口略小近似 ui，两者并不构成韵母对立。另外，øy 韵仅有孤例"赘"，不知是否是受广州方言影响使然。

5. 以 ɔ 为主元音的韵母 ɔi、ɔn、ɔt、ɔŋ、ɔk 在与声母结合时带有前滑音^{u}（实际舌位较 u 略低），从前滑音^{u} 至主元音 ɔ 具有一定的动程，且主元音舌位略高于 ɔ。其中，ɔi 的前滑音音色最为明显；ɔŋ、ɔk 的前滑音音色部分较弱，与声母有一定关系；ɔn、ɔt 在主元音后还带有较明显的后滑音，实际音值为^{u}ɔ^{ə}n、^{u}ɔ^{ə}t。此外，ɔm、ɔp 主元音前不带滑音^{u}，不过其主元音的舌位略高，介于 o ~ ɔ 之间。

6. 主元音为长短 a、ɐ 的系列韵母在阳声韵中区分明显，如 am ~ ɐm、iam ~ iɐm、an ~ ɐn、aŋ ~ ɐŋ、iaŋ ~ iɐŋ 各组韵母互相对立，但是其相应的入声韵长短 a 对立几乎没有，虽然少数字读音似有长短之分，但发音人语感上认为不存在韵母对立，如阳入的杂 ʧap^{22} = 习 ʧap^{22}、袜 mat^{22} = 物 mat^{22}、麦 mak^{22} = 墨 mak^{22}；而阴入的对立主要靠声调高低而非主元音长短来区分，如甲 kap^{33} ≠ 急 kap^{55}、八 pat^{33} ≠ 笔 pat^{55}、百 pak^{33} ≠ 北 pak^{55}。

7. 韵母 en、et 主要出现于山摄开口三、四等，与 in、it 构成文白层次。en、

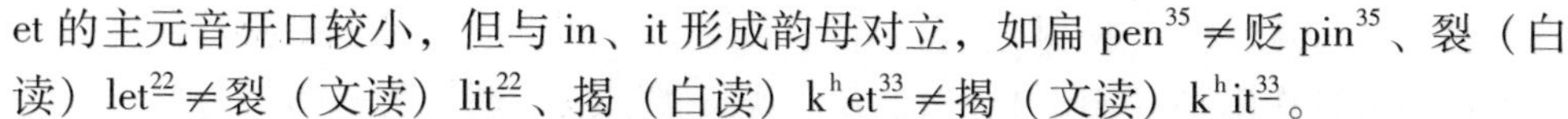

et 的主元音开口较小，但与 in、it 形成韵母对立，如扁 pen^{35} ≠贬 pin^{35}、裂（白读）let$^{\underline{22}}$ ≠裂（文读）lit$^{\underline{22}}$、揭（白读）k^{h}et$^{\underline{33}}$ ≠揭（文读）k^{h}it$^{\underline{33}}$。

8. 韵母 iaŋ、iak 有些字介音舌位较低，近 ɪaŋ、ɪak。

9. 入声韵 ek、ok 的主元音有时发音稍长，带有一定的从半高到高的滑动感，实际音值近 e^{i}k、o^{u}k，为方便起见，仍记作 ek、ok。

三、声调（8 个）

阴平 453　天开篮寮　　阳平（阳上）13　婆茶舅眼

阴上 35　古炒蚁刨

阴去 33　盖汉报韧　　阳去 31　助乱麻群

上阴入 $\underline{55}$　笔七黑锡　下阴入 $\underline{33}$　鸭说抹碟　阳入 $\underline{22}$　习越麦夹

说明：

1. 信宜白话共有 8 个调：平、去各分阴阳，入声分上阴入、下阴入和阳入 3 个调，阳平和阳上合为一个调。

2. 阴平、上阴入的调值非常高，似乎有超出 5 度音高范围的迹象。

3. 阴上调为高升调，其收尾似乎并未升至最高音，介乎 34 ~ 35 之间；阳平（阳上）为中升调，但起点略高介于 1 ~ 2 之间。两个调的调值区别比较模糊，唯有当同声韵的字存在 13 ~ 35 对立时才会有明显的高低差异。此外，信宜的阴上和阳上调不像广州话一样基本与中古的清上、浊上对应，不少古浊平、浊上字读阴上调，如“搽、社、吕、在、皮、你、蕊、肥、刨、榄、院”等，而且并非所有字均可以用小称变调来解释其读阴上的原因，只能推测是调值和调型相似导致这两个调之间的界限模糊、逐渐趋同。

4. 阳去读低降 31（起头音高介于 2 ~ 3 之间），降势较明显；但是信宜话古浊平、浊上字经常读阳去调 31，古浊去字读阳平（上）13 的字数相对较少。这可能与连读变调有关：阳平（上）13 调和阳去 31 调在词语前字位置时，常常变同为低平 22，致使单字调中也出现互相窜类的现象。具体情况如下：

古浊平字读作阳去：萝、俄、琶、麻、霞、爷、葡、吴、蜈、吾、梧、狐、蝴、渔、余、符、愚、娱、台、材、孩、排、豺、谐、牌、提、倪、茴、脾、篱、骑、瓷、糍、祁、慈、磁、其、随、垂、毛、曹、豪、毫、肴、描、朝（朝廷）、潮、韶、乔、摇、姚、条、投、硫、囚、稠、筹、邮、函、廉、镰、凡、临、壬、檀、兰、残、韩、颜、连、前、研、贤、团、糊、鸾、顽、还、全、泉、旋、传（传达）、圆、缘、繁、元、原、援、玄、苹、频、邻、磷、神、仁、芹、存、馄、纯、醇、坟、群、堂、棠、螳、杭、航、良、粮、详、祥、肠、场、强、皇、蝗、防、朋、棱、层、陵、凌、菱、丞、明、情、程、诚、盈、萍、屏、零、形、刑、宏、琼、营、萤、同、丛、洪、鸿、农、隆、崇、戎、逢、从、松（松树）、容、蓉。

古浊去读作阳平（阳上）：谊、议、媚、类、慰、谓、售、殓、迸。

以上统计比较粗略，而且由于粤语中古浊上字本来就有部分读阳上、部分读阳去的情况，因此浊上字未统计在内。

第九节　茂名市茂港区（原电白县）羊角镇粤方言音系

一、声母（21个）

p 兵拔浦	pʰ 跑泼瓶	m 马万剥	f 火饭阔	ʋ 位获屈
t 多洞纠	tʰ 头淡踢	n 泥暖历		l 拉浪力
ʧ 灾猪直	ʧʰ 茶寸署	ȵ 染月艳	ʃ 书森石	ɬ 小算雪
k 歌角橘	kʰ 拳霍棵	ŋ 牙研仍	h 可献盒	
kʋ 桂郡骨	kʋʰ 夸群窟			

ø（j-/ʔ-）亚雨鸭

说明：

1. ʧ、ʧʰ、ʃ 有两组变体：ʧ、ʧʰ、ʃ 和 ʦ、ʦʰ、s，彼此不构成对立。

2. 有4个鼻音声母，即 m、n、ȵ、ŋ。其中，舌面鼻音 ȵ 和舌尖鼻音 n 在细音前形成对立，n 来自古泥母，而 ȵ 母主要来自古日母、疑母细音和部分影、喻母细音字，如粘 nim^{44} ≠ 阉 $\mathrm{ȵim}^{44}$、年 nin^{11} ≠ 言 $\mathrm{ȵin}^{11}$。唯宕开三古泥（娘）母的“娘”与“酿”声母成对立，分别读作 $\mathrm{niaŋ}^{11}$ 和 $\mathrm{ȵiaŋ}^{31}$。另舌面后鼻音声母 ŋ 一般不拼细韵，但是研 $\mathrm{ŋiɛn}^{11}$ 字例外。

3. 舌面后声母带有较明显的齿唇化色彩，为 kʋ、kʋʰ；不过，也存在唇化的自由变体 kw、kwʰ。

4. 零声母存在不同变体：洪音开口前有时带紧喉色彩为 ʔ-，有时不带紧喉色彩为 ø；高元音 i 开头的音节前端带较重的浊音摩擦，实际音值为 j，为了在比较时与同韵摄其他 i 介音韵母保持韵类洪细一致，本音系凡 i 开头的音节一律记作零声母而不作 j。

5. 电白羊角白话以 u 开头的音节多读作半元音声母 ʋ（与广州话的双唇半元音 w 不同），带有较明显的浊音摩擦。

二、韵母（60个）

a 巴瓜鸦		ɛ 坐糯车	o 我错过	i 鱼师自	u 姑夫芋
		iɛ 惹也野			
ai 牌涯怪	ɐi 批弟桂	ɛi 悲基 自	^{u}ɔi 代爱嘴		ʊi 女配会
					iʊi 乳穗锥
au 包校臼	ɐu 靠巢绣		ou 魔粗号	iu 表桥腰	
iau 猫尿	iɐu 皱丘油				
am 谈站柑	ɐm 含林金			im 签甜蝉	
iam 钳签	iɐm 任音饮				
an 蛋山关	ɐn 笨秦君		^{u}ɔn 干安寒	in 片现团	ʊn 搬款管
	iɐn 恩人匀	iɛn 扁研 片			
aŋ 冷生横	ɐŋ 邓曾轰	ᴇŋ 冰惊永	^{u}ɔŋ 帮床广		oŋ 东从孔
iaŋ 娘枪羊	iɐŋ 韧	iᴇŋ 英形荣			ioŋ 翁熊用
ap 塔盒铡	ɐp 立十吸			ip 峡接协	
iap 夹挟摄	iɐp 入				
at 达杀刮	ɐt 七律屈		^{u}ɔt 渴割喝	it 别设月	ʊt 没泼括
	iɐt 一日	iɛt 裂曰舌			
ak 握百域	ɐk 墨特塞	ᴇk 色席踢	^{u}ɔk 剥落国		ok 目竹菊
iak 略削药		iᴇk 亿擘疫			iok 旭肉育
ŋ̍ 吴午误					

说明：

1. i 介音韵母多出现在 ȵ 和零声母（或 j）后面，只有 iau、iam、iap、iɐn、iɛt、iaŋ、iak 各韵以及 iᴇk 韵中的“擘”· 字，在其他辅音声母后面出现。

2. 韵母 o 的舌位略低，但与广州话的 ɔ 区别明显，故记作 o。

3. 韵母 ɛi 主元音实际音值略高，近 ᴇi，为方便数据库韵母识别，记作 ɛi。

4. 韵母 ʊi 在双唇、唇齿声母后开口度略小，但与广州话的 ui 相比仍显开口略松，所以一律记作 ʊi。

5. 以 ɔ 为主元音的韵母 ɔi、ɔn、ɔt、ɔŋ、ɔk 在与辅音声母结合时带有前滑音^{u}（或可作^{o}，合口略松），从前滑音至主元音有一个由合到开的动程，且主元音舌位略高于 ɔ。笔者不将^{u} 处理为 u 介音，是因为在舌面后声母中个别字还构成 k^{u} 与 kʊ 的对立，如江 k^{u}ɔŋ^{44} ≠光 kʊɔŋ^{44}、各 k^{u}ɔk^{33} ≠国 kʊɔk^{33}，而且在开合对应上带前滑音的韵母多对应古开口一等字。

6. 韵母 iau、iam、iap、iaŋ、iak 中介音 i 的舌位较低，近 ɪ 或 e，其中 iaŋ、iak 两韵的属字远远多于 iau、iam、iap 三韵的属字。

7. 韵母 im、ip、in、it 中的主元音 i 舌位略低，近 ɪ。

8. 韵母 ʊi、ʊn、ʊt 的主元音 ʊ 在唇齿声母 f、ʋ 后面实际音值为 u。

9. 韵母 iɛn、iɛt 主要来自山摄开口三、四等，但其介音音色有时不典型，个别字甚至没有介音而读作 ɛn 和 ɛt，如“片、舌”等；ɛn、ɛt 可视为 iɛn、iɛt 的音位变体，不具有区别意义的作用。

10. 韵母 ᴇŋ、ᴇk 实际读音略带复合音色，近 ᴇ^{i}ŋ、ᴇ^{i}k；韵母 ok 部分字主元音亦带复合色彩近 o^{u}k，但与 ok 不构成音位对立，其相应的阳声韵则基本为 oŋ。

11. 阳、入声韵中存在 a ~ ɐ（am ~ ɐm、ap ~ ɐp、an ~ ɐt、at ~ ɐt、aŋ ~ ɐŋ、ak ~ ɐk）的长短对立，但主元音 ɐ 有时舌位比广州话略低，a ~ ɐ 的元音高低区别较广州话为弱。

12. 羊角话入声 ak（iak）、ɔk 中有少数字塞尾 - k 存在弱化趋势，近 - ʔ。

三、声调（9 个）

阴平 44　歌兵书（变调 445　猫窗五）	阳平 11　蛇牛钳
阴上 224　表抢己	阳上 223　我近两
阴去 33　布寸更	阳去 31　父内稻
上阴入 55　笔七刻　　下阴入 33　铁雪脚	阳入 21（31）　白绿直

说明：

1. 羊角白话共有 9 个声调：平、上、去、入各分阴阳，其中阴入又分上、下阴入。

2. 阴平调值偏低，记作 44，但也有个别字调值偏高接近 55（是否受其他粤语影响暂且存疑），与 44 不构成调位对立。阴平调中还有一个高扬的变体 445，调值高于其他所有声调，主要用于日常名词语素，如“猫、窗、孙、芒麦~”，少数来自非古清平字如“爸、五、伍、垫”，属语素变调。

3. 阳平调读低平 11，少数字起头略偏高，近 211。

4. 阴上调为 224，阳上调为 223，电白羊角话中这两个调值相近很难区分，而且古音来源上也比较混淆，并不完全对应于古清上和古浊上字。它们的区分在于：阴上 224 有较明显的升势，尤其尾端调值较高；而阳上则呈低平缓升之势，没有 224 升得明显。

5. 阴去读中平 33，有少数听觉上与阴平的 44 非常接近难以区分，不过当同声韵的字存在阴平和阴去对立时则区分清晰。阳去读低降 31，降势明显，少数字前段平拖，实际读 331 调，两者构成自由变体。

6. 上下阴入 55 和 33 与广州话一样主要对应于长短音的区分，属于元音分调。上阴入 55 调值偏低，介于 55 和 44 之间；阳入调为低降 21，降势明显，有些甚至与阳去的 31 接近，但因入声短促，所以听感上略觉偏低。

第十节　茂名化州市河西街粤方言（上江话）音系

一、声母（23个）

ɓ 保病白		p^{h} 配盘僻	m 买面剥	f 呼方宽		ʋ 会挖穴
ɗ 刀洞敌	t 紫箭足	t^{h} 天头窗斜	n 泥浓粒	ɬ 洗司速	l 吕浪六	
	ʧ 猪爪专	ʧ^{h} 吹柴直	ȵ 肉勇饮	ʃ 霜刷寨		
	k 歌光沟	k^{h} 桥倾局	ŋ 哀玉月	h 海红客		
	kw 瓜骨枯	kw^{h} 跪昆掘				
ø（ʔ）晏鸭						j 腰慧叶

说明：

1. 有内爆声母 ɓ、ɗ，多数浊音清晰，来自古全清“帮、端”母和古全浊“並、定”母仄声（上声白读除外），仅个别古“帮、端”母字内爆浊音不明显，如“兵、典、腆”等。

2. 声母 t 和 t^{h} 的舌位偏后，带轻微的舌面音色近 ȶ 和 ȶ^{h}。

3. 塞擦音多读 ʧ、ʧ^{h}、ʃ，但也有变体 ʦ、ʦ^{h}、s 以舌叶音居多。清边擦音声母 ɬ 发音时，舌两边气流较强，甚至带有颤动音色。

4. 舌面后鼻音 ŋ 多拼洪韵，其拼细韵时实际读 ɲ，ɲ 为 ŋ 的音位变体。

5. 声母 kw、kw^{h} 有些带唇齿化色彩作 kʋ、kʋ^{h}，尤其是在韵母 u 前更明显，半元音以唇齿化的 ʋ 为主。

6. 零声母字发音前经常伴有紧喉色彩，高调前尤其明显。如鸦 ʔa^{53}、忆 ʔek$^{\underline{55}}$、屋 ʔʊk$^{\underline{55}}$；次浊声母拼阴平 53 和上阴入 $\underline{55}$ 调时也会略带紧喉音色，如妈 ʔma^{53}、匿 ʔnek$^{\underline{55}}$、笠 ʔlɐp$^{\underline{55}}$、鹅 ʔŋɔ^{53}、沃 ʔjiʊk$^{\underline{55}}$、煨 ʔʋʊi^{53}。

7. 半元音声母 j 带较重的浊音摩擦，有些甚至 j 前有舌面浊擦音 ʑ 的音色，类似^{z}j-，因此化州白话特设声母 j，为与其他辅音声母后的 i 介音韵母保持同韵摄韵类洪细一致，在 j 声母后的韵母均加 i 介音。

二、韵母（52个）

a 马洒瓜		ɛ 靴车爹	ɔ 糯过写	i 猪树师已	u 库古<u>武</u>
		iɛ 椰也惹			
ai 带玺怪	ɐi 外低鬼	ei 废次技衣	^{u}ɔi 来爱髓		ʊi 女愚推

					iʊi 乳慧穗
ɑu 包咬搜	ɐu 偷球茂		ou 苏 武豪	iu 超扰萧	
iau 猫尿鸟	iɐu 幽有由				
am 咸~丰参人~	ɐm 林寻心			im 尖验迁	
iam 钳苋	iɐm 饮音任				
	ɐn 贫怜棍			in 边团言穿	un 满馆盆
	iɐn 引人韧				
aŋ 男餐 进彭	ɐŋ 啃曾幸	eŋ 兵井永	^{u}ɔŋ 甘寒进方		oŋ 肛虫同
iaŋ 扁章让	iɐŋ 泅	ieŋ 孕赢营			ioŋ 翁勇融
	ɐp 粒湿急十			ip 聂接舌夺	
	iɐp 入				
	ɐt 笔骨律			it 铁雪月	ut 阔活没
	iɐt 一日逸				
aʔ 答八 角客	ɐk 习袜刻测	ek 力石溺疫	^{u}ɔʔ 鸽喝角霍		ʊk 鹿菊玉
iaʔ 夹略啄		iek 翼液亦			iʊk 肉育沃
ŋ̍ 吴语二疑					

说明：

1. 韵母 ɔ 大多舌位偏高，介于 o 和 ɔ 之间。

2. 韵母 ou 复元音之间的动程不甚显著，主元音 o 舌位略高，韵尾 u 发音较短且收尾不饱满，但与单元音 ɔ 仍有区别，归属不同韵母。

3. 韵母^{u}ɔi 和 ai 的韵尾 i 不到位，音值近 ɪ 或 e。

4. 效开二等的 ɑu 主元音比广州话 au 的主元音偏后且略圆，主元音拖音较长，韵尾则发音短且音色近 o。

5. 韵母 ʊi 主元音舌位略靠前，在唇齿声母 f、ʋ 后开口度偏小近 ui，与 ʊi 成互补分布，ʊi、ui 不构成音位对立。

6. 韵母ŋ̍主要见于遇摄合口“疑”母和止摄开口“日、疑”母，其中止摄字少数读音不稳定，如“二、儿”有ŋ̍^{31}/ȵi^{31}两读，但发音人音感上无对立，现统归作ŋ̍。

7. 以 ɔ 为主元音的系列韵母 ɔi、ɔŋ、ɔʔ 与声母结合时前面带有过渡音^{u}，从过渡音^{u} 至主元音 ɔ 有一定的动程，而且双唇、齿唇声母后过渡音^{u} 亦较明显，如黄 ʋ^{u}ɔŋ^{13}；个别字带后滑音音色，如割 k^{u}ɔ^{ɐ}ʔ^{33}。

8. 在 am、ɐm、im 三韵中，ɐm、im 韵尾是较典型的双唇鼻尾，而 am 的鼻尾闭口动作较松弛，音色也相对模糊，往往有闭口动作却无闭口音色，还有些字有 am/aŋ 两读，发音人语感中 am/aŋ 对立感不强；与 -m 尾相应的入声韵只有 ɐp、ip 两个（广州话读 ap 的化州白话全部归 aʔ），其中 ɐp 的双唇塞尾 -p 虽然闭口较明显，但有个别字已转读为 ɐk，如“踏、杂、集、习、袭”；而 ip 由于主元音为长元音，其韵尾的闭口动作较弱较松，收音位置多在唇齿，读音近 iʋʔ。

9. 收 -n/ -t 的韵母有三组，即 ɐn、ɐt ~ in、it ~ un、ut，广州话读 an、at 和 ɔn、ɔt 的化州上江话分别归入 aŋ、aʔ 和^{u}ɔŋ、^{u}ɔʔ。其中，in、it 主元音读音长似乎略有动程，近 iɪn、iɪt；另外，-t 尾的读音也不像广州话那样靠前，略微向后，但与 -k 尾有别。

10. 收 -ŋ 尾的阳声韵中，aŋ、eŋ 和^{u}ɔŋ 韵母的鼻尾舌位略靠前，近舌面中 -ɲ，而 ɐŋ 和 oŋ 的鼻尾则是典型的舌面后鼻音 -ŋ；另外，eŋ 有些字在主元音后略有动程近 e^{i}ŋ。与 -ŋ 尾阳声韵相应的入声韵则存在塞音韵尾弱化的现象，即不读典型的舌面后塞音 -k 而是在元音结束后同部位喉塞，最明显的是 aʔ 和^{u}ɔʔ，由于主元音为长元音，因此塞音音色较弱，个别甚至有点像舒声韵，故记作喉塞尾 -ʔ；ek 和 ɐk 则各有两个变体，即 ek、eʔ 和 ɐk、ɐʔ，它们因元音发音短、开口度略小，所以 -k 尾弱化不如 aʔ 和^{u}ɔʔ 明显，仍记作 -k 尾；而与 oŋ 对应的入声 -k 尾仍保持典型的舌面后塞音音色，只是入声韵主元音舌位比阳声韵略高，记作 oŋ、ʊk 和 ioŋ、iʊk。

三、声调（8 个）

阴平 53　天开风斤　　阳平（阳上）23　才人我淡怒
阴上 35　古粉鸟顶
阴去 33　盖汉店姓　　阳去 31　霞如件共饭
上阴入 55　笔骨尺踢　　下阴入 33　鸽百说切　　阳入 22　习活麦食

说明：

1. 阴平调基本读 53，很少有读 55 的变体。

2. 阳平（阳上）单念或处于词语后字位置时读低升 23，阳去读中降 31（降势较明显）；但这 3 个阳调类在词语前字位置时常常都变读为低平 22，致使单字调中也出现互相窜类的现象。古浊平字今读作阳去的如俄 ŋɔ^{31}、衙 ŋa^{31}、蝴 fu^{31}、如 ɲ^{31}、芋 ʋu^{31}、眉 mei^{31}、垂 ʃʊi^{31}，古浊去字化州上江话读作阳平（阳上）的如院 jin^{13}、售 ʃɐu^{13}。

3. 阴上 35 和阳上 23 的区别主要在于声调中后段，前段调值高低相差不大。阴上从声调中段开始明显上扬且尾端上扬幅度较大，阳上亦从中段开始缓升，但上升幅度比较平缓，故分别记作 35 和 23。化州市区白话中阴上和阳上的区别较茂名其他县区略明显。

第十一节　茂名化州市长岐镇粤方言（下江话）音系

一、声母（24 个）

ɓ 巴兵笔	p 皮旁白	p^h 跑品劈	m 买文麦	f 废宽血	ʋ 会挖院
ɗ 刀单得	t 桃姐邓	t^h 醋天集	n 泥娘粒	ɬ 洗箱速	l 李浪力
	ʧ 猪针捉	$ʧ^h$ 唱直部	ȵ 日勇牛	ʃ 书产淋	
	k 歌购光	k^h 桥健局	ŋ 牙玉月	h 客嫌休	
	kw 瓜军骨	kw^h 昆跪掘			
ʔ/∅ 椅晏鸭					^zj/z 爷厌一

说明：

1. 有内爆声母 ɓ、ɗ，但其发音前段的喉部声带紧张程度略轻，浊音杠较短，主要来自古“帮、端”母字。

2. 声母 p、t 主要来自古“並、定”母（“並、定”母清化后读不送气），配阳调，其中部分字似有浊流（近吴语的清音浊流声母）；此外，t 还来自“精”母，来自古“精”母的字配阴调，为典型的舌尖不送气清塞音。

3. 声母 ʧ、$ʧ^h$、ʃ 存在变体 ʦ、$ʦ^h$、s，舌叶声母多配细韵。

4. 声母 kw、kw^h 部分带轻微唇齿化色彩作 kʋ、$kʋ^h$，半元音 w 则唇齿化更明显作 ʋ。

5. 舌面后鼻音 ŋ 多拼洪韵，其拼细韵实际读 ɲ，ɲ 为 ŋ 的条件变体。

6. 零声母字发音前经常伴有紧喉色彩，如鸦 ʔa^{53}、忆 ʔek $^{\underline{55}}$、屋 ʔʊk $^{\underline{55}}$，ʔ 与 ∅ 为自由变体。

7. 声母 ^zj 有两个变体：一个是带有明显舌尖浊擦音的 z，另一个是浊擦色彩较弱的 ^zj 或 j。一般情况下，z 与 ^zj（j）可以互换，唯有在韵母 en ~ ien、ek ~ iet 中音色差异较为明显，z 配 en、ek（主要来自曾开三等），^zj（j）配 ien、iet（主要来自山开三、四等）。不过，由于韵母是否带 i 介音本身存在对立，因此，声母并不起音位区分的作用，仍然把它们归并为同一声母。

8. ȵ 和 ^zj（j）声母按照古音来源当与细韵（该方言只有齐齿韵，无撮口韵）相配，但其韵母的 i 介音音色较周边方言更不明显，本音系为了与同韵摄其他辅音声母后的 i 介音韵母保持韵类洪细一致，ȵ 和 ^zj 声母后亦均处理为 i 介音韵母（en、ek 除外）。

二、韵母（55 个）

a 茶下跨		ɛ 茄写姐	ɔ 糯过靴	i 知雨师瓷	u 父古武
		iɛ 爷也夜			
ai 大矮乖	ɐi 跛外慧	ei 紫眉 瓷椅 øi 吕取遇	^{u}ɔi 来爱开		ʊi 岁腿泪
					iʊi 蕊乳锐穗
au 包咬搜	ɐu 偷球否		^{u}ɒu 老草号	iu 超扰萧	
			ou 鲁 武数		
iau 猫尿鸟	iɐu 牛优有				
am 贪感 甘	ɐm 林寻心		^{u}ɔm 甘含暗	i^{ə}m 尖验甜	
iam 签钳舔	iɐm 任饮音				
	ɐn 怜津棍	en 兵井永蝇	^{u}ɔ^{ɐ}n 干寒安		ʊn 半宽孙2
	iɐn 因匀人	ien 边团孙1 然			
aŋ 山江彭轰	ɐŋ 秦曾幸		^{u}ɔ^{ɐ}ŋ 帮撞光		oŋ 肛虫同
iaŋ 片良羊					ioŋ 翁勇用
ap 腊甲侠	ɐp 粒湿急			i^{ə}p 聂叶舌	
iap 夹挟狭	iɐp 入				
	ɐt 笔骨塞				ʊt 没活雪2
	iɐt 一日逸	iet 铁月裂雪1			
ak 辣角拍	ɐk 北特刻	ek 逼石翼域	^{u}ɔ^{ɐ}k 鸽喝落		ʊk 昨服玉
iak 裂削脚					iʊk 肉育郁
ɲ̍ 吴鱼儿疑					

说明：

1. 韵母 ɔ 舌位略高，介于 o 和 ɔ 之间。

2. 韵母 ʊi 主元音开口度较上江话稍大，后面的 i 也舌位略低近 ɪ，并且在双唇和唇齿声母后没有明显不同（上江话中的 ʊi 在唇音声母后开口度偏小，为 ui）。

3. 韵母^{u}ɔi 和 ai 的韵尾 i 不到位，音值近 e。

4. ^{u}ɒu 是下江话中极富特色的韵母，主元音舌位介于 ɒ 和 ɔ 之间，其前有滑音^{u}，韵尾比真正的 u 略低，收尾较松，主要来自效摄一等。

5. 韵母 iu 的主元音 i 舌位偏低，近 ɪ 或 e；韵母 iu、au 韵尾 u 舌位略低，收尾较松，近 ʊ。

6. 韵母 aŋ、ak 和 iaŋ、iak 中，有些鼻尾舌位偏前，为 aɲ、iaɲ；-k 韵的收尾有弱化的趋势，部分不到舌面后位置接近 -ʔ，但是比起化州上江话仍较明显，故记作 ak（上江话记作 aʔ）。

7. 山开合三、四等主元音开口较大，比周边方言更为明显，记作 ien、iet

（入声韵因时长较短有些主元音介于ɪ～e之间）；但个别字则读in、it，如“贬、厥、必”。ien、iet与in、it不构成韵母对立。

8. 以ɔ为主元音的系列韵母ɔi、ɔm、ɔp、ɔn、ɔŋ、ɔk与声母结合时，前面带有过渡音^{u}，从过渡音^{u}至主元音ɔ有一定的动程，不过在齿唇声母后有时^{u}较不明显。其中，^{u}ɔn、^{u}ɔŋ、^{u}ɔk的主元音发音较长，在收向辅音韵尾时带有明显的展唇音色，记作后滑音^{ɐ}，实际读^{u}ɔ^{ɐ}n、^{u}ɔ^{ɐ}ŋ、^{u}ɔ^{ɐ}k。

9. 韵母^{u}ɔ^{ɐ}n的鼻尾略后，近－ɲ，发音人语感中多不区分^{u}ɔ^{ɐ}n和^{u}ɔ^{ɐ}ŋ，但实际读音尤其组词时鼻尾的前后音色仍有差异（山摄为^{u}ɔ^{ɐ}n、宕摄为^{u}ɔ^{ɐ}ŋ），故从分，其对应的入声则合并为^{u}ɔ^{ɐ}k。此外，韵母en的韵尾比较靠后，接近－ɲ，ien的韵尾则是典型的－n；两个韵母的古音来源亦不同（en来自曾摄、ien来自山摄），其对应的入声分别为ek和iet。

三、声调（9个）

阴平53　天开爸姨阿～　　阳平121　鞋残赵耐
阴上35　果顶妖榄　　阳上13　女弟舅断
阴去33　贝笑喊断　　阳去211　姨～丈蛋在徐
上阴入55　笔尺谷　　下阴入33　法雪脚　　阳入22　叶袜食

说明：

1. 阴平调读53，基本没有55的变体。

2. 阳平为低升降调，且前端升势较后端的降势更明显，不过调值与阳上的低升仍明显不同。

2. 阳上13有时调值偏高，接近24，与阴上35的区别比较模糊。两者的区别主要在于阴上直升，而阳上相对缓升。

3. 阳去有两种调值：一种为低降，且降势稍缓，记作211；另一种起头调值偏高，降势明显，近31。两者无对立。

4. 化州下江话的3个阳调类有互相窜类的现象，以古浊平、浊上字读入阳去调最多，如“霞、徐、吴、扶、陶、轿、咸、颜、元”等；也有古浊去字读入阳平的，如“赵、耐、售、柚”等。这可能与连读变调有关，经常出现于词语前字位置的更倾向于读211。

5. 阴去33和下阴入33有时调值略高，近44和44，但彼此不构成调位对立。

6. 阳入22有时调值偏高，绝对音高值与下阴入33相近，这类字主要出现在短元音作主要元音的入声中，由于下阴入33多为长元音，故听感上不会混淆，因此仍处理为阳入22，如“肋、历、木”等。

第二章　粤西湛茂地区 11 个粤方言点字音

第一节　字音表凡例

1. 本书所列方言点共 11 个。其中，湛江市 5 个，分别为湛江市赤坎区寸金街、廉江市罗州街（原廉城镇）西街、吴川市梅菉镇梅菉头村、吴川市吴阳镇李屋巷村、遂溪县北坡镇叶屋村；茂名市 6 个，分别为茂名市茂南区新坡镇合水村、高州市潘州街南桥居委（原高州镇南区下南关）、信宜市东镇镇文昌村、电白县羊角镇石曹村、化州市河西街樟村、化州市长岐镇中塘村。

2. 本书所收的字以中国社会科学院语言研究所编的《方言调查字表》为基础而略加补充，共约 3600 字。每个汉字的中古音韵地位依《方言调查字表》，编号按《方言调查字表》中的顺序排列，并逐字注明所属的摄、开合、等、声、韵、调；古音标注中带 a、b 者为重纽。《方言调查字表》中有附加符号“＊”（表示据《集韵》收入）、“[　]”（表示《广韵》《集韵》都未收入）的字，本书照录此字，但不再标注符号。

3. 对照表字母用繁体，字母下的标注使用简体。对照表中无意义分别且异读的字，两个读音用“/”号隔开，字目中不加注明；有意义分别而异读的字，在字目后加注组词并下标。同一字目，在个别方言中不同组词读音不同的，分别在该方言不同读音后加注组词并下标，如“丘”在信宜话中表示“山丘”与用作姓时读音不同，故处理为 iɐu453 姓、k^{h}ɐu453 山～。有文白异读的字，则在读音后标注“（文）”或“（白）”；若是在不同组词中体现文白异读者，则在读音后下标加注组词并括号注明文白，如“平”在表“平时”时是文读音、表“便宜”时是白读音，故处理为“p^{h}eŋ21 ～时（文）、p^{h}iaŋ21 便宜（白）”。

4. 标音所用的符号是国际音标，为使声调比较醒目，一律不用上标，直接

标数字。入声调在数字前加零。凡是上标的元音表示滑音，主元音前为前滑音，主元音后为后滑音。

5. 个别字在某些方言点中不用或发音人无法提供读音的，暂时从缺。

6. 11 个粤方言点的调类、调值对应情况可参考表 2－1，“/”后的调值属于自由变体，读该调值的只有少数字；“（　）”表示变调调值；吴川吴阳个别阳入字有高低调对立，调值分上下两行列出。

表 2－1　湛茂地区 11 个粤方言点声调

调值/方言点/调类	调值										
	湛江赤坎	廉江廉城	吴川梅菉	吴川吴阳	遂溪北坡	茂名茂南区	高州潘州街	信宜东镇	电白羊角	化州河西街	化州长岐
阴平	55	55	55	55	33	553	553	453	44 （445）	53	53
阳平	21	21/22	31	44	11	21	11	13	11	13	121
阴上	35	35	35	24	35	335	35	35	224	35	35
阳上	13	13	223	33	13	113	223	13	223	13	13
阴去	33	33	33	11	44	33	33	33	33	33	33
阳去	21		31	22	31	31	31		31	31	211
上阴入	055	055	055	044	055	055	055	055	055	055	055
下阴入	033	033	033	011	033	033	033	033	033	033	033
阳入	022	022	031	022 033	021	022	021	022	021/ 031	022	022

第二节　湛江、茂名 11 个粤方言点字音对照表

序号	字项	中古音	湛江赤坎	廉江廉城	吴川梅菉	吴川吴阳	遂溪北坡	茂名茂南区	高州潘州街	信宜东镇	电白羊角	化州河西街	化州长岐
1	多	果開一端歌平	tɔ55	to55	ɗo55	ɗo55	to33	tɔ553	tɔ553	tɔ453	to44	ɗɔ53	ɗɔ53
2	拖	果開一透歌平	t^hɔ55	t^ho55	t^ho55	t^ho55	t^ho33	t^hɔ553	t^hɔ553	t^hɔ453	t^ho44	t^hɔ53	t^hɔ53
3	他	果開一透歌平	t^ha55	t^ha55	t^ha55	t^ha55	t^ha44	t^ha553	t^ha553	t^ha453	t^ha44	t^ha53	t^ha53
4	駝	果開一定歌平	t^hɔ21	t^ho21	t^ho31	t^ho44	t^ho11	t^hɔ21	t^hɔ11	t^hɔ13	t^ho11	t^hɔ23	tɔ121
5	舵	果開一定歌上	t^hɔ21	t^ho21	t^ho35	t^ho44	t^ho11	t^hɔ21	t^hɔ11	t^hɔ31	t^ho223	t^hɔ23	tɔ121
6	大	果開一定歌去	tai21	tai21	ɗa31	t^hai22	tai31	tai21	tai31	tai31	tai31	ɗai31	tai211
7	哪	果開一泥歌上	na21	na21	na31	na22	na35	na21	na31	na35	na11	na31	na211
8	那	果開一泥歌去	na21	na21	na31	na22	na35	na21	na31	na31	na224	na31	na211
9	羅	果開一來歌平	lɔ21	lo21	lo31	lo44	lo11	lɔ21	lɔ11	lɔ13	lo11	lɔ23	lɔ121
10	鑼	果開一來歌平	lɔ21	lo21	lo31	lo44	lo11	lɔ21	lɔ11	lɔ13	lo11	lɔ23	lɔ121

（续上表）

序号	字项	中古音	湛江赤坎	廉江廉城	吴川梅菉	吴川吴阳	遂溪北坡	茂名茂南区	高州潘州街	信宜东镇	电白羊角	化州河西街	化州长岐
11	蘿	果開一來歌平	lɔ21	lo21	lo31	lo44	lo11	lɔ21	lɔ11	lɔ31	lo11	lɔ23	lɔ121
12	籮	果開一來歌平	lɔ21	lo21	lo31	lo44	lo11	lɔ21	lɔ11	lɔ13	lo11	lɔ23	lɔ121
13	左	果開一精歌上	ʧɔ35	ʧo35	ʧo35	to24	ʧo35	ʧɔ335	ʧɔ35	ʧɔ35	ʧo224	tɔ35	tɔ35
14	佐	果開一精歌去	ʧɔ35	ʧo35	ʧo35	to24	ʧo35	ʧɔ31	ʧɔ33	ʧɔ33	ʧo11	tɔ35	tɔ35
15	搓	果開一清歌平	ʧʰai55	ʧʰo55	ʧʰa55	tsʰa55	ʧʰai33	ʧʰɔ553	ʧʰai553	ʧʰa453	ʧʰai44	ʧʰai53	ʧʰai53
16	歌	果開一見歌平	kɔ55	ko55	ko55	ko55	ko33	kɔ553	kɔ553	kɔ453	ko33	kɔ53	kɔ53
17	哥	果開一見歌平	kɔ55	ko55	ko55	ko55	ko33	kɔ553	kɔ553	kɔ453	ko33	kɔ53	kɔ53
18	個	果開一見歌去	kɔ33	ko33	ko33	ko11	ko44	kɔ33	kɔ33	kɔ33	ko33	kɔ33	kɔ33
19	可	果開一溪歌上	hɔ35	ho35	ho35	ho24	ho35	hɔ335	hɔ35	hɔ35	ho224	hɔ35	hɔ35
20	蛾	果開一疑歌平	ŋɔ21	ŋo21	ŋo31	ŋo44	ŋo11	ŋɔ21	ŋɔ11	ŋɔ31	ŋo11	ŋɔ31	ŋɔ121
21	鵝	果開一疑歌平	ŋɔ55	ŋo55	ŋo31	ŋo44	ŋo33	ŋɔ553	ŋɔ553	ŋɔ453	ŋo11	ŋɔ53	ŋɔ53

(续上表)

序号	字项	中古音	湛江赤坎	廉江廉城	吴川梅菉	吴川吴阳	遂溪北坡	茂名茂南区	高州潘州街	信宜东镇	电白羊角	化州河西街	化州长岐
22	俄	果開一疑歌平	ŋɔ21	ŋo21	ŋo31	ŋo44	ŋo31	ŋɔ21	ŋɔ11	ŋɔ31	ŋo11	ŋɔ31	ŋɔ121
23	我	果開一疑歌上	ŋɔ13	ŋo13	ŋo35	ŋo33	ŋo13	ŋɔ113	ŋɔ223	ŋɔ13	ŋo223	ŋɔ23	ŋɔ13
24	餓	果開一疑歌去	ŋɔ21	ŋo21	ŋo31	ŋo22	ŋo31	ŋɔ31	ŋɔ31	ŋɔ31	ŋo31	ŋɔ31	ŋɔ211
25	荷~花	果開一匣歌平	hɔ21	ho21	ho31	ho44	ho11	hɔ21	hɔ11	hɔ13	ho11	hɔ23	hɔ121
26	河	果開一匣歌平	hɔ21	ho21	ho31	ho44	ho11	hɔ21	hɔ11	hɔ13	ho11	hɔ23	hɔ121
27	何	果開一匣歌平	hɔ21	ho21	ho31	ho44	ho11	hɔ21	hɔ11	hɔ13	ho11	hɔ23	hɔ121
28	荷负~	果開一晓歌去	hɔ21	ho21	ho31	ho44	ho11	hɔ21	hɔ11	hɔ31	ho11	hɔ31	hɔ211
29	賀	果開一匣歌去	hɔ21	ho21	ho31	ho22	ho31	hɔ31	hɔ31	hɔ31	ho31	hɔ31	hɔ211
30	阿~嫂	果開一影歌平	a33	a55	a33	o55	a44	a33	a33	ʔa33	a33	a33	ʔa33
31	阿~膠	果開一影歌平	ɔ55	o55	ʔo55	ʔo55	o44	ɔ553	ɔ553	ʔɔ453	o44	ɔ33	ɔ53
32	茄	果開三羣歌平	$k^hε21$	k^he21	$k^hε31$	ka44	k^he11	$k^hε21$	$k^hε11$	$k^hε31$	$k^hε11$	$k^hε23$	$k^hε121$

（续上表）

序号	字项	中古音	湛江赤坎	廉江廉城	吴川梅菉	吴川吴阳	遂溪北坡	茂名茂南区	高州潘州街	信宜东镇	电白羊角	化州河西街	化州长岐
33	波	果合一幫歌平	pɔ55	po55	ɓo55	ɓo55	po33	pɔ553	pɔ553	pɔ453	po44	ɓɔ53	ɓɔ53
34	菠	果合一幫歌平	pɔ55	po55	ɓo55	ɓo55	po33	pɔ553	pɔ553	pɔ453	po44	ɓɔ53	ɓɔ53
35	跛	果合一幫歌上	pɐi55	pɐi55	ɓɐi55	p^{h}ei55	po33	pɐi553	pɐi553	pɐi453	pɐi44	p^{h}ɔ35	ɓɐi53
36	簸	果合一幫歌上	pɔk033	pɔk033	ɓo55	p^{h}ei55	po33	p^{u}ɔt033	p^{hu}ɔk033	p^{h}ɔ33	p^{u}ɔk033	ɓɔ33	$ɓ^{u}$ɔ^{ɐ}k033
37	播	果合一幫歌去	pɔ33	po33	ɓo33	ɓo11	po33	pɔ33	pɔ33	pɔ33	po33	ɓɔ33	ɓɔ33
38	頗	果合一滂歌平	p^{h}ei35	p^{h}o35			t^{h}o13	p^{h}ɔ335	p^{h}ɔ35	p^{h}ɔ35		p^{h}ɔ35	p^{h}ɔ35
39	坡	果合一滂歌平	p^{h}ɔ55	p^{h}o55	p^{h}o55	p^{h}o55	p^{h}o33	p^{h}ɔ553	p^{h}ɔ553	p^{h}ɔ453	p^{h}o44	p^{h}ɔ53	p^{h}ɔ53
40	玻	果合一滂歌平	pɔ55	po55	ɓo55	ɓo55	po33	pɔ553	pɔ553	pɔ453	po44	ɓɔ53	ɓɔ53
41	破	果合一滂歌去	p^{h}ɔ33	p^{h}o33	p^{h}o33	p^{h}o11	p^{h}o44	p^{h}ɔ33	p^{h}ɔ33	p^{h}ɔ33	p^{h}o33	p^{h}ɔ33	p^{h}ɔ33
42	婆	果合一並歌平	p^{h}ɔ21	p^{h}o21	p^{h}o31	p^{h}o44	p^{h}o11	p^{h}ɔ21	p^{h}ɔ11	p^{h}ɔ13	p^{h}o11	p^{h}ɔ23	pɔ121
43	薄~荷	果合一並歌去	pɔk022	pɔk022	ɓɔʔ031	p^{hu}ɔʔ022	pɔk021	p^{u}ɔk033	p^{u}ɔk021	p^{u}ɔk022	p^{u}ɔk021	$ɓ^{u}$ɔʔ022	p^{u}ɔ^{ɐ}k022

（续上表）

序号	字项	中古音	湛江赤坎	廉江廉城	吴川梅菉	吴川吴阳	遂溪北坡	茂名茂南区	高州潘州街	信宜东镇	电白羊角	化州河西街	化州长岐
44	魔	果合一明歌平	mɔ55	mo55	mo55	mo55	mo33	mɔ553	mɔ553	mɔ453	mou44	mɔ53	mɔ53
45	磨~刀	果合一明歌平	mɔ21	mo21	mo31	mo44	mo11	mɔ21	mɔ11	mɔ13	mo11	mɔ23	mɔ121
46	摩	果合一明歌平	mɔ55	mo55	mo55	mo55	mo33	mɔ553	mɔ11	mɔ13	mo44	mɔ53	mɔ53
47	磨石~	果合一明歌去	mɔ21	mo21	mo31	mo44	mo31	mɔ31	mɔ31	mɔ31	mo11	mɔ31	mɔ211
48	朵	果合一端歌上	tɔ35	to35	ɗo35	ɗɛ24	to35	tɛ335	tœ35	tœ35	to224	ɗɔ35	ɗɔ35
49	躲	果合一端歌上	tɔ35	to35	ɗo35	ɗɛ24	to35	tɔ335	tœ35	tœ35	to224	ɗɔ35	ɗɔ35
50	剁	果合一端歌去	tiøk033		ɗ^{i}ɛʔ033	ɗ^{u}ɔʔ044	tiok055	tiak033	tiak033	tœ33	tiak055	ɗ^{u}ɔʔ033	ɗ^{u}ɔ^{e}k033
51	妥	果合一透歌上	t^{h}ɔ13	t^{h}o13	t^{h}o35	t^{h}o33	t^{h}o13	t^{h}ɔ33	t^{h}ɔ223	t^{h}ɔ35	t^{h}o223	t^{h}ɔ35	t^{h}ɔ35
52	椭	果合一透歌上	t^{h}ɔ13	t^{h}o13			t^{h}o13	t^{h}ɔ33	t^{h}ɔ35	t^{h}ɔ13	t^{h}o223	t^{h}ɔ31	tɔ13
53	唾	果合一透歌去	t^{h}ou33		ʃu31	sui44	ʃui11			t^{h}œ33		ʃʊi31	sʊi211
54	惰	果合一定歌上	tɔ21	to21			to31	tɔ31	tɔ31	tœ31	to31	ɗɔ31	tɔ211

（续上表）

序号	字项	中古音	湛江赤坎	廉江廉城	吴川梅菉	吴川吴阳	遂溪北坡	茂名茂南区	高州潘州街	信宜东镇	电白羊角	化州河西街	化州长岐
55	墮	果合一定歌上	tɔ21	to21			to31	tɔ31	tɔ31	tɔ31	to31	ɗɔ31	ʧʰʊi211
56	糯	果合一泥歌去	nɔ21	no21	nɛ31	nɛ22	no31	nɛ31	nœ31	nœ31	nɛ31	nɔ31	nɔ211
57	螺	果合一來歌平	lɔ21	lo21	lɛ31	lɛ44	lo11	lɛ21	lœ11	lœ13	lo11	lɔ23	lɔ121
58	腡手指纹	果合一來歌平		lo21	lɛ31	lɛ44	lo11	lɛ21	lœ11	lœ13	lo11	lɔ23	lɔ121
59	囉	果合一來歌平	lɔ21	lo55	lo55	lo44	lo11	lɔ553	lɔ11	lɔ453	lo44	lɔ31	lɔ53
60	裸	果合一來歌上	kʰɔ35				lo35		lɔ35	lɔ13		lɔ35	
61	銼	果合一清歌去	ʧʰɔ33	ʧʰo33	ʧʰo33	tʰo11	ʧʰo44	ʧʰɔ33	ʧʰɛ33	ʧʰœ33	ʧʰo33	tʰɔ33	tʰɔ33
62	坐	果合一從歌上	ʧʰɔ13	ʧʰo13	ʧʰo35	tʰɛ33	ʧʰo13	ʧʰɛ113	ʧʰɛ35	ʧʰœ13	ʧʰɛ223	tʰɔ23	tʰɔ13
63	座	果合一從歌去	ʧɔ21	ʧo21	ʧo31	tʰɛ22	ʧo31	ʧʰɛ113	ʧɔ31	ʧœ31	ʧo31	tʰɔ31	tʰɔ211
64	蓑	果合一心歌平	ʃɔ55	ɬo35	ɬou55		ɬo35	ɬʊk055	ɬɔ553		ɬok055	ɬou53	ɬou53
65	梭	果合一心歌平	ʃɔ55	ɬo55	ʃo55	ɬɛ55	ʃo44	ɬɛ553	ɬœ553	ɬœ453	ɬɛ445	ɬɔ53	ɬɔ53

（续上表）

序号	字项	中古音	湛江赤坎	廉江廉城	吴川梅菉	吴川吴阳	遂溪北坡	茂名茂南区	高州潘州街	信宜东镇	电白羊角	化州河西街	化州长岐
66	唆	果合一心歌平	ʃɔ55	ɬo55	ʃo55		ɬo44	ɬɛ553	ɬɛ553	ɬœ453	ɬɛ445	ɬɔ53	ɬɔ53
67	鎖	果合一心歌上	ʃɔ35	ɬo35	ɬo35	ɬɛ24	ɬo35	ɬɛ335	ɬɛ35	ɬœ35	ɬo224	ɬɔ35	ɬɔ35
68	瑣	果合一心歌上	ʃɔ35	ɬo35	ɬo35	ɬɛ24	ɬo35	ɬɛ335	ɬɛ35	ɬœ35	ɬo224	ɬɔ35	ɬɔ35
69	鍋	果合一見歌平	ʋɔ55		ʋo55	ʋo55	ʋo44			kwɔ453		ʋɔ53	ʋɔ53
70	戈	果合一見歌平	kʰɔ55	kʰo55	ko55	ko55	kʰo44	kʰɔ553	kʰɔ553	kʰɔ453	kʰo44	kʰɔ53	kʰɔ53
71	果	果合一見歌上	kɔ35	ko35	ko35	ko24	ko35	kɔ335	kwɔ35	kwɔ35	kʋo224	kɔ35	kɔ35
72	裹	果合一見歌上	kɔ35	ko35	ko35	ko24	ko35	kɔ335	kwɔ35	kwɔ35	kʋo224	kɔ35	kɔ35
73	餜	果合一見歌上	kɔ35	ko35									
74	過	果合一見歌平	kɔ33	ko33	ko33	ko11	ko44	kɔ33	kwɔ33	kwɔ33	kʋo33	kɔ33	kɔ33
75	科	果合一溪歌平	fɔ55	fo55	fo55	fo55	fo33	fɔ553	fɔ553	fɔ453	fo44	fɔ53	fɔ53
76	棵	果合一溪歌平	pʰɔ55	kʰo55	fo33	fo11	kʰo33		fɔ35		kʰo445	fɔ33	fɔ33

（续上表）

序号	字项	中古音	湛江赤坎	廉江廉城	吴川梅菉	吴川吴阳	遂溪北坡	茂名茂南区	高州潘州街	信宜东镇	电白羊角	化州河西街	化州长岐
77	顆	果合一溪歌上	kɔ35	kʰo55	fo33	fo44	kʰo33		fɔ35	fɔ35		fɔ33	fɔ33
78	課	果合一溪歌去	fɔ33	fo33	fo33	fo11	fo44	fɔ33	fɔ33	fɔ33	fo33	fɔ33	fɔ33
79	訛	果合一疑歌平		ŋo21	ŋo31	ŋo44	ŋo11		ŋɔ11	ŋᵘɔi31	ŋo11	hɔ53	
80	臥	果合一疑歌去	ŋɔ21	ŋo21	ŋo31	ŋou22	ŋo11	ŋɔ31	ŋɔ31	ŋɔ31	ŋo31	ŋɔ31	ŋɔ211
81	火	果合一曉歌上	fɔ35	fo35	fo35	fo24	fo35	fɔ335	fɔ35	fɔ35	fo224	fɔ35	fɔ35
82	伙	果合一曉歌上	fɔ35	fo35	fo35	fo24	fo35	fɔ335	fɔ35	fɔ35	fo224	fɔ35	fɔ35
83	夥	果合一曉歌上	fɔ35	fo35	fo35	fo24	fo35	fɔ335	fɔ35	fɔ35	fo224	fɔ35	fɔ35
84	貨	果合一曉歌去	fɔ33	fo33	fo33	fo11	fo44	fɔ33	fɔ33	fɔ33	fo33	fɔ33	fɔ33
85	和~气	果合一匣歌平	ʋɔ21	ʋo21	ʋo31	ʋo44	ʋo11	ʋɔ21	ʋɔ11	wɔ13	ʋo11	ʋɔ23	ʋɔ121
86	禾	果合一匣歌平	ʋɔ21	ʋo21	ʋo31	ʋo44	ʋo11	ʋɔ21	ʋɔ11	wɔ13	ʋo11	ʋɔ23	ʋɔ121
87	禍	果合一匣歌上	ʋɔ13	ʋo21	ʋo223	ʋo33	ʋo13	ʋɔ113	ʋɔ223	wɔ13	ʋo223	ʋɔ23	ʋɔ13

（续上表）

序号	字项	中古音	湛江赤坎	廉江廉城	吴川梅菉	吴川吴阳	遂溪北坡	茂名茂南区	高州潘州街	信宜东镇	电白羊角	化州河西街	化州长岐
88	和~诗	果合一匣歌去	ʋɔ21	ʋo21	ʋo31	ʋo44	ʋo11	ʋɔ21	ʋɔ11	wɔ13	ʋo11	ʋɔ23	ʋɔ121
89	倭	果合一影歌平	ʋɔ55			ʋo55	ʋo44	ʋɔ553	ʋɔ553	wɔ453	ʋo44		ʋɔ53
90	窩	果合一影歌平	ʋɔ55	ʋo55	ʋo55	ʋo55	ʋo44	ʋɔ553	ʋɔ553	wɔ453	ʋo44	ʋɔ53	ʋɔ53
91	萵	果合一影歌平			ʋo55		ʋo44	ʋɔ553	ʋɔ553				
92	靴	果合三曉歌平	hœ55	he55	hɛ55	hɛ55	he33	hɛ553	hɛ553	hœ453	hɛ445	hɛ53	hɔ53
93	巴	假開二幫麻平	pa55	pa55	ɓa55	ɓa55	pa44	pa553	pa553	pa453	pa44	ɓa53	ɓa53
94	芭	假開二幫麻平	pa55	pa55	ɓa55	ɓa55	pa33	pa553	pa553	pa453	pa44	ɓa53	ɓa53
95	疤	假開二幫麻平	pa55	pa55	ɓa55	ɓa55	pa33	pa553	pa553	pa453	pa44	ɓa53	ɓa53
96	吧	假開二幫麻平	pa55	pa55			pa33	pa553	pa553	pa453	pa44	ɓa53	ɓa53
97	笆	假開二幫麻平	pa55	pa55			pa33	pa553	pa553	pa453		ɓa53	ɓa53
98	把	假開二幫麻上	pa35	pa35	ɓa35	ɓa24	pa35	pa335	pa223	pa35	pa224	ɓa35	ɓa35

（续上表）

序号	字项	中古音	湛江赤坎	廉江廉城	吴川梅菉	吴川吴阳	遂溪北坡	茂名茂南区	高州潘州街	信宜东镇	电白羊角	化州河西街	化州长岐
99	霸	假開二幫麻去	pa33	pa33	ɓa33	ɓa11	pa44	pa33	pa33	pa33	pa33	ɓa33	ɓa33
100	把	假開二幫麻上	pa35	pa35	ɓa35	ɓa24	pa35	pa335	pa35	pa35	pa224	ɓa35	ɓa35
101	壩	假開二幫麻去	pa33	pa33	ɓa33	ɓa11	pa44	pa33	pa33	pa33	pa33	ɓa33	ɓa33
102	爸	假開二幫麻去	pa55	pa55	ɓa55	ɓa55	pa33	pa553	pa553	pa453	pa445	ɓa53	ɓa53
103	怕	假開二滂麻去	p^ha33	p^ha33	p^ha33	p^ha11	p^ha44	p^ha33	p^ha33	p^ha33	p^ha33	p^ha33	p^ha33
104	帕	假開二滂麻去	p^haʔ033	p^hak033			p^haʔ033	p^hak033	p^hak033	p^hak033	p^hak033	p^haʔ033	p^hak022
105	爬	假開二並麻平	p^ha21	p^ha21	p^ha31	p^ha44	p^ha11	p^ha21	p^ha11	p^ha13	p^ha11	p^ha23	pa121
106	琶	假開二並麻平	p^ha21	p^ha21	p^ha31	p^ha44	p^ha11	p^ha21	p^ha11	p^ha31	p^ha11	p^ha23	pa211
107	杷	假開二並麻平	p^ha21	p^ha21	p^ha31	p^ha44	p^ha11	p^ha21	p^ha11	p^ha31	p^ha11	p^ha23	pa211
108	耙	假開二並麻去	p^ha21	p^ha21	p^ha31	p^ha44	p^ha11	p^ha21	p^ha11	p^ha13	p^ha11	p^ha23	pa121
109	麻	假開二明麻平	ma21	ma21	ma31	ma44	ma11	ma21	ma11	ma31	ma11	ma23	ma121

（续上表）

序号	字项	中古音	湛江赤坎	廉江廉城	吴川梅菉	吴川吴阳	遂溪北坡	茂名茂南区	高州潘州街	信宜东镇	电白羊角	化州河西街	化州长岐
110	痲	假開二明麻平	ma21	ma21	ma55	ma44	ma11	ma21	ma11	ma453	ma11	ma23	ma121
111	蟆	假開二明麻平	mɔ55	mɔk022	mo55	m^{u}ɔʔ022	mɔk021	mɔ553	mɔ553	mɔ33	mo44	mɔ53	$m^{u}ɔ^{ɐ}$k022
112	媽	假開二明麻平	ma55	ma55	ma55	ma55	ma33	ma553	ma553	ma453	ma445	ma53	ma53
113	馬	假開二明麻上	ma13	ma13	ma223	ma33	ma13	ma113	ma223	ma13	ma223	ma23	ma13
114	碼	假開二明麻上	ma13	ma13	ma223	ma33	ma13	ma113	ma223	ma13	ma224	ma23	ma13
115	罵	假開二明麻上	ma21	ma21	ma31	ma22	ma31		ma31	ma31	ma31	ma31	ma211
116	拿	假開二娘麻平	na21	na21	na31	na44	na11	na21	na11	na13	na11	na53	na53
117	茶	假開二澄麻平	$ʧ^{h}$a21	$ʧ^{h}$a21	$ʧ^{h}$a31	ts^{h}a44	$ʧ^{h}$a11	$ʧ^{h}$a21	$ʧ^{h}$a11	$ʧ^{h}$a13	$ʧ^{h}$a11	$ʧ^{h}$a23	$ʧ^{h}$a121
118	搽	假開二澄麻平	$ʧ^{h}$a21	$ʧ^{h}$a21		ts^{h}a44	$ʧ^{h}$aʔ033	$ʧ^{h}$a21	$ʧ^{h}$a11	$ʧ^{h}$a35	$ʧ^{h}$a11	$ʧ^{h}$a23	$ʧ^{h}$a121
119	楂	假開二莊麻平	ʧa55	ʧa55	ʧa55	tsa55	ʧa33	ʧa553	ʧa553	ʧa453	ʧa44	ʧa53	ʧa53
120	渣	假開二莊麻平	ʧa55	ʧa55	ʧa55	tsa55	ʧa33		ʧa553	ʧa453	ʧa44	ʧa53	ʧa53

（续上表）

序号	字项	中古音	湛江赤坎	廉江廉城	吴川梅菉	吴川吴阳	遂溪北坡	茂名茂南区	高州潘州街	信宜东镇	电白羊角	化州河西街	化州长岐
121	詐	假開二莊麻去	ʧa33	ʧa33	ʧa33	tsa11	ʧa44	ʧa33	ʧa33	ʧa33	ʧa33	ʧa33	ʧa33
122	榨	假開二莊麻去	ʧa33	ʧa33	ʧa33	tsa11	ʧa44	ʧa33	ʧa33	ʧa33	ʧa33	ʧa33	ʧa33
123	炸	假開二莊麻去	ʧa33	ʧa33	ʧa33	tsa11	ʧa44	ʧa33	ʧa33	ʧa33	ʧa33	ʧa33	ʧa33
124	叉	假開二初麻平	ʧ^{h}a55	ʧ^{h}a55	ʧ^{h}a55	ts^{h}a55	ʧ^{h}a11	ʧ^{h}a553	ʧ^{h}a553	ʧ^{h}a453	ʧ^{h}a445	ʧ^{h}a53	ʧ^{h}a53
125	杈	假開二初麻平	ʧ^{h}a55	ʧ^{h}a55	ʧ^{h}a55	ts^{h}a55	ʧ^{h}a33	ʧ^{h}a553	ʧ^{h}a553	ʧ^{h}a453	ʧ^{h}a44	ʧ^{h}a53	ʧ^{h}a53
126	差~别	假開二初麻平	ʧ^{h}a55	ʧ^{h}a55	ʧ^{h}a55	ts^{h}a55	ʧ^{h}a33	ʧ^{h}a553	ʧ^{h}a553	ʧ^{h}a453	ʧ^{h}a44	ʧ^{h}a53	ʧ^{h}a53
127	岔	假開二初麻去	ʧ^{h}a55	ʧ^{h}a55	ʧ^{h}a55	ts^{h}a55	ʧ^{h}a33	ʧ^{h}a553	ʧ^{h}a553	ʧ^{h}a33	ʧ^{h}a445	ʧ^{h}a53	ʧ^{h}a53
128	查	假開二莊麻平	ʧ^{h}a21	ʧ^{h}a21	ʧ^{h}a31	ts^{h}a44	ʧ^{h}a11	ʧ^{h}a21	ʧ^{h}a11	ʧ^{h}a13	ʧ^{h}a11	ʧ^{h}a23	ʧ^{h}a121
129	乍	假開二崇麻平	ʧa33	ʧa33			ʧa44	ʧa33	ʧa33	ʧa31	ʧa33	ʧa33	ʧa33
130	沙	假開二生麻去	ʃa55	ʃa55	ʃa55	sa55	ʃa33	sa553	ʃa553	ʃa453	ʃa44	ʃa53	sa53
131	紗	假開二生麻平	ʃa55	ʃa55	ʃa55	sa55	ʃa33	sa553	ʃa553	ʃa453	ʃa44	ʃa53	sa53

（续上表）

序号	字项	中古音	湛江赤坎	廉江廉城	吴川梅菉	吴川吴阳	遂溪北坡	茂名茂南区	高州潘州街	信宜东镇	电白羊角	化州河西街	化州长岐
132	砂	假開二生麻平	ʃa55	ʃa55	ʃa55	sa55	ʃa33	sa553	ʃa553	ʃa453	ʃa44	ʃa53	sa53
133	痧	假開二生麻平	ʃa55	ʃa55	ʃa55	sa55	ʃa33	sa553	ʃa553	ʃa453	ʃa44	ʃa53	sa53
134	灑	假開二生麻上	ʃa35	ʃa35	ʃa35	sa24	ʃa35	sa335	ʃa35	ʃa35	ʃa224	ʃa35	sa35
135	厦大~	假開二生麻去	ha21	ha21			ha31	ha31	ha31	ha31	ha31	ha31	ha211
136	家	假開二見麻平	ka55	ka55	ka55	ka55	ka33	ka553	ka553	ka453	ka44	ka53	ka53
137	加	假開二見麻平	ka55	ka55	ka55	ka55	ka33	ka553	ka553	ka453	ka44	ka53	ka53
138	痂	假開二見麻平	ka55	ka55	ka55	ka55	ka33	ka553	ka553	na453	ka44	ka53	ka53
139	嘉	假開二見麻平	ka55	ka55	ka55	ka55	ka33	ka553	ka553	ka453	ka44	ka53	ka53
140	傢	假開二見麻平	ka55	ka55	ka55	ka55	ka33	ka553	ka553	ka453	ka44	ka53	ka53
141	假~货	假開二見麻上	ka35	ka35	ka35	ka24	ka35	ka335	ka35	ka35	ka224	ka35	ka35
142	賈	假開二見麻上	ka35	ka35	ka35	ka11	ka35	ka335	ka35	ka33	ka224	ka33	ka35

（续上表）

序号	字项	中古音	湛江赤坎	廉江廉城	吴川梅菉	吴川吴阳	遂溪北坡	茂名茂南区	高州潘州街	信宜东镇	电白羊角	化州河西街	化州长岐
143	假放~	假開二見麻去	ka35	ka35	ka35	ka24	ka35	ka335	ka35	ka35	ka224	ka35	ka35
144	架	假開二見麻去	ka33	ka33	ka33	ka11	ka44	ka33	ka33	ka33	ka33	ka33	ka33
145	駕	假開二見麻去	ka33	ka33	ka33	ka11	ka44	ka33	ka33	ka33	ka33	ka33	ka33
146	嫁	假開二見麻去	ka33	ka33	ka33	ka11	ka44	ka33	ka33	ka33	ka33	ka33	ka33
147	稼	假開二見麻去	ka33	ka33			ka44	ka33	ka33	ka33	ka33	ka33	ka33
148	價	假開二見麻去	ka33	ka33	ka33	ka11	ka44	ka33	ka33	ka33	ka33	ka33	ka33
149	牙	假開二疑麻平	ŋa21	ŋa21	ŋa31	ŋa44	ŋa11	ŋa21	ŋa11	ŋa13	ŋa11	ŋa23	ŋa121
150	芽	假開二疑麻平	ŋa21	ŋa21	ŋa31	ŋa44	ŋa11	ŋa21	ŋa11	ŋa13	ŋa11	ŋa23	ŋa121
151	衙	假開二疑麻平	ŋa21	ŋa21	ŋa31	ŋa44	ŋa11	ŋa21	ŋam11	ŋa13	ŋa11	ŋa31	ŋa121
152	蚜	假開二疑麻平	ŋa21	ŋa21	ŋa31	ŋa44	ŋa11	ŋa21	ŋa11	ŋa13	ŋa11	ŋa31	ŋa121
153	雅	假開二疑麻上	ŋa13	ŋa13	ŋa223	ŋa33	ŋa13	ŋa113	ŋa223	ŋa13	ŋa223	ŋa23	ŋa121

（续上表）

序号	字项	中古音	湛江赤坎	廉江廉城	吴川梅菉	吴川吴阳	遂溪北坡	茂名茂南区	高州潘州街	信宜东镇	电白羊角	化州河西街	化州长岐
154	蝦～蟆	假開二匣麻平	ha55	ha55	ha55	ha55	ha33	ha553	ha553	ha453	ha44	ha53	ha53
155	蝦～腰	假開二曉麻平	ha55	ha55		ha55	ha33	ha553	ha553	ha453	ha44	ha53	ha53
156	嚇～一跳	假開二曉麻去	haʔ033	hak033	haʔ033	haʔ011	haʔ033	hak033	hak033	hak033	hak033	haʔ033	hak033
157	霞	假開二匣麻平	ha21	ha21	ha31	ha44	ha11	ha21	ha11	ha31	ha31	ha31	ha211
158	瑕	假開二匣麻平	ha21			ha44	ha11	ha21	ha11			ha31	ha211
159	蝦小～	假開二曉麻平	ha55	ha55	ha55	ha55	ha33	ha553	ha553	ha453	ha44	ha53	ha53
160	下～面	假開二匣麻上	ha21	ha21	ha35	ha22	ha31	ha31	ha31	ha31	ha31	ha31	ha211
161	夏姓	假開二匣麻上	ha21	ha21	ha31	ha22	ha31	ha31	ha31	ha31	ha31	ha31	ha211
162	厦～门	假開二匣麻上	ha21	ha21	ha31	ha22	ha31	ha31	ha31	ha31	ha31	ha31	ha211
163	下～降	假開二匣麻去	ha21	ha21	ha35	ha22	ha31	ha113	ha223	ha13	ha31	ha23	ha13
164	夏～天	假開二匣麻去	ha21	ha21	ha31	ha22	ha31	ha31	ha31	ha31	ha31	ha31	ha211

（续上表）

序号	字项	中古音	湛江赤坎	廉江廉城	吴川梅菉	吴川吴阳	遂溪北坡	茂名茂南区	高州潘州街	信宜东镇	电白羊角	化州河西街	化州长岐
165	暇	假開二匣麻去	ha21				ha11				ha31	ha31	ha211
166	鴉	假開二影麻平	a55	a55	a55	ʔa55	a33	ia553	a553	ʔa453	a44	ʔa53	a53
167	丫	假開二影麻平	a55	a55	a55	a55	a33	ia553	a553	ʔa453	a44	ʔa53	a53
168	椏	假開二影麻平	a55	a55	a55	a55	a33	ʔa553	a553	ʔa453	a33	ʔa53	a53
169	啞	假開二影麻上	a35	a35	a35	ʔa24	a35	a335	a35	ʔa35	a224	a35	a35
170	亞	假開二影麻去	a33	a33	a33	ʔa55	a44	a33	a33	ʔa33	a33	a33	ʔa33
171	姐	假開三精麻上	ʧɛ35	ʧei35	ʧɛ35	tɛ24	ʧe35	ʧɛ335	ʧɛ35	ʧɛ35	ʧɛ224	tɛ35	tɛ35
172	借	假開三精麻去	ʧɛ33	ʧe33	ʧɛ33	tɛ11	ʧe44	ʧɛ33	ʧɛ33	ʧɛ33	ʧɛ33	tɛ33	tɛ33
173	且	假開三清麻上	ʧ^{h}ɛ35	ʧ^{h}e35	ʧ^{h}ɛ35	ts^{h}ɛ24	ʧ^{h}e35	ʧ^{h}ɛ335	ʧ^{h}ɛ35	ʧ^{h}ɛ35	ʧ^{h}ɛ224	ʧ^{h}ɛ35	ʧ^{h}ɛ35
174	藉	假開三從麻去	ʧek022	ʧek022	ʧek031	t^{h}et022	ʧek021	ʧek022	ʧek021	ʧek022	ʧEk021	t^{h}ek022	t^{h}ek022
175	些	假開三心麻平	ʃɛ55	ɬe55	ɬɛ55	ɬɛ55	ɬe33	ɬɛ553	ɬɛ553	ɬɛ453	ɬɛ445	ɬɛ53	ɬɛ53

（续上表）

序号	字项	中古音	湛江赤坎	廉江廉城	吴川梅菉	吴川吴阳	遂溪北坡	茂名茂南区	高州潘州街	信宜东镇	电白羊角	化州河西街	化州长岐
176	寫	假開三心麻上	ʃɛ35	ɬe35	ɬɛ35	ɬɛ24	ɬe35	ɬɛ335	ɬɛ35	ɬœ35	ɬɛ224	ɬɔ35	ɬɛ35
177	瀉	假開三心麻去	ʃɛ33	ɬe33	ɬɛ33	ɬɛ11	ɬe44	ɬɛ33	ɬɛ33	ɬɛ33	ɬɛ33	ɬɛ33	ɬɛ33
178	卸	假開三心麻去	ʃɛ33	ɬe33	ɬɛ33	ɬɛ11	ɬe44	ɬɛ33	ɬɛ33	ɬɛ33	ɬɛ33	ɬɛ33	ɬɛ33
179	邪	假開三邪麻平	ʧʰɛ21	ʧʰe21	ʧʰɛ31	tʰɛ44	ʧʰe11	ʧʰɛ21	ʧʰɛ11	ʧʰɛ13	ʧʰɛ11	tʰɛ23	tʰɛ121
180	斜	假開三邪麻平	ʧʰɛ21	ʧʰe21	ʧʰɛ31	tʰɛ44	ʧʰe11	ʧʰɛ21	ʧʰɛ11	ʧʰɛ13	ʧʰɛ11	tʰɛ23	tʰɛ121
181	謝	假開三邪麻去	ʧɛ21	ʧe21	ʧɛ31	tʰɛ22	ʧe31	ʧɛ31	ʧɛ31	ʧɛ31	ʧɛ31	tʰɛ31	tʰɛ211
182	爹	假開三知麻平	tɛ55	te55	dʲɛ55	ɗɛ55	te33	tɛ553	tɛ553	tɛ453	tɛ445	ɗɛ53	ɗɛ53
183	遮	假開三章麻平	ʧɛ55	ʧe55	ʧɛ55	tsɛ55	ʧe33	ʧɛ553	ʧɛ553	ʧɛ453	ʧɛ445	ʧɛ53	ʧɛ53
184	者	假開三章麻上	ʧɛ35	ʧe35	ʧɛ35	tsɛ24	ʧe35	ʧɛ335	ʧɛ35	ʧɛ35	ʧɛ224	ʧɛ35	ʧɛ35
185	蔗	假開三章麻去	ʧɛ33	ʧe33	ʧɛ33	tsɛ11	ʧe44	ʧɛ33	ʧɛ33	ʧɛ33	ʧɛ33	ʧɛ33	ʧɛ33
186	車～站	假開三昌麻平	ʧʰɛ55	ʧʰe55	ʧʰɛ55	tsʰɛ55	ʧʰe33	ʧʰɛ553	ʧʰɛ553	ʧʰɛ453	ʧʰɛ445	ʧʰɛ53	ʧʰɛ53

（续上表）

序号	字项	中古音	湛江赤坎	廉江廉城	吴川梅菉	吴川吴阳	遂溪北坡	茂名茂南区	高州潘州街	信宜东镇	电白羊角	化州河西街	化州长岐
187	扯	假開三昌麻上	ʧ^{h}ε35	ʧ^{h}e35	ʧ^{h}ε35	ts^{h}ε24	ʧ^{h}e35	ʧ^{h}ε335	ʧ^{h}ε35	ʧ^{h}ε35	ʧ^{h}ε224	ʧ^{h}ε35	ʧ^{h}ε35
188	蛇	假開三船麻平	ʃε21	ʃe21	ʃε31	sε44	ʃe11	sε21	ʃε11	ʃε13	ʃε11	ʃε23	sε121
189	射	假開三船麻去	ʃε21	ʃe21	ʃε31	sε22	ʃe31	sε31	ʃε31	ʃε31	ʃε31	ʃε31	sε211
190	麝	假開三船麻去	ʃε21	ʃe21	ʃε31	sε22	ʃe31	sε33	ʃε33	ʃε31	ʃε224	ʃε31	sε211
191	奢	假開三書麻平	ʧ^{h}ε55	ʧ^{h}e55		sε55	ʧ^{h}e33	sε553	ʃε553	ʧ^{h}ε453		ʃε53	ʧ^{h}ε53
192	賒	假開三書麻平	ʃε55	ʃe55	ʃε55	sε55	ʃe33	sε553	ʃε553	ʃε453	ʃε44	ʃε53	sε53
193	捨~弃	假開三書麻上	ʃε35	ʃe35	ʃε35	sε24	ʃe35	sε335	ʃε35	ʃε35	ʃε224	ʃε35	sε35
194	赦	假開三書麻去	ʃε33	ʃe33	ʃε33	sε22	ʃe44	sε33	ʃε33	ʃε33	ʧ^{h} ᴇk055	ɬε33	sε33
195	舍宿~	假開三書麻去	ʃε33	ʃe33	ʃε33	sε11	ʃe44	sε33	ʃε33	ʃε33	ʃε33	ʃε33	sε33
196	佘	假開三禪麻平	ʃε55			sε55	ʃe11	sε21	ʃε11	ʃε31		ʃε31	sε211
197	社	假開三禪麻上	ʃε13	ʃe13	ʃε35	sε11	ʃe13	sε113	ʃε223	ʃε35	ʃε224	ʃε23	sε13

（续上表）

序号	字项	中古音	湛江赤坎	廉江廉城	吴川梅菉	吴川吴阳	遂溪北坡	茂名茂南区	高州潘州街	信宜东镇	电白羊角	化州河西街	化州长岐
198	惹	假開三日麻上	iɛ13	ie13	iɛ223	ȵiɛ33	ie13	iɛ113	iɛ223	nɛ13	iɛ224	ȵiɛ35	ᶻjiɛ13
199	耶	假開三以麻平	iɛ21	ie21	iɛ31	iɛ44	ie11	iɛ21	iɛ11	iɛ31	iɛ11	jiɛ23	jiɛ211
200	爺	假開三以麻平	iɛ21	ie21	iɛ31	iɛ22	ie11	iɛ21	iɛ11	iɛ31	iɛ11	jiɛ31	jiɛ211
201	椰	假開三以麻平	iɛ21	ie21	iɛ31	iɛ44	ie11	iɛ21	iɛ11	iɛ31	iɛ11	jiɛ31	jiɛ211
202	也	假開三以麻上	ia13	ia13	iɛ223	iɛ33	ia13	iɛ113	iɛ223	iɛ13	iɛ224	jiɛ23	ᶻjiɛ13
203	野	假開三以麻上	iɛ13	ie13	iɛ223	iɛ33	ie13	iɛ113	iɛ223	iɛ13	iɛ224	jiɛ23	ᶻjiɛ13
204	夜	假開三以麻去	iɛ21	ie21	iɛ31	iɛ22	ie31	iɛ31	iɛ31	iɛ31	iɛ31	jiɛ31	jiɛ211
205	傻	假合二生麻上	ʃɔ21	ʃo21	ʃo31	so22	ʃo11	sɔ21	ʃɔ11	ʃɔ31	ʃo11	ʃɔ31	sɔ211
206	耍	假合二生麻上	ʃa35	ʃa35	ʃa35	sa24	ʃa35	sa335	ʃa35	ʃa35		ʃa35	sa35
207	瓜	假合二見麻平	kwa55	kwa55	kwa55	kʋa55	kwa33	kwa553	kwa553	kwa453	kʋa44	kwa53	kwa53
208	蝸	假合二見麻平	ʋɔ55	ʋo55	ʋo55	ʋo55	ʋo33	ʋɔ553	ʋɔ553	wɔ453	ʋo44	ʋɔ53	ʋɔ53

（续上表）

序号	字项	中古音	湛江赤坎	廉江廉城	吴川梅菉	吴川吴阳	遂溪北坡	茂名茂南区	高州潘州街	信宜东镇	电白羊角	化州河西街	化州长岐
209	寡	假合二見麻上	kwa35	kwa35	kwa35	kʋa24	kwa35	kwa335	kwa35	kwa35	kʋa224	kwa35	kwa35
210	剮	假合二見麻上		kwa35	kwa35	kʋa24	kwa35	kwa335	kwa35	kwa35	kʋa224	kwa35	kwa35
211	誇	假合二溪麻平	kwʰa55	kwʰa55	kwʰa55	kʋʰa55	kwʰa33	kwʰa553	kwʰa553	kwʰa453	kʋʰa44	kwʰa53	kwʰa53
212	垮	假合二溪麻上	kwʰa55	kwʰa55	kwʰa55	kʋʰa55	kwʰa33	kwʰa553	kwʰa553	kwʰa453	kʋʰa44	kwʰa53	kwʰa53
213	跨	假合二溪麻平	kwʰa55	kwʰa55	kwʰa55	kʋʰa55	kwʰa33	kwʰa553	kwʰa553	kwʰa453	kʋʰa44	kwʰa53	kwʰa53
214	瓦	假合二疑麻上	ŋa13	ŋa13	ŋa223	ŋa33	ŋa13	ŋa113	ŋa35	ŋa13	ŋa223	ŋa23	ŋa13
215	花	假合二曉麻平	fa55	fa55	fa55	fa55	fa33	fa553	fa553	fa453	fa44	fa53	fa53
216	化	假合二曉麻去	fa33	fa33	fa33	fa11	fa44	fa33	fa33	fa33	fa33	fa33	fa33
217	華中～	假合二匣麻平	ʋa21	ʋa21	ʋa31	ʋa44	ʋa11	ʋa21	ʋa11	wa13	ʋa11	ʋa23	ʋa121
218	劃～船	假合二匣麻平	ʋaʔ022	ʋa55	ʋaʔ031	ʋa22	ʋa33	ʋa335	ʋa35	wa453	ʋak021	ʋa35	ʋak022
219	華～山	假合二匣麻去	ʋa21	ʋa21	ʋa31	ʋa44	ʋa11	ʋa21	ʋa11	wa13	ʋa11	ʋa23	ʋa121

（续上表）

序号	字项	中古音	湛江赤坎	廉江廉城	吴川梅菉	吴川吴阳	遂溪北坡	茂名茂南区	高州潘州街	信宜东镇	电白羊角	化州河西街	化州长岐
220	樺	假合二匣麻去	ʋa35	ʋa21			ʋa11	ʋa31	ʋa11	wa13	ʋa11	ʋa23	ʋa121
221	蛙	假合二影麻平	ʋa55	ʋa55	ʋa55	ʋa55	ʋa33	ʋa553	ʋa553	wa453	ʋa44	ʋa53	ʋa53
222	窪	假合二影麻平	ʋa55	ʋa55	ʋa55	ʋa55	ʋa33	ʋa553	ʋa553	wa453	ʋa44	ʋa53	ʋa53
223	補	遇合一幫模上	pou35	pu35	ɓou35	ɓou24	pou35	pou335	pou35	pu35	pou224	ɓou35	ɓou35
224	譜	遇合一幫模上	p^hou35	p^hu35	p^hou35	p^hou24	p^hou35	p^hou335	p^hou35	p^hu35	p^hou224	p^hou35	p^hou35
225	布	遇合一幫模去	pou33	pu33	ɓou33	ɓou11	pou44	pou33	pou33	pu33	pou33	ɓou33	ɓou33
226	佈	遇合一幫模去	pou33	pu33	ɓou33	ɓou11	pou44	pou33	pou33	pu33	pou33	ɓou33	ɓou33
227	鋪~床	遇合一滂模平	p^hou33	p^hu55	p^hou55	p^hou55	p^hou44	p^hou553	p^hou553	p^hu453	p^hou44	p^hou53	p^hou53
228	普	遇合一滂模上	pou35	p^hu35	p^hou35	p^hou24	p^hou35	p^hou335	p^hou35	p^hu35	p^hou224	p^hou35	p^hou35
229	浦	遇合一滂模上	p^hou35	p^hu35	p^hou35	p^hou22	p^hou35	p^hou335	pou33	pu31	pou31	p^hou35	p^hou35
230	鋪店~	遇合一滂模去	p^hou33	p^hu33	p^hou33	p^hou11	p^hou44	p^hou33	p^hou33	p^hu33	p^hou33	p^hou33	p^hou33

（续上表）

序号	字项	中古音	湛江赤坎	廉江廉城	吴川梅菉	吴川吴阳	遂溪北坡	茂名茂南区	高州潘州街	信宜东镇	电白羊角	化州河西街	化州长岐
231	怖	遇合一滂模去	pou33	pu33	ɓou33	ɓou22	pou44	pou33	pou33	pu33	pou33	ɓou33	ɓou33
232	蒲	遇合一並模平	pʰou35	pʰu55	pʰou35	pʰou55	pʰou11	pʰou21	pʰou11	pʰu31		pʰou35	pʰou35
233	菩	遇合一並模平	pʰou21	pʰo21	pʰo31	pʰou44	pʰo11	pʰɔ21	pʰɔ11	pʰɔ31	pʰo11	pʰɔ31	pɔ211
234	脯胸～	遇合一並模平	pʰou35	pʰu35	ɓou31	pʰou22	pʰou35	pʰou113	pʰou35	pʰu31	pʰou224	pʰɔ35	
235	葡	遇合一並模平	pʰou21	pʰu21	pʰou31	pʰou44	pʰou11	pʰou21	pʰou11	pʰu31	pʰou11	pʰɔ31	pou121
236	部	遇合一並模上	pou21	pu21	ɓou31	pʰou22	pou31	pou31	pou31	pu31	pou31	ɓou31	pou211
237	簿～子	遇合一並模上	pou21	pu21	ɓou31	pʰou33	pou31	pou31	pou31	pu31	pou31	ɓou31	pou211
238	步	遇合一並模去	pou21	pu21	ɓou31	pʰou22	pou31	pou31	pou31	pu31	pou31	ɓou31	pou211
239	捕	遇合一並模去	pou21	pʰu35	ɓou31	pʰou22	pʰou13	pou31	pou31	pu31	pou31	ɓou31	pou211
240	埠	遇合一並模去	fɐu21		ɓou31	fou22	fɐu31	fɐu31	pou31/fɐu31	fɐu31	pou31	ɓou31	pou211
241	模～范	遇合一明模平	mou21	mu55	mu55	mou55	mou33	mɔ553	mou11	mu453	mou44	mou53	mou53

（续上表）

序号	字项	中古音	湛江赤坎	廉江廉城	吴川梅菉	吴川吴阳	遂溪北坡	茂名茂南区	高州潘州街	信宜东镇	电白羊角	化州河西街	化州长岐
242	模~型	遇合一明模平	mou21	mu55	mou55	mou55	mou33	mou21	mou11	mu453	mou44	mou53	mou53
243	摹	遇合一明模平	mou21	mu55	mou55	mo55	mou33	mɔ553	mou553	mu453	mou44	mou31	mou53
244	墓	遇合一明模去	mou21	mu21	mou31	mou22	mou31	mou31	mou31	mu31	mou31	mou31	mou211
245	暮	遇合一明模去	mou21	mu21		mou22	mou31	mou31	mou31	mu31	mou31	mou31	mou211
246	慕	遇合一明模去	mou21	mu21	mou31	mou22	mou31	mou31	mou31	mu31	mou31	mou31	mou211
247	募	遇合一明模去	mou21	mu21	mou31	mou22	mou31	mou31	mou31	mu31		mou31	mou211
248	都~是	遇合一端模平	tou55	tu55	ɗou55	ɗou55	tou33	tou553	tou553	tu453	tou44	ɗou53	ɗou53
249	都首~	遇合一端模平	tou55	tu55	ɗou55	ɗou55	tou33	tou553	tou553	tu453	tou44	ɗou53	ɗou53
250	堵	遇合一端模上	tou35	tu35	ɗou35	ɗou22	tou35	tou335	tou35	tu35	tou224	ɗou35	ɗou35
251	赌	遇合一端模上	tou35	tu35	ɗou35	ɗou24	tou35	tou335	tou35	tu35	tou224	ɗou35	ɗou35
252	肚猪~	遇合一端模上	t^{h}ou13	t^{h}u13	t^{h}ou223	t^{h}ou33	t^{h}ou13	t^{h}ou113	t^{h}ou223	t^{h}u13	t^{h}ou223	t^{h}ou23	tou13

（续上表）

序号	字项	中古音	湛江赤坎	廉江廉城	吴川梅菉	吴川吴阳	遂溪北坡	茂名茂南区	高州潘州街	信宜东镇	电白羊角	化州河西街	化州长岐
253	妒	遇合一端模去	tou21	tu21	ɗou33	ɗou22	tou31	tou31	tou31	tu33	tou31	ɗou33	ɗou33
254	土	遇合一透模上	t^hou35	t^hu35	t^hou35	t^hou24	t^hou35	t^hou335	t^hou35	t^hu35	t^hou224	t^hou35	t^hou35
255	吐~痰	遇合一透模上	t^hou33	t^hu33	t^hou33	t^hou11	t^hou44	t^hou33	t^hou33	t^hu33	t^hou33	t^hou33	t^hou33
256	吐呕~	遇合一透模去	t^hou33	t^hu33	t^hou33	t^hou11	t^hou44	t^hou33	t^hou33	t^hu33	t^hou33	t^hou33	t^hou33
257	兔	遇合一透模去	t^hou33	t^hu33	t^hou33	t^hou11	t^hou44	t^hou33	t^hou33	t^hu33	t^hou33	t^hou33	t^hou33
258	徒	遇合一定模平	t^hou21	t^hu21	t^hou31	t^hou44	t^hou11	t^hou21	t^hou11	t^hu13	t^hou11	t^hou23	tou121
259	屠	遇合一定模平	t^hou21	t^hu21	t^hou31	t^hou44	t^hou11	t^hou21	t^hou11	t^hu31	t^hou11	t^hou23	t^hou211
260	途	遇合一定模平	t^hou21	t^hu21	t^hou31	t^hou44	t^hou11	t^hou21	t^hou11	t^hu13	t^hou11	t^hou23	tou121
261	塗	遇合一定模平	t^hou21	t^hu21	t^hou31	t^hou44	t^hou11	t^hou21	t^hou11	t^hu13	t^hou11	t^hou23	tou121
262	圖	遇合一定模平	t^hou21	t^hu21	t^hou31	t^hou44	t^hou11	t^hou21	t^hou11	t^hu13	t^hou11	t^hou23	tou121
263	杜	遇合一定模上	tou21	tu21	ɗou31	t^hou22	tou31	tou31	tou31	tu31	tou31	ɗou31	t^hou211

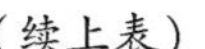

（续上表）

序号	字项	中古音	湛江赤坎	廉江廉城	吴川梅菉	吴川吴阳	遂溪北坡	茂名茂南区	高州潘州街	信宜东镇	电白羊角	化州河西街	化州长岐
264	肚~子	遇合一定模上	t^hou13	tu13	t^hou223	t^hou33	t^hou13	t^hou113	t^hou223	t^hu13	t^hou223	t^hou23	tou13
265	度温~	遇合一定模去				t^hou22		tou31	tou31	tu31	tou31		
266	渡	遇合一定模去	tou21	tu21	ɗou31	t^hou22	tou31	tou31	tou31	tu31	tou31	ɗou31	tou211
267	镀	遇合一定模去	tou21	tu21	ɗou31	t^hou22	tou31	tou31	tou31	tu31	tou31	ɗou31	tou211
268	奴	遇合一泥模平	nou21	nou21	nou31	nou44	nou11	nou21	nou11	nu13	nou11	nou31	nou121
269	努	遇合一泥模上	nou13	lou13	nou223	nou33	nou13	nou335	nou223	nu13	nou31	nou23	nou13
270	怒	遇合一泥模去	nou21	nou13	nou31	nou22	nou31	nou31	nou31	nu31	nou31	nou23	nou211
271	盧	遇合一來模平	lou21	lu21	lou31	lou44	lou11	lou21	lou11	lu13	lou11	lou31	lou13
272	爐	遇合一來模平	lou21	lu21	lou31	lou44	lou11	lou21	lou11	lu13	lou11	lou23	
273	蘆	遇合一來模平	lou21	lu21	lou31	lou44	lou11	lou21	lou11	lu13	lou11	lou31	lou121
274	鸕	遇合一來模平	lou21					lou21	lou11	lu13	lou11		

（续上表）

序号	字项	中古音	湛江赤坎	廉江廉城	吴川梅菉	吴川吴阳	遂溪北坡	茂名茂南区	高州潘州街	信宜东镇	电白羊角	化州河西街	化州长岐
275	魯	遇合一來模上	lou13	lu21	lou223	lou33	lou13	lou335	lou223	lu13	lou223	lou31 人名 lou23 粗～	lou121 人名 lou13 粗～
276	櫓	遇合一來模上	lou13	lu21		lou33	lou13		lou223	lu13		lou23	lou13
277	虜	遇合一來模上	lou13	lu13	lou223	lou44	lou13	lou335	lou223	lu13	lou224	lou23	lou13
278	滷	遇合一來模上	lou13	lu13	lou223	lou44	lou11	lou113	lou223	lu13	lou223	lou23	lou13
279	路	遇合一來模去	lou21	lu21	lou31	lou22	lou31	lou31	lou31	lu31	lou31	lou31	lou211
280	賂	遇合一來模去	lɔk033	lɔk022	lou31	l^{u}ɔʔ011	lɔk033	l^{u}ɔk033	l^{u}ɔk033	lu31	lou31	l^{u}ɔʔ033	l^{u}ɔ^{ɐ}k022
281	露	遇合一來模去	lou21	lu21	lou31	lou22	lou31	lou31	lou31	lu31	lou31	lou31	lou211
282	鷺	遇合一來模去	lou21	lu21	lou31	lou22	lou31	lou31	lou31	lu31	lou31	lou31	lou211
283	租	遇合一精模平	ʧou55	ʧu55	ʧou55	tou55	ʧou33	ʧou553	ʧou553	ʧu453	ʧou44	tou53	tou53
284	祖	遇合一精模上	ʧou35	ʧu35	ʧou35	tou24	ʧou35	ʧou335	ʧou35	ʧu35	ʧou224	tou35	tou35
285	組	遇合一精模上	ʧou35	ʧu35	ʧou35	tsou24	ʧou35	ʧou335	ʧou35	ʧu35	ʧo224	ʧou35	ʧou35

（续上表）

序号	字项	中古音	湛江赤坎	廉江廉城	吴川梅菉	吴川吴阳	遂溪北坡	茂名茂南区	高州潘州街	信宜东镇	电白羊角	化州河西街	化州长岐
286	做	遇合一精模去	ʧou21	ʧu33	ʧou33	tou11	ʧou44	ʧou33	ʧou33	ʧu33	ʧou33	tou33	tou33
287	粗	遇合一清模平	ʧʰou55	ʧʰu55	ʧʰou55	tʰou55	ʧʰou33	ʧʰou553	ʧʰou553	ʧʰu453	ʧʰou44	tʰou53	tʰou53
288	醋	遇合一清模去	ʧʰou33	ʧʰu33	ʧʰou33	tʰou11	ʧʰou44	ʧʰou33	ʧʰou33	ʧʰu33	ʧʰou33	tʰou33	tʰou33
289	措	遇合一清模去	ʧʰou33	ʧʰo33	ʧʰo35	tsʰo11	ʧʰou44	ʧʰou33	ʧʰou33	ʧʰu33	ʧʰou33	ʧʰou33	tʰɔ33
290	錯~误	遇合一清模去	ʧʰɔ33	ʧʰo33	ʧʰo33	tʰo11	ʧʰo44	ʧʰɔ33	ʧʰɔ33	ʧʰɔ33	ʧʰo33	tʰɔ33	tʰɔ33
291	蘇	遇合一心模平	ʃou55	ɬu55	ɬou55	ɬou55	ɬou33	ɬou553	ɬou553	ɬu453	ɬou44	ɬou53	ɬou53
292	酥	遇合一心模平	ʃou55	ɬu55	ɬou55	ɬou55	ɬou33	ɬou553	ɬou553	ɬu453	ɬou44	ɬou53	ɬou53
293	素	遇合一心模去	ʃou33	ɬu33	ɬou33	ɬou11	ɬou44	ɬou33	ɬou33	ɬu33	ɬou33	ɬou33	ɬou33
294	訴	遇合一心模去	ʃou33	ɬu33	ɬou33	ɬou11	ɬou44	ɬou33	ɬou33	ɬu33	ɬou33	ɬou33	ɬou33
295	塑	遇合一心模去	ʃɔk033	ʃɔk033	ɬɔʔ033	sᵘɔʔ011	ɬɔk033	sᵘɔk033	ɬᵘɔk033	ɬᵘɔk33	ʃᵘɔk033	ʃᵘɔʔ033	sᵘɔᵄk033
296	姑	遇合一見模平	ku55	ku55	ku55	ku55	ku33	ku553	ku553	ku453	kʊu44	kʊu53	ku53
297	孤	遇合一見模平	ku55	ku55	ku55	ku55	ku33	ku553	ku553	ku453	kʊu44	kʊu53	ku53

（续上表）

序号	字项	中古音	湛江赤坎	廉江廉城	吴川梅菉	吴川吴阳	遂溪北坡	茂名茂南区	高州潘州街	信宜东镇	电白羊角	化州河西街	化州长岐
298	箍	遇合一見模平	k^hu55	k^hu55	k^hu55	k^hou55	k^hu33	k^hu553	k^hu553	k^hu453	k^hu44	kʊ^{h}u53	k^hu53
299	辜	遇合一見模平	ku55	ku55	ku55	ku55	ku33	ku553	ku553	ku453	kʊu44	kʊu53	ku53
300	古	遇合一見模上	ku35	ku35	ku35	ku24	ku35	ku335	ku35	ku35	kʊu224	kʊu35	ku35
301	估	遇合一見模上	ku35	ku35	ku55	ku55	ku35	ku335	k^hu553	ku453	k^hu44	kʊ^{h}u53	k^hu53
302	牯	遇合一見模上	ku35	ku35	ku35	ku55	ku35	ku335	ku35	ku35	kʊu224	kʊu35	ku35
303	股	遇合一見模上	ku35	ku35	ku35	ku24	ku35	ku335	ku35	ku35	kʊu224	kʊu35	ku35
304	鼓	遇合一見模上	ku35	ku35	ku35	ku24	ku35	ku335	ku35	ku35	kʊu224	kʊu35	ku35
305	蠱	遇合一見模上	ku35	ku35	ku35	ku24	ku35	ku335	ku35	ku35	kʊu224	kʊu35	ku35
306	故	遇合一見模去	ku33	ku33	ku33	ku11	ku44	ku33	ku33	ku33	kʊu33	kʊu33	ku33
307	固	遇合一見模去	ku33	ku33	ku35	ku24	ku44	ku33	ku35	ku35	kʊu33	kʊu35	ku35
308	雇	遇合一見模去	ku33	ku33	ku33	ku11	ku44	ku33	ku33	ku33	kʊu33	kʊu33	ku33
309	顧	遇合一見模去	ku33	ku33	ku33	ku11	ku44	ku33	ku33	ku33	kʊu33	kʊu33	ku33

（续上表）

序号	字项	中古音	湛江赤坎	廉江廉城	吴川梅菉	吴川吴阳	遂溪北坡	茂名茂南区	高州潘州街	信宜东镇	电白羊角	化州河西街	化州长岐
310	枯	遇合一溪模平	ku55	$k^{h}u55$	ku55	ku55	ku33	ku553	$k^{h}u553$	ku453	kʋu44	kʋu53	ku53
311	苦	遇合一溪模上	fu35	fu35	fu35	fu24	fu35	fu335	fu35	fu35	fu224	fu35	fu35
312	庫	遇合一溪模去	fu33	fu33	fu33	fu11	fu44	fu33	fu33	fu33	fu33	fu33	fu33
313	褲	遇合一溪模去	fu33	fu33	fu33	fu11	fu44	fu33	fu33	fu33	fu33	fu33	fu33
314	吴	遇合一疑模平	ŋŋ̍21	ŋŋ̍21	ŋŋ̍31	ŋou44	ŋŋ̍11	ŋŋ̍21	ŋŋ̍11	ŋŋ̍31	ŋŋ̍11	ɲɲ̍23	ɲɲ̍211
315	蜈	遇合一疑模平	ŋŋ̍21	ŋŋ̍21	ŋŋ̍31	ŋou22	ŋŋ̍11	ŋŋ̍21	ŋŋ̍11	ŋŋ̍31	ŋŋ̍11	ɲɲ̍23	ɲɲ̍211
316	吾	遇合一疑模平	ŋŋ̍21	ŋŋ̍21			ŋŋ̍11	ŋŋ̍21	ŋŋ̍11	ŋŋ̍31	ŋŋ̍11	ɲɲ̍23	ɲɲ̍211
317	梧	遇合一疑模平	ŋŋ̍21	ŋŋ̍21	ŋŋ̍31	ŋou44	ŋŋ̍11	ŋŋ̍21	ŋŋ̍11	ŋŋ̍31	ŋŋ̍11	ɲɲ̍23	ɲɲ̍211
318	五	遇合一疑模上	ŋŋ̍13	ŋŋ̍13	ŋŋ̍223	ŋou33	ŋŋ̍13	ŋŋ̍113	ŋŋ̍35	ŋŋ̍13	ŋŋ̍445	ɲɲ̍23	ɲɲ̍13
319	伍	遇合一疑模上	ŋŋ̍13	ŋŋ̍13	ŋŋ̍223	ŋou33	ŋŋ̍13	ŋŋ̍113	ŋŋ̍35	ŋŋ̍13	ŋŋ̍445	ɲɲ̍23	ɲɲ̍13
320	午	遇合一疑模上	ŋŋ̍13	ŋŋ̍13	ŋŋ̍223	ŋou33	ŋŋ̍13	ŋŋ̍113	ŋŋ̍35	ŋŋ̍13	ŋŋ̍223	ɲɲ̍23	ɲɲ̍13
321	誤	遇合一疑模去	ŋŋ̍21	ŋŋ̍21	ŋŋ̍31	ŋou22	ŋŋ̍31	ŋŋ̍31	ŋŋ̍31	ŋŋ̍31	ŋŋ̍31	ɲɲ̍31	ɲɲ̍211

（续上表）

序号	字项	中古音	湛江赤坎	廉江廉城	吴川梅菉	吴川吴阳	遂溪北坡	茂名茂南区	高州潘州街	信宜东镇	电白羊角	化州河西街	化州长岐
322	悟	遇合一疑模去	ŋŋ̍21	ŋŋ̍21	ŋŋ̍31	ŋou22	ŋŋ̍31	ŋŋ̍31	ŋŋ̍31	ŋŋ̍31	ŋŋ̍31	ɲɲ̍31	ɲɲ̍211
323	呼	遇合一曉模平	fu55	fu55	fu55	fu55	fu33	fu553	fu553	fu453	fu44	fu53	fu53
324	虎	遇合一曉模上	fu35	fu35	fu35	fu24	fu35	fu335	fu35	fu35	fu224	fu35	fu35
325	滸	遇合一曉模上	fu35	fu35	fu35	fu24	fu35	fu335	fu35	fu35	fu224	fu35	fu35
326	戽	遇合一曉模去	fu33	fu33	fu33	fu22	fu44	fu33	fu33	fu33	fu33	fu33	fu33
327	胡	遇合一匣模平	fu21	fu21	fu31	fu44	fu11	fu21	fu11	fu13	fu11	fu23	fu121
328	湖	遇合一匣模平	fu21	fu21	fu31	fu44	fu11	fu21	fu11	fu13	fu11	fu23	fu121
329	狐	遇合一匣模平	fu21	fu21	fu31	fu44	fu11	fu21	fu11	fu31	fu11	fu23	fu121
330	壺	遇合一匣模平	fu21	fu21	fu31	fu44	fu11	fu21	fu11	fu13	fu11	fu23	fu121
331	乎	遇合一匣模平	fu21	fu21	fu31	fu44	fu11	fu21	fu11	fu35	fu44	fu23	fu121
332	鬍	遇合一匣模平	fu21	fu21	fu31	fu44	fu11	fu21	fu11	fu31	fu11	fu23	fu121
333	葫	遇合一匣模平	fu21	fu21	fu31	fu44	fu11	fu21	fu11	fu13	fu11	fu23	fu121

（续上表）

序号	字项	中古音	湛江赤坎	廉江廉城	吴川梅菉	吴川吴阳	遂溪北坡	茂名茂南区	高州潘州街	信宜东镇	电白羊角	化州河西街	化州长岐
334	糊	遇合一匣模平	fu21	fu21	fu31	fu44	fu11	fu21	fu11	fu13	fu11	fu23	fu121
335	蝴	遇合一匣模平	fu21	fu21	fu31	fu44	fu11	fu21	fu11	fu31	fu11	fu31	fu121
336	户	遇合一匣模上	ʋu21 ~口 fu13 家家~~	fu33	fu35	fu33	fu31	fu113	fu223	fu13	fu223	ʋu23	fu13
337	滬	遇合一匣模上	fu21			fu33		fu113	fu223		fu223	ʋu23	fu13
338	互	遇合一匣模去	fu21	fu21	fu31	fu22	fu31	fu31	fu31	fu31	fu31	fu31	fu211
339	護	遇合一匣模去	fu21	fu21	fu31	fu22	fu31	fu31	fu31	fu31	fu31	fu31	fu211
340	烏	遇合一影模平	ʋu55	u55	ʋu55	ou55	ʋu33	ʋu553	wu553	wu453	ʋu44	ʋu53	ʋu53
341	污	遇合一影模平	ʋu55	u55	ʋu55	ou55	ʋu33	ʋu553	wu553	wu453	ʋu44	ʋu53	ʋu53
342	塢	遇合一影模上	ʋu55				ʋu33	ʋu553	ʋu553	wu453	ʋu44		
343	惡厌～	遇合一影模去	ɔk033	u33	ʋu33	ou11	ʋu44	ʋu553	^{u}ɔk033	wu33		^{u}ɔʔ033	^{u}ɔ^{ɐ}k033
344	女	遇合三娘魚上	nui13	nui13	nei223	nei33	noi13	nʊi113	nʊi223	nʊi13	nʊi223	nʊi23	nøi13

（续上表）

序号	字项	中古音	湛江赤坎	廉江廉城	吴川梅菉	吴川吴阳	遂溪北坡	茂名茂南区	高州潘州街	信宜东镇	电白羊角	化州河西街	化州长岐
345	廬	遇合三來魚平	lou21	lu21	lou31	lou44	lou11	lou21	lou11	lu13	lou11	lou23	lou211
346	驢	遇合三來魚平	lou21	lu21	lou31	lou44	lou11	lou21	lou11	lu13	lou11	lou23	lou211
347	吕	遇合三來魚上	løi13	lui13	lei35	lei33	loi13	lʊi113	lʊi223	lʊi35	lʊi223	lʊi23	løi13
348	旅	遇合三來魚上	løi13	lei13	lei35	lei33	loi13	lʊi113	lʊi223	lʊi13	lʊi223	lʊi23	løi13
349	慮	遇合三來魚去	løi21	lei21	lei31	lei22	loi31	lʊi31	lʊi31	lʊi31	lʊi31	lʊi31	løi211
350	濾	遇合三來魚去	løi21	lei21	lei31	lei22	loi31	lʊi31	lʊi31	lʊi31	lʊi31	lʊi31	løi211
351	蛆	遇合三清魚平			ʧ^{h}ei55	t^{h}ei55	ʧui35	ʧ^{h}i553	ʧ^{h}y553	ʧ^{h}y453	ʧ^{h}i44	t^{h}ʊi53	ʧ^{h}i35
352	絮	遇合三心魚去	ʃøi21	ɬui33	ʃi55	si11	ʧi35	ʧ^{h}i335	ʃy33	ɬʊi13	ʧi224	ʃi33	ʃi33
353	徐	遇合三邪魚平	ʧ^{h}øi21	ʧ^{h}i21	ʧ^{h}i31	t^{h}ei44	ʧ^{h}ui11	ʧ^{h}i21	ʧ^{h}i11	ʧ^{h}y13	ʧ^{h}i11	t^{h}ʊi31/ʧ^{h}ʊi31	t^{h}øi211
354	序	遇合三邪魚上	ʧøi21	ʧei21	ʧei31	t^{h}ei11	ʧui31	ʧʊi31	ʧʊi31	ʧy31	ʧʊi31	t^{h}ʊi31	t^{h}øi211
355	叙	遇合三邪魚上	ʧøi21	ʧei21	ʧei31	t^{h}ei22	ʧui31	ʧʊi31	ʧʊi31	ʧy31	ʧʊi31	t^{h}ʊi31	t^{h}øi211

（续上表）

序号	字项	中古音	湛江赤坎	廉江廉城	吴川梅菉	吴川吴阳	遂溪北坡	茂名茂南区	高州潘州街	信宜东镇	电白羊角	化州河西街	化州长岐
356	緒	遇合三邪魚上	ʃøi13	ɬui13	ʃu33	tsi11	ɬui13	sʊi33	ʃʊi33 情～ ʧy33 光～	ɬʊi13	ɬʊi224	ɬʊi31 情～ ʧi33 光～	sʊi33 情～ ʧi33 光～
357	嶼	遇合三邪魚上	i21				i11	i21	y223	y13	i223	ji23	^{z}ji13
358	豬	遇合三知魚平	ʧi55	ʧi55	ʧi55	tsi55	ʧi33	ʧi553	ʧy553	ʧy453	ʧi44	ʧi53	ʧi53
359	著	遇合三知魚上	ʧi33	ʧi33	ʧi33	tsi22	ʧi44	ʧi33	ʧy33	ʧy33	ʧi33	ʧi33	ʧi33
360	褚	遇合三徹魚上	ʧi55	ʧi33			ʧi33	ʧi33				ʧi33	
361	除	遇合三澄魚平	$ʧ^{h}$øi21	$ʧ^{h}$i21	$ʧ^{h}$i31	ts^{h}i44	$ʧ^{h}$ui11	$ʧ^{h}$i21	$ʧ^{h}$i11	$ʧ^{h}$y13	$ʧ^{h}$i11	$ʧ^{h}$i23	$ʧ^{h}$i121
362	儲	遇合三澄魚平	$ʧ^{h}$i35	$ʧ^{h}$i13	$ʧ^{h}$i33	si44	$ʧ^{h}$i11	$ʧ^{h}$i33	$ʧ^{h}$i223	$ʧ^{h}$y13	ʧi33	$ʧ^{h}$i23	$ʧ^{h}$i121
363	苧	遇合三澄魚上	$ʧ^{h}$i13	$ʧ^{h}$i13			$ʧ^{h}$i13	$ʧ^{h}$i33	$ʧ^{h}$i35	$ʧ^{h}$y31	ʧi44		
364	箸	遇合三澄魚去	$ʧ^{h}$i33	$ʧ^{h}$i13	ʧi31	ts^{h}i22	ʧi31	ʧi31	ʧy31	ʧy31	ʧi33	$ʧ^{h}$i31	$ʧ^{h}$i211
365	阻	遇合三莊魚上	ʧɔ35	ʧo35	ʧo35	tso24	ʧo35	ʧɔ335	ʧɔ35	ʧɔ35	ʧo224	ʧɔ35	ʧɔ35
366	初	遇合三初魚平	$ʧ^{h}$ɔ55	$ʧ^{h}$o55	$ʧ^{h}$o55	ts^{h}o55	$ʧ^{h}$o33	$ʧ^{h}$ɔ553	$ʧ^{h}$ɔ553	$ʧ^{h}$ɔ453	$ʧ^{h}$o44	$ʧ^{h}$ɔ53	$ʧ^{h}$ɔ53

（续上表）

序号	字项	中古音	湛江赤坎	廉江廉城	吴川梅菉	吴川吴阳	遂溪北坡	茂名茂南区	高州潘州街	信宜东镇	电白羊角	化州河西街	化州长岐
367	楚	遇合三初魚上	ʧʰɔ35	ʧʰo35	ʧʰo35	tsʰo24	ʧʰo35	ʧʰɔ335	ʧʰɔ35	ʧʰɔ35	ʧʰo224	ʧʰɔ35	ʧʰɔ35
368	礎	遇合三初魚上	ʧʰɔ35	ʧʰo35	ʧʰo35	tsʰo24	ʧʰo35	ʧʰɔ335	ʧʰɔ35	ʧʰɔ35	ʧʰo224	ʧʰɔ35	ʧʰɔ35
369	鋤	遇合三崇魚平	ʧʰɔ21	ʧʰo21	ʧʰo31	tsʰo44	ʧʰo11	ʧʰɔ21	ʧʰɔ11	ʧʰɔ35	ʧʰo11	ʧʰɔ23	ʧʰɔ121
370	助	遇合三崇魚去	ʧɔ21	ʧo21	ʧo31	so22	ʧo31	ʧɔ31	ʧɔ31	ʧɔ31	ʧo31	ʧʰɔ31	ʧʰou211
371	梳	遇合三生魚平	ʃɔ55	ʃo55	ʃo55	so55	ʃo33	sɔ553	ʃɔ553	ʃɔ453	ʃo44	ʃɔ53	sɔ53
372	疏～远	遇合三生魚平	ʃɔ55	ʃo55	ʃo55	so55	ʃo33	sɔ553	ʃɔ553	ʃɔ453	ʃo44	ʃɔ53	sɔ53
373	蔬	遇合三生魚平	ʃɔ55	ʃo55	ʃo55	so55	ʃo33	sɔ553	ʃɔ553	ʃɔ453	ʃo44	ʃɔ53	sɔ53
374	所	遇合三生魚上	ʃɔ35	ʃo35	ʃo35	so24	ʃo35	sɔ335	ʃɔ35	ʃɔ35	ʃo224	ʃɔ35	sɔ35
375	疏注～	遇合三生魚去	ʃɔ55	ʃo55		so55	ʃo33	sɔ553	ʃɔ553	ʃɔ453	ʃo44	ʃɔ53	sɔ53
376	諸	遇合三章魚平	ʧi55	ʧi55	ʧi55	tsi55	ʧi33	ʧi553	ʧy553	ʧy453	ʧi44	ʧi53	ʧi53
377	煮	遇合三章魚上	ʧi35	ʧi35	ʧi35	tsi24	ʧi35	ʧi335	ʧy35	ʧy35	ʧi224	ʧi35	ʧi35
378	處～理	遇合三昌魚上	ʧʰi33	ʧʰi35	ʧʰi35	tsʰi24	ʧʰi44	ʧʰi335	ʧʰi35	ʧʰy35	ʧʰi33	ʧʰi35	ʧʰi35

（续上表）

序号	字项	中古音	湛江赤坎	廉江廉城	吴川梅菉	吴川吴阳	遂溪北坡	茂名茂南区	高州潘州街	信宜东镇	电白羊角	化州河西街	化州长岐
379	杵	遇合三昌魚上							ŋ̍ŋ35			ɲ̍ɲ23	ɲ̍ɲ13
380	處~所	遇合三昌魚去	ʧʰi33	ʧʰi33	ʧʰi33	tsʰi11	ʧʰi44	ʧʰi33	ʧʰy33	ʧʰy33	ʧʰi33	ʧʰi33	ʧʰi33
381	書	遇合三書魚平	ʃi55	ʃi55	ʃi55	si55	ʃi33	si553	ʃy553	ʃy453	ʃi44	ʃi53	ʃi53
382	舒	遇合三書魚平	ʃi55	ʃi55	ʃi55	si55	ʃi33	si553	ʃy553	ʃy453	ʃi44	ʃi53	ʃi53
383	暑	遇合三書魚上	ʃi35	ʃi35	ʃi35	si24	ʃi35	si335	ʃy35	ʃy35	ʃi224	ʃi35	ʃi35
384	鼠	遇合三書魚上	ʃi35	ʃi35	ʃi35	si24	ʃi35	si335	ʃy35	ʃy35	ʃi224	ʃi35	ʃi35
385	黍	遇合三書魚上						ʧʰi335		ʧʰy35			
386	庶	遇合三書魚去	ʃi35	ʃi21		si11	ʃi44	si33	ʃy33	ʃy33		ʃi33	ʃi33
387	恕	遇合三書魚去	ʃi21		ʃi33	si11	ʃi44	si33	ʃy31	ʃy33		ʃi33	ʃi33
388	墅	遇合三禪魚上	ʃøi13	ɬui13	ʃu31	ɬui22	ɬui13	sʊi31	ɬʊi31	ɬʊi13	ɬʊi31	ʃʊi23	sʊi211
389	署	遇合三禪魚去	ʃi35	ʃi35	ʧʰi33	tsi22	ʃi35	ʧʰi113	ʃy35	ʧʰy35	ʧʰi33	ʧi33	ʧi33
390	薯	遇合三禪魚去	ʃi21	ʃi21	ʃi31	si44	ʃi11	si21	ʃy11	ʃy13	ʃi11	ʃi23	ʃi121

（续上表）

序号	字项	中古音	湛江赤坎	廉江廉城	吴川梅菉	吴川吴阳	遂溪北坡	茂名茂南区	高州潘州街	信宜东镇	电白羊角	化州河西街	化州长岐
391	如	遇合三日魚平	i21	i21	i31	i44	i11	ȵi31	ȵi11	ȵy13	ȵi11	ɲɲ̍31	ɲɲ̍121
392	居	遇合三見魚平	køi55	kei55	kei55	kei55	koi33	kʊi553	kʊi553	kʊi453	kʊi44	kʊi53	køi53
393	車~马炮	遇合三見魚平	køi55	kei55	kei55	kei55	kei33	kʊi553	kʊi553	kʊi453	kʊi445	kʊi53	køi53
394	舉	遇合三見魚上	køi35	kei35	kei35	kei24	koi35	kʊi335	kʊi35	kʊi35	kʊi224	kʊi35	køi35
395	據	遇合三見魚去	køi33	kei21	kei33	kei24	koi31	kʊi33	kʊi33	kʊi33	kʊi44	kʊi33	køi33
396	鋸	遇合三見魚去	køi33	kei33	kei33	kei11	koi44	kʊi33	kʊi33	kʊi33	kʊi33	kʊi33	køi33
397	墟	遇合三溪魚平	høi55	hui55	hei55	hei55	hoi33	hʊi553	hʊi553	hʊi453	hʊi44	hʊi53	høi53
398	去	遇合三溪魚去	høi33	hui33	hei33	hei11	hoi44	hʊi33	hʊi33	hʊi33	hʊi33	hʊi33	høi33
399	渠	遇合三羣魚平	k^høi21	kei21	k^hei31	k^hei44	k^hoi11	k^hʊi21	k^hʊi11	k^hʊi13	k^hʊi11	k^hʊi23	k^høi13
400	佢	遇合三羣魚平	k^hei13	k^hei13	k^hei31	k^hei33	k^hoi13	k^hʊi113	k^hʊi35	k^hʊi13	k^hʊi223	k^hʊi23	k^høi13
401	巨	遇合三羣魚上	køi21	kei21	kei31	k^hei22	koi31	k^hʊi113	k^hʊi35	k^hʊi13	k^hʊi223	k^hʊi23	k^høi13
402	拒	遇合三羣魚上	k^høi13	k^hei13	k^hei223	k^hei33	k^hoi13	k^hʊi113	k^hʊi35	k^hʊi13	k^hʊi223	k^hʊi23	k^høi13

（续上表）

序号	字项	中古音	湛江赤坎	廉江廉城	吴川梅菉	吴川吴阳	遂溪北坡	茂名茂南区	高州潘州街	信宜东镇	电白羊角	化州河西街	化州长岐
403	距	遇合三羣魚上	kʰøi13	kʰei13	kʰei223	kʰei44	kʰoi13	kʰʊi113	kʰʊi35	kʰʊi13	kʰʊi223	kʰʊi23	kʰøi13
404	魚	遇合三疑魚平	i21	ȵi21	ȵi35	ȵi44	ȵi11	ȵi21	ȵi11	ȵy13	ȵi11	ɲɲ̍23	ɲɲ̍121
405	漁	遇合三疑魚平	i21	ȵi21	ȵi31	ȵi44	ȵi11	ȵi21	ȵy11	ȵy31	ȵi31	ɲɲ̍23	ɲɲ̍121
406	語	遇合三疑魚上	i13	ȵi13	ȵi35	ȵi33	ȵi35	i113	ȵi223	ȵy13	i223	ɲɲ̍23	ɲɲ̍13
407	御	遇合三疑魚去	i21		i31	i22	i31	i31	y31	ȵy31		ŋʊi31	ᶻji211
408	禦	遇合三疑魚去	i21	i21	i31	i22	i44	i31	y31	ȵy31		ŋʊi31	ᶻji211
409	虛	遇合三曉魚平	høi55	hei55	hei55	hei55	hoi33	hʊi553	hʊi553	hʊi453	hʊi44	hʊi53	høi53
410	噓	遇合三曉魚平	høi55	hei55	hei55	hei55	hoi33	hʊi553	hʊi553	hʊi453	hʊi44	hʊi53	høi53
411	許	遇合三曉魚上	høi35	hei35	hei35	hei24	hoi35	hʊi335	hʊi35	hʊi35	hʊi224	hʊi35	høi35
412	於	遇合三影魚平	i55	i55	i55	ʔei55	i33	i553	i553	y453（文） ʔʊi453（白）	i44	ji53	øi53
413	淤	遇合三影魚平	i35	i35	ʔei35	ʔei11	i35	i553	i553	ʔʊi35	i11	ʊi35	øi35

（续上表）

序号	字项	中古音	湛江赤坎	廉江廉城	吴川梅菉	吴川吴阳	遂溪北坡	茂名茂南区	高州潘州街	信宜东镇	电白羊角	化州河西街	化州长岐
414	余姓	遇合三以魚平	i21	i21	i31	i44	i11	i21	y11	y31	i11	ji23	^{z}ji121
415	餘多~	遇合三以魚平	i21	i21	i31	i44	i11	i21	y11	y31	i11	ji23	^{z}ji121
416	與	遇合三以魚上	i13	i13	i223	i33	i13	i113	y223	y35	i223	ji23	^{z}ji13
417	譽	遇合三以魚去	i21	i21	i31	i22	i31	i31	y31	y31	i31	ji31	^{z}ji211
418	預	遇合三以魚去	i21	i21	i31	i22	i31	i31	y31	y31	i31	ji31	^{z}ji211
419	豫	遇合三以魚去	i21	ȵi21	i31	i22	i31	i21	y11	y35	ȵi31	ji31	^{z}ji211
420	夫	遇合三非虞平	fu55	fu55	fu55	fu55	fu33	fu553	fu553	fu453	fu44	fu53	fu53
421	膚	遇合三非虞平	fu55	fu55	fu55	fu55	fu33	fu553	fu553	fu453	fu44	fu53	fu53
422	府	遇合三非虞上	fu35	fu35	fu35	fu24	fu35	fu335	fu35	fu35	fu223	fu35	fu35
423	腑	遇合三非虞上	fu35	fu35	fu35	fu24	fu35	fu335	fu35	fu35	fu223	fu35	fu35
424	俯	遇合三非虞上	fu35	fu35	fu35	fu24	fu35	fu335	fu35	fu35	fu223	fu35	fu35
425	甫	遇合三非虞上	p^{h}ou35	p^{h}u35	p^{h}ou35	p^{h}ou24	p^{h}ou35	p^{h}ou335	p^{h}ou35	p^{h}u35	p^{h}ou224	p^{h}ou35	p^{h}ou35

（续上表）

序号	字项	中古音	湛江赤坎	廉江廉城	吴川梅菉	吴川吴阳	遂溪北坡	茂名茂南区	高州潘州街	信宜东镇	电白羊角	化州河西街	化州长岐
426	脯果～	遇合三非虞上	p^hou35	p^hu35	p^hou35	p^hou24	p^hou11	p^hou113	p^hou35	p^hu31	p^hou224	p^hou35	pou211
427	斧	遇合三非虞上	fu35	fu35	fu35	fu24	pou35	fu335	fu35	fu35	fu224	fu35	fu35
428	付	遇合三非虞去	fu21	fu21	fu31	fu22	fu31	fu31	fu31	fu31	fu31	fu31	fu211
429	賦	遇合三非虞去	fu21	fu21	fu33	fu11	fu44	fu33	fu33	fu33	fu33	fu23	fu13
430	傅	遇合三非虞去	fu21	fu21	fu31	fu22	fu31	fu31	fu31	fu31	fu31	fu31	fu211
431	咐	遇合三非虞去	fu21	fu33	fu31	fu22	fu44	fu31	fu31	fu31	fu33	fu31	fu211
432	敷	遇合三敷虞平	fu55	fu55	fu55	p^hou55	p^hou33	fu553	p^hou553	fu453	fu44	p^hou53	fu53
433	俘	遇合三敷虞平	fu55	fu55	fu55	fu55	fu33	fu553	fu553	fu453	fu44	fu53	fu53
434	孵	遇合三敷虞平	fu55	fu55	fu55	fu55	fu33	fu553	fu553	fu453	fu44	fu53	fu53
435	麩	遇合三敷虞平	k^hu55	fu55	k^hu55	fu55	k^hu44	fu553	fu553	fu453	fu44	$kʋ^hu53$	k^hu53
436	撫	遇合三敷虞上	fu35	mu35	fu35	fu33	mou13	ʋu113	wu223	mu13	fu11	mou23	mou13
437	赴	遇合三敷虞去	fu21	p^hu13	fu31	fu22	fu31	fu31	fu31	fu31	fu33	fu31	fu211

（续上表）

序号	字项	中古音	湛江赤坎	廉江廉城	吴川梅菉	吴川吴阳	遂溪北坡	茂名茂南区	高州潘州街	信宜东镇	电白羊角	化州河西街	化州长岐
438	訃	遇合三敷虞去	fu21	fu35			$p^hɔk021$	pʊk055	fu31			fu31	pʊk022
439	符	遇合三奉虞平	fu21	fu21	fu31	fu44	fu11	fu21	fu11	fu31	fu11	fu23	fu121
440	扶	遇合三奉虞平	fu21	fu21	fu31	fu44	fu31	fu21	fu11	fu13	fu11	fu31	fu211
441	芙	遇合三奉虞平	fu21	fu21	fu31	fu44	fu11	fu31	fu11	fu13	fu11	fu31	fu211
442	父	遇合三奉虞上	fu21	fu21	fu31	fu22	fu31	fu31	fu31	fu31	fu31	fu31	fu211
443	腐	遇合三奉虞上	fu21	fu21	fu31	fu22	fu31	fu31	fu31	fu31	fu31	fu31	fu211
444	輔	遇合三奉虞上	fu21	fu21	fu31	fu22	fu31	fu31	fu31	fu31	fu31	fu31	fu211
445	附	遇合三奉虞去	fu21	fu21	fu31	fu22	fu31	fu31	fu31	fu31	fu31	fu31	fu211
446	無	遇合三微虞平	mou13	mu21	mou223	mou44	mou11	mou21	mou11	mu13	mou11	mou23	mou121
447	巫	遇合三微虞平	mou55	mu55	mou55	mou55	mou33	mou553	mou553	mu453	mou11	mou53	mou53
448	誣	遇合三微虞平	mou55	mu55	mou31	mou55	mou33	mou553	mou553	mu453	mou11	mou53	mou211
449	武	遇合三微虞上	mou13	mu13	mou223	fu33	mou13	mou113	wu223/mou223	wu13	mou223	fu23/mou23	fu13/mou13

（续上表）

序号	字项	中古音	湛江赤坎	廉江廉城	吴川梅菉	吴川吴阳	遂溪北坡	茂名茂南区	高州潘州街	信宜东镇	电白羊角	化州河西街	化州长岐
450	舞	遇合三微虞上	mou13	mu35	mou223	mou33	mou35	mou113	mou223	wu13	mou223	mou23	mou13
451	侮	遇合三微虞上	fui35	mu35	fu35	hui24	mui35	mou113	wu223/mou223	mʊi13	mou223	mou23	mou13
452	鵡	遇合三微虞上	mou13	mu35	mou223	mou33	mou13	mou113	mou223	wu13	mou223	mou23/fu23	mou13
453	務	遇合三微虞去	mou21	mu21	mou31	mou22	mou31	mou31	mou31	mu31	mou31	mou31	mou211
454	霧	遇合三微虞去	mou21	mu21	mou31	mou22	mou31	mou31	mou31	mu31	mou31	mou31	mou211
455	屢	遇合三來虞去	lui13	lui13	lu223	lei22	lui13	lʊi335	lʊi223	lʊi13	lʊi223	lʊi23	lʊi13
456	趨	遇合三清虞平	ʧʰui55	ʧʰei55	ʧʰu55	tʰei55	ʧʰui33	ʧʰʊi553	ʧʰy553	ʧʰy453		tʰʊi53	tʰʊi53
457	取	遇合三清虞上	ʧʰøi35	ʧʰei35	ʧʰei35	tʰei24	ʧʰui35	ʧʰʊi335	ʧʰy35	ʧʰy35	ʧʰʊi224	tʰʊi35	tʰøi35
458	娶	遇合三清虞上	ʧʰøi35	ʧʰei35	ʧʰei35	tʰei22	ʧʰui35	ʧʰʊi335	ʧʰʊi35	ʧʊi31	ʧʊi31	tʰʊi31	tʰøi35
459	趣	遇合三清虞去	ʧʰøi33	ʧʰei33		tʰei11	ʧʰui44	ʧʰʊi33	ʧʰʊi33	ʧʰʊi33	ʧʰʊi33	tʰʊi33	tʰøi33
460	聚	遇合三從虞上	ʧøi21	ʧei21	ʧei31	tʰei22	ʧui31	ʧʊi31	ʧʊi31	ʧy31	ʧʊi31	tʰʊi31	tʰøi211
461	須	遇合三心虞平	ʃøi55	ɬui55	ɬei55	ɬei55	ɬui33	ɬʊi553	ɬʊi553	ɬʊi453	ɬʊi44	ɬʊi53	ɬøi53

（续上表）

序号	字项	中古音	湛江赤坎	廉江廉城	吴川梅菉	吴川吴阳	遂溪北坡	茂名茂南区	高州潘州街	信宜东镇	电白羊角	化州河西街	化州长岐
462	鬚	遇合三心虞平	ʃou55	ɬu55	ɬou55	ɬei55	ɬou33	ɬou553	ɬou553	ɬu453	ɬʊi44	ɬou53	ɬou53
463	需	遇合三心虞平	ʃøi55	ɬui55	ɬei55	ɬei55	ɬui33	ɬʊi553	ɬʊi553	ɬʊi453	ɬʊi44	ɬʊi53	ɬøi53
464	續	遇合三邪虞去	ʧok022	ʧok022	ʧok031	tʰʊk044	ʧok021	ʧʊk022	ʧʊk021	ʧok022	ʧok021	tʰʊk022	tʰʊk022
465	誅	遇合三知虞平	ʧi55	ʧi55	ʧi55	tsi55	ʧi33	ʧi553	ʧy553	ʧy453	ʧi44	ʧi53	ʧi53
466	蛛	遇合三知虞平	ʧi55	ʧi55	ʧi55	tsi55	ʧi33	ʧi553	ʧy553	ʧy453	ʧi44	ʧi53	ʧi53
467	株	遇合三知虞平	ʧi55	ʧi55	ʧi55	tsi55	ʧi33	ʧi553	ʧy553	ʧy453	ʧi44	ʧi53	ʧi53
468	駐	遇合三知虞去	ʧi33	ʧi21	ʧi31	tsʰi22	ʧi31	ʧi31	ʧy31	ʧy33	ʧi31	ʧʰi31	ʧʰi211
469	註	遇合三知虞去	ʧi33	ʧi21	ʧi33	tsi22	ʧi44	ʧi33	ʧy33	ʧy33	ʧi33	ʧi33	ʧi33
470	厨	遇合三澄虞平	ʧʰi21	ʧʰi21	ʧʰi31	tsʰi44	ʧʰi11	ʧʰi21	ʧʰy11	ʧʰy13	ʧʰi11	ʧʰi23	ʧʰi13
471	柱	遇合三澄虞上	ʧʰi35	ʧʰi13	ʧʰi223	tsʰi33	ʧʰi13	ʧʰi113	ʧʰy223	ʧʰy13	ʧʰi223	ʧʰi23	ʧʰi13
472	住	遇合三澄虞去	ʧi21	ʧi21	ʧi31	tsʰi22	ʧi31	ʧi31	ʧy31	ʧy31	ʧi31	ʧʰi31	ʧʰi211
473	雛	遇合三崇虞平		ʧʰi55	ʧʰo55	tsʰo55	ʧʰui33		ʧʰy553	ʧʰʊi453		ʧʰɔ53	ʧʰɔ53

（续上表）

序号	字项	中古音	湛江赤坎	廉江廉城	吴川梅菉	吴川吴阳	遂溪北坡	茂名茂南区	高州潘州街	信宜东镇	电白羊角	化州河西街	化州长岐
474	數~钱	遇合三生虞上	ʃou33	ʃu33	ʃou35	sou24	ʃou44	sou335	ʃou35	ʃu35	ʃou224	ʃou35	sou35
475	數~学	遇合三生虞去	ʃou33	ʃu33	ʃou33	sou11	ʃou44	sou33	ʃou33	ʃu33	ʃou33	ʃou33	sou33
476	朱	遇合三章虞平	ʧi55	ʧi55	ʧi55	tsi55	ʧi33	ʧi553	ʧy553	ʧy453	ʧi44	ʧi53	ʧi53
477	硃	遇合三章虞平	ʧi55	ʧi55	ʧi55	tsi55	ʧi33	ʧi553	ʧy553	ʧy453	ʧi44	ʧi53	ʧi53
478	珠	遇合三章虞平	ʧi55	ʧi55	ʧi55	tsi55	ʧi33	ʧi553	ʧy553	ʧy453	ʧi44	ʧi53	ʧi53
479	主	遇合三章虞上	ʧi35	ʧi35	ʧi35	tsi24	ʧi35	ʧi335	ʧy35	ʧy35	ʧi224	ʧi35	ʧi35
480	注	遇合三章虞去	ʧi33	ʧi33	ʧi33	tsi11	ʧi44	ʧi33	ʧy33	ʧy33	ʧi33	ʧi33	ʧi33
481	蛀	遇合三章虞去	ʧi33	$ʧ^{h}$i13	ʧi33	tsi11	ʧi44	ʧi33	ʧy33	ʧy33	ʧi33	$ʧ^{h}$i23	ʧi33
482	鑄	遇合三章虞去	ʧi33	ʧi33	ʧi33	tsi11	ʧi44	ʧi33	ʧi33	ʧy35	ʧi33	ʧi33	ʧi33
483	輸~赢	遇合三書虞平	ʃi55	ʃi55	ʃi55	si55	ʃi44	si553	ʃy553	ʃy453	ʃi44	ʃi53	ʃi53
484	戍	遇合三書虞去		ʃi21			ʃi31	si31	ʃy31	ʃy33		ʃi31	
485	輸运~	遇合三書虞去	ʃi55	ʃi55	ʃi55	si55	ʃi33	si553	ʃy553	ʃy453	ʃi44	ʃi53	ʃi53

（续上表）

序号	字项	中古音	湛江赤坎	廉江廉城	吴川梅菉	吴川吴阳	遂溪北坡	茂名茂南区	高州潘州街	信宜东镇	电白羊角	化州河西街	化州长岐
486	殊	遇合三禪虞平	ʃi21	ʃi21	ʃi31	si44	ʃi31	ʧʰi21	ʃy11	ʃy13	ʃi11	ʃi31	ʃi121
487	豎	遇合三禪虞上	ʃi21	ʃi21	ʃi31	tsʰi33	ʃi31	si31	ʃy31	ʃy31	ʃi31	ʃi31	ʃi211
488	樹	遇合三禪虞去	ʃi21	ʃi21	ʃi31	si22	ʃi31	si31	ʃi31	ʃy31	ʃi31	ʃi31	ʃi211
489	儒	遇合三日虞平	i21	i21	i31	i55	i11	i21	y11	y31	i11	ji23	ᶻji211
490	乳	遇合三日虞上	i13	iui13	ȵiu35	ȵiui24	ȵiui13	ȵiʊi335	ȵiʊi223	ȵiʊi13	ȵiʊi223	ȵiʊi23	ȵiʊi13
491	拘	遇合三見虞平	kʰøi55	kʰei55	kʰei55	kʰei55	kʰoi33	kʰʊi553	kʰʊi553	kʰʊi453	kʰʊi44	kʰʊi53	kʰøi53
492	駒	遇合三見虞平	kʰøi55	kʰei55			kʰoi33	kʰʊi553	kʊi553	kʰʊi453		kʰʊi53	kʰøi53
493	俱	遇合三見虞平	køi55	kei21	kei55	kei55	koi31	kʰʊi553	kʰʊi553/kʊi553	kʰʊi453	kʊi44	kʊi53	kʰøi53
494	矩	遇合三見虞上	køi35	kei35	kei35	kei24	koi35	kʊi335	kʰʊi223	kʊi35	kʰʊi223	kʊi35	kʰøi35
495	句	遇合三見虞去	køi33	kei33	kei33	kei11	koi44	kʊi33	kʊi33	kʊi33	kʊi33	kʊi33	køi33
496	區	遇合三溪虞平	kʰøi55	kʰei55	kʰei55	kʰei55	kʰoi33	kʰʊi553	kʰʊi553	kʰʊi453	kʰʊi44	kʰʊi53	kʰøi53
497	驅	遇合三溪虞平	kʰøi55	kʰei55	kʰei55	kʰei55	kʰoi33	kʰʊi553	kʰʊi553	kʰʊi453	kʰʊi44	kʰʊi53	kʰøi53

（续上表）

序号	字项	中古音	湛江赤坎	廉江廉城	吴川梅菉	吴川吴阳	遂溪北坡	茂名茂南区	高州潘州街	信宜东镇	电白羊角	化州河西街	化州长岐
498	瞿	遇合三群虞平	k^høi21	kei21			koi31	$ʧ^h$ʊi553	k^hʊi11	kʊi31	k^hʊi11	k^hʊi31	k^høi211
499	具	遇合三群虞去	køi21	kei21	kei31	k^hei22	koi31	kʊi31	kʊi31	kʊi31	kʊi31	k^hʊi31	k^høi211
500	惧	遇合三群虞去	køi21	kei21	kei31	k^hei22	koi31	kʊi31	kʊi31	kʊi31	kʊi31	k^hʊi31	k^høi211
501	愚	遇合三疑虞平	i21	i21	i31	ȵi44	i11	i21	y11	ȵy31	i11	ŋʊi31	ŋøi211
502	虞	遇合三疑虞平	i21	i21			i11		y11	ȵy31		ɲɲ̍31	ɲɲ̍211
503	娱	遇合三疑虞平	i21	ŋŋ̍21	ŋŋ̍31	ȵi44	ȵi11	ȵi21	ŋŋ̍11	ȵy31	ŋŋ̍11	ɲɲ̍31	ɲɲ̍211
504	遇	遇合三疑虞去	i21	i21	i31	ȵi22	i31	i31	y31	ȵy31	i31	ŋʊi31	ŋøi211
505	寓	遇合三疑虞去	i13	i21	ȵi35	ȵi44	i31	i31	y223	ȵy31	i11	ŋʊi31	ŋøi211
506	吁	遇合三晓虞平	i55	i21			i33		y553	y453		ji53	^{z}ji211
507	迂	遇合三影虞平	i55	i21		ʔei55	i33	i553	y553	y453	i44	ji53	^{z}ji53
508	于	遇合三云虞平	i55	i55	i55	ʔei55	i33	i553	i553	y453	i11	ji53	^{z}ji53
509	雨	遇合三云虞上	i13	i21	i223	i33	i13	i113	y223	y13	i223	ji23	^{z}ji13

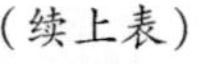

（续上表）

序号	字项	中古音	湛江赤坎	廉江廉城	吴川梅菉	吴川吴阳	遂溪北坡	茂名茂南区	高州潘州街	信宜东镇	电白羊角	化州河西街	化州长岐
510	宇	遇合三云虞上	i13	i13	i223	i33	i13	i113	y223	y13	i223	ji23	^{z}ji13
511	禹	遇合三云虞上	i13	i21	i223	i33	i13	i113	y223	y35		ji23	
512	羽	遇合三云虞上	i13	i13	i223	i33	i13	i113	i223	y31	i223	ji23	^{z}ji13
513	芋	遇合三云虞去	ʋu21	u21	fu31	hou22	u31	fu21	wu31	wu31	fu31	ʋu31	ʋu211
514	榆	遇合三以虞平	i21	i21			i31	i21	y11	y31	i11	ji31	
515	逾	遇合三以虞平	i21	i21			i31	i21	i11	y31	i11	ji31	^{z}ji211
516	愉	遇合三以虞平	i21	i21	i31	i44	i31	i21	y11	y31	i31	ji31	^{z}ji211
517	愈	遇合三以虞上	it022	i21	i31	i22	i31	i31	i31	y31	i11	ji31	^{z}ji211
518	喻	遇合三以虞去	i21	i21	i31	i22	i31	i31	i31	y31	i11	ji31	^{z}ji211
519	裕	遇合三以虞去	i21	i21	i31	i22	i31	i31	y31	y31	i31	ji31	^{z}ji211
520	獃	蟹開一端咍平	ŋɔi21	ŋɔi55	ŋo31	ŋ^{u}ɔi44		ŋ^{u}ɔi21	ŋ^{u}ɔi11	ʔ^{u}ɔi35	ŋ^{u}ɔi11	ŋ^{u}ɔi23	ŋ^{u}ɔi121
521	戴	蟹開一端咍去	tai33	tai33	ɗa33	ɗai11	tai44	tai33	tai33	tai33	tai33	ɗai33	ɗai33

（续上表）

序号	字项	中古音	湛江赤坎	廉江廉城	吴川梅菉	吴川吴阳	遂溪北坡	茂名茂南区	高州潘州街	信宜东镇	电白羊角	化州河西街	化州长岐
522	胎	蟹開一透咍平	t^{h}ɔi55	t^{h}ɔi55	t^{h}o55	t^{hu}ɔi55	t^{h}ui11	t^{hu}ɔi553	t^{hu}ɔi553	t^{hu}ɔi453	t^{hu}ɔi44	t^{hu}ɔi53	t^{hu}ɔi53
523	態	蟹開一透咍去	t^{h}ai33	t^{h}ai33	t^{h}a33	t^{h}ai11	t^{h}ai44	t^{h}ai33	t^{h}ai33	t^{h}ai33	t^{h}ai33	t^{h}ai33	t^{h}ai33
524	貸	蟹開一透咍去	t^{h}ai33	t^{h}ai33	t^{h}a33	t^{hu}ɔi22	t^{h}ɐi44	t^{h}ai33	t^{h}ai33	t^{h}ai33	t^{u}ɔi31	t^{h}ai33	t^{h}ai33
525	臺	蟹開一定咍平	t^{h}ɔi21	t^{h}ɔi21	t^{h}o31	t^{hu}ɔi44	t^{h}ui11	t^{hu}ɔi21	t^{hu}ɔi11	t^{hu}ɔi31	t^{hu}ɔi11	t^{hu}ɔi23	t^{u}ɔi121
526	苔	蟹開一定咍平	t^{h}ɔi21	t^{h}ɔi21	t^{h}o31	t^{hu}ɔi55	t^{h}ui11	t^{h}ɔ21	t^{hu}ɔi11	t^{hu}ɔi13	t^{hu}ɔi11	t^{hu}ɔi23	t^{u}ɔi121
527	抬	蟹開一定咍平	t^{h}ɔi21	t^{h}ɔi21	t^{h}o31	t^{hu}ɔi44	t^{h}ui11	t^{hu}ɔi21	t^{hu}ɔi11	t^{hu}ɔi13	t^{hu}ɔi11	t^{hu}ɔi23	t^{u}ɔi121
528	待	蟹開一定咍上	tɔi21	tɔi21	ɗo31	t^{hu}ɔi22	tui31	t^{u}ɔi31	t^{u}ɔi31	t^{u}ɔi31	t^{u}ɔi31	ɗ^{u}ɔi31	t^{u}ɔi211
529	怠	蟹開一定咍上	t^{h}ɔi21	tɔi21	t^{h}o223	t^{h}ɛ22	to31	t^{u}ɔi31	tœ31	t^{hu}ɔi13	t^{u}ɔi31	t^{hu}ɔi23	t^{u}ɔi211
530	代	蟹開一定咍去	tɔi21	tɔi21	ɗo31	t^{hu}ɔi22	tui31	t^{u}ɔi31	t^{u}ɔi31	t^{u}ɔi31	t^{u}ɔi31	ɗ^{u}ɔi31	t^{u}ɔi211
531	袋	蟹開一定咍去	tɔi21	tɔi21	ɗo31	t^{hu}ɔi22	tui31	t^{u}ɔi31	t^{u}ɔi31	t^{u}ɔi31	t^{u}ɔi31	ɗ^{u}ɔi31	t^{u}ɔi211
532	乃	蟹開一泥咍上	nai13	nai13	na223	nai33	nai13	nai113	nai223	nai13	nai223	nai23	nai13
533	耐	蟹開一泥咍去	nɔi21	nɔi21	no31	n^{u}ɔi22	nai31	nai31	nai31	n^{u}ɔi31	nai31	n^{u}ɔi31	n^{u}ɔi121

（续上表）

序号	字项	中古音	湛江赤坎	廉江廉城	吴川梅菉	吴川吴阳	遂溪北坡	茂名茂南区	高州潘州街	信宜东镇	电白羊角	化州河西街	化州长岐
534	來	蟹開一來咍平	lɔi21	lɔi21	lo31	l^{u}ɔi44	lui11	l^{u}ɔi21	l^{u}ɔi11	l^{u}ɔi13	l^{u}ɔi11	l^{u}ɔi23	l^{u}ɔi121
535	災	蟹開一精咍平	ʧɔi55	ʧɔi55	ʧo55	t^{u}ɔi55	ʧui33	ʧ^{u}ɔi553	ʧ^{u}ɔi553	ʧ^{u}ɔi453	ʧ^{u}ɔi44	t^{u}ɔi53	t^{u}ɔi53
536	栽	蟹開一精咍平	ʧɔi55	ʧɔi55	ʧo55	t^{u}ɔi55	ʧui33	ʧ^{u}ɔi553	ʧ^{u}ɔi553	ʧ^{u}ɔi453	ʧ^{u}ɔi44	t^{u}ɔi53	t^{u}ɔi53
537	宰	蟹開一精咍上	ʧɔi35	ʧɔi35	ʧo35	t^{u}ɔi24	ʧui35	ʧ^{u}ɔi335	ʧ^{u}ɔi35	ʧ^{u}ɔi35	ʧ^{u}ɔi224	t^{u}ɔi35	t^{u}ɔi35
538	載年～	蟹開一精咍上	ʧɔi33	ʧɔi33	ʧo33	t^{u}ɔi11	ʧui44	ʧ^{u}ɔi33	ʧ^{u}ɔi33	ʧ^{u}ɔi33	ʧ^{u}ɔi33	t^{u}ɔi33	t^{u}ɔi33
539	再	蟹開一精咍去	ʧɔi33	ʧɔi33	ʧo33	t^{u}ɔi11	ʧui44	ʧ^{u}ɔi33	ʧ^{u}ɔi33	ʧ^{u}ɔi33	ʧ^{u}ɔi33	t^{u}ɔi33	t^{u}ɔi33
540	載～重	蟹開一精咍去	ʧɔi33	ʧɔi33	ʧo33	t^{u}ɔi11	ʧui44	ʧ^{u}ɔi33	ʧ^{u}ɔi33	ʧ^{u}ɔi33	ʧ^{u}ɔi33	t^{u}ɔi33	t^{u}ɔi33
541	猜	蟹開一清咍平	ʧ^{h}ai55	ʧ^{h}ai55	ʧ^{h}a55	t^{hu}ɔi55	ʧ^{h}ai33	ʧ^{h}ai553	ʧ^{h}ai553	ʧ^{h}ai453	ʧ^{h}ai44	ʧ^{h}ai53	ʧ^{h}ai53
542	跴	蟹開一清咍上	ʧ^{h}ai35	ʧ^{h}ai35	ʧ^{h}o35	t^{hu}ɔi24	ʧ^{h}ui35	ʧ^{h}ai335	ʧ^{h}ai35	ʧ^{h}ai35	ʧ^{h}ai224	ʧ^{h}ai35	ʧ^{h}ai35
543	彩	蟹開一清咍上	ʧ^{h}ɔi35	ʧ^{h}ɔi35	ʧ^{h}o35	t^{hu}ɔi24	ʧ^{h}ui35	ʧ^{hu}ɔi335	ʧ^{hu}ɔi35	ʧ^{hu}ɔi35	ʧ^{hu}ɔi224	t^{hu}ɔi35	t^{hu}ɔi35
544	採	蟹開一清咍上	ʧ^{h}ɔi35	ʧ^{h}ɔi35	ʧ^{h}o35	t^{hu}ɔi24	ʧ^{h}ui35	ʧ^{hu}ɔi335	ʧ^{hu}ɔi35	ʧ^{hu}ɔi35	ʧ^{hu}ɔi224	t^{hu}ɔi35	t^{hu}ɔi35
545	睬	蟹開一清咍上	ʧ^{h}ɔi35	ʧ^{h}ɔi35	ʧ^{h}o35	t^{hu}ɔi24	ʧ^{h}ui35	ʧ^{hu}ɔi335	ʧ^{hu}ɔi35	ʧ^{hu}ɔi35	ʧ^{hu}ɔi224	t^{hu}ɔi35	t^{hu}ɔi35

（续上表）

序号	字项	中古音	湛江赤坎	廉江廉城	吴川梅菉	吴川吴阳	遂溪北坡	茂名茂南区	高州潘州街	信宜东镇	电白羊角	化州河西街	化州长岐
546	菜	蟹開一清咍去	ʧ^{h}ɔi33	ʧ^{h}ɔi33	ʧ^{h}o33	t^{hu}ɔi11	ʧ^{h}ui44	ʧ^{hu}ɔi33	ʧ^{hu}ɔi33	ʧ^{hu}ɔi33	ʧ^{hu}ɔi33	t^{hu}ɔi33	t^{hu}ɔi33
547	才	蟹開一從咍平	ʧ^{h}ɔi21	ʧ^{h}ɔi21	ʧ^{h}o31	t^{hu}ɔi44	ʧ^{h}ui11	ʧ^{hu}ɔi21	ʧ^{hu}ɔi11	ʧ^{hu}ɔi13	ʧ^{hu}ɔi11	t^{hu}ɔi23	t^{hu}ɔi121
548	材	蟹開一從咍平	ʧ^{h}ɔi21	ʧ^{h}ɔi21	ʧ^{h}o31	t^{hu}ɔi44	ʧ^{h}ui11	ʧ^{hu}ɔi21	ʧ^{hu}ɔi11	ʧ^{hu}ɔi31	ʧ^{hu}ɔi11	t^{hu}ɔi23	t^{hu}ɔi121
549	財	蟹開一從咍平	ʧ^{h}ɔi21	ʧ^{h}ɔi21	ʧ^{h}o31	t^{hu}ɔi44	ʧ^{h}ui11	ʧ^{hu}ɔi21	ʧ^{hu}ɔi11	ʧ^{hu}ɔi35	ʧ^{hu}ɔi11	t^{hu}ɔi23	t^{hu}ɔi121
550	裁	蟹開一從咍平	ʧ^{h}ɔi21	ʧ^{h}ɔi21	ʧ^{h}o31	t^{hu}ɔi44	ʧ^{h}ui11	ʧ^{hu}ɔi21	ʧ^{hu}ɔi11	ʧ^{hu}ɔi35	ʧ^{hu}ɔi11	t^{hu}ɔi23	t^{hu}ɔi121
551	纔	蟹開一從咍平	ʧ^{h}ɔi21	ʧ^{h}ɔi21	ʧ^{h}o31	t^{hu}ɔi44	ʧ^{h}ui11	ʧ^{hu}ɔi21	ʧ^{hu}ɔi11	ʧ^{hu}ɔi35	ʧ^{hu}ɔi11	t^{hu}ɔi23	t^{hu}ɔi121
552	在	蟹開一從咍上	ʧɔi21	ʧɔi21	ʧo31	t^{hu}ɔi22	ʧui31	ʧ^{u}ɔi31	ʧ^{u}ɔi31	ʧ^{hu}ɔi35	ʧ^{u}ɔi31	t^{hu}ɔi31	t^{hu}ɔi211
553	載滿~	蟹開一從咍去	ʧɔi33	ʧɔi33	ʧo33	t^{u}ɔi11	ʧui44	ʧ^{u}ɔi33	ʧ^{u}ɔi33	ʧ^{u}ɔi33	ʧ^{u}ɔi33	t^{u}ɔi33	t^{u}ɔi33
554	腮	蟹開一心咍平	ʃɔi55	ɬɔi55	ɬo55	ɬ^{u}ɔi55	ɬui33	ɬ^{u}ɔi553	ɬ^{u}ɔi553	ɬ^{u}ɔi453	ɬ^{u}ɔi44	ɬ^{u}ɔi53	ɬ^{u}ɔi53
555	鰓	蟹開一心咍平	ʃɔi55	ɬɔi55	ɬo55	ɬ^{u}ɔi55	ɬui33	ɬ^{u}ɔi553	ɬ^{u}ɔi553	ɬ^{u}ɔi453	ɬ^{u}ɔi44	ɬ^{u}ɔi53	ɬ^{u}ɔi53
556	賽	蟹開一心咍去	ʧ^{h}ɔi33	ɬɔi33	ɬo33	ɬ^{u}ɔi11	ʧ^{h}ui44	ɬ^{u}ɔi33	ɬ^{u}ɔi33	ɬ^{u}ɔi33	ɬ^{u}ɔi33	ɬ^{u}ɔi33	ɬ^{u}ɔi33
557	該	蟹開一見咍平	kɔi55	kɔi55	ko55	k^{u}ɔi55	kui33	k^{hu}ɔi553	k^{hu}ɔi553	k^{u}ɔi453	k^{hu}ɔi44	k^{hu}ɔi53	k^{u}ɔi53

（续上表）

序号	字项	中古音	湛江赤坎	廉江廉城	吴川梅菉	吴川吴阳	遂溪北坡	茂名茂南区	高州潘州街	信宜东镇	电白羊角	化州河西街	化州长岐
558	改	蟹開一見咍上	kɔi35	kɔi35	ko35	k^{u}ɔi24	kui35	k^{u}ɔi335	k^{u}ɔi35	k^{u}ɔi35	k^{u}ɔi224	k^{u}ɔi35	k^{u}ɔi35
559	概	蟹開一見咍去	k^{h}ɔi33	k^{h}ɔi33	k^{h}o33	k^{hu}ɔi11	k^{h}ui44	k^{hu}ɔi33	k^{hu}ɔi33	k^{hu}ɔi33	k^{hu}ɔi33	k^{hu}ɔi33	k^{hu}ɔi33
560	溉	蟹開一見咍去	k^{h}ɔi33	k^{h}ɔi33	k^{h}o33	k^{hu}ɔi11	k^{h}ui44	k^{hu}ɔi33	k^{hu}ɔi33	k^{hu}ɔi33	k^{hu}ɔi33	k^{hu}ɔi33	k^{hu}ɔi33
561	開	蟹開一溪咍平	hɔi55	hɔi55	ho55	h^{u}ɔi55	hui33	h^{u}ɔi553	h^{u}ɔi553	h^{u}ɔi453	h^{u}ɔi44	h^{u}ɔi53	h^{u}ɔi53
562	凱	蟹開一溪咍上	hɔi35	hɔi35	o35	h^{u}ɔi33	hui35	^{u}ɔi335	^{u}ɔi35	ʔ^{u}ɔi35	^{u}ɔi224	^{u}ɔi35	^{u}ɔi35
563	慨	蟹開一溪咍去	k^{h}ɔi33	k^{h}ɔi33	k^{h}o33	k^{hu}ɔi11	k^{h}ui44	k^{hu}ɔi33	k^{hu}ɔi33	k^{hu}ɔi33	k^{hu}ɔi33	k^{hu}ɔi33	k^{hu}ɔi33
564	咳	蟹開一溪咍去	k^{h}ɐt055	k^{h}ɐt055	k^{h}ɐʔ055	k^{h}aʔ044	k^{h}ɐʔ055	k^{h}ɐt055	k^{h}ɐt055	k^{h}at055	k^{h}ɐt055	k^{h}ɐt055	k^{h}ɐt055
565	獃	蟹開一疑咍平		ŋɔi55			ŋɔŋ44	tai553	ŋ^{u}ɔi11	ʔ^{u}ɔi35	ŋ^{u}ɔi11	ŋ^{u}ɔi23	ŋ^{u}ɔi121
566	礙	蟹開一疑咍去	ŋɔi21	ŋɔi21	ŋo31	ŋ^{u}ɔi22	ŋui31	ŋ^{u}ɔi31	ŋ^{u}ɔi31	ŋ^{u}ɔi31	ŋ^{u}ɔi31	ŋ^{u}ɔi31	ŋ^{u}ɔi211
567	海	蟹開一曉咍上	hɔi35	hɔi35	ho35	h^{u}ɔi24	hui35	h^{u}ɔi335	h^{u}ɔi35	h^{u}ɔi35	h^{u}ɔi224	h^{u}ɔi35	h^{u}ɔi35
568	孩	蟹開一匣咍平	hai21	hai21	ho31	h^{u}ɔi44	hai11	h^{u}ɔi21	h^{u}ɔi11	h^{u}ɔi31	hai11	h^{u}ɔi23	h^{u}ɔi121
569	亥	蟹開一匣咍上	hɔi21	hɔi21	ho31	h^{u}ɔi33	hui31	h^{u}ɔi31	h^{u}ɔi31	h^{u}ɔi31	h^{u}ɔi31	h^{u}ɔi23	h^{u}ɔi13

（续上表）

序号	字项	中古音	湛江赤坎	廉江廉城	吴川梅菉	吴川吴阳	遂溪北坡	茂名茂南区	高州潘州街	信宜东镇	电白羊角	化州河西街	化州长岐
570	哀	蟹開一影咍平	ɔi55	ɔi55	o55	$ʔ^{u}$ɔi55	ui33	^{u}ɔi553	^{u}ɔi553	ʔʊi453	^{u}ɔi44	$ŋ^{u}$ɔi53	^{u}ɔi53
571	埃	蟹開一影咍平	ai55	ai55		ʔai55	ai33	ʔai553	ai553	ʔʊi453	ʔai44	ʔai53	ʔai53
572	愛	蟹開一影咍去	ɔi33	ɔi33	o33	$ʔ^{u}$ɔi11	ui44	^{u}ɔi33	^{u}ɔi33	$ʔ^{u}$ɔi33	^{u}ɔi33	$ʔ^{u}$ɔi33	$ʔ^{u}$ɔi33
573	貝	蟹開一幫泰去	pui33	pui33	ɓu33	ɓui11	pui44	pʊi33	pʊi33	pʊi33	pʊi33	ɓʊi33	ɓʊi33
574	沛	蟹開一滂泰去	p^{h}ui33	p^{h}ui13	p^{h}u33	p^{h}ui11	p^{h}ui13	p^{h}ʊi33	p^{h}ʊi33	p^{h}ʊi33	p^{h}ʊi33	p^{h}ʊi33	p^{h}ʊi33
575	帶	蟹開一端泰去	tai33	tai33	ɗa33	ɗai11	tai44	tai33	tai33	tai33	tai33	ɗai33	ɗai33
576	太	蟹開一透泰去	t^{h}ai33	t^{h}ai33	t^{h}a33	t^{h}ai11	t^{h}ai44	t^{h}ai33	t^{h}ai33	t^{h}ai33	t^{h}ai33	t^{h}ai33	t^{h}ai33
577	泰	蟹開一透泰去	t^{h}ai33	t^{h}ai33	t^{h}a33	t^{h}ai11	t^{h}ai44	t^{h}ai33	t^{h}ai33	t^{h}ai33	t^{h}ai33	t^{h}ai33	t^{h}ai33
578	大	蟹開一定泰去	tai21	tai21	ɗa31	t^{h}ai22	tai31	tai31	tai31	tai31	tai31	ɗai31	tai211
579	奈	蟹開一泥泰去	nɔi21	nɔi21	no31	n^{u}ɔi22	nai31	nai31	nai31	n^{u}ɔi31	nai31	n^{u}ɔi31	n^{u}ɔi211
580	賴	蟹開一來泰去	lai21	lai21	la31	lai22	lai31	lai31	lai31	lai31	lai33	lai31	lai211
581	癩	蟹開一來泰去				lai11	lai31	lat033	lai33	lai33	lat021	lai33	lai33

（续上表）

序号	字项	中古音	湛江赤坎	廉江廉城	吴川梅菉	吴川吴阳	遂溪北坡	茂名茂南区	高州潘州街	信宜东镇	电白羊角	化州河西街	化州长岐
582	蔡	蟹開一清泰去	ʧ^{h}ɔi33	ʧ^{h}ɔi33	ʧ^{h}o33	t^{hu}ɔi11	ʧ^{h}ui44	ʧ^{hu}ɔi33	ʧ^{hu}ɔi33	ʧ^{hu}ɔi33	ʧ^{hu}ɔi33	t^{hu}ɔi33	t^{hu}ɔi33
583	蓋	蟹開一見泰去	k^{h}ɔi33	kɔi33	k^{h}o33	k^{u}ɔi11	k^{h}ui44	k^{u}ɔi33	k^{hu}ɔi33	k^{u}ɔi33	k^{hu}ɔi33	k^{hu}ɔi33	k^{hu}ɔi33
584	丐	蟹開一見泰去	k^{h}ɔi33	k^{h}ɔi33	k^{h}o33	k^{hu}ɔi11	k^{h}ui44	k^{hu}ɔi33	k^{hu}ɔi33	k^{hu}ɔi33	k^{hu}ɔi33	k^{hu}ɔi33	k^{hu}ɔi33
585	艾	蟹開一疑泰去	ŋɐi21	ŋai21	ŋo31	ŋ^{u}ɔi22	ŋai31	ŋai31	ŋai31	ŋ^{u}ɔi31	ŋɐi31	ŋ^{u}ɔi31	ŋ^{u}ɔi211
586	害	蟹開一匣泰去	hɔi21	hɔi21	ho31	h^{u}ɔi22	hui31	h^{u}ɔi31	h^{u}ɔi31	h^{u}ɔi31	h^{u}ɔi31	h^{u}ɔi31	h^{u}ɔi211
587	藹	蟹開一影泰去	ɔi35	ɔi35	o35	ai11	ui35	^{u}ɔi335	^{u}ɔi35	ʔ^{u}ɔi35	^{u}ɔi224	^{u}ɔi35	^{u}ɔi35
588	拜	蟹開二幫皆去	pai33	pai33	ɓa33	ɓai11	pai44	pai33	pai33	pai33	pai33	ɓai33	ɓai33
589	排	蟹開二並皆平	p^{h}ai21	p^{h}ai21	p^{h}a31	p^{h}ai44	p^{h}ai11	p^{h}ai21	p^{h}ai11	p^{h}ai31	p^{h}ai11	p^{h}ai23	pai121
590	埋	蟹開二明皆平	mɐi21	mai21	ma31	mai44	mɐi11	mai21	mai11	mai13	mai11	mai23	mai121
591	齋	蟹開二莊皆平	ʧɐi55	ʧai55	ʧa55	tsai55	ʧai33	ʧai553	ʧai553	ʧai453	ʧai44	ʧai53	ʧai53
592	豺	蟹開二崇皆平	ʧ^{h}ai21	ʧ^{h}ɔi21	ʧ^{h}o31	sai44	ʧ^{h}ai11	ʧ^{h}ai21	ʧ^{hu}ɔi11/ʧ^{h}ai11	ʧ^{h}ai31	ʧ^{h}ai11	ʧ^{h}ai23	ʧ^{h}ai121
593	皆	蟹開二見皆平	kai55	kai55	ka55	kai55	kai33	kai553	kai553	kai453	kai44	kai53	kai53

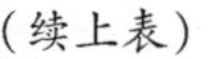

（续上表）

序号	字项	中古音	湛江赤坎	廉江廉城	吴川梅菉	吴川吴阳	遂溪北坡	茂名茂南区	高州潘州街	信宜东镇	电白羊角	化州河西街	化州长岐
594	階	蟹開二見皆平	kai55	kai55	ka55	kai55	kai33	kai553	kai553	kai453	kai44	kai53	kai53
595	介	蟹開二見皆去	kai33	kai33	ka33	kai11	kai44	kai33	kai33	kai33	kai33	kai33	kai33
596	界	蟹開二見皆去	kai33	kai33	ka33	kai11	kai44	kai33	kai33	kai33	kai33	kai33	kai33
597	芥	蟹開二見皆去	kai33	kai33	ka33	kai11	kai44	kai33	kai33	kai33	kai33	kai33	kai33
598	尬	蟹開二見皆去	kai33	kai33	ka33	kai11	kai44	kai33	kai33	kai33	kai33	kai33	kai33
599	疥	蟹開二見皆去	kai33	kai33	ka33	kai11	kai44	kai33	kai33	kai33	kai33	kai33	kai33
600	届	蟹開二見皆去	kai33	kai33	ka33	kai11	kai44	kai33	kai33	kai33	kai33	kai33	kai33
601	戒	蟹開二見皆去	kai33	kai33	ka33	kai11	kai44	kai33	kai33	kai33	kai33	kai33	kai33
602	揩	蟹開二溪皆平	kai55	kai55	ka55	hai55		hai553	hai553	hai35	hai44	kai53	kai53
603	楷	蟹開二溪皆上	kai55	kai55		kai55	kai33	kai553	kai553	kai453	kai44	kai53	kai53
604	諧	蟹開二匣皆平	hai21	hai21	ha31	hai55	hai31	hai21	hai11	hai31	hai11	hai31	hai211
605	駭	蟹開二匣皆上	hɐʔ022	hɐt022		h^{u}ɔi33	hui31	hɐt022	h^{u}ɔi31	hat022	h^{u}ɔi224	h^{u}ɔi23	h^{u}ɔi13

（续上表）

序号	字项	中古音	湛江赤坎	廉江廉城	吴川梅菉	吴川吴阳	遂溪北坡	茂名茂南区	高州潘州街	信宜东镇	电白羊角	化州河西街	化州长岐
606	械	蟹開二匣皆去	hai21	hai21	ha31	hai22	hai31	hai31	hai31	hai35	hai31	hai31	hai211
607	挨	蟹開二影皆平	ai55	ai55	a55	ai55	ai33	ʔai553	ai553	ʔai453	ʔai44	ʔai53	ʔai53
608	擺	蟹開二幫佳上	pai35	pai35	ɓa35	ɓai24	pai35	pai335	pai35	pai35	pai224	ɓai35	ɓai35
609	派	蟹開二滂佳去	p^hai33	p^hai33	p^ha35	p^hai24	p^hai44	p^hai33	p^hai35	p^hai35	p^hai224	p^hai35	p^hai35
610	牌	蟹開二並佳平	p^hai21	p^hai21	p^ha31	p^hai44	p^hai11	p^hai21	p^hai11	p^hai31	p^hai11	p^hai23	pai121
611	箄	蟹開四並佳平	p^hai21	p^hai21	p^ha31	p^hai44	p^hai11	p^hai21	p^hai11	p^hai31	p^hai11	p^hai23	pai121
612	罷	蟹開二並佳上	pa21	pa21	ɓa31	p^ha22	paʔ021	pa31	pa31	pa31	pa11	ɓa31	pa211
613	稗	蟹開二並佳去	p^hei13	p^hai21		ɓei55	pɐi31	pEi31	pɐi31	pai31	pɛi33	ɓai31	pɐi211
614	買	蟹開二明佳上	mai13	mai13	ma223	mai22	mai13	mai31	mai31	mai13	mai224	mai31	mai211
615	賣	蟹開二明佳去	mai21	mai21	ma31	mai22	mai31	mai31	mai31	mai31	mai31	mai31	mai211
616	奶	蟹開二娘佳上	nai13	nai13	na223	nai33	nai13	nai113	nai223	nai13	nai223	nai23	nai13
617	債	蟹開二莊佳去	ʧai33	ʧai33	ʧa33	tsai11	ʧai44	ʧai33	ʧai33	ʧai33	ʧai33	ʧai33	ʧai33

(续上表)

序号	字项	中古音	湛江赤坎	廉江廉城	吴川梅菉	吴川吴阳	遂溪北坡	茂名茂南区	高州潘州街	信宜东镇	电白羊角	化州河西街	化州长岐
618	釵	蟹開二初佳平	ʧʰai55		ʧʰa55	tsʰai55	ʧʰa33	ʧʰa553	ʧʰai553	ʧʰa453	ʧʰa445	ʧʰa53	ʧʰai53
619	差出～	蟹開二初佳平	ʧʰai55	ʧʰai55	ʧʰa55	tsʰai55	ʧʰai33	ʧʰai553	ʧʰai553	ʧʰai453	ʧʰai44	ʧʰai53	ʧʰai53
620	柴	蟹開二崇佳平	ʧʰai21	ʧʰai21	ʧʰa31	sai44	ʧʰai11	ʧʰai21	ʧʰai11	ʧʰai13	ʧʰai11	ʧʰai23	sai121
621	篩	蟹開二生佳平	ʃɐi55	ʃɐi55	ʃɐi55	sɐi55	ʃɐi33	sɐi553	ʃɐi553	ʃɐi453	ʃɐi445	ʃɐi53	sɐi53
622	灑	蟹開二生佳上	ʃa35	ʃa35	ʃa35	sa24	ʃa35	sa335	ʃa35	ʃa35	ʃa224	ʃa35	sa35
623	曬	蟹開二生佳去	ʃai33	ʃai33	ʃa33	sai11	ʃai44	sai33	ʃai33	ʃai33	ʃai33	ʃai33	sai33
624	佳	蟹開二見佳平	kai55	kai55	ka55	kai55	kai33	kai553	kai553	kai453	kai44	kai53	kai53
625	街	蟹開二見佳平	kai55	kai55	ka55	kai55	kai33	kai553	kai553	kai453	kai44	kai53	kai53
626	解～开	蟹開二見佳上	kai35	kai35	ka35	kai24	kai35	kai335	kai35	kai35	kai224	kai35	kai35
627	懈	蟹開二見佳去	hai21	hai21	ha31	hai22	hai31	hai31	hai31	hai13	hai31	hai31	hai211
628	涯	蟹開二疑佳平	ŋai21	ŋan21	ŋa31	ŋai44	ŋai11	ŋai21	ŋai11	ŋai13	ŋai11	ŋai23	ŋai121
629	崖	蟹開二疑佳平	ŋai21	ŋan22	ŋa31	ŋai44	ŋai11	ŋai21	ŋai11	ŋai13	ŋai11	ŋai23	ŋai121

（续上表）

序号	字项	中古音	湛江赤坎	廉江廉城	吴川梅菉	吴川吴阳	遂溪北坡	茂名茂南区	高州潘州街	信宜东镇	电白羊角	化州河西街	化州长岐
630	捱	蟹開二疑佳平	ŋai21	ŋai21	ŋa31	ʔai55	ŋai11	ŋai21	ŋai11	ŋai13	ŋai11	ŋai23	ŋai121
631	鞋	蟹開二匣佳平	hai21	hai21	ha31	hai44	hai11	hai21	hai11	hai13	hai11	hai23	hai121
632	解理~	蟹開二匣佳上	kai35	kai35	ka35	kai24	kai35	kai335	kai35	kai35	kai224	kai35	kai35
633	解姓	蟹開二匣佳上						kai335			kai224		
634	蟹	蟹開二匣佳上	hai13	hai13	ha35	hai33	hai13	hai335	hai223	hai13	hai224	hai23	hai13
635	矮	蟹開二影佳上	ai35	ai35	ʔɐi35	ʔai24	ai35	ʔai335	ai35	ʔai35	ai224	ʔai35	ʔai35
636	隘	蟹開二影佳去	ai35	ai33			ai44	ʔɐi33	ɐi33	ʔɐi33		ʔɐi33	ʔai33
637	敗	蟹開二並夬去	pai21	pai22	ɓa31	pʰai22	pai31	pai31	pai31	pai31	pai31	ɓai31	pai211
638	邁	蟹開二明夬去	maŋ21	man22	ma31	maŋ22	mai31	mai113	mai223	mai13	man31	mai31	maŋ211
639	寨	蟹開二崇夬去	ʧai21	ʧai21	ʧa31	sai22	ʧai31	ʧa31	ʧai31	ʧai31	ʧa31	ʃai31	sai211
640	蔽	蟹開三a幫祭去	pɐi33	pɐi33	ɓɐi33	ɓɐi11	pɐi33	pɐi33	pɐi33	pɐi33	pɐi33	ɓɐi33	ɓɐi33
641	敝	蟹開三a並祭去						pɐi31	pʰei35	pɐi33	pɐi33		ɓɐi33

（续上表）

序号	字项	中古音	湛江赤坎	廉江廉城	吴川梅菉	吴川吴阳	遂溪北坡	茂名茂南区	高州潘州街	信宜东镇	电白羊角	化州河西街	化州长岐
642	弊	蟹開三a並祭去	pɐi21	pɐi21	ɓɐi31	p^hɐi22	pɐi31	pɐi31	pɐi31	pɐi31	pɐi33	ɓɐi31	pɐi211
643	幣	蟹開三a並祭去	pɐi21	pɐi21	ɓɐi31	p^hɐi22	pɐi31	pɐi31	pɐi31	pɐi31	pɐi31	ɓɐi31	pɐi211
644	斃	蟹開三a並祭去	pɐi21	pɐi21	ɓɐi31	p^hɐi22	pɐi31	pɐi31	pɐi31	pɐi31	pɐi31	ɓɐi31	pɐi211
645	例	蟹開三來祭去	lɐi21	lɐi21	lɐi31	lɐi22	lɐi31	lɐi31	lɐi31	lɐi31	lɐi31	lɐi31	lɐi211
646	厲	蟹開三來祭去	lei21	lɐi21	lɐi31	lɐi22	lɐi31	lᴇi31	lei31	lɐi31	lɐi31	lɐi31	lɐi211
647	勵	蟹開三來祭去	lɐi21	lɐi21	lɐi31	lɐi22	lɐi31	lɐi31	lɐi31	lɐi31	lɐi31	lɐi31	lɐi211
648	祭	蟹開三精祭去	ʧɐi33	ʧɐi33	ʧɐi33	tɐi11	ʧɐi44	ʧɐi33	ʧɐi33	ʧɐi33	ʧɐi33	tɐi33	tɐi33
649	際	蟹開三精祭去	ʧɐi33	ʧɐi33	ʧɐi33	tɐi11	ʧɐi44	ʧɐi33	ʧɐi33	ʧɐi33	ʧɐi33	tɐi33	tɐi33
650	滯	蟹開三澄祭去	ʧɐi21	nɐi21	ʧɐi31	tsɐi22	nai31	ʧɐi31	ʧɐi31	ʧɐi31	ʧɐi31	nɐi31	ɗɐi33
651	制	蟹開三章祭去	ʧɐi33	ʧɐi33	ʧɐi33	tsɐi11	ʧɐi44	ʧɐi33	ʧɐi33	ʧɐi33	ʧɐi33	ʧɐi33	ʧɐi33
652	製	蟹開三章祭去	ʧɐi33	ʧɐi33	ʧɐi33	tsɐi11	ʧɐi44	ʧɐi33	ʧɐi33	ʧɐi33	ʧɐi33	ʧɐi33	ʧɐi33
653	世	蟹開三書祭去	ʃɐi33	ʃɐi33	ʃɐi33	sɐi11	ʃɐi44	sɐi33	ʃɐi33	ʃɐi33	ʃɐi33	ʃɐi33	sɐi33

（续上表）

序号	字项	中古音	湛江赤坎	廉江廉城	吴川梅菉	吴川吴阳	遂溪北坡	茂名茂南区	高州潘州街	信宜东镇	电白羊角	化州河西街	化州长岐
654	勢	蟹開三書祭去	ʃɐi33	ʃɐi33	ʃɐi33	sɐi11	ʃɐi44	sɐi31	ʃɐi33	ʃɐi33	ʃɐi31	ʃɐi33	sɐi33
655	誓	蟹開三禪祭去	ʃɐi21	ʃɐi21	ʃɐi31	sɐi22	ʃɐi31	sɐi31	ʃɐi31	ʃɐi31	ʃɐi31	ʃɐi31	sɐi211
656	逝	蟹開三禪祭去	ʃɐi21	ʃɐi21	ʃɐi31	sɐi22	ʃɐi31	sɐi31	ʃɐi31	ʃɐi31	ʃɐi31	ʃɐi31	sɐi211
657	藝	蟹開三a疑祭去	ŋɐi21	ŋɐi21	ŋɐi31	ŋɐi22	ŋɐi31	ŋɐi31	ŋɐi31	ŋɐi31	ŋɐi31	ŋɐi31	ŋɐi211
658	蓖	蟹開四幫齊平	p^hei35	pei55	ɓei55	ɓei55	pei33	p ᴇi553	pei553	pei453	pɛi44	ɓei53	ɓei53
659	閉	蟹開四幫齊去	pɐi33	pɐi33	ɓɐi33	ɓɐi11	pɐi44	pɐi33	pɐi33	pɐi33	pɐi33	ɓɐi33	ɓɐi33
660	批	蟹開四滂齊平	p^hɐi55	p^hɐi55	p^hɐi55	p^hɐi55	p^hɐi33	p^hɐi553	p^hɐi553	p^hɐi453	p^hɐi44	p^hɐi53	p^hɐi53
661	陛	蟹開四並齊上		pei33			pɐi31	pɐi31	pɐi33	pɐi31	pɐi33	ɓɐi31	ɓɐi33
662	迷	蟹開四明齊平	mɐi21	mɐi21	mɐi31	mɐi44	mɐi11	mɐi21	mɐi11	mɐi31	mɐi11	mɐi23	mɐi121
663	米	蟹開四明齊上	mɐi13	mɐi13	mɐi223	mɐi33	mɐi13	mɐi113	mɐi223	mɐi13	mɐi223	mɐi23	mɐi13
664	謎	蟹開四明齊去	mɐi21	mɐi21	mɐi31	mɐi44	mɐi11	mɐi21	mɐi11	mɐi31	mɐi11	mɐi23	mɐi121
665	低	蟹開四端齊平	tɐi55	tɐi55	ɗɐi55	ɗɐi55	tɐi33	tɐi553	tɐi553	tɐi453	tɐi44	ɗɐi53	ɗɐi53

（续上表）

序号	字项	中古音	湛江赤坎	廉江廉城	吴川梅菉	吴川吴阳	遂溪北坡	茂名茂南区	高州潘州街	信宜东镇	电白羊角	化州河西街	化州长岐
666	堤	蟹開四端齊平	tʰɐi21	tʰɐi21	tʰɐi31	tʰɐi44	tʰɐi11	tʰɐi21	tʰɐi11	tʰɐi13	tʰɐi11	tʰɐi23	tɐi121
667	底	蟹開四端齊上	tɐi35	tɐi35	ɗɐi35	ɗɐi24	tɐi35	tɐi335	tɐi35	tɐi35	tɐi224	ɗɐi35	ɗɐi35
668	抵	蟹開四端齊上	tɐi35	tɐi35	ɗɐi35	ɗɐi24	tɐi35	tɐi335	tɐi35	tɐi35	tɐi224	ɗɐi35	ɗɐi35
669	帝	蟹開四端齊去	tɐi33	tɐi33	ɗɐi33	ɗɐi11	tɐi44	tɐi33	tɐi33	tɐi33	tɐi33	ɗɐi33	ɗɐi33
670	蒂	蟹開四端齊去	tɐi33	tɐi33	tʰɐi31	tʰɐi22	tɐi44	tɐi33	tɐi33	tʰɐi33	tɐi33	ɗɐi33	ɗɐi33
671	梯	蟹開四透齊平	tʰɐi55	tʰɐi55	tʰɐi55	tʰɐi55	tʰɐi33	tʰɐi553	tʰɐi553	tʰɐi453	tʰɐi44	tʰɐi53	tʰɐi53
672	體	蟹開四透齊上	tʰɐi35	tʰɐi35	tʰɐi35	tʰɐi24	tʰɐi35	tʰɐi335	tʰɐi35	tʰɐi35	tʰɐi224	tʰɐi35	tʰɐi35
673	替	蟹開四透齊去	tʰɐi33	tʰɐi33	tʰɐi33	tʰɐi11	tʰɐi44	tʰɐi33	tʰɐi33	tʰɐi33	tʰɐi33	tʰɐi33	tʰɐi33
674	涕	蟹開四透齊去	tʰɐi33	tʰɐi33	tʰɐi33	tʰɐi11	tʰɐi44	tʰɐi33	tʰɐi33	tʰɐi33	tʰɐi33	tʰɐi33	tʰɐi33
675	剃	蟹開四透齊去	tʰɐi33	tʰɐi33	tʰɐi33	tʰɐi11	tʰɐi44	tʰɐi33	tʰɐi33	tʰɐi33	tʰɐi33	tʰɐi33	tʰɐi33
676	題	蟹開四定齊平	tʰɐi21	tʰɐi21	tʰɐi31	tʰɐi44	tʰɐi11	tʰɐi21	tʰɐi11	tʰɐi13	tʰɐi11	tʰɐi23	tɐi121
677	提	蟹開四定齊平	tʰɐi21	tʰɐi21	tʰɐi31	tʰɐi44	tʰɐi11	tʰɐi21	tʰɐi11	tʰɐi31	tʰɐi11	tʰɐi23	tɐi121

（续上表）

序号	字项	中古音	湛江赤坎	廉江廉城	吴川梅菉	吴川吴阳	遂溪北坡	茂名茂南区	高州潘州街	信宜东镇	电白羊角	化州河西街	化州长岐
678	蹄	蟹開四定齊平	tʰɐi21	tʰɐi21	tʰɐi31	tʰɐi44	tʰɐi11	tʰɐi21	tʰɐi11	tʰɐi35	tʰɐi11	tʰɐi23	tɐi121
679	啼	蟹開四定齊平	tʰɐi21	tʰɐi21	tʰɐi31	tʰɐi44	tʰɐi11	tʰɐi21	tʰɐi11	tʰɐi35	tʰɐi11	tʰɐi23	tɐi121
680	弟	蟹開四定齊上	tɐi21	tɐi21	ɗɐi31	tʰɐi33	tɐi31	tɐi31	tɐi31	tɐi31	tɐi31	tʰɐi23	tɐi13
681	第	蟹開四定齊去	tɐi21	tɐi21	ɗɐi31	tʰɐi22	tɐi31	tɐi31	tɐi31	tɐi31	tɐi31	ɗɐi31	tɐi211
682	遞	蟹開四定齊去	tɐi21	tɐi21	ɗɐi31	tʰɐi22	tɐi31	tɐi31	tɐi31	tɐi31	tɐi31	ɗɐi31	tɐi211
683	泥	蟹開四泥齊平	nɐi21	nɐi22	nɐi31	nɐi44	nɐi11	nɐi21	nɐi11	nɐi13	nɐi11	nɐi23	nɐi121
684	犁	蟹開四來齊平	lɐi21	lɐi21	lɐi31	lɐi44	lɐi11	lɐi21	lɐi11	lɐi13	lɐi11	lɐi23	lɐi121
685	黎	蟹開四來齊平	lɐi21	lɐi21	lɐi31	lɐi44	lɐi11	lɐi21	lɐi11	lɐi13	lɐi11	lɐi23	lɐi121
686	禮	蟹開四來齊上	lɐi13	lɐi13	lɐi223	lɐi33	lɐi13	lɐi113	lɐi35	lɐi13	lɐi223	lɐi23	lɐi13
687	麗	蟹開四來齊去	lɐi21	lɐi21	lɐi31	lɐi22	lɐi31	lɐi31	lɐi31	lɐi31	lɐi31	lɐi31	lɐi211
688	隸	蟹開四來齊去	tɐi21	tɐi21	ɗɐi31	tʰɐi22	tɐi31	tɐi31	tɐi31	tɐi31	tɐi31	ɗɐi31	tɐi211
689	莉	蟹開四來齊去	lei21	lei21	lei31	lei22	lei31	l ᴇi31	lei31	lei31	lɐi31	lei31	lei211

（续上表）

序号	字项	中古音	湛江赤坎	廉江廉城	吴川梅菉	吴川吴阳	遂溪北坡	茂名茂南区	高州潘州街	信宜东镇	电白羊角	化州河西街	化州长岐
690	擠	蟹開四精齊上	ʧɐi55	ʧɐi55	ʧɐi55	tɐi55	ʧɐi33	ʧɐi553	ʧɐi553	ʧɐi453	ʧɐi44	tɐi53	tɐi53
691	濟	蟹開四精齊去	ʧɐi33	ʧɐi33	ʧɐi35	tɐi24	ʧɐi44	ʧɐi335	ʧɐi35	ʧɐi35	ʧɐi33	tɐi33	tɐi33
692	妻	蟹開四清齊平	ʧʰɐi55	ʧʰɐi55	ʧʰɐi55	tʰɐi55	ʧʰɐi33	ʧʰɐi553	ʧʰɐi553	ʧʰɐi453	ʧʰɐi44	tʰɐi53	tʰɐi53
693	砌	蟹開四清齊去	ʧʰɐi33	ʧʰɐi33	ʧʰɐi33	tʰɐi11	ʧʰɐi44	ʧʰɐi33	ʧʰɐi33	ʧʰɐi33	ʧʰɐi33	tʰɐi33	tʰɐi33
694	齊	蟹開四從齊平	ʧʰɐi21	ʧʰɐi21	ʧʰɐi31	tʰɐi44	ʧʰɐi11	ʧʰɐi21	ʧʰɐi11	ʧʰɐi13	ʧʰɐi11	tʰɐi23	tʰɐi121
695	臍	蟹開四從齊平	ʧʰi21	ʧʰei21	ʃi31	tʰɐi44	ʧʰei11	ʧʰi21	ʧʰi11	ʧʰɛ35	ʧʰɐi11	tʰɐi23	tʰɐi121
696	劑	蟹開四從齊去	ʧɐi55	ʧɐi55	ʧɐi55	tʰɐi22	ʧɐi44	ʧɐi553	ʧɐi553	ʧɐi453	ʧɐi33	tɐi53	tɐi53
697	西	蟹開四心齊平	ʃɐi55	ɬɐi55	ɬɐi55	ɬɐi55	ɬɐi33	ɬɐi553	ɬɐi553	ɬɐi453	ɬɐi44	ɬɐi53	ɬɐi53
698	棲	蟹開四心齊平	ʧʰɐi55	ʧʰɐi55		tʰɐi55	ʧʰɐi33	ʧʰɐi553	ʧʰɐi553	ʧʰɐi453	ʧʰɐi44	tʰɐi53	tʰɐi53
699	犀	蟹開四心齊平	ʃɐi55	ɬɐi55	ɬɐi55	ɬɐi55	ɬɐi33	ɬɐi553	ɬɐi553	ɬɐi453	ɬɐi44	ɬɐi53	ɬɐi53
700	洗	蟹開四心齊上	ʃɐi35	ɬɐi35	ɬɐi35	ɬɐi24	ɬɐi35	ɬɐi335	ɬɐi35	ɬɐi35	ɬɐi224	ɬɐi35	ɬɐi35
701	細	蟹開四心齊去	ʃɐi33	ɬɐi33	ɬɐi33	ɬɐi11	ɬɐi44	ɬɐi33	ɬɐi33	ɬɐi33	ɬɐi33	ɬɐi33	ɬɐi33

（续上表）

序号	字项	中古音	湛江赤坎	廉江廉城	吴川梅菉	吴川吴阳	遂溪北坡	茂名茂南区	高州潘州街	信宜东镇	电白羊角	化州河西街	化州长岐
702	婿	蟹開四心齊去	ʃɐi33	ɬɐi33	ɬɐi33	ɬɐi11	ɬɐi44	ɬɐi33	ɬɐi33	ɬɐi33	ɬɐi33	ɬɐi33	ɬɐi33
703	雞	蟹開四見齊平	kɐi55	kɐi55	kɐi55	kɐi55	kɐi33	kɐi553	kɐi553	kɐi453	kɐi44	kɐi53	kɐi53
704	稽	蟹開四見齊平	kʰɐi55	kʰɐi55	kʰɐi55	kʰɐi55	kʰɐi33	kʰɐi553	kʰɐi553	kʰɐi453	kʰɐi44	kʰɐi53	kʰɐi53
705	計	蟹開四見齊去	kɐi33	kɐi33	kɐi33	kɐi11	kɐi44	kɐi33	kɐi33	kɐi33	kɐi33	kɐi33	kɐi33
706	繼	蟹開四見齊去	kɐi33	kɐi33	kɐi33	kɐi11	kɐi44	kɐi33	kɐi33	kɐi33	kɐi33	kɐi33	kɐi33
707	繫~鞋带	蟹開四见齊去	hai21	hɐi21		iɐi22	hɐi31	hɐi31		hɐi31	kɐi44	hɐi31	hɐi211
708	髻	蟹開四見齊去	kɐi33	kɐi33	kɐi33	kɐi11	kɐi44	kɐi33	kɐi33	kɐi33	kɐi33	kɐi33	kɐi33
709	溪	蟹開四溪齊平	kʰɐi55	kʰɐi55	kʰɐi55	kʰɐi55	kʰɐi33	kʰɐi553	kʰɐi553	kʰɐi453	kʰɐi44	kʰɐi53	kʰɐi53
710	啓	蟹開四溪齊上	kʰɐi35	kʰɐi35	kʰɐi35	kʰɐi24	kʰɐi35	kʰɐi335	kʰɐi35	kʰɐi35	kʰɐi224	kʰɐi35	kʰɐi35
711	契	蟹開四溪齊去	kʰɐi33	kʰɐi33	kʰɐi33	hɐi11	kʰɐi44	kʰɐi33	kʰɐi33	kʰɐi33	kʰɐi33	kʰɐi33	kʰɐi33
712	倪	蟹開四疑齊平	ŋɐi21	ŋɐi21	i31	ŋɐi33	ŋɐi31	ŋɐi21	ŋɐi11	ŋɐi31	ŋɐi31	ŋɐi31	ŋɐi211
713	系中文~	蟹開四匣齊去	hɐi21	hɐi21	hɐi31	hɐi33	hɐi31	hɐi31	hɐi31	hɐi31	hɐi31	hɐi31	hɐi211

（续上表）

序号	字项	中古音	湛江赤坎	廉江廉城	吴川梅菉	吴川吴阳	遂溪北坡	茂名茂南区	高州潘州街	信宜东镇	电白羊角	化州河西街	化州长岐
714	繫联～	蟹開四匣齊去	hai21	hɐi21	hɐi31	iɐi22	hɐi31	hɐi31	hɐi31	hɐi31	hɐi31	hɐi31	hɐi211
715	係	蟹開四匣齊去	hai21	hɐi21	hɐi31	hɐi22	hɐi31	hɐi31	hɐi31	hɐi31	hɐi31	hɐi31	hɐi211
716	杯	蟹合一幫灰平	pui55	pui55	ɓu55	ɓui55	pui33	pʊi553	pʊi553	pʊi453	pʊi445	ɓʊi53	ɓʊi53
717	輩	蟹合一幫灰去	pui33	pui33	ɓu33	ɓui11	pui44	pʊi33	pʊi33	pʊi33	pʊi33	ɓʊi33	ɓʊi33
718	背～书	蟹合一幫灰去	pui33	pui33	ɓu33	ɓui11	pui44	pʊi33	pʊi31	pʊi31	pʊi33	ɓʊi31	ɓʊi33
719	胚	蟹合一滂灰平		p^hui55	p^hu33	p^hui55	pui33	p^hʊi553	p^hʊi553	p^hei453	p^hʊi44	p^hʊi53	p^hʊi53
720	坯	蟹合一滂灰平	p^hui55	p^hui55	p^hu55	p^hui55	p^hui33	p^hʊi553	p^hʊi553	p^hʊi453	p^hʊi445	p^hʊi53	p^hʊi53
721	配	蟹合一滂灰去	p^hui33	p^hui13	p^hu33	p^hui11	p^hui13	p^hʊi33	p^hʊi33	p^hʊi33	p^hʊi33	p^hʊi33	p^hʊi33
722	培	蟹合一並灰平	p^hui21	p^hui13	p^hu31	p^hui44	p^hui11	p^hʊi21	p^hʊi11	p^hʊi13	p^hʊi11	p^hʊi23	pʊi13
723	陪	蟹合一並灰平	p^hui21	p^hui13	p^hu31	p^hui44	p^hui11	p^hʊi21	p^hʊi11	p^hʊi13	p^hʊi11	p^hʊi23	pʊi121
724	賠	蟹合一並灰平	p^hui21	p^hui21	p^hu31	p^hui44	p^hui11	p^hʊi21	p^hʊi11	p^hʊi13	p^hʊi11	p^hʊi23	pʊi121
725	裴	蟹合一並灰平		p^hui21		p^hui44	p^hui11	p^hʊi21	p^hʊi11	p^hʊi13	p^hʊi11	p^hʊi23	

（续上表）

序号	字项	中古音	湛江赤坎	廉江廉城	吴川梅菉	吴川吴阳	遂溪北坡	茂名茂南区	高州潘州街	信宜东镇	电白羊角	化州河西街	化州长岐
726	倍	蟹合一並灰上	pʰui13	pʰui13	pʰu223	pʰui33	pʰui13	pʰʊi113	pʰʊi223	pʰʊi13	pʰʊi223	pʰʊi23	pʊi13
727	佩	蟹合一並灰去	pʰui33	pui33	pʰu33	ɓui22	pui44	pʊi33	pʰʊi33	pʰʊi33	pʰʊi33	ɓʊi33	pʰʊi33
728	背后～	蟹合一幫灰去	pui33	pui33	ɓu33	ɓui22	pui44	pʊi33	pʊi33	pʊi33	pʊi33	ɓʊi33	ɓʊi33
729	焙	蟹合一並灰去	pʰui13	pui21	ɓu31	ɓui22	pʰui11	pʊi31	pʊi31	pʊi31	pʊi31	ɓʊi31	pʊi211
730	梅	蟹合一明灰平	mui21	mui21	mu31	mui44	mui11	mʊi21	mʊi11	mʊi13	mʊi11	mʊi23	mʊi121
731	枚	蟹合一明灰平	mui55	mui55	mu31	mui55	mui11	mʊi553	mʊi11	mʊi13	mʊi11	mʊi53	mʊi53
732	媒	蟹合一明灰平	mui21	mui21	mu31	mui44	mui11	mʊi21	mʊi11	mʊi13	mʊi11	mʊi23	mʊi121
733	煤	蟹合一明灰平	mui21	mui21	mu31	mui44	mui11	mʊi21	mʊi11	mʊi13	mʊi11	mʊi23	mʊi121
734	玫	蟹合一明灰平	mui21	mui21	mu31	mui44	mui11	mʊi21	mʊi11	mʊi31	mʊi11	mʊi23	mʊi121
735	莓	蟹合一明灰平	mui21	mui21	mu31	mui44	mui11	mʊi21	mʊi11	mʊi13	mʊi11	mʊi23	mʊi121
736	每	蟹合一明灰上	mui13	mui13	mu223	mui33	mui13	mʊi113	mʊi223	mʊi13	mʊi223	mʊi23	mʊi13
737	妹	蟹合一明灰去	mui21	mui21	mu31	mui55	mui31	mʊi553	mʊi31	mʊi31	mʊi31	mʊi31	mʊi211

（续上表）

序号	字项	中古音	湛江赤坎	廉江廉城	吴川梅菉	吴川吴阳	遂溪北坡	茂名茂南区	高州潘州街	信宜东镇	电白羊角	化州河西街	化州长岐
738	昧	蟹合一明灰去	mei21	mei21	muʔ031	mʊt022	mei31	mʊt022	mut021	mei31	mʊt021	mʊi31	mʊt022/mei211
739	堆	蟹合一端灰平	tui55	tui55	ɗu55	ɗui55	tui33	tʊi553	tʊi553	tʊi453	tʊi44	ɗʊi53	ɗʊi53
740	對	蟹合一端灰去	tui33	tui33	ɗu33	ɗui11	tui44	tʊi33	tʊi33	tʊi33	tʊi33	ɗʊi33	ɗʊi33
741	推	蟹合一透灰平	t^{h}ui55	t^{h}ui55	t^{h}u55	t^{h}ui55	t^{h}ui33	t^{h}ʊi553	t^{h}ʊi553	t^{h}ʊi453	t^{h}ʊi44	t^{h}ʊi53	t^{h}ʊi53
742	腿	蟹合一透灰上	t^{h}ui35	t^{h}ui35	t^{h}u35	t^{h}ui24	t^{h}ui35	t^{h}ʊi335	t^{h}ʊi35	t^{h}ʊi35	t^{h}ʊi224	t^{h}ʊi35	t^{h}ʊi35
743	退	蟹合一透灰去	t^{h}ui33	t^{h}ui33	t^{h}u33	t^{h}ui11	t^{h}ui44	t^{h}ʊi33	t^{h}ʊi33	t^{h}ʊi33	t^{h}ʊi33	t^{h}ʊi33	t^{h}ʊi33
744	頹	蟹合一定灰平					t^{h}ui11				t^{h}ʊi11		
745	隊	蟹合一定灰去	tui21	tui21	ɗu31	t^{h}ui22	tui31	tʊi31	tʊi31	tʊi31	tʊi31	ɗʊi31	tʊi211
746	内	蟹合一泥灰去	nɔi21	nui21	no31	n^{u}ɔi22	nui31	n^{u}ɔi31	n^{u}ɔi31	n^{u}ɔi31	n^{u}ɔi31	n^{u}ɔi31	n^{u}ɔi211
747	雷	蟹合一來灰平	lui21	lui21	lu31	lui44	lui11	lʊi21	lʊi11	lʊi13	lʊi11	lʊi31	lʊi121
748	儡	蟹合一來灰上	løi13	lui13			lui13	lʊi113	lʊi223	lʊi35		lʊi35	lʊi35
749	累劳~	蟹合一來灰去	løi21	lui13	lu223	lui33	lui13	lʊi113	lʊi31	lʊi13	lʊi223	lʊi23	lʊi13

（续上表）

序号	字项	中古音	湛江赤坎	廉江廉城	吴川梅菉	吴川吴阳	遂溪北坡	茂名茂南区	高州潘州街	信宜东镇	电白羊角	化州河西街	化州长岐
750	催	蟹合一清灰平	ʧʰøi55	ʧʰui55	ʧʰu55	tʰui55	ʧʰui33	ʧʰʊi553	ʧʰʊi553	ʧʰʊi453	ʧʰʊi44	tʰʊi53	tʰʊi53
751	崔	蟹合一清灰平	ʧʰøi55	ʧʰui55	ʧʰu55	tʰui55	ʧʰui33	ʧʰʊi553	ʧʰʊi553	ʧʰʊi453	ʧʰʊi33	tʰʊi53	tʰʊi53
752	罪	蟹合一從灰上	ʧøi21	ʧui21	ʧu31	tʰui22	ʧui31	ʧʊi31	ʧʊi31	ʧʊi31	ʧʊi31	tʰʊi31	tʰʊi211
753	碎	蟹合一心灰去	ʃøi33	ɬui33	ɬu33	ɬui11	ɬui44	ɬʊi33	ɬʊi33	ɬʊi33	ɬʊi33	ɬʊi33	ɬʊi33
754	盔	蟹合一溪灰平	kwʰɐi55	kwʰɐi55	kwʰɐi55	kʊʰɐi55	fui33	kwʰɐi553	fʊi553	fʊi453	fʊi44	fʊi53	fʊi53
755	魁	蟹合一溪灰平		kwʰɐi21		hui55	fui33	fʊi553	fʊi35	fʊi453	fʊi44	fʊi53	fʊi53
756	恢	蟹合一溪灰平	fui55	fui55	fu55	hui55	fui33	fʊi553	fʊi553	fʊi453	fʊi44	fʊi53	fʊi53
757	傀	蟹合一溪灰上	kwɐi35	kwɐi35			kwai35		fai33	fai33		kwɐi35	kwɐi35
758	塊	蟹合一溪灰去	fai33	fai33	ʋa33	fai11	fai44	fai33	fai33	fai33	fai33	fai33	fai33
759	桅	蟹合一疑灰平	ŋɐi21			kʊʰɐi44	ʋɐi11	ʋai21	ŋɐi11	ŋɐi31	ʋai11	ʋɐi31	ʋɐi121
760	灰	蟹合一曉灰平	fui55	fui55	fu55	hui55	fui33	fʊi553	fʊi553	fʊi453	fʊi44	fʊi53	fʊi53
761	賄	蟹合一曉灰上	fui35	fui35	kʰu35	hui24	fui35	kʰʊi335	fʊi35	fʊi35	kʰʊi223	fʊi35	kʰʊi35

（续上表）

序号	字项	中古音	湛江赤坎	廉江廉城	吴川梅菉	吴川吴阳	遂溪北坡	茂名茂南区	高州潘州街	信宜东镇	电白羊角	化州河西街	化州长岐
762	悔	蟹合一曉灰上	fui13	fui35	ʋu35	hui24	fui35	fʊi335	fʊi35	fʊi35	fʊi224	fʊi35	fʊi35
763	晦	蟹合一曉灰去	fui13	fui35		hui24	mui35	fʊi335	fʊi35	fʊi35	fʊi224	fʊi35	fʊi33
764	回	蟹合一匣灰平	ʋui21	ui21	ʋu31	hui44	ʋui11	ʋʊi21	ʋʊi11	wʊi13	ʋʊi11	ʋʊi23	ʋʊi121
765	茴	蟹合一匣灰平	ʋui21	ui21	ʋu31	hui44	ʋui11	ʋʊi21	ʋʊi11	wʊi31	ʋʊi11	ʋʊi23	ʋʊi121
766	匯～合	蟹合一匣灰上	ʋui21	ui21	ʋu31	hui22	ʋui31	ʋʊi31	ʋʊi31	wʊi31	ʋʊi31	ʋʊi31	ʋʊi211
767	潰	蟹合一匣灰去	kʰui35	kʰui33	kʰu35	kʰui11	kʰui44	kʰʊi33	kʰʊi33	kʰʊi33	kʰʊi33	kʰʊi33	kʰʊi33
768	煨	蟹合一影灰平	ʋui55	ui55	ʋu55	ʔui55	ʋɐi44	ʋʊi553	ʋʊi553	wʊi453	ʋʊi44	ʋʊi53	ʋʊi53
769	蜕	果合一透歌去	tʰui33	tʰui33	tʰu33	tʰui11	tʰui44	tʰʊi33	tʰʊi33		tʰʊi33	tʰʊi33	jiʊi211
770	兑	蟹合一定泰去	tøi33	tui33	ɗu31	tʰui11	tui44	tʊi31	tʊi31	tʊi31	tʊi31	ɗʊi31	tʊi211
771	最	蟹合一精泰去	ʧøi33	ʧui33	ʧu33	tui11	ʧui44	ʧʊi33	ʧʊi33	ʧʊi33	ʧʊi33	tʊi33	tʊi33
772	會～计	蟹合一見泰去	ʋui21	ui21	ʋu31	hui22	ʋui31	ʋʊi31	ʋʊi31	wʊi31	ʋʊi31	ʋʊi31	ʋʊi211
773	劊	蟹合一見泰去	kʰui13	kʰui33	fu33	kʰui11	kʰui44	kʰʊi33	kʰʊi33	kʰʊi33	kʰʊi33	kʰʊi33	kʰʊi33

（续上表）

序号	字项	中古音	湛江赤坎	廉江廉城	吴川梅菉	吴川吴阳	遂溪北坡	茂名茂南区	高州潘州街	信宜东镇	电白羊角	化州河西街	化州长岐
774	檜	蟹合一見泰去	kʰui13	kʰui33	kʰu223	kʰui11	kʰui44	kʰʊi33	kʰʊi33	kʰʊi33	kʰʊi33	kʰʊi33	kʰʊi33
775	外	蟹合一疑泰去	ŋɔi21	ŋɔi21	ŋo31	ʋɐi22	ŋui31	ŋᵘɔi31	ŋᵘɔi31	ŋᵘɔi31	ŋᵘɔi31	ŋɐi31	ŋɐi211
776	會不~	蟹合一匣泰去	ʋui13	ui21	ʋu31	hui22	ʋui31	ʋʊi31	ʋʊi31	wʊi31	ʋʊi31	ʋʊi31	ʋʊi211
777	會开~	蟹合一匣泰去	ʋui21	ui21	ʋu31	hui22	ʋui31	ʋʊi31	ʋʊi31	wʊi31	ʋʊi31	ʋʊi31	ʋʊi211
778	繪	蟹合一匣泰去	ʋui21	kʰui33	kʰu223	kʰui11	kʰui44	kʰʊi33	kʰʊi33	kʰʊi33	ʋʊi31	kʰʊi33	kʰʊi33
779	乖	蟹合二見皆平	kwai55	kwai55	kwa55	kʋai55	kwai33	kwai553	kwai553	kwai453	kʋai44	kwai53	kwai53
780	怪	蟹合二見皆去	kwai33	kwai33	kwa33	kʋai11	kwai44	kwai33	kwai33	kwai33	kʋai33	kwai33	kwai33
781	懷	蟹合二匣皆平	ʋai21	ʋai21	ʋa31	ʋai44	ʋai11	ʋai21	wai11	wai13	ʋai11	ʋai23	ʋai121
782	槐	蟹合二匣皆平	kwʰɐi13	kwʰɐi21		ʋai44	kwʰɐi11	ʋai21	wai11	wai35	kʋʰai11	ʋai23	kwʰɐi211
783	淮	蟹合二匣皆平	ʋɐi21	ʋɐi21	ʋɐi31	ʋai44	ʋɐi11	ʋai21	wai11	wɐi13	ʋai11	ʋai31	ʋai121
784	壞	蟹合二匣皆去	ʋai21	ʋai21	ʋa31	ʋai22	ʋai31	ʋai31	wai31	wai31	ʋai31	ʋai31	ʋai211
785	拐	蟹合二見佳上	kwai35	kwai35	kwʰa35	kʋʰai24	kwai35	kwai335	kwai35	wai35	kʋai224	kʋʰai35	kwʰai35

（续上表）

序号	字项	中古音	湛江赤坎	廉江廉城	吴川梅菉	吴川吴阳	遂溪北坡	茂名茂南区	高州潘州街	信宜东镇	电白羊角	化州河西街	化州长岐
786	掛	蟹合二見佳去	kwa33	kw^{h}a33	kwa33	kʋa11	kw^{h}a44	kw^{h}a33	kw^{h}a33	kwa33	kʋ^{h}a33	kʋa33	kwa33
787	卦	蟹合二見佳去	kwa33	kwai33	kwa33	kʋa11	kwa44	kwa33	kwa33	kwa33	kʋa33	kʋa33	kwa33
788	歪	蟹合二曉佳平	ʋai55	ʋai55		ʋai55	ʋai33	ʋai553	ʋai553	wai453	ʋai445	ʋai53	ʧ^{h}ai35
789	畫	蟹合二匣佳去	ʋa35	ʋak022	ʋaʔ031	ʋa22	ʋaʔ021	ʋak022	ʋa31	wa31	ʋak021	ʋa31	ʋa211
790	蛙	蟹合二云佳平	ʋa55	ʋa55	ʋa55	ʋa55	ʋa11	ʋa553	wa553	wa453	ʋa44	ʋai53	ʋa53
791	快	蟹合二溪夬去	fai33	fai33	fa33	fai11	fai44	fai33	fai33	fai33	fai33	fai33	fai33
792	筷	蟹合二溪夬去	fai33	fai33	fa33	fai11	fai33	fai33	fai33	fai33	fai33	fai33	fai33
793	話	蟹合二匣夬去	ʋa21	ʋa21	ʋa31	ʋa22	ʋa31	ʋa31	wa31	wa31	ʋa31	ʋa31	ʋa211
794	脆	蟹合三清祭去	ʧ^{h}øi33	ʧ^{h}ui33	ʧ^{h}u33	t^{h}ui11	ʧ^{h}ui44	ʧ^{h}ʊi33	ʧ^{h}ʊi33	ʧ^{h}ʊi33	ʧ^{h}ʊi44	t^{h}ʊi33	t^{h}ʊi33
795	歲	蟹合三心祭去	ʃøi33	ɬui33	ɬu33	ɬui11	ɬui44	ɬʊi33	ɬʊi33	ɬʊi33	ɬʊi33	ɬʊi33	ɬʊi33
796	贅	蟹合三章祭去	ʧøi21	ʧui21	ʧei31	tsui11	ʧui44	ʧʊi31	ʧʊi31	ʧøy31	ʧʊi31	ʧʊi31	ʧ^{h}ʊi211
797	稅	蟹合三書祭去	ʃøi33	ʃui33	ʃu33	sui11	ʃui44	sʊi33	ʃʊi33	ʃʊi33	ʃʊi33	ʃʊi33	ʃʊi33

（续上表）

序号	字项	中古音	湛江赤坎	廉江廉城	吴川梅菉	吴川吴阳	遂溪北坡	茂名茂南区	高州潘州街	信宜东镇	电白羊角	化州河西街	化州长岐
798	鱖	蟹合三b見祭去	kwɐi33	kwɐi33	kwɐi33	kʋɐi11	kwɐi44						
799	衛	蟹合三云祭去	ʋɐi21	ʋɐi21	ʋɐi31	ʋɐi22	ʋɐi31	ʋɐi31	ʋɐi31	wɐi31	ʋɐi31	ʋɐi31	ʋɐi211
800	鋭	蟹合三以祭去	iui21	iui21	iu31	iui22	iui31	ȵiʊi31	iʊi31	tʊi31	ȵiʊi31	ɗʊi31	^{z}jiʊi211
801	廢	蟹合三非廢去	fɐi33	fei33	fɐi33	fei11	fɐi44	fɐi33	fei33	fei33	fɐi44	fei33	fei33
802	肺	蟹合三敷廢去	fɐi33	fei33	fɐi33	fei11	fɐi44	fᴇi33	fei33	fei33	fɐi44	fei33	fei33
803	吠	蟹合三奉廢去	fɐi21	fei21	fei31	fei22	fɐi31	fᴇi31	fei31	fei31	fɛi31	fei31	fei211
804	穢	蟹合三影廢去		ʋɐi33	ʋɐi33	fɐi11	ʋɐi44		wɐi33	wɐi33		ʋɐi33	ʋɐi33
805	圭	蟹合四見齊平	kwɐi55	kwɐi55		kʋɐi55	kw^{h}ɐi11	kwɐi553	kwɐi553	kwɐi453	kʋɐi44		
806	閨	蟹合四見齊平	kwɐi55		kwɐi55	kʋɐi55	kwai33	kwɐi553	kwɐi553	kwɐi453	kʋɐi44	kwɐi53	kwɐi53
807	桂	蟹合四見齊去	kwɐi33	kwɐi33	kwɐi33	kʋɐi11	kwɐi44	kwɐi33	kwɐi33	kwɐi33	kʋɐi33	kwɐi33	kwɐi33
808	奎	蟹合四溪齊平	kw^{h}ɐi21	kw^{h}ɐi21	kw^{h}ɐi31	kʋ^{h}ɐi44	fui33	kw^{h}ɐi21	kw^{h}ɐi11	kw^{h}ɐi35	kʋ^{h}ɐi11	kw^{h}ɐi23	kw^{h}ɐi121
809	携	蟹合四匣齊平	kw^{h}ɐi21	kw^{h}ɐi21	kw^{h}ɐi31	fɐi44	kw^{h}ɐi11	kw^{h}ɐi21	kw^{h}ɐi11	kw^{h}ɐi31	kʋ^{h}ɐi11	kw^{h}ɐi23	kw^{h}ɐi121

（续上表）

序号	字项	中古音	湛江赤坎	廉江廉城	吴川梅菉	吴川吴阳	遂溪北坡	茂名茂南区	高州潘州街	信宜东镇	电白羊角	化州河西街	化州长岐
810	惠	蟹合四匣齊去	ʋɐi21	ʋɐi21	ʋɐi31 优～ iu31 人名	iui22	ʋɐi31	ʋɐi31	ʋɐi31	wɐi31	ʋɐi31	ʋɐi31 优～ jiʊi31 人名	ʋɐi211 优～ ^{z}jiʊi211 人名
811	慧	蟹合四匣齊去	ʋɐi21	ʋɐi33	ʋɐi33	iui22	ʋɐi44	ʋɐi31	iʊi31	iʊi31	iʊi31	ʋɐi31/jiʊi31	ʋɐi211
812	碑	止開三b幫支平	pei55	pei55	ɓei55	ɓei55	pei33	pᴇi553	pei553	pei453	pɛi44	ɓei53	ɓei53
813	卑	止開三a幫支平	pei55	pei55	ɓei55	ɓei55	pei33	pᴇi553	pei553	pei453	pɛi44	ɓei53	ɓei53
814	彼	止開三b幫支上	p^{h}ei35	p^{h}ei35	p^{h}ei35	ɓei24	p^{h}ei35	p^{h}ᴇi335	p^{h}ei35	p^{h}ei35	p^{h}ɛi224	p^{h}ei35	p^{h}ei35
815	俾	止開三a幫支上	p^{h}ei13	p^{h}ei35		ɓei24	pɐi31	p^{h}ᴇi335	pei35	pei35	p^{h}ɛi224	p^{h}ei35	ɓei35
816	臂	止開三a幫支去	pei33	pei33	ɓei33	ɓei11	pei44	pᴇi33	pei33	pei33	pɛi33	ɓei33	ɓei33
817	披	止開三b滂支平	p^{h}ei55	p^{h}ei55	p^{h}ei55	p^{h}ei55	p^{h}ei33	p^{h}ᴇi553	p^{h}ei553	p^{h}ei453	p^{h}ɛi44	p^{h}ei53	p^{h}ei53
818	譬	止開三a滂支去	pei35	p^{h}ei33		p^{h}ei33	p^{h}ei35		pei33	pei35	p^{h}ɛi224	ɓei35	
819	皮	止開三b並支平	p^{h}ei21	p^{h}ei21	p^{h}ei31	p^{h}ei44	p^{h}ei11	p^{h}ᴇi21	p^{h}ei11	p^{h}ei35	p^{h}ɛi11	p^{h}ei23	pei121
820	疲	止開三b並支平	p^{h}ei21	p^{h}ei21	p^{h}ei31	p^{h}ei44	p^{h}ei11	p^{h}ᴇi21	p^{h}ei11	p^{h}ei31	p^{h}ɛi11	p^{h}ei23	p^{h}ei121

（续上表）

序号	字项	中古音	湛江赤坎	廉江廉城	吴川梅菉	吴川吴阳	遂溪北坡	茂名茂南区	高州潘州街	信宜东镇	电白羊角	化州河西街	化州长岐
821	脾	止開三a 並支平	p^hei21	p^hei21	p^hei31	p^hei44	p^hei11	p^hᴇi21	p^hei223	p^hei31	p^hɛi11	p^hei23	pei211
822	被棉~	止開三b 並支上	p^hei13	p^hei13	p^hei35	p^hei33	p^hei13	p^hᴇi113	p^hei223	p^hei13	p^hɛi223	p^hei23	pei13
823	婢	止開三a 並支上	p^hei13	p^hei35	p^hei223	p^hei33	p^hei13	p^hᴇi113	p^hei35	p^hei13	p^hɛi224	p^hei23	pei13
824	被~动	止開三b 並支去	pei21	pei21	ɓei31	p^hei22	pei31	pᴇi31	pei31	pei31	pɛi31	ɓei31	pei211
825	避	止開三a 並支去	pei21	pei21	ɓei31	p^hei22	pei31	pᴇi31	pei31	pei31	pɛi31	ɓei31	pei211
826	糜	止開三b 明支平	mei21	mei21		mei44	mei11	mᴇi21	mei11	mei31	mɛi31	mei31	mɔi211
827	彌	止開三a 明支平	nɐi21	nei22	nei31	nei44	nei11	nᴇi21	nei11	nei31	nɛi11	nei31	nei121
828	靡	止開三b 明支上	fei35	mei21			fei35			fei35		fei35	
829	離~别	止開三 來支平	lei21	lei21	lei31	lei44	lei11	lᴇi21	lei11	lei13	lɛi11	lei23	lei121
830	籬	止開三 來支平	lei21	lei21	lei31	lei44	lei11	lᴇi21	lei11	lei31		lei23	lei121
831	璃	止開三 來支平	lei21	lei55	lei31	lei44	lei11	lᴇi21	lei11/ lei553	lei453	lɛi11	lei23	lei53
832	荔	止開三 來支去	lɐi21	lɐi21	lɐi31	lɐi22	lɐi31	lᴇi21	lei11	lei31	lɐi11	lek022	lek022

（续上表）

序号	字项	中古音	湛江赤坎	廉江廉城	吴川梅菉	吴川吴阳	遂溪北坡	茂名茂南区	高州潘州街	信宜东镇	电白羊角	化州河西街	化州长岐
833	離~开	止開三來支去	lei21	lei21	lei31	lei44	lei11	lᴇi21	lei11	lei13	lɛi11	lei23	lei121
834	紫	止開三精支上	ʧi35	ʧi35	ʧi35	tei24	ʧi35	ʧi335	ʧi35	ʧi35	ʧi224	tei35	tei35
835	雌	止開三清支平	ʧ^{h}i55	ʧ^{h}i55		ts^{h}i55	ʧ^{h}i33	ʧ^{h}i553	ʧ^{h}i553	ʧ^{h}i453		ʧ^{h}i53	ʧ^{h}i53
836	此	止開三清支上	ʧ^{h}i35	ʧ^{h}i35	ʧ^{h}i35	t^{h}ei24	ʧ^{h}i35	ʧ^{h}i335	ʧ^{h}i35	ʧ^{h}i35	ʧ^{h}ɛi224	t^{h}ei35	t^{h}ei35
837	刺	止開三清支去	ʧ^{h}i33	ʧ^{h}i33	ʧ^{h}i33	ts^{h}i11	ʧ^{h}i44	ʧ^{h}i33	ʧ^{h}i33	ʧ^{h}i33	ʧ^{h}i33	t^{h}ei33	t^{h}ei33
838	疵	止開三從支平		ʧ^{h}i33				ʧ^{h}i553	ʧ^{h}i553	ʧ^{h}i453	ʧ^{h}i44	ʧ^{h}i53	ʧ^{h}i53
839	斯	止開三心支平	ʃi55	ʃi55	ʃi55	ɬei55	ʃi33	si553	ʃi553	ʃi453	ʃi44	ɬei53	ɬei53
840	廝	止開三心支平	ʧ^{h}i55	ʃi55			ʃi33	ʧ^{h}i553	ʃi553	ʃi453	ʃi44	ɬei53	ɬei53
841	撕	止開三心支平	ʃi55	ʃi55	ʃi55	ɬei55	ʃi33	si553	ʃi553	ʃi453	ʃi44	ɬei53	ɬei53
842	璽	止開三心支上	ʃai35	ɬɐi35	ɬa35	ɬɐi24	ʃɐi44	ɬai335	ɬai35	ɬai35	ɬai224	ɬai35	tai35
843	徙	止開三心支上				ɬɐi24	ʃɐi35				ɬai224		

（续上表）

序号	字项	中古音	湛江赤坎	廉江廉城	吴川梅菉	吴川吴阳	遂溪北坡	茂名茂南区	高州潘州街	信宜东镇	电白羊角	化州河西街	化州长岐
844	賜	止開三心支去	ʧʰi33	ʧʰi33	ʧʰi33	ɬei11		ʧʰi33	ɬei33	ʧʰi33（新） ɬei33（老）	ʧʰi33	ɬei33	ʧʰi33
845	知	止開三知支平	ʧi55	ʧi55	ʧi55	tsi55	ʧi33	ʧi553	ʧi553（新） tei553（老）	ʧi453（新） tei453（老）	ʧi44（新） tɛi44（老）	ʧi53	ʧi53
846	蜘	止開三知支平	ʧi55	ʧi55	ʧi55	tsi55	ʧi33	ʧi553	ʧi553	ʧi453	ʧi44	ʧi53	ʧi53
847	智	止開三知支去	ʧi33	ʧi33	ʧi33	tsi11	ʧi44	ʧi33	ʧi33	ʧi33	ʧi33	ʧi33	ʧi33
848	池	止開三澄支平	ʧʰi21	ʧʰi21	ʧʰi31	tsʰi44	ʧʰi11	ʧʰi21	ʧʰi11	ʧʰi13	ʧʰi11	ʧʰi23	ʧʰi13
849	馳	止開三澄支平	ʧʰi21	ʧʰi21	ʧʰi31	tsʰi44	ʧʰi11	ʧʰi21	ʧʰi11	ʧʰi13	ʧʰi11	ʧʰi23	ʧʰi211
850	篩	止開三生支平	ʃɐi55	ʃɐi55	ʃɐi55	sɐi55	ʃɐi33	sɐi553	ʃɐi553	ʃɐi453	ʃɐi445	ʃɐi53	ʃɐi53
851	支	止開三章支平	ʧi55	ʧi55	ʧi55	tsi55	ʧi33	ʧi553	ʧi553	ʧi453	ʧi44	ʧi53	ʧi53
852	枝	止開三章支平	ʧi55	ʧi55	ʧi55	tsi55	ʧi33	ʧi553	ʧi553	ʧi453	ʧi44	ʧi53	ʧi53
853	肢	止開三章支平	ʧi55	ʧi55	ʧi55	tsi55	ʧi33	ʧi553	ʧi553	ʧi453	ʧi44	ʧi53	ʧi53

（续上表）

序号	字项	中古音	湛江赤坎	廉江廉城	吴川梅菉	吴川吴阳	遂溪北坡	茂名茂南区	高州潘州街	信宜东镇	电白羊角	化州河西街	化州长岐
854	紙	止開三章支上	ʧi35	ʧi35	ʧi35	tsi24	ʧi35	ʧi335	ʧi35	ʧi35	ʧi224	ʧi35	ʧi35
855	只	止開三章支上	ʧi35	ʧi35	ʧek055	tset044	ʧi35	ʧi335	ʧi35	ʧi35	ʧi224	ʧi35	ʧi35
856	侈	止開三昌支上	ʧʰi35	ʧʰi35		tsʰi24	ʧʰi35	ʧʰi553	ʧʰy553	ʧʰi453		ʧʰi53	ʧʰi13
857	舐	止開三船支上		ʃai13					ʃai35			ʃai23	ʃai13
858	施	止開三書支平	ʃi55	ʃi55	ʃi55	si55	ʃi33	si553	ʃy553	ʃi453	ʃi44	ʃi53	ʃi53
859	翅	止開三書支去	ʧʰi33	ʧʰi33	ʧʰi33	tsʰi11	ʧʰi44	ʧʰi33	ʧʰi33	ʧʰi33	ʧʰi33	ʧʰi33	ʧʰi33
860	匙	止開三禪支平	ʃi21	ʃi21	ʃi31	si44	ʃi11	si21	ʃi11	ʃi13	ʃi11	ʃi23	ʃi121
861	是	止開三禪支上	ʃi21	ʃi21	ʃi223	si33	ʃi31	si31	ʃi223	ʃi13	ʃi31	ʃi23	ʃi13
862	氏	止開三禪支上	ʃi21	ʃi21	ʃi31	si22	ʃi11	si31	ʃi31	ʃi31	ʃi31	ʃi31	ʃi211
863	豉	止開三禪支去	ʃi21	ʃi21	ʃi31	si22	ʃi31	si31	ʃi31	ʃi31	ʃi31	ʃi31	ʃi211
864	兒	止開三日支平	i21	ȵi21	ȵi31	ȵi44	ȵi11	ȵi21	ȵi11 ~童 ȵi553 小称	ȵi13	ȵi11	ɲɲ̍31	ɲɲ̍121
865	爾	止開三日支上	i13	i21	ȵi223	ȵi33	ȵi13	ȵi113	ȵi223	ȵi13	ȵi223	ɲɲ̍23	ɲɲ̍121

（续上表）

序号	字项	中古音	湛江赤坎	廉江廉城	吴川梅菉	吴川吴阳	遂溪北坡	茂名茂南区	高州潘州街	信宜东镇	电白羊角	化州河西街	化州长岐
866	寄	止開三b見支去	kei33	kei33	kei33	kei11	kei44	k^hᴇi33	kei33	kei33	kεi33	kei33	kei33
867	企	止開三a溪支上	k^hei13	k^hei13	k^hei223	k^hei33	k^hei13	k^hᴇi335	k^hei223	k^hei31	k^hεi223	k^hei23	k^hei13
868	奇	止開三b見支平	k^hei21	k^hei21	k^hei31	k^hei44	k^hei11	k^hᴇi21	k^hei11	k^hei13	k^hεi11	k^hei23	k^hei121
869	騎	止開三b羣支平	k^hε21	k^hei21	k^hei31	k^hei44	k^hei11	k^hᴇi21	k^hei11	k^hei31	k^hεi11	k^hei23	k^hε121
870	岐	止開三a羣支平	k^hei21	k^hei21	k^hei31	k^hei55	k^hei11	k^hᴇi21	k^hei11	k^hei31	k^hεi11	k^hei23	k^hei121
871	徛	止開三b羣支上	k^hei13	k^hei35	k^hei223	k^hei44	k^hei13	k^hᴇi335	k^hei35	k^hei35	k^hεi223	k^hei23	k^hei35
872	技	止開三b羣支上	køi21	kei21	kei31	k^hei22	kei31	kᴇi31	kei31	kei31	kεi31	k^hei31	k^hei211
873	妓	止開三b羣支上	køi21	kei21	kei31	k^hei22	kei31	kᴇi31	kei31	kei31	kεi31	k^hei31	k^hei211
874	宜	止開三b疑支平	i21	ȵi21	i31	ȵi44	ȵi11	i21	ȵi11	ȵi13	ȵi11	ɲɲ̍23	ɲɲ̍121
875	儀	止開三b疑支平	i21	ȵi21	ȵi31	ȵi44	ȵi31	ȵi31	ȵi11	ȵi31	ȵi31	ɲɲ̍31	ȵi211
876	蟻	止開三b疑支上	ŋɐi13	ŋɐi13	ŋɐi223	ŋɐi33	ŋɐi13	ŋɐi113	ŋɐi35	ŋɐi35	ŋɐi224	ŋɐi23	ŋɐi13
877	誼	止開三b疑支去	i21	ȵi21	i31	ȵi22	ȵi11	i21	ȵi11	ȵi13	ȵi11	ɲɲ̍23	ɲɲ̍121

（续上表）

序号	字项	中古音	湛江赤坎	廉江廉城	吴川梅菉	吴川吴阳	遂溪北坡	茂名茂南区	高州潘州街	信宜东镇	电白羊角	化州河西街	化州长岐
878	義	止開三b疑支去	i21	ȵi21	i31	ȵi22	ȵi31	ȵi31	ȵi31	ȵi31	ȵi31	ɲɲ̍31	ȵi211
879	議	止開三b疑支去	i13	ȵi13	ȵi223	ȵi22	ȵi13	ȵi113	ȵi35	ȵi13	ȵi31	ɲɲ̍23	ɲɲ̍13
880	犧	止開三b曉支平	hei55	hei55	hei55	hei55	hei33	hᴇi553	hei553	hei453	hɛi44	hei53	hei53
881	戲	止開三b曉支去	hei33	hei33	hei33	hei11	hei44	hᴇi33	hei33	hei33	hɛi33	hei33	hei33
882	倚	止開三b影支上	i35	i35	i35	ʔei24	i35	i335	i35	ʔei35	i224	ei35	^{z}ji35
883	椅	止開三b影支上	i35	i35	i35	ʔei24	i35	i113	i35	ʔei35	i224	ei35	ʔei35
884	移	止開三以支平	i21	i21	i31	i44	i11	i21	y11	i13	i11	ji23	^{z}ji121
885	易容~	止開三以支去	i21	i21	i31	i22	i31	i31	i31	i31	i31	ji31	^{z}ji211
886	悲	止開三b幫脂平	pei55	pei55	ɓei55	ɓei55	pei33	pᴇi553	pei553	pei453	pɛi44	ɓei53	ɓei53
887	鄙	止開三b幫脂上	p^{h}ei35	p^{h}ei35	ɓei55	ɓei11	p^{h}ei35	p^{h}ᴇi335	p^{h}ei35	p^{h}ei35	p^{h}ɛi224	p^{h}ei35	p^{h}ei35
888	比	止開三a幫脂上	pei35	pei35	ɓei35	ɓei24	pei35	pᴇi335	pei35	pei35	pɛi224	ɓei35	ɓei35
889	秕	止開三a幫脂上	p^{h}ei55	p^{h}ei55		p^{h}ɐi55	pɐi31	pᴇi31	p^{h}aŋ33	p^{h}aŋ33			

（续上表）

序号	字项	中古音	湛江赤坎	廉江廉城	吴川梅菉	吴川吴阳	遂溪北坡	茂名茂南区	高州潘州街	信宜东镇	电白羊角	化州河西街	化州长岐
890	秘	止開三b 幫脂去	pei33	pei33	ɓei33	ɓei11	pei44	pᴇi33	pei33	pei33	pɛi33	ɓei33	ɓei33
891	泌	止開三b 幫脂去	pei33	pei33	ɓei33	ɓei22	pei44	pᴇi33	pei33	pei33	pɛi33	ɓei33	ɓei33
892	庇	止開三a 幫脂去	pei33	p^hei33	ɓei33	ɓei24	pei44	pᴇi33	p^hei33	pei33	pɛi33	ɓei33	ɓei35
893	痹	止開三a 幫脂去	pei33	pei33	ɓei33	ɓei11	pei44	pᴇi33	pei33	pei33	pɛi33	ɓei33	ɓei33
894	丕	止開三b 滂脂平	p^hei55	p^hui55	p^hei35	p^hei24	p^hei35	p^hʊi553	p^hʊi553	p^hei453	p^hʊi44	p^hei53	p^hei53
895	屁	止開三a 滂脂去	p^hei33	p^hei33	p^hei33	p^hei11	p^hei44	p^hᴇi33	p^hei33	p^hei33	p^hɛi33	p^hei33	p^hei33
896	琵	止開三a 並脂平	p^hei21	p^hi21	p^hei31	p^hei44	p^hei11	p^hᴇi21	p^hei11	p^hei31	p^hɛi11	p^hei31	pei211
897	枇	止開三a 並脂平	p^hei21	p^hi21	p^hei31	p^hei44	p^hei11	p^hᴇi21	p^hei11	p^hei31	p^hɛi11	p^hei31	pei211
898	備	止開三b 並脂去	pei21	pei21	ɓei31	p^hei22	pei31	pᴇi31	pei31	pei31	pɛi31	ɓei31	pei211
899	鼻	止開三a 並脂去	pei21	pei21	ɓei31	p^hei22	pei31	pᴇi31	pei31	pei31	pɛi31	ɓei31	pei211
900	篦	止開三a 並脂去	pei55	pei55	ɓei55	ɓei55	pei33	pᴇi31	pei31	pei453	pɛi31	ɓei31	pei211
901	眉	止開三b 明脂平	mei21	mei21	mei31	mei44	mei11	mᴇi21	mei11	mei13	mɛi11	mei31	mei121

（续上表）

序号	字项	中古音	湛江赤坎	廉江廉城	吴川梅菉	吴川吴阳	遂溪北坡	茂名茂南区	高州潘州街	信宜东镇	电白羊角	化州河西街	化州长岐
902	楣	止開三b明脂平	mei21	mei21	mei31	mei44	mei11	mᴇi21	mei11	mei13	mɛi11	mei23	mei121
903	霉	止開三b明脂平	mui21	mui21	mu31	mui44	mui11	mʊi21	mʊi11	mʊi13	mʊi31	mʊi23	mʊi121
904	美	止開三b明脂上	mei13	mei13	mei223	mei33	mei13	mᴇi113	mei223	mei13	mɛi223	mei23	mei13
905	媚	止開三b明脂去	mei21	mei21	mei31	mei22	mei11	mᴇi21	mei11	mei13	mɛi11	mei23	mei121
906	寐	止開三a明脂去	mei21	mei21			mei31	mᴇi31	mei31		mɛi31	mʊi31	mei211
907	地	止開三定脂去	tei21	tei21	ɗei31	t^{h}ei22	tei31	tᴇi31	tei31	tei31	tɛi31	ɗei31	tei211
908	尼	止開三娘脂平	nɐi21	nɐi21	nei31	nei44	nɐi11	nɐi21	nɐi11	nɐi31	nɐi31	nɐi31	nei121
909	腻	止開三娘脂去	nei21	nɐi21	nei31	nɐi22	nɐi31	nᴇi31	nɐi31	nɐi31	nɐi31	nɐi31	nɐi211
910	梨	止開三來脂平	lei21	lei21	lei31	lei44	lei11	lᴇi21	lei11	lei13	lɛi11	lei23	lei121
911	履	止開三來脂上	løi13	lei13	lei35	lei33	loi13	lʊi113	lʊi223	lʊi13		lʊi23	løi13
912	利	止開三來脂去	lei21	lei21	lei31	lei22	lei31	lᴇi31	lei31	lei31	lɛi31	lei31	lei211
913	痢	止開三來脂去	lei21	lei21	lei31	lei22	lei31	lɐi31	lei31	lei31	lɛi31	lei31	lei211

（续上表）

序号	字项	中古音	湛江赤坎	廉江廉城	吴川梅菉	吴川吴阳	遂溪北坡	茂名茂南区	高州潘州街	信宜东镇	电白羊角	化州河西街	化州长岐
914	資	止開三精脂平	ʧi55	ʧi55	ʧi55	tei55	ʧi33	ʧi553	ʧi553	ʧi453	ʧi44	tei53	tei53
915	姿	止開三精脂平	ʧi55	ʧi55	ʧi55	tei55	ʧi33	ʧi553	ʧi553	ʧi453	ʧi44	tei53	tei53
916	咨	止開三精脂平	ʧi55	ʧi55	ʧʰi33	tei55	ʧi33	ʧi553	ʧi553	ʧi453		tei53	ʧi53
917	姊	止開三精脂上		ʧi35	ʧi35	tei24		ʧi335	ʧi35	ʧi35	ʧi224	tei35	tɛ35
918	次	止開三清脂去	ʧʰi33	ʧʰi33	ʧʰi33	tʰei11	ʧʰi44	ʧʰi33	ʧʰi33	ʧʰi33	ʧʰi33	tʰei33	tʰei33
919	瓷	止開三從脂平	ʧʰi21	ʧʰi21	ʧʰi31	tʰei44	ʧʰi11	ʧʰi21	ʧʰi11	ʧʰi31	ʧʰi11	tʰei23	ʧʰi211（新） tʰei211（老）
920	糍	止開三從脂平	ʧʰi21	ʧʰi21	ʧʰi31	tʰei44	ʧʰi11	ʧʰi21	ʧʰi11	ʧʰi31	ʧʰi11	tʰei23	ʧʰi211
921	自	止開三從脂去	ʧi21	ʧi21	ʧi31	tʰei22	ʧi31	ʧi31	ʧi31	ʧi31	ʧi31（新） ʧɛi31（老）	tʰei31	tʰei211
922	私	止開三心脂平	ʃi55	ʃi55	ʃi55	ɬei55	ʃi33	si553	ʃi553（新） ɬei553（老）	ʃi453（新） ɬei453（老）	ʃi44	ɬei53	ɬei53

（续上表）

序号	字项	中古音	湛江赤坎	廉江廉城	吴川梅菉	吴川吴阳	遂溪北坡	茂名茂南区	高州潘州街	信宜东镇	电白羊角	化州河西街	化州长岐
923	死	止開三心脂上	ʃei35	ɬei35	ɬei35	ɬei24	ɬei35	ɬᴇi335	ɬei35	ɬei35	ɬɛi224	ɬei35	ɬei35
924	四	止開三心脂去	ʃei33	ɬei33	ɬei33	ɬei11	ɬei44	ɬᴇi33	ɬei33	ɬei33	ɬɛi33	ɬei33	ɬei33
925	肆	止開三心脂去	ʧ^{h}i33	ɬei33	ʃi33	ɬei11	ɬei44	si33	ɬei33	ɬei33	ɬɛi33	ɬei33	ʧ^{h}i33
926	致	止開三知脂去	ʧi33	ʧi33	ʧi33	tsi11	ʧi44	ʧi33	ʧi33	ʧi33	ʧi33	ʧi33	ʧi33
927	遲	止開三澄脂平	ʧ^{h}i21	ʧ^{h}i21	ʧ^{h}i31	ts^{h}i44	ʧ^{h}i11	ʧ^{h}i21	ʧ^{h}i11	ʧ^{h}i13	ʧ^{h}i11	ʧ^{h}i23	ʧ^{h}i121
928	稚	止開三澄脂去	ʧi33	ʧ^{h}i55	ʧ^{h}i31	ts^{h}i24	ʧi44	ʧi33	ʧi31/ʧi33	ʧi31	ʧi33	ʧ^{h}i23	ʧ^{h}i13
929	師	止開三生脂平	ʃi55	ʃi55	ʃi55	si55	ʃi33（新） ɬei33（老）	si553	ʃi553（新） ɬei553（老）	ʃi453（新） ɬei453（老）	ʃi445	ʃi53	ʃi53
930	獅	止開三生脂平	ʃi55	ʃi55	ʃi55（新） ɬei55（老）	ɬei55	ʃi33（新） ɬei33（老）	si553	ʃi553（新） ɬei553（老）	ʃi453（新） ɬei453（老）	ʃi445	ɬei53	ɬei53
931	脂	止開三章脂平	ʃi55	ʧi55	ʧi55	tsi55	ʧi44	ʧi553	ʧi553	ʧi453	ʧi44	ʧi53	ʧi35
932	旨	止開三章脂上	ʧi35	ʧi35	ʧi35	tsi24	ʧi35	ʧi335	ʧi35	ʧi35	ʧi224	ʧi35	ʧi35

（续上表）

序号	字项	中古音	湛江赤坎	廉江廉城	吴川梅菉	吴川吴阳	遂溪北坡	茂名茂南区	高州潘州街	信宜东镇	电白羊角	化州河西街	化州长岐
933	指	止開三章脂上	ʧi35	ʧi35	ʧi35	tsi24	ʧi35	ʧi335	ʧi35	ʧi35	ʧi224	ʧi35	ʧi35
934	至	止開三章脂去	ʧi33	ʧi33	ʧi33	tsi11	ʧi44	ʧi33	ʧi33	ʧi33	ʧi33	ʧi33	ʧi33
935	示	止開三船脂去	ʃi21	ʃi21	ʃi31	si22	ʃi31	si31	ʃi31	ʃi31	ʃi31	ʃi31	ʃi211
936	尸	止開三書脂平	ʃi55	ʃi55	ʃi55	si55	ʃi33	si553	ʃi553	ʃi453	ʃi44	ʃi53	ʃi53
937	矢	止開三書脂上	ʧʰi35	ʧʰi35	ʧʰi35	si24	ʧʰi35	ʧʰi335	ʧʰi35	ʧʰi35		ʧʰi35	ʧʰi35
938	屎	止開三書脂上	ʃi35	ʃi35	ʃi35	si24	ʃi35	si335	ʃi35	ʃi35	ʃi224	ʃi35	ʃi35
939	視	止開三禪脂去	ʃi21	ʃi21	ʃi31	si22	ʃi31	si31	ʃi31	ʃi31	ʃi31	ʃi31	ʃi211
940	嗜	止開三禪脂去		ʃi21		si22		si33	ʃi33	ʃi31		ʃi33	ʃi33
941	二	止開三日脂去	i21	ȵi21	ȵi31	ȵi22	ȵi31	ȵi31	ȵi31	ȵi31	ȵi31	ɲɲ̍31	ȵi211
942	貳	止開三日脂去	i21	ȵi21	ȵi31	ȵi22	ȵi31	ȵi31	ȵi31	ȵi31	ȵi31	ɲɲ̍31	ȵi211
943	飢	止開三b見脂平	kei55	kei55	kei55	kei55	kei33	kᴇi553	kei553	kei453	kɛi44	kei53	kei53
944	肌	止開三b見脂平	kei55	kei55	kei55	kei55	kei33	kᴇi553	kei553	kei453	kɛi44	kei53	kei53

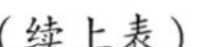

（续上表）

序号	字项	中古音	湛江赤坎	廉江廉城	吴川梅菉	吴川吴阳	遂溪北坡	茂名茂南区	高州潘州街	信宜东镇	电白羊角	化州河西街	化州长岐
945	几	止開三b見脂上	kei55	kei55	kei55	kei55	kei33	kɛi553	kei553	kei453	kɛi44	kei53	kei53
946	冀	止開三b見脂去	k^hɐi33	k^hɐi33			k^hei44	k^hɛi33	k^hei33	k^hei33		k^hei33	k^hei33
947	器	止開三b溪脂去	hei33	hei33	hei33	hei11	hei44	hɛi33	hei33	hei33	hɛi33	hei33	hei33
948	棄	止開三a溪脂去	hei33	hei33	hei33	hei11	hei44	hɛi33	hei33	hei33	hɛi33	hei33	hei33
949	祁	止開三b羣脂平	k^hei21	k^hei21			k^hei11	k^hɛi21	$ʧ^h$i11	k^hei31		k^hei31	k^hei211
950	伊	止開三a影脂平	i55	i55	i55	ʔei55	i33	i553	i553	i453	i44	ji53	^{z}ji53
951	夷	止開三以脂平	i21	i21		i44	i11	i21	i11	i13	i11	ji23	^{z}ji121
952	姨	止開三以脂平	i55	i55	i55 阿～ i31 ～丈	i44	i33 阿～ i44 ～丈	i553	i11	i453	i445	ji53 阿～ ji31 ～丈	^{z}ji53 阿～ ^{z}ji211 ～丈
953	肄	止開三以脂去	i21	i13						i31	i11		
954	你	止開三娘之上	nei13	nei13	nei223	nei33	nei13	nɛi113	nei223	nei35	nɛi223	nei23	nei13
955	厘	止開三來之平	lei21	lei21	lei31	lei44	lei11	lɛi21	lei11	lei13	lɛi11	lei23	lei211

（续上表）

序号	字项	中古音	湛江赤坎	廉江廉城	吴川梅菉	吴川吴阳	遂溪北坡	茂名茂南区	高州潘州街	信宜东镇	电白羊角	化州河西街	化州长岐
956	狸	止開三來之平	lei21	lei21	lei31	lei44	lei11	lɛi21	lei11	lei13	lɛi11	lei23	lei121
957	李	止開三來之上	lei13	lei13	lei223	lei33	lei13	lɛi113	lei223	lei13	lɛi223	lei23	lei13
958	里	止開三來之上	lei13	lei13	lei223	lei33	lei13	lɛi113	lei223	lei13	lɛi223	lei23	lei13
959	裏	止開三來之上	løi13	lei13	lei223	lei33	lei13	lʊi113	lʊi223	lʊi35	lʊi223	lʊi23	løi13
960	理	止開三來之上	lei13	lei13	lei223	lei33	lei13	lɛi113	lei223	lei13	lɛi223	lei23	lei13
961	鯉	止開三來之上	lei13	lei13	lei223	lei33	lei13	lɛi113	lei223	lei13	lɛi223	lei23	lei13
962	吏	止開三來之去	lei21	lei21	lei31	lei22	lei31	lɛi31	lei31	lei31		lei31	lei211
963	兹	止開三精之平	ʧi55	ʧi55		tei55	ʧi33（新） ʧei33（老）	ʧi553	ʧi553	ʧi453	ʧi44	tei53	tei53
964	滋	止開三精之平	ʧi55	ʧi55	ʧi55	tei55	ʧi33	ʧi553	ʧi553	ʧi453	ʧi44	tei53	tei53
965	子	止開三精之上	ʧi35	ʧi35	ʧi35	tei24	ʧi35（新） ʧei35（老）	ʧi335	ʧi35	ʧi35	ʧi224	tei35	tei35

（续上表）

序号	字项	中古音	湛江赤坎	廉江廉城	吴川梅菉	吴川吴阳	遂溪北坡	茂名茂南区	高州潘州街	信宜东镇	电白羊角	化州河西街	化州长岐
966	梓	止開三精之上	ʧi35	ʧi35	ʧi35	tei24	ʧi35	ʧi335	ʧi35	ʧi35		tei35	
967	慈	止開三從之平	$ʧ^hi21$	$ʧ^hi21$	$ʧ^hi31$	t^hei44	$ʧ^hi11$	$ʧ^hi21$	$ʧ^hi11$	$ʧ^hi31$	$ʧ^hi11$	t^hei23	$ʧ^hi211$（新） t^hei211（老）
968	磁	止開三從之平	$ʧ^hi21$	$ʧ^hi21$	$ʧ^hi31$	t^hei44	$ʧ^hi11$	$ʧ^hi21$	$ʧ^hi11$	$ʧ^hi31$	$ʧ^hi11$	t^hei23	$ʧ^hi211$
969	字	止開三從之去	ʧi21	ʧi21	ʧi31	t^hei22	ʧi31（新） ʧei31（老）	ʧi31	ʧi31	ʧi31	ʧɛi31	t^hei31	t^hei211
970	司	止開三心之平	ʃi55	ʃi55	ʃi55	ɬei55	ʃi33（新） ɬei33（老）	si553	ʃi553（新） ɬei553（老）	ʃi453	ʃi445	ɬei53	ɬei53
971	絲	止開三心之平	ʃi55	ʃi55	ʃi55	ɬei55	ʃi33（新） ɬei33（老）	si553	ʃi553（新） ɬei553（老）	ʃi453	ʃi44	ɬei53	ɬei53
972	思	止開三心之平	ʃi55	ʃi55	ʃi55	ɬei55	ʃi33（新） ɬei33（老）	si553	ʃi553（新） ɬei553（老）	ʃi453	ʃi44	ɬei53	ɬei53

（续上表）

序号	字项	中古音	湛江赤坎	廉江廉城	吴川梅菉	吴川吴阳	遂溪北坡	茂名茂南区	高州潘州街	信宜东镇	电白羊角	化州河西街	化州长岐
973	伺	止開三心之去	ʃi21	ʃi21	ʃi55	ɬei55	ʧʰi11	si31	ʧʰi11	ʧʰi31	ʃi31	ʃi31	ɬei53
974	思	止開三心之去	ʃi55	ʃi55	ɬei55	ɬei55	ʃi33（新） ɬei33（老）	si553		ʃi453	ʃi44	ɬei53	ɬei53
975	辭	止開三邪之平	ʧʰi21	ʧʰi21	ʧʰi31	tʰei44	ʧʰi11	ʧʰi21	ʧʰi11	ʧʰi13	ʧʰi11	tʰei23	ʧʰi211
976	詞	止開三邪之平	ʧʰi21	ʧʰi21	ʧʰi31	tʰei44	ʧʰi11	ʧʰi21	ʧʰi11	ʧʰi13	ʧʰi11	tʰei23	ʧʰi121
977	祠	止開三邪之平	ʧʰi21	ʧʰi21	ʧʰi31	tʰei44	ʧʰei11	ʧʰi21	ʧʰi11	ʧʰi13	ʧʰi11	tʰei23	ʧʰi211
978	似	止開三邪之上	ʧʰi13	ʧʰi13	ʧʰi223	tʰei22	ʧʰi13	ʧʰi113	ʧʰi223	ʧʰi13	ʧʰi223	tʰei23	ʧʰi13
979	祀	止開三邪之上	kei35	ʧʰi13	kei35	tʰei44	ʧei31	si31	ʧi31	ʧi31		kʰei31	kʰei211
980	巳	止開三邪之上	ʃi21	ʃi21	i223	tʰei33	ʧei31	ʧi31	ʧi31	ʧi31	ʧɛi31	tʰei23	tʰei13
981	寺	止開三邪之去	ʧi21	ʃi21	ʧi31	tʰei22	ʧi31	ʧi31	ʧi31	ʧi31	ʃi44	ʧʰi23	ʧʰi13
982	嗣	止開三邪之去	ʧʰi21	ʧʰi21		tʰei22	ʧi31	ʧi31	ʧi31	ʧʰi13	ʃi44	tʰei23	
983	飼	止開三邪之去	ʧʰi21	ʧʰi21	ʧʰi31	tʰei22	ʧi31	ʧi31	ʧi31	ʧi31	ʧi31	tʰei23	ʧʰi211

（续上表）

序号	字项	中古音	湛江赤坎	廉江廉城	吴川梅菉	吴川吴阳	遂溪北坡	茂名茂南区	高州潘州街	信宜东镇	电白羊角	化州河西街	化州长岐
984	置	止開三知之去	ʧi33	ʧi33	ʧi33	tsi11	ʧi44	ʧi33	ʧi33	ʧi33	ʧi33	ʧi33	ʧi33
985	癡	止開三徹之平	ʧʰi55	ʧʰi55	ʧi55	tsʰi55	ʧi33	ʧi553	ʧʰi553	ʧi453	ʧʰi44	ʧʰi53	ʧʰi53
986	耻	止開三徹之上	ʧʰi35	ʧʰi35	ʧʰi35	tsʰi24	ʧʰi35	ʧʰi335	ʧʰi35	ʧʰi35	ʧʰi224	ʧʰi35	ʧʰi35
987	持	止開三澄之平	ʧʰi21	ʧʰi21	ʧʰi31	tsʰi44	ʧʰi11	ʧʰi21	ʧʰi11	ʧʰi35	ʧʰi11	ʧʰi23	ʧʰi121
988	痔	止開三澄之上	ʧi21	ʃi21	ʧi31	tsʰi22	ʧi31	ʧi31	ʧi31	ʧi31	ʃi31	ʧʰi23	ʧʰi121
989	治	止開三澄之去	ʧi21	ʧi21	ʧi31	tsʰi22	ʧi31	ʧi31	ʧi31	ʧi31	ʧi31	ʧʰi31	ʧʰi211
990	滓	止開三莊之上	ʧɔi35	ʧɔi35			ʧui35		ʧᵘɔi35	ʧᵘɔi35		tᵘɔi35	tᵘɔi35
991	厠	止開三初之去	ʧʰi33	ʧʰi33	ʧʰi33	tsʰi11	ʧʰi44	ʧʰi33	ʧʰi33	ʧʰi33	ʧʰi33	ʧʰi33	ʧʰi33
992	士	止開三崇之上	ʃi21	ʃi21	ʃi31	si22	ʃi31	si31	ʃi31	ʃi31	ʃi31	ʃi31	ʃi211
993	仕	止開三崇之上	ʃi21	ʃi21	ʃi31	si22	ʃi31	si31	ʃi31	ʃi31	ʃi31	ʃi31	ʃi211
994	柿	止開三崇之上	ʃi13	ʃi33	ʃi223	si33	ʧʰi13	si113	ʃi33	ʃi13	ʃi33	ʃi23	ʃi33

（续上表）

序号	字项	中古音	湛江赤坎	廉江廉城	吴川梅菉	吴川吴阳	遂溪北坡	茂名茂南区	高州潘州街	信宜东镇	电白羊角	化州河西街	化州长岐
995	事	止開三崇之去	ʃi21	ʃi21	ʃi31	si22	ʃi31	si31	ʃi31（新） ɬei31（老）	ʃi31	ʃi31	ʃi31	ʃi211
996	使	止開三生之上	ʃi33 大～馆 ʃɐi35 ～用	ʃɐi35	ʃɐi35	si24 大～馆 sɐi24 ～用	ʃɐi35	sɐi335 大～馆 sɐi335 ～用	ʃɐi35	ʃɐi35	ʃi224 大～馆 ʃɐi224 ～用	ʃɐi35	ʃi35 大～馆 ʃɐi35 ～用
997	史	止開三生之上	ʃi35	ʃi35	ʃi35	si24	ʃi35	si335	ʃi35	ʃi35	ʃi224	ʃi35	ʃi35
998	駛	止開三生之上	ʃɐi35	ʃɐi35	ʃɐi35	sɐi24	ʃɐi35	sɐi335	ʃɐi35	ʃɐi35	ʃɐi224	ʃɐi35	ʃɐi35
999	之	止開三章之平	ʧi55	ʧi55	ʧi55	tsi55	ʧi33	ʧi553	ʧi553	ʧi453	ʧi44	ʧi53	ʧi53
1000	芝	止開三章之平	ʧi55	ʧi55	ʧi55	tsi55	ʧi33	ʧi553	ʧi553	ʧi453	ʧi44	ʧi53	ʧi53
1001	止	止開三章之上	ʧi35	ʧi35	ʧi35	tsi24	ʧi35	ʧi335	ʧi35	ʧi35	ʧi224	ʧi35	ʧi35
1002	趾	止開三章之上	$ʧ^h$i35	ʧi35	ʧi35	tsi24	ʧi35	ʧi335	ʧi35	ʧi35	ʧi224	ʧi35	ʧi35
1003	址	止開三章之上	ʧi35	ʧi35	ʧi35	tsi24	ʧi35	ʧi335	ʧi35	ʧi35	ʧi224	ʧi35	ʧi35
1004	志	止開三章之去	ʧi33	ʧi33	ʧi33	tsi11	ʧi44	ʧi33	ʧi33	ʧi33	ʧi33	ʧi33	ʧi33

（续上表）

序号	字项	中古音	湛江赤坎	廉江廉城	吴川梅菉	吴川吴阳	遂溪北坡	茂名茂南区	高州潘州街	信宜东镇	电白羊角	化州河西街	化州长岐
1005	誌	止開三章之去	ʧi33	ʧi33	ʧi33	tsi11	ʧi44	ʧi33	ʧi33	ʧi33	ʧi33	ʧi33	ʧi33
1006	痣	止開三章之去	ʧi33	ʧi33	ʧi31	tsi11	ʧi44	ʧi33	ʧi33	ʧi33	ʧi33	ʧi33	ʧi33
1007	嗤	止開三昌之平		ʧʰi55			ʧʰi33		ʧʰi553	ʧʰi453		ʧʰi53	ʧʰi53
1008	齒	止開三昌之上	ʧʰi35	ʧʰi35	ʧʰi35	tsʰi24	ʧʰi35	ʧʰi335	ʧʰi35	ʧʰi35	ʧʰi224	ʧʰi35	ʧʰi35
1009	詩	止開三書之平	ʃi55	ʃi55	ʃi55	si55	ʃi33	si553	ʃi553	ʃi453	ʃi445	ʃi53	ʃi53
1010	始	止開三書之上	ʧʰi35	ʧʰi35	ʧʰi35	si24	ʧʰi35	ʧʰi335	ʧʰi35	ʧʰi35	ʧʰi224	ʧʰi35	ʧʰi35
1011	試	止開三書之去	ʃi33	ʃi33	ʃi33	si11	ʃi44	si33	ʃi33	ʃi33	ʃi33	ʃi33	ʃi33
1012	時	止開三禪之平	ʃi21	ʃi21	ʃi31	si44	ʃi11	si21	ʃi11	ʃi31	ʃi11	ʃi23	ʃi121
1013	市	止開三禪之上	ʃi13	ʃi13	ʃi223	si33	ʃi13	si113	ʃi223	ʃi13	ʃi223	ʃi23	ʃi13
1014	恃	止開三禪之上	ʧʰi21	ʧʰi21	ʧʰi31	tsʰi33	ʧei31	ʧʰi21	ʧʰi11	ʧʰi13		ʧʰi23	ʧʰi121
1015	侍	止開三禪之去	ʃi21	ʃi21	ʃi31	si22	ʃi31	si31	ʃi31	ʃi31	ʃi31	ʃi31	ʃi211
1016	而	止開三日之平	i21	ȵi21	i31	ȵi44	ȵi11	ȵi21	ȵi11	ȵi13	ȵi11	ɲɲ̍23	ɲɲ̍121

（续上表）

序号	字项	中古音	湛江赤坎	廉江廉城	吴川梅菉	吴川吴阳	遂溪北坡	茂名茂南区	高州潘州街	信宜东镇	电白羊角	化州河西街	化州长岐
1017	耳	止開三日之上	i13	ȵi13	i223	ȵi33	ȵi13	ȵi113	ȵi223	ȵi13	ȵi223	ɲɲ̍23	ɲɲ̍13
1018	餌	止開三日之去	nei21			ȵi33	ȵi13	nᴇi31	nɐi31	nei31	nɛi31	ɲɲ̍23	ɲɲ̍13
1019	基	止開三見之平	kei55	kei55	kei55	kei55	kei33	kᴇi553	kei553	kei453	kɛi44	kei53	kei53
1020	箕	止開三見之平	kei55	kei55	kei55	kei55	kei33	kᴇi553	kei553	kei453	kɛi44	kei53	kei53
1021	己	止開三見之上	kei35	kei35	kei35	kei24	kei35	kᴇi335	kei35	kei35	kɛi224	kei35	kei35
1022	紀~律	止開三見之上	kei35	kei35	kei35	kei24	kei35	kᴇi335	kei35	kei35	kɛi224	kei35	kei35
1023	紀~念	止開三見之上	kei33	kei33	kei35	kei11	kei35		kei33				
1024	記	止開三見之去	kei33	kei33	kei33	kei11	kei44	kᴇi33	kei33	kei33	kɛi33	kei33	kei33
1025	欺	止開三溪之平	hei55	hei55	hei55	hei55	hei33	hᴇi553	hei553	hei453	hɛi44	hei53	hei53
1026	起	止開三溪之上	hei35	hei35	hei35	hei24	hei35	hᴇi335	hei35	hei35	hɛi224	hei35	hei35
1027	杞	止開三溪之上	kei35	kei35	kei35	kei24	kei35	kᴇi335	kei35	kei35	kɛi224	kei35	kei35
1028	其	止開三羣之平	k^hei21	k^hei21	k^hei31	k^hei44	k^hei11	k^hᴇi21	k^hei11	k^hei31	k^hɛi11	k^hei31	k^hei121

（续上表）

序号	字项	中古音	湛江赤坎	廉江廉城	吴川梅菉	吴川吴阳	遂溪北坡	茂名茂南区	高州潘州街	信宜东镇	电白羊角	化州河西街	化州长岐
1029	棋	止開三羣之平	k^hei21	k^hei21	k^hei31	k^hei44	k^hei11	k^hᴇi21	k^hei11	k^hei13	k^hɛi11	k^hei23	k^hei121
1030	期	止開三羣之平	k^hei21	k^hei21	k^hei31	k^hei44	k^hei11	k^hᴇi21	k^hei11	k^hei13	k^hɛi11	k^hei23	k^hei121
1031	旗	止開三羣之平	k^hei21	k^hei21	k^hei31	k^hei44	k^hei11	k^hᴇi21	k^hei11	k^hei13	k^hɛi11	k^hei23	k^hei121
1032	忌	止開三羣之去	kei21	kei21	kei31	k^hei22	kei31	kᴇi31	kei31	kei31	kɛi31	k^hei31	k^hei211
1033	疑	止開三疑之平	i21	ȵi21	i31	ȵi44	ȵi11	ȵi21	ȵi11	ȵi13	ȵi11	ɲɲ̍23	ɲɲ̍121
1034	擬	止開三疑之上	i13	ȵi13		ȵi22	ȵi13	ȵi113	ȵi223	ȵi13	ȵi11	ji23	^{z}ji35
1035	嬉	止開三曉之平	hei55	hei13	hei55	hei55	hei33	hᴇi553	hei553	hei35	hɛi44	hei53	hei53
1036	熙	止開三曉之平	hei55	hei55	hei55	hei55	hei33	hᴇi553	hei553	hei453	hɛi44	hei53	hei53
1037	喜	止開三曉之上	hei35	hei35	hei35	hei24	hei35	hᴇi335	hei35	hei35	hɛi224	hei35	hei35
1038	醫	止開三影之平	i55	i55	i55	ʔei55	i33	i553	i553	ʔei453	i44	ʔei53	ʔei53
1039	意	止開三影之去	i33	i33	i33	ʔei11	i44	i33	i33	ʔei33	i33	ʔei33	ʔei33
1040	飴	止開三以之平	i21	i21		i44	i11			i31	i11		

（续上表）

序号	字项	中古音	湛江赤坎	廉江廉城	吴川梅菉	吴川吴阳	遂溪北坡	茂名茂南区	高州潘州街	信宜东镇	电白羊角	化州河西街	化州长岐
1041	已	止開三以之上	i13	i13	i223	i33	i35	i335	i223	i13	i223	ji23	ᶻji35
1042	以	止開三以之上	i13	i55 可～ i13 ～为	i223	i33	i35	i335	i223	i13	i223	ji23	ᶻji35
1043	異	止開三以之去	i21	i21	i31	i22	i31	i31	y31	i31	i223	ji31	ᶻji211
1044	幾～乎	止開三見微平	kei55	kei55	kei55	kei55	kei33	kᴇi553	kei553	kei453	kɛi44	kei53	kei53
1045	機	止開三見微平	kei55	kei55	kei55	kei55	kei33	kᴇi553	kei553	kei453	kɛi44	kei53	kei53
1046	譏	止開三見微平	kei55	kei55	kei55	kei55	kei33	kᴇi553	kei553	kei453	kɛi44	kei53	kei53
1047	饑	止開三見微平	kei55	kei55	kei55	kei55	kei33	kᴇi553	kei553	kei453	kɛi44	kei53	kei53
1048	幾～个	止開三見微上	kei35	kei35	kei35	kei24	kei35	kᴇi335	kei35	kei35	kɛi224	kei35	kei35
1049	既	止開三見微去	kei33	kei33	kei33	kei11	kei44	kᴇi33	kei33	kei33	kɛi33	kei33	kei33
1050	豈	止開三溪微上	hei35	hei35	hei35	hei24	hei35	hᴇi335	hei35	hei35	hɛi224	hei35	hei35
1051	氣	止開三溪微去	hei33	hei33	hei33	hei11	hei44	hᴇi33	hei33	hei33	hɛi33	hei33	hei33

（续上表）

序号	字项	中古音	湛江赤坎	廉江廉城	吴川梅菉	吴川吴阳	遂溪北坡	茂名茂南区	高州潘州街	信宜东镇	电白羊角	化州河西街	化州长岐
1052	汽	止開三溪微去	hei33	hei33	hei33	hei11	hei44	hᴇi33	hei33	hei33	hɛi33	hei33	hei33
1053	祈	止開三羣微平	k^{h}ei21	k^{h}ei21	k^{h}ei31	k^{h}ei44	k^{h}ei11	k^{h}ᴇi21	k^{h}ei11	k^{h}ei31	k^{h}ɛi11	k^{h}ei31	k^{h}ei211
1054	毅	止開三疑微去	ŋɐi21	ŋɐi21	ŋɐi31	ŋɐi22	ŋɐi31	ŋɐi31	ŋɐi31	ŋɐi31	ŋɐi31	ŋɐi31	ŋɐi211
1055	希	止開三曉微平	hei55	hei55	hei55	hei55	hei33	hᴇi553	hei553	hei453	hɛi44	hei53	hei53
1056	稀	止開三曉微平	hei55	hei55	hei55	hei55	hei33	hᴇi553	hei553	hei453	hɛi44	hei53	hei53
1057	衣	止開三影微平	i55	i55	i55	ʔei55	i33	i553	i553	ʔei453	i44	ʔei53	ʔei53
1058	依	止開三影微平	i55	i55	i55	ʔei55	i33	i553	i553	ʔei453	i44	ʔei53	ʔei53
1059	累~积	止合三來支上	løi13	lui13	lu223	lui33	lui13	lʊi113	lʊi223	lʊi13	lʊi223	lʊi23	lʊi13
1060	累连~	止合三來支去	løi13	lui13	lu223	lui33	lui13	lʊi113	lʊi31	lʊi13	lʊi223	lʊi23	lʊi13
1061	嘴	止合三精支上	ʧøi35	ʧui35	ʧu35	tui24	ʧui35	ʧʊi335	ʧʊi35	ʧʊi35	ʧ^{u}ɔi224	tʊi35	tʊi35
1062	髓	止合三心支上	ʃøi21	ɬui13	ʧ^{h}u31	t^{h}ui44	ʃui13	sʊi335	ɬʊi35/ɬɔi35	ɬ^{u}ɔi35	ɬʊi224	ɬ^{u}ɔi35	ɬ^{u}ɔi35
1063	隨	止合三邪支平	ʧ^{h}øi21	ʧ^{h}ui21	ʧ^{h}u31	t^{h}ui44	ʧ^{h}ui11	ʧ^{h}ʊi21	ʧ^{h}ʊi11	ʧ^{h}ʊi31	ʧ^{h}ʊi11	t^{h}ʊi31	t^{h}ʊi211

（续上表）

序号	字项	中古音	湛江赤坎	廉江廉城	吴川梅菉	吴川吴阳	遂溪北坡	茂名茂南区	高州潘州街	信宜东镇	电白羊角	化州河西街	化州长岐
1064	吹	止合三昌支平	ʧʰui55	ʧʰui55	ʧʰu55	tsʰui55	ʧʰui33	ʧʰʊi553	ʧʰʊi553	ʧʰʊi453	ʧʰʊi44	ʧʰʊi53	ʧʰʊi53
1065	炊	止合三昌支平	ʧʰui55	ʧʰui55	ʧʰu55	tsʰui55	ʧʰui33	ʧʰʊi553	ʧʰʊi553	ʧʰʊi453	ʧʰʊi44	ʧʰʊi53	ʧʰʊi53
1066	垂	止合三禪支平	ʃøi21	ʃui21	ʃu31	sui44	ʃui11	sʊi21	ʃʊi11	ʃʊi31	ʧʰʊi11	ʃʊi31	sʊi211
1067	睡	止合三禪支去	ʃui21	ʃui21	ʃu31	sui22	ʃui31	sʊi31	ʃʊi31	ʃʊi31	ʃʊi31	ʃʊi31	sʊi211
1068	瑞	止合三禪支去	ʃøi21	ɬui21	ɬu31	ɬui22	ɬui31	ɬʊi31	ɬʊi31	ɬʊi31	ɬʊi31	ɬʊi31	ɬʊi211
1069	蕊	止合三日支上	løi13	lui13	ȵiu35	ȵiui24	ȵiui13	ȵiʊi335	iʊi31/ȵiʊi31	ȵiʊi35	ȵiʊi223	jiʊi31	ȵiʊi35
1070	規	止合三a見支平	kwʰɐi55	kwʰɐi55	kwʰɐi55	kʋʰɐi55	kwʰɐi33	kwʰɐi553	kwʰɐi553	kwʰɐi453	kʋʰɐi44	kwʰɐi53	kwʰɐi53
1071	詭	止合三b見支上	kwɐi35	kwɐi13	kwɐi35	kʋɐi24	kwɐi35	kwɐi335	kwei35	kwei35	kʋɐi224	kwɐi35	kwɐi35
1072	虧	止合三b溪支平	kwʰɐi55	kwʰɐi55	kwʰɐi55	fɐi55	kwʰɐi33	kwʰɐi553	kwʰɐi553	kwʰɐi453	kʋʰɐi44	fɐi53	fɐi53
1073	窺	止合三a溪支平	kwʰɐi55	kwʰɐi55		kʋʰɐi55	kwʰɐi33	kwʰɐi553	kwʰɐi553	kwʰɐi453	kʋʰɐi44	kwʰɐi53	kwʰɐi53
1074	跪	止合三b羣支上	kwɐi21	kwɐi21	kwɐi31	kʋʰɐi22	kwɐi31	kwɐi31	kwɐi31	kwɐi31	kʋɐi31	kwʰɐi31	kwʰɐi211
1075	危	止合三b疑支平	ŋɐi21	ŋɐi22	ŋɐi31	ŋɐi44	ŋɐi11	ŋɐi21	ŋɐi11	ŋɐi13	ŋɐi11	ŋɐi23	ŋɐi121

（续上表）

序号	字项	中古音	湛江赤坎	廉江廉城	吴川梅菉	吴川吴阳	遂溪北坡	茂名茂南区	高州潘州街	信宜东镇	电白羊角	化州河西街	化州长岐
1076	僞	止合三b疑支去	ŋɐi13	ŋɐi35	ŋɐi31	ŋɐi22	ŋɐi31	ŋɐi113	ŋɐi223	ŋɐi13	ŋɐi31	ŋɐi23	ŋɐi13
1077	毁	止合三b曉支上	ʋɐi35	fei35	ʋɐi35	ʋɐi24	ʋɐi35	fᴇi335	fei35	wɐi35	fɛi224	fei35	fei35
1078	萎	止合三b影支平	ʋɐi35	ʋɐi35	ʋɐi35	ʋɐi24	ʋɐi35	ʋɐi335	wɐi35	wɐi35	ʋɐi224	ʋɐi35	ʋɐi35
1079	委	止合三b影支上	ʋɐi35	ʋɐi35	ʋɐi35	ʋɐi24	ʋɐi35	ʋɐi335	wɐi35	wɐi35	ʋɐi224	ʋɐi35	ʋɐi35
1080	爲行~	止合三云支平	ʋɐi21	ʋɐi21	ʋɐi31	ʋɐi22	ʋɐi11	ʋɐi21	wɐi11	wɐi13	ʋɐi31	ʋɐi23	ʋɐi211
1081	爲~什么	止合三云支去	ʋɐi21	ʋɐi21	ʋɐi31	ʋɐi22	ʋɐi11	ʋɐi21	wɐi11	wɐi31	ʋɐi31	ʋɐi31	ʋɐi211
1082	壘	止合三來脂上	løi13	lui13	lu223	lui33	lui13	lʊi113	lʊi223	lʊi35	lʊi223	lʊi31	lʊi13
1083	類	止合三來脂去	løi21	lui21	lu31	lui22	lui31	lʊi31	lʊi31	lʊi13	lʊi31	lʊi31	lʊi211
1084	淚	止合三來脂去	løi21	lui21	lu31	lui22	lui31	lʊi31	lʊi31	lʊi31	lʊi31	lʊi31	lʊi211
1085	醉	止合三精脂去	ʧøi33	ʧui33	ʧu33	tui11	ʧui44	ʧʊi33	ʧʊi33	ʧʊi33	ʧʊi33	tʊi33	tʊi33
1086	翠	止合三清脂去	ʧ^{h}øi33	ʧ^{h}ui33	ʧ^{h}u33	t^{h}ui11	ʧ^{h}ui44	ʧ^{h}ʊi33	ʧ^{h}ʊi33	ʧ^{h}ʊi33	ʧ^{h}ʊi33	t^{h}ʊi33	t^{h}ʊi33
1087	雖	止合三心脂平	ʃøi55	ɬui55	ɬu55	ɬui55	ɬui33	ɬʊi553	ɬʊi553	ɬʊi453	ɬʊi44	ɬʊi53	ɬøi53

（续上表）

序号	字项	中古音	湛江赤坎	廉江廉城	吴川梅菉	吴川吴阳	遂溪北坡	茂名茂南区	高州潘州街	信宜东镇	电白羊角	化州河西街	化州长岐
1088	粹	止合三心脂去	ʃøi33	ʧ^{h}ui33		ɬui11	ɬui44	ʧ^{h}ʊi33	ɬʊi33	ɬʊi33	ɬʊi44	ɬʊi33	ɬʊi211
1089	遂	止合三邪脂去	ʃøi21	ɬui21	ɬu31	t^{h}ui22	ɬui31	ɬʊi31	ɬʊi31	ɬʊi31	ɬʊi44	ɬʊi31	ɬʊi211
1090	隧	止合三邪脂去	ʃøi21	ɬui21	ʃu35	t^{h}ui22	ʃui31	ɬʊi31	ɬʊi31	ɬʊi31	ɬʊi31	ɬʊi31	ɬʊi211
1091	穗	止合三邪脂去	ʃøi21	ɬui21	ʃu31	iui22	ɬui31	ȵiʊi31	iʊi31	iʊi31	iʊi31	jiʊi31	^{z}jiʊi211
1092	追	止合三知脂平	ʧøi55	ʧui55	ʧu55	tsui55	ʧui33	ʧʊi553	ʧʊi553	ʧʊi453	ʧʊi44	ʧʊi53	ʧʊi53
1093	槌	止合三澄脂平	ʧ^{h}øi21	ʧui55	ʧ^{h}u31	tsui55	ʧ^{h}ui11	ʧ^{h}ʊi21	ʧ^{h}ʊi11	ʧ^{h}ʊi13	ʧʊi44	ʧ^{h}ʊi23	ʧʊi53
1094	錘	止合三澄脂平	ʧ^{h}øi21	ʧ^{h}ui21	ʧ^{h}u31	ts^{h}ui55	ʧ^{h}ui11	ʧ^{h}ʊi21	ʧ^{h}ʊi11	ʧ^{h}ʊi13	ʧ^{h}ʊi11	ʧ^{h}ʊi23	ʧ^{h}ʊi121
1095	墜	止合三澄脂去	ʃøi21	ʧui21	ʧu31	ts^{h}ui22	ʧui31/ʃui31	ʧʊi31	ʧʊi31	ʧʊi31	ʧʊi31	ʧʊi31	ʧ^{h}ʊi211
1096	衰	止合三生脂平	ʃøi55	ʃui55	ʃu55	sui55	ʃui33	sʊi553	ʃʊi553	ʃʊi453	ʃʊi44	ʃʊi53	ʃʊi53
1097	摔	止合三生脂平	ʃɵt055	ɬɐt055	ɬɐʔ055	ɬaʔ044	ɬɐʔ055	ɬɐt055	ɬɐt055	ɬat055		ɬɐt055	ɬɐt055
1098	帥	止合三生脂去	ʃøi33	ʃui33	ʃu33	sui11	ʃui44	sʊi33	ʃʊi33	ʃʊi33	ʃʊi33	ʃʊi33	ʃʊi33
1099	錐	止合三章脂平	ʧui55	ʧui55	ʧu55	tsui55	ʧui33	ȵiʊi553	ȵiʊi553	ȵiʊi453	ȵiʊi445	ʧʊi53	ʧʊi53

（续上表）

序号	字项	中古音	湛江赤坎	廉江廉城	吴川梅菉	吴川吴阳	遂溪北坡	茂名茂南区	高州潘州街	信宜东镇	电白羊角	化州河西街	化州长岐
1100	水	止合三書脂上	ʃui35	ʃui35	ʃu35	sui24	ʃui35	sʊi335	ʃʊi35	ʃʊi35	ʃʊi224	ʃʊi35	ʃʊi35
1101	誰	止合三禪脂平	ʃøi21	ʃui21	ʃu31	sui44	ʃui11	sʊi21	ʃʊi11	ʃʊi13	ʃʊi11	ʃʊi23	ʃʊi121
1102	龜	止合三b見脂平	kwɐi55	kwɐi55	kwɐi55	kʊɐi55	kwɐi33	kwɐi553	kwɐi553	kwɐi453	kʊɐi44	kwɐi53	kwɐi53
1103	軌	止合三b見脂上	kwɐi35	kwɐi35	kwɐi35	kʊɐi24	kwɐi35	kwɐi335	kwei35	kwei35	kʊɐi224	kwɐi35	kwɐi35
1104	癸	止合三a見脂上	kwʰɐi21	kwʰɐi21	kwʰɐi31	kʊɐi22	kwʰɐi44	kwʰɐi21	kwʰɐi11	kwɐi33	kʊʰɐi11	kwɐi33	kwʰɐi121
1105	愧	止合三b見脂去	kwʰɐi35	kwʰɐi21	kwʰɐi33	kʊʰɐi11	kwʰɐi11	kwʰɐi33	kwʰɐi33	kwʰɐi33	kʊʰɐi33	kwʰɐi33	kwʰɐi33
1106	季	止合三a見脂去	kwɐi33	kwɐi33	kwɐi33	kʊɐi11	kwɐi44	kwɐi33	kwɐi33	kwɐi33	kʊɐi33	kwɐi33	kwɐi33
1107	逵	止合三b羣脂平	kwʰɐi21	kwʰɐi21	kwʰɐi31	kʊʰɐi44	kwʰɐi11	kwʰɐi21	kwʰɐi11	kwʰɐi13	kʊʰɐi11	kwʰɐi23	kwʰɐi121
1108	葵	止合三a羣脂平	kwʰɐi21	kwʰɐi21	kwʰɐi31	kʊʰɐi44	kwʰɐi11	kwʰɐi21	kwʰɐi11	kwʰɐi13	kʊʰɐi11	kwʰɐi23	kwʰɐi121
1109	櫃	止合三b羣脂去	kwɐi21	kwɐi21	kwɐi31	kʊʰɐi22	kwɐi31	kwɐi31	kwɐi31	kwɐi31	kʊɐi31	kwʰɐi31	kwʰɐi211
1110	位	止合三云脂去	ʊɐi21	ʊɐi21	ʊɐi31	ʊɐi22	ʊɐi31	ʊɐi31	wɐi31	wɐi31	ʊɐi31	ʊɐi31	ʊɐi211
1111	維	止合三以脂平	ʊɐi21	ʊɐi21	ʊɐi31	iui44	ʊɐi11	ʊɐi21	ʊɐi11	wɐi13	ʊɐi11	ʊɐi23	ʊɐi211

（续上表）

序号	字项	中古音	湛江赤坎	廉江廉城	吴川梅菉	吴川吴阳	遂溪北坡	茂名茂南区	高州潘州街	信宜东镇	电白羊角	化州河西街	化州长岐
1112	惟	止合三以脂平	ʋɐi21	ʋɐi21	ʋɐi31	iui44	ʋɐi11	ʋɐi21	ʋɐi11	wɐi13	ʋɐi11	ʋɐi23	ʋɐi211
1113	遺	止合三以脂平	ʋɐi21	ʋɐi21	ʋɐi31	ʋɐi44	ʋɐi11	ʋɐi21	ʋɐi11	wɐi31	ʋɐi11	ʋɐi31	ʋɐi211
1114	唯	止合三以脂上	ʋɐi21	ʋɐi21	ʋɐi31	iui44	ʋɐi11	ʋɐi21	ʋɐi11	wɐi13	ʋɐi11	ʋɐi31	ʋɐi211
1115	非	止合三非微平	fei55	fei55	fei55	fei55	fei33	fᴇi553	fei553	fei453	fɛi44	fei53	fei53
1116	飛	止合三非微平	fei55	fei55	fei55	fei55	fei33	fᴇi553	fei553	fei453	fɛi44	fei53	fei53
1117	匪	止合三非微上	fei35	fei35	fei35	fei24	fei35	fᴇi335	fei35	fei35	fɛi224	fei35	fei35
1118	痱	止合三非微上	fei35	pei55		fei55	fei35		fei553/mei553	fei35	fɛi224	fei35	fei53
1119	沸	止合三非微去	fɐʔ022	fɐt022	fɐʔ055	faʔ044	fɐʔ021	fɐt022	fɐt021	fat022	fɐt021	fɐt055	fɐt055
1120	妃	止合三敷微平	fei55	fei55	fei55	fei55	fei33	fᴇi553	fei553	fei453	fɛi445	fei53	fei53
1121	費	止合三敷微去	fɐi33	fei33	fɐi33	fei11	fɐi44	fɐi33	fei33	fei33	fɐi33	fei33	fei33
1122	肥	止合三奉微平	fei21	fei21	fei31	fei44	fei11	fᴇi21	fei11	fei35	fɛi11	fei23	fei121
1123	翡	止合三奉微去	fei35	fei35	fei35	fei24	fei35	fᴇi335	fei35	fei35	fɛi224	fei35	fei35

（续上表）

序号	字项	中古音	湛江赤坎	廉江廉城	吴川梅菉	吴川吴阳	遂溪北坡	茂名茂南区	高州潘州街	信宜东镇	电白羊角	化州河西街	化州长岐
1124	微	止合三微微平	mei21	mei21	mei31	mei44	mei11	mᴇi21	mei11	mei13	mɛi11	mei31	mei121
1125	尾	止合三微微上	mei13	mei35	mei223	mei33	mei13	mᴇi113	mei223	mei13	mɛi223	mei23	mei13
1126	未	止合三微微去	mei21	mei21	mei31	mei22	mei31	mᴇi31	mei31	mei31	mɛi31	mei31	mei211
1127	味	止合三微微去	mei21	mei21	mei31	mei22	mei31	mᴇi31	mei31	mei31	mɛi31	mei31	mei211
1128	歸	止合三見微平	kwɐi55	kwɐi55	kwɐi55	kʋɐi55	kwɐi33	kwɐi553	kwɐi553	kwɐi453	kʋɐi44	kwɐi53	kwɐi53
1129	鬼	止合三見微上	kwɐi35	kwɐi35	kwɐi35	kʋɐi24	kwɐi35	kwɐi335	kwei35	kwei35	kʋɐi224	kwɐi35	kwɐi35
1130	貴	止合三見微去	kwɐi33	kwɐi33	kwɐi33	kʋɐi11	kwɐi44	kwɐi33	kwɐi33	kwɐi33	kʋɐi33	kwɐi33	kwɐi33
1131	魏	止合三疑微去	ŋɐi21	ŋɐi21	ŋɐi31	ŋɐi22	ŋɐi31	ŋɐi31	ŋɐi31	ŋɐi31	ŋɐi11	ŋɐi23	ŋɐi121
1132	揮	止合三曉微平	fɐi55	fei55	fɐi55	fɐi55	fɐi33	fɐi553	fɐi553	fɐi453	fɐi44	fɐi53	fɐi53
1133	輝	止合三曉微平	fɐi55	fei55	fɐi55	fɐi55	fɐi33	fɐi553	fɐi553	fɐi453	fɐi44	fɐi53	fɐi53
1134	徽	止合三曉微平	fɐi55	fei55	fɐi55	fɐi55	fɐi33	fɐi553	fɐi553	fɐi453	fɐi44	fɐi53	fɐi53
1135	諱	止合三曉微去	ʋɐi21		ʋɐi33	fɐi11	fɐi44	fɐi33	ʋɐi223	fɐi33		ʋɐi23	ʋɐi211

（续上表）

序号	字项	中古音	湛江赤坎	廉江廉城	吴川梅菉	吴川吴阳	遂溪北坡	茂名茂南区	高州潘州街	信宜东镇	电白羊角	化州河西街	化州长岐
1136	威	止合三影微平	ʋɐi55	ʋɐi55	ʋɐi55	ʋɐi55	ʋɐi33	ʋɐi553	ʋɐi553	wɐi453	ʋɐi44	ʋɐi53	ʋɐi53
1137	畏	止合三影微去	ʋɐi33	ʋɐi33	ʋɐi33	ʋɐi11	ʋɐi44	ʋɐi31	ʋɐi31	wɐi33	ʋɐi33	ʋɐi33	ʋɐi33
1138	慰	止合三影微去	ʋɐi33	ʋɐi33	ʋɐi33	fɐi11	ʋɐi44	ʋɐi335	ʋɐi35	wɐi13	ʋɐi224	fɐi33	fɐi33
1139	違	止合三云微平	ʋɐi21	ʋɐi21	ʋɐi31	ʋɐi44	ʋɐi11	ʋɐi21	wɐi11	wɐi31	ʋɐi11	ʋɐi23	ʋɐi121
1140	圍	止合三云微平	ʋɐi21	ʋɐi21	ʋɐi31	ʋɐi44	ʋɐi11	ʋɐi21	ʋɐi11	wɐi13	ʋɐi11	ʋɐi23	ʋɐi121
1141	偉	止合三云微上	ʋɐi35	ʋɐi35	ʋɐi35	fɐi11	ʋɐi35	ʋɐi335	wɐi35	wɐi13	ʋɐi224	ʋɐi23	ʋɐi13
1142	葦	止合三云微上	ʋɐi35	ʋɐi33	ʋɐi31	ʋɐi44	ʋɐi13	ʋɐi335	wɐi35	wɐi13	ʋɐi224	ʋɐi23	ʋɐi13
1143	緯	止合三云微去	ʋɐi35	ʋɐi35	ʋɐi31	ʋɐi24	ʋɐi35	ʋɐi335	wɐi35	wɐi13	ʋɐi224	ʋɐi23	ʋɐi13
1144	胃	止合三云微去	ʋɐi21	ʋɐi21	ʋɐi31	ʋɐi22	ʋɐi31	ʋɐi31	wɐi31	wɐi31	ʋɐi31	ʋɐi31	ʋɐi211
1145	謂	止合三云微去	ʋɐi21	ʋɐi21	ʋɐi33	ʋɐi22	ʋɐi31	ʋɐi31	wɐi31	wɐi13	ʋɐi31	ʋɐi31	ʋɐi211
1146	猬	止合三云微去	ʋɐi21	ʋɐi21	ʋɐi31	ʋɐi22	ʋɐi44	ʋɐi31	wɐi31	wɐi31	ʋɐi31	ʋɐi31	ʋɐi211
1147	彙词~	止合三云微去	ʋui21	ui21	ʋu31	hui22	ʋui31	ʋʊi31	wʊi31	wʊi31	ʋʊi31	ʋʊi31	ʋʊi121

（续上表）

序号	字项	中古音	湛江赤坎	廉江廉城	吴川梅菉	吴川吴阳	遂溪北坡	茂名茂南区	高州潘州街	信宜东镇	电白羊角	化州河西街	化州长岐
1148	褒	效開一幫豪平	pou55	pou55		ɓɐu55	pau33	pou553	pou553	pou453	pou44	ɓou53	ɓɐu53
1149	保	效開一幫豪上	pou35	pou35	ɓou35	ɓ^{u}ɔu24	pou35	pou335	pou35	pou35	pou224	ɓou35	ɓ^{u}ɒu35
1150	堡	效開一幫豪上	pou35	pou35	ɓou35	ɓ^{u}ɔu33	pou35	pou335	pou35	pou35	pou224	ɓou35	ɓ^{u}ɒu35
1151	寶	效開一幫豪上	pou35	pou35	ɓou35	ɓ^{u}ɔu24	pou35	pou335	pou35	pou35	pou224	ɓou35	ɓ^{u}ɒu35
1152	報	效開一幫豪去	pou33	pou33	ɓou33	ɓ^{u}ɔu11	pou44	pou33	pou33	pou33	pou33	ɓou33	ɓ^{u}ɒu33
1153	袍	效開一並豪平	p^{h}ou21	p^{h}ou21	p^{h}ou31	p^{hu}ɔu44	p^{h}ou11	p^{h}ou21	p^{h}ou11	p^{h}ou13	p^{h}ou11	p^{h}ou23	p^{u}ɒu121
1154	抱	效開一並豪上	p^{h}ou13	p^{h}ou13	p^{h}ou223	p^{hu}ɔu33	p^{h}ou13	p^{h}ou113	p^{h}ou223	p^{h}ou13	p^{h}ou224	p^{h}ou23	p^{u}ɒu13
1155	暴	效開一並豪去	pou21	pou21	ɓou31	p^{hu}ɔu22	pou31	pou31	pou31	pou31	pou31	ɓou31	pou211
1156	菢	效開一並豪去	pou21	pu21	ɓou31	p^{hu}ɔu22	pou31	pou31	pou31	pou31	pou31	ɓou31	p^{u}ɒu211
1157	毛	效開一明豪平	mou21	mou21	mou31	m^{u}ɔu44	mou11	mou21	mou11	mou31/mou453	mou11	mou23	m^{u}ɒu121
1158	冒	效開一明豪去	mou21	mou21	mou31	m^{u}ɔu22	mou31	mou31	mou31	mou31	mou31	mou31	mou211
1159	帽	效開一明豪去	mou21	mou21	mou31	m^{u}ɔu22	mou31	mou31	mou31	mou31	mou31	mou31	m^{u}ɒu211

（续上表）

序号	字项	中古音	湛江赤坎	廉江廉城	吴川梅菉	吴川吴阳	遂溪北坡	茂名茂南区	高州潘州街	信宜东镇	电白羊角	化州河西街	化州长岐
1160	刀	效開一端豪平	tou55	tou55	ɗou55	ɗᵘɔu55	tou33	tou553	tou553	tou453	tou44	ɗou53	ɗᵘɒu53
1161	叨	效開一端豪平					tʰou33	tou553	tou553	tʰou453	tou44	ɗou53	ɗᵘɒu53
1162	禱	效開一端豪上	tʰou35	tʰou35	tʰou31	ɗᵘɔu24	tʰou11	tʰou335	tʰou35	tʰou31	tʰou224	tʰou23	tʰou13
1163	島	效開一端豪上	tou35	to35	ɗou35	ɗᵘɔu24	tou35	tou335	tou35	tou35	tou224	ɗou35	ɗou35
1164	搗	效開一端豪上	tou35	tou35	ɗou35	ɗᵘɔu24	tou35	tou335	tou35	tou35	tou224	ɗou35	ɗou35
1165	倒~下	效開一端豪上	tou35	tou35	ɗou35	ɗᵘɔu24	tou35	tou335	tou35	tou35	tou224	ɗou35	ɗᵘɒu35
1166	到	效開一端豪去	tou33	tou33	ɗou33	ɗᵘɔu11	tou44	tou33	tou33	tou33	tou33	ɗou33	ɗᵘɒu33
1167	倒~水	效開一端豪去	tou35	tou35	ɗou35	ɗᵘɔu24	tou35	tou335	tou35	tou35	tou224	ɗou35	ɗᵘɒu35
1168	滔	效開一透豪平	tʰou55	tʰou55	tʰou55	tʰᵘɔu55	tʰou33	tʰou553	tʰou553	tʰou453	tʰou44	tʰou53	tʰᵘɒu53
1169	討	效開一透豪上	tʰou35	tʰou35	tʰou35	tʰᵘɔu24	tʰou35	tʰou335	tʰou35	tʰou35	tʰou224	tʰou35	tʰᵘɒu35
1170	套	效開一透豪去	tʰou33	tʰou33	tʰou33	tʰᵘɔu11	tʰou44	tʰou33	tʰou33	tʰou33	tʰou33	tʰou33	tʰou33
1171	桃	效開一定豪平	tʰou21	tʰou21	tʰou31	tʰᵘɔu44	tʰou11	tʰou21	tʰou11	tʰou13	tʰou11	tʰou23	tᵘɒu121

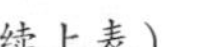

（续上表）

序号	字项	中古音	湛江赤坎	廉江廉城	吴川梅菉	吴川吴阳	遂溪北坡	茂名茂南区	高州潘州街	信宜东镇	电白羊角	化州河西街	化州长岐
1172	逃	效開一定豪平	t^{h}ou21	t^{h}ou21	t^{h}ou31	t^{hu}ɔu44	t^{h}ou11	t^{h}ou21	t^{h}ou11	t^{h}ou13	t^{h}ou11	t^{h}ou23	tou121
1173	淘	效開一定豪平	t^{h}ou21	t^{h}ou21	t^{h}ou31	t^{hu}ɔu44	t^{h}ou11	t^{h}ou21	t^{h}ou11	t^{h}ou13	t^{h}ou11	t^{h}ou23	tou121
1174	陶	效開一定豪平	t^{h}ou21	t^{h}ou21	t^{h}ou31	t^{hu}ɔu44	t^{h}ou11	t^{h}ou21	t^{h}ou11	t^{h}ou13	t^{h}ou11	t^{h}ou23	t^{h}ou211
1175	萄	效開一定豪平	t^{h}ou21	t^{h}ou21	t^{h}ou31	t^{hu}ɔu44	t^{h}ou11	t^{h}ou21	t^{h}ou11	t^{h}ou13	t^{h}ou11	t^{h}ou23	tou121
1176	濤	效開一定豪平	t^{h}ou55	t^{h}ou21		t^{hu}ɔu44	t^{h}ou11	t^{h}ou21	t^{h}ou11	t^{h}ou13	t^{h}ou11	t^{h}ou23	tou121
1177	道	效開一定豪上	tou21	tou21	ɗou31	t^{hu}ɔu22	tou31	tou31	tou31	tou31	tou31	ɗou31	t^{u}ɒu211
1178	稻	效開一定豪上	tou21	tou21	ɗou31	t^{hu}ɔu22	tou31	tou31	tou31	tou31	tou31	ɗou31	t^{u}ɒu211
1179	盗	效開一定豪去	tou21	tou21	ɗou31	t^{hu}ɔu22	tou31	tou31	tou31	tou31	tou31	ɗou31	tou211
1180	導	效開一定豪去	tou21	tou21	ɗou31	t^{hu}ɔu22	tou31	tou31	tou31	tou31	tou31	ɗou31	t^{u}ɒu211
1181	腦	效開一泥豪上	nou13	nou13	nou223	n^{u}ɔu33	nou13	nou113	nou35	nou13	nou223	nou23	n^{u}ɒu13
1182	惱	效開一泥豪上	nou21	nou21		n^{u}ɔu33	nou11	nou31	nou31	nou13	nou223	nou23	n^{u}ɒu13
1183	勞	效開一來豪平	lou21	lou21	lou31	l^{u}ɔu44	lou11	lou21	lou11	lou13	lou11	lou23	l^{u}ɒu121

（续上表）

序号	字项	中古音	湛江赤坎	廉江廉城	吴川梅菉	吴川吴阳	遂溪北坡	茂名茂南区	高州潘州街	信宜东镇	电白羊角	化州河西街	化州长岐
1184	捞打~	效開一來豪平	lau55	lou55	lau55	l^{u}ɔu44	lau33	lou553	lau553	lau453	lou44	lou53	lau211
1185	捞~面	效開一來豪平	lou55	lou55	lou55	l^{u}ɔu44	lou33	lou553	lou553	lou453（文） lʊi453（白）	lou44	lou53	lou53
1186	牢	效開一來豪平	lou21	lou21	lou31	l^{u}ɔu44	lou11	lou21	lou11	lou13	lou11	lou23	lou121
1187	唠	效開一來豪平					lou11	lou21	lou11	lou453		lou31	lou53
1188	老	效開一來豪上	lou13	lou13	lou223	l^{u}ɔu33	lou13	lou113	lou223	lou13	lou223	lou23	l^{u}ɔu13
1189	涝	效開一來豪去	lou55	lou21	lou31	l^{u}ɔu44	lou44/lau44	4lou21	lou11	lou31		lou53	l^{u}ɔu53
1190	遭	效開一精豪平	ʧ^{h}ou55	ʧou55	ʧou55	t^{u}ɔu55	ʧou33	ʧou553	ʧou553	ʧou453	ʧou44	tou53	t^{u}ɔu53
1191	糟	效開一精豪平	ʧou55	ʧou55	ʧou55	t^{hu}ɔu55	ʧou33	ʧou553	ʧou553	ʧou453	ʧou44	tou53	t^{u}ɔu53
1192	早	效開一精豪上	ʧou35	ʧou35	ʧou35	t^{u}ɔu24	ʧou35	ʧou335	ʧou35	ʧou35	ʧou224	tou35	t^{u}ɔu35
1193	枣	效開一精豪上	ʧou35	ʧou35	ʧou35	t^{u}ɔu24	ʧou35	ʧou335	ʧou35	ʧou35	ʧou224	tou35	t^{u}ɒu35
1194	蚤	效開一精豪上	ʧou35			t^{u}ɔu24	ʧou35	ʧou335	ʧau35	ʧou35			

（续上表）

序号	字项	中古音	湛江赤坎	廉江廉城	吴川梅菉	吴川吴阳	遂溪北坡	茂名茂南区	高州潘州街	信宜东镇	电白羊角	化州河西街	化州长岐
1195	澡	效開一精豪上	ʧ^{h}ou33	ʧ^{h}ou33	ʧ^{h}ou33	t^{hu}ɔu11	ʧ^{h}ou44	ʧ^{h}ou33	ʧ^{h}ou33	ʧ^{h}ou33	ʧ^{h}ou33	t^{h}ou33	t^{hu}ɒu33
1196	躁	效開一精豪去	ʧ^{h}ou33	ʧ^{h}ou33	ʧ^{h}ou33	t^{hu}ɔu11	ʧ^{h}ou44	ʧ^{h}ou33	ʧ^{h}ou33	ʧ^{h}ou33	ʧ^{h}ou33	t^{h}ou33	t^{hu}ɒu33
1197	竈	效開一精豪去	ʧou33	ʧou33	ʧou33	t^{u}ɔu11	ʧou44	ʧou33	ʧou33	ʧou33	ʧou33	tou33	t^{u}ɒu33
1198	操	效開一清豪平	ʧ^{h}ou55	ʧ^{h}ou55	ʧ^{h}ou55	t^{hu}ɔu55	ʧ^{h}ou33	ʧ^{h}ou553	ʧ^{h}ou553	ʧ^{h}ou453	ʧ^{h}ou44	t^{h}ou53	t^{hu}ɒu53
1199	草	效開一清豪上	ʧ^{h}ou35	ʧ^{h}ou35	ʧ^{h}ou35	t^{hu}ɔu24	ʧ^{h}ou35	ʧ^{h}ou335	ʧ^{h}ou35	ʧ^{h}ou35	ʧ^{h}ou224	t^{h}ou35	t^{hu}ɒu35
1200	糙	效開一清豪去	ʧou21	ʧ^{h}ou33	ʧou31	t^{hu}ɔu11	ʧ^{h}ou33	ʧ^{h}ou33	ʧou31	ʧ^{h}ou33	ʧou31	t^{h}ou31 粗～ t^{h}ou33 ～米	t^{hu}ɒu211 粗～ t^{h}ou211 ～米
1201	曹	效開一從豪平	ʧ^{h}ou21	ʧ^{h}ou21	ʧ^{h}ou31	t^{hu}ɔu55	ʧ^{h}ou11	ʧ^{h}ou21	ʧ^{h}ou11	ʧ^{h}ou31	ʧ^{h}ou11	t^{h}ou23	t^{hu}ɒu211
1202	槽	效開一從豪平	ʧ^{h}ou21	ʧ^{h}ou21	ʧ^{h}ou31	t^{hu}ɔu44	ʧ^{h}ou11	ʧ^{h}ou21	ʧ^{h}ou11	ʧ^{h}ou13	ʧ^{h}ou11	t^{h}ou23	t^{hu}ɒu121
1203	皂	效開一從豪上	ʧou21	ʧou21	ʧou31	t^{hu}ɔu22	ʧou31	ʧou31	ʧou31	ʧou31	ʧou31	t^{h}ou23	t^{hu}ɒu211
1204	造	效開一從豪上	ʧou21	ʧou21	ʧou31	t^{hu}ɔu22	ʧou31	ʧou31	ʧou31	ʧou31	ʧou31	t^{h}ou31	t^{hu}ɒu211
1205	騷	效開一心豪平	ʃou55	ɬou55	ɬou55	ɬ^{u}ɔu55	ɬou44	ɬou553	ɬou553	ɬou453	ɬou44	ɬou53	ɬou53

（续上表）

序号	字项	中古音	湛江赤坎	廉江廉城	吴川梅菉	吴川吴阳	遂溪北坡	茂名茂南区	高州潘州街	信宜东镇	电白羊角	化州河西街	化州长岐
1206	臊	效開一心豪平	ʧ^{h}ou33	ɬou55	ɬou55	t^{hu}ɔu11	ɬou44	ɬou553	ɬou553	ɬou453	ɬou44	ɬou53	ɬou53
1207	掃～地	效開一心豪上	ʃou33	ɬou33	ɬou33	ɬ^{u}ɔu11	ɬou44	ɬou33	ɬou33	ɬou33	ɬou33	ɬou33	ɬ^{u}ɒu33
1208	嫂	效開一心豪上	ʃou35	ɬou35	ɬou35	ɬ^{u}ɔu24	ɬou35	ɬou335	ɬou35	ɬou35	ɬou224	ɬou35	ɬ^{u}ɒu35
1209	掃～帚	效開一心豪去	ʃou33	ɬou33	ɬou33	ɬ^{u}ɔu11	ɬou44	ɬou33	ɬou33	ɬou33	ɬou33	ɬou33	ɬ^{u}ɒu33
1210	高	效開一見豪平	kou55	kou55	kou55	k^{u}ɔu55	kou33	kou553	kou553	kou453	kou44	kou53	k^{u}ɒu53
1211	膏	效開一見豪平	kou55	kou55	kou55	k^{u}ɔu55	kou33	kou553	kou553	kou453	kou44	kou53	k^{u}ɒu53
1212	篙	效開一見豪平	kou55	kou55	kou35	k^{u}ɔu55	kou33	kou553	kou553	kou453	kou44	kou53	k^{u}ɒu53
1213	羔	效開一見豪平	kou55	kou55	kou55	k^{u}ɔu55	kou33	kou553	kou553	kou453	kou44	kou53	k^{u}ɒu53
1214	糕	效開一見豪平	kou55	kou55	kou55	k^{u}ɔu55	kou33	kou553	kou553	kou453	kou445	kou53	k^{u}ɒu53
1215	稿	效開一見豪上	kou35	kou35	kou35	k^{u}ɔu24	kou35	kou335	kou35	kou35	kou224	kou35	k^{u}ɒu35
1216	告	效開一見豪去	kou33	kou33	kou33	k^{u}ɔu11	kou44	kou33	kou33	kou33	kou33	kou33	k^{u}ɒu33
1217	考	效開一溪豪上	hau35	hau35	hau35	hau24	hau35	hau335	hau35	hau35	hau224	hau35	hau35

（续上表）

序号	字项	中古音	湛江赤坎	廉江廉城	吴川梅菉	吴川吴阳	遂溪北坡	茂名茂南区	高州潘州街	信宜东镇	电白羊角	化州河西街	化州长岐
1218	烤	效開一溪豪上	hau35	hau55	hau55	hau55	hau33	hau553	hau553	hau453	hau44	hɑu53	hau53
1219	靠	效開一溪豪去	k^hau33	k^hau33	k^hau33	k^hau11	k^hau44	k^hau33	k^hau33	k^hau33	$k^hɐu33$	$k^hɑu33$	k^hau33
1220	犒	效開一溪豪去	kau35				kau35			kou35	k^hau33		
1221	銬	效開一溪豪去	hau35	$k^hɐu33$		k^hau11	hau44/ $k^hɐu44$	k^hou33	k^hau33	hau33	k^hau44		hau33
1222	熬	效開一疑豪平	ŋou21	ŋau22	ŋou31	$ŋ^uɔu22$	ŋou31	ŋou31	ŋou11	ŋou31	ŋou31	ŋou31	$ŋ^uɒu121$
1223	傲	效開一疑豪去	ŋou21	ŋau22	ŋou31	$ŋ^uɔu22$	ŋou31	ŋou31	ŋou31	ŋou31	ŋou31	ŋou31	$ŋ^uɒu211$
1224	蒿	效開一曉豪平	kou35		hou55	$k^uɔu55$	hou44		ou553				
1225	薅	效開一曉豪平						hou553	hou553	hou453	hɐu44	hou53	hou53
1226	好~坏	效開一曉豪上	hou35	hou35	hou35	$h^uɔu24$	hou35	hou335	hou35	hou35	hou224	hou35	hou35
1227	好爱~	效開一曉豪去	hou33	hou33	hou33	$h^uɔu11$	hou44	hou33	hou33	hou33	hou224	hou33	hou33
1228	耗	效開一曉豪去	hou33	hou33	hou33	$h^uɔu11$	hou44	hou33	hou33	hou33	hou33	hou33	hou33
1229	毫	效開一匣豪平	hou21	hou21	hou31	$h^uɔu44$	hou11	hou21	hou11	hou31	hou11	hou23	$h^uɒu121$

（续上表）

序号	字项	中古音	湛江赤坎	廉江廉城	吴川梅菉	吴川吴阳	遂溪北坡	茂名茂南区	高州潘州街	信宜东镇	电白羊角	化州河西街	化州长岐
1230	壕	效開一匣豪平	hou21	hou21	hou31	h^{u}ɔu44	hou11	hou21	hou11	hou13	hou11	hou23	h^{u}ɒu121
1231	豪	效開一匣豪平	hou21	hou21	hou31	h^{u}ɔu44	hou11	hou21	hou11	hou31	hou11	hou23	h^{u}ɒu121
1232	號~叫	效開一匣豪平	hou21	hou21	hou31	h^{u}ɔu22	hou31	hou31	hou31	hou31	hou31	hou31	h^{u}ɒu211
1233	浩	效開一匣豪上	hou21	hou21	hou31	h^{u}ɔu22	hou31	hou31	hou31	hou31	hou31	hou31	h^{u}ɒu211
1234	號~码	效開一匣豪去	hou21	hou21	hou31	h^{u}ɔu22	hou31	hou31	hou31	hou31	hou31	hou31	h^{u}ɒu211
1235	襖	效開一影豪上	ou33	ou33	ʔou33	ʔ^{u}ɔu11	ou44	ou33	ou33	ʔou33	ou33	ʔou33	ʔou33
1236	懊~恼	效開一影豪上	ou33	ou33	ʔou33	ʔou11	ou44	ou33	ou33	ʔou33	ou33	ʔou33	ʔou33
1237	奥	效開一影豪去	ou33	ou33	ʔou33	ʔ^{u}ɔu11	ou44	ou33	ou33	ʔou33	ou33	ʔou33	ʔou33
1238	懊~悔	效開一影豪去	ou33	ou33		ʔou22	ou44	ou33	ou33	ʔou33	ou33	ʔou33	ʔou33
1239	澳	效開一影豪去	ou33	ou33	ʔou33	ʔ^{u}ɔu11	ou44	ou33	ou33	ʔou33	ou33	ʔou33	ʔou33
1240	包	效開二幫肴平	pau55	pau55	ɓau55	ɓau55	pau33	pau553	pau553	pau453	pau44	ɓɑu53	ɓau53
1241	胞	效開二幫肴平	pau55	pau55	ɓau55	ɓau24	pau33	pau553	pau553	pau453	pau44	ɓɑu53	ɓau53

（续上表）

序号	字项	中古音	湛江赤坎	廉江廉城	吴川梅菉	吴川吴阳	遂溪北坡	茂名茂南区	高州潘州街	信宜东镇	电白羊角	化州河西街	化州长岐
1242	飽	效開二幫肴上	pau35	pau35	ɓau35	ɓau24	pau35	pau335	pau35	pau35	pau224	ɓɑu35	ɓau35
1243	豹	效開二幫肴去	p^hau33	p^hau33	ɓau33	ɓau11	pa44	p^hau33	pau33	pau33	p^hau33	ɓɑu33	ɓau33
1244	爆	效開二幫肴去	pou21	pou21	ɓou31	p^hau11	pou31	pou31	pau33/pou31	pau33	pou31	ɓɑu33	pou211
1245	泡水～	效開二滂肴平	p^hau55	p^hau33	p^hau55	p^hau55	p^hau44	p^hau33	p^hau33	p^hau33	p^hau223	p^hɑu53	p^hau53
1246	抛	效開二滂肴平	p^hau55	p^hau55	p^hau55	p^hau55	p^hau33	p^hau553	p^hau553	p^hau453	p^hau44	p^hɑu53	p^hau53
1247	炮	效開二滂肴去	p^hau33	p^hau33	p^hau33	p^hau11	p^hau44	p^hau33	p^hau33	p^hau33	p^hau33	p^hɑu33	p^hau33
1248	泡～茶	效開二滂肴去	p^hau33	p^hau33	p^hau55	p^hau55	p^hau44	p^hau553	p^hau33/pau553	p^hau453	p^hau445	p^hɑu53	p^hau53
1249	跑	效開二並肴平	p^hau35	p^hau35	p^hau35	p^hau24	p^hau35	p^hau335	p^hau35	p^hau33	p^hau224	p^hɑu35	p^hau35
1250	刨	效開二並肴平	p^hau21	p^hau21	p^hau31	p^hau44	p^hau11	p^hau21	p^hau11	p^hau35	p^hau11	p^hɑu23	pau121
1251	鮑	效開二並肴上	pau55	pau55	ɓau55	ɓɐu55	pau33	pau553	pau553	pau453	pau44	ɓɑu53	ɓau53
1252	鉋	效開二並肴去	p^hau21	p^hau21	p^hau31	p^hau44	p^hau11	p^hau21	p^hau11	p^hau13	p^hau11	p^hɑu23	pau121
1253	茅	效開二明肴平	mɐu21	mau21	mau31	mau44	mau11	mau21	mau11	mau31	mau11	mɑu23	mau121

（续上表）

序号	字项	中古音	湛江赤坎	廉江廉城	吴川梅菉	吴川吴阳	遂溪北坡	茂名茂南区	高州潘州街	信宜东镇	电白羊角	化州河西街	化州长岐
1254	貓	效開二明肴平	miau55	miau55	miau55	miau55	miau44	miau553	miau553	miau453	miau445	miau53	miau53
1255	錨	效開二明肴平	mau21		nau31	nau44	miu11	mau21	mau11	miu13	miu11	nɑu23	mau211
1256	卯	效開二明肴上	mɐu13	mau13	mau35	mau33	mau13	mau113	mau223	mau13	mau223	mɑu23	mau13
1257	貌	效開二明肴去	mɐu21	mau21	mau31	mau22	mau31	mau31	mau31	mɐu31	mau31	mɐu31	mau211
1258	鬧	效開二娘肴去	nau21	nau21	nau31	nau22	lau44	nau31	nau31	nau31	nau31	nɑu31	nau211
1259	罩	效開二知肴去	ʧau33	ʧau33	ʧau33	tsau11	ʧau44	ʧau33	ʧau33	ʧau33	ʧau33	ʧɑu33	ʧau33
1260	抓	效開二莊肴平	ʧa55	ʧa55	ʧa55	tsau24	ʧa33	ʧa553	ʧa553	ʧa453	ʧau224 ～牌 ʧa44 ～人	ʧɑu35	ʧau35
1261	爪	效開二莊肴上	ʧau35	ʧau35	ʧau35	tsau24	ʧau35	ʧau335	ʧau35	ȵiau35	ʧau224	ʧɑu35	ʧau35
1262	找	效開二莊肴上	ʧau35	ʧau35	ʧau35	tsau24	ʧau35	ʧau335	ʧau35	ʧau35	ʧau224	ʧɑu35	ʧau35
1263	笊	效開二莊肴去	ʧau35			tsau24							
1264	抄	效開二初肴平	ʧ^{h}au55	ʧ^{h}au55	ʧ^{h}au55	ts^{h}au55	ʧ^{h}au33	ʧ^{h}au553	ʧ^{h}au553	ʧ^{h}au453	ʧ^{h}au44	ʧ^{h}ɑu53	ʧ^{h}au53

（续上表）

序号	字项	中古音	湛江赤坎	廉江廉城	吴川梅菉	吴川吴阳	遂溪北坡	茂名茂南区	高州潘州街	信宜东镇	电白羊角	化州河西街	化州长岐
1265	鈔	效開二初肴平	ʧ^{h}au55	ʧ^{h}au55	ʧ^{h}au55	ts^{h}au55	ʧ^{h}au33	ʧ^{h}au553	ʧ^{h}au553	ʧ^{h}au453	ʧ^{h}au44	ʧ^{h}ɑu53	ʧ^{h}au53
1266	炒	效開二初肴上	ʧ^{h}au35	ʧ^{h}au35	ʧ^{h}au35	ts^{h}au24	ʧ^{h}au35	ʧ^{h}au335	ʧ^{h}au35	ʧ^{h}au35	ʧ^{h}au224	ʧ^{h}ɑu35	ʧ^{h}au35
1267	吵	效開二初肴上	ʧ^{h}au35	ʧ^{h}au35	ʧ^{h}au35	ts^{h}au24	ʧ^{h}au35	ʧ^{h}au335	ʧ^{h}au35	ʧ^{h}au35	ʧ^{h}au224	ʧ^{h}ɑu35	ʧ^{h}au35
1268	巢	效開二崇肴平	ʧ^{h}ɐu21	ʧ^{h}au21	ʧ^{h}au31	ts^{h}au44	ʧ^{h}au11	ʧ^{h}au21	ʧ^{h}ɐu11	ʧ^{h}au13	ʧ^{h}ɐu11	ʧ^{h}ɑu23	ʧ^{h}au121
1269	梢	效開二生肴平	ʃiu33			sau55	ʃau33	sau553	ʃau553	ʃau453	ʃau33	ʃɑu53	ʃau53
1270	稍	效開二生肴去	ʃau35	ʃau35	ʃau35	sau24	ʃau35	sau335	ʃau35	ʃau35	ʃau224	ʃɑu35	ʃau35
1271	潲	效開二生肴去	ʃau33	ʃau33	ʃau33	sau11	ʃau44	sau33	ʃau33	ʃau33	ʃau33	ʃɑu33	ʃau33
1272	哨	效開二生肴去	ʃau33	ʃau33	ʃau33	sau11	ʃau44	sau33	ʃau33	ʃau33	ʃau33	ʃɑu33	ʃau33
1273	交	效開二見肴平	kau55	kau55	kau55	kau55	kau33	kau553	kau553	kau453	kau44	kɑu53	kau53
1274	郊	效開二見肴平	kau55	kau55	kau55	kau55	kau33	kau553	kau553	kau453	kau44	kɑu53	kau53
1275	膠	效開二見肴平	kau55	kau55	kau55	kau55	kau33	kau553	kau553	kau453	kau44	kɑu53	kau53
1276	教~书	效開二見肴平	kau33	kau33	kau33	kau11	kau44	kau33	kau33	kau33	kau33	kɑu33	kau33

（续上表）

序号	字项	中古音	湛江赤坎	廉江廉城	吴川梅菉	吴川吴阳	遂溪北坡	茂名茂南区	高州潘州街	信宜东镇	电白羊角	化州河西街	化州长岐
1277	茭	效開二見肴平	kau55			kau55	kau44	kau553			kau33		
1278	絞	效開二見肴上	kau35	kau35	kau35	kau24	kau35	kau335	kau35	kau35	kau224	kɑu35	kau35
1279	狡	效開二見肴上	kau35	kau35	kau35	kau24	kau35	kau335	kau35	kau35	kau224	kɑu35	kau35
1280	鉸	效開二見肴上	kau33	kau33	kau33	kau55	kau44	kau33	kau33	kau33	kau33	kɑu33	kau33
1281	攪	效開二見肴上	kau35	kau35	kau35	kau24	kau35	kau335	kau35	kau35	kau224	kɑu35	kau35
1282	搞	效開二見肴上	kau35	kau35	kau35	kau24	kau35	kau335	kau35	kau35	kau224	kɑu35	kau35
1283	教～育	效開二見肴去	kau33	kau33	kau33	kau11	kau44	kau33	kau33	kau33	kau33	kɑu33	kau33
1284	校～对	效開二見肴去	kau33	kau33	kau55	kau11	kau44	kau33	kau33	kau33	hau31	kɑu33	kau33
1285	較	效開二見肴去	kau33	kau33	kau33	kau11	kau44	kau33	kau33	kau33	kau33	kɑu33	kau33
1286	酵	效開二見肴去	hau55	hau55	hau55	hau55	hau33	hau553	hau553	hau453	hau33	hɑu53	hau53
1287	窖	效開二見肴去	kau33	kau33		kau11	kau44	kau33	kau33	kau33	kau33	kɑu33	kau33
1288	覺睡～	效開二見肴去	kau33	kau33	kau33	kaʔ011	kiau44	kau33	kau33	kau33	kau33	kɑu33	kau33

（续上表）

序号	字项	中古音	湛江赤坎	廉江廉城	吴川梅菉	吴川吴阳	遂溪北坡	茂名茂南区	高州潘州街	信宜东镇	电白羊角	化州河西街	化州长岐
1289	敲	效開二溪肴平	hau55	hau55	hau55	hau55	hau33	hau553	hau553	hau453	hau44	hɑu53	hau53
1290	巧	效開二溪肴上	hau35	hau35	hau35	hau24	hau35	hau335	hau35	hau35	hau224	hɑu35	hau35
1291	咬	效開二疑肴上	ŋau13	ŋau13	ŋau223	ŋau33	ŋau13	ŋau113	ŋau223	ŋau13	ŋau223	ŋɑu23	ŋau13
1292	哮	效開二曉肴平	hau55	hau55	hau55	hau55	hau33	hau553	hau553	hau453	hau44	hɑu53	hau53
1293	孝	效開二曉肴去	hau33	hau33	hau33	hau11	hau44	hau33	hau33	hau33	hau33	hɑu33	hau33
1294	肴	效開二匣肴平				ŋau44	iɐu44	ŋau21	ŋau11	ŋau31	ŋau11	ŋɑu31	ŋau121
1295	淆	效開二匣肴平	nau21	ŋau13	ŋau31	ŋau44	ŋau11	ŋau21	ŋau11	ŋau35	ŋau11	ŋɑu23	ŋau121
1296	效	效開二匣肴去	hau21	hau21	hau31	hau22	hau31	hau31	hau31	hau31	hau31	hɑu31	hau211
1297	校上～	效開二匣肴去	kau33	kau33	kau33	kau11	kau44	kau33	kau33	kau33	hau31	kɑu33	kau33
1298	校学～	效開二匣肴去	hau21	hau21	hau31	hau22	hau31	hau31	hau31	hau31	hau31	hɑu31	hau211
1299	坳	效開二影肴平		au33	ŋau31	ʔau11	ɐu44	ʔau33	au33	ʔau33	au33	ʔɑu33	ʔau33
1300	膘	效開三b滂宵上	piu55	piu55	ɓiu55	p^{h}iu44	p^{h}iu33	piu553	piu553	piu453	piu445		

（续上表）

序号	字项	中古音	湛江赤坎	廉江廉城	吴川梅菉	吴川吴阳	遂溪北坡	茂名茂南区	高州潘州街	信宜东镇	电白羊角	化州河西街	化州长岐
1301	標	效開三a 幫宵平	piu55	piu55	ɓiu55	ɓiu55	piu33	piu553	piu553	piu453	piu445	ɓiu53	ɓiu53
1302	表	效開三b 幫宵上	piu35	piu35	ɓiu35	ɓiu24	piu35	piu335	piu35	piu35	piu224	ɓiu35	ɓiu35
1303	錶	效開三b 幫宵上	piu55	piu55	ɓiu55	ɓiu55	piu35	piu553	piu553	piu453	piu445	ɓiu53	ɓiu53
1304	飄	效開三a 滂宵平	p^hiu55	p^hiu55	p^hiu55	p^hiu55	p^hiu33	p^hiu553	p^hiu553	p^hiu453	p^hiu44	p^hiu53	p^hiu53
1305	漂~白	效開三a 滂宵上	p^hiu33	p^hiu33	p^hiu55	p^hiu55	p^hiu33	p^hiu33	p^hiu33	p^hiu33	p^hiu44	p^hiu53	p^hiu53
1306	票	效開三b 滂宵去	p^hiu33	p^hiu33	p^hiu33	p^hiu11	p^hiu44	p^hiu33	p^hiu33	p^hiu33	p^hiu33	p^hiu33	p^hiu33
1307	漂~亮	效開三b 滂宵去	p^hiu55	p^hiu55	p^hiu55	p^hiu55	p^hiu44	p^hiu33	p^hiu553	p^hiu33	p^hiu33	p^hiu53	p^hiu53
1308	嫖	效開三a 並宵平	p^hiu55	p^hiu21	p^hiu31	p^hiu44	p^hiu11	p^hiu21	p^hiu11	p^hiu13	p^hiu11	p^hiu23	p^hiu211
1309	鰾	效開三a 並宵上	p^hiu55				piu33		p^hiau553	p^hiau453			p^hiu33
1310	苗	效開三b 明宵平	miu21	miu21	miu31	miu44	miu11	miu21	miu11	miu13	miu11	miu23	miu121
1311	描	效開三b 明宵平	miu21	miu21	miu31	miu55	miu11	miu21	miu11	miu31	miu11	miu23	miu211
1312	貓	效開三 明宵平	miau55	miau55	miau55	miau55	miau44	miau553	miau553	miau453	miau445	miau53	miau53

（续上表）

序号	字项	中古音	湛江赤坎	廉江廉城	吴川梅菉	吴川吴阳	遂溪北坡	茂名茂南区	高州潘州街	信宜东镇	电白羊角	化州河西街	化州长岐
1313	藐	效開三a明宵上	mɐu21	miu13	miu35	miu24	miu35	mau31	miu35	miu35	mau31	miu35	miu13
1314	渺	效開三a明宵上	miu35	miu13	miu35	miu24	miu35	miu335	miu35	miu35	miu224	miu35	miu13
1315	秒	效開三a明宵上	miu35	miu13	miu35	miu24	miu35	miu335	miu35	miu35	miu224	miu35	miu13
1316	廟	效開三b明宵去	miu21	miu21	miu31	miu22	miu31	miu31	miu31	miu31	miu31	miu31	miu211
1317	妙	效開三a明宵去	miu35	miu13	miu31	miu22	miu31	miu31	miu31	miu31	miu31	miu31	miu211
1318	燎～眉	效開三來宵上	liu21	liu21	liu31	liu44	liu11	liu21	liu11	liu31	liu11	liu31	liu121
1319	燎～原	效開三來宵平	liu21	liu21	liu31	liu44	liu11	liu21	liu11	liu31	liu11	liu31	liu121
1320	療	效開三來宵去	liu21	liu21	liu31	liu22	liu11	liu21	liu11	liu31	liu11	liu31	liu211
1321	焦	效開三精宵平	ʧiu55	ʧiu55	ʧiu55	tiu55	ʧiu33	ʧiu553	ʧiu553	ʧiu453	ʧiu44	tiu53	tiu53
1322	蕉	效開三精宵平	ʧiu55	ʧiu55	ʧiu55	tiu55	ʧiu33	ʧiu553	ʧiu553	ʧiu453	ʧiu44	tiu53	tiu53
1323	椒	效開三精宵平	ʧiu55	ʧiu55	ʧiu55	tiu55	ʧiu33	ʧiu553	ʧiu553	ʧiu453	ʧiu44	tiu53	tiu53
1324	剿	效開三精宵上	ʧiu35	ʧiu35	ʧiu35	kiu24	ʧiu35	ʧiu335	ʧiu35	ʧiu35		kiu35	kiu35

（续上表）

序号	字项	中古音	湛江赤坎	廉江廉城	吴川梅菉	吴川吴阳	遂溪北坡	茂名茂南区	高州潘州街	信宜东镇	电白羊角	化州河西街	化州长岐
1325	醮	效開三精宵上	ʧiu55			tiu11	ʧʰiu11	ʧiu553	ʧiu33	ʧiu33	ʧiu44	tiu33	tiu33
1326	鍬	效開三清宵平	ʧʰɐu55	ʧʰɐu55	ʧʰɐu55	nɐu55	ʧʰɐu33	ʧʰiu553	ʧʰɐu553	ʧʰiu453	ʧʰɐu445	tʰɐu53	tʰɐu53
1327	悄	效開三清宵上	ʧʰiu33	ʧʰiu33	ʧʰiu35	tʰiu11	ʃau44	ɬiu553	ʧʰiu35	ʧʰiu35	ʧʰiu224	tʰiu35	tʰiu35
1328	俏	效開三清宵去	ʧʰiu33	ʧʰiu33		tʰiu11	ʧʰiu44	ʧʰiu33	ʧʰiu33	ʧʰiu33	ʧʰiu33	tʰiu33	tʰiu33
1329	樵	效開三從宵平	ʧiu55	ʧiu55		tiu55	ʧʰiu11	ʧiu553	ʧʰiu11	ʧiu453	ʧiu445	tiu53	ʧʰiu211
1330	瞧	效開三從宵平	ʧiu33		ʧiu55	tiu11	ʧiu33	ʧiu553	ʧʰiu35	ʧiu453	ʧiu44	tiu53	tiu53
1331	消	效開三心宵平	ʃiu55	ɬiu55	ɬiu55	ɬiu55	ɬiu33	ɬiu553	ɬiu553	ɬiu453	ɬiu44	ɬiu53	ɬiu53
1332	宵	效開三心宵平	ʃiu55	ɬiu55	ɬiu55	ɬiu55	ɬiu33	ɬiu553	ɬiu553	ɬiu453	ɬiu44	ɬiu53	ɬiu53
1333	霄	效開三心宵平	ʃiu55	ɬiu55	ɬiu55	ɬiu55	ɬiu33	ɬiu553	ɬiu553	ɬiu453	ɬiu44	ɬiu53	ɬiu53
1334	硝	效開三心宵平	ʃiu55	ɬiu55	ɬiu55	ɬiu55	ɬiu33	ɬiu553	ɬiu553	ɬiu453	ɬiu44	ɬiu53	ɬiu53
1335	銷	效開三心宵平	ʃiu55	ɬiu55	ɬiu55	ɬiu55	ɬiu33	ɬiu553	ɬiu553	ɬiu453	ɬiu44	ɬiu53	ɬiu53
1336	小	效開三心宵上	ʃiu35	ɬiu35	ɬiu35	ɬiu24	ɬiu35	ɬiu335	ɬiu35	ɬiu35	ɬiu224	ɬiu35	ɬiu35

（续上表）

序号	字项	中古音	湛江赤坎	廉江廉城	吴川梅菉	吴川吴阳	遂溪北坡	茂名茂南区	高州潘州街	信宜东镇	电白羊角	化州河西街	化州长岐
1337	笑	效開三心宵去	ʃiu33	ɬiu33	ɬiu33	ɬiu11	ɬiu44	ɬiu33	ɬiu33	ɬiu33	ɬiu33	ɬiu33	ɬiu33
1338	鞘	效開三心宵去	ʃiu55	ɬiu55			ʃau33	ʧʰiu33	ʃau553	ɬiu33	ɬiu44	ɬiu33	ɬiu53
1339	肖姓	效開三a心宵平						ɬiu553		ɬiu453	ɬiu44	ɬiu53	ɬiu53
1340	肖生～	效開三a心宵去	ʃiu55	ʧʰiu55	ʧʰiu33	ɬiu55	ɬiu33	ʧʰiu33	ʧʰiu33	ʧʰiu33	ʧʰiu33	tʰiu33	ɬiu53
1341	朝今～	效開三知宵平	ʧiu55	ʧiu55	ʧiu55	tsiu55	ʧiu33	ʧiu553	ʧiu553	ʧiu453	ʧiu44	ʧiu53	ʧiu53
1342	超	效開三徹宵平	ʧʰiu55	ʧʰiu55	ʧʰiu55	tsʰiu55	ʧʰiu44	ʧʰiu553	ʧʰiu553	ʧʰiu453	ʧʰiu44	ʧʰiu53	ʧʰiu53
1343	朝～代	效開三澄宵平	ʧʰiu21	ʧʰiu21	ʧʰiu31	tsʰiu44	ʧʰiu11	ʧʰiu21	ʧʰiu11	ʧʰiu31	ʧʰiu11	ʧʰiu23	ʧʰiu121
1344	潮	效開三澄宵平	ʧʰiu21	ʧʰiu21	ʧʰiu31	tsʰiu44	ʧʰiu11	ʧʰiu21	ʧʰiu11	ʧʰiu31	ʧʰiu11	ʧʰiu23	ʧʰiu121
1345	趙	效開三澄宵上	ʧiu21	ʧiu21	ʧiu31	tsʰiu22	ʧiu31	ʧiu31	ʧiu31	ʧiu31	ʧiu31	ʧʰiu31	ʧʰiu121
1346	兆	效開三澄宵上	ʃiu21	ʧiu21	ʧiu31	tsʰiu22	ʧiu31	ʧiu31	ʧiu31	ʧiu31	ʧiu31	ʧʰiu31	ʧʰiu211
1347	召	效開三澄宵去	ʧiu21	ʧiu21	ʧiu31	tsʰiu22	ʧiu31	ʧiu31	ʧiu31	ʧiu31	ʧiu31	ʧʰiu31	ʧʰiu211
1348	昭	效開三章宵平	ʃiu21	ʧiu21	ʧʰiu55	tsiu55	ʧiu33	ʧʰiu553	ʧʰiu553	ʧʰiu453	ʧiu44	ʧiu53	ʧiu53

（续上表）

序号	字项	中古音	湛江赤坎	廉江廉城	吴川梅菉	吴川吴阳	遂溪北坡	茂名茂南区	高州潘州街	信宜东镇	电白羊角	化州河西街	化州长岐
1349	招	效開三章宵平	ʃiu55	ʧiu55	ʧiu55	tsiu55	ʧiu33	ʧiu553	ʧiu553	ʧiu453	ʧiu44	ʧiu53	ʧiu53
1350	沼	效開三章宵上	ʃiu21	ʃiu21	ʧiu31	siu22	ʃiu31	siu21	ʧiu35	ʧiu35	ʧiu44	ʧ^{h}iu31	ʧ^{h}iu211
1351	照	效開三章宵去	ʧiu33	ʧiu33	ʧiu33	tsiu22	ʧiu44	ʧiu33	ʧiu33	ʧiu33	ʧiu33	ʧiu33	ʧiu33
1352	詔	效開三章宵去	ʧiu21	ʧiu21		tsiu11	ʃiu11	ʧiu31	ʧiu31	ʧiu31	ʧiu31	ʧ^{h}iu31	ʧ^{h}iu211
1353	燒	效開三書宵平	ʃiu55	ʃiu55	ʃiu55	siu55	ʃiu33	siu553	ʃiu553	ʃiu453	ʃiu44	ʃiu53	ʃiu53
1354	少多~	效開三書宵上	ʃiu35	ʃiu35	ʃiu35	siu24	ʃiu35	siu335	ʃiu35	ʃiu35	ʃiu224	ʃiu35	ʃiu35
1355	少~年	效開三書宵去	ʃiu33	ʃiu33	ʃiu33	siu11	ʃiu44	siu33	ʃiu33	ʃiu33	ʃiu33	ʃiu33	ʃiu33
1356	韶	效開三禪宵平	ʃiu21	ʃiu21	ʧiu31	siu44	ʃiu11	siu21	ʃiu11	ʃiu31	ʧ^{h}iu11	ʧ^{h}iu31	ʧ^{h}iu211
1357	紹	效開三禪宵上	ʃiu21	ʃiu21	ʃiu31	siu22	ʃiu31	siu21	ʃiu11	ʃiu13	ʃiu11	ʧ^{h}iu23	ʧ^{h}iu211
1358	邵	效開三禪宵去	ʃiu21	ʃiu21	ʃiu31	siu22	ʃiu11	siu21		ʧiu31	ʧiu31	ʧ^{h}iu31	ʃiu211
1359	饒	效開三日宵平	iu35	ȵiu13	iu31	ȵiu44	iu35	ȵiu21	iu11	ȵiu13	ȵiu11	ȵiu23	ȵiu13
1360	擾	效開三日宵上	iu35	ȵiu13	ȵiu35	ȵiu33	iu35	ȵiu113	iu35	ȵiu35	iu224	ȵiu23	ȵiu121

（续上表）

序号	字项	中古音	湛江赤坎	廉江廉城	吴川梅菉	吴川吴阳	遂溪北坡	茂名茂南区	高州潘州街	信宜东镇	电白羊角	化州河西街	化州长岐
1361	繞圍～	效開三日宵上	iu35	ȵiu13	ȵiu35	ȵiu33	iu35	ȵiu113	iu35	ȵiu35	ȵiu224	ȵiu23	ȵiu121
1362	繞～线	效開三日宵去	iu35	ȵiu13	liau35	ȵiu44	iu35	ȵiu113	iu35	ȵiu35	ȵiu224	ȵiu23	ȵiu121
1363	驕	效開三b見宵平	kiu55	kiu55	kiu55	kiu55	kiu33	kiu553	kiu553	kiu453	kiu44	kiu53	kiu53
1364	嬌	效開三b見宵平	kiu55	kiu55	kiu55	kiu55	kiu33	kiu553	kiu553	kiu453	kiu44	kiu53	kiu53
1365	矯	效開三b見宵上	kiu35	kiu35		kʰiu44	kʰiu11	kʰiu335	kʰiu35	kʰiu31	kiu44	kʰiu23	kʰiu13
1366	喬	效開三b羣宵平	kʰiu21	kʰiu21	kʰiu31	kʰiu44	kʰiu11	kʰiu21	kʰiu11	kʰiu31	kʰiu11	kʰiu23	kʰiu121
1367	僑	效開三b羣宵平	kʰiu21	kʰiu21	kʰiu31	kʰiu44	kʰiu11	kʰiu21	kʰiu11	kʰiu13	kʰiu11	kʰiu23	kʰiu121
1368	橋	效開三b羣宵平	kʰiu21	kʰiu21	kʰiu31	kʰiu44	kʰiu11	kʰiu21	kʰiu11	kʰiu13	kʰiu11	kʰiu23	kʰiu121
1369	蕎	效開三b羣宵平	kʰiu21	kʰiu21		kʰiu44	kʰiu11	kʰiu21	kʰiu11		kʰiu11	kʰiu23	
1370	轎	效開三b羣宵去	kʰiu21	kiu21	kiu31	kʰiu22	kiu31	kiu31	kiu31	kiu31	kiu31	kʰiu31	kʰiu211
1371	囂	效開三b曉宵平	hiu55	hiu55	hiu55	hiu55	hiu33	hiu553	hiu553	hiu453	hiu44	hiu53	hiu53
1372	妖	效開三b影宵平	iu55	iu55	iu55	ʔiu55	iu33	iu553	iu553	iu453	iu44	jiu53	ᶻjiu35

（续上表）

序号	字项	中古音	湛江赤坎	廉江廉城	吴川梅菉	吴川吴阳	遂溪北坡	茂名茂南区	高州潘州街	信宜东镇	电白羊角	化州河西街	化州长岐
1373	邀	效開三a影宵平	iu55	iu55	iu55	ʔiu55	iu33	iu553	iu553	iu453	iu44	jiu53	^{z}jiu53
1374	腰	效開三a影宵平	iu55	iu55	iu55	ʔiu55	iu33	iu553	iu553	iu453	iu44	jiu53	^{z}jiu53
1375	要~求	效開三a影宵平	iu55	iu55	iu55	ʔiu55	iu33	iu553	iu553	iu453	iu44	jiu53	jiu53
1376	要重~	效開三a影宵去	iu33	iu33	iu33	ʔiu11	iu44	iu33	iu33	iu33	iu33	jiu33	^{z}jiu33
1377	摇	效開三以宵平	iu21	iu21	iu31	ʔiu44	iu11	ȵiu21	iu11	iu31	ȵiu11	jiu31	^{z}jiu121
1378	謡	效開三以宵平	iu21	iu21	iu31	iu44	iu11	iu21	iu11	iu13	ȵiu11	jiu31	jiu121
1379	窑	效開三以宵平	iu21	iu21	iu31	iu44	iu11	iu21	iu11	iu13	iu11	jiu23	jiu121
1380	姚	效開三以宵平	iu21	iu21	iu31	iu44	iu11	iu21	iu11	iu31	iu11	jiu23	^{z}jiu211
1381	舀	效開三以宵上	iu35	iu35			iu13	iu113	iu35	iu35	ȵiu11	ȵiu35	ȵiu35
1382	耀	效開三以宵去	iu21	iu21	iu31	iu22	iu31	iu31	iu31	iu31	iu31	jiu31	^{z}jiu211
1383	鷂	效開三以宵去	iu21	iu21	iu35	iu22	iu31	iu31	iu31	iu35	iu31	jiu31	jiu211
1384	刁	效開四端蕭平	tiu55	tiu55	ɗiu55	ɗiu55	tiu33	tiu553	tiu553	tiu453	tiu44	ɗiu53	ɗiu53

（续上表）

序号	字项	中古音	湛江赤坎	廉江廉城	吴川梅菉	吴川吴阳	遂溪北坡	茂名茂南区	高州潘州街	信宜东镇	电白羊角	化州河西街	化州长岐
1385	貂	效開四端蕭平	tiu55	tiu55	ɗiu55	ɗiu55	tiu33	tiu553	tiu553	tiu453	tiu44	ɗiu53	ɗiu53
1386	雕	效開四端蕭平	tiu55	tiu55	ɗiu55	ɗiu55	tiu33	tiu553	tiu553	tiu453	tiu44	ɗiu53	ɗiu53
1387	鳥	效開四端蕭上	liu35	niu13	niu35	niu24	niu13	niau335	niau35	niau13	niu223	niau35	niau35
1388	釣	效開四端蕭去	tiu33	tiu33	ɗiu33	ɗiu11	tiu44	tiu33	tiu33	tiu33	tiu33	ɗiu33	ɗiu33
1389	吊	效開四端蕭去	tiu33	tiu33	ɗiu33	ɗiu11	tiu44	tiu33	tiu33	tiu33	tiu33	ɗiu33	ɗiu33
1390	挑	效開四透蕭平	t^{h}iu55	t^{h}iu55	t^{h}iu55	t^{h}iu55	t^{h}iu33	t^{h}iu553	t^{h}iu553	t^{h}iu453	t^{h}iu44	t^{h}iu53	t^{h}iu53
1391	跳	效開四透蕭去	t^{h}iu33	t^{h}iu33	t^{h}iu33	t^{h}iu44	t^{h}iu44	t^{h}iu33	t^{h}iu33	t^{h}iu33	t^{h}iu33	t^{h}iu33	t^{h}iu33
1392	糶	效開四透蕭去	tiaʔ022	t^{h}iu33		t^{h}iu22	tiaʔ021	t^{h}iu33	t^{h}iu33	t^{h}iu33	t^{h}iu33	t^{h}iu33	t^{h}iu33
1393	條	效開四定蕭平	t^{h}iu21	t^{h}iu21	t^{h}iu31	t^{h}iu44	t^{h}iu11	t^{h}iu21	t^{h}iu11	t^{h}iu31	t^{h}iu11	t^{h}iu23	tiu121
1394	調~和	效開四定蕭平	tiu21	t^{h}iu21	ɗiu31	t^{h}iu44	t^{h}iu11	t^{h}iu21	t^{h}iu11	tiu31	t^{h}iu11	ɗiu31	tiu211
1395	掉	效開四定蕭去	tiu21	tiu21	ɗiu31		tiu31	tiu31	tiu31	tiu31	tiu31	ɗiu31	tiu211
1396	調~动	效開四定蕭去	tiu21	tiu21	ɗiu31	t^{h}iu22	tiu31	tiu31	tiu31	tiu31	tiu31	ɗiu31	tiu211

（续上表）

序号	字项	中古音	湛江赤坎	廉江廉城	吴川梅菉	吴川吴阳	遂溪北坡	茂名茂南区	高州潘州街	信宜东镇	电白羊角	化州河西街	化州长岐
1397	調音～	效開四定蕭去	tiu21	tiu21	ɗiu31	t^hiu22	tiu31	tiu31	tiu31	tiu31	tiu31	ɗiu31	tiu211
1398	尿	效開四泥蕭去	niu21	niau21	niu31	ɬui55	niu31	niau31	niau31	niau31	niau31	niau31	niau211
1399	聊	效開四來蕭平	liu21	liu21	liu31	liu44	liu11	liu21	liu11	liu31	lɐu223	liu31	liu211
1400	遼	效開四來蕭平	liu21	liu21	liu31	liu44	liu11	liu21	liu11	liu31	liu11	liu31	liu211
1401	撩	效開四來蕭平	liu21	liu21	liu31	liu44	liu11	liau21	liu553	liau31	liu11	liu31	liu121
1402	寥	效開四來蕭平	liu21	liu21			liu11	liu21	liu31	liu31	liu11	liu31	liu121
1403	寮	效開四來蕭平	liu21	liu21		liu44	liu11	liu553	liu11（新） liau553（老）	liau453	liu445	liu53	liau53
1404	了	效開四來蕭上	liu13	liu35	liu223	liu33	liu13	liu335	liu35	liu31	liu224	liu23	liu13
1405	瞭	效開四來蕭上	liu21	liu21	liu31	liu44	liu11	liu21	liu11	liu31	liu11	liu31	liu121
1406	料	效開四來蕭去	liu21	liu21	liu31	liu22	liu31	liu31	liu31	liu31	liu31	liu31	liu211
1407	蕭	效開四心蕭平	ʃiu55	ɬiu55	ɬiu55	ɬiu55	ɬiu33	ɬiu553	ɬiu553	ɬiu453	ɬiu445	ɬiu53	ɬiu53

（续上表）

序号	字项	中古音	湛江赤坎	廉江廉城	吴川梅菉	吴川吴阳	遂溪北坡	茂名茂南区	高州潘州街	信宜东镇	电白羊角	化州河西街	化州长岐
1408	簫	效開四心蕭平	ʃiu55	ɬiu55	ɬiu55	ɬiu55	ɬiu33	ɬiu553	ɬiu553	ɬiu453	ɬiu445	ɬiu53	ɬiu53
1409	澆	效開四見蕭平	iu35	hiu55	hiu55	ȵiu44	iu11		iu35	ȵiu13	ȵiu224	ȵiu23	hiu35
1410	繳	效開四見蕭上	kiu35	kiu35	kiu35	kiu24	kiu35	kiu335	kiu35	kiu35	kiu224	kiu35	kiu35
1411	僥	效開四見蕭上	hiu35	hiu55	hiu55	hiu55	hiu35	hiu553	hiu553	hiu453	hiu224	hiu35	hiu35
1412	叫	效開四見蕭去	kiu33	kiu33	kiu33	kiu11	kiu44	kiu33	kiu33	kiu33	kiu33	kiu33	kiu33
1413	竅	效開四溪蕭去	k^{h}iu35	k^{h}iau33	k^{h}iu55	hiu11	hiu44	k^{h}iu33	k^{h}iau33	k^{h}iu33	k^{h}iu224	hiu33	hiu33
1414	堯	效開四疑蕭平	iu35	hiu35		ȵiu44	iu11	ȵiu21	ȵiu11	ȵiu13	ȵiu11	ȵiu23	ȵiu121
1415	曉	效開四曉蕭上	hiu35	hiu35	hiu35	hiu24	hiu35	hiu335	hiu35	hiu35	hiu224	hiu35	hiu35
1416	杳	效開四影蕭上		miu35		miu24	miu11	miu335	miu35	miu35	miu224	miu35	miu35
1417	剖	流開一滂侯上	fɐu35	p^{h}ou13	p^{h}au35	p^{h}ɐu24	p^{h}ɐu35	p^{h}ou335	p^{h}ou223	p^{h}ɐu35	p^{h}ɐu224	p^{h}ɐu35	p^{h}ɐu35
1418	某	流開一明侯上	mɐu13	mɐu21	mɐu223	mɐu22	mɐu13	mɐu113	mɐu223	mɐu13	mɐu223	mɐu23	mɐu13
1419	畝	流開一明侯上	mɐu13	mɐu13	mau223	mau33	mɐu13	mɐu113	mɐu223	mɐu13	mɐu223	mɐu23	mɐu13

（续上表）

序号	字项	中古音	湛江赤坎	廉江廉城	吴川梅菉	吴川吴阳	遂溪北坡	茂名茂南区	高州潘州街	信宜东镇	电白羊角	化州河西街	化州长岐
1420	牡	流開一明侯上	mau13	mɐu13	mau31	mɐu22	mau13	mau21	mau11	mau31	mau11	mɑu31	mau121
1421	母	流開一明侯上	mou13	mu13	mou223	mou33	mou13	mou113	mou223	mu13	mou223	mou23	mou13
1422	拇	流開一明侯上	mou13	mu13	mou223	mou33	mou13	mou113	mou223	mu35	mou223	mou23	mou13
1423	戊	流開一明侯去	mɐu21	mu13		mou22	mou31	mou31	mou31	mu31	mou31	mou31	mou53
1424	茂	流開一明侯去	mɐu21	mɐu21	mɐu31	mɐu22	mɐu31	mɐu31	mɐu31	mɐu31	mɐu31	mɐu31	mɐu211
1425	貿	流開一明侯去	mɐu21	mɐu21	mɐu31	mɐu22	mau31	mɐu31	mɐu31	mɐu31	mɐu31	mɐu31	mɐu211
1426	兜	流開一端侯平	tɐu55	tɐu55	ɗɐu55	ɗɐu55	tɐu33	tɐu553	tɐu553	tɐu453	tɐu44	ɗɐu53	ɗɐu53
1427	斗 一~米	流開一端侯上	tɐu35	tɐu35	ɗɐu35	ɗɐu24	tɐu35	tɐu335	tɐu35	tɐu35	tɐu224	ɗɐu35	ɗɐu35
1428	抖	流開一端侯上	tɐu35	tɐu35	ɬɐu35	ɗɐu24	tɐu35	tɐu335	tɐu35		tɐu224	ɗɐu35	ɬɐu35
1429	陡	流開一端侯上	tɐu35	tɐu35		t^hou44	t^hou11	tɐu335	tou35	tɐu35	t^hou11	ɗɐu35	ɗɐu35
1430	鬥	流開一端侯去	tɐu33	tɐu33	ɗɐu33	ɗɐu11	tɐu44	tɐu33	tɐu33	tɐu33	tɐu33	ɗɐu33	ɗɐu33
1431	偷	流開一透侯平	t^hɐu55	t^hɐu55	t^hɐu55	t^hɐu55	t^hɐu33	t^hɐu553	t^hɐu553	t^hɐu453	t^hɐu44	t^hɐu53	t^hɐu53

（续上表）

序号	字项	中古音	湛江赤坎	廉江廉城	吴川梅菉	吴川吴阳	遂溪北坡	茂名茂南区	高州潘州街	信宜东镇	电白羊角	化州河西街	化州长岐
1432	敨	流合一透侯上	tʰɐu35	tʰɐu35	tʰɐu35	tʰɐu24	tʰɐu35	tʰɐu335	tʰɐu35	tʰɐu35	tʰɐu224	tʰɐu35	tʰɐu35
1433	透	流開一透侯去	tʰɐu33	tʰɐu33	tʰɐu33	tʰɐu11	tʰɐu44	tʰɐu33	tʰɐu33	tʰɐu33	tʰɐu33	tʰɐu33	tʰɐu33
1434	頭	流開一定侯平	tʰɐu21	tʰɐu21	tʰɐu31	tʰɐu44	tʰɐu11	tʰɐu21	tʰɐu11	tʰɐu13	tʰɐu11	tʰɐu23	tɐu121
1435	投	流開一定侯平	tʰɐu21	tʰɐu21	tʰɐu31	tʰɐu44	tʰɐu11	tʰɐu21	tʰɐu11	tʰɐu31	tʰɐu11	tʰɐu23	tɐu121
1436	豆	流開一定侯去	tɐu21	tɐu21	ɗɐu31	tʰɐu22	tɐu31	tɐu31	tɐu31	tɐu31	tɐu31	ɗɐu31	tɐu211
1437	逗	流開一定侯去	tɐu21	tɐu21	ɗɐu31	tʰɐu22	tɐu31	tɐu31	tɐu33	tɐu31	tɐu31	ɗɐu31	tɐu211
1438	痘	流開一定侯去	tɐu21	tɐu21	ɗɐu31	tʰɐu22	tɐu31	tɐu31	tɐu31	tɐu31	tɐu31	ɗɐu31	tɐu211
1439	樓	流開一來侯平	lɐu21	lɐu21	lɐu31	lɐu44	lɐu11	lɐu21	lɐu11	lɐu13	lɐu11	lɐu23	lɐu121
1440	簍	流開一來侯上	lɐu55	lɐu21		lɐu44	lɐu13	lɐu335	lɐu553	lɐu35	lɐu11	lɐu35	lɐu53
1441	摟	流開一來侯平		lɐu21		lɐu24	lɐu13	lɐu335	lɐu35	lɐu35	lɐu11	lɐu23	lɐu35
1442	漏	流開一來侯去	lɐu21	lɐu22	lɐu31	lɐu22	lɐu31	lɐu31	lɐu31	lɐu31	lɐu31	lɐu31	lɐu211
1443	陋	流開一來侯去	lɐu21	lɐu22	lɐu31	lɐu22	lɐu31	lɐu31	lɐu31	lɐu31	lɐu31	lɐu31	

（续上表）

序号	字项	中古音	湛江赤坎	廉江廉城	吴川梅菉	吴川吴阳	遂溪北坡	茂名茂南区	高州潘州街	信宜东镇	电白羊角	化州河西街	化州长岐
1444	走	流開一精侯上	ʧɐu35	ʧɐu35	ʧɐu35	tɐu24	ʧɐu35	ʧɐu335	ʧɐu35	ʧɐu35	ʧɐu224	tɐu35	tɐu35
1445	奏	流開一精侯去	ʧɐu33	ʧɐu33	ʧɐu33	tɐu11	ʧɐu33	ʧɐu33	ʧɐu33	ʧɐu33	ʧɐu33	tɐu33	tɐu33
1446	凑	流開一清侯去	$ʧ^hɐu33$	$ʧ^hɐu33$	$ʧ^hɐu31$	tɐu11	ʧɐu33	ʧɐu33	ʧɐu33	$ʧ^hɐu33$	ʧɐu33	tɐu33	tɐu33
1447	叟	流開一心侯上				sɐu11	ɬɐu44	ɬɐu335	ɬɐu35	ɬou35	ɬɐu224	ʃɐu33	ʃɐu33
1448	嗽	流開一心侯去	ʃɐu33	ɬɐu33	ɬɐu33	ɬɐu11	ɬɐu44	ɬɐu33	ɬɐu33	ɬɐu33	ɬɐu44	ɬɐu33	ɬɐu33
1449	勾~引	流開一見侯平	ŋɐu55	ŋɐu55	kɐu55	kɐu55	ŋɐu33	ŋɐu553	ŋɐu553	ŋɐu453	ŋɐu44	ŋɐu53	ŋɐu53
1450	鉤	流開一見侯平	ŋɐu55	ŋɐu55	kɐu55	kɐu55	ŋɐu33	ŋɐu553	ŋɐu553	ŋɐu453	ŋɐu445	ŋɐu53	ŋɐu53
1451	溝	流開一見侯平	kɐu55	ŋɐu55	kɐu55	kɐu55	kɐu33	kɐu553	kɐu553	kɐu453	$k^hɐu44$	kɐu53	kɐu53
1452	狗	流開一見侯上	kɐu35	kɐu35	kɐu35	kɐu24	kɐu35	kɐu335	kɐu35	kɐu35	kɐu224	kɐu35	kɐu35
1453	苟	流開一見侯上	kɐu35	kɐu35	kɐu35	kɐu11	kɐu35	kɐu335	kɐu35	kɐu35	kɐu224	kɐu35	kɐu35
1454	垢	流開一見侯上	kɐu33	$k^hɐu33$			ɐu44	kɐu33		kɐu31	kɐu33	kɐu33	kɐu211
1455	够	流開一見侯去	kɐu33	kɐu33	kɐu33	kɐu11	kɐu44	kɐu33	kɐu33	kɐu33	kɐu33	kɐu33	kɐu33

（续上表）

序号	字项	中古音	湛江赤坎	廉江廉城	吴川梅菉	吴川吴阳	遂溪北坡	茂名茂南区	高州潘州街	信宜东镇	电白羊角	化州河西街	化州长岐
1456	構	流開一見侯去	kɐu33	kɐu33	kɐu33	kɐu11	kɐu44	kʰɐu33	kʰɐu33	kɐu33	kʰɐu33	kɐu33	kɐu33
1457	購	流開一見侯去	kɐu33	kɐu33	kɐu33	kɐu11	kɐu44	kʰɐu33	kʰɐu33	kɐu33	kʰɐu33	kɐu33	kɐu33
1458	勾~当	流開一見侯去	ŋɐu55	ŋɐu55	kɐu55	kɐu55	ŋɐu33	ŋɐu553	ŋɐu553	ŋɐu453	ŋɐu445	ŋɐu53	kɐu53
1459	摳	流開一溪侯平	kʰɐu33	ŋɐu55	kʰɐu33	kʰɐu11		kʰɐu553	kʰɐu33	ŋɐu33	kʰɐu44	kʰɐu33	
1460	口	流開一溪侯上	hɐu35	hɐu35	hɐu35	hɐu24	hɐu35	hɐu335	hɐu35	hɐu35	hɐu224	hɐu35	hɐu35
1461	叩	流開一溪侯上	kʰɐu33	kʰɐu33	kʰɐu33	kʰɐu11	kʰɐu33	kʰɐu33	kʰɐu33	kʰɐu33	kʰɐu33	kʰɐu33	kʰɐu33
1462	扣	流開一溪侯去	kʰɐu33	kʰɐu33	kʰɐu33	kʰɐu11	kʰɐu33	kʰɐu33	kʰɐu33	kʰɐu33	kʰɐu33	kʰɐu33	kʰɐu33
1463	寇	流開一溪侯去	kʰɐu33	kʰɐu33	kʰɐu33	hɐu11	kʰɐu33	kʰɐu33	kʰɐu33	kʰɐu33	kʰɐu33	kʰɐu33	kʰɐu33
1464	藕	流開一疑侯上	ŋɐu13	ŋɐu13	ŋɐu223	ŋɐu33	ŋɐu13	ŋɐu113	ŋɐu223	ŋɐu13	ŋɐu223	ŋɐu23	ŋɐu13
1465	偶~然	流開一疑侯去	ŋɐu13	ŋɐu13	ŋɐu223	ȵiɐu33	ŋɐu13	ŋɐu113	ŋɐu223	ŋɐu13	ŋɐu223	ŋɐu23	ŋɐu13
1466	偶配~	流開一疑侯上	ŋɐu13	ŋɐu13	ŋɐu223	ȵiɐu33	ŋɐu13	ŋɐu113	ŋɐu223	ŋɐu13	ŋɐu223	ŋɐu23	ŋɐu13
1467	侯	流開一匣侯平	hɐu21	hɐu21	hɐu31	hɐu44	hɐu11	hɐu21	hɐu11	hɐu13	hɐu31	hɐu23	hɐu121

（续上表）

序号	字项	中古音	湛江赤坎	廉江廉城	吴川梅菉	吴川吴阳	遂溪北坡	茂名茂南区	高州潘州街	信宜东镇	电白羊角	化州河西街	化州长岐
1468	喉	流開一匣侯平	hɐu21	hɐu21	hɐu31	hɐu44	hɐu11	hɐu21	hɐu11	hɐu31	hɐu11	hɐu23	hɐu121
1469	猴	流開一匣侯平	hɐu21	hɐu21	hɐu31	hɐu44	hɐu11	hɐu21	hɐu11	hɐu13	hɐu11	hɐu23	hɐu121
1470	後	流開一匣侯上	hɐu21	hɐu21	hɐu31	hɐu22	hɐu31	hɐu31	hɐu31	hɐu31	hɐu31	hɐu31	hɐu211
1471	厚	流開一匣侯上	hɐu13	hɐu13	hɐu223	hɐu33	hɐu13	hɐu335	hɐu223	hɐu13	hɐu223	hɐu23	hɐu13
1472	后	流開一匣侯上	hɐu21	hɐu21	hɐu31	hɐu22	hɐu31	hɐu31	hɐu31	hɐu31	hɐu31	hɐu31	hɐu211
1473	候	流開一匣侯去	hɐu21	hɐu21	hɐu31	hɐu22	hɐu31	hɐu31	hɐu31	hɐu31	hɐu31	hɐu31	hɐu211
1474	歐	流開一影侯平	ɐu55	ɐu55	ʔɐu55	ʔɐu55	ɐu33	ʔɐu553	ɐu553	ʔɐu453	ʔɐu44	ʔɐu53	ʔɐu53
1475	甌	流開一影侯平	ɐu55			ʔɐu55		ʔɐu553	ɐu553	ʔɐu453		ʔɐu53	ʔɐu53
1476	嘔	流開一影侯上	ɐu35	ɐu35	ʔɐu35	ʔɐu24	ɐu35	ʔɐu335	ɐu35	ʔɐu35	ʔɐu224	ʔɐu35	ʔɐu35
1477	毆	流開一影侯上	ɐu55	ɐu55	ʔɐu35	ʔɐu55	ɐu33	ʔɐu335	ɐu35	ʔɐu35	au224	ʔɐu53	ʔɐu35
1478	漚	流開一影侯去	ɐu33	ɐu33	ʔɐu33	ʔɐu11	ɐu44	ʔɐu33	ɐu33	ʔɐu33	ɐu33	ʔɐu33	ʔɐu33
1479	慪	流開一影侯去	ɐu33	ɐu33	ʔɐu33	ʔɐu11	ɐu44	ʔɐu33	ɐu33	ʔɐu33	ɐu33	ʔɐu33	ʔɐu33

（续上表）

序号	字项	中古音	湛江赤坎	廉江廉城	吴川梅菉	吴川吴阳	遂溪北坡	茂名茂南区	高州潘州街	信宜东镇	电白羊角	化州河西街	化州长岐
1480	否	流開三非尤上	fɐu35	fɐu35	fɐu35	fɐu24	fɐu35	fɐu335	fɐu35	fɐu35	fɐu224	fɐu35	fɐu35
1481	富	流開三非尤去	fu33	fu33	fu33	fu22	fu44	fu33	fu33	fu33	fu33	fu33	fu33
1482	副	流開三敷尤去	fu33	fu33	fu33	fu22	fu44	fu33	fu33	fu33	fu33	fu33	fu33
1483	浮	流開三奉尤平	fɐu21	fɐu21	fɐu31	fɐu44	fɐu11	fɐu21	fɐu11	fɐu35	fɐu11	fɐu23	fɐu121
1484	婦	流開三奉尤上	fu13	fu13	fu223	fu33	fu13	fu113	fu33	fu13	fu223	fu23	fu13
1485	負	流開三奉尤上	fu21	fu21	fu31	fu22	fu31	fu31	fu31	fu31	fu31	fu31	fu211
1486	復~兴	流開三奉尤去	fok055	fok055	fok055	fʊk044	fok021	fʊk055	fʊk055	fok055	fok055	fʊk055	fʊk055
1487	謀	流開三明尤平	mɐu21	mɐu21	mɐu31	mɐu44	mɐu11	mɐu21	mɐu11	mɐu13	mɐu11	mɐu23	mɐu121
1488	矛	流開三明尤平	mɐu21	mau21	mau31	mau44	mau11	mau21	mau11	mau31	mau11	mɑu23	mau121
1489	紐	流開三娘尤上	nɐu35	nɐu13	nɐu223	nɐu24	nɐu13	nɐu113	nɐu35	nɐu13	nɐu224	nɐu35	nɐu35
1490	扭	流開三娘尤上	nɐu35	nɐu13	nɐu223	nɐu33	nɐu13	nɐu113	nɐu35	nɐu13	nɐu224	nɐu35	nɐu35
1491	流	流開三來尤平	lɐu21	lɐu21	lɐu31	lɐu44	lɐu11	lɐu21	lɐu11	lɐu13	lɐu11	lɐu23	lɐu121

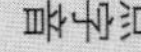

（续上表）

序号	字项	中古音	湛江赤坎	廉江廉城	吴川梅菉	吴川吴阳	遂溪北坡	茂名茂南区	高州潘州街	信宜东镇	电白羊角	化州河西街	化州长岐
1492	劉	流開三來尤平	lɐu21	lɐu21	lɐu31	lɐu44	lɐu11	lɐu21	lɐu11	lɐu13	lɐu11	lɐu23	lɐu121
1493	留	流開三來尤平	lɐu21	lɐu21	lɐu31	lɐu44	lɐu11	lɐu21	lɐu11	lɐu13	lɐu11	lɐu23	lɐu121
1494	榴	流開三來尤平	lɐu21	lɐu21	lɐu31	lɐu44	lɐu11	lɐu21	lɐu11	lɐu13	lɐu11	lɐu23	lɐu13
1495	硫	流開三來尤平	lɐu21	lɐu21	lɐu31	lɐu44	lɐu11	lɐu21	lɐu11	lɐu31	lɐu11	lɐu23	lɐu121
1496	琉	流開三來尤平	lɐu21	lɐu21	lɐu31	lɐu44	lɐu11	lɐu21	lɐu11	lɐu13	lɐu11	lɐu31	lɐu211
1497	柳	流開三來尤上	lɐu13	lɐu13	lɐu223	lɐu33	lɐu13	lɐu335	lɐu35	lɐu35	lɐu223	lɐu23	lɐu13
1498	溜	流開三來尤去	lɐu21	lɐu21	lɐu31	lɐu24	lɐu11	lɐu33	lɐu33	lɐu31	lɐu31	lɐu23	lɐu35
1499	餾	流開三來尤去	lɐu21	lɐu21	lɐu31	lɐu44	lɐu11	lɐu21	lɐu31	lɐu31	lɐu11	lɐu31	lɐu211
1500	廖	效開四來蕭平	liu21	liu21	liu31	liu22	liu31	liu21	liu31	liu31	liu11	liu31	liu211
1501	揪	流開三精尤平	ʧ^{h}ɐu55	ʧ^{h}ɐu55		nɐu55	ʧ^{h}ɐu33	ʧ^{h}ɐu553	ʧ^{h}ɐu553	ʧ^{h}ɐu453	ʧ^{h}ɐu44	t^{h}ɐu53	t^{h}ɐu53
1502	酒	流開三精尤上	ʧɐu35	ʧɐu35	ʧɐu35	tɐu24	ʧɐu35	ʧɐu335	ʧɐu35	ʧɐu35	ʧɐu224	tɐu35	tɐu35
1503	秋～千	流開三清尤平	ʧ^{h}ɐu55	ʧ^{h}ɐu55	ʧ^{h}ɐu55	t^{h}ɐu55	ʧ^{h}ɐu33	ʧ^{h}ɐu553	ʧ^{h}ɐu553	ʧ^{h}ɐu453	ʧ^{h}ɐu44	t^{h}ɐu53	t^{h}ɐu53

（续上表）

序号	字项	中古音	湛江赤坎	廉江廉城	吴川梅菉	吴川吴阳	遂溪北坡	茂名茂南区	高州潘州街	信宜东镇	电白羊角	化州河西街	化州长岐
1504	秋～天	流開三清尤平	ʧ^{h}ɐu55	ʧ^{h}ɐu55	ʧ^{h}ɐu55	t^{h}ɐu55	ʧ^{h}ɐu33	ʧ^{h}ɐu553	ʧ^{h}ɐu553	ʧ^{h}ɐu453	ʧ^{h}ɐu44	t^{h}ɐu53	t^{h}ɐu53
1505	鰍	流開三清尤平	ʧ^{h}ɐu55	nɐu55	ʧ^{h}ɐu55	nɐu55	ʧ^{h}ɐu33	ʧ^{h}ɐu553	nɐu553	nɐu453	ʧ^{h}ɐu44	t^{h}ɐu53	nɐu53
1506	就	流開三從尤去	ʧɐu21	ʧɐu21	ʧɐu31	t^{h}ɐu22	ʧɐu31	ʧɐu31	ʧɐu31	ʧɐu31	ʧɐu31	t^{h}ɐu31	t^{h}ɐu211
1507	修	流開三心尤平	ʃɐu55	ɬɐu55	ɬɐu55	ɬɐu55	ɬɐu33	ɬɐu553	ɬɐu553	ɬɐu453	ɬɐu44	ɬɐu53	ɬɐu53
1508	羞	流開三心尤平	ʃɐu55	ɬɐu55	ʧ^{h}ɐu35	ɬɐu55	ɬɐu33	ɬɐu553	ɬɐu553	ɬɐu453	ɬɐu44	ɬɐu53	ɬɐu53
1509	秀	流開三心尤去	ʃɐu33	ɬɐu33	ɬɐu33	ɬɐu11	ɬɐu44	ɬɐu33	ɬɐu33	ɬɐu33	ɬɐu33	ɬɐu33	ɬɐu33
1510	繡	流開三心尤去	ʃɐu33	ɬɐu33	ɬɐu33	ɬɐu11	ɬɐu44	ɬɐu33	ɬɐu33	ɬɐu33	ɬɐu33	ɬɐu33	ɬɐu33
1511	宿星～	流開三心尤去	ʃok055	ɬok055	ɬok055	ɬʊk044	ɬok055	ɬʊk055	ɬʊk055	ɬok055	ɬok055	ɬʊk055	ɬʊk055
1512	銹	流開三心尤去	ʃɐu33	ɬɐu33	ɬɐu33	ɬɐu11	ɬɐu44	ɬɐu33	ɬɐu33	ɬɐu33	ɬɐu33	ɬɐu33	ɬɐu33
1513	囚	流開三邪尤平	ʧ^{h}ɐu21	ʧ^{h}ɐu21	ʧ^{h}ɐu31	ts^{h}ɐu44	ʧ^{h}ɐu11	ʧ^{h}ɐu21	ʧ^{h}ɐu11	ʧ^{h}ɐu31	ʧ^{h}ɐu11	ʧ^{h}ɐu23	ʧ^{h}ɐu121
1514	袖	流開三邪尤去	ʧɐu21	ʧɐu21	ʧɐu31	t^{h}ɐu33	ʧɐu31	ʧɐu31	ʧɐu31	ʧɐu31	ʧɐu31	t^{h}ɐu31	t^{h}ɐu211
1515	肘	流開三知尤上			ʧɐu31	tsɐu24				ʧau35	ʧɐu31	ʧɐu35	

（续上表）

序号	字项	中古音	湛江赤坎	廉江廉城	吴川梅菉	吴川吴阳	遂溪北坡	茂名茂南区	高州潘州街	信宜东镇	电白羊角	化州河西街	化州长岐
1516	晝	流開三知尤去	ʧɐu33	ʧɐu33	ʧɐu33	tsɐu11	ʧɐu44	ʧɐu33	ʧɐu33	ʧɐu33	ʧɐu33	ʧɐu33	ʧɐu33
1517	抽	流開三徹尤平	ʧʰɐu55	ʧʰɐu55	ʧʰɐu55	tsʰɐu55	ʧʰɐu33	ʧʰɐu553	ʧʰɐu553	ʧʰɐu453	ʧʰɐu44	ʧʰɐu53	ʧʰɐu53
1518	丑	流開三徹尤上	ʧʰɐu35	ʧʰɐu35	ʧʰɐu35	tsʰɐu24	ʧʰɐu35	ʧʰɐu335	ʧʰɐu35	ʧʰɐu35	ʧʰɐu224	ʧʰɐu35	ʧʰɐu35
1519	綢	流開三澄尤平	ʧʰɐu21	ʧʰɐu21	ʧʰɐu31	tsʰɐu44	ʧʰɐu11	ʧʰɐu21	ʧʰɐu11	ʧʰɐu13	ʧʰɐu11	ʧʰɐu23	ʧʰɐu121
1520	稠	流開三澄尤平	ʧʰɐu21	ʧʰɐu21	ʧʰɐu31	tsɐu55	ʧʰɐu11	ʧʰɐu21	ʧʰɐu11	ʧʰɐu31	ʧʰɐu11	ʧʰɐu23	ʧʰɐu121
1521	籌	流開三澄尤平	ʧʰɐu21	ʧʰɐu21	ʧʰɐu31	tsʰɐu44	ʧʰɐu11	ʧʰɐu21	ʧʰɐu11	ʧʰɐu31	ʃɐu31	ʧʰɐu23	ʧʰɐu121
1522	紂	流開三澄尤上	ʧʰɐu21				ʧɐu31		ʧʰɐu35	ʧʰɐu13	ʧʰɐu11	ʧʰɐu23	ʧʰɐu121
1523	宙	流開三澄尤去	ʧɐu21	ʧɐu21	ʧɐu31	tʰɐu22	ʧɐu31	ʧɐu31	ʧɐu31	ʧɐu31	ʧɐu31	tʰɐu31	tʰɐu211
1524	鄒	流開三莊尤平	ʧɐu55	ʧau55	ʧau55	tɐu55	ʧau33	ʧau553	ʧau553	ʧau453	ʧau44	ʧɐu53	
1525	皺	流開三莊尤去	ʧɐu33	ʧɐu33	ȵiɐu33	ȵiɐu11	ʧɐu44	ʧɐu33	ʧɐu33/ȵiɐu33	ȵiɐu33	ȵiɐu44	ʧɐu33	ʧɐu33/ȵiɐu33
1526	縐	流開三莊尤去						ʧau33	ʧɐu33				
1527	愁	流開三崇尤平	ʃɐu21	ʧʰɐu21	ʃɐu31	sɐu44	ʃɐu11	sɐu21	ʃɐu11	ʃɐu13	ʃɐu11	ʃɐu23	ʃɐu121

（续上表）

序号	字项	中古音	湛江赤坎	廉江廉城	吴川梅菉	吴川吴阳	遂溪北坡	茂名茂南区	高州潘州街	信宜东镇	电白羊角	化州河西街	化州长岐
1528	驟	流開三崇尤去	ʧau21	ʧau55	ʧei31	tɐu11	ʧɐu31	ʧau33	ʧau33	ʧau31	ʧau33	tɐu33	ʧɐu33
1529	搜	流開三生尤平	ʃɐu35	ɬɐu35	ʃau35	sau11	ɬɐu35	ɬɐu335	ɬɐu35	ɬɐu35	ɬɐu224	ʃɑu53	ʃau35
1530	餿	流開三生尤平	ʃok055		ʃau55	sɐu55	ɬok055	ɬʊk055	ʃɐu553	ʃɐu453	ʃɐu44	ʃɐu53	ʃɐu53
1531	蒐~集	流開三生尤平	ʃau35	ʃɐu55	ʃau35	sau11	ɬɐu35	ɬɐu335	ɬɐu35	ɬɐu35	ɬɐu224	ʃɑu53	ʃau35
1532	瘦	流開三生尤去	ʃɐu33	ʃɐu33	ʃɐu33	sɐu11	ʃɐu44	sɐu33	ʃɐu33	ʃɐu33	ʃɐu33	ʃɐu33	ʃɐu33
1533	漱	流開三生尤去	ʃɐu33	ɬɐu33			ɬɐu44	ɬɐu33	ɬou33	ɬu33		ɬɐu33	ɬɐu33
1534	周	流開三章尤平	ʧɐu55	ʧɐu55	ʧɐu55	tsɐu55	ʧɐu33	ʧɐu553	ʧɐu553	ʧɐu453	ʧɐu44	ʧɐu53	ʧɐu53
1535	舟	流開三章尤平	ʧɐu55	ʧɐu55	ʧɐu55	tsɐu55	ʧɐu33	ʧɐu553	ʧɐu553	ʧɐu453	ʧɐu44	ʧɐu53	ʧɐu53
1536	州	流開三章尤平	ʧɐu55	ʧɐu55	ʧɐu55	tsɐu55	ʧɐu33	ʧɐu553	ʧɐu553	ʧɐu453	ʧɐu44	ʧɐu53	ʧɐu53
1537	洲	流開三章尤平	ʧɐu55	ʧɐu55	ʧɐu55	tsɐu55	ʧɐu33	ʧɐu553	ʧɐu553	ʧɐu453	ʧɐu44	ʧɐu53	ʧɐu53
1538	帚	流開三章尤上					ʧau35			ʧau35	ʧau224	ʧɐu35	
1539	咒	流開三章尤去	ʧɐu33	ʧɐu33	ʧɐu33	tsɐu11	ʧɐu44	ʧɐu33	ʧɐu33	ʧɐu33	ʧɐu33	tɐu53/ʧɐu33	ʧɐu33

（续上表）

序号	字项	中古音	湛江赤坎	廉江廉城	吴川梅菉	吴川吴阳	遂溪北坡	茂名茂南区	高州潘州街	信宜东镇	电白羊角	化州河西街	化州长岐
1540	醜	流開三昌尤上	ʧʰɐu35	ʧʰɐu35	ʧʰɐu35	tsʰɐu24	ʧʰɐu35	ʧʰɐu335	ʧʰɐu35	ʧʰɐu35	ʧʰɐu224	ʧʰɐu35	ʧʰɐu35
1541	臭	流開三昌尤去	ʧʰɐu33	ʧʰɐu33	ʧʰɐu33	tsʰɐu11	ʧʰɐu44	ʧʰɐu33	ʧʰɐu33	ʧʰɐu33	ʧʰɐu33	ʧʰɐu33	ʧʰɐu33
1542	收	流開三書尤平	ʃɐu55	ʃɐu55	ʃɐu55	sɐu55	ʃɐu33	sɐu553	ʃɐu553	ʃɐu453	ʃɐu44	ʃɐu53	ʃɐu53
1543	手	流開三書尤上	ʃɐu35	ʃɐu35	ʃɐu35	sɐu24	ʃɐu35	sɐu335	ʃɐu35	ʃɐu35	ʃɐu224	ʃɐu35	ʃɐu35
1544	首	流開三書尤上	ʃɐu35	ʃɐu35	ʃɐu35	sɐu24	ʃɐu35	sɐu335	ʃɐu35	ʃɐu35	ʃɐu224	ʃɐu35	ʃɐu35
1545	守	流開三書尤上	ʃɐu35	ʃɐu35	ʃɐu35	sɐu24	ʃɐu35	sɐu335	ʃɐu35	ʃɐu35	ʃɐu224	ʃɐu35	ʃɐu35
1546	獸	流開三書尤去	ʃɐu33	ʧʰɐu33	ʃɐu33	sɐu11	ʃɐu44	sɐu33	ʃɐu33	ʃɐu33	ʃɐu33	ʃɐu33	ʃɐu33
1547	仇姓	流開三禪尤平	ʃɐu21	ʧʰɐu21	ʃɐu31	sɐu44	ʃɐu11	sɐu21	ʃɐu11	ʃɐu13	ʃɐu11	ʃɐu23	ʃɐu121
1548	酬	流開三禪尤平	ʧʰɐu21	ʧʰɐu21	ʧʰɐu31	tsʰɐu44	ʧʰɐu11	ʧʰɐu21	ʧʰɐu11	ʧʰɐu13	ʧʰɐu11	ʃɐu23	ʧʰɐu121
1549	受	流開三禪尤上	ʃɐu21	ʃɐu21	ʃɐu31	sɐu22	ʃɐu31	sɐu31	ʃɐu31	ʃɐu31	ʃɐu31	ʃɐu31	ʃɐu211
1550	壽	流開三禪尤去	ʃɐu21	ʃɐu21	ʃɐu31	sɐu22	ʃɐu31	sɐu31	ʃɐu31	ʃɐu31	ʃɐu31	ʃɐu31	ʃɐu211
1551	授	流開三禪尤去	ʃɐu21	ʃɐu21	ʃɐu31	sɐu22	ʃɐu31	sɐu31	ʃɐu31	ʃɐu31	ʃɐu31	ʃɐu31	ʃɐu211

（续上表）

序号	字项	中古音	湛江赤坎	廉江廉城	吴川梅菉	吴川吴阳	遂溪北坡	茂名茂南区	高州潘州街	信宜东镇	电白羊角	化州河西街	化州长岐
1552	售	流開三禪尤去	ʃɐu21	ʧʰɐu21	ʃɐu31	sɐu44	ʧʰɐu11	sɐu21	ʃɐu11	ʧʰɐu13	ʃɐu11	ʃɐu23	ʃɐu121
1553	柔	流開三日尤平	iɐu21	iɐu21	iɐu31	iɐu44	iɐu11	iɐu21	iɐu11	iɐu13	iɐu11	jiɐu23	ᶻjiɐu121
1554	揉	流開三日尤平	iɐu21	iɐu21		iɐu44	iɐu11		iɐu11	iɐu31	iɐu11	jiɐu23	
1555	鳩	流開三見尤平	kɐu55	kɐu55	kɐu55	kɐu55	kɐu35	kɐu553	kɐu553	kɐu453	kɐu445	kɐu53	kɐu53
1556	鬮	流開三見尤平	kʰɐu55	kɐu55	kɐu55	kɐu55	kʰɐu33	kʰɐu553	kʰɐu553	kɐu453	kʰɐu445	kɐu53	kɐu53
1557	糾~纏	流開三見尤平	tɐu35	tɐu35	ɗɐu35	ɗɐu24	tɐu35	tɐu335	tɐu35	tɐu35	tɐu224	ɗɐu35	ɗɐu35
1558	九	流開三見尤上	kɐu35	kɐu35	kɐu35	kɐu24	kɐu35	kɐu335	kɐu35	kɐu35	kɐu224	kɐu35	kɐu35
1559	久	流開三見尤上	kɐu35	kɐu35	kɐu35	kɐu24	kɐu35	kɐu335	kɐu35	kɐu35	kɐu224	kɐu35	kɐu35
1560	韭	流開三見尤上	kɐu35	kɐu35	kɐu35	kɐu24	kɐu35	kɐu335	kɐu35	kɐu35	kɐu224	kɐu35	kɐu35
1561	灸	流開三見尤上	kɐu33	kɐu33	kɐu33	kɐu11	kɐu44	kɐu33	kɐu33	kɐu33	kɐu33	kɐu33	kɐu33
1562	救	流開三見尤去	kɐu33	kɐu33	kɐu33	kɐu11	kɐu44	kɐu33	kɐu33	kɐu33	kɐu33	kɐu33	kɐu33
1563	究	流開三見尤去	kɐu33	kɐu33	kɐu33	kɐu11	kɐu44	kɐu33	kɐu33	kɐu33	kɐu33	kɐu33	kɐu33

（续上表）

序号	字项	中古音	湛江赤坎	廉江廉城	吴川梅菉	吴川吴阳	遂溪北坡	茂名茂南区	高州潘州街	信宜东镇	电白羊角	化州河西街	化州长岐
1564	丘	流開三溪尤平	iɐu55	hɐu55	hɐu55	hɐu55	iɐu33	hɐu553	hɐu553	iɐu453 姓 k^hɐu453 山～	iɐu44 姓 hɐu44 山～	hɐu53	hɐu53
1565	求	流開三羣尤平	k^hɐu21	k^hɐu21	k^hɐu31	k^hɐu44	k^hɐu11	k^hɐu21	k^hɐu11	k^hɐu13	k^hɐu11	k^hɐu23	k^hɐu121
1566	球	流開三羣尤平	k^hɐu21	k^hɐu21	k^hɐu31	k^hɐu44	k^hɐu11	k^hɐu21	k^hɐu11	k^hɐu13	k^hɐu11	k^hɐu23	k^hɐu121
1567	仇～恨	流開三禪尤平	ʃɐu21		ʃɐu31	sɐu44	ɬɐu11	sɐu21	ʃɐu11	ʃɐu13	ʃɐu11	ʃɐu23	ʃɐu121
1568	臼	流開三羣尤上	kau33	k^hɐu33	kau33	k^hɐu33		k^hɐu33	k^hɐu33	k^hɐu13	kau33	k^hɐu23	k^hɐu33
1569	舅	流開三羣尤上	k^hɐu13	k^hɐu13	k^hɐu223	k^hɐu33	k^hɐu13	k^hɐu113	k^hɐu223	k^hɐu13	k^hɐu223	k^hɐu23	k^hɐu13
1570	咎	流開三羣尤上	kɐu33	kɐu33			kɐu44	kɐu33	kɐu33	kɐu33	kɐu33	kɐu33	kɐu33
1571	舊	流開三羣尤去	kɐu21	kɐu21	kɐu31	k^hɐu22	kɐu31	kɐu31	kɐu31	kɐu31	kɐu31	k^hɐu31	k^hɐu211
1572	柩	流開三羣尤去		kɐu33		kɐu11	kɐu31	kɐu33	kɐu33	kɐu33	kau33	kɐu33	kɐu33
1573	牛	流開三疑尤平	ŋɐu21	ŋɐu21	ŋɐu31	ȵiɐu44	ŋɐu11	ŋɐu21	ŋɐu11	ŋɐu13	ŋɐu11	ŋɐu23	ȵiɐu121
1574	休	流開三曉尤平	iɐu55	hɐu55	hɐu55	hɐu55	iɐu33	hɐu553	hɐu553	iɐu453/hɐu453	hɐu44	hɐu53	hɐu53

（续上表）

序号	字项	中古音	湛江赤坎	廉江廉城	吴川梅菉	吴川吴阳	遂溪北坡	茂名茂南区	高州潘州街	信宜东镇	电白羊角	化州河西街	化州长岐
1575	朽	流開三曉尤上	nɐu13	ɐu35	ʔau35	ʔɐu24	au35	ʔau335	au35	ȵiɐu35	au224	ʔɑu35	ʔau35
1576	嗅	流開三曉尤去	ʧ^{h}ɐu33	ʧ^{h}ɐu33	ʧ^{h}ɐu33	ts^{h}ɐu11	ʧ^{h}ɐu44	ʧ^{h}ɐu33	ʧ^{h}ɐu33	ʧ^{h}ɐu33	ʧ^{h}ɐu33	ʧ^{h}ɐu33	ʧ^{h}ɐu33
1577	憂	流開三影尤平	iɐu55	iɐu55	iɐu55	iɐu55	iɐu33	iɐu553	iɐu553	iɐu453	iɐu44	jiɐu53	^{z}jiɐu53
1578	優	流開三影尤平	iɐu55	iɐu55	iɐu55	iɐu55	iɐu33	iɐu553	iɐu553	iɐu453	iɐu44	jiɐu53	^{z}jiɐu53
1579	尤	流開三云尤平	iɐu21	iɐu21	iɐu31	iɐu44	iɐu11	iɐu21	iɐu11	iɐu13	iɐu11	jiɐu31	^{z}jiɐu211
1580	郵	流開三云尤平	iɐu21	iɐu21	iɐu31	iɐu44	iɐu11	iɐu21	iɐu11	iɐu31	iɐu11	jiɐu23	^{z}jiɐu121
1581	有	流開三云尤上	iɐu13	iɐu13	iɐu35	iɐu33	iɐu13	iɐu113	iɐu223	iɐu13	iɐu223	jiɐu23	^{z}jiɐu13
1582	友	流開三云尤上	iɐu13	iɐu13	iɐu223	iɐu33	iɐu13	iɐu113	iɐu223	iɐu13	iɐu223	jiɐu23	^{z}jiɐu13
1583	又	流開三云尤去	iɐu21	iɐu21	iɐu31	iɐu22	iɐu31	iɐu31	iɐu31	iɐu31	iɐu31	jiɐu31	^{z}jiɐu211
1584	右	流開三云尤去	iɐu21	iɐu21	iɐu31	iɐu22	iɐu31	iɐu31	iɐu31	iɐu31	iɐu31	jiɐu31	^{z}jiɐu211
1585	佑	流開三云尤去	iɐu21	iɐu21	iɐu31	iɐu22	iɐu31	iɐu31	iɐu31	iɐu31	iɐu31	jiɐu31	^{z}jiɐu211
1586	由	流開三以尤平	iɐu21	iɐu21	iɐu31	iɐu44	iɐu11	iɐu21	iɐu11	iɐu13	iɐu11	jiɐu23	^{z}jiɐu121

（续上表）

序号	字项	中古音	湛江赤坎	廉江廉城	吴川梅菉	吴川吴阳	遂溪北坡	茂名茂南区	高州潘州街	信宜东镇	电白羊角	化州河西街	化州长岐
1587	油	流開三以尤平	iɐu21	iɐu21	iɐu31	iɐu44	iɐu11	iɐu21	iɐu11	iɐu13	iɐu11	jiɐu23	^{z}jiɐu121
1588	游	流開三以尤平	iɐu21	iɐu21	iɐu31	iɐu44	iɐu11	iɐu21	iɐu11	iɐu13	iɐu11	jiɐu23	^{z}jiɐu121
1589	猶	流開三以尤平	iɐu21	iɐu21	iɐu31	iɐu44	iɐu11	iɐu21	iɐu11	iɐu13	iɐu11	jiɐu23	^{z}jiɐu121
1590	悠	流開三以尤平	iɐu55	iɐu55	iɐu55	iɐu44	iɐu11	iɐu553	iɐu11	iɐu453	iɐu44	jiɐu23	^{z}jiɐu121
1591	酉	流開三以尤上	iɐu13	iɐu13	iɐu223	iɐu33	iɐu13	iɐu113	iɐu35	iɐu13	iɐu224	jiɐu23	^{z}jiɐu13
1592	誘	流開三以尤上	iɐu13	iɐu13	iɐu31	iɐu22	iɐu33	iɐu33	iɐu33	iɐu33		jiɐu31	^{z}jiɐu13
1593	柚	流開三以尤去	iɐu13	iɐu13	iɐu31	iɐu44	iɐu11	iɐu21	iɐu31	iɐu35	iɐu11	jiɐu23	^{z}jiɐu121
1594	釉	流開三以尤去	iɐu13	iɐu21	iɐu31	iɐu44	iɐu11	iɐu21	iɐu31	iɐu31	iɐu11	jiɐu23	^{z}jiɐu121
1595	彪	流開三幫幽平	piu55	piu55	ɓiu55	ɓiu55	piu33	piu553	piu553	piu453	piu445	ɓiu53	ɓiu53
1596	謬	流開三明幽去	mɐu21	mau21	mɐu31	mɐu22	mɐu31	mɐu31	mau31	mɐu31	mɐu31	mɑu31	mɐu121
1597	丢	流開三端幽平	tiu55	tiu55	ɗiu55	ɗiu55	tiu33	tiu553	tiu553	tiu453	tiu44	ɗiu53	ɗiu53
1598	糾～正	流開三見幽上	tɐu35	tɐu35	ɗɐu35	ɗɐu24	tɐu35	tɐu335	tɐu35	tɐu35	tɐu224	ɗɐu35	ɗɐu35

（续上表）

序号	字项	中古音	湛江赤坎	廉江廉城	吴川梅菉	吴川吴阳	遂溪北坡	茂名茂南区	高州潘州街	信宜东镇	电白羊角	化州河西街	化州长岐
1599	幽	流開三影幽平	iɐu55	iɐu55	iɐu55	iɐu55	iɐu33	iɐu553	iɐu553	iɐu453	iɐu44	jiɐu53	^{z}jiɐu53
1600	幼	流開三影幽去	iɐu33	iɐu33	iɐu33	iɐu11	iɐu44	iɐu33	iɐu33	iɐu33	iɐu33	jiɐu33	^{z}jiɐu33
1601	耽	咸開一端覃平	tam55	tam55	ɗaŋ55	ɗam55	tam33	tam553	tam553	tam453	tam44	ɗaŋ53	ɗam53
1602	答	咸開一端合入	tap033	tap033	ɗaʔ033	ɗap011	tap033	tap033	tap033	tap033	tap033	ɗaʔ033	ɗap033
1603	搭	咸開一端合入	tap033	tap033	ɗaʔ033	ɗap011	tap033	tap033	tap033	tap033	tap033	ɗaʔ033	ɗap033
1604	貪	咸開一透覃平	t^ham55	t^ham55	t^haŋ55	t^ham55	t^ham33	t^ham553	t^ham553	t^ham453	t^ham44	t^haŋ53	t^ham53
1605	探	咸開一透覃去	t^ham33	t^ham33	t^haŋ33	t^ham11	t^ham44	t^ham33	t^ham33	t^ham33	t^ham33	t^haŋ33	t^ham33
1606	踏	咸開一透合入	tap022	tɐp022	ɗaʔ031	t^hap033	tap021	tap022	tap021	tap022	tap021	ɗɐk022	tap022
1607	潭	咸開一定覃平	t^ham21	t^ham21	t^haŋ31	t^ham44	t^ham11	t^ham21	t^ham11	t^ham13	t^ham11	t^haŋ23	tam121
1608	譚	咸開一定覃平	t^ham21	t^ham21	t^haŋ31	t^ham44	t^ham11	t^ham21	t^ham11	t^ham13	t^ham11	t^haŋ23	tam121
1609	沓	咸開一定合入	tap022	tɐp033	ɗaʔ033	t^hap033	t^hap033	tap022	tap021	tap022	tap021	ɗaʔ022	tap022
1610	南	咸開一泥覃平	nam21	nam21	naŋ31	nam44	nam11	nam21	nam11	nam13	nam11	naŋ23	nam121

（续上表）

序号	字项	中古音	湛江赤坎	廉江廉城	吴川梅菉	吴川吴阳	遂溪北坡	茂名茂南区	高州潘州街	信宜东镇	电白羊角	化州河西街	化州长岐
1611	男	咸開一泥覃平	nam21	nam21	naŋ31	nam44	nam11	nam21	nam11	nam13	nam11	naŋ23	nam121
1612	納	咸開一泥合入	nap022	nap022	naʔ031	nap022	nap021	nap022	nap021	nap022	nap021	naʔ022	nap022
1613	拉	咸開一來合入	lai55	lai55	la55	lai55	lai33	lai553	lai553	la453	lai44	lai53	lai53
1614	簪	咸開一精覃平		ʧɐm55		tam55	ʧʰam33	ʧam553	ʧaŋ553		ʧam445	taŋ53	ʧaŋ53
1615	參~加	咸開一清覃平	ʧʰam55	ʧʰam55	ʧʰaŋ55	tʰam55	ʧʰam33	ʧʰam553	ʧʰam553	ʧʰam453	ʧʰam44	tʰaŋ53	tʰam53
1616	慘	咸開一清覃上	ʧʰam35	ʧʰam35	ʧʰaŋ35	tʰam24	ʧʰam35	ʧʰam335	ʧʰam35	ʧʰam35	ʧʰam224	tʰaŋ35	tʰam35
1617	蠶	咸開一從覃平	ʧʰam21	ʧʰam21	ʧʰaŋ31	tʰam44	ʧʰam11	ʧʰam21	ʧʰam11	ʧʰam13	ʧʰam11	tʰaŋ23	tʰam121
1618	雜	咸開一從合入	ʧap022	ʧap022	ʧaʔ031	tʰap022	ʧap021	ʧap022	ʧap021	ʧap022	ʧap021	tʰɐk022	tʰɐp022
1619	感	咸開一見覃上	kam35	kam35	koŋ35/kɐm35	kᵘɔm24	kam35	kam335	kam35	kɔm35	kam224	kaŋ35	kam35
1620	合量具	咸開一見合入	hɐp022	hɐp022	kop033	kᵘɔp011	kap033	hap022	hap021	kɔp033	hap021	hᵘɔʔ022	hᵘɔᵄk022
1621	蛤	咸開一見合入		kap033	kaʔ033	kᵘɔp011	hap033 ~蜊 kap033 花~		kap033	kɔp033	kap033	kɐp055	kᵘɔᵄk033

(续上表)

序号	字项	中古音	湛江赤坎	廉江廉城	吴川梅菉	吴川吴阳	遂溪北坡	茂名茂南区	高州潘州街	信宜东镇	电白羊角	化州河西街	化州长岐
1622	鴿	咸開一見合入	kap033	kap033	kop055	k^{u}ɔp011	kap033	kap033	kap033	kɔp033	kap033	k^{u}ɔʔ033	k^{u}ɔ^{ɐ}k033
1623	堪	咸開一溪覃平	hɐm55	hɐm55	hɐm55	h^{u}ɔm55	hɐm44	hɐm553	hɐm553	hɔm453	hɐm44	haŋ53	hɐm53
1624	龕	咸開一溪覃平	hɐp022			ʔ^{u}ɔm55	hɐm33	ʔam553	am553				ʔɐm53
1625	坎	咸開一溪覃上	hɐm33	hɐm33	hoŋ33	h^{u}ɔm11	hɐm44	hɐm335	hɐm553 ~坷 hɐm33 ~儿	hɔm33	hɐm44		hɐm53
1626	砍	咸開一溪覃上		hɐm35	hoŋ35	h^{u}ɔm24	hɐm44	hɐm335	ham35	hɔm35	hɐm224	h^{u}ɔŋ35	h^{u}ɔm35
1627	勘	咸開一溪覃去	hɐm33	hɐm55		h^{u}ɔm11	hɐm44	ham33	k^{h}am33	hɔm33	hɐm44	ham33	ham33
1628	喝~水	咸開一曉合入	hɔk033	hɔt033	hɔʔ033	h^{u}ɔʔ011	hut033	h^{u}ɔt033	h^{u}ɔt033	h^{u}ɔt033	h^{u}ɔt033	h^{u}ɔʔ033	h^{u}ɔ^{ɐ}k033
1629	含	咸開一匣覃平	hɐm21	hɐm21	hoŋ31	h^{u}ɔm44	hɐm31	hɐm21	hɐm11	hɔm13	hɐm11	h^{u}ɔŋ23	h^{u}ɔm121
1630	函	咸開一匣覃平	hɐm21	hɐm21		ham44	hɐm11	hɐm21	ham11	hɔm31	hɐm11	ham31	ham211
1631	撼	咸開一匣覃上	hɐm21	ham21		ham22	hɐm44	ham31	ham31	hɔm31	hɐm11	ham31	ham211
1632	憾	咸開一匣覃去	hɐm21	hɐm21	hɐm31	ham22	hɐm44	ham31	ham31	hɔm31	hɐm11	ham31	ham211

（续上表）

序号	字项	中古音	湛江赤坎	廉江廉城	吴川梅菉	吴川吴阳	遂溪北坡	茂名茂南区	高州潘州街	信宜东镇	电白羊角	化州河西街	化州长岐
1633	合	咸開一匣合入	hɐp022	hɐp022	hop033	hᵘɔp033	hɐp021	hap022	hap021	hɔp022	hap021	hᵘɔʔ022	hᵘɔᵉk022
1634	盒	咸開一匣合入	hɐp022	hɐp022	hop031	hᵘɔp033	hɐp021	hap022	hap021	hɔp022	hap021	hᵘɔʔ022	hɐp022
1635	庵	咸開一影覃平	ɐm55	ɐm55	ʔɐm55	ʔᵘɔm55	ɐm33	ʔam553	am553	ʔɔm453	ʔam44	ʔᵘɔŋ53	ʔɐm53
1636	揞	咸開一影覃上	ɐm33	ɐm35	ʔɐm35	ʔam24	ɐm33	ʔɐm335	ɐm35	ʔɐm35	ʔɐm224	ɐm35	ʔɐm35
1637	暗	咸開一影覃去	ɐm33	ɐm33	ʔoŋ33	ʔᵘɔm11	ɐm44	ʔɐm33	am33	ʔɔm33	ɐm33	ʔᵘɔŋ33	ʔᵘɔm33
1638	擔~任	咸開一端談平	tam55	tam55	ɗaŋ55	ɗam55	tam33	tam553	tam553	tam453	tam44	ɗaŋ53	ɗam53
1639	膽	咸開一端談上	tam35	tam35	ɗaŋ35	ɗam24	tam35	tam335	tam35	tam35	tam224	ɗaŋ35	ɗam35
1640	擔挑~	咸開一端談去	tam33	tam33	ɗaŋ33	ɗam11	tam44	tam33	tam33	tam33	tam33	ɗaŋ33	ɗam33
1641	坍	咸開一透談平				ɗaŋ55							
1642	毯	咸開一透談上	tʰaŋ35	tʰan35	tʰaŋ35	tʰaŋ24	tʰaŋ35	tʰan335	tʰan35		tʰan224		
1643	塔	咸開一透盍入	tʰap033	tʰap033	tʰaʔ033	tʰap011	tʰap033	tʰap033	tʰap033	tʰap033	tʰap033	tʰaʔ033	tʰap033
1644	榻	咸開一透盍入	tʰap033	tʰap033			tʰap033		tʰat033			tʰaʔ033	tʰap033

（续上表）

序号	字项	中古音	湛江赤坎	廉江廉城	吴川梅菉	吴川吴阳	遂溪北坡	茂名茂南区	高州潘州街	信宜东镇	电白羊角	化州河西街	化州长岐
1645	遢	咸開一透盍入	tʰap033	tʰap033	tʰaʔ033	tʰaʔ011	tʰaʔ033	tʰat033	tʰat033	tʰat033	tʰat033	tʰaʔ033	tʰak033
1646	塌	咸開一透盍入	tʰap033	tʰap033	tʰaʔ033	tʰap011	tʰap033	tʰap033	tʰap033	tʰap033	tʰap033	tʰaʔ033	tʰap033
1647	談	咸開一定談平	tʰam21	tʰam21	tʰaŋ31	tʰam44	tʰam11	tʰam21	tʰam11	tʰam13	tʰam11	tʰaŋ23	tam121
1648	痰	咸開一定談平	tʰam21	tʰam21	tʰaŋ31	tʰam44	tʰam11	tʰam21	tʰam11	tʰam13	tʰam11	tʰaŋ23	tam121
1649	淡	咸開一定談上	tʰam13	tʰam13	tʰaŋ223	tʰam33	tʰam13	tʰam113	tʰam223	tʰam13	tʰam223	tʰaŋ23	tam13
1650	藍	咸開一來談平	lam21	lam21	laŋ31	lam44	lam11	lam21	lam11	lam13	lam11	laŋ23	lam121
1651	籃	咸開一來談平	lam21	lam21	laŋ31	lam44	lam11	lam21	lam11	lam453	lam11	laŋ23	lam121
1652	覽	咸開一來談上	lam13	lam35	laŋ35	lam33	lam13	lam335	lam35	lam35	lam224	laŋ35	lam35
1653	攬	咸開一來談上	lam35	lam35	laŋ35	lam33	lam13	lam335	lam35	lam35	lam224	laŋ35	lam35
1654	欖	咸開一來談上	lam35	lam35	laŋ35	lam24	lam35	lam335	lam35	lam35	lam224	laŋ35	lam35
1655	濫	咸開一來談去	lam21	lan21	laŋ31	lam22	lam31	lam31	lam31	lam31	lam11	laŋ31	lam211
1656	纜	咸開一來談去	lam35	lan21	laŋ31	lam22	lam35	lam31	lam31	lam35	lam31	laŋ31	lam211

（续上表）

序号	字项	中古音	湛江赤坎	廉江廉城	吴川梅菉	吴川吴阳	遂溪北坡	茂名茂南区	高州潘州街	信宜东镇	电白羊角	化州河西街	化州长岐
1657	臘	咸開一來盍入	lap022	lap022	laʔ031	lap022	lap021	lap022	lap021	lap022	lap021	laʔ022	lap022
1658	蠟	咸開一來盍入	lap022	lap022	laʔ031	lap022	lap021	lap022	lap021	lap022	lap021	laʔ022	lap022
1659	慚	咸開一從談平	ʧ^{h}am21	ʧ^{h}am21	ʧ^{h}aŋ31	t^{h}am44	ʧ^{h}am11	ʧ^{h}am21	ʧ^{h}am11	ʧ^{h}am31	ʧ^{h}am11	t^{h}aŋ31/ t^{h}am31	t^{h}am211
1660	暫	咸開一從談去	ʧam21	ʧim21	ʧaŋ31	ts^{h}am22	ʧam31	ʧam31	ʧam31	ʧam31	ʧam31	ʧ^{h}aŋ31	t^{h}am211
1661	三	咸開一心談平	ʃam55	ɬam55	ɬaŋ55	ɬam55	ɬam33	ɬam553	ɬam553	ɬam453	ɬam44	ɬam53	ɬam53
1662	甘	咸開一見談平	kɐm55	kam55	koŋ55	k^{u}ɔm55	kam33	kam553	kam553	kɔm453	kam44	k^{u}ɔŋ53	k^{u}ɔm53/ kam53
1663	柑	咸開一見談平	kɐm55	kam55	koŋ55	k^{u}ɔm55	kam33	kam553	kam553	kɔm453	kam44	k^{u}ɔŋ53	k^{u}ɔm53/ kam53
1664	泔	咸開一見談平	kɐm55								kam44		
1665	敢	咸開一見談上	kam35	kam35	koŋ223	k^{u}ɔm24	kam35	kam335	kam35	kɔm35	kam224	k^{u}ɔŋ35	k^{u}ɔm35/ kam35
1666	橄	咸開一見談上		kam35	koŋ55	k^{u}ɔm24	kam33	kam553	kam553	kɔm453	kam224	k^{u}ɔŋ35	kam53
1667	喊	咸開一曉談上	ham33	ham33	haŋ33	ham11	ham44	ham33	ham33	ham33	ham33	ham33	ham33
1668	站~立	咸開二知咸去	ʧam21	ʧam21	ʧaŋ31	ts^{h}am22	ʧam31	ʧam31	ʧam31	ʧam31	ʧam31	ʧ^{h}aŋ31	ʧ^{h}am211

（续上表）

序号	字项	中古音	湛江赤坎	廉江廉城	吴川梅菉	吴川吴阳	遂溪北坡	茂名茂南区	高州潘州街	信宜东镇	电白羊角	化州河西街	化州长岐
1669	劄	咸開二知咸入	ʧaʔ033	ʧat033	ʧaʔ031	tsaʔ022	ʧa44			ʧap033	ʧat033		
1670	賺	咸開二澄咸去	ʧam21	ʧan21	ʧaŋ31	tsʰaŋ22	ʧaŋ31	ʧan31	ʧan31	ʧan31	ʧan31	ʧʰaŋ31	ʧʰaŋ211
1671	站车～	咸開二澄咸去	ʧam21	ʧam21	ʧaŋ31	tsʰam22	ʧam31	ʧam31	ʧam31	ʧam31	ʧam31	ʧʰaŋ31	ʧʰam211
1672	斬	咸開二莊咸上	ʧam35	ʧam35	ʧaŋ35	tsam24	ʧam35	ʧam335	ʧam35	ʧam35	ʧam224	ʧaŋ35	ʧam35
1673	蘸	咸開二莊咸去	nam13	nam13		nam44	nam13	nam113			nam224	naŋ23	nam13
1674	眨	咸開二莊洽入	ʧam35	ʧam35	ʧaŋ35	tsam24	ʧam35	ʧam335	ʧam35	ʧam35	ʧam224	ʧaŋ35	
1675	插	咸開二初洽入	ʧʰap033	ʧʰap033	ʧʰaʔ033	tsʰap011	ʧʰap033	ʧʰap033	ʧʰap033	ʧʰap033	ʧʰap033	ʧʰaʔ033	ʧʰap033
1676	饞	咸開二崇咸平	ʧʰam21	ʧʰam21			ʧʰam11	ʧʰam21	ʃam11	ʃam13	ʧʰam11	ʃaŋ23	ʃam121
1677	讒	咸開二崇咸平	ʧʰam21	ʧʰam21	ʧaʔ031	tʰam44	ʧʰam11	ʧʰan21	ʧʰan11	ʃam13	ʧʰam11	ʃaŋ23	
1678	閘	咸開二崇洽入	ʧap022	ʧap022	ʃaʔ031	tsʰap033	ʧap021	ʧap022	ʧap021	ʧap022	ʧap021	ʧʰaʔ022	ʧʰap022
1679	煠	咸開二崇洽入	ʧa33	ʃap022		sap022	ʃap021	sap022	ʃap021	ʃap022	ʃap021		ʃap022
1680	杉	咸開二生咸平	ʧʰam33	ʧʰam13	ʧʰaŋ35	tsʰam33	ʧʰam13	ʧʰam335	ʧʰam223	ʧʰam33	ʧʰam33	ʧʰaŋ23	ʧʰam13

（续上表）

序号	字项	中古音	湛江赤坎	廉江廉城	吴川梅菉	吴川吴阳	遂溪北坡	茂名茂南区	高州潘州街	信宜东镇	电白羊角	化州河西街	化州长岐
1681	尷	咸開二見咸平	kam33	kam33	kaŋ33	kam11	kam44	kam33	kam33	kam33	kam44	kam33	kam33
1682	減	咸開二見咸上	kam35	kam35	kaŋ35	kam24	kam35	kam335	kam35	kam35	kam224	kam35	kam35
1683	鹼	咸開二見咸上	kaŋ35	kan35	kaŋ35	kaŋ24	kɐŋ35	kan335	kan35	kan35	kan224	kaŋ35	kaŋ35
1684	夾	咸開二見洽入	kap022	kiap022	k^{i}ɛʔ031	kap011	kiɐp021	kap022	kiap021	kiap022	kiap021	k^{h}iaʔ022	k^{h}iap022
1685	裌	咸開二見洽入	kap022	kiap022	k^{i}ɛʔ031	kap011	kiɐp021	kap022	kap033	kap033	kap033	k^{h}iaʔ022	k^{h}iap022
1686	恰	咸開二溪洽入	hɐp055	ʧap033	ʧaʔ031	tap011	hɐp055	hɐp055	hɐp055	ʧap033	hap021	taʔ033	ɗap033
1687	掐	咸開二溪洽入		$ʧ^{h}$a55								tiaʔ055	tiak033
1688	咸	咸開二匣咸平	ham21	ham21	haŋ31	ham44	hɐm11	ham21	ham11	hɔm31	ham11	ham31	ham211
1689	鹹	咸開二匣咸平	ham21	ham21	haŋ31	ham44	ham11	ham21	ham11	ham13	ham11	haŋ23	ham121
1690	陷	咸開二匣咸去	hɐm21	hɐm21	hɐm31	ham22	hɐm31	ham31	ham31	hɔm31	ham31	ham31	ham211
1691	餡	咸開二匣咸去	hɐm21		kɐm35		hɐm31	ham31	ham31	ham31/hɔm31	ham31	ham31	ham211
1692	狹	咸開二匣洽入	hap022	kiap022	k^{i}ɛʔ031	hap022	kiɐp021	kiap022	kiap021	hiap022	kiap021	k^{h}iaʔ022	k^{h}iap022

（续上表）

序号	字项	中古音	湛江赤坎	廉江廉城	吴川梅菉	吴川吴阳	遂溪北坡	茂名茂南区	高州潘州街	信宜东镇	电白羊角	化州河西街	化州长岐
1693	峽	咸開二匣洽入	hap022	hip022	k^{i}ɛʔ031	hip033	hip021	hip022	hap021	hip022	hip021	hip022	hi^{ə}p022
1694	洽	咸開二匣洽入	hɐp055	hɐp055		tap022	hɐp055	hɐp055	hɐp055	ʧap033	hap021	hɐp055/ta ʔ033	hap022
1695	衫	咸開二生銜平	ʃam55	ʃam55	ʃaŋ55	sam55	ʃam33	sam553	ʃam553	ʃam453	ʃam44	ʃaŋ53	ʃam53
1696	監～视	咸開二見銜平	kam55	kam55	kaŋ55	kam55	kam44	kam553	kam553	kam453	kam44	kam33	kam53
1697	鑒	咸開二見銜去	kam33	kam33	kaŋ33	kam11	kam44	kam33	kam33	kam33	kam33	kam33	kam33
1698	監国子～	咸開二見銜去	kam33	kam33	kaŋ33	kam11	kam44	kam33	kam33	kam33	kam33	kam33	kam33
1699	甲	咸開二見狎入	kap033	kap033	kaʔ033	kap011	kap033	kap033	kap033	kap033	kap033	kaʔ033	kap033
1700	胛	咸開二見狎入	kap033	kap033	kaʔ033	kap011	kap033	kap033	kap033		kap033		kap033
1701	嵌	咸開二溪銜平	hɐm55	hɐm33		k^{h}iam55		hɐm31	ham33	k^{h}iam13			
1702	巖	咸開二疑銜平	ŋam21	ŋam21	ŋaŋ31	ŋam44	ŋam11	ŋam21	ŋam11	ŋam31	ŋam11	ŋam23	ŋam121
1703	銜	咸開二匣銜平	hɐm21	hɐm21	haŋ31	ham44	hɐm11	hɐm21	hɐm11	hɔm13		ham31	ham121
1704	艦	咸開二匣銜上	lam21	lam21	laŋ31	lam22	lam31	lam31	lam31	lam31	lam31	lam31	lam211

（续上表）

序号	字项	中古音	湛江赤坎	廉江廉城	吴川梅菉	吴川吴阳	遂溪北坡	茂名茂南区	高州潘州街	信宜东镇	电白羊角	化州河西街	化州长岐
1705	匣	咸開二匣狎入	hɐp022	hɐp022	hop031	kap022	kap033	hap022		hap022	hap021		ʧ^{h}ap022
1706	鴨	咸開二影狎入	ap033	ap033	ʔaʔ033	ʔap011	ap033	ʔap033	ap033	ʔap033	ʔap033	ʔaʔ033	ap033
1707	押	咸開二影狎入	aʔ033	ak033	kaʔ033	ʔap011	aʔ033	ʔat033	at033	ʔap033	ʔat033	aʔ033	ap033
1708	壓	咸開二影狎入	aʔ033	at033	ʔaʔ033	ʔaʔ011	aʔ033	ʔat033	at033	ʔat033	ʔat033	ʔaʔ033	ak033
1709	貶	咸開三b幫鹽上	pin35	pin35	ɓ^{i}ɛŋ35	ɓin24	pien35	piɛn335	piɛn35	pin35	pin224	ɓiaŋ35	ɓin35（文） ɓiaŋ35（白）
1710	黏	咸開三娘鹽平	nim55	nim55		nim55	ʧim33		nim553	nim453		nim53	ʧi^{ə}m53
1711	聶	咸開三娘葉入	ʃip033	nip033	ȵit033	nip022	nip033	nip033	ʃip033	nip033（新） niap033（老）		nip033	ni^{ə}p033
1712	鑷	咸開三娘葉入	ʃip033	nip033			nip033	niap022	nip021				
1713	廉	咸開三來鹽平	lim21	lim21	lin31	lim44	lim11	lim21	lim11	lim31	lim11	lim23	li^{ə}m121
1714	鐮	咸開三來鹽平	lim21	lim21	lin31	lim44	lim11	lim21	lim11	lim31	lim11	lim23	li^{ə}m121

（续上表）

序号	字项	中古音	湛江赤坎	廉江廉城	吴川梅菉	吴川吴阳	遂溪北坡	茂名茂南区	高州潘州街	信宜东镇	电白羊角	化州河西街	化州长岐
1715	簾	咸開三來鹽平	lim21	lim21	lin31	lim44	lim11	lim21	lim11	lim13	lim11	lim23	li^{ə}m121
1716	斂	咸開三來鹽上	lim13	lim13	lim223	lim33	lim31	lim113	lim223	lim13	lim223	lim23	li^{ə}m13
1717	殮	咸開三來鹽去	lim13	lim13	lin35	lim33	kim31	lim113	lim223	lim13	lim223		li^{ə}m13
1718	獵	咸開三來葉入	lip022	lip022	lit031	lip033	lip021	lip022	lit021	lip022	lit021	lip022	li^{ə}p022
1719	尖	咸開三精鹽平	ʧim55	ʧim55	ʧin55	tim55	ʧim33	ʧim553	ʧim553	ʧim453	ʧim445	tim53	ti^{ə}m53
1720	殲	咸開三精鹽平	ʧ^{h}im55	ʧ^{h}im55	ʧ^{h}in55	t^{h}im55	ʧ^{h}im33	ʧ^{h}im553	ʧ^{h}im553	ʧ^{h}im453	ʧ^{h}im44	t^{h}im53	t^{h}i^{ə}m53
1721	接	咸開三精葉入	ʧip033	ʧip033	ʧit033	tip011	ʧip033	ʧip033	ʧip033	ʧip033	ʧip033	tip033	ti^{ə}p033
1722	籤	咸開三清鹽平	ʧ^{h}im55	ʧ^{h}im55	ʧ^{h}in55	t^{h}im55	ʧ^{h}im33	ʧ^{h}im553（文） ʧ^{h}iam553（白）	ʧ^{h}im553	ʧ^{h}im453	ʧ^{h}iam445	t^{h}im53	t^{h}i^{ə}m53
1723	簽	咸開三清鹽平	ʧ^{h}im55	ʧ^{h}im55	ʧ^{h}in55	t^{h}im55	ʧ^{h}im33	ʧ^{h}im553（文） ʧ^{h}iam553（白）	ʧ^{h}im553（文） ʧ^{h}iam553（白）	ʧ^{h}im453	ʧ^{h}im44	t^{h}im53	t^{h}iam53
1724	妾	咸開三清葉入	ʧ^{h}ip033	ʧ^{h}ip033	t^{h}it033	t^{h}ip011	ʧ^{h}ip033	t^{h}ip033	ʧ^{h}ip033	ʧ^{h}ip033	ʧ^{h}ip033	t^{h}ip033	t^{h}i^{ə}p033

（续上表）

序号	字项	中古音	湛江赤坎	廉江廉城	吴川梅菉	吴川吴阳	遂溪北坡	茂名茂南区	高州潘州街	信宜东镇	电白羊角	化州河西街	化州长岐
1725	潛	咸開三從鹽平	ʧ^{h}im21	ʧ^{h}im13	ʧ^{h}in31	t^{h}im44	ʧ^{h}im31	ʧ^{h}im21	ʧ^{h}in11	t^{h}im33		t^{h}im31	t^{h}i^{ə}m211
1726	漸	咸開三從鹽上	ʧim21	ʧim21	ʧin31	t^{h}im22	ʧim31	ʧim31	ʧim31	ʧim31	ʧim31	t^{h}im31	t^{h}i^{ə}m211
1727	捷	咸開三從葉入	ʧip033	ʧip033	ʧit031	t^{h}ip022	ʧ^{h}it033	ʧit033	ʧit021	ʧit022	ʧit033	t^{h}ip033	t^{h}i^{ə}p022
1728	沾	咸開三知鹽平	nim55	ʧim55		tsim55	nim33		ʧim553	nim453		ʧim53	ʧi^{ə}m53
1729	粘	咸開三知鹽平	nim55	ʧim55	nim55	nim55	nim33	nim553	nim553	nim453	nim44	nim53	ʧi^{ə}m53
1730	瞻	咸開三章鹽平	ʧim55	ʧim55			ʧim33	ʧim553	ʧim553	ʧim453		ʧim53	ʧi^{ə}m53
1731	占~卜	咸開三章鹽平	ʧim55	ʧim55	ʧin55	tsim22	ʧim33	ʧim553	ʧim33	ʧim453	ʧim44	ʧim53	ʧi^{ə}m53
1732	佔~有	咸開三章鹽去	ʧim33	ʧim33	ʧin33	tsim22	ʧim44	ʧim33	ʧim33	ʧim33	ʧim44	ʧim33	ʧi^{ə}m33
1733	摺	咸開三章葉入	ʧip033	ʧit033	ʧit033	tsip022	ʧip033	ʧip033	ʧip033	ʧip033	ʧip033	ʧip033	ʧi^{ə}p033
1734	褶	咸開三章葉入						ʧip033	ʧip033				
1735	陝	咸開三書鹽上	ʃim35	ʃim35	ʃim35	sim24	ʃim35	sim335	ʃim35	ʃim35	ʃim224	ʃim35	ʃi^{ə}m35
1736	閃	咸開三書鹽上	ʃim35	ʃim35	ʃin35	sim24	ʃim35	sim335	ʃim35	ʃim35	ʃim224	ʃim35	ʃi^{ə}m35

（续上表）

序号	字项	中古音	湛江赤坎	廉江廉城	吴川梅菉	吴川吴阳	遂溪北坡	茂名茂南区	高州潘州街	信宜东镇	电白羊角	化州河西街	化州长岐
1737	攝	咸開三書葉入	ʃip033	nip033	nit033	ȵip022	nip033	sip033	ʃip033	ʃip033	ʃip033	nip033	ni^{ə}p033
1738	蟾	咸開三禪鹽平	ʃim21			sim44	ʃim11		im11	ʃim31		ʃim31	ʃi^{ə}m211
1739	涉	咸開三禪葉入	ʃip033	ʃip033	ʃit033	sip022	ʃip033	sip033	ʃip021	ʃip033	ʃip033	ʃip022	ʃi^{ə}p022
1740	染	咸開三日鹽上	im13	nim13	ȵim223	ȵim44	ȵim13	ȵim113	ȵim223	ȵim13	ȵim223	ȵim23	ȵi^{ə}m13
1741	檢	咸開三b見鹽上	kim35	kim35	kim35	kim24	kim35	kim335	kim35	kim35	kim224	kim35	ki^{ə}m35
1742	臉	咸開三b見鹽上	'lim13	nim13	lim223	lim33	lim13	lim113	lim223	lim13	lim223	lim23	li^{ə}m13
1743	鉗	咸開三b羣鹽平	k^{h}iam21	k^{h}iam21	k^{hi}ɛŋ31	k^{h}iam44	k^{h}iam11	k^{h}iam21	k^{h}iam11	k^{h}iam13	k^{h}iam11	k^{h}iam23	k^{h}iam121
1744	儉	咸開三b羣鹽上	kim21	kim21	k^{i}ɛŋ31	k^{h}im22	kim31	kim335	kim31	kim31	kim224	k^{h}im31	k^{h}i^{ə}m211
1745	驗	咸開三b疑鹽去	im21	nim21	ȵim31	nim22	nim31	ȵim31	nim31	ȵim31	ȵim31	nim31	ȵi^{ə}m211
1746	險	咸開三b曉鹽上	him35	him35	hin35	him24	him35	him335	him35	him35	him224	him35	hi^{ə}m35
1747	淹	咸開三b影鹽平	im13	im35	in35	ʔim55	im35	ȵim335	im35	im35	im224	jim35	^{z}ji^{ə}m35
1748	閹	咸開三b影鹽平	im55	im55	in55	ʔim55	im33	ȵim553	ȵim553	im453	ȵim44	jim53	^{z}ji^{ə}m53

（续上表）

序号	字项	中古音	湛江赤坎	廉江廉城	吴川梅菉	吴川吴阳	遂溪北坡	茂名茂南区	高州潘州街	信宜东镇	电白羊角	化州河西街	化州长岐
1749	掩	咸開三b影鹽上	im35	im35	im35	ʔim24	im35	im335	ȵim35	im35	ȵim224	jim35	ji^{ə}m35
1750	厭	咸開三a影鹽去	im33	im33	im33	ʔim11	im44	im33	im33	im33	im33	jim33	^{z}ji^{ə}m33
1751	炎	咸開三云鹽平	im21	im21	im31	ȵim44	ȵim11	ȵim21	ȵim11	im31	ȵim11	jim31	^{z}ji^{ə}m211
1752	鹽	咸開三以鹽平	im21	im21	in31	im44	im11	im21	im11	im13	im11	jim23	^{z}ji^{ə}m121
1753	閻	咸開三以鹽平	in21	im21	ȵim31	ȵim44	ȵim11	im21	ȵim11	ȵim13	ȵim11	ȵim31	ni^{ə}m121
1754	檐	咸開三以鹽平	im21	iɐm21	iɐm31	sim44	iam11	sim21	in11	ʃim13	im11	ʃim23	ʃi^{ə}m121
1755	艷	咸開三以鹽去	in21	im21	im31	im22	ȵim31	ȵim31	ȵin31	im31	ȵim31	jim31	^{z}ji^{ə}m211
1756	焰	咸開三以鹽去	in21	im21	ȵin31	im22	ȵim31	ȵim31	ȵim31	im31	ȵim11	jim31	^{z}ji^{ə}m211
1757	鹽醃	咸開三以鹽去	im21	im21		im44	ip033	im21		im13	im11		
1758	葉	咸開三以葉入	ip022	ip022	it031	ip022	ip021	ip022	ip021	ip022	ip021	jip022	^{z}ji^{ə}p022
1759	頁	咸開三以葉入	ip022	ip022	it031	ip022	ip021	ip022	ip021	ip022	ip021	jip022	^{z}ji^{ə}p022
1760	劍	咸開三見嚴去	kim33	kim33	kin33	kim11	kim44	kim33	kim33	kim33	kim33	kim33	ki^{ə}m33

（续上表）

序号	字项	中古音	湛江赤坎	廉江廉城	吴川梅菉	吴川吴阳	遂溪北坡	茂名茂南区	高州潘州街	信宜东镇	电白羊角	化州河西街	化州长岐
1761	劫	咸開三見業入	kip033	kip033	kit031	kip022	kip033	kip033	kip033	kip033	kip033	kip033	kiᵊp033
1762	欠	咸開三溪嚴去	him33	him33	him33	him11	him44	him33	him33	him33	him33	him33	hiᵊm33
1763	怯	咸開三溪業入	hip022			hip022	hip021	hip022	kʰyt033	hip022	hip021	hip022	kiᵊp033
1764	嚴	咸開三疑嚴平	im21	ȵin21	ȵim31	ȵim44	ȵim11	ȵim21	ȵim11	ȵim13	ȵim11	ȵim23	ȵiᵊm121
1765	業	咸開三疑業入	ip022	ȵip022	ȵit031	ȵip033	ȵip021	ȵip022	ȵip021	ȵip022	ȵip021	ȵip022	ȵiᵊp022
1766	脅	咸開三曉業入	hip033	hip022	hit031	hip033	hip021	hip022	hip033	hip022	hip021	hip022	hiᵊp033
1767	醃	咸開三影嚴平						ip033	ȵim553	ip033	ip033		
1768	腌	咸開三影嚴入	ip033	ip033	it033	ʔip022	ip033	ip033	ȵim553	ip033	ip033	jip033	ᶻjiᵊm35
1769	掂	咸開四端添平	tim21	tim21	ɗim33	ɗim22	tim31	tim33	tim33	tim33	tim31	ɗim33	ɗiᵊm33
1770	點	咸開四端添上	tim35	tim35	ɗim35	ɗim24	tim35	tim335	tim35	tim35	tim224	ɗim35	ɗiᵊm35
1771	店	咸開四端添去	tim33	tim33	ɗim33	ɗim11	tim44	tim33	tim33	tim33	tim33	ɗim33	ɗiᵊm33
1772	踮	咸開四端添上	tim55	neŋ33	ȵiaŋ33		ʧim11	niam33	tin553	tim453	nim44	ɗim33	ɗiᵊm53

（续上表）

序号	字项	中古音	湛江赤坎	廉江廉城	吴川梅菉	吴川吴阳	遂溪北坡	茂名茂南区	高州潘州街	信宜东镇	电白羊角	化州河西街	化州长岐
1773	跌	咸開四端帖入	tit033	tit033	ɗit033	ɗiʔ011	tit033	tit033	tit033	tit033	tʰit033	ɗit033	ɗiet033
1774	添	咸開四透添平	tʰim55	tʰim55	tʰim55	tʰim55	tʰim33	tʰim553	tʰim553	tʰim453	tʰim44	tʰim53	tʰiᵊm53
1775	舔	咸開四透添上		liam13	lⁱɛŋ223	tʰim33	liam13		tʰim223	tʰim13			liam13
1776	帖	咸開四透帖入	tʰip033	tʰip033	tʰit033	tʰip011	tʰip033	tʰip033	tʰip033	tʰip033	tʰip033	tʰip033	tʰiᵊp033
1777	貼	咸開四透帖入	tʰip033	tʰip033	tʰit033	tʰip011	tʰip033	tʰip033	tʰip033	tʰip033	tʰip033	tʰip033	tʰiᵊp033
1778	甜	咸開四定添平	tʰim21	tʰim21	tʰim31	tʰim44	tʰim11	tʰim21	tʰim11	tʰim13	tʰim11	tʰim23	tiᵊm121
1779	疊	咸開四定帖入	tip022	tip022	ɗit031	tʰip022	tip021	tip022	tip021	tip022	tip021	ɗip022	tiᵊp022
1780	碟	咸開四定帖入	tip022	tip022	ɗit031	tʰip022	tip021	tip022	tip021	tip033	tip021	ɗip022	tiᵊp022
1781	牒	咸開四定帖入	tip022	tip022	ɗit031	tʰip022	tip021	tip022	tip021	tip022	tip021	ɗip022	tiᵊp022
1782	蝶	咸開四定帖入	tip022	tip022	ɗit031	tʰip022	tip021	tip022	tip021	tip022	tip021	ɗip022	tiᵊp022
1783	諜	咸開四定帖入	tip022	tip022	ɗit031	tʰip022	tip021	tip022	tip021	tip022	tip021	ɗip022	tiᵊp022

（续上表）

序号	字项	中古音	湛江赤坎	廉江廉城	吴川梅菉	吴川吴阳	遂溪北坡	茂名茂南区	高州潘州街	信宜东镇	电白羊角	化州河西街	化州长岐
1784	拈	咸開四泥添平	ʧim55	nim55	nim55	nim55	nim33	nim553	nim553（文） niam553（白）	niam453	nim44	nim53	ʧiᵊm53
1785	念	咸開四泥添去	nim21	nim21	nim31	nim22	nim31	nim31	nim31	nim31	nim31	nim31	niᵊm211
1786	兼	咸開四見添平	kim55	kim55	kim55	kim55	kim33	kim553	kʰim553	kim453	kim44	kim53	kiᵊm53
1787	挟	咸開四見帖入	kap022	kiap022	kⁱɛʔ033	kap011	kiɐp021	kap022	kiap021	kiap022	kiap033	kʰiaʔ022	kʰiap022
1788	謙	咸開四溪添平	him55	him55	him55	him55	him33	him553	him553	him453	him44	him53	hiᵊm53
1789	歉	咸開四溪添上	hip033	him21	hit033	hip022	him44	hip022	hip021	him31	hip021	him33	hiᵊm33
1790	嫌	咸開四匣添平	him21	hin21	him31	him55	him11	him21	him11	him453	him11	him53	hiᵊm53
1791	協	咸開四匣帖入	hip022	hip022	hit031	hip022	hip021	hip022	hip033	hip022	hip021	hip022	hiᵊp022
1792	俠	咸開四匣帖入	hap022	hip022	hɐp031	hip022	hap021	hip022	hap021	hip022	hip021	hip022	hap022
1793	法	咸合三非乏入	faʔ033	fat033	faʔ033	faʔ011	faʔ033	fat033	fat033	fat033	fat033	faʔ033	fak033
1794	泛	咸合三敷凡去	faŋ33	fan33	faŋ33	faŋ24	faŋ44	fan31	fan33	fan33	fan33	faŋ33	faŋ33

（续上表）

序号	字项	中古音	湛江赤坎	廉江廉城	吴川梅菉	吴川吴阳	遂溪北坡	茂名茂南区	高州潘州街	信宜东镇	电白羊角	化州河西街	化州长岐
1795	凡	咸合三奉凡平	faŋ21	fan21	faŋ31	faŋ44	faŋ11	fan21	fan11	fan31	fan11	faŋ23	faŋ121
1796	帆	咸合三奉凡平	faŋ21	fan21	faŋ31	faŋ44	faŋ11	fan21	fan11	fan13	fan11	faŋ23	faŋ121
1797	范	咸合三奉凡上	faŋ21	fan21	faŋ31	faŋ22	faŋ31	fan31	fan31	fan31	fan33	faŋ31	faŋ211
1798	範	咸合三奉凡上	faŋ21	fan21	faŋ31	faŋ22	faŋ31	fan31	fan31	fan31	fan31	faŋ31	faŋ211
1799	犯	咸合三奉凡上	faŋ21	fan21	faŋ31	faŋ22	faŋ31	fan31	fan31	fan31	fan31	faŋ31	faŋ211
1800	乏	咸合三奉乏入	fɐʔ022	fɐt022	fɐʔ033	faʔ022	faŋ44 ~力 faʔ021 缺~	fat022	fat021	fat022	fat021	faʔ022	fak022
1801	禀	深開三b幫侵上	pɐŋ35	pɐn35	ɓɐŋ35	ɓɐŋ24	pɐŋ35	pɐn335	pɐn35	pɐn35	pɐn224	ɓɐn35	ɓɐn35
1802	品	深開三b滂侵上	pɐŋ35	p^hɐn35	p^hɐŋ35	p^hɐŋ24	pɐŋ35	p^hɐn335	p^hɐn35	p^hɐn35	p^hɐn224	p^hɐn35	p^hɐn35
1803	賃	深開三娘侵去	iɐm21	ȵiɐm21	ȵiɐm31	ȵiɐm22	ȵiam31	ȵiɐm31	ȵiɐm31	ȵiɐm31	ȵiɐm31	ȵiɐm31	ȵiɐm211
1804	林	深開三來侵平	lɐm21	lɐm21	lɐm31	lɐm44	lɐm11	lɐm21	lɐm11	lɐm13	lɐm11	lɐm23	lɐm121
1805	淋	深開三來侵平	lɐm21	lɐm21	lɐm31	lɐm44	lɐm11	lɐm21	lɐm11	lɐm13	lɐm11	lɐm23	lɐm121

（续上表）

序号	字项	中古音	湛江赤坎	廉江廉城	吴川梅菉	吴川吴阳	遂溪北坡	茂名茂南区	高州潘州街	信宜东镇	电白羊角	化州河西街	化州长岐
1806	臨	深開三來侵平	lɐm21	lɐm21	lɐm31	lɐm44	lɐm11	lɐm21	lɐm11	lɐm31	lɐm11	lɐm23	lɐm121
1807	立	深開三來緝入	lap022	lɐp022	lɐʔ031	lɐp022	lɐp021	lɐp022	lɐp021	lap022	lɐp021	lɐp022	lɐp022
1808	笠	深開三來緝入	lɐp055	lɐp055	lɐʔ031	lɐp022	lɐp055	lɐp055	lɐp055	lap055	lɐp021	lɐp055	lɐp055
1809	粒	深開三來緝入	nɐp055	nɐp055	nɐp055	nɐp044	nɐp055	nɐp055	nɐp055	nap055	nɐp055	nɐp055	nɐp055
1810	浸	深開三精侵去	ʧɐm33	ʧɐm33	ʧɐm33	tɐm11	ʧɐm44	ʧɐm33	ʧɐm33	ʧɐm33	ʧɐm33	tɐm33	tɐm33
1811	侵	深開三清侵平	ʧ^{h}ɐm55	ʧ^{h}ɐm55	ʧ^{h}ɐm55	t^{h}ɐm55	ʧ^{h}ɐm33	ʧ^{h}ɐm553	ʧ^{h}ɐm553	ʧ^{h}ɐm453	ʧ^{h}ɐm44	t^{h}ɐm53	t^{h}ɐm53
1812	寢	深開三清侵上	ʧɐm35	ʧɐm35	ʧ^{h}ɐm35	ts^{h}ɐm24	ʧɐm35	ʧ^{h}ɐm335	ʧɐm35	ʧ^{h}ɐm35	ʧ^{h}am224	ʧ^{h}ɐm23	t^{h}ɐm35
1813	集	深開三從緝入	ʧap022	ʧap022	ʧaʔ031	t^{h}ɐp022	ʧɐp021	ʧɐp022	ʧɐp021	ʧap022	ʧɐp021	t^{h}ɐk022	t^{h}ɐp022
1814	輯	深開三從緝入	ʧ^{h}ɐp055	ʧ^{h}ɐp055	ʧ^{h}ɐʔ055	t^{h}ɐp022	ʧ^{h}ɐp055	ʧ^{h}ɐp055	ʧ^{h}ɐp055	ʧ^{h}ap055	ʧ^{h}ɐp055	t^{h}ɐp055	t^{h}ɐp055
1815	心	深開三心侵平	ʃɐm55	ɬɐm55	ɬɐm55	ɬɐm55	ɬɐm33	ɬɐm553	ɬɐm553	ɬɐm453	ɬɐm44	ɬɐm53	ɬɐm53
1816	尋	深開三邪侵平	ʧ^{h}ɐm21	ʧ^{h}ɐm21	ʧ^{h}ɐm31	t^{h}ɐm44	ʧ^{h}ɐm11	ʧ^{h}ɐm21	ʧ^{h}ɐm11	ʧ^{h}ɐm13	ʧ^{h}ɐm11	t^{h}ɐm23	t^{h}ɐm121
1817	習	深開三邪緝入	ʧap022	ʧap022	ʧaʔ031	t^{h}ɐp022	ʧɐp021	ʧɐp022	ʧɐp021	ʧap022	ʧɐp021	t^{h}ɐk022	t^{h}ɐp022

（续上表）

序号	字项	中古音	湛江赤坎	廉江廉城	吴川梅菉	吴川吴阳	遂溪北坡	茂名茂南区	高州潘州街	信宜东镇	电白羊角	化州河西街	化州长岐
1818	襲	深開三邪緝入	ʧap022	ʧap022	ʧaʔ031	tʰɐp022	ʧɐp021	ʧɐp022	ʧɐp021	ʧap022	ʧɐp021	tʰɐk022	tʰɐp022
1819	砧	深開三知侵平	ʧɐm55	ʧɐm55	ʧɐm55	tsɐm55	ʧɐm33	ʧɐm553	ʧɐm553	ʧɐm453	ʧɐm44	ʧɐm53	ʧɐm53
1820	沉	深開三澄侵平	ʧʰɐm21	ʧʰɐm21	ʧʰɐm31	tsʰɐm44	ʧʰɐm31	ʧʰɐm21	ʧʰɐm11	ʧʰɐm13	ʧʰɐm11	ʧʰɐm23	ʧʰɐm121
1821	蟄	深開三澄緝入	ʧek022	ʧek022	ʧek031	tsʰet022	ʧek055	ʧek022	ʧek021	ʧek022	ʧɛk021	ʧʰek022	ʧʰek022
1822	簪	深開三庄侵平		ʧɐm55		tam55	ʧʰam33	ʧam553	ʧaŋ553		ʧam445		ʧaŋ53
1823	岑	深開三崇侵平	ʃɐm21	kʰɐm21	kʰɐm31	kʰɐm44	ʃɐm11	kʰɐm21	kʰɐm11	kʰɐm13		kʰɐm23	kʰɐm121
1824	森	深開三生侵平	ʃɐm55	ʃɐm55	ʃɐm55	sɐm55	ʃɐm33	sɐm553	ʃɐm553	ʃɐm453	ʃɐm44	ʃɐm53	ʃɐm53
1825	参人～	深開三生侵平	ʃɐm55	ʧʰam55	ʧʰaŋ55	sɐm55	ʧʰam33	ʧʰam553	ʧʰam553	ʧʰam453	ʧʰam44	tʰam53	tʰam53
1826	滲	深開三生侵去	ʧʰam33	ȵiɐm33		tʰam24	ʧʰam44	ʧʰam33	ʧʰam33	iam33	ʧʰam224	tʰam33	tʰam33
1827	澀	深開三生緝入	kip033	kip033	kit031	ɬɐp044	kip033	kip033	kip033	ȵiap033	kip033	kip033	kiᵊp033
1828	針	深開三章侵平	ʧɐm55	ʧɐm55	ʧɐm55	tsɐm55	ʧɐm33	ʧɐm553	ʧɐm553	ʧɐm453	ʧɐm44	ʧɐm53	ʧɐm53
1829	斟	深開三章侵平	ʧɐm55	ʧɐm55	ʧɐm55	tsɐm55	ʧɐm33	ʧɐm553	ʧɐm553	ʧɐm453	ʧɐm44	ʧɐm53	ʧɐm53

（续上表）

序号	字项	中古音	湛江赤坎	廉江廉城	吴川梅菉	吴川吴阳	遂溪北坡	茂名茂南区	高州潘州街	信宜东镇	电白羊角	化州河西街	化州长岐
1830	枕~头	深開三章侵上	ʧɐm35	ʧɐm35	ʧɐm35	tsɐm24	ʧɐm35	ʧɐm335	ʧɐm35	ʧɐm35	ʧɐm224	ʧɐm35	ʧɐm35
1831	枕~枕头	深開三章侵去	ʧɐm35	ʧɐm35	ʧɐm35	tsɐm24	ʧɐm35	ʧɐm335	ʧɐm35	ʧɐm35	ʧɐm224	ʧɐm35	ʧɐm35
1832	執	深開三章緝入	ʧɐp055	ʧɐp055	ʧɐʔ055	tsɐp044	ʧɐp033	ʧɐp055	ʧɐp055	ʧap055	ʧɐp055	ʧɐp055	ʧɐp055
1833	汁	深開三章緝入	ʧɐp055	ʧɐp055	ʧɐʔ055	tsɐp044	ʧɐp055	ʧɐp055	ʧɐp055	ʧap055	ʧɐp055	ʧɐp055	ʧɐp055
1834	葚	深開三船侵上					$ʧ^h$am11			ʃɐm31			
1835	深	深開三書侵平	ʃɐm55	ʃɐm55	ʃɐm55	sɐm55	ʃɐm33	sɐm553	ʃɐm553	ʃɐm453	ʃɐm44	ʃɐm53	ʃɐm53
1836	沈	深開三書侵上	ʃɐm35	ʃɐm35	ʃɐm35	sɐm24	ʃɐm35	sɐm335	ʃɐm35	ʃɐm35	ʃɐm224	ʃɐm35	ʃɐm35
1837	嬸	深開三書侵上	ʃɐm35	ʃɐm35	ʃɐm35	sɐm24	ʃɐm35	sɐm335	ʃɐm35	ʃɐm35	ʃɐm224	ʃɐm35	ʃɐm35
1838	審	深開三書侵上	ʃɐm35	ʃɐm35	ʃɐm35	sɐm24	ʃɐm35	sɐm335	ʃɐm35	ʃɐm35	ʃɐm224	ʃɐm35	ʃɐm35
1839	濕	深開三書緝入	ʃɐp055	ʃɐp055	ʃɐʔ055	sɐp044	ʃɐp055	sɐp055	ʃɐp055	ʃap055	ʃɐp055	ʃɐp055	sɐp055
1840	甚	深開三禪侵上	ʃɐm21	ʃɐm21	ʃɐm31	sɐm22	ʃɐm31	sɐm31	ʃɐm31	ʃɐm31	ʃɐm31	ʃɐm31	sɐm211
1841	十	深開三禪緝入	ʃɐp022	ʃɐp022	ʃɐʔ031	sɐp022	ʃɐp021	sɐp022	ʃɐp021	ʃap022	ʃɐp021	ʃɐp022	sɐp022

（续上表）

序号	字项	中古音	湛江赤坎	廉江廉城	吴川梅菉	吴川吴阳	遂溪北坡	茂名茂南区	高州潘州街	信宜东镇	电白羊角	化州河西街	化州长岐
1842	什	深開三禪緝入	ʧap022	ʧap022			ʃɐp021	sɐp022	ʧap021	ʧap022	ʃɐp021	ʃɐp022	t^{h}ɐp022
1843	拾	深開三禪緝入	ʃɐp022	ʃɐp022	ʃɐʔ031	sɐp022	ʃɐp021	sɐp022	ʃɐp021	ʃap022	ʃɐp021	ʃɐp022	sɐp022
1844	壬	深開三日侵平	iɐm21	ȵiɐm21	iɐm31	ȵiɐm44	iɐm11	ȵiɐm21	ȵiɐm11	ȵiɐm31	ȵiɐm31	jiɐm31	ȵiɐm211
1845	任姓	深開三日侵平	iɐm21	ȵiɐm21	ȵiɐm31	ȵiɐm22	ȵiɐm31	ȵiɐm31	ȵiɐm31	ȵiɐm31	ȵiɐm31	ȵiɐm31	ȵiɐm211
1846	任责~	深開三日侵去	iɐm21	ȵiɐm21	ȵiɐm31	ȵiɐm22	ȵiɐm31	ȵiɐm31	ȵiɐm31	ȵiɐm31	ȵiɐm31	ȵiɐm31	ȵiɐm211
1847	紝	深開三日侵去	iɐm21			ȵiɐm22		ȵiɐn31		iɐn31			
1848	入	深開三日緝入	iɐp022	iɐp022	ȵiɐʔ031	ȵiɐp022	iɐp021	iɐp022	iɐp021	iap022	iɐp021	ȵiɐp022	ȵiɐp022
1849	今	深開三b見侵平	kɐm55	kɐm55	kɐm55	kɐm55	kɐm33	kɐm553	kɐm553	kɐm453	kɐm44	kɐm53	kɐm53
1850	金	深開三b見侵平	kɐm55	kɐm55	kɐm55	kɐm55	kɐm33	kɐm553	kɐm553	kɐm453	kɐm44	kɐm53	kɐm53
1851	禁~不住	深開三b見侵平	kɐm33	kɐm33	kɐm33	kɐm11	kɐm44	kɐm33	kɐm33	kɐm33	kɐm33	kɐm33	kɐm33
1852	襟	深開三b見侵平	k^{h}ɐm55		k^{h}ɐm55	k^{h}ɐm55	k^{h}ɐm33	k^{h}ɐm553	k^{h}ɐm553	k^{h}ɐm453	k^{h}ɐm44	k^{h}ɐm53	k^{h}ɐm53
1853	錦	深開三b見侵上	kɐm35	kɐm35	kɐm35	kɐm24	kɐm35	k^{h}ɐm335	kɐm35	kɐm35	k^{h}ɐm224	kɐm35	kɐm35

（续上表）

序号	字项	中古音	湛江赤坎	廉江廉城	吴川梅菉	吴川吴阳	遂溪北坡	茂名茂南区	高州潘州街	信宜东镇	电白羊角	化州河西街	化州长岐
1854	禁~止	深開三b見侵去	kɐm33	kɐm55	kɐm33	kɐm11	kɐm44	kɐm33	kɐm33	kɐm33	kɐm33	kɐm33	kɐm33
1855	急	深開三b見緝入	kɐp055	kɐp055	kɐʔ055	kɐp044	kɐp055	kɐp055	kɐp055	kap055	kɐp055	kɐp055	kɐp055
1856	級	深開三b見緝入	k^hɐp055	k^hɐp055	k^hɐʔ055	kɐp044	k^hɐp055	k^hɐp055	k^hɐp055	k^hap055	k^hɐp055	k^hɐp055	k^hɐp055
1857	給供~	深開三b見緝入	k^hɐp055	k^hɐp055	k^hɐʔ055	kɐp044	k^hɐp055	k^hɐp055	k^hɐp055	kap055	k^hɐp055	kɐp055	kɐp055
1858	欽	深開三b溪侵平	iɐm55/hɐm55	hɐm55	hɐm55	hɐm55	hɐm33	hɐm553	hɐm553	hɐm453	hɐm44	hɐm53	hɐm53
1859	撳	深開三b溪侵去	kɐm21	kɐm21	kɐm31	k^hɐm22	kɐm31	kɐm31	kɐm31	kɐm31	kɐm31	k^hɐm31	k^hɐm211
1860	泣	深開三b溪緝入	iɐp055			hɐp044	lɐp055	lɐp055	lɐp055	hap055	lɐp021	lɐp055	lɐp055
1861	琴	深開三b羣侵平	k^hɐm21	k^hɐm21	k^hɐm31	k^hɐm44	k^hɐm11	k^hɐm21	k^hɐm11	k^hɐm13	k^hɐm11	k^hɐm23	k^hɐm121
1862	禽	深開三b羣侵平	k^hɐm21	k^hɐm21	k^hɐm31	k^hɐm44	k^hɐm11	k^hɐm21	k^hɐm11	k^hɐm13	k^hɐm11	k^hɐm23	k^hɐm121
1863	擒	深開三b羣侵平	k^hɐm21	k^hɐm21	k^hɐm31	k^hɐm44	k^hɐm11	k^hɐm21	k^hɐm11	k^hɐm13	k^hɐm11	k^hɐm23	k^hɐm121
1864	妗	深開三b羣侵上	k^hɐm13	k^hɐm13	k^hɐm223	k^hɐm33	k^hɐm13	k^hɐm113	k^hɐm35		k^hɐm223	k^hɐm23	k^hɐm13
1865	及	深開三b羣緝入	k^hɐp022	kɐp022	kɐp031	k^hɐp022	k^hɐp021	kɐp022	kɐp021	kap022	kɐp021	k^hɐp022	k^hɐp022

（续上表）

序号	字项	中古音	湛江赤坎	廉江廉城	吴川梅菉	吴川吴阳	遂溪北坡	茂名茂南区	高州潘州街	信宜东镇	电白羊角	化州河西街	化州长岐
1866	吟	深開三b疑侵平	iɐm21	ȵiɐm21	iɐm31	ȵiɐm44	iɐm11	ȵiɐm21	iɐm11	ȵiɐm13	ȵiɐm11	ȵiɐm23	ȵiɐm121
1867	吸	深開三b曉緝入	k^{h}ɐp055	k^{h}ɐp055	k^{h}ɐp055	kɐp044	k^{h}ɐp055	k^{h}ɐp055	k^{h}ɐp055	k^{h}ap055	k^{h}ɐp055	k^{h}ɐp055	k^{h}ɐp055
1868	音	深開三b影侵平	iɐm55	iɐm55	iɐm55	iɐm55	iɐm33	iɐm553	iɐm553	iɐm453	iɐm44	jiɐm53	^{z}jiɐm53
1869	陰	深開三b影侵平	iɐm55	iɐm55	iɐm55	iɐm55	iɐm33	iɐm553	iɐm553	iɐm453	iɐm44	jiɐm53	^{z}jiɐm53
1870	飲米汤	深開三b影侵上	iɐm35	ȵiɐm35	ȵiɐm35	ȵiɐm24	ȵiɐm35	ȵiɐm335	ȵiɐm35	ȵiɐm35	ȵiɐm224	ȵiɐm35	ȵiɐm35
1871	飲~酒	深開三b影侵去	iɐm35	ȵiɐm35	ȵiɐm35	ȵiɐm24	ȵiɐm35	ȵiɐm335	ȵiɐm35	ȵiɐm35	ȵiɐm224	ȵiɐm35	ȵiɐm35
1872	蔭	深開三b影侵去	iɐm55	iɐm55	iɐm55	iɐm11	iɐm33	iɐm553	iɐm33	iɐm33	iɐm44	jiɐm33	^{z}jiɐm53
1873	揖	深開三a影緝入				iɐp044	nip033	ʧ^{h}ɐp055	ʧ^{h}ɐp055	iap055	ʧɐp055	t^{h}ɐp055	t^{h}ɐp055
1874	淫	深開三以侵平	iɐm21	iɐm21	iɐm31	iɐm44	iɐm11	iɐm21	iɐm11	iɐm13	iɐm11	jiɐm31	^{z}jiɐm121
1875	單~独	山開一端寒平	taŋ55	tan55	ɗaŋ55	ɗaŋ55	taŋ33	tan553	tan553	tan453	tan44	ɗaŋ53	ɗaŋ53
1876	丹	山開一端寒平	taŋ55	tan55	ɗaŋ55	ɗaŋ55	taŋ33	tan553	tan553	tan453	tan44	ɗaŋ53	ɗaŋ53
1877	撣	山開一端寒上						tan31			tan31		

（续上表）

序号	字项	中古音	湛江赤坎	廉江廉城	吴川梅菉	吴川吴阳	遂溪北坡	茂名茂南区	高州潘州街	信宜东镇	电白羊角	化州河西街	化州长岐
1878	疸	山開一端寒上	tʰam35/tam35	tʰan35	tʰaŋ35	tʰaŋ24	tʰaŋ35	tʰan335	tʰan35	tʰan35	tʰan224	tʰaŋ35	tʰaŋ35
1879	旦	山開一端寒去	taŋ33	tan33	ɗaŋ33	ɗaŋ11	taŋ44	tan33	tan33	tan33	tan33	ɗaŋ33	ɗaŋ33
1880	灘	山開一透寒平	tʰaŋ55	tʰan55	tʰaŋ55	tʰaŋ55	tʰaŋ33	tʰan553	tʰan553	tʰan453	tʰan445	tʰaŋ53	tʰaŋ53
1881	攤	山開一透寒平	tʰaŋ55	tʰan55	tʰaŋ55	tʰaŋ55	tʰaŋ33	tʰan553	tʰan553	tʰan453	tʰan445	tʰaŋ53	tʰaŋ53
1882	癱	山開一透寒平	tʰaŋ55	tʰan55	tʰaŋ55	tʰaŋ55	tʰaŋ33	tʰan553	tʰan553	tʰan453	tʰan44	tʰaŋ53	tʰaŋ53
1883	坦	山開一透寒上	tʰam35	tʰan35	tʰaŋ35	tʰaŋ24	tʰaŋ35	tʰan335	tʰan35 ~白 tʰan11 ~克	tʰan35	tʰan224	tʰaŋ35	tʰaŋ35
1884	嘆	山開一透寒去	tʰaŋ33	tʰan33	tʰaŋ33	tʰaŋ11	tʰaŋ44	tʰan33	tʰan33	tʰan33	tʰan33	tʰaŋ33	tʰaŋ33
1885	炭	山開一透寒去	tʰaŋ33	tʰan33	tʰaŋ33	tʰaŋ11	tʰaŋ44	tʰan33	tʰan33	tʰan33	tʰan33	tʰaŋ33	tʰaŋ33
1886	獺	山開一透曷入	lai13	ʧʰat033			lai31	ʧʰat033	lai33	lai33	ʧʰat033	ʧʰaʔ033	ʧʰak033
1887	彈 ~琴	山開一定寒平	tʰaŋ21	tʰan21	tʰaŋ31	tʰaŋ44	tʰaŋ11	tʰan21	tʰan11	tʰan13	tʰan11	ɗaŋ31	taŋ211
1888	檀	山開一定寒平	tʰɐŋ21	tʰan21	tʰaŋ31	tʰaŋ44	tʰaŋ11	tʰan21	tʰan11	tʰan31	tʰan11	tʰaŋ23	tʰaŋ211

（续上表）

序号	字项	中古音	湛江赤坎	廉江廉城	吴川梅菉	吴川吴阳	遂溪北坡	茂名茂南区	高州潘州街	信宜东镇	电白羊角	化州河西街	化州长岐
1889	壇	山開一定寒平	tʰaŋ21	tʰan21	tʰaŋ31	tʰaŋ44	tʰaŋ11	tʰan21	tʰan11	tʰan13	tʰan11	tʰaŋ23	taŋ121
1890	誕	山開一定寒上	taŋ33	tan33	ɗaŋ33	ɗaŋ11	taŋ44	tan33	tan33	tan33	tan33	ɗaŋ33	ɗaŋ33
1891	彈子～	山開一定寒去	taŋ21	tan21	ɗaŋ31	tʰaŋ44	taŋ31	tan31	tan31	tan31	tan31	ɗaŋ31	taŋ211
1892	但	山開一定寒去	taŋ21	tan21	ɗaŋ31	tʰaŋ22	taŋ31	tan31	tan31	tan31	tan31	ɗaŋ31	taŋ211
1893	蛋	山開一定寒去	taŋ21	tan21	ɗaŋ31	tʰaŋ22	taŋ31	tan31	tan31	tan31	tan31	ɗaŋ31	taŋ211
1894	達	山開一定曷入	tɐʔ022	tɐt022	ɗaʔ031	tʰaʔ022	taʔ021	tat022	tat021	tat022	tat021	ɗaʔ022	tak022
1895	難困～	山開一泥寒平	naŋ21	nan21	naŋ31	naŋ44	naŋ11	nan21	nan11	nan13	nan11	naŋ23	naŋ121
1896	難患～	山開一泥寒去	naŋ21	nan21	naŋ31	naŋ22	naŋ31	nan31	nan31	nan31	nan31	naŋ31	naŋ211
1897	捺	山開一泥曷入	naʔ022	nai33	naʔ033	nap022	nai31	nat033	nai33 撇～ nai31 按～不住	nat022 撇～ nᵘɔi31 按～不住		naʔ033	nak033
1898	蘭	山開一來寒平	laŋ21	lan21	laŋ31	laŋ44	laŋ11	lan21	lan11	lan31	lan11	laŋ23	laŋ121
1899	攔	山開一來寒平	laŋ21	lan21	laŋ31	laŋ44	laŋ11	lan21	lan11	lan13	lan11	laŋ23	laŋ121

（续上表）

序号	字项	中古音	湛江赤坎	廉江廉城	吴川梅菉	吴川吴阳	遂溪北坡	茂名茂南区	高州潘州街	信宜东镇	电白羊角	化州河西街	化州长岐
1900	欄~杆	山開一來寒平	laŋ21	lan21	laŋ31	laŋ44	laŋ11	lan21	lan11	lan453	lan11	laŋ23	laŋ121
1901	欄猪~	山開一來寒平	laŋ55	lan55	laŋ55	laŋ55	laŋ44		lan553	lan31	lan44	laŋ53	laŋ53
1902	懶	山開一來寒上	laŋ13	lan13	laŋ35	laŋ33	laŋ13	lan113	lan223	lan13	lan223	laŋ23	laŋ13
1903	爛	山開一來寒去	laŋ21	lan21	laŋ31	laŋ22	laŋ31	lan31	lan31	lan31	lan31	laŋ31	laŋ211
1904	辣	山開一來曷入	laʔ022	lat022	laʔ031	laʔ022	laʔ021	lat022	lat021	lat022	lat021	laʔ022	lak022
1905	瘌	山開一來曷入	lɐʔ055	lat022			la44	lat033	lai33	lai33	lat021	laʔ033	
1906	贊	山開一精寒去	ʧaŋ33	ʧan33	ʧaŋ33	taŋ11	ʧaŋ44	ʧan33	ʧan33	ʧan33	ʧan33	taŋ33	taŋ33
1907	灒	山開一精寒去	ʧaŋ33	ʧan33	ʧaŋ33	taŋ11	ʧaŋ44					taŋ33	taŋ33
1908	餐	山開一清寒平	ʧʰaŋ55	ʧʰan55	ʧʰaŋ55	tʰaŋ55	ʧʰaŋ33	ʧʰan553	ʧʰan553	ʧʰan453	ʧʰan44	tʰaŋ53	tʰaŋ53
1909	燦	山開一清寒去	ʧʰaŋ33	ʧʰan33	ʧʰaŋ33	tʰaŋ24	ʧʰaŋ44	ʧʰan33	ʧʰan33	ʧʰan33	ʧʰan33	tʰaŋ35	tʰaŋ35
1910	擦	山開一清曷入	ʧʰaʔ033	ʧʰat033	ʧʰaʔ033	tʰaʔ011	ʧʰaʔ033	ʧʰat033	ʧʰat033	ʧʰat033	ʧʰat033	ʧʰaʔ033	ʧʰak033
1911	殘	山開一從寒平	ʧʰaŋ21	ʧʰan21	ʧʰaŋ31	tʰaŋ44	ʧʰaŋ11	ʧʰan21	ʧʰan11	ʧʰan31	ʧʰan11	tʰaŋ23	tʰaŋ121

（续上表）

序号	字项	中古音	湛江赤坎	廉江廉城	吴川梅菉	吴川吴阳	遂溪北坡	茂名茂南区	高州潘州街	信宜东镇	电白羊角	化州河西街	化州长岐
1912	珊	山開一心寒平	ʃaŋ55	ʃan33	ʃaŋ55	saŋ55	ʃaŋ33	san553	ʃan553	ʃan453	ʃan44	ʃaŋ53	ʃaŋ53
1913	散松～	山開一心寒上	ʃaŋ33	ɬan35	ɬaŋ35	ɬaŋ24	ɬaŋ44	ɬan335	ɬan33	ɬan33	ɬan33	ɬaŋ33	ɬaŋ33
1914	傘	山開一心寒上	ʃaŋ33	ɬan33	ɬaŋ33	ɬaŋ11	ɬaŋ44	ɬan33	ɬan33	ɬan33	ɬan33	ɬaŋ33	ɬaŋ33
1915	散分～	山開一心寒去	ʃaŋ35	ɬan33	ɬaŋ33	ɬaŋ11	ɬaŋ44	ɬan335	ɬan35	ɬan33	ɬan33	ɬaŋ33	ɬaŋ33
1916	撒	山開一心曷入		ɬat033	ɬaʔ033	ɬaʔ011	ɬaʔ033	ɬat033	ɬat033	ɬat033	ɬat033	ɬaʔ033	ɬak033
1917	薩	山開一心曷入	ʃaʔ033	ɬat033	ɬaʔ033	ɬaʔ011	ɬaʔ033	ɬat033	ɬat033	ɬat033	ɬat033	ɬaʔ033	ɬak033
1918	干天～	山開一見寒平	kɔŋ55	kɔn55	kɔŋ55	kᵘɔŋ55	kun33	kᵘɔn553	kᵘɔn553	kᵘɔn453	kᵘɔn44	kᵘɔŋ53	kᵘɔᵊn53
1919	乾～湿	山開一見寒平	kɔŋ55	kɔn55	kɔŋ55	kᵘɔŋ55	kun33	kᵘɔn553	kᵘɔn553	kᵘɔn453	kᵘɔn44	kᵘɔŋ53	kᵘɔᵊn53
1920	竿	山開一見寒平	kɔŋ55	kɔn55	kɔŋ55	kᵘɔŋ55	kun35	kᵘɔn553	kᵘɔn553	kᵘɔn453	kᵘɔn44	kᵘɔŋ53	kᵘɔᵊn53
1921	肝	山開一見寒平	kɔŋ55	kɔn55	kɔŋ55	kᵘɔŋ55	kun33	kᵘɔn553	kᵘɔn553	kᵘɔn453	kᵘɔn44	kᵘɔŋ53	kᵘɔᵊn53
1922	桿	山開一見寒上	kɔŋ55	kɔn33	kɔŋ55	kᵘɔŋ24	kun35	kᵘɔn335	kᵘɔn33	kᵘɔn453	kᵘɔn44	kᵘɔŋ33	kᵘɔᵊn53
1923	稈	山開一見寒上	kɔŋ55	kɔn35	kɔŋ55	kᵘɔŋ24	kun35	kᵘɔn335	kᵘɔn35	kᵘɔn35	kᵘɔn224	kᵘɔŋ35	kᵘɔᵊn35

（续上表）

序号	字项	中古音	湛江赤坎	廉江廉城	吴川梅菉	吴川吴阳	遂溪北坡	茂名茂南区	高州潘州街	信宜东镇	电白羊角	化州河西街	化州长岐
1924	趕	山開一見寒上	kɔŋ35	kɔn35	kɔŋ35	k^{u}ɔŋ24	kun35	k^{u}ɔn335	k^{u}ɔn35	k^{u}ɔn35	k^{u}ɔn224	k^{u}ɔŋ35	k^{u}ɔ^{ɐ}n35
1925	幹~部	山開一見寒去	kɔŋ33	kɔn33	kɔŋ33	k^{u}ɔŋ11	kun44	k^{u}ɔn33	k^{u}ɔn33	k^{u}ɔn33	k^{u}ɔn44	k^{u}ɔŋ33	k^{u}ɔ^{ɐ}n33
1926	割	山開一見曷入	kɔk033	kɔt033	kɔʔ033	k^{u}ɔʔ011	kut033	k^{u}ɔt033	k^{u}ɔt033	k^{u}ɔt033	k^{u}ɔt033	k^{u}ɔʔ033	k^{u}ɔ^{ɐ}k033
1927	葛	山開一見曷入	kɔk033	kɔk033	kɔʔ033	k^{u}ɔʔ011	kut033	k^{u}ɔt033	k^{u}ɔt033	k^{u}ɔt033	k^{u}ɔt033	k^{u}ɔʔ033	k^{u}ɔ^{ɐ}k033
1928	看~守	山開一溪寒平	hɔŋ33	hɔn33	hɔŋ55	h^{u}ɔŋ11	hun44	h^{u}ɔn33 ~守 h^{u}ɔn553 ~牛	h^{u}ɔn33 ~守 h^{u}ɔn553 ~牛	h^{u}ɔn33 ~守 h^{u}ɔn453 ~牛	h^{u}ɔn33	h^{u}ɔŋ53	h^{u}ɔ^{ɐ}n53
1929	刊	山開一溪寒平	hɔŋ13	hɔŋ35	hɔŋ35	h^{u}ɔŋ24	hun35	h^{u}ɔn335	h^{u}ɔn35	h^{u}ɔn35	h^{u}ɔn223	h^{u}ɔŋ35	h^{u}ɔ^{ɐ}ŋ35
1930	看~见	山開一溪寒去	hɔŋ33	hɔn33	hɔŋ33	h^{u}ɔŋ11		h^{u}ɔn33	h^{u}ɔn33	h^{u}ɔn33	h^{u}ɔn33	h^{u}ɔŋ33	h^{u}ɔ^{ɐ}n33
1931	渴	山開一溪曷入	hɔk033	hɔt033	hɔʔ033	h^{u}ɔʔ011	hut033	h^{u}ɔt033	h^{u}ɔt033	h^{u}ɔt033	h^{u}ɔt033	h^{u}ɔʔ033	h^{u}ɔ^{ɐ}k033
1932	岸	山開一疑寒去	ŋɔŋ21	ŋɔn21	ŋɔŋ31	ŋ^{u}ɔŋ22	ŋun31	ŋ^{u}ɔn31	ŋ^{u}ɔn31	ŋ^{u}ɔn31	ŋ^{u}ɔn31	ŋ^{u}ɔŋ31	ŋ^{u}ɔ^{ɐ}n211
1933	鼾	山開一曉寒平	hɔŋ13	hɔn21	hɔŋ31	h^{u}ɔŋ55	hin44	h^{u}ɔn21	h^{u}ɔn11	h^{u}ɔn13	h^{u}ɔn11	h^{u}ɔŋ23	h^{u}ɔ^{ɐ}n121
1934	罕	山開一曉寒上	hɔŋ35	hɔŋ35	hɔŋ223	h^{u}ɔŋ24	hun35	h^{u}ɔn335	h^{u}ɔn35	h^{u}ɔn35	h^{u}ɔn223	h^{u}ɔŋ35	h^{u}ɔ^{ɐ}n35

（续上表）

序号	字项	中古音	湛江赤坎	廉江廉城	吴川梅菉	吴川吴阳	遂溪北坡	茂名茂南区	高州潘州街	信宜东镇	电白羊角	化州河西街	化州长岐
1935	漢	山開一曉寒去	hɔŋ33	hɔn33	hɔŋ33	h^{u}ɔŋ11	hun44	h^{u}ɔn33	h^{u}ɔn33	h^{u}ɔn33	h^{u}ɔn33	h^{u}ɔŋ33	h^{u}ɔ^{ɐ}n33
1936	喝～彩	山開一曉曷入	hɔk033	hɔt055	hɔʔ033	h^{u}ɔʔ011	hut033	h^{u}ɔt033	h^{u}ɔt033	h^{u}ɔt033	h^{u}ɔt033	h^{u}ɔʔ033	h^{u}ɔ^{ɐ}k033
1937	寒	山開一匣寒平	hɔŋ21	hɔn21	hɔŋ31	h^{u}ɔŋ44	hun11	h^{u}ɔn21	h^{u}ɔn11	h^{u}ɔn13	h^{u}ɔn11	h^{u}ɔŋ23	h^{u}ɔ^{ɐ}n121
1938	韓	山開一匣寒平	hɔŋ21	hɔn21	hɔŋ31	h^{u}ɔŋ44	hun11	h^{u}ɔn21	h^{u}ɔn11	h^{u}ɔn31	h^{u}ɔn11	h^{u}ɔŋ31	h^{u}ɔ^{ɐ}n211
1939	旱	山開一匣寒上	hɔŋ13	hɔn13	hɔŋ223	h^{u}ɔŋ33	hun13	h^{u}ɔn113	h^{u}ɔn35	h^{u}ɔn13	h^{u}ɔn223	h^{u}ɔŋ23	h^{u}ɔ^{ɐ}n13
1940	焊	山開一曉寒上	hɔŋ21	hɔn21	hɔŋ31	h^{u}ɔŋ22	hun31	h^{u}ɔn31	h^{u}ɔn31	h^{u}ɔn31	h^{u}ɔn31	h^{u}ɔŋ31	h^{u}ɔ^{ɐ}n211
1941	汗	山開一匣寒去	hɔŋ21	hɔn21	hɔŋ31	h^{u}ɔŋ22	hun31	h^{u}ɔn31	h^{u}ɔn31	h^{u}ɔn31	h^{u}ɔn31	h^{u}ɔŋ31	h^{u}ɔ^{ɐ}n211
1942	翰	山開一匣寒去	hɔŋ21	hɔn21	hɔŋ31	h^{u}ɔŋ22	hun11	h^{u}ɔn21	h^{u}ɔn11	h^{u}ɔn31	h^{u}ɔn11	h^{u}ɔŋ31	h^{u}ɔ^{ɐ}n211
1943	安	山開一影寒平	ɔŋ55	ɔn55	ʔɔŋ55	ʔ^{u}ɔŋ55	un33	ʔ^{u}ɔn553	ɔn553	ʔ^{u}ɔn453	ʔ^{u}ɔn44	ʔ^{u}ɔŋ53	ʔ^{u}ɔ^{ɐ}n53
1944	鞍	山開一影寒平	ɔŋ55	ɔn55	ʔɔŋ55	ʔ^{u}ɔŋ55	un33	ʔ^{u}ɔn553	ɔn553	ʔ^{u}ɔn453	ʔ^{u}ɔn44	ʔ^{u}ɔŋ53	ʔ^{u}ɔ^{ɐ}n53
1945	按	山開一影寒去	ɔŋ33	ɔn33	ʔɔŋ33	ʔ^{u}ɔŋ11	un44	ʔ^{u}ɔn33	ɔn33	ʔ^{u}ɔn33	ʔ^{u}ɔn33	ʔ^{u}ɔŋ33	ʔ^{u}ɔ^{ɐ}n33
1946	案	山開一影寒去	ɔŋ33	ɔn33	ʔɔŋ33	ʔ^{u}ɔŋ11	un44	ʔ^{u}ɔn33	ɔn33	ʔ^{u}ɔn33	ʔ^{u}ɔn33	ʔ^{u}ɔŋ33	ʔ^{u}ɔ^{ɐ}n33

（续上表）

序号	字项	中古音	湛江赤坎	廉江廉城	吴川梅菉	吴川吴阳	遂溪北坡	茂名茂南区	高州潘州街	信宜东镇	电白羊角	化州河西街	化州长岐
1947	扮	山開二幫黠去	paŋ21	pan33	ɓaŋ31	p^{h}aŋ22	paŋ31	pan31	pan31	pan31	pan31	ɓaŋ31	ɓaŋ33
1948	八	山開二幫黠入	paʔ033	pat033	ɓaʔ033	ɓaʔ011	paʔ033	pat033	pat033	pat033	pat033	ɓaʔ033	ɓak033
1949	盼	山開二滂山去	p^{h}aŋ33	p^{h}an33	p^{h}aŋ33	p^{h}aŋ11	p^{h}aŋ44	p^{h}an33	p^{h}an33	p^{h}an33	p^{h}an33	p^{h}aŋ33	p^{h}aŋ33
1950	辦	山開二並山去	paŋ21	pan21	ɓaŋ31	p^{h}aŋ22	paŋ31	pan31	pan31	pan31	pan31	ɓaŋ31	paŋ211
1951	瓣	山開二並山去	paŋ21	pan21	ɓaŋ31	p^{h}aŋ22	paŋ31	pan31	pan31	pan31	pan31	ɓaŋ31	paŋ211
1952	拔	山開二並黠入	pɐʔ022	pat022	ɓɐʔ031	p^{h}aʔ011	paʔ021	pat022	pɐt021	pat022	pat021	ɓaʔ022	pɐt022
1953	抹~布	山開二明黠入	maʔ033	mat033	maʔ033	mʊt033	maʔ033	mat033	mat033	mut033	mat033	maʔ022	mak022
1954	盞	山開二莊山上	ʧaŋ35	ʧan35	ʧaŋ35	tsaŋ24	ʧaŋ35	ʧan335	ʧan35	ʧan35	ʧan224	ʧaŋ35	ʧaŋ35
1955	札	山開二莊黠入	ʧaʔ033	ʧat033	ʧaʔ033	tsaʔ011	ʧaʔ033	ʧat033	ʧat033	ʧat033	ʧat033		ʧak033
1956	紮	山開二莊黠入	ʧaʔ033	ʧat033	ʧaʔ033	tsaʔ011	ʧaʔ021	ʧat033	ʧat033	ʧat033	ʧat033	ʧaʔ033	ʧak033
1957	鏟	山開二初山上	ʧ^{h}aŋ35	ʧ^{h}an35	ʧ^{h}aŋ35	ts^{h}aŋ24	ʧ^{h}aŋ35	ʧ^{h}an335	ʧ^{h}an35	ʧ^{h}an35	ʧ^{h}an224	ʧ^{h}aŋ35	ʧ^{h}aŋ35
1958	察	山開二初黠入	ʧ^{h}aʔ033	ʧ^{h}at033	ʧ^{h}aʔ033	ts^{h}aʔ011	ʧ^{h}aʔ033	ʧ^{h}at033	ʧ^{h}at033	ʧ^{h}at033	ʧ^{h}at033	ʧ^{h}aʔ033	ʧ^{h}ak033

（续上表）

序号	字项	中古音	湛江赤坎	廉江廉城	吴川梅菉	吴川吴阳	遂溪北坡	茂名茂南区	高州潘州街	信宜东镇	电白羊角	化州河西街	化州长岐
1959	山	山開二生山平	ʃaŋ55	ʃan55	ʃaŋ55	saŋ55	ʃaŋ33	san553	ʃan553	ʃan453	ʃan44	ʃaŋ53	ʃaŋ53
1960	産	山開二生山上	ʧʰaŋ35	ʧʰan35	ʧʰaŋ35	saŋ24	ʧʰaŋ35	ʧʰan335	ʧʰan35	ʧʰan35	ʧʰan224	ʃaŋ35	ʧʰaŋ35
1961	殺	山開二生黠入	ʃaʔ033	ʃat033	ʃaʔ033	saʔ011	ʃaʔ033	sat033	ʃat033	ʃat033	ʃat033	ʃaʔ033	ʃak033
1962	煞	山開二生黠入	ʃaʔ033	ʃat033	ʃaʔ033	saʔ011	ʃaʔ033	sat033	ʃat033	ʃat033	ʃat033	ʃaʔ033	ʃak033
1963	艱	山開二見山平	kaŋ55	kan55	kaŋ55	kaŋ55	kaŋ33	kan553	kan553	kan453	kan44	kaŋ53	kaŋ53
1964	間中~	山開二見山平	kaŋ55	kan55	kaŋ55	kaŋ55	kaŋ33	kan553	kan553	kan453	kan44	kaŋ53	kaŋ53
1965	簡	山開二見山上	kaŋ35	kan35	kaŋ35	kaŋ24	kaŋ35	kan335	kan35	kan35	kan224	kaŋ35	kaŋ35
1966	柬	山開二見山上	kaŋ35	kan35	kaŋ35	kaŋ24	kaŋ35	kan335	kan35	kan35	kan224	kaŋ35	kaŋ35
1967	揀	山開二見山上	kaŋ35	kan35	kaŋ35	kaŋ24	kaŋ35	kan335	kan35	kan35	kan224	kaŋ35	kaŋ35
1968	間~断	山開二見山去	kaŋ33	kan33	kaŋ33	kaŋ11	kaŋ44	kan553	kan33	kan33	kan44	kaŋ33	kaŋ33
1969	眼	山開二疑山上	ŋaŋ13	ŋan13	ŋaŋ35	ŋaŋ33	ŋaŋ13	ŋan113	ŋan223	ŋan13	ŋan223	ŋaŋ23	ŋaŋ13
1970	閑	山開二匣山平	haŋ21	han21	haŋ31	haŋ44	haŋ11	han21	han11	han13	han11	haŋ23	haŋ121

（续上表）

序号	字项	中古音	湛江赤坎	廉江廉城	吴川梅菉	吴川吴阳	遂溪北坡	茂名茂南区	高州潘州街	信宜东镇	电白羊角	化州河西街	化州长岐
1971	限	山開二匣山上	hɐŋ21	hɐn21	hɐŋ31	haŋ22	hɐŋ31	hɐn31	han31	han31	hɐn31	haŋ31	hɐn211
1972	莧	山開二匣山去	in21	han21	in31	in44	in31	hin31	hin31	hin31	hin31	hiam31	haŋ211
1973	軋	山開二影黠入	ʧaʔ033	ʧat033	ʧaʔ033	tsaʔ011	ʧa44	ʧat033	ʧat033	ʧat033	ʧat033	ʧaʔ033	ʧak033
1974	班	山開二幫刪平	paŋ55	pan55	ɓaŋ55	ɓaŋ55	paŋ33	pan553	pan553	pan453	pan44	ɓaŋ53	ɓaŋ53
1975	斑	山開二幫刪平	paŋ55	pan55	ɓaŋ55	ɓaŋ55	paŋ33	pan553	pan553	pan453	pan44	ɓaŋ53	ɓaŋ53
1976	頒	山開二幫刪平	paŋ55	pan55	ɓaŋ55	ɓaŋ55	paŋ33	pan553	pan553	pan453	pan44	ɓaŋ53	ɓaŋ53
1977	扳	山開二幫刪平	paŋ35	pan35	ɓaŋ35	ɓaŋ24	paŋ35	pan335	pan35	pan453	pan224	ɓaŋ35	ɓaŋ35
1978	板	山開二幫刪上	paŋ35	pan35	ɓaŋ35	ɓaŋ24	paŋ35	pan335	pan35	pan35	pan224	ɓaŋ35	ɓaŋ35
1979	版	山開二幫刪上	paŋ35	pan35	ɓaŋ35	ɓaŋ24	paŋ35	pan335	pan35	pan35	pan224	ɓaŋ35	ɓaŋ35
1980	攀	山開二滂刪平	pʰaŋ55	pʰan55	pʰaŋ55	pʰaŋ55	pʰaŋ33	pʰan553	pʰan553	pʰan453	pʰan44	pʰaŋ53	pʰaŋ53
1981	蠻	山開二明刪平	maŋ21	man21	maŋ31	maŋ44	maŋ11	man21	man11	man13	man11	maŋ23	maŋ121
1982	慢	山開二明刪去	maŋ21	man21	maŋ31	maŋ22	maŋ31	man31	man31	man31	man31	maŋ31	maŋ211

（续上表）

序号	字项	中古音	湛江赤坎	廉江廉城	吴川梅菉	吴川吴阳	遂溪北坡	茂名茂南区	高州潘州街	信宜东镇	电白羊角	化州河西街	化州长岐
1983	棧	山開二崇删去	ʧaŋ21	ʧan21	ʧaŋ31	tsʰaŋ22	ʧaŋ31	ʧan31	ʧan31	ʧan31	ʧan31	ʧʰaŋ31	ʧʰaŋ211
1984	鍘	山開二崇鎋入	ʧap022	ʧap022	ʧaʔ031	tsʰap022	ʧap021	ʧap022	ʧap021	ʧap022	ʧap021	ʧʰaʔ022	ʧʰak022
1985	刪	山開二生删平	ʃaŋ55	ʃan33	ʃaŋ55	saŋ55	ʃaŋ33	san553	ʃan553	ʃan453	ʃan44	ʃaŋ53	saŋ53
1986	疝	山開二生删去		ʃan33	ʃaŋ33	saŋ33	ʃaŋ33	san33	ʃan33	ʃan33	ʃan33	ʃaŋ33	saŋ33
1987	奸	山開二見删平	kaŋ55	kan55	kaŋ55	kaŋ55	kaŋ33	kan553	kan553	kan453	kan44	kaŋ53	kaŋ53
1988	諫	山開二見删去	kaŋ35	kan35			kaŋ35	kan33	kan33	kan35	kan224	kaŋ35	kaŋ35
1989	澗	山開二見删去	kaŋ33			kaŋ24	kaŋ44	kan553	kan35	kan35	kan44	kaŋ35	kaŋ53
1990	顏	山開二疑删平	ŋaŋ21	ŋan21	ŋaŋ31	ŋaŋ44	ŋaŋ11	ŋan21	ŋan11	ŋan31	ŋan11	ŋaŋ31	ŋaŋ211
1991	雁	山開二疑删去	ŋaŋ21	ŋan21	ŋaŋ31	ŋaŋ22	ŋaŋ11	ŋan31	ŋan31	ŋan31	ŋan31	ŋaŋ31	ŋaŋ211
1992	瞎	山開二曉鎋入		hɐt022	haʔ031	haʔ011	hɐʔ021		hɐt021	hat022		hɐt022	hɐt022
1993	轄	山開二匣鎋入	hɐʔ022	hɐt022	hɐʔ031	haʔ011	hɐʔ021	hɐt022	hɐt021	hat022	hɐt021	hɐt022	hɐt022
1994	晏	山開二影删去	aŋ33	an33	ʔaŋ33	ʔaŋ11	aŋ44	ʔan33	an33	ʔan33	an33	aŋ33	ʔaŋ33

（续上表）

序号	字项	中古音	湛江赤坎	廉江廉城	吴川梅菉	吴川吴阳	遂溪北坡	茂名茂南区	高州潘州街	信宜东镇	电白羊角	化州河西街	化州长岐
1995	鞭	山開三a幫仙平	pin55	pin55	ɓin55	ɓin55	pin33	pin553	pin553	pin453	pin44	ɓin53	ɓien53
1996	编	山開三a幫仙平	pʰin55	pʰin33	pʰin55	pʰin55	pʰin33	pʰin553	pʰin553	pʰen453	pʰin44	pʰin53	pʰien53
1997	變	山開三b幫仙去	pin33	pin33	ɓin33	ɓin11	pin44	pin33	pin33	pin33	pin33	ɓin33	ɓien33
1998	别区~	山開三b幫薛入	pit022	pit022	ɓit031	pʰiʔ022	pit021	pit022	pit021	pit022	pit021	ɓit022	piet022
1999	鱉	山開三a幫薛入	pit033	pit033	ɓit033	ɓiʔ011	pit033	pit033	pit033	pit033	pit033	ɓit033	ɓiet033
2000	篇	山開三a滂仙平	pʰin55	pʰin55	pʰin55	pʰin55	pʰien33	pʰiɛn553	pʰin553（文） pʰiɛn553（白）	pʰen453	pʰɛn44	pʰin53	pʰiaŋ53
2001	偏	山開三a滂仙平	pʰin55	pʰin55	pʰin55	pʰin55	pʰin33	pʰin553	pʰin553	pʰen453	pʰin44	pʰin53	pʰien53
2002	騙	山開三b滂仙去	pʰin33	pʰin33	pʰin33	pʰin11	pʰin44	pʰin33	pʰin33	pʰen33	pʰin33	pʰin33	pʰien33
2003	便~宜	山開三a並仙平	pʰin21	pʰiaŋ21	pʰeŋ31	pʰin44	pʰiaŋ11	pin31	pin31	pin31	pʰin11		pien211
2004	辨	山開三b並仙上	pin21	pin21	ɓin31	pʰin22	paŋ31	pin31	pin31	pin31	pin31	ɓin31	pien211
2005	辯	山開三b並仙上	pin21	pin21	ɓin31	pʰin22	pin31	pin31	pin31	pin31	pin31	ɓin31	pien211

（续上表）

序号	字项	中古音	湛江赤坎	廉江廉城	吴川梅菉	吴川吴阳	遂溪北坡	茂名茂南区	高州潘州街	信宜东镇	电白羊角	化州河西街	化州长岐
2006	汴	山開三b並仙去	pin21	pin21		pʰin22	pin31			pin31		ɓin31	pien211
2007	便方~	山開三a並仙去	pin21	pin21	ɓin31	pʰin22	pin31	pin31	pin31	pin31	pin31	ɓin31	pien211
2008	别离~	山開三b並薛入	pit022	pit022	ɓit031	pʰiʔ022	pit021	pit022	pit021	pit022	pit021		piet022
2009	綿	山開三a明仙平	min21	min21	min31	min44	min11	min21	min11	min13	min11	min23	mien121
2010	棉	山開三a明仙平	min21	min21	min31	min44	min11	min21	min11	min13	min11	min23	mien121
2011	免	山開三b明仙上	min13	min13	min223	min33	min13	min113	min223	min13	min223	min23	mien13
2012	勉	山開三b明仙上	min13	min13	min223	min33	min13	min113	min223	min13	min223	min23	mien13
2013	娩	山開三b明仙上	min13	min13	maŋ223	min33	maŋ13	min113	min223	min35	man223	min23	mien13
2014	緬	山開三a明仙上	min13	min13	min223	min33	min13	min113	min223	min13	min223	min23	mien211
2015	面	山開三a明仙去	min21	min21	min31	min22	min31	min31	min31	min31	min31	min31	mien211
2016	滅	山開三a明薛入	mit022	mit022	mit031	miʔ022	mit021	mit022	mit021	mit022	mit021	mit022	miet022
2017	碾	山開三娘仙上	ʧin35	ʧin35	ʧin35	tsʊn24	ʧin35	ʧin335	ŋiɛn35	ʧin35	ʧin224	ʧin35	ʧien35

（续上表）

序号	字项	中古音	湛江赤坎	廉江廉城	吴川梅菉	吴川吴阳	遂溪北坡	茂名茂南区	高州潘州街	信宜东镇	电白羊角	化州河西街	化州长岐
2018	連	山開三來仙平	lin21	lin21	lin31	lʊn44	lin11	lin21	lin11	lin31	lin11	lin23	lien121
2019	聯	山開三來仙平	lin21	lin21	lin31	lʊn44	lin11	lin21	lin11	lyn13	lin11	lin23	lien121
2020	列	山開三來薛入	lit022	lit022	lit031	lʊt022	lit021	lit022	lit021	lit022	lit021	lit022	liet022
2021	裂	山開三來薛入	lit022	lit033	lit031	lʊt022	lit021（文） liet021（白）	liɛt022	lit021（文） liɛt021（白）	lit022（文） let022（白）	liɛt021	lit022	liet022（文） liak022（白）
2022	烈	山開三來薛入	lit022	lit022	lit031	lʊt022	lit021	lit022	lit021	lit022	lit021	lit022	liet022
2023	煎	山開三精仙平	ʧin55	ʧin55	ʧin55	tin55	ʧin33	ʧin553	ʧin553	ʧin453	ʧin44	tin53	tien53
2024	剪	山開三精仙上	ʧin35	ʧin35	ʧin35	tin24	ʧin35	ʧin335	ʧin35	ʧin35	ʧin224	tin35	tien35
2025	箭	山開三精仙去	ʧin33	ʧin33	ʧin33	tin11	ʧin44	ʧin33	ʧin33	ʧin33	ʧin33	tin33	tien33
2026	濺	山開三精仙去	$ʧ^h$in35	$ʧ^h$in35	$ʧ^h$in35	t^hin24	$ʧ^h$in35		ʧin31	ʧin31	ʧin31	t^hin35	t^hien211
2027	遷	山開三清仙平	$ʧ^h$in55	$ʧ^h$in55	$ʧ^h$in55	t^hin55	$ʧ^h$in33	$ʧ^h$in553	$ʧ^h$in553	$ʧ^h$in453	$ʧ^h$in44	t^him53	t^hien53
2028	淺	山開三清仙上	$ʧ^h$in35	$ʧ^h$in35	$ʧ^h$in35	t^hin24	$ʧ^h$in35	$ʧ^h$in335	$ʧ^h$in35	$ʧ^h$in35	$ʧ^h$in224	t^hin35	t^hien35

（续上表）

序号	字项	中古音	湛江赤坎	廉江廉城	吴川梅菉	吴川吴阳	遂溪北坡	茂名茂南区	高州潘州街	信宜东镇	电白羊角	化州河西街	化州长岐
2029	錢	山開三從仙平	ʧʰin21	ʧʰin21	ʧʰin31	tʰin44	ʧʰin11	ʧʰin21	ʧʰin11	ʧʰin13	ʧʰin11	tʰin23	tʰien121
2030	踐	山開三從仙上	ʧin21	ʧin21	ʧʰin33	tʰin22	ʧin35	ʧin31	ʧin31	ʧin31	ʧin31	tʰin33	tʰien33
2031	賤	山開三從仙去	ʧin21	ʧin21	ʧin31	tʰin22	ʧin33	ʧin31	ʧin31	ʧin31	ʧin31	tʰin31	tʰien211
2032	餞	山開三從仙去	ʧin21	ʧʰin13		tʰin22	ʧʰin11	ʧʰin21	ʧin31	ʧin31	ʧʰin11	tʰin23	tʰien211
2033	仙	山開三心仙平	ʃin55	ɬin55	ɬin55	ɬin55	ɬin33	ɬin553	ɬin553	ɬin453	ɬin44	ɬin53	ɬien53
2034	鮮新~	山開三心仙平	ʃin55	ɬin55	ɬin55	ɬin55	ɬin33	ɬin553	ɬin553	ɬin453	ɬin44	ɬin53	ɬien53
2035	鮮朝~	山開三心仙上	ʃin55	ɬin35	ɬin55	ɬin55	ɬin33	ɬin553	ɬin553	ɬin453	ɬin44	ɬin53	ɬien53
2036	癬	山開三心仙上	ʃin35	ɬin35	ɬin35	ɬʊn24	ɬin35	ɬin335	ɬyn35	ɬyn35	ɬin224	ɬin35	ɬien35
2037	綫	山開三心仙去	ʃin33	ɬin33	ɬin33	ɬin11	ɬin44	ɬin33	ɬin33	ɬin33	ɬin33	ɬin33	ɬien33
2038	薛	山開三心薛入	ʃit033	ɬit033	ɬit033	ɬʊt011	ɬit033	ɬit033	ɬyt033	ɬyt033	ɬit033	ɬit033	ɬiet033
2039	泄	山開三心薛入	ʃit033	ɬit033	ɬit033	ɬʊt011	ɬit033	ɬit033	ɬit033	ɬit033	ɬit033	ɬit033	ɬiet033
2040	涎	山開三邪仙平					in11		in11	ʃan13		jin23	ᶻjien13

（续上表）

序号	字项	中古音	湛江赤坎	廉江廉城	吴川梅菉	吴川吴阳	遂溪北坡	茂名茂南区	高州潘州街	信宜东镇	电白羊角	化州河西街	化州长岐
2041	羡	山開三邪仙去	ʃin21	ʃin21	ʃin31	tsʰim22	ɬin31	ɬim31	ɬyn31	ɬyn31	ʃin31	ʧʰim33	ʧʰiᵊm33
2042	展	山開三知仙上	ʧin35	ʧin35	ʧin35	tsʊn24	ʧin35	ʧin335	ʧin35	ʧin35	ʧin224	ʧin35	ʧien35/ʃien35
2043	哲	山開三知薛入	ʧit033	ʧit033	ʧit033	tsiʔ011	ʧit033	ʧit033	ʧit033	ʧit033	ʧit033	ʧit033	ʧiet033
2044	蜇	山開三知薛入	ʧit033	ʧit033	ʧit033	tsiʔ011	ʧit033	ʧit033	ʧit033	ʧit033	ʧit033	ʧit033	
2045	徹	山開三徹薛入	ʧʰit033	ʧʰit033	ʧʰit033	tsʰʊt011	ʧʰit033	ʧʰit033	ʧʰit033	ʧʰyt033	ʧʰit033	ʧʰit033	ʧʰiet033
2046	撤	山開三徹薛入	ʧʰit033	ʧʰit033	ʧʰit033	tsʰʊt011	ʧʰit033	ʧʰit033	ʧʰit033	ʧʰyt033	ʧʰit033	ʧʰit033	ʧʰiet033
2047	纏	山開三澄仙平	ʧʰin21	ʧʰin21	ʧʰin31	tsʰʊn44	ʧʰin11	ɬin21	ʧʰin11	ʧʰin13	ʧʰin11	ʧʰin31	ʧʰien211
2048	轍	山開三澄薛入	ʧʰit033	ʧʰit033		tsʰʊt011	ʧʰit033	ʧʰit033	ʧʰit033	ʧʰyt033		ʧʰit033	ʧʰiet033
2049	氈	山開三章仙平	ʧin55	ʧin55	ʧin55	tsʊn55	ʧin33	ʧin553	ʧin553	ʧin453	ʧin445	ʧin53	ʧien53
2050	戰	山開三章仙去	ʧin33	ʧin33	ʧin33	tsʊn11	ʧin44	ʧin33	ʧin33	ʧin33	ʧin33	ʧin33	ʧien33
2051	顫	山開三章仙去	ʧin33		ʃin35	sʊn24	ʧin44		ʧin33			ʧin33	ȡien53
2052	折~断	山開三章薛入	ʧit033	ʧit033	ʧit033	tsiʔ011	ʧit033	ʧit033	ʧit033	ʧit033	ʧit033	ʧit033	ʧiet033

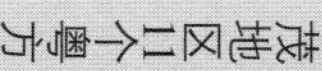

（续上表）

序号	字项	中古音	湛江赤坎	廉江廉城	吴川梅菉	吴川吴阳	遂溪北坡	茂名茂南区	高州潘州街	信宜东镇	电白羊角	化州河西街	化州长岐
2053	浙	山開三船薛入	ʧit033	ʧit033	ʧit033	tsiʔ011	ʧit033	ʧit033	ʧit033	ʧit033	ʧit033	ʧit033	ʧiet033
2054	舌	山開三船薛入	ʃit022	ʃit022	ʃit031	siʔ033	ʃit021		ʃip021	ʃit022	ʃɛt055	ʃip022	ʃiᵊp022
2055	搧	山開三書仙平	ʃin33	ʃin33	ʃin33	sin11	ʃin44	sin33	ʃin33		ʃin33	ʃin33	ʃien33
2056	扇	山開三書仙去	ʃin33	ʃin33	ʃin33	sin11	ʃin44	sin33	ʃin33	ʃin33	ʃin44	ʃin33	ʃien33
2057	設	山開三書薛入	ʧʰit033	ʃit033	ʃit033	sʊt011	ʃit033	sit033	ʃit033	ʧʰyt033	ʃit033	ʃit033	ʃʊt033/ʃiet022
2058	蟬	山開三禪仙平	ʃin21	ʃin21	ʃin31	sim44	ʃim11	sim21	ʃim11	ʃim13	ʃim11	ʃim23	ʃiᵊm121
2059	禪~宗	山開三禪仙平	ʃin21	ʃin21		sim44	ʃim11	sim21	ʃim11	ʃim13	ʃim11	ʃim23	ʃiᵊm121
2060	善	山開三禪仙上	ʃin21	ʃin21	ʃin31	sʊn22	ʃin31	sin31	ʃyn31	ʃyn31	ʃin31	ʃin31	ʃʊn211/ʃien211
2061	鱔	山開三禪仙上	ʃin13	ʃin13	ʃin35	sʊn44	ʃin13	sin113	ʃyn223	ʃyn13	ʃin223	ʃin23	ʃʊn13/ʃien13
2062	單姓	山開三禪仙去	ʃin21			sim22	taŋ33		ʃim11	ʃim31		ʃim31	ɗaŋ53
2063	膳	山開三禪仙去	ʃin21	ʃin21	ʃin31	sʊn22	ʃin31	sin31	ʃyn223	ʃyn13	ʃin31	ʃin31	ʃien211
2064	禪~让	山開三禪仙去	ʃin21	ʃin21	ʃin31	sim44	ʃin31	sim21	ʃim11	ʃim31	ʃim11	ʃim31	ʃiᵊm121

（续上表）

序号	字项	中古音	湛江赤坎	廉江廉城	吴川梅菉	吴川吴阳	遂溪北坡	茂名茂南区	高州潘州街	信宜东镇	电白羊角	化州河西街	化州长岐
2065	折~本	山開三禪薛入	ʧit033	ʃit033	ʃit033	tsiʔ011	ʃit021	ʧit033	ʃip021	ʃit022	ʃit021	ʃit022	ʃiet022
2066	然	山開三日仙平	in21	in21	in31	in44	in11	in21	in11	in13	in11	jin23	ᶻjien121
2067	燃	山開三日仙平	in21	in21	in31	in44	in11	in21	in11	in13	in11	jin23	ᶻjien121
2068	熱	山開三日薛入	it022	ȵit033	ȵit031	ȵiʔ022	ȵit021	ȵit022	ȵit021	ȵit022	ȵit021	ȵit022	ȵiet022
2069	遣	山開三a溪仙上	hin35	hin35	hin35	hin24	hin35	hin335	hin35	hin33	hin224	hin35	hien35
2070	乾~坤	山開三羣仙平	kʰin21	kʰin21	kʰin31	kʰin44	kʰin11	kʰin21	kʰyn11	kʰyn13	kʰin11	kʰin23	kʰien121
2071	虔	山開三b羣仙平		hin21		kʰin44	kʰin11	kʰin21	kʰyn11	kʰyn13	kʰin11	kʰin23	
2072	件	山開三b羣仙上	kin21	kin21	kin31	kʰin33	kin31	kin31	kin31	kin31	kin31	kʰin31	kʰien211
2073	傑	山開三b羣薛入	kit022	kit022	kit031	kʰiʔ022	kit021	kit022	kit021	kit022	kit033	kʰit022	kʰiet022
2074	諺	山開三b疑仙去	in21	in21		in22	in11	in31	in33	in31	in31	ɲin31	ŋaŋ211
2075	孽	山開三b疑薛入		ȵit033	ȵit031	ȵip022	nip033	nip022	nip021	nip022	ȵip021	ȵip022	ȵiᵊp022
2076	焉	山開三云仙平	in21					in21	in11	in13	in11	jin23	ᶻjien121

（续上表）

序号	字项	中古音	湛江赤坎	廉江廉城	吴川梅菉	吴川吴阳	遂溪北坡	茂名茂南区	高州潘州街	信宜东镇	电白羊角	化州河西街	化州长岐
2077	延	山開三以仙平	in21	in21	in223	in44	in11	in21	in11	in13	in11	jin23	^{z}jien13
2078	筵	山開三以仙平	in21	in21	in223	in44	in11	in21	in33	in33	in11	jin23	^{z}jien13
2079	演	山開三以仙上	in35	in35	in223	in44	in35	in113	in35	in13	in224	jin23	^{z}jien13
2080	建	山開三見元去	kin33	kin33	kin33	kin11	kin44	kin33	kin33	kin33	kin33	kin33	kien33
2081	揭	山開三b溪薛入	k^{h}it033	k^{h}it033	k^{h}it033	k^{h}iʔ011	k^{h}it033	k^{h}it033	k^{h}it033	k^{h}it033（文） k^{h}et033（白）	k^{h}it033	k^{h}it033	k^{h}iet033
2082	鍵	山開三羣元上	kin21	kin33	kin31	k^{h}in22	kin44	kin31	kin31	kin31	kin31	k^{h}in31	k^{h}ien211
2083	健	山開三羣元去	kin21	kin33	kin31	k^{h}in22	kin44	kin31	kin31	kin31	kin31	k^{h}in31	k^{h}ien211
2084	腱	山開三羣元去							kin31	kin31	kin31		
2085	竭	山開三羣月入	k^{h}it033	k^{h}it033	k^{h}it033	k^{h}iʔ022	k^{h}it033	k^{h}it033	k^{h}it033	kit022	k^{h}it033	k^{h}it033	k^{h}iet033
2086	言	山開三疑元平	in21	ȵin21	ȵin31	ȵin44	in11	ȵin21	in11	ȵin13	ȵin11	ɲin23	ɲien121
2087	軒	山開三曉元平	hin55	hin55	hin55	hin55	hin33	hin553	hin553	hin453	hin445	hin53	hien53

（续上表）

序号	字项	中古音	湛江赤坎	廉江廉城	吴川梅菉	吴川吴阳	遂溪北坡	茂名茂南区	高州潘州街	信宜东镇	电白羊角	化州河西街	化州长岐
2088	掀	山開三曉元平		hin55		hɐm55	hɐŋ33	hin553	hɐn553	hin453	hɐn44	hɐn53	hɐm53
2089	憲	山開三曉元去	hin33	hin33	hin33	hin24	hin44	hin33	hin33	hin33	hin33	hin33	hien33
2090	獻	山開三曉元去	hin33	hin33	hin33	hin11	hin44	hin33	hin33	hyn33	hin33	hin33	hien33
2091	歇	山開三曉月入	hit033	hit033	hit033	hiʔ011	hit033	hit033	kʰit033	kʰit033	hit033	hit033	hiet033
2092	蝎	山開一匣曷入	hit033	hit033	ʔit033	kʰiʔ011	kʰit033	kʰit033	kʰit033	kʰit033	kʰit033	kʰit033	kʰiet033
2093	邊	山開四幫先平	pin55	pin55	ɓin55	ɓin55	pin33	pin553	pin553	pin453	pin44	ɓin53	ɓien53
2094	蝙	山開四幫先平	pʰin55	pʰin55	pʰin55	pʰin55	pʰin33	pʰin553	pʰin553	pʰen453	pin224	pʰin53	pʰien53
2095	扁	山開三a滂仙平	pin35	piaŋ35	ɓiɛŋ35	ɓiaŋ24	pien35	piɛn335	piɛn35	pen35	piɛn224	ɓiaŋ35	ɓiaŋ35
2096	匾	山開四幫先上	pin35	piaŋ35	ɓin35	ɓin24	pien35（文） pʰin33（白）	piɛn335	piɛn35	pen35	piɛn224	ɓiaŋ35	ɓiaŋ35
2097	遍~地	山開四幫先去	pʰin33	pʰin55	pʰin33	ɓin11	pʰin44	pʰin33	pʰin33	pʰen33	pʰin33	pʰin33	pʰien33
2098	遍一~	山開四幫先去	pʰin33	pʰin33	pʰin33	ɓin11	pʰin44	pʰin33	pʰin33	pʰen33	pʰin33	pʰin33	pʰien33

（续上表）

序号	字项	中古音	湛江 赤坎	廉江 廉城	吴川 梅菉	吴川 吴阳	遂溪 北坡	茂名 茂南区	高州 潘州街	信宜 东镇	电白 羊角	化州河 西街	化州 长岐
2099	片	山開四 滂先去	p^{h}in33	p^{h}iaŋ33	p^{hi}εŋ33	p^{h}iaŋ11	p^{h}in44（文） p^{h}ien44（白）	p^{h}in33（文） p^{h}iεn33（白）	p^{h}in33（文） p^{h}iεn33（白）	p^{h}en33	p^{h}in33（文） p^{h}εn33（白）	p^{h}iaŋ33	p^{h}iaŋ33
2100	撇	山開四 滂屑入	p^{h}it033	p^{h}it033	p^{h}it033	p^{h}iʔ033	p^{h}it033	p^{h}it033	p^{h}it033	p^{h}it033	p^{h}it033	p^{h}it033	p^{h}iet033
2101	辮	山開四 並先上	pin55	pin55	ɓin55	p^{h}in22	pin33	pin553	pin553	pin453	pin445	ɓin53	ɓien53
2102	眠	山開四 明先平	min21	min21	min31	min44	min11	min21	min11	min13	min11	mɐn23	mɐn121
2103	麪	山開四 明先去	min21	min21	min31	min22	min31	min31	min31	min31	min31	min31	mien211
2104	篾	山開四 明屑入	mit022	mit022	mit031	maʔ022	mit021	mit022	mit021	mit022	mit021	mit022	miet022
2105	顛	山開四 端先平	tin55	tin55	ɗin55	ɗin55	tin33	tin553	tin553	tin453	tin44	ɗin53	ɗien53
2106	癲	山開四 端先平	tin55	tin55	ɗin55	ɗin55	tin33	tin553	tin553	tin453	tin44	ɗin53	ɗien53
2107	典	山開四 端先上	tin35	tin35	ɗin35	ɗin24	tin35	tin335	tin35	tin35	tin224	tin35	tien35
2108	天	山開四 透先平	t^{h}in55	t^{h}in55	t^{h}in55	t^{h}in55	t^{h}in33	t^{h}in553	t^{h}in553	t^{h}in453	t^{h}in44	t^{h}in53	t^{h}ien53
2109	腆	山開四 透先上	tin35	tin35			tin35		tin35	tin35		tin35	tien35

（续上表）

序号	字项	中古音	湛江赤坎	廉江廉城	吴川梅菉	吴川吴阳	遂溪北坡	茂名茂南区	高州潘州街	信宜东镇	电白羊角	化州河西街	化州长岐
2110	鐵	山開四透屑入	t^{h}it033	t^{h}it033	t^{h}it033	t^{h}iʔ011	t^{h}it033	t^{h}it033	t^{h}it033	t^{h}it033	t^{h}it033	t^{h}it033	t^{h}iet033
2111	田	山開四定先平	t^{h}in21	t^{h}in21	t^{h}in31	t^{h}in44	t^{h}in11	t^{h}in21	t^{h}in11	t^{h}in13	t^{h}in11	t^{h}in23	tien121
2112	填	山開四定先平	t^{h}in21	t^{h}in21	t^{h}in31	t^{h}in44	t^{h}in11	t^{h}in21	t^{h}in11	t^{h}in13	t^{h}in11	t^{h}in23	tien121
2113	電	山開四定先去	tin21	tin21	ɗin31	t^{h}in22	tin31	tin31	tin31	tin31	tin31	ɗin31	tien211
2114	殿	山開四定先去	tin21	tin21	ɗin31	t^{h}in22	tin31	tin31	tin31	tin31	tin31	ɗin31	tien211
2115	奠	山開四定先去	tin21	tin21		t^{h}in22	tin31	tin31	tin31	tin31	tin31	ɗin31	tien211
2116	佃	山開四定先去	tin21	t^{h}in21			tin31	tin31	tin31	tin31	tin31	ɗin31	tien121
2117	墊	山開四定先去	t^{h}im13	t^{h}in13	t^{h}in223	t^{h}im33	t^{h}im13	t^{h}im113	t^{h}im223	tin33	tin31 ~钱 tin445 坐~	t^{h}im23 ~钱 ɗim33 坐~	ti^{ə}m13
2118	年	山開四泥先平	nin21	nin21	nin31	nin44	nin11	nin21	nin11	nin13	nin11	nin23	nien121
2119	撚	山開四泥先上	nin55		nɛ35	ȵiaŋ24		niɛn335	niɛn35	nen13	niɛn224	niaŋ35	niaŋ35
2120	捏	山開四泥屑入		ȵit033	nit033		nip033	niap033		nip022	nit021	nip033	ni^{ə}p033

（续上表）

序号	字项	中古音	湛江赤坎	廉江廉城	吴川梅菉	吴川吴阳	遂溪北坡	茂名茂南区	高州潘州街	信宜东镇	电白羊角	化州河西街	化州长岐
2121	憐	山開四來先平	lin21	leŋ21	lin31	lʊn44	lin11	lɐn21	lin11（文） lɐn11（白）	lin13	lɐn11	lɐn23	lɐn121
2122	蓮	山開四來先平	lin21	lin21	lin31	lʊn44	lin11	lin21	lin11	lin31	lin11	lin23	lien121
2123	練	山開四來先去	lin21	lin21	lin31	lʊn22	lin31	lin31	lin31	lin31	lin31	lin31	lien211
2124	楝	山開四來先去	lin21	lin21	lin31	lʊn22	lin31	lin31	lin31	lin31	lin31	lin31	lien211
2125	鏈	山開四來先去	lin21	lin21	lin31	lʊn22	lin31	lin31	lin31	lin31	lin31	lin31	lien211
2126	箋	山開四精先平	ʧ^{h}in13	ʧin55		tim55	ʧin31	ʧin553	ʧin553	ʧin453	ʧin445	ʧim53	t^{h}i^{ə}m53
2127	薦	山開四精先去	ʧin21	ʧin33	ʧ^{h}in31	tin11	ʧin33	ʧin31	ʧyn33	ʧin33	ʧ^{h}in11	tin33	tien33
2128	節	山開四精屑入	ʧit033	ʧit033	ʧit033	tiʔ011	ʧit033	ʧit033	ʧit033	ʧit033	ʧit033	tit033	tiet033
2129	千	山開四清先平	ʧ^{h}in55	ʧ^{h}in55	ʧ^{h}in55	t^{h}in55	ʧ^{h}in33	ʧ^{h}in553	ʧ^{h}in553	ʧ^{h}in453	ʧ^{h}in44	t^{h}in53	t^{h}ien53
2130	切	山開四清屑入	ʧ^{h}it033	ʧ^{h}it033	ʧ^{h}it033	t^{h}ʊt011	ʧ^{h}it033	ʧ^{h}it033	ʧ^{h}it033 ～开 ʧ^{h}ɐi33 一～	ʧ^{h}yt033	ʧ^{h}it033	t^{h}it033 ～开 ʧ^{h}it033 白～鸡	t^{h}iet033 ～开 ʧ^{h}iet033 白～鸡

（续上表）

序号	字项	中古音	湛江赤坎	廉江廉城	吴川梅菉	吴川吴阳	遂溪北坡	茂名茂南区	高州潘州街	信宜东镇	电白羊角	化州河西街	化州长岐
2131	前	山開四從先平	ʧʰin21	ʧʰin21	ʧʰin31	tʰin44	ʧʰin11	ʧʰin21	ʧʰin11	ʧʰin31	ʧʰin11	tʰin23	tʰien121
2132	截	山開四從屑入	ʧit022	ʧit022	ʧit031	tʰiʔ022	ʧit021	ʧit033	ʧit021	ʧit022	ʧit021	tʰit022	tʰiet022
2133	先	山開四心先平	ʃin55	ɬin55	ɬin55	ɬin55	ɬin33	ɬin553	ɬin553	ɬin453	ɬin44	ɬin53	ɬien53
2134	屑不~	山開四心屑入	ʃiu55		ɬiu55	ɬiu55	ɬiu33			ɬit033	ɬɛt055	ɬiu53	ɬiu53
2135	屑木~	山開四心屑入	ʃiu55	ɬiu55	ɬiu55	ɬiu55	ɬiu33	ɬiap033	ɬiak033	ɬit033	ɬiɛt033	ɬit033	ɬiet033
2136	肩	山開四見先平	kin55	kin55	kin55	kin55	kin33	kin553	kin553	kin453	kin44	kin53	kien53
2137	堅	山開四見先平	kin55	kin55	kin55	kin55	kin33	kin553	kin553	kin453	kin44	kin53	kien53
2138	繭	山開四見先上	kaŋ35	kin35		kin24	kaŋ35	kan335	kan35	kan35	kan224	kaŋ35	kaŋ35
2139	趼	山開四見先上	kaŋ35	kin35	ʃɐŋ33	sɐŋ44	kaŋ35	kan335	kan35	kan35	kan224	kaŋ35	kaŋ35
2140	見	山開四見先去	kin33	kin33	kin33	kin11	kin44	kin33	kin33	kin33	kin33	kin33	kien33
2141	結	山開四見屑入	kit033	kit033	kit033	kiʔ011	kit033	kit033	kit033	kit033	kit033	kit033	kiet033
2142	潔	山開四見屑入	kit033	kit033	kit033	kiʔ011	kit033	kit033	kit033	kit033	kit033	kit033	kiet033

（续上表）

序号	字项	中古音	湛江赤坎	廉江廉城	吴川梅菉	吴川吴阳	遂溪北坡	茂名茂南区	高州潘州街	信宜东镇	电白羊角	化州河西街	化州长岐
2143	牽	山開四溪先平	hin55	hin55	hin55	hin55	hin33	hin553	hin553	hin453	hin44	hin53	hien53
2144	研	山開四疑先平	in21	ȵin21	in31	in44	ŋeŋ11	ɲiɛn21	in11（文） ŋiɛn11（白）	ŋen31	ŋiɛn11	ɲin31	ɲien211
2145	硯	山開四疑先去	in21	kan35	in31	in22	in31	in31	in31	in31	in31	jin31	^{z}jien211
2146	顯	山開四曉先上	hin35	hin35	hin35	hin24	hin35	hin335	hin35	hin35	hin224	hin35	hien35
2147	賢	山開四匣先平	in21	hin21	in31	in44	hin11	in21	in11	in31	in11	jin23	^{z}jien121
2148	弦	山開四匣先平	in21	hin21	in31	in44	hin11	hin21	hyn11	in13	hin11	jin23	ʋien121
2149	現	山開四匣先去	in21	in21	in31	in22	in31	in31	in31	in31	in31	jin31	^{z}jien211
2150	煙	山開四影先平	in55	in55	in55	ʔin55	in33	in553	in553	in453	in44	jin53	^{z}jien53
2151	燕~京	山開四影先平	in33	in33	in33	in11	in44	in33	in33	in33	in33	jin33	^{z}jien53
2152	燕~子	山開四影先去	in33	in33	in33	in11	in44	in33	in33	in33	in33	jin33	^{z}jien33
2153	嚥	山開四影先去	in33	in55	in55	ʔin55	in44		in33	it033	in44	jin53	^{z}jien53

（续上表）

序号	字项	中古音	湛江赤坎	廉江廉城	吴川梅菉	吴川吴阳	遂溪北坡	茂名茂南区	高州潘州街	信宜东镇	电白羊角	化州河西街	化州长岐
2154	宴	山開四影先去	in33	in33	in33	in11	in44（文） aŋ44（白）	in33	in33	in33	in33	jin33	^{z}jien33
2155	噎	山開四影屑入	iaʔ033	iak055		ʔiʔ011	it021						
2156	般	山合一幫桓平	puŋ55	pun55	ɓuŋ55	ɓʊn55	pun33	pʊn553	pun553	pun453	pʊn44	ɓun53	ɓʊn53
2157	搬	山合一幫桓平	puŋ55	pun55	ɓuŋ55	ɓʊn55	pun33	pʊn553	pun553	pun453	pʊn44	ɓun53	ɓʊn53
2158	半	山合一幫桓去	puŋ33	pun33	ɓuŋ33	ɓʊn11	pun44	pʊn33	pun33	pun33	pʊn33	ɓun33	ɓʊn33
2159	絆	山合一幫桓去	puŋ21	p^{h}un33	ɓuŋ31	p^{h}ʊn22	pun31	pʊn31	pun31	pun31	pʊn31	ɓun31	pʊn211
2160	缽	山合一幫末入	puʔ033	put022		ɓʊt011	put033	pʊt033	put033	put033	pʊt033	ɓut033	ɓʊt033
2161	撥	山合一幫末入	p^{h}uʔ033	put033	ɓuʔ031	ɓʊt011	put033	pʊt022	put021	put033	pʊt021	ɓut033	ɓʊt033
2162	潘	山合一滂桓平	p^{h}uŋ55	p^{h}un55	p^{h}uŋ55	p^{h}ʊn55	p^{h}un33	p^{h}ʊn553	p^{h}un553	p^{h}un453	p^{h}ʊn44	p^{h}un53	p^{h}ʊn53
2163	拚~命	山合一滂桓平	p^{h}eŋ33	p^{h}eŋ33	p^{h}eŋ33	p^{h}ʊn11	p^{h}eŋ33	p^{h}eŋ33	p^{h}eŋ223	p^{h}eŋ33	p^{h}ᴇŋ33	p^{h}eŋ33	p^{h}en33
2164	判	山合一滂桓去	p^{h}uŋ33	p^{h}un33	p^{h}uŋ33	p^{h}ʊn33	p^{h}un44	p^{h}ʊn33	p^{h}un33	p^{h}un33	p^{h}ʊn33	p^{h}un33	p^{h}ʊn33

（续上表）

序号	字项	中古音	湛江赤坎	廉江廉城	吴川梅菉	吴川吴阳	遂溪北坡	茂名茂南区	高州潘州街	信宜东镇	电白羊角	化州河西街	化州长岐
2165	潑	山合一滂末入	p^huʔ033	p^hut033	p^huʔ033	p^hʊt011	p^hut033	p^hʊt033	p^hut033	p^hut033	p^hʊt033	p^hut033	p^hʊt033
2166	盤	山合一並桓平	p^huŋ21	p^hun21	p^huŋ31	p^hʊn44	p^hun11	p^hʊn21	p^hun11	p^hun13	p^hʊn11	p^hun23	pʊn121
2167	伴	山合一並桓上	puŋ21	p^hun33	ɓuŋ31	p^hʊn33	pun31	pʊn31	pun31	pun31	pʊn31	ɓun31	pʊn211
2168	拌	山合一並桓上	puŋ21	p^hun33	ɓuŋ31	p^hʊn22	pun31	pʊn31	pun31	pun31	pʊn31	ɓun31	pʊn211
2169	叛	山合一並桓去	puŋ21	p^hun33	p^huŋ31	p^hʊn22	pun31	pʊn31	pun31	pun31	pʊn31	ɓun31	pʊn211
2170	鈸	山合一並末入	puʔ022				paʔ021	pɐt022	pɐt021				
2171	瞞	山合一明桓平	muŋ21	mun21	muŋ31	mʊn44	mun11	mʊn21	mun11	mun13	mʊn11	mun53	mʊn53
2172	饅	山合一明桓平	maŋ21	man21	maŋ31	maŋ22	maŋ31	man31	man31	man31	man31	maŋ31	maŋ211
2173	鰻	山合一明桓平	maŋ21	man21		maŋ22	maŋ31	man31	man31	man31	man31	maŋ31	maŋ211
2174	滿	山合一明桓上	muŋ13	mun13	muŋ223	mʊn33	mun13	mʊn113	mun223	mun13	mʊn223	mun23	mʊn13
2175	漫	山合一明桓去	maŋ21	man21	maŋ31	maŋ22	maŋ31	man31	man31	man31	man31	maŋ31	maŋ211
2176	幔	山合一明桓去	maŋ21	man21			maŋ31	man31	man31	man31	man31	maŋ31	maŋ211

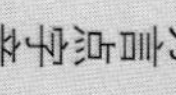
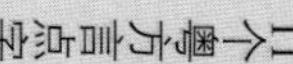

（续上表）

序号	字项	中古音	湛江赤坎	廉江廉城	吴川梅菉	吴川吴阳	遂溪北坡	茂名茂南区	高州潘州街	信宜东镇	电白羊角	化州河西街	化州长岐
2177	末	山合一明末入	muʔ022	mut022	muʔ031	mʊt022	mut021	mʊt022	mut021	mut022	mʊt021	mut022	mʊt022
2178	沫	山合一明末入	muʔ022	mut022	muʔ031	mʊt022	mut021	mʊt022	mut021	mut022	mʊt021	mut022	mʊt022
2179	抹动词	山合一明末入	muʔ022	mat033	maʔ033	mʊt011	maʔ033	mat033	mat033	mut033	mat033	maʔ033	mak033
2180	端	山合一端桓平	tin55	tun55	ɗin55	ɗʊn55	tin33	tin553	tyn553	tyn453	tin44	ɗin53	ɗien53
2181	短	山合一端桓上	tin35	tun35	ɗin35	ɗʊn24	tin35	tin335	tyn35	tyn35	tin224	ɗin35	ɗien35
2182	斷折～	山合一定桓上	t^hin13	t^hun13	t^hin223	t^hʊn33	t^hin44	t^hin113	t^hyn223	t^hyn13	t^hin223	t^hin23	tien13
2183	鍛	山合一端桓去	tin21	tun21	ɗin31	t^hʊn22	tin31	tin31	tyn31	tyn31	tin31	ɗin31	tien211
2184	脱	山合一透末入	t^hit033	t^hut033	t^hit033	t^hʊt011	t^hit033	t^hit033	t^hyt033	t^hyt033	t^hit033	t^hit033	t^hʊt033/ t^hiet033
2185	團	山合一定桓平	t^hin21	t^hun21	t^hin31	t^hʊn44	t^hin11	t^hin21	t^hyn11	t^hyn31	t^hin11	t^hin23	tien121
2186	糰	山合一定桓平	t^hin21	t^hun21	t^hin31	t^hʊn44	t^hin11	t^hin21	t^hyn11	t^hyn31	t^hin11	t^hin23	tien121
2187	斷决～	山合一端桓去	t^hin13	t^hun13	t^hin223	tʊn11	t^hin44	t^hin113	tyn33	tyn33	t^hin223	t^hin23	tien33
2188	段	山合一定桓去	tin21	tun21	ɗin31	t^hʊn22	tin31	tin31	tyn31	tyn31	tin31	ɗin31	tien211

（续上表）

序号	字项	中古音	湛江赤坎	廉江廉城	吴川梅菉	吴川吴阳	遂溪北坡	茂名茂南区	高州潘州街	信宜东镇	电白羊角	化州河西街	化州长岐
2189	緞	山合一定桓去	tin21	tun21	ɗin31	t^{h}ʊn22	tin31	tin31	tyn31	tyn31	tin31	ɗin31	tien211
2190	椴	山合一定桓去	tin21	tun21	ɗin31	t^{h}ʊn22	tin31	tin31	tyn31	tyn31	tin31	ɗin31	tien211
2191	奪	山合一定末入	tit022	tut022	ɗit031	t^{h}ʊt022	tit021	tit022	tyt021	tyt022	tit021	ɗip022	tiet022
2192	暖	山合一泥桓上	nyn13	nun13	nin223	nʊn33	nin13	nin113	nyn223	nyn13	nin223	nin23	nʊn13/ nien13
2193	鸞	山合一來桓平	lyn21	lin35		lʊn44	lin11	lin21	lyn11	lyn31	lin11	lin35	lien35
2194	卵	山合一來桓上	lyn35	lun13	lin35	lʊn33	lin13	lin113	lyn223	lyn13	lin223	lin23	lien13
2195	亂	山合一來桓去	lin21	lun21	lin31	lʊn22	lin31	lin31	lyn31	lyn31	lin31	lin31	lien211
2196	捋	山合一來末入	lit022	lut022	lit031	lʊt022	niɐp055	lit022	lyt021	lyt022	lit021	lit022	lʊt022/ liet022
2197	鑽动词	山合一精桓平	ʧin33	ʧun33	ʧin55	tʊn11	ʧin33	ʧin33	ʧyn33 ~洞 ʧyn553 ~过去	ʧyn33	ʧin33	tin53	tien33
2198	鑽名词	山合一精桓去	ʧin33	ʧin33	ʧin33	tʊn11	ʧin33	ʧin33	ʧyn33	ʧyn33	ʧin33	tin33	tien33
2199	竄	山合一清桓去	ʧ^{h}in33	ʧ^{h}in33	ʧ^{h}in33	ts^{h}ʊn11	ʧ^{h}in44	ʧ^{h}in335	ʧ^{h}yn35	ʧ^{h}yn35	ʧ^{h}in33	ʧ^{h}in33	ʧ^{h}ien35

（续上表）

序号	字项	中古音	湛江赤坎	廉江廉城	吴川梅菉	吴川吴阳	遂溪北坡	茂名茂南区	高州潘州街	信宜东镇	电白羊角	化州河西街	化州长岐
2200	撮	山合一清末入	ʧyt033	ɲit033	ʧʲɛʔ031	tsʊt011	nip033	ʧʰit033	ʧip033	ʧyt033	ʧiap055	nip033	niᵊp033
2201	酸	山合一心桓平	ʃin55	ɬun55	ɬin55	ɬʊn55	ɬin33	ɬin553	ɬyn553	ɬyn453	ɬin44	ɬin53	ɬien53
2202	算	山合一心桓去	ʃin33	ɬun33	ɬin33	ɬʊn11	ɬin44	ɬin33	ɬyn33	ɬyn33	ɬin33	ɬin33	ɬien33
2203	蒜	山合一心桓去	ʃin33	ɬun33	ɬin33	ɬʊn11	ɬin44	ɬin33	ɬyn33	ɬyn33	ɬin33	ɬin33	ɬien33
2204	官	山合一見桓平	kuŋ55	kun55	kuŋ55	kʊn55	kun33	kʊn553	kun553	kun453	kʊn44	kun53	kʊn53
2205	棺	山合一見桓平	kuŋ55	kun55	kuŋ55	kʊn55	kun33	kʊn553	kun553	kun453	kʊn44	kun53	kʊn53
2206	觀参~	山合一見桓平	kuŋ55	kun55	kuŋ55	kʊn55	kun33	kʊn553	kun553	kun453	kʊn44	kun53	kʊn53
2207	冠衣~	山合一見桓平	kuŋ55	kun55	kuŋ55	kʊn11	kun44	kʊn553	kun553	kun453	kʊn33	kun53	kʊn53
2208	管	山合一見桓上	kuŋ35	kun35	kuŋ35	kʊn24	kun35	kʊn335	kun35	kun35	kʊn224	kun35	kʊn35
2209	館	山合一見桓上	kuŋ35	kun35	kuŋ35	kʊn24	kun35	kʊn335	kun35	kun35	kʊn224	kun35	kʊn35
2210	貫	山合一見桓去	kuŋ33	kun33	kuŋ33	kʊn11	kun44	kʊn33	kun33	kun33	kʊn33	kun33	kʊn33
2211	灌	山合一見桓去	kuŋ33	kun33	kuŋ33	kʊn11	kun44	kʊn33	kun33	kun33	kʊn33	kun33	kʊn33

（续上表）

序号	字项	中古音	湛江赤坎	廉江廉城	吴川梅菉	吴川吴阳	遂溪北坡	茂名茂南区	高州潘州街	信宜东镇	电白羊角	化州河西街	化州长岐
2212	罐	山合一見桓去	kuŋ33	kun33	kuŋ33	kʊn11	kun44	kʊn33	kun33	kun33	kʊn33	kun33	kʊn33
2213	觀道～	山合一見桓去	kuŋ55	kun55	kuŋ55	kʊn55	kun33	kʊn33	kun33	kun33	kʊn44	kun53	kʊn33
2214	冠～军	山合一見桓去	kuŋ33	kun33	kuŋ33	kʊn11	kun44	kʊn33	kun33	kun33	kʊn33	kun33	kʊn33
2215	括	山合一見末入	k^huʔ033	k^hut033	k^huʔ033	kʊt011	kut033	k^hʊt033	k^hut033	k^hut033	kʊt033	kut033	k^hʊt033
2216	寬	山合一溪桓平	fuŋ55	fun55	fuŋ55	hʊn55	fun33	fʊn553	fun553	fun453	fʊn44	fun53	fʊn53
2217	款	山合一溪桓上	fuŋ35	fun35	fuŋ35	hʊn24	hun35	fʊn335	fun35	fun35	fʊn224	fun35	fʊn35
2218	闊	山合一溪末入	fuʔ033	fut033	fuʔ033	hʊt011	fut033	fʊt033	fut033	fut033	fʊt033	fut033	fʊt033
2219	玩	山合一疑桓去	ʋuŋ21	ŋɔn21～具 ʋan35 游～	ʋaŋ35	ʋʊn22	ŋun31	ʋan335	wan35～具 wun31 游～	wan13	ʋan224	ʋun31	ʋʊn211
2220	歡	山合一曉桓平	fuŋ55	fun55	fuŋ55	hʊn55	fun33	fʊn553	fun553	fun453	fʊn44	fun53	fʊn53
2221	喚	山合一曉桓去	ʋuŋ21	fun21	ʋuŋ31	hʊn22	un31	ʋʊn31	wun31	wun31	ʋʊn31	ʋun31	ʋʊn211
2222	焕	山合一曉桓去	ʋuŋ21	fun21	ʋuŋ31	ʋʊn22	un31	ʋʊn31	wun31	wun31	ʋʊn31	ʋun31	ʋʊn211

（续上表）

序号	字项	中古音	湛江赤坎	廉江廉城	吴川梅菉	吴川吴阳	遂溪北坡	茂名茂南区	高州潘州街	信宜东镇	电白羊角	化州河西街	化州长岐
2223	豁	山合一晓末入		kɔk033		haʔ011	k^{h}ɔk033	iʊk022	h^{u}ɔt033	k^{h}ɔk033		k^{hu}ɔʔ033	k^{hu}ɔ^{ɐ}k033
2224	桓	山合一匣桓平					foŋ11	fʊn21	fun11	fun13		fun31	
2225	完	山合一匣桓平	in21	in21	in31	ʋin44	in11	in21	yn11	yn13	in11	jin23	ʋien121
2226	丸	山合一匣桓平	in21	in21	in31	ʋin44	in11	in21	in11	yn13	in11	jin23	ʋien121
2227	缓	山合一匣桓上	ʋuŋ21	fun21	ʋuŋ31	ʋʊn22	un31	ʋʊn21	wun31	wun31		ʋun31	ʋʊn211
2228	皖	山合一匣桓上	ʋuŋ35	un35		ʋin24	un35	ʋʊn335	wun35	wun35	in224	jin35	ʋʊn35
2229	换	山合一匣桓去	ʋuŋ21	un21	ʋuŋ31	ʋʊn22	un31	ʋʊn31	wun31	wun31	ʋʊn31	ʋun31	ʋʊn211
2230	活	山合一匣末入	ʋuʔ022	ut022	ʋuʔ031	ʋʊt033	ʋut021	ʋʊt022	wut021	wut022	ʋʊt021	ʋut022	ʋut022
2231	豌	山合一影桓平	ʋuŋ35	un35	ʋuŋ35	ʋin24	un35	ʋʊn335	wun35	wun35	ʋʊn224	ʋun35	ʋʊn35
2232	碗	山合一影桓上	ʋuŋ35	un35	ʋuŋ35	kʊn24	un35	ʋʊn335	wun35	wun35	ʋʊn224	ʋun35	ʋʊn35
2233	腕	山合一影桓去	ʋuŋ35	un35	ʋuŋ35	ʋin24	un35	ʋʊn335	wun35	wun35	ʋʊn224	ʋun35	ʋʊn35
2234	鳏	山合二見山平		kwan55		kʋaŋ55	kwaŋ33			kwan453			

（续上表）

序号	字项	中古音	湛江赤坎	廉江廉城	吴川梅菉	吴川吴阳	遂溪北坡	茂名茂南区	高州潘州街	信宜东镇	电白羊角	化州河西街	化州长岐
2235	頑	山合二疑删平	ʋaŋ21	ŋɔn21	ŋaŋ31	ŋʋaŋ44	ʋaŋ11	ŋan21	ŋan31	ŋan31	ŋan11	ŋaŋ31	ŋaŋ211
2236	幻	山合二匣山去	ʋaŋ13	ʋan21	ʋaŋ31	ʋaŋ22	ʋaŋ11	ʋan31	ʋan33	wan31	ʋan31	ʋaŋ31	ʋaŋ211
2237	滑	山合二匣黠入	ʋaʔ022	ʋat022	ʋaʔ031	ʋaʔ022	ʋaʔ021	ʋat022	wat021	wat022	ʋat021	ʋaʔ022	ʋak022
2238	猾	山合二匣黠入	ʋaʔ022	ʋat022	ʋaʔ031	ʋaʔ022	ʋaʔ021	ʋat022	wat021	wat022	ʋat021	ʋaʔ022	ʋak022
2239	挖	山合二影黠入	ʋaʔ033	ʋat033	ʋaʔ033	ʋaʔ011	ʋaʔ033	ʋat033	wat033	wat033（文） wet033（白）	ʋat033	ʋaʔ033	ʋak033
2240	篡	山合二初删去	ʃin33	ʃan33	ʃaŋ33	tsʰaŋ11	ʃaŋ44	san33	ʃan33	ʃan33	ʃan33	ʃaŋ33	ʃaŋ33
2241	閂	山合二生删平	ʃaŋ55	ʃan55	ʃaŋ55	saŋ55	ʃaŋ33	san553			ʃan44		ʃaŋ53
2242	拴	山合二生删平	ʧʰin21	ʧʰin21			ʧʰin11	san553	hyn553		ʃan44	ʧʰin31	ʧʰien211
2243	涮	山合二生删去	ʧʰaʔ033	ʧʰat033			ʧʰaʔ033	sat033	ʃat033		ʃat033	ʃaʔ033	ʃak033
2244	刷	山合二生鎋入	ʧʰaʔ033	ʧʰat033	ʧʰaʔ033	siaʔ011	ʧʰaʔ033	sat033	ʧʰat033	ʃat033	ʃat033	ʃaʔ033	ʃak033
2245	關	山合二見删平	kwaŋ55	kwan55	kwaŋ55	kʋaŋ55	kwaŋ33	kwan553	kwan553	kwan453	kʋan44	kwaŋ53	kʋaŋ53

（续上表）

序号	字项	中古音	湛江赤坎	廉江廉城	吴川梅菉	吴川吴阳	遂溪北坡	茂名茂南区	高州潘州街	信宜东镇	电白羊角	化州河西街	化州长岐
2246	慣	山合二見刪去	kwaŋ33	kwan33	kwaŋ33	kʋaŋ11	kwaŋ44	kwan33	kwan33	kwan33	kʋan33	kʋaŋ33	kʋaŋ33
2247	刮	山合二見鎋入	kwaʔ033	kwat033	kwaʔ033	kʋaʔ011	kut033	kwat033	kwat033	kwat033	kʋat033	kwaʔ033	kʋak033
2248	還~有	山合二匣刪平	ʋaŋ21	ʋan21	ʋaŋ31	ʋaŋ44	ʋaŋ11	ʋan21	wan11	wan31	ʋan11	ʋaŋ23	ʋaŋ121
2249	還~原	山合二匣刪平	ʋaŋ21	ʋan21	ʋaŋ31	ʋaŋ44	ʋaŋ11	ʋan21		wan31	ʋan11	ʋaŋ23	ʋaŋ121
2250	環	山合二匣刪平	ʋaŋ21	ʋan21	ʋaŋ31	ʋaŋ44	ʋaŋ11	ʋan21	wan11	wan31	ʋan11	ʋaŋ23	ʋaŋ121
2251	患	山合二匣刪去	ʋaŋ21	ʋan21	ʋaŋ31	ʋaŋ22	ʋaŋ31	ʋan31	wan31	wan31	ʋan31	ʋaŋ31	ʋaŋ211
2252	宦	山合二匣刪去	ʋaŋ21	ʋan21					wan31	wan31		ʋaŋ31	ʋaŋ211
2253	彎	山合二影刪平	ʋaŋ55	ʋaŋ55	ʋaŋ55	ʋaŋ55	ʋaŋ33	ʋan553	wan553	wan453	ʋan445	ʋaŋ53	ʋaŋ53
2254	灣	山合二影刪平	ʋaŋ55	ʋaŋ55	ʋaŋ55	ʋaŋ55	ʋaŋ33	ʋan553	wan553	wan453	ʋan44	ʋaŋ53	ʋaŋ53
2255	戀	山合三來仙去	lyn35	lin13	lin35	lʊn24	lin13	lin21	lyn11	lyn31	lin11	lin35	lien35
2256	劣	山合三來薛入	lit022	lut033	lit033	lʊt011	lit021	lit022	lit021	lyt033	lit021	lit033	liet033
2257	全	山合三從仙平	ʧʰin21	ʧʰin21	ʧʰin31	tʰʊn44	ʧʰin11	ʧʰin21	ʧʰin11	ʧʰyn31	ʧʰin11	tʰin23	tʰʊn121/ tʰien121

（续上表）

序号	字项	中古音	湛江赤坎	廉江廉城	吴川梅菉	吴川吴阳	遂溪北坡	茂名茂南区	高州潘州街	信宜东镇	电白羊角	化州河西街	化州长岐
2258	泉	山合三從仙平	ʧʰin21	ʧʰin21	ʧʰin31	tsʰʊn44	ʧʰin11	ʧʰin21	ʧʰyn11	ʧʰyn31	ʧʰin11	ʧʰin23	ʧʰʊn121/ʧʰien121
2259	絶	山合三從薛入	ʧit022	ʧit022	ʧit033	tʰʊt022	ʧit021	ʧit022	ʧyt021	ʧyt022	ʧit021	tʰit022	tʰiet022
2260	宣	山合三心仙平	ʃin55	ɬin55	ɬin55	ɬʊn55	ɬin33	ɬin553	ɬyn553	ɬyn453	ɬin44	ɬin53	ɬien53
2261	選	山合三心仙上	ʃin35	ɬin35	ɬin35	ɬʊn24	ɬin35	ɬin335	ɬin35	ɬyn35	ɬin224	ɬin35	ɬien35/ɬʊn35
2262	雪	山合三心薛入	ʃit033	ɬit033	ɬit033	ɬʊt011	ɬit033	ɬit033	ɬyt033	ɬyt033	ɬit033	ɬit033	ɬiet033/ɬʊt033
2263	旋	山合三邪仙平	ʃin21	ɬin21	ɬin31	tsʰʊn44	ɬin11	ɬin21	ɬyn11	ɬyn31	ɬin11	ɬin31	ɬien211
2264	轉~学	山合三知仙上	ʧin35	ʧin35	ʧin35	tsʊn24	ʧin35	ʧin335	ʧyn35	ʧyn35	ʧin224	ʧin35	ʧien35/ʧʊn35
2265	轉~圈	山合三知仙去	ʧin35	ʧin35	ʧin35	tsʊn24	ʧin35	ʧin33	ʧyn33	ʧyn33	ʧin224	ʧin33	ʧien33/ʧʊn33
2266	傳~达	山合三澄仙平	ʧʰin21	ʧʰin21	ʧʰin31	tsʰʊn44	ʧʰin11	ʧʰin21	ʧʰyn11	ʧʰyn31	ʧʰin11	ʧʰin23	ʧʰien121/ʧʰʊn121
2267	篆	山合三澄仙上	ʧʰin21			ɬʊn22	ɬin31	ɬin31	ɬyn31	ɬyn31			ɬien211/ɬʊn211
2268	傳自~	山合三澄仙去	ʧʰin21	ʧʰin21	ʧʰin31	tsʰʊn22	ʧin31	ʧin31	ʧyn31	ʧyn31	ʧin31	ʧʰin23	ʧʰʊn121/ʧʰien121
2269	專	山合三章仙平	ʧin55	ʧin55	ʧin55	tsʊn55	ʧin33	ʧin553	ʧyn553	ʧyn453	ʧin44	ʧin53	ʧien53/ʧʊn53

（续上表）

序号	字项	中古音	湛江赤坎	廉江廉城	吴川梅菉	吴川吴阳	遂溪北坡	茂名茂南区	高州潘州街	信宜东镇	电白羊角	化州河西街	化州长岐
2270	磚	山合三章仙平	ʧin55	ʧin55	ʧin55	tsʊn55	ʧin33	ʧin553	ʧyn553	ʧyn453	ʧin44	ʧin53	ʧʊn53/ʧien53
2271	拙	山合三章薛入	ʧit033	ʧit033		tsʊt011	ʧʰɔk033	kwɐt022	ʧyt021	ʧyt033		ʧit033	ʧiet033
2272	川	山合三昌仙平	ʧʰin55	ʧʰin55	ʧʰin55	tsʰʊn55	ʧʰin33	ʧʰin553	ʧʰyn553	ʧʰyn453	ʧʰin44	ʧʰin53	ʧʰien53/ʧʰʊn53
2273	穿	山合三昌仙平	ʧʰin55	ʧʰin55	ʧʰin55	tsʰʊn55	ʧʰin33	ʧʰin553	ʧʰyn553	ʧʰyn453	ʧʰin44	ʧʰin53	ʧʰʊn53/ʧʰien53
2274	喘	山合三昌仙上	ʧʰin35	ʧʰun35	ʧʰin35	tsʰʊn24	ʧʰin35	ʧʰin335	ʧʰyn35	ʧʰyn35	ʧʰin224	ʧʰin35	ʧʰien35/ʧʰʊn35
2275	串	山合三昌仙去	ʧʰin33	ʧʰin33	ʧʰin33	tsʰʊn11	ʧʰin44	ʧʰin33	ʧʰyn33	ʧʰyn33	ʧʰin33	ʧʰin33	ʧʰʊn33/ʧʰien33
2276	啜	山合三昌薛入				tsʊt011							ʧʊt033
2277	船	山合三船仙平	ʃin21	ʃin21	ʃin31	sʊn44	ʃin11	sin21	ʃyn11	ʃyn13	ʃin11	ʃin23	ʃʊn121/ʃien121
2278	説	山合三書薛入	ʃit033	ʃit033	ʃit033	sʊt011	ʃit033	sit033	ʃyt033	ʃyt033	ʃit033	ʃit033	ʃʊt033/ʃiet033
2279	軟	山合三日仙上	yn13	ȵin13	ȵin223	ʋin33	ȵin13	ȵin113	ȵyn223	ȵyn13	ȵin223	ɲin23	ɲien13
2280	捲	山合三b見仙上	kyn35	kiaŋ35	kin35	kʋin24	kin35	kin335	kyn35	kʰyn35/kyn35	kin224	kin35	kien35
2281	眷	山合三b見仙去	kin33	kin33	kin33	kʋin11	kin44	kin33	kʰyn33	kyn33	kin33	kin35	kien33

（续上表）

序号	字项	中古音	湛江赤坎	廉江廉城	吴川梅菉	吴川吴阳	遂溪北坡	茂名茂南区	高州潘州街	信宜东镇	电白羊角	化州河西街	化州长岐
2282	卷试～	山合三b見仙去	kin35	kin35	kin35	kʋin24	kin35	kin335	kyn35	kyn35	kin224	kin35	kien35
2283	絹	山合三a見仙去	kin55	kin55	kin55	kʋin55	kin33	kin553	kyn553	kyn453	kin44	kin53	kien53
2284	圈圆～	山合三b溪仙平	hin55	kʰiaŋ55	kʰin55	kʋʰin55	hin33	kʰin553	kʰyn553	kʰyn453	kʰin445	kʰin53	kʰien53/kʰʊn53
2285	拳	山合三b羣仙平	kʰin21	kʰin21	kʰin31	kʋʰin44	kʰin11	kʰin21	kʰyn11	kʰyn13	kʰin11	kʰin23	kʰien121
2286	權	山合三b羣仙平	kʰin21	kʰin21	kʰin31	kʋʰin44	kʰin11	kʰin21	kʰyn11	kʰyn13	kʰin11	kʰin23	kʰien121
2287	顴	山合三b羣仙平	kʰin21	hin21	kʰin31	kʋʰin44		kʰin21	kʰyn11	kʰyn13	kʰin11	kʰin23	
2288	圈猪～	山合三b羣仙上	hin55	kʰiaŋ55		kʋʰin55	hin33	kʰin553		kʰyn453	kʰin445		kʰien53
2289	倦	山合三b羣仙去	kin21	kin21	kin31	kʋʰin22	kin31	kin31	kyn31	kyn31	kin31	kʰin31	kʰien211
2290	圓	山合三云仙平	in21	in21	in31	ʋin44	in11	in21	yn11	yn31	in11	jin23	ʋien121
2291	員	山合三云仙平	in21	in21	in31	ʋin44	in11	in21	yn11	yn13	in11	jin23	ʋien121
2292	院	山合三云仙去	in21	in21	in31	ʋin22	in35	in31	yn31	yn35 小院 yn31 大院	in31	jin23	ʋien211
2293	緣	山合三以仙平	in21	in21	in31	ʋin44	in11	in21	yn11	yn31	in11	jin23	ᶻjien121

（续上表）

序号	字项	中古音	湛江赤坎	廉江廉城	吴川梅菉	吴川吴阳	遂溪北坡	茂名茂南区	高州潘州街	信宜东镇	电白羊角	化州河西街	化州长岐
2294	沿	山合三以仙平	in21	in21	in31	ʋin44	in11	in21	in11	yn35	in11	jin23	ʋien121
2295	鉛	山合三以仙平	in21	in21	in31	ʋin44	in11	in21	in11	ʃyn13	in11	jin23	ʋien121
2296	捐	山合三以仙平	kin55	kin55	kin55	kʋin55	kin33	kin553	kyn553	kyn453	kin44	kin53	kien53
2297	悦	山合三以薛入	it022	it033	it031	ʋiʔ022	it021	it022	yt021	yt022	it021	jit022	ʋiet022
2298	閱	山合三以薛入	it022	it033	it033	ʋiʔ022	it021	it022	yt021	yt022	it021	jit022	jiet022
2299	藩	山合三非元平	faŋ55	fan21	p^huŋ55	faŋ44	faŋ11	fan21	fan11	fan13	fan44	faŋ23	faŋ211
2300	反	山合三非元上	faŋ35	fan35	faŋ35	faŋ24	faŋ35	fan335	fan35	fan35	fan224	faŋ35	faŋ35
2301	販	山合三非元去	faŋ33	fan33	faŋ33	faŋ11	faŋ44	fan33	fan33	fan33	fan33	faŋ33	faŋ33
2302	髮	山合三非月入	faʔ033	fat033	faʔ033	faʔ011	faʔ033	fat033	fat033	fat033	fat033	faʔ033	fak033
2303	發	山合三非月入	faʔ033	fat033	faʔ033	faʔ011	faʔ033	fat033	fat033	fat033	fat033	faʔ033	fak033
2304	翻	山合三敷元平	faŋ55	fan55	faŋ55	faŋ55	faŋ33	fan553	fan553	fan453	fan44	faŋ53	faŋ53
2305	番	山合三敷元平	faŋ55	fan55	faŋ55	faŋ55	faŋ33	fan553	fan553	fan453	fan44	faŋ53	faŋ53

（续上表）

序号	字项	中古音	湛江赤坎	廉江廉城	吴川梅菉	吴川吴阳	遂溪北坡	茂名茂南区	高州潘州街	信宜东镇	电白羊角	化州河西街	化州长岐
2306	煩	山合三奉元平	faŋ21	fan21	faŋ31	faŋ44	faŋ11	fan21	fan11	fan13	fan11	faŋ23	faŋ121
2307	礬	山合三奉元平	faŋ21	fan21	faŋ31	faŋ44	faŋ11	fan21	fan11	fan13	fan11	faŋ23	faŋ121
2308	繁	山合三奉元平	faŋ21	fan21	faŋ31	faŋ44	faŋ11	fan21	fan11	fan31	fan11	faŋ23	faŋ121
2309	飯	山合三奉元去	faŋ21	fan21	faŋ31	faŋ22	faŋ31	fan31	fan31	fan31	fan31	faŋ31	faŋ211
2310	伐	山合三奉月入	fɐʔ022	fɐt022	fɐʔ031	faʔ022	faʔ021	fat022	fat021	fat022	fɐt021	faʔ022	fak022
2311	筏	山合三奉月入	fɐʔ022	fɐt022		faʔ022	faʔ021	fat022	fat021	fat022	fɐt021	faʔ022	fak022
2312	罰	山合三奉月入	fɐʔ022	fat022	fɐʔ033	faʔ022	faʔ021	fat022	fat021	fat022	fat021	faʔ022	fak022
2313	晚	山合三微元上	maŋ13	man13	maŋ223	maŋ33	maŋ13	man113	man223	man13	man223	maŋ23	maŋ13
2314	挽	山合三微元上	ʋaŋ35	ʋan35	ʋaŋ35	ʋaŋ24	ʋaŋ35	ʋan335	wan35	wan35	ʋan224	maŋ35	maŋ35
2315	萬	山合三微元去	maŋ21	man21	maŋ31	maŋ22	maŋ31	man31	man31	man31	man31	maŋ31	maŋ211
2316	蔓	山合三微元去	maŋ21	man21	maŋ31	maŋ22	maŋ31	man31	man31	man31	man31	maŋ31	maŋ211
2317	襪	山合三微月入	mɐʔ022	mɐt022	maʔ031	maʔ022	mɐʔ021	mat022	mat021	mat022	mat021	mɐk022	mak022

（续上表）

序号	字项	中古音	湛江赤坎	廉江廉城	吴川梅菉	吴川吴阳	遂溪北坡	茂名茂南区	高州潘州街	信宜东镇	电白羊角	化州河西街	化州长岐
2318	蕨	山合三見月入	k^hit033	k^hit033							k^hit033		
2319	厥	山合三見月入	k^hit033	k^hit033			hit033		k^hyt033	k^hyt033		k^hit033	k^hit033
2320	勸	山合三溪元去	hin33	hin33	hin33	fin11	hin44	hin33	hyn33	hyn33	hin33	hin33	hien33
2321	券	山合三溪元去	kin33	kin33	kin33	kʋin11	kin44	kin33	k^hyn33	kyn33	kin224	kin33	kien33
2322	掘	山合三羣月入	kwɐʔ022	kwɐt022	kwɐʔ031	k$ʋ^h$aʔ044	kwɐʔ021	kwɐt022	kwɐt021	kwat022	kʋat021	kw^hɐt022	kw^hat033
2323	元	山合三疑元平	in21	ȵin21	in31	ʋin44	in11	in21	yn11	ȵyn31	in11	ɲin31 ~旦 jin23 一~	ʋien211 ~旦 ʋien121 一~
2324	原	山合三疑元平	in21	ȵin21	ȵin31	ʋin44	ȵin11	ȵin21	yn11	ȵyn31	ȵin11	ɲin23	ɲien121
2325	源	山合三疑元平	in21	ȵin21	ȵin31	ʋin44	in11	ȵin21	yn11	ȵyn13	ȵin11	ɲin23	ɲien121
2326	阮	山合三疑元上	yn35	ȵin13	in223	ʋʊn22	in35	ȵin113	yn35	yn13	in11	jin23	ʋien121
2327	願	山合三疑元去	in21	ȵin21	ȵin31	ʋin22	ȵin31	ȵin31	ȵyn31	ȵyn31	ȵin31	ɲin31	ɲien211
2328	月	山合三疑月入	yt022	ȵit022	ȵit031	ʋiʔ022	ȵit021	ȵit022	ȵyt021	ȵyt022	ȵit021	ɲit022	ɲiet022

（续上表）

序号	字项	中古音	湛江赤坎	廉江廉城	吴川梅菉	吴川吴阳	遂溪北坡	茂名茂南区	高州潘州街	信宜东镇	电白羊角	化州河西街	化州长岐
2329	喧	山合三晓元平	ʃin55	ɬin55	ɬin55	ɬʊn55	ɬin33	ɬin553	ɬyn553	ɬyn453	ɬin44	ɬin53	ɬien53
2330	冤	山合三影元平	in55	in55	in55	ʋin55	in33	in553	yn553	yn453	in44	jin53	ʋien53
2331	宛	山合三影元上	in35	un35			un35	ʋan335	wun35	wun35	ʋan224		ʋien35
2332	怨	山合三影元去	in33	in33	in33	ʋin11	in44	in33	yn33	yn33	in33	jin33	ʋien33
2333	袁	山合三云元平	in21	in21	in31	ʋin44	in11	in21	yn11	yn13	in11	jin23	ʋien121
2334	轅	山合三云元平	in21	in21		ʋin44	in11	in21	yn11	yn13	in11	jin23	ʋien121
2335	園	山合三云元平	in21	in21	in31	ʋin44	in11	in21	yn11	yn13	in11	jin23	ʋien121
2336	援	山合三云元平	ʋuŋ21	in21	ʋuŋ31	ʋʊn22	hin11	hin21	wun31	wun31	hin11	ʋun31	ʋʊn211
2337	遠	山合三云元上	in13	in13	in223	ʋin33	in13	in113	yn223	yn13	in224	jin23	ʋien13
2338	越	山合三云月入	yt022	it022	it031	ʋiʔ022	it021	it022	yt021	yt022	it021	jit022	ʋiet022
2339	曰	山合三云月入	yt022	iek022		ʋiaʔ022	ie44	iɛt022	iak021	iœt022	iɛt021	ʋiaʔ022	ʋiak022
2340	粤	山合三云月入	yt022	it033	it031	ʋiʔ022	it021	it022	yt021	yt022	it021	jit022	ʋiet022

（续上表）

序号	字项	中古音	湛江赤坎	廉江廉城	吴川梅菉	吴川吴阳	遂溪北坡	茂名茂南区	高州潘州街	信宜东镇	电白羊角	化州河西街	化州长岐
2341	决	山合四見屑入	k^{h}it033	k^{h}it033	k^{h}it033	kʋ^{h}iʔ011	k^{h}it033	k^{h}it033	k^{h}it033	k^{h}yt033	k^{h}it033	k^{h}it033	k^{h}iet033
2342	訣	山合四見屑入	k^{h}it033	k^{h}it033	k^{h}it033	kʋ^{h}iʔ011	k^{h}it033	k^{h}it033	k^{h}yt033	k^{h}yt033	k^{h}it033	k^{h}it033	k^{h}iet033
2343	犬	山合四溪先上	hin35	hin35	hin35	fin24	hin35	hin335	hyn35	hyn35	hin224	hin35	fien35
2344	缺	山合四溪屑入	k^{h}it033	k^{h}it033	k^{h}it033	fiʔ011	k^{h}it033	k^{h}it033	k^{h}yt033	k^{h}yt033	k^{h}it033	k^{h}it033	k^{h}iet033
2345	血	山合四曉屑入	hit033	hit033	hit033	fiʔ011	hit033	hit033	hyt033	hyt033	hit033	hit033	fiet033
2346	玄	山合四匣先平	in21	hin21	in31	ʋin44	hin11	hin21	hyn11	hyn31	hin11	jin23	^{z}jien121
2347	懸	山合四匣先平	in21	in21	in31	ʋin44	hin11	hin21	hyn11	hyn31	in11	jin23	ʋien211
2348	縣	山合四匣先去	in21	in21	in31	ʋin22	in31	in31	yn31	yn31	in31	jin31	ʋien211
2349	眩	山合四匣先去	in21	hin21		in44	hin11	hin21	hyn11	hyn31	hin11	jin23	ʋien211
2350	穴	山合四匣屑入	yt022	it033	hit031	ʋiʔ022	it021	it022	yt021（文） iek021（白）	yt022	it021	ʋit022	ʋiet022
2351	淵	山合四影先平	in55	in55	in55	ʋin55	in33	in553	yn553	yn453	in44	jin53	ʋien53

（续上表）

序号	字项	中古音	湛江赤坎	廉江廉城	吴川梅菉	吴川吴阳	遂溪北坡	茂名茂南区	高州潘州街	信宜东镇	电白羊角	化州河西街	化州长岐
2352	吞	臻開一透痕平	tʰɐŋ55	tʰɐn55	tʰɐŋ55	tʰɐŋ55	tʰɐŋ33	tʰɐn553	tʰɐn553	tʰɐn453	tʰɐn44	tʰɐn53	tʰɐn53
2353	跟	臻開一見痕平	kɐŋ55	kɐn55	kɐŋ55	kɐŋ55	kɐŋ33	kɐn553	kɐn553	kɐn453	kɐn44	kɐn53	kɐn53
2354	根	臻開一見痕平	kɐŋ55	kɐn55	kɐŋ55	kɐŋ55	kɐŋ33	kɐn553	kɐn553	kɐn453	kɐn44	kɐn53	kɐn53
2355	懇	臻開一溪痕上	hɐŋ35	hɐn35	hɐŋ35	hɐŋ24	hɐŋ35	hɐn335	hɐn35	hɐn35	hɐn224	hɐn35	hɐn35
2356	墾	臻開一溪痕上	hɐŋ35	hɐn35	hɐŋ35	hɐŋ24	hɐŋ35	hɐn335	hɐn35	hɐn35	hɐn224	hɐn35	hɐn35
2357	啃	臻開一溪痕上	hɐŋ35	hɐn35	hɐŋ35	kʰɐŋ24	hɐŋ35	hɐn335	hɐn35	hɐŋ35	hɐn224	hɐŋ35	hɐŋ35
2358	痕	臻開一匣痕平	hɐŋ21	hɐn21	hɐŋ31	hɐŋ44	hɐŋ31	hɐn21	hɐn11	hɐn13	hɐn11	hɐn23	hɐn121
2359	很	臻開一匣痕上	hɐŋ35	hɐn35	hɐŋ35	hɐŋ24	hɐŋ35	hɐn335	hɐn35	hɐn35	hɐn224	hɐn35	hɐn35
2360	恨	臻開一匣痕去	hɐŋ21	hɐn21	hɐŋ31	hɐŋ22	hɐŋ31	hɐn31	hɐn31	hɐn31	hɐn31	hɐn31	hɐn211
2361	恩	臻開一影痕平	iɐŋ55	iɐn55	iɐŋ55	ʔɐŋ55	iɐŋ33	iɐn553	iɐn553	iɐn453	iɐn44	ʔɐn53	ʔɐn53
2362	彬	臻開三b幫真平	pɐŋ55	pɐn55	ɓɐŋ55	ɓɐŋ55	pɐŋ33	pɐn553	pɐn553	pɐn453	pɐn44	ɓɐn53	ɓɐn53
2363	賓	臻開三a幫真平	pɐŋ55	pɐn55	ɓɐŋ55	ɓɐŋ55	pɐŋ33	pɐn553	pɐn553	pɐn453	pɐn44	ɓɐn53	ɓɐn53

（续上表）

序号	字项	中古音	湛江赤坎	廉江廉城	吴川梅菉	吴川吴阳	遂溪北坡	茂名茂南区	高州潘州街	信宜东镇	电白羊角	化州河西街	化州长岐
2364	檳	臻開三 a 幫真平	pɐŋ55	pɐn55	ɓɐŋ55	ɓɐŋ55	pɐŋ33	pɐn553	pɐn553	pɐn453	pɐn44	ɓɐn53	ɓɐn53
2365	殯	臻開三 a 幫真去	pɐŋ55	pɐn55		ɓɐŋ11	pɐŋ44	pɐn33	pɐn33	pɐn33	pɐn33	ɓɐn33	ɓɐn33
2366	鬢	臻開三 a 幫真去	pɐŋ55	pɐn55	ɓɐŋ55	ɓɐŋ55	pɐŋ44	pɐn33	pɐn33	pɐn33	pɐn44	ɓɐn33	ɓɐn33
2367	筆	臻開三 b 幫質入	pɐʔ055	pɐt055	ɓɐʔ055	ɓaʔ044	pɐʔ055	pɐt055	pɐt055	pat055	pɐt055	ɓɐt055	ɓɐt055
2368	畢	臻開三 a 幫質入	pɐʔ055	pɐt055	ɓɐʔ055	ɓaʔ044	pɐʔ055	pɐt055	pɐt055	pat055	pɐt055	ɓɐt055	ɓɐt055
2369	必	臻開三 a 幫質入	pit033	pit033	ɓit033	ɓiʔ011	pit033	pit033	pit033	pit033	pit033	ɓit033	ɓit033
2370	匹	臻開三 a 滂質入	p^{h}ɐʔ055	p^{h}ɐt055	p^{h}ɐʔ055	p^{h}aʔ044	p^{h}ɐʔ055	p^{h}ɐt055	p^{h}ɐt055	p^{h}at055	p^{h}ɐt055	p^{h}ɐt055	p^{h}ɐt055
2371	蘋	臻開三 a 並真平	p^{h}eŋ21	p^{h}eŋ21	p^{h}eŋ31	p^{h}en44	p^{h}eŋ11	p^{h}eŋ21	p^{h}ɐn11	p^{h}ɐn31	p^{h}ᴇŋ11	p^{h}ɐn23	pɐn211/pen211
2372	頻	臻開三 a 並真平	p^{h}ɐŋ21	p^{h}ɐn21	p^{h}ɐŋ31	p^{h}ɐŋ44	p^{h}aŋ11	p^{h}ɐn21	p^{h}ɐn11	p^{h}ɐn31	p^{h}ɐn11	p^{h}ɐn23	pɐn211
2373	貧	臻開三 b 並真平	p^{h}ɐŋ21	p^{h}ɐn21	p^{h}ɐŋ31	p^{h}ɐŋ44	p^{h}ɐŋ11	p^{h}ɐn21	p^{h}ɐn11	p^{h}ɐn13	p^{h}ɐn11	p^{h}ɐn23	pɐn211
2374	弼	臻開三 b 並質入	pɐʔ055	pak033		p^{h}aʔ022	paʔ033	pat033	pak033	pat022		ɓ^{u}ɔʔ022	
2375	閩	臻開三 b 明真平	mɐŋ13	mɐŋ13	mɐŋ223	mɐŋ33	mɐŋ13	mɐn113	mɐn223	mɐn13		mɐn23	

（续上表）

序号	字项	中古音	湛江赤坎	廉江廉城	吴川梅菉	吴川吴阳	遂溪北坡	茂名茂南区	高州潘州街	信宜东镇	电白羊角	化州河西街	化州长岐
2376	民	臻開三 a 明真平	mɐŋ21	mɐn21	mɐŋ31	mɐŋ44	mɐŋ11	mɐn21	mɐn11	mɐn13	mɐn11	mɐn23	mɐn121
2377	悯	臻開三 b 明真上	mɐŋ13	mɐŋ13	mɐŋ223	mɐŋ33	mɐŋ13	mɐn113	mɐn223	mɐn13	mɐn223	mɐn23	mɐn13
2378	敏	臻開三 b 明真上	mɐŋ13	mɐŋ13	mɐŋ223	mɐŋ33	mɐŋ13	mɐn113	mɐn223	mɐn13	mɐn223	mɐn23	mɐn13
2379	抿	臻開三 b 明真上	mɐŋ13	mɐn13	mɐŋ31	mɐŋ33	min11		mɐn223			mɐn23	mɐn13
2380	密	臻開三 b 明質入	mɐʔ022	mɐt022	mɐʔ031	maʔ033	mɐʔ021	mɐt022	mɐt021	mat022	mɐt021	mɐt022	mɐt022
2381	蜜	臻開三 a 明質入	mɐʔ022	mɐt022	mɐʔ031	maʔ033	mɐʔ021	mɐt022	mɐt021	mat022	mɐt021	mɐt022	mɐt022
2382	鄰	臻開三 來真平	lɐŋ21	lɐn21	lɐŋ31	lɐŋ44	lɐŋ11	lɐn21	lɐn11	lɐn31	lɐn11	lɐn23	lɐn121
2383	鱗	臻開三 來真平	lɐŋ21	lɐn21	lɐŋ31	lɐŋ44	lɐŋ11	lɐn21	lɐn11	lɐn13	lɐn11	lɐn23	lɐn121
2384	磷	臻開三 來真平	lɐŋ21	lɐn21	lɐŋ31	lɐŋ44	lɐŋ11	lɐn21	lɐn11	lɐn31	lɐn11	lɐn23	lɐn121
2385	栗	臻開三 來質入	lɐʔ022	lɐt022	lɐʔ031	laʔ033	lɐʔ021	lɐt022	lɐk021	lat022	lɐt021	lɐt022	lɐt022
2386	津	臻開三 精真平	ʧɐŋ55	ʧɐn55	ʧɐŋ55	tɐŋ55	ʧɐŋ33	ʧɐn553	ʧɐn553	ʧɐn453	ʧɐn445	tɐn53	tɐn53
2387	儘	臻開三 精真上	ʧɐŋ21	ʧɐn21	ʧɐŋ31	t^{h}ɐŋ22	ʧɐŋ31	ʧɐn31	ʧɐn31	ʧɐn31	ʧɐn31	t^{h}ɐn31	t^{h}ɐn211

（续上表）

序号	字项	中古音	湛江赤坎	廉江廉城	吴川梅菉	吴川吴阳	遂溪北坡	茂名茂南区	高州潘州街	信宜东镇	电白羊角	化州河西街	化州长岐
2388	進	臻開三精真去	ʧɐŋ33	ʧɐn33	ʧɐŋ33	tɐŋ11	ʧɐŋ44	ʧɐn33	ʧɐn33	ʧɐn33	ʧɐn33	tɐn33	tɐn33
2389	晋	臻開三精真去	ʧɐŋ33	ʧɐn33		tsɐŋ11	ʧɐŋ44	ʧɐn33	ʧɐn33	ʧɐn33	ʧɐn33	ʧɐn33	ʧɐn33
2390	親~戚	臻開三清真平	ʧ^{h}ɐŋ55	ʧ^{h}ɐn55	ʧ^{h}ɐŋ55	t^{h}ɐŋ55	ʧ^{h}ɐŋ33	ʧ^{h}ɐn553	ʧ^{h}ɐn553	ʧ^{h}ɐn453	ʧ^{h}ɐn44	t^{h}ɐn53	t^{h}ɐn53
2391	親~家	臻開三清真去	ʧ^{h}ɐŋ55	ʧ^{h}ɐn55	ʧ^{h}ɐŋ55	t^{h}ɐŋ55	ʧ^{h}ɐŋ44	ʧ^{h}ɐn33	ʧ^{h}ɐn33	ʧ^{h}ɐn453	ʧ^{h}ɐn33	t^{h}ɐn53	ʧ^{h}ɐn33/t^{h}ɐn53
2392	七	臻開三清質入	ʧ^{h}ɐʔ055	ʧ^{h}ɐt055	ʧ^{h}ɐʔ055	t^{h}aʔ044	ʧ^{h}ɐʔ055	ʧ^{h}ɐt055	ʧ^{h}ɐt055	ʧ^{h}at055	ʧ^{h}ɐt055	t^{h}ɐt055	t^{h}ɐt055
2393	漆	臻開三清質入	ʧ^{h}ɐʔ055	ʧ^{h}ɐt055	ʧ^{h}ɐʔ055	t^{h}aʔ044	ʧ^{h}ɐʔ055	ʧ^{h}ɐk055	ʧ^{h}ɐt055	ʧ^{h}at055	ʧ^{h}ɐt055	t^{h}ɐt055	t^{h}ɐt055
2394	秦	臻開三從真平	ʧ^{h}ɐŋ21	ʧ^{h}ɐn21	ʧ^{h}ɐŋ31	t^{h}ɐŋ44	ʧ^{h}ɐŋ11	ʧ^{h}ɐn21	ʧ^{h}ɐn11	ʧ^{h}ɐn13	ʧ^{h}ɐn11	t^{h}ɐn23	t^{h}ɐŋ121
2395	盡	臻開三從真上	ʧɐŋ21	ʧɐn21	ʧɐŋ31	t^{h}ɐŋ22	ʧɐŋ31	ʧɐn31	ʧɐn31	ʧɐn31	ʧɐn31	t^{h}ɐn31	t^{h}ɐn211
2396	疾	臻開三從質入	ʧɐʔ022	ʧɐt022	ʧɐʔ031	t^{h}aʔ033	ʧɐʔ021	ʧɐt022	ʧɐt021	ʧat022	ʧɐt021	t^{h}ɐt022	t^{h}ɐt022
2397	薪	臻開三心真平	ʃɐŋ55	ɬɐn55	ɬɐŋ55	ɬɐŋ55	ɬɐŋ33	ɬɐn553	ɬɐn553	ɬɐn453	ɬɐn44	ɬɐn53	ɬɐn53
2398	辛	臻開三心真平	ʃɐŋ55	ɬɐn55	ɬɐŋ55	ɬɐŋ55	ɬɐŋ33	ɬɐn553	ɬɐn553	ɬɐn453	ɬɐn44	ɬɐn53	ɬɐn53
2399	新	臻開三心真平	ʃɐŋ55	ɬɐn55	ɬɐŋ55	ɬɐŋ55	ɬɐŋ33	ɬɐn553	ɬɐn553	ɬɐn453	ɬɐn44	ɬɐn53	ɬɐn53

（续上表）

序号	字项	中古音	湛江赤坎	廉江廉城	吴川梅菉	吴川吴阳	遂溪北坡	茂名茂南区	高州潘州街	信宜东镇	电白羊角	化州河西街	化州长岐
2400	信	臻開三心真去	ʃɐŋ33	ɬɐn33	ɬɐŋ33	ɬɐŋ11	ɬɐŋ44	ɬɐn33	ɬɐn33	ɬɐn33	ɬɐn33	ɬɐn33	ɬɐn33
2401	訊	臻開三心真去	ʃɐŋ33	ɬɐn33	ɬɐŋ33	ɬɐŋ11	ɬɐŋ44	ɬɐn33	ɬɐn33	ɬɐn33	ɬɐn33	ɬɐn33	ɬɐn33
2402	悉	臻開三心質入	ʃek055	ɬek055	ʃek055	ɬaʔ044	ɬek055	ɬek055	ɬek055	ɬek055	ɬᴇk055	ʃek055	ɬek055
2403	膝	臻開三心質入	ʃɐt055	ɬɐt055	ɬɐʔ055	ɬaʔ044	ɬɐʔ055	ɬɐt055	ɬɐt055	ɬat055	ɬɐt055	ɬɐt055	ɬɐt055
2404	珍	臻開三知真平	ʧɐŋ55	ʧɐn55	ʧɐŋ55	tsɐŋ55	ʧɐŋ33	ʧɐn553	ʧɐn553	ʧɐn453	ʧɐn44	ʧɐn53	ʧɐn53
2405	鎮	臻開三知真去	ʧɐŋ33	ʧɐn33	ʧɐŋ33	tsɐŋ11	ʧɐŋ44	ʧɐn33	ʧɐn33	ʧɐn33	ʧɐn33	ʧɐn33	ʧɐn33
2406	趁	臻開三徹真去	ʧʰɐŋ33	ʧʰɐn33	ʧʰɐŋ33	tsʰɐŋ11	ʧʰɐŋ44	ʧʰɐn33	ʧʰɐn33	ʧʰɐn33	ʧʰɐn33	ʧʰɐn33	ʧʰɐn33
2407	陳	臻開三澄真平	ʧʰɐŋ21	ʧʰɐn21	ʧʰɐŋ31	tsʰɐŋ44	ʧʰɐŋ11	ʧʰɐn21	ʧʰɐn11	ʧʰɐn13	ʧʰɐn11	ʧʰɐn23	ʧʰɐn121
2408	塵	臻開三澄真平	ʧʰɐŋ21	ʧʰɐn21	ʧʰɐŋ31	tsʰɐŋ44	ʧʰɐŋ11	ʧʰɐn21	ʧʰɐn11	ʧʰɐn13	ʧʰɐn11	ʧʰɐn23	ʧʰɐn121
2409	陣	臻開三澄真去	ʧɐŋ21	ʧɐn21	ʧɐŋ31	tsʰɐŋ22	ʧɐŋ31	ʧɐn31	ʧɐn31	ʧɐn31	ʧɐn31	ʧʰɐn31	ʧʰɐn211
2410	侄	臻開三澄質入	ʧɐʔ022	ʧɐt022	ʧɐʔ031	tsʰaʔ022	ʧɐʔ021	ʧɐt022	ʧɐt021	ʧat022	ʧɐt021	ʧʰɐt022	ʧʰɐt022
2411	秩	臻開三澄質入	tit022	tit022	ɗit031	tʰiʔ022	tit021	tit022	tit033	tit022	tit021	tit022	tʰiet033

（续上表）

序号	字项	中古音	湛江赤坎	廉江廉城	吴川梅菉	吴川吴阳	遂溪北坡	茂名茂南区	高州潘州街	信宜东镇	电白羊角	化州河西街	化州长岐
2412	臻	臻開三莊臻平	ʧɐŋ55	ʧɐn55	ʧɐŋ55	tɐŋ55	ʧɐŋ33	ʧɐn553	ʧɐn553	ʧɐn453		tɐŋ53	ʧɐn53
2413	櫬	臻開三初臻去	ʧʰɐŋ33	ʧʰɐn33	ʧʰɐŋ33	tsʰɐŋ11	ʧʰɐŋ44	ʧʰɐn33	ʧʰɐn33	ʧʰɐn33	ʧʰɐn33	ʧʰɐn33	ʧʰɐn33
2414	瑟	臻開三生櫛入	ʃɐʔ055	ɬɐt055			ɬɐʔ055		ʃɐt055			ʃɐt055	
2415	蝨	臻開三生櫛入	ʃɐʔ055	ʃɐt055	ʃɐʔ055	saʔ044	ʃɐʔ055	sɐt553	ʃɐt055	ʃat055	ʃɐt055	ʃɐt055	ʃɐt055
2416	真	臻開三章真平	ʧɐŋ55	ʧɐn55	ʧɐŋ55	tsɐŋ55	ʧɐŋ33	ʧɐn553	ʧɐn553	ʧɐn453	ʧɐn44	ʧɐn53	ʧɐn53
2417	診	臻開三章真上	ʧʰaŋ35	ʧʰɐn35	ʧɐŋ35	tsɐŋ24	ʧʰɐŋ35	ʧʰɐn335	ʧʰɐn35	ʧʰɐn35	ʧʰɐn224	ʧɐn35	ʧɐn35
2418	疹	臻開三章真上	ʧʰaŋ35	ʧʰɐn35	ʧʰɐŋ35	tsɐŋ24	ʧʰɐŋ35	ʧʰɐn335	ʧʰɐn35	ʧʰɐn35	ʧʰɐn224	ʧɐn35	ʧɐn35
2419	振	臻開三章真去	ʧɐŋ33	ʧɐn33	ʧɐŋ33	tsɐŋ11	ʧɐŋ44	ʧɐn33	ʧɐn33	ʧɐn33	ʧɐn33	ʧɐn33	ʧɐn33
2420	震	臻開三章真去	ʧɐŋ33	ʧɐn33	ʧɐŋ33	tsɐŋ11	ʧɐŋ44	ʧɐn33	ʧɐn33	ʧɐn33	ʧɐn33	ʧɐn33	ʧɐn33
2421	質	臻開三章質入	ʧɐʔ055	ʧɐt055	ʧɐʔ055	tsaʔ044	ʧɐʔ055	ʧɐt055	ʧɐt055	ʧat055	ʧɐt055	ʧɐt055	ʧɐt055
2422	神	臻開三船真平	ʃɐŋ21	ʃɐn21	ʃɐŋ31	sɐŋ44	ʃɐŋ11	sɐn21	ʃɐn11	ʃɐn31	ʃɐn11	ʃɐn23	ʃɐn121
2423	實	臻開三船質入	ʃɐʔ022	ʃɐt022	ʃɐʔ031	saʔ022	ʃɐʔ021	sɐt022	ʃɐt021	ʃat022	ʃɐt021	ʃɐt022	ʃɐt022

（续上表）

序号	字项	中古音	湛江赤坎	廉江廉城	吴川梅菉	吴川吴阳	遂溪北坡	茂名茂南区	高州潘州街	信宜东镇	电白羊角	化州河西街	化州长岐
2424	身	臻開三書真平	ʃɐŋ55	ʃɐn55	ʃɐŋ55	sɐŋ55	ʃɐŋ33	sɐn553	ʃɐn553	ʃɐn453	ʃɐn44	ʃɐn53	ʃɐn53
2425	申	臻開三書真平	ʃɐŋ55	ʃɐn55	ʃɐŋ55	sɐŋ55	ʃɐŋ33	sɐn553	ʃɐn553	ʃɐn453	ʃɐn44	ʃɐn53	ʃɐn53
2426	伸	臻開三書真平	ʃɐn55	ʃɐn55	ʃɐŋ55	sɐŋ55	ʃɐŋ33	sɐn553	ʃɐn553	ʃɐn453	ʃɐn44	ʃɐn53	ʃɐn53
2427	娠	臻開三書真平	ʃɐŋ21	ʃɐn21		sɐŋ44	ʃɐŋ11	sɐn21	ʃɐn11	ʃɐn13	ʃɐn11	ʃɐn23	ʃɐn121
2428	失	臻開三書質入	ʃɐʔ055	ʃɐt055	ʃɐʔ055	saʔ044	ʃɐʔ055	sɐt055	ʃɐt055	ʃat055	ʃɐt055	ʃɐt055	ʃɐt055
2429	室	臻開三書質入	ʃɐʔ055	ʃɐt055	ʃɐʔ055	saʔ044	ʃɐʔ055	sɐt055	ʃɐt055	ʃat055	ʃɐt055	ʃɐt055	ʃɐt055
2430	辰	臻開三禪真平	ʃɐŋ21	ʃɐn21	ʃɐŋ31	sɐŋ44	ʃɐŋ11	sɐn21	ʃɐn11	ʃɐn13	ʃɐn11	ʃɐn23	ʃɐn121
2431	晨	臻開三禪真平	ʃɐŋ21	ʃɐn21	ʃɐŋ31	sɐŋ44	ʃɐŋ11	sɐn21	ʃɐn11	ʃɐn13	ʃɐn11	ʃɐn23	ʃɐn121
2432	臣	臻開三禪真平	ʃɐŋ21	ʃɐn21	ʃɐŋ31	sɐŋ44	ʃɐŋ11	sɐn21	ʃɐn11	ʃɐn13	ʃɐn11	ʃɐn23	ʃɐn121
2433	腎	臻開三禪真上	ʃɐŋ13	ʃɐn13	ʃɐŋ33	sɐŋ33	ʃɐŋ13	sɐn113	ʃɐn223	ʃɐn13	ʃɐn223	ʃɐn23	ʃɐn13
2434	慎	臻開三禪真去	ʃɐŋ21	ʃɐn21	ʃɐŋ31	sɐŋ22	ʃɐŋ31	sɐn31	ʃɐn31	ʃɐn31	ʃɐn31	ʃɐn31	ʃɐn211
2435	人	臻開三日真平	iɐŋ21	ȵiɐn21	ȵiɐŋ31	ȵiɐŋ44	ȵiɐŋ11	ȵiɐn21	ȵiɐn11	ȵiɐn13	ȵiɐn11	ȵiɐn23	ȵiɐn121

（续上表）

序号	字项	中古音	湛江赤坎	廉江廉城	吴川梅菉	吴川吴阳	遂溪北坡	茂名茂南区	高州潘州街	信宜东镇	电白羊角	化州河西街	化州长岐
2436	仁	臻開三日真平	iɐŋ21	ɲiɐn21	ɲiɐŋ31	ɲiɐŋ44	ɲiɐŋ11	ɲiɐn21	ɲiɐn11	ɲiɐn31	ɲiɐn11	ɲiɐn23	ɲiɐn121
2437	忍	臻開三日真上	iɐŋ13	ɲiɐn13	ɲiɐŋ223	ɲiɐŋ33	ɲiɐŋ13	ɲiɐn113	ɲiɐn223	ɲiɐn35	ɲiɐn224	ɲiɐn23	ɲiɐn13
2438	刃	臻開三日真去	iɐŋ21	ɲiɐn13	ɲiɐŋ223	ɲiɐŋ33	ɲiɐŋ13	ɲiɐn33	ɲiɐn31	iɐn31		ɲiɐn23	ɲiɐn13
2439	認	臻開三日真去	ieŋ21	ɲieŋ21	ɲieŋ31	ɲiɐŋ22	ɲiɐŋ31	ɲiɐn31	ɲiɐn31	ɲiɐn31	ɲiɐn31	ɲiɐn31	ɲiɐn211
2440	韌	臻開三日真去	iɐŋ21	ɲiɐn13	ɲiɔŋ33	ɲiɐŋ33	ɲiɐŋ44	ɲiɐŋ33	ɲiɐŋ33	ɲiɐŋ33	ɲiɐŋ33	ɲiɐn31	ɲiɐn13
2441	日	臻開三日質入	iɐʔ022	ɲiɐt022	ɲiɐʔ031	ɲiaʔ022	ɲiɐʔ021	ɲiɐt022	ɲiɐt021	ɲiat022	ɲiɐt021	ɲiɐt022	ɲiɐt022
2442	巾	臻開三b見真平	kɐŋ55	kɐn55	kɐŋ55	kɐŋ55	kɐŋ33	kɐn553	kɐn553	kɐn453	kɐn44	kɐn53	kɐn53
2443	緊	臻開三a見真上	kɐŋ35	kɐn35	kɐŋ35	kɐŋ24	kɐŋ35	kɐn335	kɐn35	kɐn35	kɐn224	kɐn35	kɐn35
2444	吉	臻開三a見質入	kɐʔ055	kɐt055	kɐʔ055	kaʔ044	kɐʔ055	kɐt055	kɐt055	kat055	kɐt055	kɐt055	kɐt055
2445	僅	臻開三b羣真去	kaŋ35	kɐn35	kɐŋ35	kɐŋ24	kɐŋ35	kɐn335	kɐn35	kɐn35	kɐn224	kɐn35	kɐn35
2446	銀	臻開三b疑真平	ŋɐŋ21	ŋɐn21	ŋɐŋ31	ŋɐŋ44	ŋɐŋ11	ŋɐn21	ŋɐn11	ŋɐn13	ŋɐn11	ŋɐn23	ŋɐn121
2447	釁	臻開三b曉真去	iɐn13	hɐŋ33		hɐŋ24	iɐŋ44	iɐn335	hɐn35	iɐn31		hɐn35	

（续上表）

序号	字项	中古音	湛江赤坎	廉江廉城	吴川梅菉	吴川吴阳	遂溪北坡	茂名茂南区	高州潘州街	信宜东镇	电白羊角	化州河西街	化州长岐
2448	因	臻開三a影真平	iɐŋ55	iɐn55	iɐŋ55	ʔɐŋ55	iɐŋ33	iɐn553	iɐn553	iɐn453	iɐn44	ʔɐn53	ᶻjiɐn53
2449	姻	臻開三a影真平	iɐŋ55	iɐn55	iɐŋ55	ʔɐŋ55	iɐŋ33	iɐn553	iɐn553	iɐn453	iɐn44	ɐn53	ᶻjiɐn53
2450	洇	臻開三a影真平	iam33	iɐm33	iaŋ33	ʔɐŋ55	iam44	iɐm33	iɐm33	iam33		jiɐŋ33	ᶻjiɐm33
2451	印	臻開三a影真去	iɐŋ33	iɐn33	iɐŋ33	ʔɐŋ11	iɐŋ44	iɐn33	iɐn33	iɐn33	iɐn33	ɐn33	ʔɐn33
2452	一	臻開三a影質入	iɐʔ055	iɐt055	iɐʔ055	iaʔ044	iɐʔ055	iɐt055	iɐt055	iat055	iɐt055	jiɐt055	ᶻjiɐt055
2453	乙	臻開三b影質入	it033	it033	it031	iʔ022	it033	it033	ip021	yt033	it021	jit033	ᶻjiet033
2454	寅	臻開三以真平	iɐŋ21	iɐn21	iɐŋ31	ʔiɐŋ44	iɐŋ11	iɐn21	iɐn11	iɐn13	iɐn11	jiɐn23	ᶻjiɐn121
2455	引	臻開三以真上	iɐŋ13	iɐn13	iɐŋ35	iɐŋ33	iɐŋ13	iɐn335	iɐn223	iɐn13	iɐn224	jiɐn23	ᶻjiɐn13
2456	逸	臻開三以質入	iɐʔ022	iɐt022		iaʔ022	iɐʔ021	iɐt022	iɐt021	iat022		jiɐt022	ᶻjiɐt022
2457	斤	臻開三見殷平	kɐŋ55	kɐn55	kɐŋ55	kɐŋ55	kɐŋ33	kɐn553	kɐn553	kɐn453	kɐn44	kɐn53	kɐn53
2458	筋	臻開三見殷平	kɐŋ55	kɐn55	kɐŋ55	kɐŋ55	kɐŋ33	kɐn553	kɐn553	kɐn453	kɐn44	kɐn53	kɐn53
2459	謹	臻開三見殷上	kaŋ35	kɐn35	kɐŋ35	kɐŋ24	kɐŋ35	kɐn335	kɐn35	kɐn35	kɐn224	kɐn35	kɐn35

（续上表）

序号	字项	中古音	湛江赤坎	廉江廉城	吴川梅菉	吴川吴阳	遂溪北坡	茂名茂南区	高州潘州街	信宜东镇	电白羊角	化州河西街	化州长岐
2460	劲有～	臻開三見殷去	keŋ33	keŋ33	keŋ31	k^hen22	keŋ44	keŋ31	keŋ31	keŋ31	kᴇŋ31	k^heŋ31	k^hen211
2461	訖	臻開三見迄入	hɐʔ055	ŋɐt055		ŋaʔ044	hɐʔ055	ŋɐt055	ŋɐt055	ŋat055	ŋɐt055	ŋɐt055	ŋɐt055
2462	乞	臻開三溪迄入	hɐʔ055	hɐt055	hɐʔ055	haʔ044	ŋɐʔ055	ŋɐt055	hɐt055	hat055	hɐt055	hɐt055	hɐt055
2463	勤	臻開三羣殷平	k^hɐŋ21	k^hɐn21	k^hɐŋ31	k^hɐŋ44	k^hɐŋ11	k^hɐn21	k^hɐn11	k^hɐn13	k^hɐn11	k^hɐn23	k^hɐn121
2464	芹	臻開三羣殷平	k^hɐŋ21	k^hɐn21	k^hɐŋ31	k^hɐŋ44	k^hɐŋ11	k^hɐn21	k^hɐn11	k^hɐn31	k^hɐn11	k^hɐn23	k^hɐn121
2465	近	臻開三羣殷上	k^hɐŋ13	k^hɐn13	k^hɐŋ223	k^hɐŋ33	k^hɐŋ13	k^hɐn113	k^hɐn223	k^hɐn13	k^hɐn223	k^hɐn23	k^hɐn13
2466	欣	臻開三曉殷平	iɐŋ55	hɐm55	hɐm55	hɐm55	hɐŋ33	hɐn553	hɐn553	hɐn453	hɐn44	hɐn53	^{z}jiɐn53 ～赏 hɐm53 人名
2467	殷	臻開三影殷平	iɐŋ55	iɐn55	iɐŋ55	ʔɐŋ55	iɐŋ33	iɐn553	iɐn553	iɐn453	iɐn44	ʔɐn53	^{z}jiɐn53
2468	隱	臻開三影殷上	iɐŋ13	iɐn35	ȵiɐŋ223	ʔɐŋ24	ȵiɐŋ35	iɐn335	iɐn35	iɐn35	iɐn224	ʔɐn35	^{z}jiɐn35
2469	癮	臻開三影殷上	iɐŋ13	iɐn13	iɐŋ223	iɐŋ33	iɐŋ13	iɐn113	iɐn223	iɐn13	iɐn223	jiɐn23	^{z}jiɐn35
2470	奔～跑	臻合一幫魂平	pɐŋ55	pɐŋ55	ɓɐŋ55	ɓʊn55	pɐŋ33	pɐn553	pɐn553	pɐn453	pɐn44	ɓɐn53/ɓun53	ɓɐn53

（续上表）

序号	字项	中古音	湛江赤坎	廉江廉城	吴川梅菉	吴川吴阳	遂溪北坡	茂名茂南区	高州潘州街	信宜东镇	电白羊角	化州河西街	化州长岐
2471	本	臻合一帮魂上	puŋ35	pun35	ɓuŋ35	ɓʊn24	pun35	pʊn335	pun35	pun35	pʊn224	ɓun35	ɓʊn35
2472	逩投~	臻合一帮魂去	pɐŋ55	pɐŋ55	ɓɐŋ55	ɓʊn55	pɐŋ33	pɐn553	pɐn553	pɐn453	pɐn44	ɓɐn53	ɓɐn53
2473	不	臻合一帮没入	pɐʔ055	pɐt055	ɓɐʔ055	ɓaʔ044	pɐʔ055	pɐt055	pɐt055	pat055	pɐt055	ɓɐt055	ɓɐt055
2474	噴~水	臻合一滂魂平	p^hɐŋ33	p^hɐn33	p^hɐŋ33	p^hɐŋ11	p^hɐŋ44	p^hɐn33	p^hɐn33	p^hɐn33	p^hɐn33	p^hɐn33	p^hɐn33
2475	噴~香	臻合一滂魂去	p^hɐŋ33	p^hɐn33	p^hɐŋ33	p^hɐŋ11	p^hɐŋ44	p^hɐn33	p^hɐn33	p^hɐn33	p^hɐn33	p^hɐn33	p^hɐn33
2476	盆	臻合一並魂平	p^huŋ21	p^hun21	p^huŋ31	p^hʊn44	p^hun11	p^hʊn21	p^hun11	p^hun13	p^hʊn11	p^hun23	pʊn121
2477	笨	臻合一並魂上	pɐŋ21	pɐn21	ɓɐŋ31	p^hɐŋ22	pɐŋ31	pɐn31	pɐn31	pɐn31	pɐn31	ɓɐn31	pɐn211
2478	勃	臻合一並没入	p^huʔ033	put022	ɓuʔ031	p^hʊt022	put021	pʊt022	put021	put022	pʊt021	ɓut022	pʊt022
2479	門	臻合一明魂平	muŋ21	mun21	muŋ31	mʊn44	mun11	mʊn21	mun11	mun13	mʊn11	mun23	mʊn121
2480	悶	臻合一明魂去	muŋ21	mun21	muŋ31	mʊn22	mun31	mʊn31	mun31	mun31	mʊn31	mun31	mʊn211
2481	没	臻合一明没入	muʔ022	mut033	muʔ031	mʊt022	mut021	mʊt022	mut021	mut022	mʊt021	mut022	mʊt022
2482	敦	蟹合一端灰平	tɐŋ55	tɐn55	ɗɐŋ55	ɗʊn55	tɐŋ33	tɐn553	tɐn553	tɐn453	tɐn445	ɗɐn53	ɗɐn53

（续上表）

序号	字项	中古音	湛江赤坎	廉江廉城	吴川梅菉	吴川吴阳	遂溪北坡	茂名茂南区	高州潘州街	信宜东镇	电白羊角	化州河西街	化州长岐
2483	墩	臻合一端魂平	tɐŋ55	tun55	ɗɐŋ35	ɗɐŋ22	tɐŋ35	tɐn335	tɐn553	tɐn453	tɐn445	ɗɐn53	ɗɐn35
2484	顿	臻合一端魂去	tɐŋ21	tɐn35	ɗɐŋ31	ɗɐŋ24	tɐŋ31	tɐn31 停～ tɐn335 整～	tɐn35 停～ tɐn31 整～	tɐn31 停～ tɐn35 整～	tɐn224	ɗɐn35 停～ ɗɐn31 整～	ɗɐn35 停～ tɐn211 整～
2485	褪	臻合一透魂去	tʰui33	tʰui33		tʰui11	tʰui44	tʰʊi33	tʰʊi33	tʰʊi33	tʰʊi33	tʰʊi33	tʰʊi33
2486	屯	臻合一定魂平		tun55			tɐŋ44	tɐn335	tɐn35		tɐn224	ɗɐn35	ɗɐn35
2487	豚	臻合一定魂平	tʰin21		tʰin31	tʰʊn44	tʰin11	tʰin21	tʰyn11	tʰyn31			
2488	饨	臻合一定魂平	tʰɐŋ55	tʰɐn55	tʰɐŋ55	tʰɐŋ44	tʰɐŋ33	tɐn31	tʰɐn553	tʰɐn453		tʰɐn53	tʰɐn53
2489	臀	臻合一定魂平	tin21	tin21			tin31	tʰin21	tin31	tin31		ɗin31	tien211
2490	炖	臻合一定魂平	tɐŋ21	tɐn21	ɗɐŋ31	ɗɐŋ22	tɐŋ33	tɐn31	tɐn33	tɐn31	tɐn31	ɗɐn31	tɐn211
2491	囤	臻合一定魂上	tɐŋ21	tɐn35	ɗɐŋ35	ɗɐŋ24	tɐŋ35	tɐn335	tʰyn11	tʰyn31	tɐn31	ɗɐn35	tɐn35
2492	沌	臻合一定魂上	tɐŋ21	tɐn35			tɐŋ31	tɐn31	tɐn31	tɐn31	tɐn31	ɗɐn31	tɐn211
2493	盾	臻合一定魂上	tɐŋ21	tɐn21	ɗɐŋ31	tʰɐŋ22	tɐŋ31	tɐn31	tɐn31	tɐn31	tɐn31	ɗɐn31	tɐn211

（续上表）

序号	字项	中古音	湛江赤坎	廉江廉城	吴川梅菉	吴川吴阳	遂溪北坡	茂名茂南区	高州潘州街	信宜东镇	电白羊角	化州河西街	化州长岐
2494	鈍	臻合一定魂去	tɐŋ21	tɐn21	ɗɐŋ31	tʰɐŋ22	tɐŋ31	tɐn31	tɐn31	tɐn31	tɐn31	ɗɐn31	tɐn211
2495	突	臻合一定没入	tɐʔ022	tɐt022	ɗɐʔ031	tʰaʔ033	tɐʔ021	tɐt022	tɐk021	tak022	tɐt021	ɗɐt022	tɐt022
2496	凸	臻合一定没入	tɐʔ022	tɐt022	ɗɐʔ031	tʰaʔ033	tɐʔ021	tɐt022	tɐt021	tat022	tɐt021	ɗɐt022	tɐt022
2497	嫩	臻合一泥魂去	nin21	nun21	nin31	nʊn22	nin31	nin31	nyn31	nyn31	nin31	nin31	nien211
2498	論~语	臻合一來魂平	lɐŋ21	lɐn21		lɐŋ22	lɐŋ31	lɐn31	lɐn31	lɐn31	lɐn31	lɐn31	lɐn211
2499	侖	臻合一泥魂去	lɐŋ21	lɐn21	lɐŋ31	lɐŋ44	lɐŋ11	lɐn21	lɐn11	lɐn31	lɐn11	lɐn31	lɐn121
2500	論讨~	臻合一來魂去	lɐŋ21	lɐn21	lɐŋ31	lɐŋ22	lɐŋ31	lɐn31	lɐn31	lɐn31	lɐn31	lɐn31	lɐn211
2501	尊	臻合一精魂平	ʧin55	ʧun55	ʧin55	tʊn55	ʧin33	ʧin553	ʧyn553	ʧyn453	ʧin44	tin53	tien53
2502	卒	臻合一精没入	ʧɐʔ055	ʧɐt055	ʧɐʔ055	taʔ044	ʧɐʔ055	ʧɐt055	ʧɐt055	ʧat055	ʧɐt055	tɐt055	tɐt055
2503	村	臻合一清魂平	ʧʰin55	ʧʰun55	ʧʰin55	tʰʊn55	ʧʰin33	ʧʰin553	ʧʰyn553	ʧʰyn453	ʧʰin44	tʰin53	tʰien53/ tʰʊn53
2504	忖	臻合一清魂上	ʧʰyn35	ʧʰun35			ʧʰin35	ʧʰin33	ʧʰyn35	ʧʰyn35	ʧʰin33		
2505	寸	臻合一清魂去	ʧʰyn33	ʧʰun33	ʧʰin33	tʰʊn11	ʧʰin44	ʧʰin33	ʧʰyn33	ʧʰyn33	ʧʰin33	tʰin33	tʰʊn33/ tʰien33

（续上表）

序号	字项	中古音	湛江赤坎	廉江廉城	吴川梅菉	吴川吴阳	遂溪北坡	茂名茂南区	高州潘州街	信宜东镇	电白羊角	化州河西街	化州长岐
2506	猝	臻合一清没入		ʧɐt055		ɬaʔ044	ɬui44	ɬɐt055	ʧɐt055	ʧat055	ʧɐt055		tɐt055
2507	存	臻合一從魂平	ʧ^{h}yn21	ʧ^{h}un21	ʧ^{h}in31	t^{h}ʊn44	ʧ^{h}in11	ʧ^{h}in21	ʧ^{h}yn11	ʧ^{h}yn31	ʧ^{h}in11	t^{h}in23	t^{h}ʊn121/t^{h}ien121
2508	孫	臻合一心魂平	ʃin55	ɬun55	ɬin55	ɬʊn55	ɬin33	ɬin553	ɬyn553	ɬyn453	ɬin445	ɬin53	ɬien53/ɬʊn53
2509	損	臻合一心魂上	ʃin35	ɬin35	ɬin35	ɬʊn24	ɬin35	ɬin335	ɬyn35	ɬyn35	ɬin224	ɬin35	ɬien35/ɬʊn35
2510	遜	臻合一心魂去	ʃin55	ɬun33	ɬin33	ɬʊn24	ɬin44	ɬin31	ɬyn31	ɬyn33	ɬin44		ɬien211
2511	昆	臻合一見魂平	kw^{h}ɐŋ55	kw^{h}ɐn55	kw^{h}ɐŋ55	kʊɐŋ55	kw^{h}ɐŋ33	kwɐn553	kw^{h}ɐn553	kw^{h}ɐn453	kw^{h}ɐn44	kwɐn53	kʊɐn53
2512	崑	臻合一見魂平	kw^{h}ɐŋ55	kw^{h}ɐn55	kw^{h}ɐŋ55	kʊɐŋ55	kw^{h}ɐŋ33	kwɐn553	kw^{h}ɐn553	kw^{h}ɐn453	kw^{h}ɐn44	kwɐn35	kʊɐn35
2513	滚	臻合一見魂上	kwɐŋ35	kwɐn35	kwɐŋ35	kʊɐŋ24	kwɐŋ35	kwɐn335	kwɐn35	kwɐn35	kwɐn224	kwɐn35	kʊɐn35
2514	棍	臻合一見魂去	kwɐŋ33	kwɐn33	kwɐŋ33	kʊɐŋ24	kwɐŋ44	kwɐn33	kwɐn33	kwɐn33	kwɐn33	kwɐn33	kʊɐn33
2515	骨	臻合一見没入	kwɐʔ055	kwɐt055	kwɐʔ055	kʊaʔ044	kwɐʔ055	kwɐt055	kwɐt055	kwat055	kʊɐt055	kwɐt055	kʊɐt055
2516	坤	臻合一溪魂平	kw^{h}ɐŋ55	kw^{h}ɐn55	kw^{h}ɐŋ55	kʊ^{h}ɐŋ55	kw^{h}ɐŋ33	kw^{h}ɐn553	kw^{h}ɐn553	kw^{h}ɐn453	kw^{h}ɐn44	kw^{h}ɐn53	kʊ^{h}ɐn53
2517	綑	臻合一溪魂上	kw^{h}ɐŋ35	kw^{h}ɐn35	kw^{h}ɐŋ35	kʊ^{h}ɐŋ24	kw^{h}ɐŋ35	kw^{h}ɐn335	kw^{h}ɐn35	kw^{h}ɐn35	kw^{h}ɐn224	kw^{h}ɐn35	kʊ^{h}ɐn35

（续上表）

序号	字项	中古音	湛江赤坎	廉江廉城	吴川梅菉	吴川吴阳	遂溪北坡	茂名茂南区	高州潘州街	信宜东镇	电白羊角	化州河西街	化州长岐
2518	困	臻合一溪魂去	kw^{h}ɐŋ33	kw^{h}ɐn33	kw^{h}ɐŋ33	kʋ^{h}ɐŋ11	kw^{h}ɐŋ44	kw^{h}ɐn33	kw^{h}ɐn223	kw^{h}ɐn33	kw^{h}ɐn33	kw^{h}ɐn33	kʋ^{h}ɐn33
2519	睏	臻合一溪魂去	fɐŋ33	fɐn33	fɐŋ33	fɐŋ11	fɐŋ44	kw^{h}ɐn33	kw^{h}ɐn223	kw^{h}ɐn33	kw^{h}ɐn33	kw^{h}ɐn33	kʋ^{h}ɐn33
2520	窟	臻合一溪没入	fɐʔ055	fɐt055	fɐʔ055	kʋ^{h}aʔ044	ʋɐʔ055	kw^{h}ɐt055 ~窿 fɐt055 屎~	kw^{h}ɐt055 ~窿 fɐt055 屎~	kw^{h}at055 ~窿 fat055 屎~	kw^{h}ɐt055 ~窿 fɐt055 屎~	kw^{h}ɐt055 ~窿 fɐt055 屎~	kʋ^{h}ɐt055 ~窿 fɐt055 屎~
2521	昏	臻合一晓魂平	fɐŋ55	fɐn55	fɐŋ55	hʊn55	fɐŋ33	fɐn553	fɐn553	fɐn453	fɐn44	fɐn53	fɐn53
2522	婚	臻合一晓魂平	fɐŋ55	fɐn55	fɐŋ55	hʊn55	fɐŋ33	fɐn553	fɐn553	fɐn453	fɐn44	fɐn53	fɐn53
2523	忽	臻合一晓没入	fɐʔ055	fɐt055	fɐʔ055	faʔ044	fɐʔ055	fɐt055	fɐt055	fat055	fɐt055	fɐt055	fɐt055
2524	魂	臻合一匣魂平	ʋɐŋ21	ʋɐn21	ʋɐŋ31	ʋɐŋ44	ʋɐŋ11	ʋɐn21	wɐn11	wɐn13	ʋɐn11	ʋɐn23	ʋɐn121
2525	餛	臻合一匣魂平	ʋɐŋ21	ʋɐn21	ʋɐŋ31	ʋɐŋ44	ʋɐŋ11	ʋɐn31	wɐn11	wɐn31		ʋɐn31	ʋɐn211
2526	渾	臻合一匣魂平	ʋɐŋ21	ʋɐn21	ʋɐŋ31	ʋɐŋ33	ʋɐŋ11	ʋɐn21	wɐn31	wɐn31	fɐn11	ʋɐn23	ʋɐn211
2527	混	臻合一匣魂上	ʋɐŋ21	ʋɐn21	ʋɐŋ31	kʋɐŋ24	ʋɐŋ31	kwɐn335	kwɐn35	kwɐn31	kwɐn224	ʋɐn31	kʋɐn35
2528	核果~	臻合一匣没入	ʋɐʔ022	ʋɐt022	ʋɐʔ031	ʋaʔ033	ʋɐʔ021	ʋɐt022	wɐt021	ŋɐn453	ʋɐt021	ʋɐt022	ʋɐt022

（续上表）

序号	字项	中古音	湛江赤坎	廉江廉城	吴川梅菉	吴川吴阳	遂溪北坡	茂名茂南区	高州潘州街	信宜东镇	电白羊角	化州河西街	化州长岐
2529	温	臻合一影魂平	ʋɐŋ55	ʋɐn55	ʋɐŋ55	ʋɐŋ55	ʋɐŋ33	ʋɐn553	wɐn553	wɐn453	ʋɐn44	ʋɐn53	ʋɐn53
2530	瘟	臻合一影魂平	ʋɐŋ55	ʋɐn55	ʋɐŋ55	ʋɐŋ55	ʋɐŋ33	ʋɐn553	wɐn553	wɐn453	ʋɐn44	ʋɐn53	ʋɐn53
2531	穩	臻合一影魂上	ʋɐŋ35	ʋɐn35	ʋɐŋ35	ʋɐŋ24	ʋɐŋ35	ʋɐn335	wɐn35	wɐn35	ʋɐn224	ʋɐn35	ʋɐn35
2532	倫	臻合三來諄平	lɐŋ21	lɐn21	lɐŋ31	lɐŋ44	lɐŋ11	lɐn31	lɐn11	lɐn13	lɐn31	lɐn23	lɐn211
2533	淪	臻合三來諄平	lɐŋ21	lɐn21	lɐŋ31	lɐŋ44	lɐŋ11	lɐn21	lɐn11	lɐn13	lɐn31	lɐn23	lɐn211
2534	輪	臻合三來諄平	lɐŋ21	lɐn21	lɐŋ31	lɐŋ44	lɐŋ11	lɐn21	lɐn11	lɐn13	lɐn11	lɐn23	lɐn121
2535	律	臻合三來術入	lɐʔ022	lɐt022	lɐʔ031	laʔ022	lɐʔ021	lɐt022	lɐt021	lat022	lɐt021	lɐt022	lɐt022
2536	率~领	臻合三來術入	ʃɵt055	ɬɐt055	ɬɐʔ055	ɬaʔ044	ɬɐʔ055	ɬɐt055	ɬɐt055	ɬat055	ʧɐt055	ɬɐt055	ɬɐt055
2537	遵	臻合三精諄平	ʧin55	ʧun55	ʧin55	tʊn55	ʧin33	ʧin553	ʧyn553	ʧɐn453	ʧin44	tin53	tien53
2538	俊	臻合三精諄去	ʧɐn33	ʧɐn33	ʧɐŋ33	ɬɐŋ11	ʧɐŋ44	ʧɐn33	ʧɐn33	ʧɐn33	ʧɐn33	ɬɐn33	ɬɐn33
2539	詢	臻合三心諄平	ʃɐŋ21	ɬɐn21	ʧʰɐŋ31	tʰɐŋ44	ʧʰɐŋ11	ʧʰɐn21	ʧʰɐn11	ʧʰɐn31		tʰɐn31	sɐn53
2540	筍	臻合三心諄上	ʃɐn13	ɬɐn35	ɬɐŋ35	ɬɐŋ24	ɬɐŋ35	ɬɐn335	ɬɐn35	ɬɐn35	ɬɐn224	ɬɐn35	ɬɐn35

（续上表）

序号	字项	中古音	湛江赤坎	廉江廉城	吴川梅菉	吴川吴阳	遂溪北坡	茂名茂南区	高州潘州街	信宜东镇	电白羊角	化州河西街	化州长岐
2541	榫	臻合三心谆上	ʃɐŋ13	ɬɐn35	ɬɐŋ35	ɬɐŋ24	ɬɐŋ35	ɬɐn335	ɬɐn35	ɬɐn35	ɬɐn224	ɬɐn35	ɬɐn35
2542	迅	臻合三心谆去	ʃɐŋ33	ɬɐn33	ɬɐŋ33	ɬɐŋ11	ɬɐŋ44	ɬɐn33	ɬɐn33	ɬɐn33	ɬɐn33	ɬɐn33	ɬɐn33
2543	浚	臻合三心谆去			ɬɐŋ33	ɬɐŋ11	ɬɐŋ44		ʧɐn33	ʧɐn33		ɬɐn33	ɬɐn33
2544	戌	臻合三心術入	ʃɐʔ055	ɬɐt055	ɬɐʔ055	ɬaʔ044	ɬɐʔ055	ɬɐt055	ʃy31	ɬat055	ɬɐt055	ɬɐt055	ɬɐt055
2545	恤	臻合三心術入	ʃɵt055	hit022	ɬek055	ɬaʔ044	ɬɐʔ055	ɬɐt055	ɬɐt055	ɬat055	ɬɐt055	ʃek055	sɐt055
2546	旬	臻合三邪谆平	ʃɐŋ21	ɬɐn21	ʧ^{h}ɐŋ31	t^{h}ɐŋ44	ʧ^{h}ɐŋ11	ʧ^{h}ɐn21	ʧ^{h}ɐn11	ʧ^{h}ɐn13	ʧ^{h}ɐn11	t^{h}ɐn23	t^{h}ɐŋ121
2547	循	臻合三邪谆平	ʃɐn21	ʧ^{h}ɐn21	ʧ^{h}ɐŋ31	t^{h}ɐŋ44	ʧ^{h}ɐŋ11	ʧ^{h}ɐn21	ʧ^{h}ɐn11	ʧ^{h}ɐn13	ʧ^{h}ɐn11	t^{h}ɐn23	t^{h}ɐŋ121
2548	巡	臻合三邪谆平	ʧ^{h}ɐŋ21	ʧ^{h}ɐn21	ʧ^{h}ɐŋ31	t^{h}ɐŋ44	ʧ^{h}ɐŋ11	ʧ^{h}ɐn21	ʧ^{h}ɐn11	ʧ^{h}ɐn13	ʧ^{h}ɐn11	t^{h}ɐn23	t^{h}ɐŋ121
2549	殉	臻合三邪谆去	ʃɐn21	ɬɐn21		t^{h}ɐŋ44	ʧ^{h}ɐŋ11	ʧ^{h}ɐn21	ʧ^{h}ɐn11	ʧ^{h}ɐn13	ʧ^{h}ɐn11	t^{h}ɐŋ23	t^{h}ɐŋ211
2550	椿	臻合三徹谆平	ʧ^{h}ɐn55	ʧ^{h}ɐn55		ts^{h}ɐŋ55	ʧ^{h}ɐŋ11	ʧ^{h}ɐn553	ʧ^{h}ɐn553	ʧ^{h}ɐn453	ʧ^{h}ɐn44		ʧ^{h}ɐn53
2551	术白~	臻合三澄術入	ʃɐʔ022	ʃɐt022	ʃɐʔ055	saʔ033	ʃɐʔ021	sɐt022	ʃɐt021	ʃat022	ʃɐt021	ʃɐt022	sɐt022
2552	率效~	臻合三來術入	lɐʔ022	lɐt022	lɐʔ031	laʔ022	lɐʔ021	lɐt022	lɐt021	lat022	lɐt021	lɐt022	lɐt022

（续上表）

序号	字项	中古音	湛江赤坎	廉江廉城	吴川梅菉	吴川吴阳	遂溪北坡	茂名茂南区	高州潘州街	信宜东镇	电白羊角	化州河西街	化州长岐
2553	蟀	臻合三生術入	ʃɵt055	ɬɐt055	ɬɐʔ055	ɬaʔ044	ɬɐʔ055	ɬɐt055	ɬɐt055	ɬak055	ɬɐt055	ɬɐt055	ɬɐt055
2554	準	臻合三章諄上	ʧɐŋ35	ʧɐn35	ʧɐŋ35	tsɐŋ24	ʧɐŋ35	ʧɐn335	ʧɐn35	ʧɐn35	ʧɐn224	ʧɐn35	ʧɐn35
2555	准	臻合三章諄上	ʧɐŋ35	ʧɐn35	ʧɐŋ35	tsɐŋ24	ʧɐŋ35	ʧɐn335	ʧɐn35	ʧɐn35	ʧɐn224	ʧɐn35	ʧɐn35
2556	圳	臻合三章諄去	ʧɐŋ33	ʧɐn33	ʧɐŋ33	tsɐŋ22	ʧɐŋ44	ʧɐn33	ʧɐn33	ʧɐn33	ʧɐn33	ʧɐn33	ʧɐn33
2557	春	臻合三昌諄平	ʧʰɐn55	ʧʰɐn55	ʧʰɐŋ55	tsʰɐŋ55	ʧʰɐŋ33	ʧʰɐn553	ʧʰɐn553	ʧʰɐn453	ʧʰɐn44	ʧʰɐn53	ʧʰɐn53
2558	蠢	臻合三昌諄上	ʧʰɐn35	ʧʰɐn35	ʧʰɐŋ35	tsʰɐŋ24	ʧʰɐŋ35	ʧʰɐn335	ʧʰɐn35	ʧʰɐn35	ʧʰɐn224	ʧʰɐn35	ʧʰɐn35
2559	出	臻合三昌術入	ʧʰɐʔ055	ʧʰɐt055	ʧʰɐʔ055	tsʰaʔ044	ʧʰɐʔ055	ʧʰɐt055	ʧʰɐt055	ʧʰat055	ʧʰɐt055	ʧʰɐt055	ʧʰɐt055
2560	脣	臻合三船諄平	ʃɐn21	ʃɐn21	ʃɐŋ31	sɐŋ44	ʃɐŋ11	sɐn21	ʃɐn11	ʃɐn13	ʃɐn11	ʃɐn23	sɐn121
2561	盾	臻合三船諄上	tɐŋ21	tɐn21	ɗɐŋ31	tʰɐŋ22	tɐŋ31	tɐn31	tɐn31	tɐn31	tɐn31	tɐn31	tɐn211
2562	順	臻合三船諄去	ʃɐn21	ʃɐn21	ʃɐŋ31	sɐŋ22	ʃɐŋ31	sɐn31	ʃɐn31	ʃɐn31	ʃɐn31	ʃɐn31	sɐn211
2563	術	臻合三船術入	ʃɐʔ022	ʃɐt022	ʃɐʔ031	saʔ033	ʃɐʔ021	sɐt022	ʃɐt021	ʃat022	ʃɐt021	ʃɐt022	sɐt022
2564	述	臻合三船術入	ʃɐʔ022	ʃɐt022	ʃɐʔ031	saʔ033	ʃɐʔ021	sɐt022	ʃɐt021	ʃat022	ʃɐt021	ʃɐt022	sɐt022

（续上表）

序号	字项	中古音	湛江赤坎	廉江廉城	吴川梅菉	吴川吴阳	遂溪北坡	茂名茂南区	高州潘州街	信宜东镇	电白羊角	化州河西街	化州长岐
2565	舜	臻合三書谆去	ʃɐŋ33	ʃɐn33		sɐŋ22	ʃɐŋ31	sɐn21	ʃɐn33	ʃɐn33		ʃɐn33	sɐn33
2566	純	臻合三禪谆平	ʃɐn21	ɬɐn21	ʃɐŋ31	sɐŋ44	ɬɐŋ11	sɐn21	ʃɐn11	ʃɐn31	ʃɐn11	ʃɐn23	ʃɐn211
2567	醇	臻合三禪谆平	ʃɐŋ21	ɬɐn21	ʃɐŋ31	sɐŋ44	ʃɐŋ11	sɐn21	ʃɐn11	ʃɐn31	ʃɐn11	ʃɐn31	ʃɐn211
2568	潤	臻合三日谆去	iɐn21	iɐn21	iɐŋ31	ȵiɐŋ22	ȵiɐŋ31	ȵiɐn31	ȵiɐn31	iɐn31	ȵiɐn31	ȵiɐn31	ȵiɐn211
2569	閏	臻合三日谆去	iɐŋ21	iɐn21	ȵiɐn31	ȵiɐŋ22	ȵiɐŋ31	ȵiɐn31	ȵiɐn31	ȵiɐn31	ȵiɐn31	ȵiɐn31	ȵiɐn211
2570	均	臻合三a見谆平	kw^{h}ɐŋ55	kw^{h}ɐn55	kw^{h}ɐŋ55	kʋɐŋ55	kw^{h}ɐŋ33	kwɐn553	kwɐn553	kw^{h}ɐn453	kw^{h}ɐn44	kwɐn53	kwɐn53
2571	鈞	臻合三a見谆平	kw^{h}ɐŋ55	kw^{h}ɐn55	kwɐŋ55	kʋɐŋ55	kw^{h}ɐŋ33	kwɐn553	kwɐn553	kw^{h}ɐn453	kw^{h}ɐn44	kwɐn53	kwɐn53
2572	橘	臻合三a見術入	kwɐʔ055	kɐt055	kɐʔ055	kaʔ022	kɐʔ055	kɐt055	kɐt055	kwat055	kɐt055	kɐt055	kɐt055
2573	菌	臻合三b羣谆上	kw^{h}ɐŋ35	kw^{h}ɐn35	kw^{h}ɐŋ35	kʋ^{h}ɐŋ44	kw^{h}ɐŋ35	kw^{h}ɐn335	kw^{h}ɐn35	kw^{h}ɐn35	kw^{h}ɐn224	kw^{h}ɐn35	kw^{h}ɐn35
2574	勻	臻合三以谆平	ʋɐŋ21	iɐn21	ʋɐŋ31	iɐŋ44	ʋɐŋ11	iɐn21	iɐn11	iɐn13	iɐn11	ʋɐn23	^{z}jiɐn121
2575	允	臻合三以谆上	ʋɐŋ35	ʋɐn13	ʋɐŋ223	ʋɐŋ33	ʋɐŋ13	ʋɐn113	wɐn35	wɐn13	ʋɐn224	ʋɐn35	ʋɐn13
2576	尹	臻合三以谆上	ʋɐŋ13	ʋɐn13		ʋɐŋ33	ʋɐŋ13	i553	wɐn35	wɐn13		ʋɐn23	ʋɐn13

（续上表）

序号	字项	中古音	湛江赤坎	廉江廉城	吴川梅菉	吴川吴阳	遂溪北坡	茂名茂南区	高州潘州街	信宜东镇	电白羊角	化州河西街	化州长岐
2577	分	臻合三非文平	fɐŋ55	fɐn55	fɐŋ55	fɐŋ55	fɐŋ33	fɐn553	fɐn553	fɐn453	fɐn44	fɐn53	fɐn53
2578	吩	臻合三非文平	fɐŋ55	fɐn55	fɐŋ55	fɐŋ55	fɐŋ33	fɐn553	fɐn553	fɐn453	fɐn44	fɐn53	fɐn53
2579	粉	臻合三非文上	fɐŋ35	fɐn35	fɐŋ35	fɐŋ24	fɐŋ35	fɐn335	fɐn35	fɐn35	fɐn224	fɐn35	fɐn35
2580	粪	臻合三非文去	fɐŋ33	fɐn33	fɐŋ33	fɐŋ22	fɐŋ44	fɐn33	fɐn33	fɐn33	fɐn33	fɐn33	fɐn33
2581	奮	臻合三非文去	fɐŋ13	fɐn13	fɐŋ33	fɐŋ22	fɐŋ13	fɐn335	fɐn223	fɐn13	fɐn224	fɐn23	fɐn13
2582	芬	臻合三敷文平	fɐŋ55	fɐn55	fɐŋ55	fɐŋ55	fɐŋ33	fɐn553	fɐn553	fɐn453	fɐn44	fɐn53	fɐn53
2583	紛	臻合三敷文平	fɐŋ55	fɐn55	fɐŋ55	fɐŋ55	fɐŋ33	fɐn553	fɐn553	fɐn453	fɐn44	fɐn53	fɐn53
2584	彿	臻合三敷物入	fɐʔ022	fɐt055	fɐʔ055	faʔ033	fɐʔ021	fɐt055	fɐt055	fat022	fɐt055	fɐt055	fɐt055
2585	焚	臻合三奉文平	faŋ21	fɐn21	fɐŋ31	fɐŋ44	fɐŋ13	fɐn21	fɐn11	fɐn13	fɐn11	fɐn23	fɐn13
2586	墳	臻合三奉文平	fɐŋ21	fɐn21	fɐŋ31	fɐŋ44	fɐŋ31	fɐn21	fɐn11	fɐn31	fɐn11	fɐn23	fɐn121
2587	憤	臻合三奉文上	fɐŋ13	fɐn13	fɐŋ35	fɐŋ22	fɐŋ13	fɐn113	fɐn35	fɐn13	fɐn224	fɐn23	fɐn13
2588	忿	臻合三奉文上	fɐŋ13	fɐn13	fɐŋ35	fɐŋ22	fɐŋ13	fɐn113	fɐn35	fɐn13	fɐn44	fɐn23	fɐn211

（续上表）

序号	字项	中古音	湛江赤坎	廉江廉城	吴川梅菉	吴川吴阳	遂溪北坡	茂名茂南区	高州潘州街	信宜东镇	电白羊角	化州河西街	化州长岐
2589	份	臻合三奉文去	fɐŋ21	fɐn21	fɐŋ31	fɐŋ22	fɐŋ31	fɐn31	fɐn31	fɐn31	fɐn31	fɐn31	fɐn211
2590	佛	臻合三奉物入	fɐʔ022	fɐt022	fɐʔ031	faʔ033	fɐʔ021	fɐt022	fɐt021	fat022	fɐt021	fɐt022	fɐt022
2591	文	臻合三微文平	mɐŋ21	mɐn21	mɐŋ31	mɐŋ44	mɐŋ11	mɐn21	mɐn11	mɐn13	mɐn11	mɐn23	mɐn121
2592	紋	臻合三微文平	mɐŋ21	mɐn21	mɐŋ31	mɐŋ44	mɐŋ11	mɐn21	mɐn11	mɐn13	mɐn11	mɐn23	mɐn121
2593	蚊	臻合三微文平	mɐŋ55	mɐn55	mɐŋ55	mɐŋ55	mɐŋ44	mɐn553	mɐn553	mɐn453	mɐn445	mɐn53	mɐn53
2594	聞	臻合三微文平	mɐŋ21	mɐn21	mɐŋ31	mɐŋ44	mɐŋ11	mɐn21	mɐn11	mɐn13	mɐn11	mɐn23	mɐn121
2595	吻	臻合三微文上	mɐŋ13	mɐŋ13	mɐŋ223		mɐŋ13	mɐn335	mɐn223	mɐn35	mɐn223	mɐn23	
2596	刎	臻合三微文上	mɐŋ13		mɐŋ223	mɐŋ33	mɐʔ055	mɐn113	mɐn223	mɐn35	mɐn223	mɐn23	mɐn13
2597	問	臻合三微文去	mɐŋ21	mɐn21	mɐŋ31	mɐŋ22	mɐŋ31	mɐn31	mɐn31	mɐn31	mɐn31	mɐn31	mɐn211
2598	物	臻合三微物入	mɐʔ022	mɐt022	mɐʔ031	maʔ033	mɐʔ021	mɐt022	mɐt021	mat022	mɐt021	mɐt022	mɐt022
2599	勿	臻合三微物入	mɐʔ022	mɐt022	mɐʔ031	maʔ022	mɐʔ021	mɐt022	mɐt021	mat022	mɐt021	mɐt022	mɐt022
2600	君	臻合三見文平	kwɐŋ55	kwɐn55	kwɐŋ55	kʊɐŋ55	kwɐŋ33	kwɐn553	kwɐn553	kwɐn453	kwɐn44	kwɐn53	kwɐn53

（续上表）

序号	字项	中古音	湛江赤坎	廉江廉城	吴川梅菉	吴川吴阳	遂溪北坡	茂名茂南区	高州潘州街	信宜东镇	电白羊角	化州河西街	化州长岐
2601	軍	臻合三見文平	kwɐŋ55	kwɐn55	kwɐŋ55	kʋɐŋ55	kwɐŋ33	kwɐn553	kwɐn553	kwɐn453	kwɐn44	kwɐn53	kwɐn53
2602	屈	臻合三溪物入	ʋɐʔ055	kw^{h}ɐt055	ʋɐʔ055	kʋ^{h}aʔ044	ʋɐʔ055	kw^{h}ɐt055	kw^{h}ɐt055	kw^{h}at055	ʋɐt055	kw^{h}ɐt055	kw^{h}ɐt055
2603	群	臻合三羣文平	kw^{h}ɐŋ21	kw^{h}ɐn21	kw^{h}ɐŋ31	kʋ^{h}ɐŋ44	kw^{h}ɐŋ11	kw^{h}ɐn21	kw^{h}ɐn11	kw^{h}ɐn31	kw^{h}ɐn11	kw^{h}ɐn23	kw^{h}ɐn121
2604	裙	臻合三羣文平	kw^{h}ɐŋ21	kw^{h}ɐn21	kw^{h}ɐŋ31	kʋ^{h}ɐŋ44	kw^{h}ɐŋ11	kw^{h}ɐn21	kw^{h}ɐn11	kw^{h}ɐn13	kw^{h}ɐn11	kw^{h}ɐn23	kw^{h}ɐn121
2605	郡	臻合三羣文去	kwɐŋ21	kw^{h}ɐn21	kwɐŋ31	kʋ^{h}ɐŋ22	kwɐŋ31	kwɐn31	kwɐn31	kwɐn31	kwɐn31	kw^{h}ɐn31	kw^{h}ɐn211
2606	掘	臻合三羣物入	kwɐʔ022	kwɐt022	kwɐʔ031	kʋ^{h}aʔ044	kwɐʔ021	kwɐt022	kwɐt021	kwat022	kwɐt021	kw^{h}ɐt022	kw^{h}ɐt022
2607	倔	臻合三羣物入		kwɐt022	kwɐʔ031	kʋ^{h}aʔ044	ʋɐʔ055	kw^{h}ɐt055	kw^{h}ɐt055	kw^{h}at055	kw^{h}ɐt055	kw^{h}ɐt055	kw^{h}ɐt055
2608	熏	臻合三曉文平		fɐn55	ʋɐŋ55	fɐŋ55	fɐŋ33	fɐn553	fɐn553	fɐn453		fɐn53 ~陶 ʋɐn53 ~蚊子	fɐn53 ~陶 ʋɐn53 ~蚊子
2609	勳	臻合三曉文平	fɐŋ55	fɐn55	fɐŋ55	fɐŋ55	fɐŋ33	fɐn553	fɐn553	fɐn453		fɐn53	fɐn53
2610	葷	臻合三曉文平	ʋɐŋ21	ʋɐn21		ʋɐŋ33	ʋɐŋ11	fɐn553	fɐn553			ʋɐn31	ʋɐn211
2611	薰	臻合三曉文平	fɐŋ55	fɐn55		fɐŋ55	fɐŋ33	fɐn553	fɐn553	fɐn453	fɐn44		fɐn53

（续上表）

序号	字项	中古音	湛江赤坎	廉江廉城	吴川梅菉	吴川吴阳	遂溪北坡	茂名茂南区	高州潘州街	信宜东镇	电白羊角	化州河西街	化州长岐
2612	訓	臻合三曉文去	fɐŋ33	fɐn13	fɐŋ33	fɐŋ11	fɐŋ13	fɐn33	fɐn33	fɐn33	fɐn33	fɐn33	fɐn33
2613	云	臻合三云文平	vɐŋ21	vɐn21	vɐŋ31	vɐŋ44	vɐŋ11	vɐn21	wɐn11	wɐn13	vɐn11	vɐn23	vɐn121
2614	雲	臻合三云文平	vɐŋ21	vɐn21	vɐŋ31	vɐŋ44	vɐŋ11	vɐn21	wɐn11	wɐn13	vɐn11	vɐn23	vɐn121
2615	耘	臻合三云文平	vɐŋ21	vɐn21		vɐŋ44	vɐŋ11	vɐn21	wɐn11	wɐn13	vɐn11	vɐn23	vɐn121
2616	韻	臻合三云文去	vɐŋ21	vɐn21	vɐŋ31	vɐŋ22	vɐŋ13	vɐn31	wɐn31	wɐn31	vɐn11	vɐn23	vɐn13
2617	運	臻合三云文去	vɐŋ21	vɐn21	vɐŋ31	vɐŋ22	vɐŋ31	vɐn31	wɐn31	wɐn31	vɐn31	vɐn31	vɐn211
2618	暈	臻合三云文去	vɐŋ21	vɐn21	vɐŋ31	vɐŋ33	vɐŋ11	vɐn21	wɐn11	wɐn13	vɐn11	vɐn23	vɐn121
2619	幫	宕開一幫唐平	pɔŋ55	pɔŋ55	ɓɔŋ55	ɓ^{u}ɔŋ55	pɔŋ33	p^{u}ɔŋ553	p^{u}ɔŋ553	pɔŋ453	p^{u}ɔŋ44	ɓ^{u}ɔŋ53	ɓ^{u}ɔ^{ɐ}ŋ53
2620	榜	宕開一幫唐上	pɔŋ35	pɔŋ35	ɓɔŋ35	ɓ^{u}ɔŋ24	pɔŋ35	p^{u}ɔŋ335	p^{u}ɔŋ35	p^{u}ɔŋ35	p^{u}ɔŋ224	ɓ^{u}ɔŋ35	ɓ^{u}ɔ^{ɐ}ŋ35
2621	謗	宕開一幫唐去	pɔŋ35	pɔŋ35	ɓɔŋ35	ɓ^{u}ɔŋ24	pɔŋ35	p^{u}ɔŋ335	p^{u}ɔŋ35	p^{u}ɔŋ35	p^{hu}ɔŋ11	ɓ^{u}ɔŋ35	ɓ^{u}ɔ^{ɐ}ŋ35
2622	博	宕開一幫鐸入	pɔk033	pɔk033	ɓɔʔ033	ɓ^{u}ɔʔ011	pɔk033	p^{u}ɔk033	p^{u}ɔk033	pɔk033	p^{u}ɔk033	ɓ^{u}ɔʔ033	ɓ^{u}ɔ^{ɐ}k033
2623	滂	宕開一滂唐平	pɔŋ21	p^{h}ɔŋ21		p^{hu}ɔŋ55	p^{h}ɔŋ11	p^{hu}ɔŋ21		p^{hu}ɔŋ31		p^{hu}ɔŋ31	p^{u}ɔ^{ɐ}ŋ211

（续上表）

序号	字项	中古音	湛江赤坎	廉江廉城	吴川梅菉	吴川吴阳	遂溪北坡	茂名茂南区	高州潘州街	信宜东镇	电白羊角	化州河西街	化州长岐
2624	泊梁山～	宕開一滂鐸入	pɔk022	p^{h}ak033	ɓaʔ031	ɓaʔ011	paʔ033	pak033	p^{h}ak033	p^{u}ɔk022	p^{h}ak033	ɓaʔ033	ɓak033/ɓ^{u}ɔ^{ɐ}k033
2625	旁	宕開一並唐平	p^{h}ɔŋ21	p^{h}ɔŋ21	p^{h}ɔŋ31	p^{hu}ɔŋ44	p^{h}ɔŋ11	p^{hu}ɔŋ21	p^{hu}ɔŋ11	p^{hu}ɔŋ13	p^{hu}ɔŋ11	p^{hu}ɔŋ23	p^{u}ɔ^{ɐ}ŋ121
2626	螃	宕開一並唐平	p^{h}ɔŋ21	p^{h}ɔŋ21	p^{h}ɔŋ31	p^{hu}ɔŋ44	p^{h}ɔŋ11	p^{hu}ɔŋ21	p^{hu}ɔŋ223	p^{hu}ɔŋ13	p^{hu}ɔŋ11	p^{hu}ɔŋ31	p^{u}ɔ^{ɐ}ŋ121
2627	傍～晚	宕開一並唐去	p^{h}ɔŋ21	p^{h}ɔŋ21	p^{h}ɔŋ31	p^{hu}ɔŋ22	p^{h}ɔŋ11	p^{hu}ɔŋ21	p^{hu}ɔŋ11	p^{hu}ɔŋ31	p^{hu}ɔŋ11	p^{hu}ɔŋ31	p^{u}ɔ^{ɐ}ŋ121
2628	傍依～	宕開一並唐去	p^{h}ɔŋ21	pɔŋ21	p^{h}ɔŋ31	p^{hu}ɔŋ33	pɔŋ11		p^{u}ɔŋ31			ɓ^{u}ɔŋ31	p^{u}ɔ^{ɐ}ŋ211
2629	薄～弱	宕開一並鐸入	pɔk022	pɔk022	ɓɔʔ031	p^{hu}ɔʔ022	pɔk021	p^{u}ɔk022	p^{u}ɔk021	pɔk022	p^{u}ɔk033	ɓ^{u}ɔʔ022	p^{u}ɔ^{ɐ}k022
2630	泊停～	宕開一並鐸入	p^{h}aʔ033	p^{h}ak033 停～ / pɔk022 淡～	p^{h}aʔ033	p^{h}aʔ011	p^{h}aʔ033	p^{h}ak033	p^{h}ak033	p^{u}ɔk022	p^{h}ak033	ɓ^{u}ɔʔ022	p^{u}ɔ^{ɐ}k033
2631	忙	宕開一明唐平	mɔŋ21	mɔŋ55	mɔŋ31	m^{u}ɔŋ44	mɔŋ11	m^{u}ɔŋ21	m^{u}ɔŋ11	mɔŋ13	m^{u}ɔŋ11	m^{u}ɔŋ23	m^{u}ɔ^{ɐ}ŋ121
2632	芒～种	宕開一明唐平	mɔŋ21	mɔŋ55	mɔŋ31	m^{u}ɔŋ44	mɔŋ11	m^{u}ɔŋ553					
2633	茫	宕開一明唐平	mɔŋ21	mɔŋ13	mɔŋ35	m^{u}ɔŋ44	mɔŋ11	m^{u}ɔŋ21	m^{u}ɔŋ11	m^{u}ɔŋ13	m^{u}ɔŋ223	m^{u}ɔŋ23	m^{u}ɔ^{ɐ}ŋ35
2634	莽	宕開一明唐上	mɔŋ13	mɔŋ13	mɔŋ223	m^{u}ɔŋ33	mɔŋ13	m^{u}ɔŋ33	m^{u}ɔŋ223	m^{u}ɔŋ13	m^{u}ɔŋ223	m^{u}ɔŋ23	m^{u}ɔ^{ɐ}ŋ13

（续上表）

序号	字项	中古音	湛江赤坎	廉江廉城	吴川梅菉	吴川吴阳	遂溪北坡	茂名茂南区	高州潘州街	信宜东镇	电白羊角	化州河西街	化州长岐
2635	蟒	宕開一明唐上	mɔŋ13	mɔŋ13	mɔŋ35	m^{u}ɔŋ33	mɔŋ13	m^{u}ɔŋ33	m^{u}ɔŋ223	m^{u}ɔŋ13	m^{u}ɔŋ223	m^{u}ɔŋ23	m^{u}ɔ^{ɐ}ŋ13
2636	莫	宕開一明鐸入	mɔk022	mɔk022	mɔʔ031	m^{u}ɔʔ022	mɔk021	m^{u}ɔk022	m^{u}ɔk021	m^{u}ɔk022	m^{u}ɔk021	m^{u}ɔʔ022	m^{u}ɔ^{ɐ}k033
2637	膜	宕開一明鐸入	mɔk022	mɔk022	mɔʔ031	m^{u}ɔʔ022	mɔk021	m^{u}ɔk022	m^{u}ɔk021	m^{u}ɔk033	m^{u}ɔk021	m^{u}ɔʔ022	m^{u}ɔ^{ɐ}k033
2638	幕	宕開一明鐸入	mɔk022	mɔk022	mɔʔ031	m^{u}ɔʔ022	mɔk021	m^{u}ɔk022	m^{u}ɔk021	m^{u}ɔk033	m^{u}ɔk021	m^{u}ɔʔ022	m^{u}ɔ^{ɐ}k033
2639	寞	宕開一明鐸入	mɔk022	mɔk033	mɔʔ031	m^{u}ɔʔ022	mɔk021	m^{u}ɔk022	m^{u}ɔk021	m^{u}ɔk033	m^{u}ɔk021	m^{u}ɔʔ022	m^{u}ɔ^{ɐ}k033
2640	摸	宕開一明鐸入	mɔ35	mo55	mo55	mo55	mo33	mɔ553	mɔ553	mɔ453	mo44	mɔ53	mɔ53
2641	當~时	宕開一端唐平	tɔŋ55	tɔŋ55	ɗɔŋ55	ɗ^{u}ɔŋ55	tɔŋ33	t^{u}ɔŋ553	t^{u}ɔŋ553	t^{u}ɔŋ453	t^{u}ɔŋ44	ɗ^{u}ɔŋ53	ɗ^{u}ɔ^{ɐ}ŋ53
2642	黨	宕開一端唐上	tɔŋ35	tɔŋ35	ɗɔŋ35	ɗ^{u}ɔŋ24	tɔŋ35	t^{u}ɔŋ335	t^{u}ɔŋ35	t^{u}ɔŋ35	t^{u}ɔŋ224	ɗ^{u}ɔŋ35	ɗ^{u}ɔ^{ɐ}ŋ35
2643	擋	宕開一端唐上	tɔŋ35	tɔŋ35	ɗɔŋ35	ɗ^{u}ɔŋ24	tɔŋ35	t^{u}ɔŋ335	t^{u}ɔŋ35	t^{u}ɔŋ35	t^{u}ɔŋ224	ɗ^{u}ɔŋ35	ɗ^{u}ɔ^{ɐ}ŋ35
2644	當~铺	宕開一端唐去	tɔŋ33	tɔŋ55	ɗɔŋ33	ɗ^{u}ɔŋ11	tɔŋ33	t^{u}ɔŋ33	t^{u}ɔŋ33	t^{u}ɔŋ33	t^{u}ɔŋ33	ɗ^{u}ɔŋ33	ɗ^{u}ɔ^{ɐ}ŋ33
2645	檔~案	宕開一端唐去	tɔŋ35	tɔŋ35	ɗɔŋ35	ɗ^{u}ɔŋ24	tɔŋ35	t^{u}ɔŋ335	t^{u}ɔŋ35	t^{u}ɔŋ35	t^{u}ɔŋ224	ɗ^{u}ɔŋ35	ɗ^{u}ɔ^{ɐ}ŋ35
2646	湯	宕開一透唐平	t^{h}ɔŋ55	t^{h}ɔŋ55	t^{h}ɔŋ55	t^{hu}ɔŋ55	t^{h}ɔŋ33	t^{hu}ɔŋ553	t^{hu}ɔŋ553	t^{hu}ɔŋ453	t^{hu}ɔŋ33	t^{hu}ɔŋ53	t^{hu}ɔ^{ɐ}ŋ53

（续上表）

序号	字项	中古音	湛江赤坎	廉江廉城	吴川梅菉	吴川吴阳	遂溪北坡	茂名茂南区	高州潘州街	信宜东镇	电白羊角	化州河西街	化州长岐
2647	倘	宕開一透唐上	t^{h}ɔŋ35	t^{h}ɔŋ35	t^{h}ɔŋ35	t^{hu}ɔŋ24	t^{h}ɔŋ35	t^{hu}ɔŋ335	t^{hu}ɔŋ35	t^{hu}ɔŋ35	t^{hu}ɔŋ224	t^{hu}ɔŋ35	t^{hu}ɔ^{ɐ}ŋ35
2648	躺	宕開一透唐上	t^{h}ɔŋ35	t^{h}ɔŋ35	t^{h}ɔŋ35	t^{hu}ɔŋ24	t^{h}ɔŋ35	t^{hu}ɔŋ335	t^{hu}ɔŋ35	t^{hu}ɔŋ35	t^{hu}ɔŋ224	t^{hu}ɔŋ35	t^{hu}ɔ^{ɐ}ŋ35
2649	烫	宕開一透唐去	t^{h}ɔŋ55	t^{h}ɔŋ55	t^{h}ɔŋ55	t^{hu}ɔŋ55	t^{h}ɔŋ33	t^{hu}ɔŋ553	t^{hu}ɔŋ553	t^{hu}ɔŋ453	t^{hu}ɔŋ44	t^{hu}ɔŋ53	t^{hu}ɔ^{ɐ}ŋ53
2650	趟	宕開一透唐去	t^{h}ɔŋ33	t^{h}ɔŋ35	t^{h}ɔŋ33	t^{hu}ɔŋ24	t^{h}ɔŋ44	t^{hu}ɔŋ335	t^{hu}ɔŋ35	t^{hu}ɔŋ33	t^{hu}ɔŋ33	t^{hu}ɔŋ33	t^{hu}ɔ^{ɐ}ŋ33
2651	託	宕開一透鐸入	t^{h}ɔk033	t^{h}ɔk033	t^{h}ɔʔ033	t^{hu}ɔʔ011	t^{h}ɔk033	t^{hu}ɔk033	t^{hu}ɔk033	t^{h}ɔk033	t^{hu}ɔk033	t^{hu}ɔʔ033	t^{hu}ɔ^{ɐ}k033
2652	托	宕開一透鐸入	t^{h}ɔk033	t^{h}ɔk033	t^{h}ɔʔ033	t^{hu}ɔʔ011	t^{h}ɔk033	t^{hu}ɔk033	t^{hu}ɔk033	t^{h}ɔk033	t^{hu}ɔk033	t^{hu}ɔʔ033	t^{hu}ɔ^{ɐ}k033
2653	堂	宕開一定唐平	t^{h}ɔŋ21	t^{h}ɔŋ21	t^{h}ɔŋ31	t^{hu}ɔŋ44	t^{h}ɔŋ11	t^{hu}ɔŋ21	t^{hu}ɔŋ11	t^{hu}ɔŋ31	t^{hu}ɔŋ11	t^{hu}ɔŋ23	t^{u}ɔ^{ɐ}ŋ121
2654	棠	宕開一定唐平	t^{h}ɔŋ21	t^{h}ɔŋ21	t^{h}ɔŋ31	t^{hu}ɔŋ44	t^{h}ɔŋ11	t^{hu}ɔŋ21	t^{hu}ɔŋ11	t^{hu}ɔŋ31	t^{hu}ɔŋ11	t^{hu}ɔŋ23	t^{u}ɔ^{ɐ}ŋ121
2655	螳	宕開一定唐平	t^{h}ɔŋ21	t^{h}ɔŋ21	t^{h}ɔŋ31	t^{hu}ɔŋ44	t^{h}ɔŋ11	t^{hu}ɔŋ21	t^{hu}ɔŋ11	t^{hu}ɔŋ31	t^{hu}ɔŋ11	t^{hu}ɔŋ23	t^{u}ɔ^{ɐ}ŋ121
2656	唐	宕開一定唐平	t^{h}ɔŋ21	t^{h}ɔŋ21	t^{h}ɔŋ31	t^{hu}ɔŋ44	t^{h}ɔŋ11	t^{hu}ɔŋ21	t^{hu}ɔŋ11	t^{hu}ɔŋ13	t^{hu}ɔŋ11	t^{hu}ɔŋ23	t^{u}ɔ^{ɐ}ŋ121
2657	糖	宕開一定唐平	t^{h}ɔŋ21	t^{h}ɔŋ21	t^{h}ɔŋ31	t^{hu}ɔŋ44	t^{h}ɔŋ11	t^{hu}ɔŋ21	t^{hu}ɔŋ11	t^{hu}ɔŋ13	t^{hu}ɔŋ11	t^{hu}ɔŋ23	t^{u}ɔ^{ɐ}ŋ121
2658	塘	宕開一定唐平	t^{h}ɔŋ21	t^{h}ɔŋ21	t^{h}ɔŋ31	t^{hu}ɔŋ44	t^{h}ɔŋ11	t^{hu}ɔŋ21	t^{hu}ɔŋ11	t^{hu}ɔŋ13	t^{hu}ɔŋ11	t^{hu}ɔŋ23	t^{u}ɔ^{ɐ}ŋ121

（续上表）

序号	字项	中古音	湛江赤坎	廉江廉城	吴川梅菉	吴川吴阳	遂溪北坡	茂名茂南区	高州潘州街	信宜东镇	电白羊角	化州河西街	化州长岐
2659	蕩	宕開一定唐上	tɔŋ21	tɔŋ21	ɗɔŋ31	t^{hu}ɔŋ22	tɔŋ31	t^{u}ɔŋ31	t^{u}ɔŋ31	t^{u}ɔŋ31	t^{u}ɔŋ31	ɗ^{u}ɔŋ31	t^{u}ɔ^{ɐ}ŋ211
2660	鐸	宕開一定鐸入				t^{hu}ɔʔ011	tɔk021		t^{u}ɔk021			t^{hu}ɔʔ022/ɗ^{u}ɔʔ022	
2661	踱	宕開一定鐸入	tɔk022	tɔk022	ɗɔʔ031		tou31	t^{u}ɔk022	t^{u}ɔk021	tɔk022		ɗ^{u}ɔʔ022	t^{u}ɔ^{ɐ}k022
2662	度~量	宕开一定铎入	tɔk022	tɔk022	ɗɔʔ031		tɔk021					ɗ^{u}ɔʔ022	t^{u}ɔ^{ɐ}k022
2663	囊	宕開一泥唐平	nɔŋ21	nɔŋ21	nɔŋ31	n^{u}ɔŋ44	nɔŋ11	n^{u}ɔŋ21	n^{u}ɔŋ11	n^{u}ɔŋ13	n^{u}ɔŋ11	n^{u}ɔŋ23	n^{u}ɔ^{ɐ}ŋ121
2664	諾	宕開一泥鐸入	lɔk033	nɔk033	lɔʔ031	n^{u}ɔʔ022	nɔk033	l^{u}ɔk022	n^{u}ɔk021	nɔk022	l^{u}ɔk033	n^{u}ɔʔ022	n^{u}ɔ^{ɐ}k033
2665	郎	宕開一來唐平	lɔŋ21	lɔŋ21	lɔŋ31	l^{u}ɔŋ44	lɔŋ11	l^{u}ɔŋ21	l^{u}ɔŋ11	l^{u}ɔŋ13	l^{u}ɔŋ11	l^{u}ɔŋ23	l^{u}ɔ^{ɐ}ŋ121
2666	廊	宕開一來唐平	lɔŋ21	lɔŋ21	lɔŋ31	l^{u}ɔŋ44	lɔŋ11	l^{u}ɔŋ21	l^{u}ɔŋ11	l^{u}ɔŋ13	l^{u}ɔŋ11	l^{u}ɔŋ23	l^{u}ɔ^{ɐ}ŋ121
2667	狼	宕開一來唐平	lɔŋ21	lɔŋ21	lɔŋ31	l^{u}ɔŋ44	lɔŋ11	l^{u}ɔŋ21	l^{u}ɔŋ11	l^{u}ɔŋ13	l^{u}ɔŋ11	l^{u}ɔŋ23	l^{u}ɔ^{ɐ}ŋ121
2668	朗	宕開一來唐上	lɔŋ35	lɔŋ13	lɔŋ223	l^{u}ɔŋ33	lɔŋ13	l^{u}ɔŋ113	l^{u}ɔŋ223	l^{u}ɔŋ13	l^{u}ɔŋ223	l^{u}ɔŋ23	l^{u}ɔ^{ɐ}ŋ13
2669	浪	宕開一來唐去	lɔŋ21	lɔŋ21	lɔŋ31	l^{u}ɔŋ22	lɔŋ31	l^{u}ɔŋ31	l^{u}ɔŋ31	l^{u}ɔŋ31	l^{u}ɔŋ31	l^{u}ɔŋ31	l^{u}ɔ^{ɐ}ŋ211
2670	晾	宕開三來陽去	lɔŋ21	lɔŋ21	lɔŋ31	l^{u}ɔŋ22	lɔŋ31	l^{u}ɔŋ31	l^{u}ɔŋ31	liaŋ31	l^{u}ɔŋ31	liaŋ23	liaŋ121

（续上表）

序号	字项	中古音	湛江赤坎	廉江廉城	吴川梅菉	吴川吴阳	遂溪北坡	茂名茂南区	高州潘州街	信宜东镇	电白羊角	化州河西街	化州长岐
2671	落	宕開一來鐸入	lɔk022	lɔk022	lɔʔ031	l^{u}ɔʔ022	lɔk021	l^{u}ɔk022	l^{u}ɔk021	l^{u}ɔk022	l^{u}ɔk021	l^{u}ɔʔ022	l^{u}ɔ^{ɐ}k022
2672	烙	宕開一來鐸入	lɔk033	lɔk033	lɔʔ033	l^{u}ɔʔ011	lɔk033	l^{u}ɔk033	l^{u}ɔk033	l^{u}ɔk033	l^{u}ɔk021	l^{u}ɔʔ033	l^{u}ɔ^{ɐ}k033
2673	駱	宕開一來鐸入	lɔk033	lɔk033	lɔʔ033	l^{u}ɔʔ011	lɔk033	l^{u}ɔk022	l^{u}ɔk021	l^{u}ɔk033	l^{u}ɔk021	l^{u}ɔʔ033	l^{u}ɔ^{ɐ}k033
2674	洛	宕開一來鐸入	lɔk033	lɔk033	lɔʔ033	l^{u}ɔʔ011	lɔk033	l^{u}ɔk033	l^{u}ɔk021	l^{u}ɔk033	l^{u}ɔk021	l^{u}ɔʔ033	l^{u}ɔ^{ɐ}k033
2675	絡	宕開一來鐸入	lɔk033	lɔk033	lɔʔ033	l^{u}ɔʔ011	lɔk033	l^{u}ɔk033	l^{u}ɔk033	l^{u}ɔk033	l^{u}ɔk021	l^{u}ɔʔ033	l^{u}ɔ^{ɐ}k033
2676	樂快～	宕開一來鐸入	lɔk022	lɔk022	lɔʔ031	l^{u}ɔʔ022	lɔk021	l^{u}ɔk022	l^{u}ɔk021	l^{u}ɔk022	l^{u}ɔk021	l^{u}ɔʔ022	l^{u}ɔ^{ɐ}k022
2677	贓～款	宕開一精唐平	ʧɔŋ55	ʧɔŋ55	ʧɔŋ55	t^{u}ɔŋ55	ʧɔŋ33	ʧ^{u}ɔŋ553	ʧ^{u}ɔŋ553	ʧ^{u}ɔŋ453	ʧ^{u}ɔŋ44	t^{u}ɔŋ53	t^{u}ɔ^{ɐ}ŋ53
2678	髒航～	宕開一精唐平	ʧɔŋ33	ʧɔŋ33	ʧɔŋ55	t^{u}ɔŋ11	ʧɔŋ44	ʧ^{u}ɔŋ33	ʧ^{u}ɔŋ33	ʧɔŋ33	ʧ^{u}ɔŋ44	t^{u}ɔŋ33	t^{u}ɔ^{ɐ}ŋ53
2679	葬	宕開一精唐去	ʧɔŋ33	ʧɔŋ33	ʧɔŋ33	t^{u}ɔŋ11	ʧɔŋ44	ʧ^{u}ɔŋ33	ʧ^{u}ɔŋ33	ʧɔŋ33	ʧ^{u}ɔŋ33	t^{u}ɔŋ33	t^{u}ɔ^{ɐ}ŋ33
2680	作	宕開一精鐸入	ʧɔk033	ʧɔk033	ʧɔʔ033	t^{u}ɔʔ011	ʧɔk033	ʧ^{u}ɔk033	ʧ^{u}ɔk033	ʧɔk033	ʧ^{u}ɔk033	t^{u}ɔʔ033	t^{u}ɔ^{ɐ}k033
2681	倉	宕開一清唐平	ʧ^{h}ɔŋ55	ʧ^{h}ɔŋ55	ʧ^{h}ɔŋ55	t^{hu}ɔŋ55	ʧ^{h}ɔŋ33	ʧ^{hu}ɔŋ553	ʧ^{hu}ɔŋ553	ʧ^{hu}ɔŋ453	ʧ^{hu}ɔŋ44	t^{hu}ɔŋ53	t^{hu}ɔ^{ɐ}ŋ53
2682	蒼	宕開一清唐平	ʧ^{h}ɔŋ55	ʧ^{h}ɔŋ55	ʧ^{h}ɔŋ55	t^{hu}ɔŋ55	ʧ^{h}ɔŋ33	ʧ^{hu}ɔŋ553	ʧ^{hu}ɔŋ553	ʧ^{hu}ɔŋ453	ʧ^{hu}ɔŋ44	t^{hu}ɔŋ53	t^{hu}ɔ^{ɐ}ŋ53

（续上表）

序号	字项	中古音	湛江赤坎	廉江廉城	吴川梅菉	吴川吴阳	遂溪北坡	茂名茂南区	高州潘州街	信宜东镇	电白羊角	化州河西街	化州长岐
2683	艙	宕開一清唐平	ʧʰɔŋ55	ʧʰɔŋ55	ʧʰɔŋ55	tʰᵘɔŋ55	ʧʰɔŋ33	ʧʰᵘɔŋ553	ʧʰᵘɔŋ553	ʧʰᵘɔŋ453	ʧʰᵘɔŋ44	tʰᵘɔŋ53	tʰᵘɔᵄŋ53
2684	錯~杂	宕開一清鐸入	ʧʰɔ33	ʧʰo33	ʧʰo33	tʰo11	ʧʰo44	ʧʰɔ33	ʧʰɔ33	ʧʰɔ33	ʧʰo33	tʰɔ33	tʰɔ33
2685	藏隐~	宕開一從唐平	ʧʰɔŋ21	ʧʰɔŋ21	ʧʰɔŋ31	tʰᵘɔŋ44	ʧʰɔŋ11	ʧʰᵘɔŋ21	ʧʰᵘɔŋ11	ʧʰᵘɔŋ13	ʧʰᵘɔŋ11	tʰᵘɔŋ23	tʰᵘɔᵄŋ121
2686	藏西~	宕開一從唐去	ʧɔŋ21	ʧʰɔŋ21	ʧɔŋ31	tsʰᵘɔŋ22	ʧɔŋ31	ʧᵘɔŋ31	ʧᵘɔŋ31	ʧᵘɔŋ31	ʧᵘɔŋ31	tʰᵘɔŋ31	ʧʰᵘɔᵄŋ211
2687	臟内~	宕開一從唐去	ʧɔŋ21	ʧɔŋ21	ʧɔŋ31	tsʰᵘɔŋ22	ʧɔŋ31	ʧᵘɔŋ31	ʧᵘɔŋ31	ʧᵘɔŋ31	ʧᵘɔŋ31	ʧʰᵘɔŋ31	ʧʰᵘɔᵄŋ211
2688	鑿	宕開一從鐸入	ʧɔk022	ʧɔk033	ʧɔʔ031	tsʰᵘɔʔ022	ʧɔk021	ʧᵘɔk022	ʧᵘɔk021	ʧɔk022	ʧᵘɔk021	tʰᵘɔʔ022	tʰᵘɔᵄk022
2689	昨	宕開一從鐸入	ʧɔk033	ʧɔk033	ʧɔʔ031	tᵘɔʔ011	ʧa44	ʧʊk022	ʧᵘɔk021	ʧok022	ʧʰo11	tʰʊk022	tʰʊk022
2690	桑	宕開一心唐平	ʃɔŋ55	ɬɔŋ55	ɬɔŋ55	ɬᵘɔŋ55	ɬɔŋ33	ɬᵘɔŋ553	ɬᵘɔŋ553	ɬᵘɔŋ453	ɬᵘɔŋ44	ɬᵘɔŋ53	ɬᵘɔᵄŋ53
2691	喪婚~	宕開一心唐平	ʃɔŋ33	ɬɔŋ33	ɬɔŋ55	ɬᵘɔŋ11	ɬɔŋ44	ɬᵘɔŋ33	ɬᵘɔŋ553	ɬᵘɔŋ453	ɬᵘɔŋ44	ɬᵘɔŋ53/ ɬᵘɔŋ33	ɬᵘɔᵄŋ53
2692	嗓	宕開一心唐上	ʃɔŋ55	ɬɔŋ55	ɬɔŋ55	ɬᵘɔŋ55	ɬɔŋ33	ɬᵘɔŋ335	ɬᵘɔŋ553	ɬᵘɔŋ35	ɬᵘɔŋ44	ɬᵘɔŋ53	ɬᵘɔᵄŋ53
2693	喪~失	宕開一心唐去	ʃɔŋ33	ɬɔŋ33	ɬɔŋ33	ɬᵘɔŋ11	ɬɔŋ44	ɬᵘɔŋ33	ɬᵘɔŋ33	ɬᵘɔŋ33	ɬᵘɔŋ33	ɬᵘɔŋ33	ɬᵘɔᵄŋ33
2694	索	宕開一心鐸入	ʃɔk033	ɬɔk033	ɬɔʔ033	ɬᵘɔʔ011	ɬɔk033	ɬᵘɔk033	ɬᵘɔk033	ɬɔk033	ɬᵘɔk033	ɬᵘɔʔ033	ɬᵘɔᵄk033

（续上表）

序号	字项	中古音	湛江赤坎	廉江廉城	吴川梅菉	吴川吴阳	遂溪北坡	茂名茂南区	高州潘州街	信宜东镇	电白羊角	化州河西街	化州长岐
2695	岡	宕開一見唐平	kɔŋ55	kɔŋ55	kɔŋ55	k^{u}ɔŋ55	kɔŋ33	k^{u}ɔŋ553	k^{u}ɔŋ553	k^{u}ɔŋ453	k^{u}ɔŋ44	k^{u}ɔŋ53	k^{u}ɔ^{ɐ}ŋ53
2696	崗	宕開一見唐平	kɔŋ55	kɔŋ55	kɔŋ55	k^{u}ɔŋ55	kɔŋ33	k^{u}ɔŋ553	k^{u}ɔŋ553	k^{u}ɔŋ453	k^{u}ɔŋ44	k^{u}ɔŋ53	k^{u}ɔ^{ɐ}ŋ53
2697	剛	宕開一見唐平	kɔŋ55	kɔŋ55	kɔŋ55	k^{u}ɔŋ55	kɔŋ33	k^{u}ɔŋ553	k^{u}ɔŋ553	k^{u}ɔŋ453	k^{u}ɔŋ44	k^{u}ɔŋ53	k^{u}ɔ^{ɐ}ŋ53
2698	綱	宕開一見唐平	kɔŋ55	kɔŋ33	kɔŋ55	k^{u}ɔŋ55	kɔŋ33	k^{u}ɔŋ553	k^{u}ɔŋ553	kɔŋ453	k^{u}ɔŋ44	k^{u}ɔŋ53	k^{u}ɔ^{ɐ}ŋ53
2699	鋼	宕開一見唐平	kɔŋ33	kɔŋ33	kɔŋ33	k^{u}ɔŋ11	kɔŋ44	k^{u}ɔŋ33	k^{u}ɔŋ33	kɔŋ33	k^{u}ɔŋ33	k^{u}ɔŋ33	k^{u}ɔ^{ɐ}ŋ33
2700	缸	宕開一見唐平	kɔŋ55	kɔŋ55	kɔŋ55	k^{u}ɔŋ55	kɔŋ33	k^{u}ɔŋ553	k^{u}ɔŋ553	kɔŋ453	k^{u}ɔŋ445	k^{u}ɔŋ53	k^{u}ɔ^{ɐ}ŋ53
2701	杠	江開二見江去	kɔŋ33	kɔŋ55	kɔŋ33	k^{u}ɔŋ55	kɔŋ33	k^{hu}ɔŋ553	k^{u}ɔŋ33	k^{h}ɔŋ453	k^{hu}ɔŋ44	k^{u}ɔŋ33	k^{u}ɔ^{ɐ}ŋ33
2702	各	宕開一見鐸入	kɔk033	kɔk033	kɔʔ033	k^{u}ɔʔ011	kɔk033	k^{u}ɔk033	k^{u}ɔk033	kɔk033	k^{u}ɔk033	k^{u}ɔʔ033	k^{u}ɔ^{ɐ}k033
2703	閣	宕開一見鐸入	kɔk033	kɔk033	kɔʔ033	k^{u}ɔʔ011	kɔk033（新） kaʔ033（老）	k^{u}ɔk033	k^{u}ɔk033	kɔk033	k^{u}ɔk033	k^{u}ɔʔ033	k^{u}ɔ^{ɐ}k033
2704	擱	宕開一見鐸入	kɔk033	kɔk033	kɔʔ033	k^{u}ɔʔ011	kɔk033（新） kaʔ033（老）	k^{u}ɔk033	k^{u}ɔk033	kɔk033	k^{u}ɔk033	k^{u}ɔʔ033	k^{u}ɔ^{ɐ}k033

（续上表）

序号	字项	中古音	湛江赤坎	廉江廉城	吴川梅菉	吴川吴阳	遂溪北坡	茂名茂南区	高州潘州街	信宜东镇	电白羊角	化州河西街	化州长岐
2705	康	宕開一溪唐平	hɔŋ55	hɔŋ55	hɔŋ55	h^{u}ɔŋ55	hɔŋ33	h^{u}ɔŋ553	h^{u}ɔŋ553	hɔŋ453	h^{u}ɔŋ44	h^{u}ɔŋ53	h^{u}ɔ^{ɐ}ŋ53
2706	糠	宕開一溪唐平	hɔŋ55	hɔŋ55	hɔŋ55	h^{u}ɔŋ55	hɔŋ33	h^{u}ɔŋ553	h^{u}ɔŋ553	h^{u}ɔŋ453	h^{u}ɔŋ44	h^{u}ɔŋ53	h^{u}ɔ^{ɐ}ŋ53
2707	慷	宕開一溪唐上	hɔŋ55	hɔŋ55	hɔŋ55	h^{u}ɔŋ55	hɔŋ33	h^{u}ɔŋ553	h^{u}ɔŋ553	hɔŋ453	h^{u}ɔŋ44	h^{u}ɔŋ53	h^{u}ɔ^{ɐ}ŋ53
2708	抗	宕開一溪唐去	k^{h}ɔŋ33	k^{h}ɔŋ33	k^{h}ɔŋ33	k^{u}ɔŋ33	k^{h}ɔŋ44	k^{hu}ɔŋ33	k^{hu}ɔŋ33	k^{h}ɔŋ33	k^{hu}ɔŋ33	k^{hu}ɔŋ33	k^{hu}ɔ^{ɐ}ŋ33
2709	昂	宕開一疑唐平		ŋɔŋ13	ŋɔŋ223	ŋoŋ44	ŋɔŋ13	ŋ^{u}ɔŋ335	ŋ^{u}ɔŋ11/ŋ^{u}ɔŋ223	ŋ^{u}ɔŋ13	ŋ^{u}ɔŋ11	ŋ^{u}ɔŋ23	ŋ^{u}ɔ^{ɐ}ŋ13
2710	腭	宕開一疑鐸入	ŋɔk022	ŋɔk022	hɔʔ031	h^{u}ɔʔ022	ŋɔk021	ŋ^{u}ɔk022	h^{u}ɔk021	hɔk022		h^{u}ɔʔ022	h^{u}ɔ^{ɐ}k033
2711	鱷	宕開一疑鐸入	ŋɔk022	ŋɔk022	ŋɔʔ031	ŋ^{u}ɔʔ022	ŋɔk021	ŋ^{u}ɔk022	ŋ^{u}ɔk021	ŋɔk022	ŋ^{u}ɔk021	ŋ^{u}ɔʔ022	ŋ^{u}ɔ^{ɐ}k033
2712	鄂	宕開一疑鐸入	ŋɔk022	ŋɔk022		ŋ^{u}ɔʔ022	ŋɔk021	ŋ^{u}ɔk022	ŋ^{u}ɔk021	ŋɔk022	ŋ^{u}ɔk021	ŋ^{u}ɔʔ022	ŋ^{u}ɔ^{ɐ}k033
2713	郝	宕開一曉鐸入		k^{h}ɔk033			k^{h}ɔk033					k^{hu}ɔʔ033	
2714	行银~	宕開一匣唐平	hɔŋ21	hɔŋ21	hɔŋ31	h^{u}ɔŋ44	hɔŋ11	h^{u}ɔŋ21	h^{u}ɔŋ11	h^{u}ɔŋ13	h^{u}ɔŋ11	h^{u}ɔŋ23	h^{u}ɔ^{ɐ}ŋ121
2715	杭	宕開一匣唐平	hɔŋ21	hɔŋ21	hɔŋ31	h^{u}ɔŋ44	hɔŋ11	h^{u}ɔŋ21	h^{u}ɔŋ11	h^{u}ɔŋ31	h^{u}ɔŋ11	h^{u}ɔŋ23	h^{u}ɔ^{ɐ}ŋ121
2716	航	宕開一匣唐平	hɔŋ21	hɔŋ21	hɔŋ31	h^{u}ɔŋ44	hɔŋ11	h^{u}ɔŋ21	h^{u}ɔŋ11	h^{u}ɔŋ31	h^{u}ɔŋ11	h^{u}ɔŋ23	h^{u}ɔ^{ɐ}ŋ121

（续上表）

序号	字项	中古音	湛江赤坎	廉江廉城	吴川梅菉	吴川吴阳	遂溪北坡	茂名茂南区	高州潘州街	信宜东镇	电白羊角	化州河西街	化州长岐
2717	鶴	宕開一匣鐸入	hɔk022	hɔk022	hɔʔ031	hᵘɔʔ022	hɔk033	hᵘɔk022	hᵘɔk021	hɔk022	hᵘɔk021	hᵘɔʔ022	hᵘɔᵊk022
2718	骯	宕開一影唐平		ɔŋ55			kʰɔŋ44	ʔᵘɔŋ553	hᵘɔŋ553	kʰᵘɔŋ33	ʔᵘɔŋ44	haŋ53	haŋ53
2719	惡善~	宕開一影鐸入	ɔk033	ɔk033	ʔɔʔ033	ʔᵘɔʔ011	ɔk033	ᵘɔk033	ᵘɔk033	ʔɔk033	ᵘɔk033	ᵘɔʔ033	ᵘɔᵊk033
2720	娘	宕開三娘陽平	niøŋ21	niaŋ21	nⁱɛŋ31	niaŋ44	nioŋ11	niaŋ21	niaŋ11	niaŋ13	niaŋ11	niaŋ23	niaŋ121
2721	釀	宕開三娘陽去	iøŋ21	niaŋ21	lⁱɛŋ31	ȵiaŋ22	ȵioŋ31	ȵiaŋ31	ȵiaŋ11	ȵiaŋ13	ȵiaŋ31	ȵiaŋ23	ȵiaŋ121
2722	良	宕開三來陽平	liøŋ21	liaŋ21	lⁱɛŋ31	liaŋ44	lioŋ11	liaŋ21	liaŋ11	liaŋ31	liaŋ11	liaŋ23	liaŋ121
2723	凉	宕開三來陽平	liøŋ21	liaŋ21	lⁱɛŋ31	liaŋ44	lioŋ11	liaŋ21	liaŋ11	liaŋ13	liaŋ11	liaŋ23	liaŋ121
2724	量~长短	宕開三來陽平	liøŋ21	liaŋ21	lⁱɛŋ31	liaŋ44	lioŋ11	liaŋ21	liaŋ11	liaŋ31	liaŋ31	liaŋ23	liaŋ121
2725	糧	宕開三來陽平	liøŋ21	liaŋ21	lⁱɛŋ31	liaŋ44	lioŋ11	liaŋ21	liaŋ11	liaŋ31	liaŋ11	liaŋ23	liaŋ121
2726	梁	宕開三來陽平	liøŋ21	liaŋ21	lⁱɛŋ31	liaŋ44	lioŋ11	liaŋ21	liaŋ11	liaŋ13	liaŋ11	liaŋ23	liaŋ121
2727	粱	宕開三來陽平	liøŋ21	liaŋ21	lⁱɛŋ31	liaŋ44	lioŋ11	liaŋ21	liaŋ11	liaŋ13	liaŋ11	liaŋ23	liaŋ121
2728	兩~个	宕開三來陽上	liøŋ13	liaŋ13	lⁱɛŋ223	liaŋ33	lioŋ13	liaŋ113	liaŋ35	liaŋ13	liaŋ223	liaŋ23	liaŋ13

（续上表）

序号	字项	中古音	湛江赤坎	廉江廉城	吴川梅菉	吴川吴阳	遂溪北坡	茂名茂南区	高州潘州街	信宜东镇	电白羊角	化州河西街	化州长岐
2729	兩斤～	宕開三來陽上	liøŋ35	liaŋ35	lⁱɛŋ35	liaŋ44	lioŋ35	liaŋ335	liaŋ223	liaŋ35	liaŋ223	liaŋ35	liaŋ35
2730	亮	宕開三來陽去	liøŋ21	liaŋ21	lⁱɛŋ31	liaŋ22	lioŋ31	liaŋ31	liaŋ31	liaŋ31	liaŋ31	liaŋ31	liaŋ211
2731	諒	宕開三來陽去	liøŋ21	liaŋ21	lⁱɛŋ31	liaŋ22	lioŋ31	liaŋ31	liaŋ31	liaŋ31	liaŋ31	liaŋ31	liaŋ211
2732	輛	宕開三來陽去	liøŋ35	liaŋ35	lⁱɛŋ35	liaŋ33	lioŋ35	liaŋ335	liaŋ35	liaŋ35	liaŋ223	liaŋ35	liaŋ35
2733	量数～	宕開三來陽去	liøŋ21	liaŋ21	lⁱɛŋ31	liaŋ22	lioŋ31	liaŋ31	liaŋ31	liaŋ31	liaŋ31	liaŋ31	liaŋ211
2734	略	宕開三來藥入	liøk022	liak022	lⁱɛʔ031	liaʔ022	liok021	liak022	liak021	liak022	liak021	liaʔ022	liak022
2735	掠	宕開三來藥入	liøk022	liak022	lⁱɛʔ031	liaʔ022	liok021	liak022	liak033	liak022	liak021	liaʔ022	liak022
2736	將～来	宕開三精陽平	ʧiøŋ55	ʧiaŋ33	ʧⁱɛŋ55	tiaŋ55	ʧioŋ33	ʧiaŋ553	ʧiaŋ553	ʧiaŋ453	ʧiaŋ44	tiaŋ53	tiaŋ53
2737	漿	宕開三精陽平	ʧiøŋ55	ʧiaŋ33	ʧⁱɛŋ55	tiaŋ11	ʧioŋ33	ʧiaŋ553	ʧiaŋ553	ʧiaŋ453	ʧiaŋ33	tiaŋ53	tiaŋ53
2738	蔣	宕開三精陽上	ʧiøŋ35	ʧiaŋ35	ʧⁱɛŋ35	tiaŋ24	ʧioŋ35	ʧiaŋ335	ʧiaŋ35	ʧiaŋ35	ʧiaŋ224	tiaŋ35	tiaŋ35
2739	槳	宕開三精陽上	ʧiøŋ35	ʧiaŋ33		tiaŋ24	ʧioŋ44	ʧiaŋ335	ʧiaŋ35	ʧiaŋ35	ʧiaŋ44	tiaŋ35	tiaŋ33
2740	獎	宕開三精陽上	ʧiøŋ35	ʧiaŋ35	ʧⁱɛŋ35	tiaŋ24	ʧioŋ35	ʧiaŋ335	ʧiaŋ35	ʧiaŋ35	ʧiaŋ224	tiaŋ35	tiaŋ35

（续上表）

序号	字项	中古音	湛江赤坎	廉江廉城	吴川梅菉	吴川吴阳	遂溪北坡	茂名茂南区	高州潘州街	信宜东镇	电白羊角	化州河西街	化州长岐
2741	將~士	宕開三精陽去	ʧiøŋ33	ʧiaŋ33	ʧⁱɛŋ33	tiaŋ11	ʧioŋ44	ʧiaŋ33	ʧiaŋ33	ʧiaŋ33	ʧiaŋ33	tiaŋ33	tiaŋ33
2742	醬	宕開三精陽去	ʧiøŋ33	ʧiaŋ33	ʧⁱɛŋ33	tiaŋ11	ʧioŋ44	ʧiaŋ33	ʧiaŋ33	ʧiaŋ33	ʧiaŋ33	tiaŋ33	tiaŋ33
2743	爵	宕開三精藥入	ʧʰiøk033	ʧiak033	ʧⁱɛʔ033	tʰiaʔ011	ʧiok033	ʧʰiak033	ʧʰiak033	ʧʰiak033	ʧʰiak033	ʧiaʔ033	tiak033
2744	雀	宕開三精藥入	ʧʰiøk033	ʧiak033	ʧⁱɛʔ033	tʰiaʔ011	ʧʰiok033	ʧʰiak033	ʧʰiak033	ʧʰiak033	ʧiak033	tʰiaʔ033	tʰiak033 鸟类 ʧiak033 麻将
2745	槍	宕開三清陽平	ʧʰiøŋ55	ʧʰiaŋ55	ʧʰⁱɛŋ55	tʰiaŋ55	ʧʰioŋ33	ʧʰiaŋ553	ʧʰiaŋ553	ʧʰiaŋ453	ʧʰiaŋ445	tʰiaŋ53	tʰiaŋ53
2746	搶	宕開三清陽上	ʧʰiøŋ35	ʧʰiaŋ35	ʧʰⁱɛŋ35	tʰiaŋ24	ʧʰioŋ35	ʧʰiaŋ335	ʧʰiaŋ35	ʧʰiaŋ35	ʧʰiaŋ224	tʰiaŋ35	tʰiaŋ35
2747	鵲	宕開三清藥入	ʧiøk033	ʧʰiak033	ʧⁱɛʔ033	tʰiaʔ011	ʧʰiok033	ʧʰiak033	ʧʰiak033	ʧʰiak033	ʧiak033	tʰiaʔ033	tʰiak033
2748	牆	宕開三從陽平	ʧʰiøŋ21	ʧʰiaŋ21	ʧʰⁱɛŋ31	tʰiaŋ44	ʧʰioŋ11	ʧʰiaŋ21	ʧʰiaŋ11	ʧʰiaŋ13	ʧʰiaŋ11	tʰiaŋ23	tʰiaŋ121
2749	匠	宕開三從陽去	ʧiøŋ21	ʧiaŋ21	ʧⁱɛŋ31	tʰiaŋ22	ʧioŋ31	ʧʰiaŋ31	ʧiaŋ31	ʧiaŋ31	ʧiaŋ31	tʰiaŋ31	tʰiaŋ211
2750	嚼	宕開三從藥入	ʧiøk033	ʧiak033	ɗⁱɛʔ033	tiaʔ011	ʧiok033	ʧiak033	ʧiak033	ʧʰiak033	ʧiak033	tiaʔ055	tiak055
2751	相~互	宕開三心陽平	ʃiøŋ55	ɬiaŋ55	ɬⁱɛŋ55	ɬiaŋ55	ɬioŋ33	ɬiaŋ553	ɬiaŋ553	ɬiaŋ453	ɬiaŋ44	ɬiaŋ53	ɬiaŋ53

（续上表）

序号	字项	中古音	湛江赤坎	廉江廉城	吴川梅菉	吴川吴阳	遂溪北坡	茂名茂南区	高州潘州街	信宜东镇	电白羊角	化州河西街	化州长岐
2752	箱	宕開三心陽平	ʃiøŋ55	ɬiaŋ55	ɬ^{i}ɛŋ55	ɬiaŋ55	ɬioŋ33	ɬiaŋ553	ɬiaŋ553	ɬiaŋ453	ɬiaŋ445	ɬiaŋ53	ɬiaŋ53
2753	厢	宕開三心陽平	ʃiøŋ55	ɬiaŋ55	ɬ^{i}ɛŋ55	ɬiaŋ55	ɬioŋ33	ɬiaŋ553	ɬiaŋ553	ɬiaŋ453	ɬiaŋ44	ɬiaŋ53	ɬiaŋ53
2754	湘	宕開三心陽平	ʃiøŋ55	ɬiaŋ55	ɬ^{i}ɛŋ55	ɬiaŋ55	ɬɔŋ33	ɬiaŋ553	ɬiaŋ553	ɬiaŋ453	ɬiaŋ44	ɬiaŋ53	ɬiaŋ53
2755	襄	宕開三心陽平	ʃiøŋ55	ɬiaŋ55	ɬiaŋ55	ɬiaŋ55	ɬioŋ33	siaŋ553	ɬiaŋ553	ʃiaŋ453	ɬiaŋ44	ɬiaŋ53	ɬiaŋ53
2756	鑲	宕開三心陽平	ʃiøŋ55	ɬiaŋ55	ɬ^{i}ɛŋ55	ɬiaŋ55	ɬioŋ33	ɬiaŋ553	ɬiaŋ553	ɬiaŋ453	ɬiaŋ44	ɬiaŋ53	ɬiaŋ53
2757	想	宕開三心陽上	ʃiøŋ35	ɬiaŋ35	ɬ^{i}ɛŋ35	ɬiaŋ24	ɬioŋ35	ɬiaŋ335	ɬiaŋ35	ɬiaŋ35	ɬiaŋ224	ɬiaŋ35	ɬiaŋ35
2758	相~貌	宕開三心陽去	ʃiøŋ33	ɬiaŋ33	ɬ^{i}ɛŋ33	ɬiaŋ11	ɬioŋ44	ɬiaŋ33	ɬiaŋ33	ɬiaŋ33	ɬiaŋ33	ɬiaŋ33	ɬiaŋ33
2759	削	宕開三心藥入	ʃiøk033	ɬiak033	ɬ^{i}ɛʔ033	ɬiaʔ011	ɬiok033	ɬiak033	ɬiak033	ɬiak033	ɬiak033	ɬiaʔ033	ɬiak033
2760	詳	宕開三邪陽平	ʧ^{h}iøŋ21	ʧ^{h}iaŋ21	ʧ^{hi}ɛŋ31	t^{h}iaŋ44	ʧ^{h}ioŋ11	ʧ^{h}iaŋ21	ʧ^{h}iaŋ11	ʧ^{h}iaŋ31	ʧ^{h}iaŋ11	t^{h}iaŋ23	t^{h}iaŋ121
2761	祥	宕開三邪陽平	ʧ^{h}iøŋ21	ʧ^{h}iaŋ21	ʧ^{hi}ɛŋ31	t^{h}iaŋ44	ʧ^{h}ioŋ11	ʧ^{h}iaŋ21	ʧ^{h}iaŋ11	ʧ^{h}iaŋ31	ʧ^{h}iaŋ11	t^{h}iaŋ23	t^{h}iaŋ121
2762	象	宕開三邪陽上	ʧiøŋ21	ʧiaŋ21	ʧ^{i}ɛŋ31	t^{h}iaŋ22	ʧioŋ31	ʧiaŋ31	ʧiaŋ31	ʧiaŋ31	ʧiaŋ31	t^{h}iaŋ31	t^{h}iaŋ211
2763	像	宕開三邪陽上	ʧiøŋ21	ʧiaŋ21	ʧ^{i}ɛŋ31	t^{h}iaŋ22	ʧioŋ31	ʧiaŋ31	ʧiaŋ31	ʧiaŋ31	ʧiaŋ31	t^{h}iaŋ31	t^{h}iaŋ211

（续上表）

序号	字项	中古音	湛江赤坎	廉江廉城	吴川梅菉	吴川吴阳	遂溪北坡	茂名茂南区	高州潘州街	信宜东镇	电白羊角	化州河西街	化州长岐
2764	橡	宕開三邪陽上	ʧiøŋ21	ʧiaŋ21	ʧ^{i}ɛŋ31	t^{h}iaŋ22	ʧioŋ31	ʧiaŋ31	ʧiaŋ31	ʧiaŋ31	ʧiaŋ31	t^{h}iaŋ31	t^{h}iaŋ211
2765	張	宕開三知陽平	ʧiøŋ55	ʧiaŋ55	ʧ^{i}ɛŋ55	tsiaŋ55	ʧioŋ33	ʧiaŋ553	ʧiaŋ553	ʧiaŋ453	ʧiaŋ44	ʧiaŋ53	ʧiaŋ53
2766	長~短	宕開三澄陽平	ʧ^{h}iøŋ21	ʧ^{h}iaŋ21	ʧ^{hi}ɛŋ31	ts^{h}iaŋ44	ʧ^{h}ioŋ11	ʧ^{h}iaŋ21	ʧ^{h}iaŋ11	ʧ^{h}iaŋ13	ʧ^{h}iaŋ11	ʧ^{h}iaŋ23	ʧ^{h}iaŋ121
2767	漲	宕開三知陽上	ʧiøŋ33	ʧiaŋ33	ʧ^{i}ɛŋ33	tsiaŋ11	ʧioŋ44	ʧiaŋ33	ʧiaŋ33	ʧiaŋ33	ʧiaŋ33	ʧiaŋ33	ʧiaŋ33
2768	帳	宕開三知陽去	ʧiøŋ33	ʧiaŋ33	ʧ^{i}ɛŋ33	tsiaŋ11	ʧioŋ44	ʧiaŋ33	ʧiaŋ33	ʧiaŋ33	ʧiaŋ44	ʧiaŋ33	ʧiaŋ33
2769	賬	宕開三知陽去	ʧiøŋ33	ʧiaŋ33	ʧ^{i}ɛŋ33	tsiaŋ11	ʧioŋ44	ʧiaŋ33	ʧiaŋ33	ʧiaŋ33	ʧiaŋ33	ʧiaŋ33	ʧiaŋ33
2770	脹	宕開三知陽去	ʧiøŋ33	ʧiaŋ33	ʧ^{i}ɛŋ33	tsiaŋ11	ʧioŋ44	ʧiaŋ33	ʧiaŋ33	ʧiaŋ33	ʧiaŋ33	ʧiaŋ33	ʧiaŋ33
2771	着~装	宕開三知藥入	ʧiøk022	ʧiak033	ʧ^{i}ɛʔ031	tsiaʔ011	ʧiok033	ʧiak033	ʧiak021	ʧiak022	ʧiak021	ʧiaʔ033	ʧiak033
2772	暢	宕開三徹陽去	ʧ^{h}iøŋ33	ʧ^{h}iaŋ33	ʧ^{h}iaŋ33	ts^{h}iaŋ24	ʧ^{h}ioŋ44	ʧ^{h}iaŋ33	ʧ^{hu}ɔŋ35	ʧ^{h}iaŋ35	ʧ^{h}iaŋ33	ʧ^{h}iaŋ35	ʧ^{h}iaŋ35
2773	長生~	宕開三知陽上	ʧiøŋ35	ʧiaŋ35	ʧ^{i}ɛŋ35	tsiaŋ24	ʧioŋ35	ʧiaŋ335	ʧiaŋ35	ʧiaŋ35	ʧiaŋ224	ʧiaŋ35	ʧiaŋ35
2774	腸	宕開三澄陽平	ʧ^{h}iøŋ21	ʧ^{h}iaŋ21	ʧ^{hi}ɛŋ31	ts^{h}iaŋ44	ʧ^{h}ioŋ11	ʧ^{h}iaŋ21	ʧ^{h}iaŋ11	ʧ^{h}iaŋ31	ʧ^{h}iaŋ11	ʧ^{h}iaŋ23	ʧ^{h}iaŋ121
2775	場	宕開三澄陽平	ʧ^{h}iøŋ21	ʧ^{h}iaŋ21	ʧ^{hi}ɛŋ31	ts^{h}iaŋ44	ʧ^{h}ioŋ11	ʧ^{h}iaŋ21	ʧ^{h}iaŋ11	ʧ^{h}iaŋ31	ʧ^{h}iaŋ11	ʧ^{h}iaŋ23	ʧ^{h}iaŋ121

（续上表）

序号	字项	中古音	湛江赤坎	廉江廉城	吴川梅菉	吴川吴阳	遂溪北坡	茂名茂南区	高州潘州街	信宜东镇	电白羊角	化州河西街	化州长岐
2776	丈	宕開三澄陽上	ʧiøŋ21	ʧiaŋ21	ʧⁱɛŋ31	tsʰiaŋ22	ʧioŋ31	ʧiaŋ31	ʧiaŋ31	ʧiaŋ31	ʧiaŋ31	ʧʰiaŋ31	ʧʰiaŋ211
2777	仗	宕開三澄陽上	ʧiøŋ33	ʧiaŋ33	ʧⁱɛŋ33	tsiaŋ11	ʧioŋ44	ʧiaŋ33	ʧiaŋ33	ʧiaŋ33	ʧiaŋ33	ʧiaŋ33	ʧiaŋ33
2778	杖	宕開三澄陽上	ʧiøŋ21	ʧiaŋ21	ʧⁱɛŋ31	tsʰiaŋ22	ʧioŋ31	ʧiaŋ31	ʧiaŋ31	ʧiaŋ31	ʧiaŋ31	tʰiaŋ31	ʧʰiaŋ211
2779	着睡~	宕開三澄藥入	ʧiøk022	ʧiak022	ʧⁱɛʔ031	tsʰiaʔ022	ʧiok021	ʧiak022	ʧiak021	ʧiak022	ʧiak021	ʧʰiaʔ022	ʧʰiak022
2780	莊	宕開三莊陽平	ʧɔŋ55	ʧɔŋ55	ʧɔŋ55	tsᵘɔŋ55	ʧɔŋ33	ʧᵘɔŋ553	ʧᵘɔŋ553	ʧᵘɔŋ453	ʧᵘɔŋ44	ʧᵘɔŋ53	ʧᵘɔᵉŋ53
2781	裝	宕開三莊陽平	ʧɔŋ55	ʧɔŋ55	ʧɔŋ55	tsᵘɔŋ55	ʧɔŋ33	ʧᵘɔŋ553	ʧᵘɔŋ553	ʧᵘɔŋ453	ʧᵘɔŋ44	ʧᵘɔŋ53	ʧᵘɔᵉŋ53
2782	妝	宕開三莊陽平	ʧɔŋ55	ʧɔŋ55	ʧɔŋ55	tsᵘɔŋ55	ʧɔŋ33	ʧᵘɔŋ553	ʧᵘɔŋ553	ʧᵘɔŋ453	ʧᵘɔŋ44	ʧᵘɔŋ53	ʧᵘɔᵉŋ53
2783	壯	宕開三莊陽去	ʧɔŋ33	ʧɔŋ33	ʧɔŋ33	tsᵘɔŋ11	ʧɔŋ44	ʧᵘɔŋ33	ʧᵘɔŋ33	ʧᵘɔŋ33	ʧᵘɔŋ33	ʧᵘɔŋ33	ʧᵘɔᵉŋ33
2784	瘡	宕開三初陽平	ʧʰɔŋ55	ʧʰɔŋ55	ʧʰɔŋ55	tsʰᵘɔŋ55	ʧʰɔŋ33	ʧʰᵘɔŋ553	ʧʰᵘɔŋ553	ʧʰᵘɔŋ453	ʧʰᵘɔŋ44	ʧʰᵘɔŋ53	ʧʰᵘɔᵉŋ53
2785	闖	深開三徹侵去	ʧʰɔŋ35	ʧʰɔŋ35	ʧʰɔŋ35	tsʰᵘɔŋ24	ʧʰɔŋ35	ʧʰᵘɔŋ335	ʧʰᵘɔŋ35	ʧʰᵘɔŋ35	ʧʰᵘɔŋ224	ʧʰᵘɔŋ35	ʧʰᵘɔᵉŋ35
2786	創	宕開三初陽去	ʧʰɔŋ35	ʧʰɔŋ35	ʧʰɔŋ35	tsʰᵘɔŋ24	ʧʰɔŋ35	ʧʰᵘɔŋ335	ʧʰᵘɔŋ35	ʧʰᵘɔŋ35	ʧʰᵘɔŋ224	ʧʰᵘɔŋ35	ʧʰᵘɔᵉŋ35
2787	牀	宕開三崇陽平	ʧʰɔŋ21	ʧʰɔŋ21	ʧʰɔŋ31	sᵘɔŋ44	ʧʰɔŋ11	ʧʰᵘɔŋ21	ʧʰᵘɔŋ11	ʧʰᵘɔŋ13	ʧʰᵘɔŋ11	ʧʰᵘɔŋ23	ʃᵘɔᵉŋ121

（续上表）

序号	字项	中古音	湛江赤坎	廉江廉城	吴川梅菉	吴川吴阳	遂溪北坡	茂名茂南区	高州潘州街	信宜东镇	电白羊角	化州河西街	化州长岐
2788	狀	宕開三崇陽去	ʧɔŋ21	ʧɔŋ21	ʧɔŋ31	s^{u}ɔŋ22	ʧɔŋ31	ʧ^{u}ɔŋ31	ʧ^{u}ɔŋ31	ʧ^{u}ɔŋ31	ʧ^{u}ɔŋ31	ʧ^{hu}ɔŋ31	ʃ^{u}ɔ^{ɐ}ŋ211
2789	霜	宕開三生陽平	ʃiøŋ55	ɬɔŋ55	ʃ^{i}ɛŋ55	s^{u}ɔŋ55	ɬɔŋ33	ɬ^{u}ɔŋ553	ɬ^{u}ɔŋ553	ʃ^{u}ɔŋ453	ʃ^{u}ɔŋ44	ʃ^{u}ɔŋ53	ʃ^{u}ɔ^{ɐ}ŋ53
2790	孀	宕開三生陽平	ʃiøŋ55	ɬɔŋ55		s^{u}ɔŋ55	ɬɔŋ33	ɬ^{u}ɔŋ553	ɬ^{u}ɔŋ553	ʃ^{u}ɔŋ453	ʃ^{u}ɔŋ44	ʃ^{u}ɔŋ53	ʃ^{u}ɔ^{ɐ}ŋ53
2791	爽	宕開三生陽上	ʃɔŋ35	ʃɔŋ35	ʃɔŋ35	s^{u}ɔŋ24	ɬɔŋ35	s^{u}ɔŋ335	ʃ^{u}ɔŋ35	ʃ^{u}ɔŋ35	ʃ^{u}ɔŋ224	ʃ^{u}ɔŋ35	ʃ^{u}ɔ^{ɐ}ŋ35
2792	章	宕開三章陽平	ʧiøŋ55	ʧiaŋ55	ʧ^{i}ɛŋ55	tsiaŋ55	ʧioŋ33	ʧiaŋ553	ʧiaŋ553	ʧiaŋ453	ʧiaŋ44	ʧiaŋ53	ʧiaŋ53
2793	樟	宕開三章陽平	ʧiøŋ55	ʧiaŋ55	ʧ^{i}ɛŋ55	tsiaŋ55	ʧioŋ33	ʧiaŋ553	ʧiaŋ553	ʧiaŋ453	ʧiaŋ44	ʧiaŋ53	ʧiaŋ53
2794	掌	宕開三章陽上	ʧiøŋ35	ʧiaŋ35	ʧ^{i}ɛŋ35	tsiaŋ24	ʧioŋ35	ʧiaŋ335	ʧiaŋ35	ʧiaŋ35	ʧiaŋ224	ʧiaŋ35	ʧiaŋ35
2795	障	宕開三章陽去	ʧiøŋ33	ʧiaŋ33	ʧ^{i}ɛŋ33	tsiaŋ11	ʧioŋ44	ʧiaŋ33	ʧiaŋ33	ʧiaŋ33	ʧiaŋ33	ʧiaŋ33	ʧiaŋ33
2796	瘴	宕開三章陽去	ʧiøŋ33	ʧiaŋ33	ʧ^{i}ɛŋ33	tsiaŋ11	ʧioŋ44	ʧiaŋ33	ʧiaŋ33	ʧiaŋ33	ʧiaŋ33	ʧiaŋ33	ʧiaŋ33
2797	酌	宕開三章藥入	ʧ^{h}iøk033	ʧiak033	ʧ^{i}ɛʔ033	tsiaʔ011	ʧiok033	ʧiak033	ʧiak033	ʧiak033	ʧiak033	ʧiaʔ033	ʧiak033
2798	昌	宕開三昌陽平	ʧ^{h}iøŋ55	ʧ^{h}iaŋ55	ʧ^{hi}ɛŋ55	ts^{h}iaŋ55	ʧ^{h}ioŋ33	ʧ^{h}iaŋ553	ʧ^{h}iaŋ553	ʧ^{h}iaŋ453	ʧ^{h}iaŋ445	ʧ^{h}iaŋ53	ʧ^{h}iaŋ53
2799	菖	宕開三昌陽平	ʧ^{h}iøŋ55	ʧ^{h}iaŋ55	ʧ^{hi}ɛŋ55	ts^{h}iaŋ55	ʧ^{h}ioŋ33	ʧ^{h}iaŋ553	ʧ^{h}iaŋ553	ʧ^{h}iaŋ453	ʧ^{h}iaŋ44	ʧ^{h}iaŋ53	

（续上表）

序号	字项	中古音	湛江赤坎	廉江廉城	吴川梅菉	吴川吴阳	遂溪北坡	茂名茂南区	高州潘州街	信宜东镇	电白羊角	化州河西街	化州长岐
2800	娼	宕開三昌陽平	ʧ^{h}iøŋ55	ʧ^{h}iaŋ55	ʧ^{hi}ɛŋ55	ts^{h}iaŋ55	ʧ^{h}ioŋ33	ʧ^{h}iaŋ553	ʧ^{h}iaŋ553	ʧ^{h}iaŋ453	ʧ^{h}iaŋ44	ʧ^{h}iaŋ53	ʧ^{h}iaŋ53
2801	廠	宕開三昌陽上	ʧ^{h}ɔŋ35	ʧ^{h}ɔŋ35	ʧ^{h}ɔŋ35	ts^{hu}ɔŋ24	ʧ^{h}ɔŋ35	ʧ^{hu}ɔŋ335	ʧ^{hu}ɔŋ35	ʧ^{hu}ɔŋ35	ʧ^{hu}ɔŋ224	ʧ^{hu}ɔŋ35	ʧ^{hu}ɔ^{ɐ}ŋ35
2802	唱	宕開三昌陽去	ʧ^{h}iøŋ33	ʧ^{h}iaŋ33	ʧ^{hi}ɛŋ33	ts^{h}iaŋ11	ʧ^{h}ioŋ44	ʧ^{h}iaŋ33	ʧ^{h}iaŋ33	ʧ^{h}iaŋ33	ʧ^{h}iaŋ33	ʧ^{h}iaŋ33	ʧ^{h}iaŋ33
2803	倡	宕開三昌陽去	ʧ^{h}iøŋ55	ʧ^{h}iaŋ55	ʧ^{hi}ɛŋ55	ts^{h}iaŋ55	ʧ^{h}ioŋ33	ʧ^{h}iaŋ553	ʧ^{h}iaŋ553	ʧ^{h}iaŋ453	ʧ^{h}iaŋ445	ʧ^{h}iaŋ53	ʧ^{h}iaŋ53
2804	綽	宕開三昌藥入	ʧ^{h}iøk033	ʧ^{h}ɔk033	ʧ^{h}ɔʔ033	ts^{hu}ɔʔ011	ʧ^{h}ɔk033	ʧ^{hu}ɔk033	ʧ^{hu}ɔk033	ʧ^{hu}ɔk033	ʧ^{hu}ɔk033	ʧ^{hu}ɔʔ033	ʧ^{hu}ɔ^{ɐ}k033
2805	焯	宕開三昌藥入	ʧ^{h}iøk033	ʧ^{h}ɔk033	ʧ^{h}ɔʔ033	ts^{hu}ɔʔ011	ʧ^{h}iok033	ʧ^{hu}ɔk033	ʧiak033		ʧ^{hu}ɔk033	ʧ^{hu}ɔʔ033	ʧ^{h}iak033
2806	商	宕開三書陽平	ʃiøŋ55	ʃiaŋ55	ʃ^{i}ɛŋ55	siaŋ55	ɬioŋ33	siaŋ553	ʃiaŋ553	ʃiaŋ453	ʃiaŋ44	ʃiaŋ53	ʃiaŋ53
2807	傷	宕開三書陽平	ʃiøŋ55	ʃiaŋ55	ʃ^{i}ɛŋ55	siaŋ55	ɬioŋ33	siaŋ553	ʃiaŋ553	ʃiaŋ453	ʃiaŋ44	ʃiaŋ53	ʃiaŋ53
2808	賞	宕開三書陽上	ʃiøŋ35	ʃiaŋ35	ʃ^{i}ɛŋ35	siaŋ24	ɬioŋ35	siaŋ335	ʃiaŋ35	ʃiaŋ35	ʃiaŋ224	ʃiaŋ35	ʃiaŋ35
2809	晌	宕開三書陽上	hiøŋ35	hiaŋ35	h^{i}ɛŋ35	hiaŋ24	hioŋ35	hiaŋ335	hiaŋ35	hiaŋ35	hiaŋ224	hiaŋ35	hiaŋ35
2810	餉	宕開三書陽去	hiøŋ35	hiaŋ35	h^{i}ɛŋ35	hiaŋ24	hioŋ35	hiaŋ335	hiaŋ35	hiaŋ35	hiaŋ224	hiaŋ35	hiaŋ35
2811	常	宕開三禪陽平	ʃiøŋ21	ʃiaŋ21	ʃ^{i}ɛŋ31	siaŋ44	ʃioŋ11	siaŋ21	ʃiaŋ11	ʃiaŋ13	ʃiaŋ11	ʃiaŋ23	ʃiaŋ121

（续上表）

序号	字项	中古音	湛江赤坎	廉江廉城	吴川梅菉	吴川吴阳	遂溪北坡	茂名茂南区	高州潘州街	信宜东镇	电白羊角	化州河西街	化州长岐
2812	嘗	宕開三禪陽平	ʃiøŋ21	ʃiaŋ21	ʃ^{i}εŋ31	siaŋ44	ʃioŋ11	siaŋ21	ʃiaŋ11	ʃiaŋ13	ʃiaŋ11	ʃiaŋ23	ʃiaŋ121
2813	裳	宕開三禪陽平	ʃiøŋ21	ʃiaŋ21	ʃ^{i}εŋ31	siaŋ44	ʃioŋ11	siaŋ21	ʃiaŋ11	ʃiaŋ13	ʃiaŋ11	ʃiaŋ23	ʃiaŋ121
2814	償	宕開三禪陽平	ʃiøŋ21	ʃiaŋ21	ʃ^{i}εŋ31	siaŋ24	ʃioŋ11	siaŋ21	ʃiaŋ11	ʃiaŋ35	ʃiaŋ11	ʃiaŋ23	ʃiaŋ35
2815	上～山	宕開三禪陽上	ʃiøŋ13	ʃiaŋ13	ʃ^{i}εŋ223	siaŋ33	ʃioŋ13	siaŋ113	ʃiaŋ223	ʃiaŋ35	ʃiaŋ223	ʃiaŋ23	ʃiaŋ13
2816	尚	宕開三禪陽去	ʃiøŋ21	ʃiaŋ21	ʃ^{i}εŋ31	siaŋ22	ʃioŋ31	siaŋ31	ʃiaŋ31	ʃiaŋ31	ʃiaŋ31	ʃiaŋ31	ʃiaŋ211
2817	上～面	宕開三禪陽去	ʃiøŋ21	ʃiaŋ21	ʃ^{i}εŋ31	siaŋ22	ʃioŋ31	siaŋ31	ʃiaŋ31	ʃiaŋ31	ʃiaŋ31	ʃiaŋ31	ʃiaŋ211
2818	勺	宕開三禪藥入		ʧiak033	ʃ^{i}εʔ031	tsiaʔ011	ʧiok033	siak022	ʃiak021	ʃiak022	ʃiak021	ʃiaʔ022	ʃiak022
2819	芍	宕開三禪藥入	ʧ^{h}iøk033	ʧiak033	ʧ^{i}εʔ031	tsiaʔ011	ʧiok033	ʧ^{h}iak033	ʧiak033	ʧiak033	ʃiak021	ʧiaʔ033	ʧiak033
2820	瓤	宕開三日陽平	nɔŋ21	nɔŋ55	nɔŋ31	n^{u}ɔŋ44	nɔŋ11	n^{u}ɔŋ21	n^{u}ɔŋ11	n^{u}ɔŋ13	n^{u}ɔŋ11	n^{u}ɔŋ23	n^{u}ɔ^{ɐ}ŋ121
2821	壤	宕開三日陽上	iøŋ21	ȵiaŋ13	^{i}εŋ31	ȵiaŋ22	ȵioŋ31	ȵiaŋ31	ȵiaŋ11	ȵiaŋ13	ȵiaŋ31	ȵiaŋ23	ȵiaŋ121
2822	攘	宕開三日陽上	iøŋ21	ȵiaŋ13			ȵioŋ31	ȵiaŋ31	ȵiaŋ11	ȵiaŋ13	ȵiaŋ31	ȵiaŋ23	ȵiaŋ121
2823	讓	宕開三日陽去	iøŋ21	ȵiaŋ21	ȵ^{i}εŋ31	ȵiaŋ22	ȵioŋ31	ȵiaŋ31	ȵiaŋ31	ȵiaŋ31	ȵiaŋ31	ȵiaŋ31	ȵiaŋ211

（续上表）

序号	字项	中古音	湛江赤坎	廉江廉城	吴川梅菉	吴川吴阳	遂溪北坡	茂名茂南区	高州潘州街	信宜东镇	电白羊角	化州河西街	化州长岐
2824	若	宕開三日藥入	iøk022	iak022	^{i}ɛʔ031	ȵiaʔ022	iok021	ȵiak022	ȵiak021	ȵiak022	iak021	ȵiaʔ022	ȵiak022
2825	弱	宕開三日藥入	iøk022	ȵiak022	ȵ^{i}ɛʔ031	ȵiaʔ022	ȵiok021	ȵiak022	ȵiak021	ȵiak022	ȵiak021	ȵiaʔ022	ȵiak022
2826	疆	宕開三見陽平	kiøŋ55	kiaŋ55	k^{i}ɛŋ55	kiaŋ55	kioŋ33	kiaŋ553	kiaŋ553	kiaŋ453	kiaŋ44	kiaŋ53	kiaŋ53
2827	僵	宕開三見陽平	kiøŋ55	kiaŋ55	k^{i}ɛŋ55	kiaŋ55	kioŋ33	kiaŋ553	kiaŋ553	kiaŋ453	kiaŋ44	kiaŋ53	kiaŋ53
2828	薑	宕開三見陽平	kiøŋ55	kiaŋ55	k^{i}ɛŋ55	kiaŋ55	kioŋ33	kiaŋ553	kiaŋ553	kiaŋ453	kiaŋ44	kiaŋ53	kiaŋ53
2829	繮	宕開三見陽平	kiøŋ55	kiaŋ55	k^{i}ɛŋ55	kiaŋ55	kioŋ33	kiaŋ553	kiaŋ553	kiaŋ453	kiaŋ44	kiaŋ53	kiaŋ53
2830	姜	宕開三見陽平	kiøŋ55	kiaŋ55	k^{i}ɛŋ55	kiaŋ55	kioŋ33	kiaŋ553	kiaŋ553	kiaŋ453	kiaŋ44	kiaŋ53	kiaŋ53
2831	脚	宕開三見藥入	kiøk033	kiak033	k^{i}ɛʔ033	kiaʔ011	kiok033	kiak033	kiak033	kiak033	kiak033	kiaʔ033	kiak033
2832	却	宕開三溪藥入	kʰiøk033	kʰiak033	k^{hi}ɛʔ033	hiaʔ011	kʰiok033	kʰiak033	kʰiak033	kʰiak033	kʰiak033	kʰiaʔ033	kʰiak033
2833	强～大	宕開三羣陽平	kʰiøŋ21	kʰiaŋ21	k^{hi}ɛŋ31	kʰiaŋ44	kʰioŋ11	kʰiaŋ21	kʰiaŋ11	kʰiaŋ31	kʰiaŋ11	kʰiaŋ31	kʰiaŋ211
2834	强勉～	宕開三羣陽上	kʰiøŋ13	kʰiaŋ21	k^{hi}ɛŋ223	kʰiaŋ33	kʰioŋ13	kʰiaŋ113	kʰiaŋ223	kʰiaŋ13	kʰiaŋ223	kʰiaŋ23	kʰiaŋ13
2835	仰	宕開三疑陽上	iøŋ13	ŋiaŋ13	ȵ^{i}ɛŋ223	ȵiaŋ33	ȵioŋ13	ȵiaŋ113	ȵiaŋ223	ȵiaŋ13	ȵiaŋ11	ɲiaŋ23	ȵiaŋ13

（续上表）

序号	字项	中古音	湛江赤坎	廉江廉城	吴川梅菉	吴川吴阳	遂溪北坡	茂名茂南区	高州潘州街	信宜东镇	电白羊角	化州河西街	化州长岐
2836	虐	宕開三疑藥入	iøk022	ŋiak022	ȵ^{i}ɛʔ031	ȵiaʔ022	ȵiok021	ȵiak022	ȵiak021	ȵiak022	iak033	ȵiaʔ022	ȵiak022
2837	瘧	宕開三疑藥入	iøk022	iak022		ȵiaʔ022	ȵiok021	ȵiak022	ȵiak021	ȵiak022	ȵiak021	ȵiaʔ022	
2838	香	宕開三曉陽平	hiøŋ55	hiaŋ55	h^{i}ɛŋ55	hiaŋ55	hioŋ33	hiaŋ553	hiaŋ553	hiaŋ453	hiaŋ44	hiaŋ53	hiaŋ53
2839	鄉	宕開三曉陽平	hiøŋ55	hiaŋ55	h^{i}ɛŋ55	hiaŋ55	hioŋ33	hiaŋ553	hiaŋ553	hiaŋ453	hiaŋ44	hiaŋ53	hiaŋ53
2840	享	宕開三曉陽上	hiøŋ35	hiaŋ35	h^{i}ɛŋ35	hiaŋ24	hioŋ35	hiaŋ335	hiaŋ35	hiaŋ35	hiaŋ224	hiaŋ35	hiaŋ35
2841	響	宕開三曉陽上	hiøŋ35	hiaŋ35	h^{i}ɛŋ35	hiaŋ24	hioŋ35	hiaŋ335	hiaŋ35	hiaŋ35	hiaŋ224	hiaŋ35	hiaŋ35
2842	向	宕開三曉陽去	hiøŋ33	hiaŋ33	h^{i}ɛŋ33	hiaŋ11	hioŋ44	hiaŋ33	hiaŋ33	hiaŋ33	hiaŋ33	hiaŋ33	hiaŋ33
2843	央	宕開三影陽平	iøŋ55	iaŋ55	^{i}ɛŋ55	ʔiaŋ55	ioŋ33	iaŋ553	iaŋ553	iaŋ453	iaŋ44	jiaŋ53	^{z}jiaŋ53
2844	秧	宕開三影陽平	iøŋ55	iaŋ55	^{i}ɛŋ55	ʔiaŋ55	ioŋ33	iaŋ553	iaŋ553	iaŋ453	iaŋ44	jiaŋ53	^{z}jiaŋ53
2845	殃	宕開三影陽平	iøŋ55	iaŋ55	^{i}ɛŋ55	ʔiaŋ55	ioŋ33	iaŋ553	iaŋ553	iaŋ453	iaŋ44	jiaŋ53	^{z}jiaŋ53
2846	約	宕開三影藥入	iøk033	iak033	^{i}ɛʔ033	ʔiaʔ011	iok033	iak033	iak033	iak033	iak033	jiaʔ033	^{z}jiak033
2847	羊	宕開三以陽平	iøŋ21	iaŋ21	^{i}ɛŋ31	iaŋ44	ioŋ11	iaŋ21	iaŋ11	iaŋ13	iaŋ11	jiaŋ23	^{z}jiaŋ121

（续上表）

序号	字项	中古音	湛江赤坎	廉江廉城	吴川梅菉	吴川吴阳	遂溪北坡	茂名茂南区	高州潘州街	信宜东镇	电白羊角	化州河西街	化州长岐
2848	洋	宕開三以陽平	iøŋ21	iaŋ21	^{i}ɛŋ31	iaŋ44	ioŋ11	iaŋ21	iaŋ11	iaŋ13	iaŋ11	jiaŋ23	^{z}jiaŋ121
2849	楊	宕開三以陽平	iøŋ21	iaŋ21	^{i}ɛŋ31	iaŋ44	ioŋ11	iaŋ21	iaŋ11	iaŋ13	iaŋ11	jiaŋ23	^{z}jiaŋ121
2850	陽	宕開三以陽平	iøŋ21	iaŋ21	^{i}ɛŋ31	iaŋ44	ioŋ11	iaŋ21	iaŋ11	iaŋ13	iaŋ11	jiaŋ23	^{z}jiaŋ121
2851	揚	宕開三以陽平	iøŋ21	iaŋ21	^{i}ɛŋ31	iaŋ44	ioŋ11	iaŋ21	iaŋ11	iaŋ13	iaŋ11	jiaŋ23	^{z}jiaŋ121
2852	瘍	宕開三以陽平	iøŋ21	iaŋ21	^{i}ɛŋ31	iaŋ44	ioŋ11	iaŋ21	iaŋ11	iaŋ13	iaŋ11	jiaŋ23	^{z}jiaŋ121
2853	養	宕開三以陽上	iøŋ13	iaŋ13	^{i}ɛŋ223	iaŋ33	ioŋ13	iaŋ113	iaŋ223	iaŋ13	iaŋ223	jiaŋ23	^{z}jiaŋ13
2854	癢	宕開三以陽上	iøŋ13	iaŋ13	^{i}ɛŋ223	iaŋ33	ȵioŋ13	iaŋ113	iaŋ223	iaŋ13	iaŋ223	jiaŋ23	^{z}jiaŋ13
2855	樣	宕開三以陽去	iøŋ21	iaŋ21	^{i}ɛŋ31	iaŋ22	ioŋ31	iaŋ31	iaŋ31	iaŋ31	iaŋ31	jiaŋ31	^{z}jiaŋ211
2856	藥	宕開三以藥入	iøk022	iak022	^{i}ɛʔ031	iaʔ022	iok021	iak022	iak021	iak022	iak021	jiaʔ022	^{z}jiak022
2857	躍	宕開三以藥入	iøk033	iak033	ȵ^{i}ɛʔ031	ȵiaʔ022	iok021	iak033	iak033	iak033	iak033	ȵiaʔ022	ȵiak022
2858	拓	宕合一透鐸入	t^{h}ɔk033	t^{h}ɔk033			t^{h}ɔk033	t^{hu}ɔk033	t^{hu}ɔk033	t^{h}ɔ33			t^{hu}ɔ^{ɐ}k022
2859	光	宕合一見唐平	kɔŋ55	kɔŋ55	kɔŋ55	k^{u}ɔŋ55	kɔŋ33	k^{u}ɔŋ553	kwɔŋ553	kwɔŋ453	kʊɔŋ44	k^{u}ɔŋ53	k^{u}ɔ^{ɐ}ŋ53

（续上表）

序号	字项	中古音	湛江赤坎	廉江廉城	吴川梅菉	吴川吴阳	遂溪北坡	茂名茂南区	高州潘州街	信宜东镇	电白羊角	化州河西街	化州长岐
2860	廣	宕合一見唐上	kɔŋ35	kɔŋ35	kɔŋ35	k^{u}ɔŋ24	kɔŋ35	k^{u}ɔŋ335	kwɔŋ35	kwɔŋ35	kʋɔŋ224	k^{u}ɔŋ35	k^{u}ɔ^{ə}ŋ35
2861	郭	宕合一見鐸入	kɔk033	kɔk033	kɔʔ033	k^{u}ɔʔ011	kɔk033	k^{u}ɔk033	k^{u}ɔk033	kwɔk033	kʋɔk033	k^{u}ɔʔ033	k^{u}ɔ^{ə}k033
2862	曠	宕合一溪唐去	k^{h}ɔŋ33	k^{h}ɔŋ33	k^{h}ɔŋ33	k^{hu}ɔŋ33	k^{h}ɔŋ44	k^{hu}ɔŋ33	k^{hu}ɔŋ33	k^{hu}ɔŋ33	k^{hu}ɔŋ33	k^{u}ɔŋ33	k^{hu}ɔ^{ə}ŋ33
2863	廓	宕合一溪鐸入	kɔk033	kɔk033	kɔʔ033	k^{u}ɔʔ011	kɔk033	k^{u}ɔk033	k^{u}ɔk033	kwɔk033	k^{u}ɔk033	k^{u}ɔʔ033	k^{u}ɔ^{ə}k033
2864	擴	宕合一溪鐸入	k^{h}ɔŋ33	k^{h}ɔŋ33	k^{h}ɔŋ33	k^{hu}ɔŋ33	k^{h}ɔŋ44	k^{hu}ɔŋ33	k^{hu}ɔŋ33	k^{hu}ɔŋ33	k^{hu}ɔŋ33	k^{hu}ɔŋ33	k^{hu}ɔ^{ə}ŋ33
2865	荒	宕合一曉唐平	fɔŋ55	fɔŋ55	fɔŋ55	f^{u}ɔŋ55	fɔŋ33	f^{u}ɔŋ553	f^{u}ɔŋ553	f^{u}ɔŋ453	f^{u}ɔŋ44	f^{u}ɔŋ53	f^{u}ɔ^{ə}ŋ53
2866	慌	宕合一曉唐平	fɔŋ55	fɔŋ55	fɔŋ55	f^{u}ɔŋ55	fɔŋ33	f^{u}ɔŋ553	f^{u}ɔŋ553	f^{u}ɔŋ453	f^{u}ɔŋ44	f^{u}ɔŋ53	f^{u}ɔ^{ə}ŋ53
2867	謊	宕合一曉唐上	fɔŋ55	fɔŋ55	fɔŋ55	f^{u}ɔŋ55	fɔŋ33	f^{u}ɔŋ553	f^{u}ɔŋ553	f^{u}ɔŋ453	f^{u}ɔŋ44	f^{u}ɔŋ53	f^{u}ɔ^{ə}ŋ53
2868	霍	宕合一曉鐸入	fɔk033	k^{h}ɔk033	fɔʔ033	f^{u}ɔʔ011	k^{h}ɔk033	f^{u}ɔk033	f^{u}ɔk033	f^{u}ɔk033	k^{hu}ɔk033	f^{u}ɔʔ033	f^{u}ɔ^{ə}k033
2869	藿	宕合一曉鐸入	fɔk033	k^{h}ɔk033	fɔʔ033	f^{u}ɔʔ011	k^{h}ɔk033	f^{u}ɔk033	f^{u}ɔk033	f^{u}ɔk033	k^{hu}ɔk033	f^{u}ɔʔ033	f^{u}ɔ^{ə}k033
2870	黃	宕合一匣唐平	ʋɔŋ21	ʋɔŋ21	ʋɔŋ31	ʋ^{u}ɔŋ44	ʋɔŋ11	ʋ^{u}ɔŋ21	w^{u}ɔŋ11	wɔŋ13	ʋ^{u}ɔŋ11	ʋ^{u}ɔŋ23	ʋ^{u}ɔ^{ə}ŋ121
2871	簧	宕合一匣唐平	ʋɔŋ21	ʋɔŋ21	ʋɔŋ31	ʋ^{u}ɔŋ44	ʋɔŋ11	ʋ^{u}ɔŋ21	w^{u}ɔŋ11	wɔŋ13	ʋ^{u}ɔŋ11	ʋ^{u}ɔŋ23	ʋ^{u}ɔ^{ə}ŋ121

（续上表）

序号	字项	中古音	湛江赤坎	廉江廉城	吴川梅菉	吴川吴阳	遂溪北坡	茂名茂南区	高州潘州街	信宜东镇	电白羊角	化州河西街	化州长岐
2872	皇	宕合一匣唐平	ʋɔŋ21	ʋɔŋ21	ʋɔŋ31	ʋ^{u}ɔŋ44	ʋɔŋ11	ʋ^{u}ɔŋ21	ʋ^{u}ɔŋ11	wɔŋ31	ʋ^{u}ɔŋ11	ʋ^{u}ɔŋ23	ʋ^{u}ɔ^{ɐ}ŋ121
2873	蝗	宕合一匣唐平	ʋɔŋ21	ʋɔŋ21	ʋɔŋ31	ʋ^{u}ɔŋ44	ʋɔŋ11	ʋ^{u}ɔŋ21	ʋ^{u}ɔŋ11	wɔŋ31	ʋ^{u}ɔŋ11	ʋ^{u}ɔŋ23	ʋ^{u}ɔ^{ɐ}ŋ121
2874	凰	宕合一匣唐平	ʋɔŋ21	ʋɔŋ21	ʋɔŋ31	ʋ^{u}ɔŋ44	ʋɔŋ11	ʋ^{u}ɔŋ21	ʋ^{u}ɔŋ11	wɔŋ13	ʋ^{u}ɔŋ11	ʋ^{u}ɔŋ23	ʋ^{u}ɔ^{ɐ}ŋ121
2875	晃	宕合一匣唐上	fɔŋ35	fɔŋ35	fɔŋ35	f^{u}ɔŋ24	fɔŋ35	f^{u}ɔŋ335	f^{u}ɔŋ35	f^{u}ɔŋ35	f^{u}ɔŋ224	f^{u}ɔŋ35	f^{u}ɔ^{ɐ}ŋ35
2876	鑊	宕合一匣鐸入	ʋɔk022	ʋɔk022	ʋɔʔ031	ʋ^{u}ɔʔ022	ʋɔk021	ʋ^{u}ɔk022	ʋ^{u}ɔk021	wɔk022	ʋ^{u}ɔk021	ʋ^{u}ɔʔ022	ʋ^{u}ɔ^{ɐ}k022
2877	汪	宕合一影唐平	ʋɔŋ55	ʋɔŋ55	ʋɔŋ55	ʋ^{u}ɔŋ55	ʋɔŋ33	ʋ^{u}ɔŋ553	w^{u}ɔŋ553	wɔŋ453	ʋ^{u}ɔŋ44	ʋ^{u}ɔŋ53	ʋ^{u}ɔ^{ɐ}ŋ53
2878	方	宕合三非陽平	fɔŋ55	fɔŋ55	fɔŋ55	f^{u}ɔŋ55	fɔŋ33	f^{u}ɔŋ553	f^{u}ɔŋ553	f^{u}ɔŋ453	f^{u}ɔŋ44	f^{u}ɔŋ53	f^{u}ɔ^{ɐ}ŋ53
2879	肪	宕合三非陽平	fɔŋ55	fɔŋ35	fɔŋ55	f^{u}ɔŋ55	fɔŋ33	f^{u}ɔŋ553	f^{u}ɔŋ553	f^{u}ɔŋ453	f^{u}ɔŋ44	f^{u}ɔŋ53	f^{u}ɔ^{ɐ}ŋ53
2880	坊	宕合三非陽平	fɔŋ35	fɔŋ35	fɔŋ35	f^{u}ɔŋ24	fɔŋ35	f^{u}ɔŋ335	f^{u}ɔŋ35	f^{u}ɔŋ453	f^{u}ɔŋ44	f^{u}ɔŋ53	f^{u}ɔ^{ɐ}ŋ53
2881	倣	宕合三非陽平	fɔŋ35	fɔŋ35	fɔŋ35	f^{u}ɔŋ11	fɔŋ35	f^{u}ɔŋ335	f^{u}ɔŋ35	f^{u}ɔŋ35	f^{u}ɔŋ224	f^{u}ɔŋ35	f^{u}ɔ^{ɐ}ŋ35
2882	放	宕合三非陽去	fɔŋ33	fɔŋ33	fɔŋ33	f^{u}ɔŋ11	fɔŋ44	f^{u}ɔŋ33	f^{u}ɔŋ33	f^{u}ɔŋ33	f^{u}ɔŋ33	f^{u}ɔŋ33	f^{u}ɔ^{ɐ}ŋ33
2883	芳	宕合三敷陽平	fɔŋ55	fɔŋ55	fɔŋ55	f^{u}ɔŋ55	fɔŋ33	f^{u}ɔŋ553	f^{u}ɔŋ553	f^{u}ɔŋ453	f^{u}ɔŋ44	f^{u}ɔŋ53	f^{u}ɔ^{ɐ}ŋ53

（续上表）

序号	字项	中古音	湛江赤坎	廉江廉城	吴川梅菉	吴川吴阳	遂溪北坡	茂名茂南区	高州潘州街	信宜东镇	电白羊角	化州河西街	化州长岐
2884	妨	宕合三敷陽平	fɔŋ21	fɔŋ21	fɔŋ35	f^{u}ɔŋ55	fɔŋ11	f^{u}ɔŋ21	f^{u}ɔŋ11	f^{u}ɔŋ31	f^{u}ɔŋ11	f^{u}ɔŋ23	f^{u}ɔ^{ɐ}ŋ211
2885	紡	宕合三敷陽上	fɔŋ35	fɔŋ35	fɔŋ35	f^{u}ɔŋ24	fɔŋ35	f^{u}ɔŋ335	f^{u}ɔŋ35	f^{u}ɔŋ35	f^{u}ɔŋ224	f^{u}ɔŋ35	f^{u}ɔ^{ɐ}ŋ35
2886	仿	宕合三敷陽上	fɔŋ35	fɔŋ35	fɔŋ35	f^{u}ɔŋ24	fɔŋ35	f^{u}ɔŋ335	f^{u}ɔŋ35	f^{u}ɔŋ35	f^{u}ɔŋ44	f^{u}ɔŋ35	f^{u}ɔ^{ɐ}ŋ35
2887	彷	宕合三敷陽上	fɔŋ35	fɔŋ35	fɔŋ35	f^{u}ɔŋ24	fɔŋ35	f^{u}ɔŋ335	f^{u}ɔŋ35	f^{u}ɔŋ35	f^{u}ɔŋ224	f^{u}ɔŋ35	f^{u}ɔ^{ɐ}ŋ35
2888	訪	宕合三敷陽去	fɔŋ35	fɔŋ35	fɔŋ35	f^{u}ɔŋ24	fɔŋ35	f^{u}ɔŋ335	f^{u}ɔŋ35	f^{u}ɔŋ35	f^{u}ɔŋ224	f^{u}ɔŋ35	f^{u}ɔ^{ɐ}ŋ35
2889	房	宕合三奉陽平	fɔŋ21	fɔŋ21	fɔŋ31	f^{u}ɔŋ44	fɔŋ11	f^{u}ɔŋ21	f^{u}ɔŋ11	f^{u}ɔŋ13	f^{u}ɔŋ11	f^{u}ɔŋ23	f^{u}ɔ^{ɐ}ŋ121
2890	防	宕合三奉陽平	fɔŋ21	fɔŋ21	fɔŋ31	f^{u}ɔŋ44	fɔŋ11	f^{u}ɔŋ21	f^{u}ɔŋ11	f^{u}ɔŋ31	f^{u}ɔŋ11	f^{u}ɔŋ23	f^{u}ɔ^{ɐ}ŋ121
2891	縛	宕合三奉藥入		fɔk022	fɔʔ031	f^{u}ɔʔ022	fɔk021	f^{u}ɔk022	f^{u}ɔk021	f^{u}ɔk022	f^{u}ɔk021	f^{u}ɔʔ022	f^{u}ɔ^{ɐ}k022
2892	亡	宕合三微陽平	mɔŋ21	mɔŋ21	mɔŋ31	m^{u}ɔŋ44	mɔŋ11	m^{u}ɔŋ21	m^{u}ɔŋ11	m^{u}ɔŋ13	m^{u}ɔŋ11	m^{u}ɔŋ23	m^{u}ɔ^{ɐ}ŋ121
2893	芒麦～	宕合三微陽平	mɔŋ21	mɔŋ55 麦～ mɔŋ21 光～	mɔŋ31	m^{u}ɔŋ44	mɔŋ11	m^{u}ɔŋ553	m^{u}ɔŋ553 麦～ m^{u}ɔŋ11 光～	m^{u}ɔŋ453	m^{u}ɔŋ445	m^{u}ɔŋ53	m^{u}ɔ^{ɐ}ŋ53
2894	網	宕合三微陽上	mɔŋ13	mɔŋ13	mɔŋ223	m^{u}ɔŋ33	mɔŋ13	m^{u}ɔŋ33	m^{u}ɔŋ223	m^{u}ɔŋ13	m^{u}ɔŋ223	m^{u}ɔŋ23	m^{u}ɔ^{ɐ}ŋ13

（续上表）

序号	字项	中古音	湛江赤坎	廉江廉城	吴川梅菉	吴川吴阳	遂溪北坡	茂名茂南区	高州潘州街	信宜东镇	电白羊角	化州河西街	化州长岐
2895	忘	宕合三微陽去	mɔŋ21	mɔŋ21	mɔŋ31	m^{u}ɔŋ44	mɔŋ11	m^{u}ɔŋ21	m^{u}ɔŋ31	mɔŋ31	m^{u}ɔŋ31	m^{u}ɔŋ23	m^{u}ɔ^{ɐ}ŋ121
2896	妄	宕合三微陽去	mɔŋ13	mɔŋ13	mɔŋ223	m^{u}ɔŋ44	mɔŋ13	m^{u}ɔŋ113	m^{u}ɔŋ223	m^{u}ɔŋ13	m^{u}ɔŋ223	m^{u}ɔŋ23	m^{u}ɔ^{ɐ}ŋ13
2897	望	宕合三微陽去	mɔŋ21	mɔŋ21	mɔŋ31	m^{u}ɔŋ22	mɔŋ31	m^{u}ɔŋ31	m^{u}ɔŋ31	m^{u}ɔŋ31	m^{u}ɔŋ31	m^{u}ɔŋ31	m^{u}ɔ^{ɐ}ŋ211
2898	匡	宕合三溪陽平	hɔŋ55	k^{h}ɔŋ55	υɔŋ55	υ^{u}ɔŋ55	hɔŋ33	υ^{u}ɔŋ553	w^{u}ɔŋ553	wɔŋ453	υ^{u}ɔŋ44	υ^{u}ɔŋ53	υ^{u}ɔ^{ɐ}ŋ53
2899	筐	宕合三溪陽平	hɔŋ55	k^{h}ɔŋ55	υɔŋ55	υ^{u}ɔŋ55	hɔŋ33	υ^{u}ɔŋ553	w^{u}ɔŋ553	wɔŋ453	υ^{u}ɔŋ44	υ^{u}ɔŋ53	υ^{u}ɔ^{ɐ}ŋ53
2900	眶	宕合三溪陽平	hɔŋ55	k^{h}ɔŋ55	υɔŋ55	kυ^{h}ɐŋ55	hɔŋ33	υ^{u}ɔŋ553	w^{u}ɔŋ553	wɔŋ453	υ^{u}ɔŋ44	υ^{u}ɔŋ53	υ^{u}ɔ^{ɐ}ŋ53
2901	框	宕合三溪陽平	hɔŋ55	k^{h}ɔŋ55	kw^{h}ɔŋ55	kυ^{h}ɐŋ55	hɔŋ33	υ^{u}ɔŋ553	w^{u}ɔŋ553	wɔŋ453	υ^{u}ɔŋ445	υ^{u}ɔŋ53	υ^{u}ɔ^{ɐ}ŋ53
2902	狂	宕合三羣陽平	k^{h}ɔŋ21	k^{h}ɔŋ21	k^{h}ɔŋ31	k^{hu}ɔŋ44	k^{h}ɔŋ11	k^{hu}ɔŋ21	k^{hu}ɔŋ11	k^{h}ɔŋ13	k^{hu}ɔŋ11	k^{hu}ɔŋ23	k^{hu}ɔ^{ɐ}ŋ121
2903	况	宕合三曉陽去	fɔŋ33	k^{h}ɔŋ33	k^{h}ɔŋ33	f^{u}ɔŋ11	k^{h}ɔŋ44	k^{hu}ɔŋ33	k^{hu}ɔŋ33	k^{h}ɔŋ33	k^{hu}ɔŋ33	k^{hu}ɔŋ33	k^{hu}ɔ^{ɐ}ŋ33
2904	枉	宕合三影陽上	υɔŋ35	υɔŋ35	υɔŋ35	υ^{u}ɔŋ24	υɔŋ35	υ^{u}ɔŋ335	w^{u}ɔŋ35	wɔŋ35	υ^{u}ɔŋ224	υ^{u}ɔŋ35	υ^{u}ɔ^{ɐ}ŋ35
2905	王	宕合三云陽平	υɔŋ21	υɔŋ21	υɔŋ31	υ^{u}ɔŋ44	υɔŋ11	υ^{u}ɔŋ21	w^{u}ɔŋ11	wɔŋ13	υ^{u}ɔŋ11	υ^{u}ɔŋ23	υ^{u}ɔ^{ɐ}ŋ121
2906	往	宕合三云陽上	υɔŋ13	υɔŋ13	υɔŋ35	υ^{u}ɔŋ33	υɔŋ13	υ^{u}ɔŋ33	w^{u}ɔŋ223	wɔŋ13	υ^{u}ɔŋ224	υ^{u}ɔŋ23	υ^{u}ɔ^{ɐ}ŋ13

（续上表）

序号	字项	中古音	湛江赤坎	廉江廉城	吴川梅菉	吴川吴阳	遂溪北坡	茂名茂南区	高州潘州街	信宜东镇	电白羊角	化州河西街	化州长岐
2907	旺	宕合三云陽去	ʋɔŋ21	ʋɔŋ21	ʋɔŋ31	ʋᵘɔŋ22	ʋɔŋ31	ʋᵘɔŋ31	ʋᵘɔŋ31	wɔŋ31	ʋᵘɔŋ31	ʋᵘɔŋ31	ʋᵘɔᵄŋ211
2908	邦	江開二幫江平	pɔŋ55	pɔŋ55	ɓɔŋ55	ɓᵘɔŋ55	pɔŋ33	pᵘɔŋ553	pᵘɔŋ553	pɔŋ453	pᵘɔŋ44	ɓᵘɔŋ53	ɓᵘɔᵄŋ53
2909	綁	江開二幫江上	pɔŋ35	pɔŋ35	ɓɔŋ35	ɓᵘɔŋ24	pɔŋ35	pᵘɔŋ335	pᵘɔŋ35	pᵘɔŋ35	pᵘɔŋ224	ɓᵘɔŋ35	ɓᵘɔᵄŋ35
2910	剥	江開二幫覺入	mɔk055	mɔk033	mɔʔ033	maʔ022	mɔk033	mᵘɔk033	mᵘɔk033	mᵘɔk033	mᵘɔk033	mᵘɔʔ033	mᵘɔᵄk033
2911	駁	江開二幫覺入	pɔk033	pɔk033	ɓɔʔ033	ɓᵘɔʔ011	pɔk033	pᵘɔk033	pᵘɔk033	pɔk033	pᵘɔk033	ɓᵘɔʔ033	ɓᵘɔᵄk033
2912	胖	江開二滂江去	puŋ21	pʰun33	ɓuŋ31	pʰʊn44	pʰun33	pʊn31	pun31	pun31	pʊn31	ɓun31	pʊn211
2913	樸	江開二滂覺入	pʰɔk033	pʰɔk033	pʰɔʔ033	pʰᵘɔʔ011	pʰɔk021	pʰᵘɔk033	pʰᵘɔk033	pʰɔk033	pʰᵘɔk033	pʰᵘɔʔ033	pʰᵘɔᵄk033
2914	龐	江開二並江平	pʰɔŋ21	pʰɔŋ21	pʰɔŋ31	pʰᵘɔŋ44	pʰɔŋ11	pʰᵘɔŋ21	pʰᵘɔŋ11	pʰᵘɔŋ31	pʰᵘɔŋ11	pʰᵘɔŋ31	pᵘɔᵄŋ211
2915	棒	江開二並江上	pʰaŋ33	foŋ35	pʰaŋ223	pʰaŋ33	pʰaŋ13	poŋ335	poŋ35	poŋ13	poŋ224	pʰaŋ23	paŋ13
2916	蚌	江開二並江上	pʰɔŋ21	pʰɔŋ35	pʰɔŋ31	pʰaŋ33	pʰɔŋ13	pʰᵘɔŋ113	pʰᵘɔŋ35	pʰᵘɔŋ13	pʰᵘɔŋ223	pʰaŋ23	
2917	雹	江開二並覺入	pʰau33	pʰau55	pʰau55	pʰau55	pau33	pau553	pᵘɔk021	pʰau453	pau44	ɓɑu53	pʰau53
2918	樁	江開二知江平	ʧɔŋ55	ʧɔŋ55	ʧɔŋ55	tsᵘɔŋ55	ʧɔŋ33	ʧᵘɔŋ553	ʧᵘɔŋ553	ʧᵘɔŋ453	ʧᵘɔŋ445	ʧᵘɔŋ53	ʧᵘɔᵄŋ53

（续上表）

序号	字项	中古音	湛江赤坎	廉江廉城	吴川梅菉	吴川吴阳	遂溪北坡	茂名茂南区	高州潘州街	信宜东镇	电白羊角	化州河西街	化州长岐
2919	桌	江開二知覺入	ʧ^{h}iøk033	ʧ^{h}ɔk033	ʧ^{h}ɔʔ033	ts^{hu}ɔʔ011	ʧ^{h}ɔk033	ʧ^{hu}ɔk033	ʧ^{hu}ɔk033	ʧ^{h}ɔk033	ʧ^{hu}ɔk033	ʧ^{hu}ɔʔ033	ʧ^{hu}ɔ^{ɐ}k033
2920	卓	江開二知覺入	ʧ^{h}iøk033	ʧ^{h}ɔk033	ʧ^{h}ɔʔ033	ts^{hu}ɔʔ011	ʧ^{h}iok033	ʧ^{hu}ɔk033	ʧ^{hu}ɔk033	ʧ^{hu}ɔk033	ʧ^{hu}ɔk033	ʧ^{hu}ɔʔ033	ʧ^{hu}ɔ^{ɐ}k033
2921	琢	江開二知覺入	ʧ^{h}iøk033	tiak033	ɗ^{i}ɛʔ033	ɗ^{u}ɔʔ011	ʧiok033	tiak033	tiak033	tɔk033	ʧ^{u}ɔk021	tiaʔ033	ɗ^{u}ɔ^{ɐ}k033
2922	啄	江開二知覺入	ʧ^{h}iøk033	tiak033	ɗ^{i}ɛʔ033	ɗ^{u}ɔʔ011	tiok033	ʧ^{u}ɔk022	tiak033	tɔk033	ʧ^{u}ɔk021	ɗiaʔ033	ɗ^{u}ɔ^{ɐ}k033
2923	戳	江開二徹覺入		ʧ^{h}ɔk033		ts^{hu}ɔʔ011	ʧ^{h}ɔk033	ʧ^{hu}ɔk033	ʧ^{hu}ɔk033	ʧ^{hu}ɔk033	ʧ^{hu}ɔk033	ʧ^{hu}ɔʔ033	ʧ^{hu}ɔ^{ɐ}k033
2924	撞	江開二澄江去	ʧɔŋ21	ʧɔŋ21	ʧɔŋ31	ts^{hu}ɔŋ11	ʧɔŋ31	ʧ^{hu}ɔŋ31	ʧ^{u}ɔŋ31	ʧ^{u}ɔŋ31	ʧ^{u}ɔŋ31	ʧ^{hu}ɔŋ31	ʧ^{hu}ɔ^{ɐ}ŋ211
2925	濁	江開二澄覺入	ʧok022	ʧok022	ʧok031	ts^{hu}ɔʔ022	ʧok021	ʧʊk022	ʧʊk021	ʧɔk022	ʧok021	ʧ^{h}ʊk022	ʧ^{hu}ɔ^{ɐ}k022
2926	捉	江開二莊覺入	ʧok055	ʧɔk033	ʧɔʔ031	ts^{u}ɔʔ011	ʧɔk033	ʧ^{u}ɔk033	ʧʊk055	ʧ^{u}ɔk033	ʧok055	ʧ^{u}ɔʔ033	ʧ^{u}ɔ^{ɐ}k033
2927	窗	江開二初江平	ʧ^{h}iøŋ55	ʧ^{h}ɔŋ55	ʧ^{h}ɔŋ55	t^{hu}ɔŋ55	ʧ^{h}ɔŋ33	ʧ^{hu}ɔŋ553	ʧ^{hu}ɔŋ553	ʧ^{hu}ɔŋ453	ʧ^{hu}ɔŋ445	t^{hu}ɔŋ53	t^{hu}ɔ^{ɐ}ŋ53
2928	鐲	江開二崇覺入	ʧok055	ʧ^{h}ɔk033		ts^{hu}ɔʔ022	ʧ^{h}ɔk033	ʧ^{hu}ɔk033		ʧ^{hu}ɔk033	ʧ^{hu}ɔk033	ʧ^{h}ʊk022	
2929	雙	江開二生江平	ʃiøŋ55	ʃɔŋ55	ʃɔŋ55	s^{u}ɔŋ55	ʃɔŋ33	s^{u}ɔŋ553	ʃ^{u}ɔŋ553	ʃ^{u}ɔŋ453	ʃ^{u}ɔŋ44	ʃ^{u}ɔŋ53	ʃ^{u}ɔ^{ɐ}ŋ53
2930	朔	江開二生覺入	ʃou33	ʃɔk033	ʃɔʔ033	s^{u}ɔʔ011	ʃɔk033	s^{u}ɔk033	ɬ^{u}ɔk033	ʃ^{u}ɔk033	ʃ^{u}ɔk033	ʃ^{u}ɔʔ033	ʃ^{u}ɔ^{ɐ}k033

（续上表）

序号	字项	中古音	湛江赤坎	廉江廉城	吴川梅菉	吴川吴阳	遂溪北坡	茂名茂南区	高州潘州街	信宜东镇	电白羊角	化州河西街	化州长岐
2931	江	江開二見江平	kɔŋ55	kɔŋ55	kɔŋ55	kaŋ55	kɔŋ33	k^{u}ɔŋ553	k^{u}ɔŋ553	k^{u}ɔŋ453	k^{u}ɔŋ44	k^{u}ɔŋ53（文） kaŋ53（白）	kaŋ53
2932	扛	江開二見江平	kɔŋ55	kɔŋ55	k^{h}ɔŋ55	k^{hu}ɔŋ55	kɔŋ33	k^{hu}ɔŋ553	k^{hu}ɔŋ553	k^{hu}ɔŋ453	k^{hu}ɔŋ44	k^{hu}ɔŋ53	$k^{hu}$$ɔ^{ɐ}$ŋ53
2933	肛	江開二見江平	kɔŋ55	koŋ55	kɔŋ55	koŋ55	kɔŋ33	k^{u}ɔŋ553	k^{u}ɔŋ553	k^{u}ɔŋ453	k^{u}ɔŋ44	koŋ53	koŋ53
2934	講	江開二見江上	kɔŋ35	kɔŋ35	kɔŋ35	kaŋ24	kɔŋ35	k^{u}ɔŋ335	k^{u}ɔŋ35	k^{u}ɔŋ35	k^{u}ɔŋ224	k^{u}ɔŋ35（文） kaŋ35（白）	kaŋ35
2935	港	江開二見江上	kɔŋ35	kɔŋ35	kɔŋ35	kaŋ24	kɔŋ35	k^{u}ɔŋ335	kwɔŋ35	k^{u}ɔŋ35	k^{u}ɔŋ224	k^{u}ɔŋ35	$k^{u}$$ɔ^{ɐ}$ŋ35
2936	降下～	江開二見江去	kɔŋ33	kɔŋ33	kɔŋ33	kaŋ11	kɔŋ44	k^{u}ɔŋ33	k^{u}ɔŋ33	k^{u}ɔŋ33	k^{u}ɔŋ33	k^{u}ɔŋ33（文） kaŋ33（白）	$k^{u}$$ɔ^{ɐ}$ŋ33（文） kaŋ33（白）
2937	虹	江開二見江去	hoŋ21	hoŋ21	hoŋ31	hoŋ44	hoŋ11	hoŋ21	hoŋ11	hoŋ13	hoŋ11	hoŋ23	hoŋ121
2938	覺	江開二見覺入	k^{h}ɔk033	k^{h}ɔk033	kɔʔ033	kaʔ011	k^{h}ɔk033	k^{u}ɔk033	k^{u}ɔk033	k^{u}ɔk033	k^{u}ɔk033	k^{u}ɔʔ033（文） kaʔ033（白）	kak033

（续上表）

序号	字项	中古音	湛江赤坎	廉江廉城	吴川梅菉	吴川吴阳	遂溪北坡	茂名茂南区	高州潘州街	信宜东镇	电白羊角	化州河西街	化州长岐
2939	角	江開二見覺入	kɔk033	kɔk033	kɔ33	kaʔ011	kɔk033	kᵘɔk033	kᵘɔk033	kᵘɔk033	kᵘɔk033	kᵘɔʔ033（文） kaʔ033（白）	kak033
2940	餃	江開二見覺入	kau35	kau35	kau35	kau24	kau35	kau335	kau35	kau35	kau224	kɑu35	kau35
2941	腔	江開二溪江平	hɔŋ55	kʰɔŋ55	hoŋ55	hoŋ55	hɔŋ33	hᵘɔŋ553	hᵘɔŋ553	hᵘɔŋ453	hᵘɔŋ445	hᵘɔŋ53	hᵘɔᵉŋ53
2942	确	江開二溪覺入	kʰɔk033	kʰɔk033	kʰɔʔ033	kʰᵘɔʔ011	kʰɔk033	kʰᵘɔk033	kʰᵘɔk033	kʰᵘɔk033	kʰᵘɔk033	kʰᵘɔʔ033	kʰᵘɔᵉk033
2943	殼	江開二溪覺入	hɔk033	hɔk033	hɔʔ033	haʔ011	hɔk033	hᵘɔk033	hᵘɔk033	hᵘɔk033	hᵘɔk033	hᵘɔʔ033	hak033
2944	嶽	江開二疑覺入	ŋɔk022	ŋɔk022	ŋɔʔ031	ŋaʔ033	ŋɔk021	ŋᵘɔk022	ŋᵘɔk021	ŋɔk022	ŋᵘɔk021	ŋᵘɔʔ022	ŋᵘɔᵉk033
2945	岳	江開二疑覺入	ŋɔk022	ŋɔk022	ŋɔʔ031	ŋaʔ033	ŋɔk021	ŋᵘɔk022	ŋᵘɔk021	ŋɔk022	ŋᵘɔk021	ŋaʔ022	ŋᵘɔᵉk022（文） ŋak022（白）
2946	樂	江開二疑覺入	lɔk022	ŋɔk022	lɔʔ031	ŋaʔ033	ŋɔk021	lᵘɔk022	lᵘɔk021	ŋɔk022	lᵘɔk021	ŋᵘɔʔ022（文） ŋaʔ022（白）	ŋᵘɔᵉk022（文） ŋak022（白）

（续上表）

序号	字项	中古音	湛江赤坎	廉江廉城	吴川梅菉	吴川吴阳	遂溪北坡	茂名茂南区	高州潘州街	信宜东镇	电白羊角	化州河西街	化州长岐
2947	降投~	江開二匣江平	hɔŋ21	kɔŋ33	hɔŋ31	kaŋ11	hɔŋ11	k^{u}ɔŋ33	k^{u}ɔŋ33	k^{u}ɔŋ33	k^{u}ɔŋ33	k^{u}ɔŋ33（文） kaŋ33（白）	k^{u}ɔ^{ɐ}ŋ33/ h^{u}ɔ^{ɐ}ŋ211
2948	項	江開二匣江上	hɔŋ13	hɔn13 ~链 hɔn21 姓	hɔŋ223	haŋ33	hɔŋ13	h^{u}ɔŋ113	h^{u}ɔŋ223 h^{u}ɔŋ31 鸡~	h^{u}ɔŋ31	h^{u}ɔŋ223	h^{u}ɔŋ31	h^{u}ɔ^{ɐ}ŋ13 ~链 h^{u}ɔ^{ɐ}ŋ211 姓
2949	巷	江開二匣江去	hɔŋ21	hɔŋ21	hɔŋ31	haŋ22	hɔŋ31	h^{u}ɔŋ31	h^{u}ɔŋ31	h^{u}ɔŋ31	h^{u}ɔŋ31	h^{u}ɔŋ31（文） haŋ31（白）	haŋ211
2950	學	江開二匣覺入	hɔk022	hɔk022	hɔʔ031	haʔ022	hɔk021	h^{u}ɔk022	h^{u}ɔk021	hɔk022	h^{u}ɔk021	haʔ022	hak022
2951	握	江開二影覺入	ɐʔ055	ɐt055	ʔaʔ033	aʔ011	aʔ033	ʔak033	ak033	ʔak055	ʔak033	ʔaʔ033	ʔak033
2952	崩	曾開一幫登平	pɐŋ55	pɐŋ55	ɓɐŋ55	ɓɐŋ55	pɐŋ33	pɐŋ553	pɐŋ553	pɐŋ453	pɐŋ44	ɓɐŋ53	ɓɐŋ53
2953	北	曾開一幫德入	pɐʔ055	pɐt055	ɓɐʔ055	ɓaʔ044	pɐʔ055	pɐk055	pɐk055	pak055	pɐk055	ɓɐk055	ɓɐk055
2954	朋	曾開一並登平	p^{h}ɐŋ21	p^{h}ɐŋ21	p^{h}ɐŋ31	p^{h}ɐŋ44	p^{h}ɐŋ11	p^{h}aŋ21	p^{h}aŋ11	p^{h}aŋ31	p^{h}aŋ11	p^{h}aŋ23	paŋ121
2955	墨	曾開一明德入	mɐʔ022	mɐt022	mɐʔ031	maʔ033	mɐʔ021	mɐk022	mɐk021	mak022	mɐk021	mɐk022	mɐk022

（续上表）

序号	字项	中古音	湛江赤坎	廉江廉城	吴川梅菉	吴川吴阳	遂溪北坡	茂名茂南区	高州潘州街	信宜东镇	电白羊角	化州河西街	化州长岐
2956	默	曾開一明德入	mɐʔ022	mɐt022	mɐʔ031	maʔ033	mɐʔ021	mɐk022	mɐk021	mak022	mɐk021	mɐk022	mɐk022
2957	登	曾開一端登平	tɐŋ55	tɐŋ55	ɗɐŋ55	ɗɐŋ55	tɐŋ33	tɐŋ553	tɐŋ553	tɐŋ453	tɐŋ44	ɗɐŋ53	ɗɐŋ53
2958	燈	曾開一端登平	tɐŋ55	tɐŋ55	ɗɐŋ55	ɗɐŋ55	tɐŋ33	tɐŋ553	tɐŋ553	tɐŋ453	tɐŋ44	ɗɐŋ53	ɗɐŋ53
2959	等	曾開一端登上	tɐŋ35	tɐŋ35	ɗɐŋ35	ɗɐŋ24	tɐŋ35	tɐŋ335	tɐŋ35	tɐŋ35	tɐŋ224	ɗɐŋ35	ɗɐŋ35
2960	凳	曾開一端登去	tɐŋ33	tɐŋ33	ɗɐŋ33	ɗɐŋ11	tɐŋ33	tɐŋ33	tɐŋ33	tɐŋ33	tɐŋ33	ɗɐŋ33	ɗɐŋ33
2961	得	曾開一端德入	tɐʔ055	tɐk055	ɗɐʔ055	ɗaʔ044	tɐʔ055	tɐk055	tɐk055	tak055	tɐk055	ɗɐk055	ɗɐk055
2962	德	曾開一端德入	tɐʔ055	tɐk055	ɗɐʔ055	ɗaʔ044	tɐʔ055	tɐk055	tɐk055	tak055	tɐk055	ɗɐk055	ɗɐk055
2963	謄	曾開一定登平							tʰɐŋ11		tʰɐŋ11		
2964	騰	曾開一定登平	tʰɐŋ21	tʰɐŋ21	tʰɐŋ31	tʰɐŋ44	tʰɐŋ11	tʰɐŋ21	tʰɐŋ11	tʰɐŋ13	tʰɐŋ11	tʰɐŋ23	tɐŋ121
2965	藤	曾開一定登平	tʰɐŋ21	tʰɐŋ21	tʰɐŋ31	tʰɐŋ44	tʰɐŋ11	tʰɐŋ21	tʰɐŋ11	tʰɐŋ13	tʰɐŋ11	tʰɐŋ23	tɐŋ121
2966	疼	曾開一定登平				tʰɐŋ44	toŋ33		tʰɐŋ11	tʰɐŋ13		tʰɐŋ23	
2967	鄧	曾開一定登去	tɐŋ21	tɐŋ21	ɗɐŋ31	tʰɐŋ22	tɐŋ31	tɐŋ31	tɐŋ31	tɐŋ31	tɐŋ31	tɐŋ31	tɐŋ211

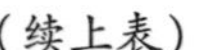
（续上表）

序号	字项	中古音	湛江赤坎	廉江廉城	吴川梅菉	吴川吴阳	遂溪北坡	茂名茂南区	高州潘州街	信宜东镇	电白羊角	化州河西街	化州长岐
2968	澄~一~	曾開一定登去	ʧ^{h}eŋ21	k^{h}eŋ21	ʧ^{h}eŋ31	ts^{h}en44	k^{h}eŋ11	ʧ^{h}eŋ21	ʧ^{h}eŋ11	k^{h}eŋ13	k^{h}ɛŋ11	k^{h}eŋ23	k^{h}en211
2969	特	曾開一定德入	tɐʔ022	tɐt022	ɗɐʔ031	t^{h}aʔ033	tɐʔ021	tɐk022	tɐk021	tak022	tɐk021	ɗɐk022	tɐk022
2970	能	曾開一泥登平	nɐŋ21	nɐŋ21	nɐŋ31	nɐŋ44	nɐŋ11	nɐŋ21	nɐŋ11	nɐŋ13	nɐŋ11	nɐŋ23	nɐŋ121
2971	棱	曾開一來登平	leŋ21	leŋ21		len44	leŋ11	leŋ21	leŋ11	leŋ31	lɛŋ11	leŋ23	len211
2972	肋	曾開一來德入	laʔ022	lɐt022	lɐʔ031	laʔ033	lɐʔ021	lɐk022	lɐk021	lak022		lɐt022	lek022
2973	勒	曾開一來德入	laʔ022	lɐt022	lɐʔ031	laʔ033	lɐʔ021	lɐk022	lɐk021	lak022	lɐk021	lɐt022	lɐt022
2974	曾姓	曾開一精登平	ʧɐŋ55	ʧɐn55	ʧɐŋ55	tɐŋ55	ʧɐŋ33	ʧɐŋ553	ʧɐŋ553	ʧɐŋ453	ʧɐŋ44	tɐŋ53	tɐŋ53
2975	增	曾開一精登平	ʧɐŋ55	ʧɐn55	ʧɐŋ55	tɐŋ55	ʧɐŋ33	ʧɐŋ553	ʧɐŋ553	ʧɐŋ453	ʧɐŋ44	tɐŋ53	tɐn53
2976	憎	曾開一精登平	ʧɐŋ55	ʧɐn55	ʧɐŋ55	tɐŋ55	ʧɐŋ33	ʧɐŋ553	ʧɐŋ553	ʧɐŋ453	ʧɐŋ44	tɐŋ53	tɐŋ53
2977	則	曾開一精德入	ʧɐʔ055	ʧɐt055	ʧɐʔ055	taʔ044	ʧɐʔ055	ʧɐk055	ʧɐk055	ʧak055	ʧɐk055	tɐk055	tɐk055
2978	曾~经	曾開一從登平	ʧ^{h}ɐŋ21	ʧ^{h}ɐn21	ʧ^{h}ɐŋ31	t^{h}ɐŋ44	ʧ^{h}ɐŋ11	ʧ^{h}ɐŋ21	ʧ^{h}ɐŋ11	ʧ^{h}ɐŋ13	ʧ^{h}ɐŋ11	t^{h}ɐŋ23	t^{h}ɐŋ121
2979	層	曾開一從登平	ʧ^{h}ɐŋ21	ʧ^{h}ɐn21	ʧ^{h}ɐŋ31	t^{h}ɐŋ44	ʧ^{h}ɐŋ11	ʧ^{h}ɐŋ21	ʧ^{h}ɐŋ11	ʧ^{h}ɐŋ31	ʧ^{h}ɐŋ11	t^{h}ɐŋ23	t^{h}ɐŋ121

（续上表）

序号	字项	中古音	湛江赤坎	廉江廉城	吴川梅菉	吴川吴阳	遂溪北坡	茂名茂南区	高州潘州街	信宜东镇	电白羊角	化州河西街	化州长岐
2980	贈	曾開一從登去	ʧɐŋ21	ʧɐn21	ʧɐŋ31	t^{h}ɐŋ22	ʧɐŋ31	ʧɐŋ31	ʧɐŋ31	ʧɐŋ31	ʧɐŋ31	t^{h}ɐŋ23	t^{h}ɐŋ121
2981	賊	曾開一從德入	ʧ^{h}aʔ022	ʧ^{h}ak022	ʧ^{h}ɐʔ031	t^{h}aʔ033	ʧ^{h}ɐʔ021	ʧ^{h}ak022	ʧ^{h}ak021	ʧ^{h}ak022	ʧ^{h}ak021	t^{h}aʔ022	t^{h}ak022
2982	僧	曾開一心登平	ʧɐŋ55	ʧɐn55	ʧɐŋ55	ɬɐŋ55	ʧɐŋ33	ʧɐŋ553	ɬɐŋ553	ɬɐŋ453	ʧɐŋ445	tɐŋ53	tɐŋ53
2983	塞	曾開一心德入	ʃɐʔ055	ɬɐt055	ɬɐʔ055	ɬaʔ044	ɬɐʔ055	ɬɐk055	ɬɐk055	ɬak055	ɬɐk055	ɬɐt055	ɬɐt055
2984	肯	曾開一溪登上	hɐŋ35	hɐn35	hɐŋ35	hɐŋ24	hɐŋ35	hɐn335	hɐŋ35	hɐŋ13	hɐn224	hɐŋ35	hɐŋ35
2985	刻雕～	曾開一溪德入	hɐʔ055	hɐk055	hɐʔ055	haʔ044	haʔ033	hɐk055	hɐk055	hak055	hɐk055	hɐk055	hɐk055
2986	刻时～	曾開一溪德入	hɐʔ055	hɐk055	hɐʔ055	haʔ044	haʔ033	hɐk055	hɐk055	hak055	hɐk055	hɐk055	hɐk055
2987	克	曾開一溪德入	hɐʔ055	hɐk055	hɐʔ055	haʔ044	haʔ033	hɐk055	hɐk055	hak055	hɐk055	hɐk055	hɐk055
2988	黑	曾開一曉德入	haʔ055	hɐk055	hɐʔ055	haʔ044	haʔ033	hɐk055	hɐk055	hak055	hɐk055	hɐk055	hɐk055
2989	恒	曾開一匣登平	hɐŋ21	hɐŋ21	hɐŋ31	hɐŋ44	haŋ31	hɐŋ21	hɐŋ11	hɐŋ31	hɐŋ11	hɐŋ31	hɐŋ211
2990	冰	曾開三幫蒸平	peŋ55	peŋ55	ɓeŋ55	ɓen55	peŋ33	peŋ553	peŋ553	peŋ453	pᴇŋ44	ɓeŋ53	ɓen53
2991	逼	曾開三幫職入	pek055	pek055	ɓek055	ɓaʔ044	pek055	pek055	pek055	pek055	pᴇk055	ɓek055	ɓek055

（续上表）

序号	字项	中古音	湛江赤坎	廉江廉城	吴川梅菉	吴川吴阳	遂溪北坡	茂名茂南区	高州潘州街	信宜东镇	电白羊角	化州河西街	化州长岐
2992	凴	曾開三並蒸平	p^{h}ɐŋ21	p^{h}ɐŋ21	p^{h}ɐŋ31	p^{h}ɐŋ44	p^{h}ɐŋ11	p^{h}ɐŋ21	p^{h}ɐŋ11	p^{h}ɐŋ13	p^{h}ɐŋ11	p^{h}ɐŋ23	pɐŋ121
2993	匿	曾開三娘職入		iak033		n^{u}ɔʔ022		nip022	ȵiak021/ n^{u}ɔk021			nek055	ȵiak022/ n^{u}ɔ^{ɐ}k022
2994	陵	曾開三來蒸平	leŋ21	leŋ21	leŋ31	len44	leŋ11	leŋ21	leŋ11	leŋ31	lᴇŋ11	leŋ23	len121
2995	凌	曾開三來蒸平	leŋ21	leŋ21	leŋ31	len44	leŋ11	leŋ21	leŋ11	leŋ31	lᴇŋ11	leŋ23	len121
2996	菱	曾開三來蒸平	leŋ21	leŋ21	leŋ31	len44	leŋ11	leŋ21	leŋ11	leŋ31	lᴇŋ11	leŋ23	len121
2997	力	曾開三來職入	lek022	lek022	lek031	let022	lek021	lek022	lek021	lek022	lᴇk021	lek022	lek022
2998	即	曾開三精職入	ʧek055	ʧek055	ʧek055	taʔ044	ʧek055	ʧek055	ʧek055	ʧek055	ʧᴇk055	tek055	tɐk055
2999	鲫	曾開三精職入	ʧɐʔ055	ʧɐt055	ʧɐʔ055	taʔ044	ʧɐʔ055	ʧɐk055	ʧek055	ʧek055	ʧᴇk055	tek055	tɐk055
3000	息	曾開三心職入	ʃek055	ɬek055	ɬek055	ɬaʔ044	ɬek055	ɬek055	ɬek055	ɬek055	ɬᴇk055	ɬek055	ɬek055
3001	熄	曾開三心職入	ʃek055	ɬek055	ɬek055	ɬaʔ044	ɬek055	ɬek055	ɬek055	ɬek055	ɬᴇk055	ɬek055	ɬek055
3002	媳	曾開三心職入	ʃek055	ɬek055	ɬek055	ɬaʔ044	ɬek055	ɬek055	ɬek055	ɬek055	ɬᴇk055	ɬek055	ɬek055
3003	徵	曾開三知蒸平	ʧeŋ55	ʧeŋ55	ʧeŋ55	tsen55	ʧeŋ33	ʧeŋ553	ʧeŋ553	ʧeŋ453	ʧᴇŋ44	ʧeŋ53	ʧen53

（续上表）

序号	字项	中古音	湛江赤坎	廉江廉城	吴川梅菉	吴川吴阳	遂溪北坡	茂名茂南区	高州潘州街	信宜东镇	电白羊角	化州河西街	化州长岐
3004	澄~清	曾開三登蒸平	kʰeŋ21	kʰeŋ21	kʰeŋ31	tsʰen44	kʰeŋ11	ʧʰeŋ21	kʰeŋ11	kʰeŋ13	kʰᴇŋ11	kʰeŋ23	kʰen121
3005	懲	曾開三澄蒸平	ʧʰeŋ21	ʧʰeŋ21	ʧʰeŋ31		ʧʰeŋ11	ʧʰeŋ21	ʧʰeŋ11	ʧʰeŋ31	ʧʰᴇŋ11	ʧʰeŋ35	ʧʰen211
3006	瞪	曾開三澄蒸去	tɐŋ55	ʧʰaŋ33	ɗɐŋ55	tsʰen44	ʧʰaŋ44	tɐŋ553	tɐŋ553	tɐŋ453	tɐŋ44	ɗɐŋ53	ɗɐŋ53
3007	直	曾開三澄職入	ʧek022	ʧek022	ʧek031	tsʰet022	ʧek021	ʧek022	ʧek021	ʧek022	ʧᴇk021	ʧʰek022	ʧʰek022
3008	值	曾開三澄職入	ʧek022	ʧek022	ʧek031	tsʰet022	ʧek021	ʧek022	ʧek021	ʧek022	ʧᴇk021	ʧʰek022	ʧʰek022
3009	側	曾開三莊職入	ʧɐʔ055	ʧɐt055	ʧɐʔ055	tsaʔ044	ʧʰɐʔ055	ʧɐk055	ʧʰɐk055	ʧʰak055	ʧɐk055	ʧʰɐk055	ʧʰɐk055
3010	測	曾開三初職入	ʧʰɐʔ055	ʧʰɐt055	ʧʰɐʔ055	tsaʔ044	ʧʰɐʔ055	ʧʰɐk055	ʧʰɐk055	ʧʰak055	ʧʰɐk055	ʧʰɐk055	ʧʰɐk055
3011	惻	曾開三初職入	ʧʰɐʔ055	ʧɐt055			ʧɐʔ055	ʧʰɐk055	ʧʰɐk055	ʧʰak055	ʧʰɐk055	ʧʰɐk055	ʧʰɐk055
3012	色	曾開三生職入	ʃek055	ʃek055	ʃek055	saʔ044	ʃek055	sek055	ʃek055	ʃek055	ʃᴇk055	ʃek055	ʃek055
3013	嗇	曾開三生職入					ʃek055	ɬek055	ɬɐk055	ɬek055	ɬᴇk055	ɬek055	
3014	蒸	曾開三章蒸平	ʧeŋ55	ʧeŋ55	ʧeŋ55	tsen55	ʧeŋ33	ʧeŋ553	ʧeŋ553	ʧeŋ453	ʧᴇŋ44	ʧeŋ53	ʧen53
3015	拯	曾開三章蒸上	ʧʰeŋ35	ʃeŋ21	ʧɐŋ35	hɐŋ24	ʃeŋ11	ʧeŋ335	ʧeŋ35	ʃeŋ31	ʧᴇŋ44	ʧɐn35/ ʧʰeŋ35	ʧʰen35

（续上表）

序号	字项	中古音	湛江赤坎	廉江廉城	吴川梅菉	吴川吴阳	遂溪北坡	茂名茂南区	高州潘州街	信宜东镇	电白羊角	化州河西街	化州长岐
3016	證	曾開三章蒸去	ʧeŋ33	ʧeŋ33	ʧeŋ33	tsen11	ʧeŋ44	ʧeŋ33	ʧeŋ33	ʧeŋ33	ʧᴇŋ33	ʧeŋ33	ʧen33
3017	症	曾開三章蒸去	ʧeŋ33	ʧeŋ33	ʧeŋ33	tsen11	ʧeŋ44	ʧeŋ33	ʧeŋ33	ʧeŋ33	ʧᴇŋ33	ʧeŋ33	ʧen33
3018	織	曾開三章職入	ʧek055	ʧek055	ʧek055	tset044	ʧek055	ʧek055	ʧek055	ʧek055	ʧᴇk055	ʧek055	ʧek055
3019	職	曾開三章職入	ʧek055	ʧek055	ʧek055	tset044	ʧek055	ʧek055	ʧek055	ʧek055	ʧᴇk055	ʧek055	ʧek055
3020	稱～呼	曾開三昌蒸平	ʧʰeŋ55	ʧʰeŋ55	ʧʰeŋ55	tsʰen55	ʧʰeŋ33	ʧʰeŋ553	ʧʰeŋ553	ʧʰeŋ453	ʧʰᴇŋ44	ʧʰeŋ53	ʧʰen53
3021	稱～心	曾開三昌蒸去	ʧʰeŋ33	ʧʰeŋ55	ʧʰeŋ55	tsʰen55	ʧʰeŋ33	ʧʰeŋ553	ʧʰeŋ33	ʧʰeŋ453	ʧʰᴇŋ44	ʧʰeŋ53	ʧʰen53
3022	秤	曾開三昌蒸去	ʧʰeŋ33	ʧʰeŋ33	ʧʰeŋ33	tsʰen11	ʧʰeŋ44	ʧʰeŋ33	ʧʰeŋ33	ʧʰeŋ33	ʧʰᴇŋ33	ʧʰeŋ33	ʧʰen33
3023	乘	曾開三船蒸平	ʃeŋ21	ʃeŋ21	ʃeŋ31	sen44	ʃeŋ11	seŋ21	ʃeŋ11	ʃeŋ13	ʃᴇŋ11	ʃeŋ23	ʃen121
3024	繩	曾開三船蒸平	ʃeŋ21	ʃeŋ21	ʃeŋ31	sen44	ʃeŋ11	seŋ21	ʃeŋ11	ʃeŋ13	ʃᴇŋ11	ʃeŋ23	ʃen121
3025	塍	曾開三船蒸平										ʃeŋ23	ʃen121
3026	剩	曾開三船蒸去	ʃeŋ21	ʃeŋ21	ʃeŋ31	sen22	ʃeŋ31	seŋ31	ʃeŋ31	ʃeŋ31	ʃᴇŋ11	ʃeŋ31	ʃen121
3027	食	曾開三船職入	ʃek022	ʃek022	ʃek031	set033	ʃek021	sek022	ʃek021	ʃek022	ʃᴇk021	ʃek022	ʃek022

（续上表）

序号	字项	中古音	湛江赤坎	廉江廉城	吴川梅菉	吴川吴阳	遂溪北坡	茂名茂南区	高州潘州街	信宜东镇	电白羊角	化州河西街	化州长岐
3028	蝕	曾開三船職入	ʃek022	ʃek022	ʃek031	set022	ʃek021	sek022	ʃek021	ʃek022	ʃᴇk021	ʃek022	ʃek022
3029	升	曾開三書蒸平	ʃeŋ55	ʃeŋ55	ʃeŋ55	sen55	ʃeŋ33	seŋ553	ʃeŋ553	ʃeŋ453	ʃᴇŋ44	ʃeŋ53	ʃen53
3030	勝~任	曾開三書蒸平	ʃeŋ33	ʃeŋ33	ʃeŋ33	sen55	ʃeŋ44	seŋ33	ʃeŋ33	ʃeŋ33	ʃᴇŋ33	ʃeŋ33	ʃen33
3031	勝~利	曾開三書蒸去	ʃeŋ33	ʃeŋ33	ʃeŋ33	sen11	ʃeŋ44	seŋ33	ʃeŋ33	ʃeŋ33	ʃᴇŋ33	ʃeŋ33	ʃen33
3032	識	曾開三書職入	ʃek055	ʃek055	ʃek055	set044	ʃek055	sek055	ʃek055	ʃek055	ʃᴇk055	ʃek055	ʃek055
3033	式	曾開三書職入	ʃek055	ʃek055	ʃek055	set044	ʃek055	sek055	ʃek055	ʃek055	ʃᴇk055	ʃek055	ʃek055
3034	飾	曾開三書職入	ʃek055	ʃek055	ʃek055	set044	ʃek055	sek055	ʃek055	ʃek055	ʃᴇk055	ʃek055	ʃek055
3035	承	曾開三禪蒸平	ʃeŋ21	ʃeŋ21	ʃeŋ31	sen44	ʃeŋ11	seŋ21	ʃeŋ11	ʃeŋ13	ʃᴇŋ11	ʃeŋ23	ʃen211
3036	丞	曾開三禪蒸平	ʃeŋ21	ʃeŋ21	ʃeŋ31	sen44	ʃeŋ11	seŋ21	ʃeŋ11	ʃeŋ31	ʃᴇŋ11	ʃeŋ23	ʃen211
3037	殖	曾開三禪職入	ʧek022	ʧek022	ʧek031	ts^{h}et022	ʧek021	ʧek022	ʧek021	ʧek022	ʧᴇk021	ʧ^{h}ek022	ʧ^{h}ek022
3038	植	曾開三禪職入	ʧek022	ʧek022	ʧek031	ts^{h}et022	ʧek021	ʧek022	ʧek021	ʧek022	ʧᴇk021	ʧ^{h}ek022	ʧ^{h}ek022
3039	仍	曾開三日蒸平	ieŋ21	ŋeŋ21	ŋeŋ31	ŋen44	ŋeŋ11	ŋeŋ21	ŋeŋ11	ŋeŋ13	ŋᴇŋ11	ŋeŋ23	ŋen121

（续上表）

序号	字项	中古音	湛江赤坎	廉江廉城	吴川梅菉	吴川吴阳	遂溪北坡	茂名茂南区	高州潘州街	信宜东镇	电白羊角	化州河西街	化州长岐
3040	扔	曾開三日蒸平	ieŋ21	ŋeŋ21	ŋeŋ31	ŋen44	ŋeŋ11	ŋeŋ21	ʋeŋ553	weŋ453	ŋɛŋ11	ŋeŋ23	ŋen121
3041	棘	曾開三見職入	kek055	kʰek055	kʰek055	ket044	laʔ021	kʰek055	kek055	lat022	kʰɛk055	kek055	kek055
3042	極	曾開三羣職入	kek022	kek022	kek031	kʰet033	kek021	kek022	kek021	kek022	kɛk021	kʰek022	kʰek022
3043	凝	曾開三疑蒸平	ieŋ21	ŋeŋ21		ŋɐŋ44	ŋeŋ11	ŋeŋ21	ŋeŋ11（文） ŋɐŋ11（白）	ŋeŋ31	ŋɛŋ11	ŋɐŋ31	ŋɐn211
3044	興~旺	曾開三曉蒸平	heŋ55	heŋ55	heŋ55	hen55	heŋ33	heŋ553	heŋ553	heŋ453	hɛŋ44	heŋ53	hen53
3045	興高~	曾開三曉蒸去	heŋ33	heŋ33	heŋ33	hen11	heŋ44	heŋ33	heŋ33	heŋ33	hɛŋ33	heŋ33	hen33
3046	應~该	曾開三影蒸平	ieŋ55	ieŋ55	ieŋ55	ʔen55	ieŋ33	ieŋ553	ieŋ553	ieŋ453	iɛŋ44	ʔeŋ53	ʔen53
3047	鷹	曾開三影蒸平	ieŋ55	ieŋ55	ieŋ55	ʔen55	ieŋ33	ieŋ553	ieŋ553	ieŋ453	iɛŋ44	ʔeŋ53	ʔen53
3048	應~付	曾開三影蒸去	ieŋ33	ieŋ33	ieŋ33	ʔen11	ieŋ44	ieŋ33	ieŋ33	ieŋ33	iɛŋ33	ʔeŋ33	ʔen33
3049	憶	曾開三影職入	iek055	iek055	iek055	ʔet044	iek055	iek055	iek055	iek055	iɛk055	ʔek055	ʔek055
3050	億	曾開三影職入	iek055	iek055	iek055	ʔet044	iek055	iek055	iek055	iek055	iɛk055	ʔek055	ʔek055

（续上表）

序号	字项	中古音	湛江赤坎	廉江廉城	吴川梅菉	吴川吴阳	遂溪北坡	茂名茂南区	高州潘州街	信宜东镇	电白羊角	化州河西街	化州长岐
3051	抑	曾開三影職入	iek055	iek055	iek055	ʔet044	iek055	iek055	iek055	iek055	iᴇk055	ʔek055	ʔek055
3052	蠅	曾開三以蒸平	ieŋ21	ieŋ21	ieŋ31	ien44	ieŋ11	ieŋ21	ieŋ11	ieŋ35	iᴇŋ11	jieŋ23	^{z}jen121
3053	孕	曾開三以蒸去	iɐn21	iɐn21	ieŋ31	ien22	ȵieŋ31	ȵiɐn31	ȵiɐn31	iɐn31	ȵiɐn31	jieŋ23	^{z}jen121
3054	翼	曾開三以職入	iek022	iek022	iek031	iet033	iek021	iek022	iek055	iek022	iᴇk055	jiek022	^{z}jek022
3055	國	曾合一見德入	kɔk033	kɔk033	kɔʔ033	k^{u}ɔʔ011	kɔk033	k^{u}ɔk033	kwɔk033	kwɔk033	kʋɔk033	k^{u}ɔʔ033	k^{u}ɔ^{ɐ}k033
3056	弘	曾合一匣登平	ʋɐn21	hoŋ21	ʋɐŋ223	hoŋ44	hoŋ11	ʋɐŋ21	waŋ11	wɐŋ31	ʋɐn44	ʋɐn31	ʋien211
3057	或	曾合一匣德入	ʋaʔ022	ʋak022	ʋaʔ031	ʋet022	ʋaʔ021	ʋak022	wak021	wak022	ʋak021	ʋaʔ022	ʋɐt022
3058	惑	曾合一匣德入	ʋaʔ022	ʋak022	ʋaʔ031	ʋet022	ʋaʔ021	ʋak022	wak021	wak022	ʋak021	ʋaʔ022	ʋɐt022
3059	域	曾合三云職入	ʋek022	ʋak022	ʋek031	ʋet022	ʋek021	iek022	iek021	wek022	ʋak021	ʋaʔ022	ʋek022
3060	百	梗開二幫陌入	paʔ033	pak033	ɓaʔ033	ɓaʔ011	paʔ033	pak033	pak033	pak033	pak033	ɓaʔ033	ɓak033
3061	柏	梗開二幫陌入	p^{h}aʔ033	p^{h}ak033	p^{h}aʔ033	ɓaʔ011	p^{h}aʔ033	p^{h}ak033	pak033	pak033	pak033	p^{h}aʔ033	ɓak033
3062	伯	梗開二幫陌入	paʔ033	pak033	ɓaʔ033	ɓaʔ011	paʔ033	pak033	pak033	pak033	pak033	ɓaʔ033	ɓak033

（续上表）

序号	字项	中古音	湛江赤坎	廉江廉城	吴川梅菉	吴川吴阳	遂溪北坡	茂名茂南区	高州潘州街	信宜东镇	电白羊角	化州河西街	化州长岐
3063	迫	梗開二幫陌入	pek055	pek055	p^haʔ033	p^haʔ011	pek055	p^hak033	p^hak033	p^hak055	pᴇk055	p^haʔ033	p^hak033
3064	烹	梗開二滂庚平		p^han55		p^haŋ55	p^hɐŋ33	p^haŋ553	p^haŋ553	p^haŋ453	p^haŋ44	p^haŋ53	p^haŋ53
3065	碰	梗開二滂庚去	p^hoŋ33	p^hoŋ33	p^hoŋ33	p^hoŋ11	p^hoŋ44	p^hoŋ33	p^hoŋ33	p^hoŋ33	p^hoŋ33	p^hoŋ33	p^hoŋ33
3066	拍	梗開二滂陌入	p^haʔ033	p^hak033	p^haʔ033	p^haʔ011	p^haʔ033	p^hak033	p^hak033	p^hak033	p^hak033	p^haʔ033	p^hak033
3067	珀	梗開二滂陌入	p^haʔ033	p^hak033	p^haʔ033	ɓaʔ011	p^haʔ033	p^hak033	p^hak033	p^hak033	p^hak033	p^haʔ033	p^hak033
3068	魄	梗開二滂陌入	p^haʔ033	p^hak033	p^haʔ033	p^haʔ011	p^haʔ033	p^hak033	p^hak033	p^hak033	p^hak033	p^haʔ033	p^hak033
3069	彭	梗開二並庚平	p^haŋ21	p^haŋ21	p^haŋ31	p^haŋ44	p^haŋ11	p^haŋ21	p^haŋ11	p^haŋ13	p^haŋ11	p^haŋ23	paŋ211
3070	膨	梗開二並庚平	p^haŋ21	p^haŋ21	p^haŋ31	p^haŋ44	p^haŋ11	p^haŋ21	p^haŋ11	p^haŋ31	p^haŋ11	p^haŋ31	paŋ211
3071	白	梗開二並陌入	paʔ022	pak022	ɓaʔ031	p^haʔ022	paʔ021	pak022	pak021	pak022	pak021	ɓaʔ022	pak022
3072	帛	梗開二並陌入	paʔ022	pak033		p^haʔ033	paʔ021	p^uɔk022	p^uɔk021	pak022		ɓaʔ022	
3073	盲	梗開二明庚平	maŋ21	maŋ21	maŋ31	maŋ44	maŋ11	maŋ21	maŋ11	maŋ13	maŋ11	maŋ23	maŋ121
3074	虻	梗開二明庚平	mɔŋ55	mɔŋ55	mɔŋ55	m^uɔŋ55	mɔŋ11	m^uɔŋ553	m^uɔŋ553	m^uɔŋ453	m^uɔŋ11	m^uɔŋ23	

（续上表）

序号	字项	中古音	湛江赤坎	廉江廉城	吴川梅菉	吴川吴阳	遂溪北坡	茂名茂南区	高州潘州街	信宜东镇	电白羊角	化州河西街	化州长岐
3075	猛	梗開二明庚上	maŋ13	mɐŋ13	maŋ223	maŋ33	maŋ13	maŋ113	maŋ223	maŋ13	maŋ223	maŋ23	maŋ13
3076	孟	梗開二明庚去	mɐŋ21	mɐŋ13	maŋ223	maŋ22	maŋ31	maŋ31	maŋ31	maŋ31	maŋ223	maŋ23	maŋ211
3077	陌	梗開二明陌入	maʔ022	pak033	pʰaʔ033	ɓaʔ011	paʔ033	mak022	pak033	pak033	pak033	ɓaʔ033	ɓak033
3078	打	梗開二端庚上	ta35	ta35	ɗa35	ɗa24	ta35	ta335	ta35	ta13	ta224	ɗa35	ɗa35
3079	冷	梗開二來庚上	laŋ13	laŋ13	laŋ223	laŋ33	laŋ13	laŋ113	laŋ223	laŋ13	laŋ223	laŋ23	laŋ13
3080	撑	梗開二徹庚平	ʧʰaŋ33	ʧʰaŋ55	ʧʰaŋ33	tsʰaŋ55	ʧʰaŋ33	ʧʰaŋ553	ʧʰaŋ553	ʧʰaŋ453	ʧʰaŋ44	ʧʰaŋ53	ʧʰaŋ53
3081	拆	梗開二徹陌入	ʧʰaʔ033	ʧʰak033	ʧʰaʔ033	tsʰaʔ011	ʧʰaʔ033	ʧʰak033	ʧʰak033	ʧʰak033	ʧʰak033	ʧʰaʔ033	ʧʰak033
3082	澤	梗開二澄陌入	ʧaʔ022	ʧak022	ʧaʔ031	tsʰaʔ022	ʧaʔ021	ʧak022	ʧap021	ʧak022	ʧak021	ʧʰaʔ022	ʧʰak022
3083	擇	梗開二澄陌入	ʧaʔ022	ʧak022	ʧaʔ031	tsʰaʔ022	ʧaʔ021	ʧak022	ʧap021	ʧak022	ʧak033	ʧʰaʔ022	ʧʰak022
3084	宅	梗開二澄陌入	ʧaʔ033	ʧak022	ʧaʔ031	tsʰaʔ022	ʧaʔ021	ʧak022	ʧak033	ʧak022	ʧak021	ʧʰaʔ022	ʧʰak022
3085	窄	梗開二莊陌入	ʧaʔ033	ʧak033	ʧaʔ033	tsaʔ011	ʧa44	ʧak033	ʧak033	ʧat033	ʧat033	ʧaʔ033	ʧak033
3086	生	梗開二生庚平	ʃaŋ55	ʃaŋ55	ʃaŋ55	saŋ55	ʃaŋ33	saŋ553	ʃaŋ553	ʃaŋ453	ʃaŋ44	ʃaŋ53	ʃaŋ53

（续上表）

序号	字项	中古音	湛江赤坎	廉江廉城	吴川梅菉	吴川吴阳	遂溪北坡	茂名茂南区	高州潘州街	信宜东镇	电白羊角	化州河西街	化州长岐
3087	牲	梗開二生庚平	ʃaŋ55	ʃaŋ55	ʃaŋ55	saŋ55	ʃaŋ33	saŋ553	ʃaŋ553	ʃaŋ453	ʃaŋ44	ʃaŋ53	ʃaŋ53
3088	笙	梗開二生庚平	ʃaŋ55	ʃaŋ55		saŋ55	ʃaŋ33	saŋ553	ʃaŋ553			ʃaŋ53	ʃaŋ53
3089	甥	梗開二生庚平	ʃaŋ55	ʃaŋ55	ʃaŋ55	saŋ55	ʃaŋ33	saŋ553	ʃaŋ553	ʃaŋ453	ʃaŋ44	ʃaŋ53	ʃaŋ53
3090	省~长	梗開二生庚上	ʃaŋ35	ʃaŋ35	ʃaŋ35	saŋ24	ʃaŋ35	saŋ335	ʃaŋ35	ʃaŋ35	ʃaŋ224	ʃaŋ35	ʃaŋ35
3091	省节~	梗開二生庚上	ʃaŋ35	ʃaŋ35	ʃaŋ35	saŋ24	ʃaŋ35	saŋ335	ʃaŋ35	ʃaŋ35	ʃaŋ224	ʃaŋ35	ʃaŋ35
3092	更三~	梗開二見庚平	kaŋ55	kaŋ55	kaŋ55	kaŋ55	kaŋ33 三~ kɐŋ44 ~换	kaŋ553	kaŋ553	kaŋ453	kaŋ44	kaŋ53	kaŋ53
3093	粳	梗開二見庚平		kɐŋ33			kaŋ33				kɐŋ33		
3094	庚	梗開二見庚平	kɐŋ55	kaŋ55	kɐŋ55	kaŋ55	kaŋ33	kaŋ553	kaŋ553	kaŋ453	kaŋ44	kaŋ53	kaŋ53
3095	羹	梗開二見庚平	kɐŋ55	kaŋ55	kɐŋ55	kaŋ55	kaŋ33	kaŋ553	kaŋ553	kaŋ453	kaŋ44	kaŋ53	kaŋ53
3096	哽	梗開二見庚上	k^hɐŋ35	k^hɐŋ35	k^hɐŋ35	kaŋ24	k^hɐŋ35	k^haŋ335	k^haŋ35	k^hɐŋ35	k^haŋ224	kw^haŋ35	k^hɐŋ35
3097	埂	梗開二見庚上					kaŋ33		kwaŋ35	kɐŋ453	kɐŋ224	kaŋ53	

（续上表）

序号	字项	中古音	湛江赤坎	廉江廉城	吴川梅菉	吴川吴阳	遂溪北坡	茂名茂南区	高州潘州街	信宜东镇	电白羊角	化州河西街	化州长岐
3098	梗	梗開二見庚上	kʰɐŋ35	kwʰaŋ35		kaŋ24		kwʰaŋ335	kwaŋ35	kwʰaŋ35	kɐŋ224	kwʰaŋ35	kwʰaŋ35
3099	更~加	梗開二見庚去	kɐŋ33	kɐŋ33	kɐŋ33	kaŋ11	kɐŋ44	kɐŋ33	kɐŋ33	kɐŋ33	kɐŋ33	kaŋ33	kaŋ33
3100	格	梗開二見陌入	kaʔ033	kak033	kaʔ033	kaʔ011	kaʔ033	kak033	kak033	kak033	kak033	kaʔ033	kak033
3101	骼	梗開二見陌入	lɔk033	lɔk033			lɔk033	lᵘɔk033	lᵘɔk033	lᵘɔk033	kak033	lᵘɔʔ033	lᵘɔᵋk022
3102	坑	梗開二溪庚平	hɐŋ55	hɐŋ55	haŋ55	haŋ55	haŋ33	haŋ553	haŋ553	haŋ453	haŋ445	haŋ53	haŋ53
3103	客	梗開二溪陌入	haʔ033	hak033	haʔ033	haʔ011	haʔ033	hak033	hak033	hak033	hak033	haʔ033	hak033
3104	硬	梗開二疑庚去	ŋaŋ21	ŋaŋ22	ŋaŋ31	ŋaŋ22	ŋaŋ31	ŋaŋ31	ŋaŋ31	ŋaŋ31	ŋaŋ31	ŋaŋ31	ŋaŋ211
3105	額	梗開二疑陌入	ŋɐʔ022	ŋak022	ŋaʔ031	ŋaʔ033	ŋaʔ021	ŋak022	ŋak021	ŋak022	ŋak021	ŋaʔ022	ŋak022
3106	亨	梗開二曉庚平	hɐŋ55	hɐŋ55	hɐŋ55	haŋ55	hɐŋ33	haŋ553	hɐŋ553	hɐŋ453	haŋ44	haŋ53	haŋ53
3107	赫	梗開二曉陌入	haʔ033	hak033	haʔ033	haʔ011	haʔ033	hɐk055	hak033	hak033		haʔ033	hak033
3108	嚇恐~	梗開二曉陌入	haʔ033	hak033	haʔ033	haʔ011	haʔ033	hak033	hak033	hak033	hak033	haʔ033	hak033
3109	行~为	梗開二匣庚平	haŋ21	haŋ21	haŋ31	haŋ44	haŋ11	haŋ21	haŋ11	haŋ31	haŋ11	haŋ23	haŋ121

（续上表）

序号	字项	中古音	湛江赤坎	廉江廉城	吴川梅菉	吴川吴阳	遂溪北坡	茂名茂南区	高州潘州街	信宜东镇	电白羊角	化州河西街	化州长岐
3110	衡	梗開二匣庚平	hɐŋ21	hɐŋ21	hɐŋ31	haŋ44	haŋ11	hɐŋ21	hɐŋ11	hɐŋ13	hɐŋ11	haŋ23	haŋ121
3111	杏	梗開二匣庚上	hɐŋ21	hɐŋ21	hɐŋ31	haŋ22	haŋ31	hɐŋ21	hɐŋ31	hɐŋ31	hɐŋ11	hɐŋ31	hɐŋ211
3112	行品~	梗開二匣庚去	haŋ21	hɐŋ21	haŋ31	haŋ22	haŋ11	haŋ21	haŋ11	haŋ31	hᵘɔŋ11	haŋ23	haŋ121
3113	浜	梗開二幫耕平	pɔŋ55	pɐn55	ɓɔŋ55	ɓɐŋ55	pɔŋ33	pɐn553	pɐn553	pɔŋ453	pɐn44	ɓɐn53	ɓɐn53
3114	繃	梗開二幫耕平	pʰɐŋ21	pɐn55	ɓɐŋ55	ɓɐŋ55	pʰaŋ11		pɐŋ553	pɐŋ453	pɐŋ44	ɓɐn53	
3115	迸	梗開二幫耕去	peŋ33	peŋ22		pʰen22	pʰeŋ44	pʰeŋ33	pʰeŋ223	pʰeŋ13	pɐŋ44	pʰeŋ23	pʰen33
3116	擘	梗開二幫麥入	miaʔ055	mɐk055	mɐʔ055	maʔ033	mek055	miɛk055	miɛk055	mit055	miᴇk055	miaʔ055	miak055
3117	檗	梗開二幫麥入		pʰak033	ɓaʔ033	ɓaʔ011	pʰaʔ033		pak033	pak033		ɓaʔ033	
3118	棚	梗開二並耕平	pʰaŋ21	pʰaŋ21	pʰaŋ31	pʰaŋ44	pʰaŋ11	pʰaŋ21	pʰaŋ11	pʰaŋ13	pʰaŋ11	pʰaŋ23	paŋ121
3119	蚌	江開二並江上	pʰɔŋ21	pʰɔŋ21	pʰɔŋ31	pʰaŋ33	pʰɔŋ35			pʰᵘɔŋ13	pʰᵘɔŋ223	pʰaŋ23	
3120	萌	梗開二明耕平	meŋ21	meŋ21		men44	meŋ11	mɐŋ21	mɐŋ11	mɐŋ13	mᴇŋ11	meŋ23	men121
3121	氓	梗開二明耕平	mɔŋ21	mɔŋ21	mɐŋ31	mɐŋ44	mɔŋ11	mᵘɔŋ21	mɐn11/mᵘɔŋ11	mɐn13	mᵘɔŋ11	mᵘɔŋ23	mᵘɔᵉŋ121

（续上表）

序号	字项	中古音	湛江赤坎	廉江廉城	吴川梅菉	吴川吴阳	遂溪北坡	茂名茂南区	高州潘州街	信宜东镇	电白羊角	化州河西街	化州长岐
3122	麥	梗開二明麥入	mɐʔ022	mɐt022	mɐʔ033	maʔ022	mɐʔ021	mak022	mɐk021	mak022	mak021	mɐk022	mak022
3123	脈	梗開二明麥入	mɐʔ022	mɐt022	maʔ033	maʔ022	mɐʔ021	mɐk022	mɐk021	mak022	mak021	mɐk022	mak022
3124	摘	梗開二知麥入	ʧaʔ022	ʧak033	ʧaʔ031	tsaʔ011	ʧaʔ021	ʧak033	ʧap021	ʧak022	ʧak033	ʧaʔ033	ʧak033
3125	橙	梗開二澄耕平	ʧ^{h}aŋ21	ʧ^{h}aŋ21	ʧ^{h}aŋ31	ts^{h}aŋ44	ʧ^{h}ɐŋ11	ʧ^{h}aŋ21	ʧ^{h}aŋ11	ʧ^{h}ɐŋ13	ʧ^{h}ɐŋ11	ʧ^{h}aŋ23	ʧ^{h}aŋ121
3126	争	梗開二莊耕平	ʧaŋ55	ʧaŋ55	ʧaŋ55	tsaŋ55	ʧaŋ33	ʧaŋ553	ʧaŋ553	ʧaŋ453	ʧaŋ44	ʧaŋ53	ʧaŋ53
3127	筝	梗開二莊耕平	ʧɐŋ55	ʧaŋ55	ʧaŋ55	tsaŋ55	ʧaŋ33	ʧaŋ553	ʧaŋ553	ʧaŋ453	ʧaŋ44	ʧaŋ53	ʧaŋ53
3128	睁	梗開二莊耕平	ʧ^{h}aŋ33	ʧ^{h}aŋ33	ʧaŋ55	tsaŋ55	ʧ^{h}aŋ44	ʧɐŋ553	ʧaŋ553	ʧaŋ453	ʧaŋ44	ʧ^{h}aŋ33	ʧaŋ53
3129	踭	梗開二莊耕平	ʧaŋ55	ʧaŋ55	ʧaŋ55	tsaŋ55	ʧaŋ33	ʧaŋ553	ʧaŋ553	ʧaŋ453	ʧaŋ44	ʧaŋ53	ʧaŋ53
3130	責	梗開二莊麥入	ʧaʔ033	ʧak033	ʧaʔ031	tsaʔ011	ʧa44	ʧak033	ʧak033	ʧak033	ʧak033	ʧaʔ033	ʧak033
3131	策	梗開二初麥入	ʧ^{h}aʔ033	ʧ^{h}ak033	ʧ^{h}aʔ033	ts^{h}aʔ011	ʧ^{h}aʔ033	ʧ^{h}ak033	ʧ^{h}ak033	ʧ^{h}ak033	ʧ^{h}ak033	ʧ^{h}aʔ033	ʧ^{h}ak033
3132	册	梗開二初麥入	ʧ^{h}aʔ033	ʧ^{h}ak033	ʧ^{h}aʔ033	ts^{h}aʔ011	ʧ^{h}aʔ033	ʧ^{h}ak033	ʧ^{h}ak033	ʧ^{h}ak033	ʧ^{h}ak033	ʧ^{h}aʔ033	ʧ^{h}ak033
3133	耕	梗開二見耕平	kaŋ55	kaŋ55	kaŋ55	kaŋ55	kaŋ33	kaŋ553	kaŋ553	kaŋ453	kaŋ44	kaŋ53	kaŋ53

（续上表）

序号	字项	中古音	湛江赤坎	廉江廉城	吴川梅菉	吴川吴阳	遂溪北坡	茂名茂南区	高州潘州街	信宜东镇	电白羊角	化州河西街	化州长岐
3134	耿	梗開二見耕上	kɐŋ35	kɐn35	kɐŋ33	kaŋ24	kɐŋ35	kɐn335	kɐŋ35	kɐŋ35	kɐŋ224	kɐn35	kɐn35
3135	革	梗開二見麥入	kaʔ033	kak033	kaʔ033	kaʔ011	kaʔ033	kak033	kak033	kak033	kak033	kaʔ033	kak033
3136	隔	梗開二見麥入	kaʔ033	kak033	kaʔ033	kaʔ011	kaʔ033	kak033	kak033	kak033	kak033	kaʔ033	kak033
3137	莖	梗開二匣耕平	keŋ33	keŋ33	keŋ33	ken24	keŋ44	keŋ33	keŋ33	keŋ33	kᴇŋ33	keŋ33	ken33
3138	幸	梗開二匣耕上	hɐŋ21	hɐŋ21	hɐŋ31	haŋ22	haŋ31	hɐŋ31	hɐŋ31	hɐŋ31	hɐŋ31	hɐŋ31	hɐŋ211
3139	核审~	梗開二匣麥入	hɐʔ022	hɐt022	hɐʔ031	ʋaʔ033	ʋɐʔ021	hɐt022	hɐt021	hat022	hɐt021	hɐt022	hɐt022
3140	鶯	梗開二影耕平	ɐŋ55	ɐn55	ʔɐŋ55	ʔaŋ55	aŋ33	ʔɐŋ553	ɐŋ553	ʔɐŋ453	ʔɐŋ44	ʔaŋ53	ʔɐŋ53
3141	鸚	梗開二影耕平	ieŋ55	ieŋ55	ieŋ55	ʔen55	ieŋ33	ieŋ553	ieŋ553	ʔɐŋ453	iᴇŋ44	ʔaŋ53	ʔen53
3142	櫻	梗開二影耕平	ieŋ55	ieŋ55	ieŋ55	ʔen55	ieŋ33	ieŋ553	ieŋ553	ieŋ453	iᴇŋ44	ʔeŋ53	ʔen53
3143	扼	梗開二影麥入	ɐʔ055	ŋɐt055	ʔaʔ033	ʔaʔ011	aʔ033	ʔak033	ak033	ʔak033		ʔaʔ033	ʔɐt055
3144	軛	梗開二影麥入	ɐʔ055	ak033	ʔaʔ033	ʔaʔ011	aʔ033	ʔak033	ak033	ʔak033	ʔak033	ʔaʔ033	ʔak033
3145	兵	梗開三幫庚平	peŋ55	peŋ55	ɓeŋ55	ɓen55	peŋ33	peŋ553	peŋ553	peŋ453	pᴇŋ44	ɓeŋ53	ɓen53

（续上表）

序号	字项	中古音	湛江赤坎	廉江廉城	吴川梅菉	吴川吴阳	遂溪北坡	茂名茂南区	高州潘州街	信宜东镇	电白羊角	化州河西街	化州长岐
3146	丙	梗開三幫庚上	peŋ35	peŋ35	ɓeŋ35	ɓen24	peŋ35	peŋ335	peŋ35	peŋ35	pɛŋ224	ɓeŋ35	ɓen35
3147	秉	梗開三幫庚上	peŋ35	peŋ35	ɓeŋ35	ɓen24	peŋ35	peŋ335	peŋ35			ɓeŋ35	
3148	柄	梗開三幫庚去	piaŋ33	piaŋ33	ɓeŋ33	ɓen11	piaŋ44	peŋ33	peŋ33	peŋ33	pɛŋ33	ɓeŋ33	ɓen33
3149	碧	梗開三幫陌入	pek055	pek055	ɓek055	ɓet044	pek055	pek055	pek055	pek055	pɛk055	ɓek055	ɓek055
3150	平	梗開三並庚平	p^heŋ21（文） p^hiaŋ21（白）	p^heŋ21	p^heŋ31	p^hen44	p^heŋ11（文） p^hiaŋ11（白）	p^heŋ21	p^heŋ11	p^heŋ13	p^hɛŋ11	p^heŋ23	pen121
3151	坪	梗開三並庚平	p^heŋ21	p^heŋ21	p^heŋ31	p^hen44	p^heŋ11	p^heŋ21	p^heŋ11	p^heŋ13	p^hɛŋ11	p^heŋ23	pen121
3152	評	梗開三並庚平	p^heŋ21	p^heŋ21	p^heŋ31	p^hen44	p^heŋ11	p^heŋ21	p^heŋ11	p^heŋ33	p^hɛŋ11	p^heŋ23	pen121
3153	病	梗開三並庚去	piaŋ21	piaŋ21	ɓeŋ31	p^hen22	piaŋ31	peŋ31	peŋ31	peŋ31	pɛŋ31	ɓeŋ31	pen211
3154	鳴	梗開三明庚平	meŋ21	meŋ21	meŋ31	men44	meŋ11	meŋ21	meŋ11	meŋ13	mɛŋ11	meŋ23	men121
3155	明	梗開三明庚平	meŋ21	meŋ21	meŋ31	men44	meŋ11	meŋ21	meŋ11	meŋ31	mɛŋ11	meŋ23	men121
3156	盟	梗開三明庚平	mɐŋ21	mɐŋ13	meŋ31	men44	mɐŋ11	mɐŋ21	mɐŋ11	mɐŋ13	mɐŋ11	meŋ23/mɐŋ23	mɐŋ121

（续上表）

序号	字项	中古音	湛江赤坎	廉江廉城	吴川梅菉	吴川吴阳	遂溪北坡	茂名茂南区	高州潘州街	信宜东镇	电白羊角	化州河西街	化州长岐
3157	皿	梗開三明庚上	meŋ13	mɐŋ13		men33	mɐŋ13	meŋ113		mɐŋ13	mɐŋ223		mɐn13
3158	命	梗開三明庚去	meŋ21（文） miaŋ21（白）	meŋ21（文） miaŋ21（白）	meŋ31	men22	meŋ31（文） miaŋ31（白）	meŋ31	meŋ31	meŋ31	mᴇŋ31	meŋ31	men211
3159	京	梗開三見庚平	keŋ55	keŋ55	keŋ55	ken55	keŋ33	keŋ553	keŋ553	keŋ453	kᴇŋ44	keŋ53	ken53
3160	荆	梗開三見庚平	keŋ55	keŋ55	keŋ55	ken55	keŋ33	keŋ553	keŋ553	keŋ453	kᴇŋ44	keŋ53	ken53
3161	驚	梗開三見庚平	keŋ55（文） kiaŋ55（白）	keŋ55（文） kiaŋ55（白）	keŋ55	ken55	kiaŋ33	keŋ553	keŋ553	keŋ453	kᴇŋ44	keŋ53	ken53
3162	境	梗開三見庚上	keŋ35	keŋ35	keŋ35	ken24	keŋ35	keŋ335	keŋ35	keŋ35	kᴇŋ224	keŋ35	ken35
3163	景	梗開三見庚上	keŋ35	keŋ35	keŋ35	ken24	keŋ35	keŋ335	keŋ35	keŋ35	kᴇŋ224	keŋ35	ken35
3164	警	梗開三見庚上	keŋ35	keŋ35	keŋ35	ken24	keŋ35	keŋ335	keŋ35	keŋ35	kᴇŋ224	keŋ35	ken35
3165	敬	梗開三見庚去	keŋ33	keŋ33	keŋ33	ken11	keŋ44	keŋ33	keŋ33	keŋ33	kᴇŋ33	keŋ33	ken33
3166	竟	梗開三見庚去	keŋ35	keŋ35	keŋ35	ken24	keŋ35	keŋ335	keŋ35	keŋ35	kᴇŋ224	keŋ35	ken35

（续上表）

序号	字项	中古音	湛江赤坎	廉江廉城	吴川梅菉	吴川吴阳	遂溪北坡	茂名茂南区	高州潘州街	信宜东镇	电白羊角	化州河西街	化州长岐
3167	鏡	梗開三見庚去	kiaŋ33	kiaŋ33	keŋ33	ken11	kiaŋ44	keŋ33	keŋ33	keŋ33	kᴇŋ33	keŋ33	ken33
3168	戟	梗開三見陌入	kek055	kek055	kek055	ket044	kek055	kek055	kek055	kek055	kᴇk055	kek055	kek055
3169	卿	梗開三溪庚平	heŋ55	heŋ55	heŋ55	hen55	heŋ33	heŋ553	heŋ553	heŋ453	hiaŋ445	heŋ53	hen53
3170	慶	梗開三溪庚去	heŋ33	heŋ33	heŋ33	hen11	heŋ44	heŋ33	heŋ33	heŋ33	hᴇŋ33	heŋ33	hen33
3171	擎	梗開三羣庚平		k^hin21	k^heŋ31	k^hen44		k^heŋ21	k^heŋ11		kᴇŋ33	k^heŋ23/keŋ33	
3172	鯨	梗開三羣庚平	k^heŋ21	keŋ55	keŋ55	ken55	keŋ33	keŋ553	k^heŋ11	keŋ453	kᴇŋ44	keŋ53	ken53
3173	競	梗開三羣庚去	keŋ21	keŋ21	keŋ31	k^hen22	keŋ31	keŋ31	keŋ31	keŋ31	kᴇŋ31	k^heŋ31	k^hen211
3174	劇	梗開三羣陌入	kiaʔ022	kiak022	kek055	k^het022	kiaʔ021	kek022	kek021	kek022	kᴇk021	k^hek022	k^hek022
3175	屐	梗開三羣陌入	kiaʔ022	kiak022	kek031	k^het022	kiaʔ021	kek022	kek021	kek022	kᴇk021	k^hek022	k^hek022
3176	迎	梗開三疑庚平	ieŋ21	ŋeŋ21	ŋeŋ31	ŋen44	ŋeŋ11	ŋeŋ21	ŋeŋ11	ŋeŋ13	ŋᴇŋ11	ŋeŋ23	ŋen121
3177	逆	梗開三疑陌入	iek022	ŋak022	ŋek031	ŋet022	ŋaʔ021	ŋek21	ŋek021	ŋek022	ŋᴇk021	ŋek022	ŋek022
3178	英	梗開三影庚平	ieŋ55	ieŋ55	ieŋ55	ʔen55	ieŋ33	ieŋ553	ieŋ553	ieŋ453	iᴇŋ44	ʔeŋ53	ʔen53

（续上表）

序号	字项	中古音	湛江赤坎	廉江廉城	吴川梅菉	吴川吴阳	遂溪北坡	茂名茂南区	高州潘州街	信宜东镇	电白羊角	化州河西街	化州长岐
3179	影	梗開三影庚上	ieŋ35	ieŋ35	ieŋ35	ʔen24	ieŋ35	ieŋ335	ieŋ35	ieŋ35	iᴇŋ224	ʔeŋ35	ʔen35
3180	映	梗開三影庚去	ieŋ35	ieŋ35	ieŋ35	ʔiaŋ24	ieŋ35	ieŋ335	ieŋ35	ieŋ35	iᴇŋ224	jiaŋ35	^{z}jiaŋ35
3181	餅	梗開三幫清上	peŋ35（文） piaŋ35（白）	piaŋ35	ɓeŋ35	ɓen24	piaŋ35	peŋ335	peŋ35	peŋ35	pᴇŋ224	ɓeŋ35	ɓen35
3182	併	梗開三幫清去	peŋ33	peŋ33	p^{h}eŋ33	p^{h}en33	peŋ44	p^{h}eŋ33	p^{h}eŋ223	peŋ33	p^{h}ᴇŋ33	ɓeŋ33	p^{h}en33
3183	璧	梗開三幫昔入	pek055	pek055	ɓek055	ɓet044	pek055	pek055	pek055	pek055	pᴇk055	ɓek055	ɓek055
3184	聘	梗開三滂清去	p^{h}eŋ33	p^{h}eŋ33	p^{h}eŋ33	p^{h}en11	p^{h}eŋ44	p^{h}eŋ33	p^{h}eŋ35/ p^{h}eŋ33	p^{h}eŋ33	p^{h}ᴇŋ33	p^{h}eŋ33	p^{h}en33
3185	僻	梗開三滂昔入	p^{h}ek055	p^{h}ek055	p^{h}ek033	p^{h}et044	p^{h}ek055	p^{h}ek055	p^{h}ek055	p^{h}ek055	p^{h}ᴇk055	p^{h}ek055	p^{h}ek055
3186	癖	梗開三滂昔入	p^{h}ek055	p^{h}ek055		p^{h}et044	p^{h}ek055	p^{h}ek055	p^{h}ek055	p^{h}ek055	p^{h}ᴇk055	p^{h}ek055	p^{h}ek055
3187	辟	梗開三幫昔入	p^{h}ek055	p^{h}ek055	p^{h}ek055	p^{h}et044	p^{h}ek055	p^{h}ek055	p^{h}ek055	p^{h}ek055	p^{h}ᴇk055	p^{h}ek055	p^{h}ek055
3188	名	梗開三明清平	meŋ21（文） miaŋ21（白）	meŋ21（文） miaŋ21（白）	meŋ31	men44	meŋ11（文） miaŋ11（白）	meŋ21	meŋ11	meŋ13	mᴇŋ11	meŋ23	men121

（续上表）

序号	字项	中古音	湛江赤坎	廉江廉城	吴川梅菉	吴川吴阳	遂溪北坡	茂名茂南区	高州潘州街	信宜东镇	电白羊角	化州河西街	化州长岐
3189	領	梗開三來清上	leŋ13（文） liaŋ13（白）	leŋ13（文） liaŋ13（白）	leŋ223	len33	leŋ13（文） liaŋ13（白）	leŋ113	leŋ223	leŋ13	lɛŋ223	leŋ23	len13
3190	嶺	梗開三來清上	leŋ13（文） liaŋ13（白）	leŋ13（文） liaŋ13（白）	leŋ35	len33	liaŋ13	leŋ113	leŋ223	leŋ13	lɛŋ223	leŋ23	len13
3191	令	梗開三來清去	leŋ21	leŋ21	leŋ31	len22	leŋ31	leŋ31	leŋ31	leŋ31	lɛŋ31	leŋ31	len211
3192	精	梗開三精清平	ʧeŋ55（文） ʧiaŋ55（白）	ʧeŋ55	ʧeŋ55	ten55	ʧeŋ33	ʧeŋ553	ʧeŋ553	ʧeŋ453	ʧɛŋ44	teŋ53	ten53
3193	晶	梗開三精清平	ʧeŋ55	ʧeŋ55	ʧeŋ55	ten55	ʧeŋ33	ʧeŋ553	ʧeŋ553	ʧeŋ453	ʧɛŋ44	teŋ53	ten53
3194	睛	梗開三精清平	ʧeŋ55	ʧeŋ55	ʧeŋ55	ten55	ʧeŋ33	ʧeŋ553	ʧeŋ553	ʧeŋ453	ʧɛŋ44	teŋ53	ten53
3195	井	梗開三精清上	ʧeŋ35（文） ʧiaŋ35（白）	ʧeŋ35（文） ʧiaŋ35（白）	ʧeŋ35	ten24	ʧeŋ35（文） ʧiaŋ35（白）	ʧeŋ335	ʧeŋ35	ʧeŋ35	ʧɛŋ224	teŋ35	ten35
3196	積	梗開三精昔入	ʧek055	ʧek055	ʧek055	tet044	ʧek055	ʧek055	ʧek055	ʧek055	ʧɛk055	tek055	tek055

（续上表）

序号	字项	中古音	湛江赤坎	廉江廉城	吴川梅菉	吴川吴阳	遂溪北坡	茂名茂南区	高州潘州街	信宜东镇	电白羊角	化州河西街	化州长岐
3197	跡	梗開三精昔入	ʧek055	ʧek055	ʧek055	tet044	ʧek055	ʧek055	ʧek055	ʧek055	ʧɛk055	tek055	tek055
3198	脊	梗開三精昔入	ʧiaʔ033	ʧiak033	ʧek055	tet044	ʧiaʔ033	ʧek055	ʧek055（文） ʧiak033（白）	ʧek055	ʧɛk055（文） ʧiak033（白）	tek055	tek055
3199	清	梗開三清清平	ʧ^{h}eŋ55	ʧ^{a}eŋ55	ʧ^{h}eŋ55	t^{h}en55	ʧ^{h}eŋ33	ʧ^{h}eŋ553	ʧ^{h}eŋ553	ʧ^{h}eŋ453	ʧ^{h}ɛŋ44	t^{h}eŋ53	t^{h}en53
3200	請	梗開三清清上	ʧ^{h}eŋ35（文） ʧ^{h}iaŋ35（白）	ʧ^{h}eŋ35	ʧ^{h}eŋ35	t^{h}en24	ʧ^{h}eŋ35	ʧ^{h}eŋ335	ʧ^{h}eŋ35	ʧ^{h}eŋ35	ʧ^{h}ɛŋ224	t^{h}eŋ35	t^{h}en35
3201	情	梗開三從清平	ʧ^{h}eŋ21	ʧ^{h}eŋ21	ʧ^{h}eŋ31	t^{h}en44	ʧ^{h}eŋ11	ʧ^{h}eŋ21	ʧ^{h}eŋ11	ʧ^{h}eŋ31	ʧ^{h}ɛŋ11	t^{h}eŋ23	t^{h}en121
3202	晴	梗開三從清平	ʧ^{h}eŋ21	ʧ^{h}eŋ21	ʧ^{h}eŋ31	t^{h}en44	ʧ^{h}eŋ11	ʧ^{h}eŋ21	ʧ^{h}eŋ11	ʧ^{h}eŋ13	ʧ^{h}ɛŋ11	t^{h}eŋ23	t^{h}en121
3203	静	梗開三從清上	ʧeŋ21	ʧeŋ21	ʧeŋ31	t^{h}en22	ʧeŋ31	ʧeŋ31	ʧeŋ31	ʧeŋ31	ʧɛŋ31	t^{h}eŋ31	t^{h}en211
3204	靖	梗開三從清上	ʧeŋ21	ʧeŋ21			ʧeŋ31	ʧeŋ31	ʧeŋ31	ʧeŋ31	ʧɛŋ31	t^{h}eŋ23	t^{h}en211
3205	净	梗開三從清去	ʧeŋ21（文） ʧiaŋ21（白）	ʧeŋ21（文） ʧiaŋ21（白）	ʧeŋ31	t^{h}en22	ʧeŋ31（文） ʧiaŋ31（白）	ʧeŋ31	ʧeŋ31	ʧeŋ31	ʧiaŋ31	t^{h}eŋ31	t^{h}en211

（续上表）

序号	字项	中古音	湛江赤坎	廉江廉城	吴川梅菉	吴川吴阳	遂溪北坡	茂名茂南区	高州潘州街	信宜东镇	电白羊角	化州河西街	化州长岐
3206	籍	梗開三從昔入	ʧek022	ʧek022	ʧek031	tʰet022	ʧek021	ʧek022	ʧek021	ʧek022	ʧᴇk021	tʰek022	tʰek022
3207	藉狼~	梗開三從昔入	ʧek022	ʧek022	ʧek031	tʰet022	ʧek021	ʧek022	ʧek021	ʧek022	ʧᴇk021	tʰek022	tʰek022
3208	省反~	梗開二生庚上	ʃeŋ35	ʃaŋ35	ɬeŋ35	ɬen24	ɬeŋ35	ɬeŋ335	ʃaŋ35	ɬeŋ35	ʃaŋ224	ɬeŋ35	ɬen35
3209	性	梗開三心清去	ʃeŋ33	ɬeŋ33	ɬeŋ33	ɬen11	ɬeŋ33	ɬeŋ33	ɬeŋ33	ɬeŋ33	ɬᴇŋ33	ɬeŋ33	ɬen33
3210	姓	梗開三心清去	ʃeŋ33	ɬeŋ33	ɬeŋ33	ɬen11	ɬeŋ44（文） ɬiaŋ44（白）	ɬeŋ33	ɬeŋ33	ɬeŋ33	ɬᴇŋ33	ɬeŋ33	ɬen33
3211	惜	梗開三心昔入	ʃek055	ɬek055	ɬek055	ɬet044	ɬek055	ɬek055	ɬek055	ɬek055	ɬᴇk055	ɬek055	ɬek055
3212	昔	梗開三心昔入	ʃek055	ɬek055	ʃek055	ɬet044	ɬek055	ɬek055	ɬek055	ɬek055	ɬᴇk055	ɬek055	ɬek055
3213	席	梗開三邪昔入	ʧek022	ʧek022	ʧek031	tʰet022	ʧek021	ʧek022	ʧek021	ʧek022	ʧᴇk021	tʰek022	tʰek022
3214	蓆	梗開三邪昔入	ʧiaʔ022	ʧiak022	ʧek031	tʰet022	ʧiaʔ021	ʧek022	ʧek021	ʧek022	ʧᴇk021	tʰek022	tʰek022
3215	夕	梗開三邪昔入	ʧek022	ʧek022	ʧek031	tʰet022	ʧek021	ʧek022	ʧek021	ʧek022	ʧᴇk021	tʰek022	tʰek022
3216	貞	梗開三知清平	ʧeŋ55	ʧeŋ55	ʧeŋ55	tsen55	ʧeŋ33	ʧeŋ553	ʧeŋ553	ʧeŋ453	ʧᴇŋ44	ʧeŋ53	ʧen53

（续上表）

序号	字项	中古音	湛江赤坎	廉江廉城	吴川梅菉	吴川吴阳	遂溪北坡	茂名茂南区	高州潘州街	信宜东镇	电白羊角	化州河西街	化州长岐
3217	偵	梗開三徹清平	ʧeŋ55	ʧeŋ55	ʧeŋ55	tsen55	ʧeŋ33	ʧeŋ553	ʧeŋ553	ʧeŋ453	ʧᴇŋ44	ʧeŋ53	ʧen53
3218	逞	梗開三徹清上	ʧ^{h}eŋ21	ʧ^{h}eŋ21	ʧ^{h}eŋ31	ts^{h}en24	ʧ^{h}eŋ11	ʧ^{h}eŋ21	ʧ^{h}eŋ11	ʧ^{h}eŋ13	ʧ^{h}ᴇŋ11	ʧ^{h}eŋ23	ʧ^{h}en121
3219	呈	梗開三澄清平	ʧ^{h}eŋ21	ʧ^{h}eŋ21	ʧ^{h}eŋ31	ts^{h}en44	ʧ^{h}eŋ11	ʧ^{h}eŋ21	ʧ^{h}eŋ11	ʧ^{h}eŋ13	ʧ^{h}ᴇŋ11	ʧ^{h}eŋ23	ʧ^{h}en121
3220	程	梗開三澄清平	ʧ^{h}eŋ21	ʧ^{h}eŋ21	ʧ^{h}eŋ31	ts^{h}en44	ʧ^{h}eŋ11	ʧ^{h}eŋ21	ʧ^{h}eŋ11	ʧ^{h}eŋ31	ʧ^{h}ᴇŋ11	ʧ^{h}eŋ23	ʧ^{h}en121
3221	鄭	梗開三澄清去	ʧeŋ21	ʧeŋ21	ʧeŋ31	ts^{h}en22	ʧeŋ31	ʧeŋ31	ʧeŋ31	ʧeŋ31	ʧᴇŋ31（文） ʧiaŋ31（白）	ʧ^{h}eŋ31	ʧ^{h}en211
3222	擲	梗開三澄昔入	ʧaʔ022	tɐp022	ʧaʔ031	ts^{h}aʔ022	ʧai31	ʧak022	ʧap021	ʧai35		ʧai35	ʧ^{h}ak022
3223	正~月	梗開三章清平	ʧeŋ55（文） ʧiaŋ55（白）	ʧeŋ33	ʧeŋ55	tsen55	ʧeŋ33	ʧeŋ553	ʧeŋ553	ʧeŋ453	ʧᴇŋ445	ʧeŋ53	ʧen53
3224	征	梗開三章清平	ʧeŋ55	ʧeŋ55	ʧeŋ55	tsen55	ʧeŋ33	ʧeŋ553	ʧeŋ553	ʧeŋ453	ʧᴇŋ44	ʧeŋ53	ʧen53
3225	整	梗開三章清上	ʧeŋ35	ʧeŋ35	ʧeŋ35	tsen24	ʧeŋ35	ʧeŋ335	ʧeŋ35	ʧeŋ35	ʧᴇŋ224	ʧeŋ35	ʧen35

（续上表）

序号	字项	中古音	湛江赤坎	廉江廉城	吴川梅菉	吴川吴阳	遂溪北坡	茂名茂南区	高州潘州街	信宜东镇	电白羊角	化州河西街	化州长岐
3226	正	梗開三章清去	ʧeŋ33（文） ʧiaŋ33（白）	ʧeŋ33	ʧeŋ33	tsen11	ʧeŋ44	ʧeŋ33	ʧeŋ33	ʧeŋ33	ʧᴇŋ33	ʧeŋ33	ʧen33
3227	政	梗開三章清去	ʧeŋ33	ʧeŋ33	ʧeŋ33	tsen11	ʧeŋ44	ʧeŋ33	ʧeŋ33	ʧeŋ33	ʧᴇŋ33	ʧeŋ33	ʧen33
3228	隻	梗開三章昔入	ʧiaʔ033	ʧiak033	ʧek055	tset044	ʧiaʔ021	ʧek055	ʧek055	ʧek055	ʧᴇk055	ʧek055	ʧek055
3229	炙	梗開三章昔入		ʧek055	ʧek055	tset044	ʧiaʔ033		ʧek055	ʧek055			ʧek055
3230	赤	梗開三昌昔入	ʧ^{h}iaʔ033	ʧ^{h}iak033	ʧ^{h}ek055	ts^{h}et044	ʧ^{h}iaʔ033	ʧ^{h}ek055	ʧ^{h}ek055	ʧ^{h}ek055	ʧ^{h}ᴇk055	ʧ^{h}ek055	ʧ^{h}ek055
3231	斥	梗開三昌昔入	ʧ^{h}ek055	ʧ^{h}ek055	ʧ^{h}ek055	ts^{h}et044	ʧ^{h}ek055	ʧ^{h}ek055	ʧ^{h}ek055	ʧ^{h}ek055	ʧ^{h}ᴇk055	ʧ^{h}ek055	ʧ^{h}ek055
3232	尺	梗開三昌昔入	ʧ^{h}iaʔ033	ʧ^{h}iak033	ʧ^{h}ek055	ts^{h}et044	ʧ^{h}iaʔ033	ʧ^{h}ek055	ʧ^{h}ek055	ʧ^{h}ek055	ʧ^{h}iak033	ʧ^{h}ek055	ʧ^{h}ek055
3233	射	梗開三船昔入	ʃɛ21	ʃe21	ʃɛ31	sɛ22	ʃe31	sɛ31	ʃɛ31	ʃɛ31	ʃɛ31	ʃɛ31	ʃɛ211
3234	聲	梗開三書清平	ʃeŋ55（文） ʃiaŋ55（白）	ʃeŋ55	ʃeŋ55	sen55	ʃeŋ33	seŋ553	ʃeŋ553	ʃeŋ453	ʃᴇŋ44	ʃeŋ53	ʃen53
3235	聖	梗開三書清去	ʃeŋ33	ʃeŋ33	ʃeŋ33	sen11	ʃeŋ44	seŋ33	ʃeŋ33	ʃeŋ33	ʃᴇŋ33	ʃeŋ33	ʃen33

（续上表）

序号	字项	中古音	湛江赤坎	廉江廉城	吴川梅菉	吴川吴阳	遂溪北坡	茂名茂南区	高州潘州街	信宜东镇	电白羊角	化州河西街	化州长岐
3236	適	梗開三書昔入	ʃek055	ʃek055	ʃek055	set044	ʃek055	sek055	ɬek055	ʃek055	ʃᴇk055	ʃek055	ʃek055
3237	釋	梗開三書昔入	ʃek055	ɬek055	ʃek055	set044	ɬek055	ɬek055	ɬek055	ɬek055	ɬᴇk055	ʃek055	ʃek055
3238	成	梗開三禪清平	ʃeŋ21	ʃeŋ21	ʃeŋ31	sen44	ʃeŋ11	seŋ21	ʃeŋ11	ʃeŋ13	ʃᴇŋ11	ʃeŋ23	ʃen121
3239	城	梗開三禪清平	ʃeŋ21	ʃeŋ21	ʃeŋ31	sen44	ʃeŋ11	seŋ21	ʃeŋ11	ʃeŋ13	ʃᴇŋ11	ʃeŋ23	ʃen121
3240	誠	梗開三禪清平	ʃeŋ21	ʃeŋ21	ʃeŋ31	sen44	ʃeŋ11	seŋ21	ʃeŋ11	ʃeŋ31	ʃᴇŋ11	ʃeŋ23	ʃen121
3241	盛	梗開三禪清去	ʃeŋ21	ʃeŋ21	ʃeŋ31	sen22	ʃeŋ31	seŋ31	ʃeŋ31	ʃeŋ31	ʃᴇŋ31	ʃeŋ31	ʃen211
3242	石	梗開三禪昔入	ʃiaʔ022	ʃiak022	ʃek031	set033	ʃiaʔ021	sek022	ʃek021	ʃek022	ʃiak021	ʃek022	ʃek022
3243	頸	梗開三見清上	kiaŋ35	kiaŋ35	keŋ35	ken24	kiaŋ35	keŋ335	keŋ35	keŋ35	kiaŋ224	keŋ35	ken35
3244	勁~敌	梗開三見清去	keŋ33	keŋ33	keŋ31	k^{h}en22	keŋ44	keŋ31	keŋ31	keŋ31	kᴇŋ31	k^{h}eŋ31	k^{h}en211
3245	輕	梗開三溪清平	heŋ55（文） hiaŋ55（白）	heŋ55（文） hiaŋ55（白）	heŋ55	hen55	heŋ33（文） hiaŋ33（白）	heŋ553	heŋ553	heŋ453	hᴇŋ44	heŋ53	hen53
3246	嬰	梗開三影清平	ieŋ55	ieŋ55	ieŋ55	ʔen55	ieŋ33	ieŋ553	ieŋ553	ieŋ453	iᴇŋ44	ʔeŋ53	ʔen53

（续上表）

序号	字项	中古音	湛江赤坎	廉江廉城	吴川梅菉	吴川吴阳	遂溪北坡	茂名茂南区	高州潘州街	信宜东镇	电白羊角	化州河西街	化州长岐
3247	纓	梗開三影清平	ieŋ55	ieŋ55	ieŋ55	ʔen55	ieŋ33	ieŋ553	ieŋ553	ieŋ453	iᴇŋ44	ʔeŋ53	ʔen53
3248	益	梗開三影昔入	iek055	iek055	iek033	ʔet044	iek055	iek055	iek055	iek055	iᴇk055	ʔek055	ʔek055
3249	盈	梗開三以清平	ieŋ21	ieŋ21	ieŋ31	ien44	ieŋ11	ieŋ21	ieŋ11	ieŋ31	iᴇŋ11	jieŋ23	ᶻjen121
3250	赢	梗開三以清平	iaŋ21	iaŋ21	ieŋ31	ien44	iɐŋ11	ieŋ21	ieŋ11	ieŋ13	iaŋ11	jieŋ23	ᶻjen121
3251	亦	梗開三以昔入	iek022	iek022	iek031	iet022	iek021	iek022	iek021	iek022	iᴇk021	jiek022	ᶻjek022
3252	譯	梗開三以昔入	iek022	iek022	iek031	iet022	iek021	iek022	iek021	iek022	iᴇk021	jiek022	ᶻjek022
3253	易交~	梗開三以昔入	iek022	iek022	iek031	iet022	iek021	i31	iek021	iek022	i31	jiek022	ᶻjek022
3254	液	梗開三以昔入	iek022	iek022	iek031	iet022	iek021	iek022	iek021	iek022	iᴇk021	jiek022	ᶻjek022
3255	腋	梗開三以昔入	iek022	iek022		iet022	iek021	iek022	iek021	iek022	iᴇk021	jiek022	ᶻjek022
3256	壁	梗開四幫錫入	pek055（文） piaʔ033（白）	pek055（文） piak033（白）	ɓek033	ɓet044	pek055（文） piaʔ033（白）	pek055	pek055	pek055	pᴇk055	ɓek055	ɓek055

（续上表）

序号	字项	中古音	湛江赤坎	廉江廉城	吴川梅菉	吴川吴阳	遂溪北坡	茂名茂南区	高州潘州街	信宜东镇	电白羊角	化州河西街	化州长岐
3257	拼	梗開四滂青平	pʰeŋ33	pʰeŋ55	pʰeŋ33	pʰen55 ~音 pʰen11 ~图	pʰeŋ33	pʰeŋ33	pʰeŋ553	pʰeŋ33	pʰ ᴇŋ33	pʰeŋ33	pʰen33
3258	劈	梗開四滂錫入	pʰiaʔ033	pʰiak033	pʰek055	pʰet044	pʰiaʔ033	pʰek055	pʰek055	pʰek055	pʰ ᴇk055（文） pʰiak033（白）	pʰek055	pʰek055
3259	瓶	梗開四並青平	pʰeŋ21	pʰeŋ21	pʰeŋ31	pʰen44	pʰiaŋ11	pʰeŋ21	pʰeŋ11	pʰeŋ13	pʰ ᴇŋ11	pʰeŋ23	pen13
3260	屏	梗開四並青平	pʰeŋ21	pʰeŋ21	pʰeŋ31	pʰen44	pʰeŋ11	pʰeŋ21	pʰeŋ11	pʰeŋ31	pʰ ᴇŋ11	pʰeŋ23	pen13
3261	萍	梗開四並青平	pʰeŋ21	pʰeŋ21	pʰeŋ31	pʰen44	pʰeŋ11	pʰeŋ21	pʰeŋ11	pʰeŋ31	pʰ ᴇŋ11	pʰeŋ23	pen121
3262	並	梗開四並青上	peŋ21	peŋ33	pʰeŋ33	pʰen33	peŋ44	pʰeŋ33	pʰeŋ223	pʰeŋ13	pʰ ᴇŋ33	pʰeŋ23	pen13
3263	銘	梗開四明青平	meŋ13	meŋ21	meŋ31	men44	meŋ11	meŋ21	meŋ11	meŋ13	m ᴇŋ224	meŋ23	men121
3264	冥	梗開四明青平	meŋ13	meŋ21	meŋ31	men44	meŋ11	mɐŋ21	mɐŋ11	mɐŋ13	m ᴇŋ224	meŋ23	mɐn35
3265	覓	梗開四明錫入	mek022	mek055		met022	mek021	mek022	mek021	mit022		mek055	mek022
3266	丁	梗開四端青平	teŋ55	teŋ55	ɗeŋ55	ɗen55	teŋ33	teŋ553	teŋ553	teŋ453	t ᴇŋ44	ɗeŋ53	ɗen53

（续上表）

序号	字项	中古音	湛江赤坎	廉江廉城	吴川梅菉	吴川吴阳	遂溪北坡	茂名茂南区	高州潘州街	信宜东镇	电白羊角	化州河西街	化州长岐
3267	釘铁～	梗開四端青平	teŋ55（文） tiaŋ55（白）	tiaŋ55	ɗeŋ55	ɗen55	tiaŋ33	teŋ553	teŋ553	teŋ453	tᴇŋ44	ɗeŋ53	ɗen53
3268	疔	梗開四端青平	teŋ55	teŋ55	ɗeŋ55	ɗen55	teŋ33	teŋ553	teŋ553	teŋ453	tᴇŋ445	ɗeŋ53	ɗen53
3269	叮	梗開四端青平	teŋ55	teŋ55	ɗeŋ55	ɗen55	teŋ33	teŋ553	teŋ553	teŋ453	tᴇŋ44	ɗeŋ53	ɗen53
3270	頂	梗開四端青上	teŋ35	teŋ35	ɗeŋ35	ɗen24	teŋ35	teŋ335	teŋ35	teŋ35	tᴇŋ224	ɗeŋ35	ɗen35
3271	鼎	梗開四端青上	teŋ35	teŋ35	ɗeŋ35	ɗen24	teŋ35	teŋ335	teŋ35	teŋ35	tᴇŋ224	ɗeŋ35	ɗen35
3272	釘～书	梗開四端青去	teŋ55（文） tiaŋ55（白）	tiaŋ55	ɗeŋ55	ɗen55	tiaŋ33	teŋ553	teŋ553	teŋ453	tᴇŋ44	ɗeŋ53	ɗen53
3273	訂	梗開四端青去	teŋ21	teŋ33	ɗeŋ31	ɗen24	teŋ31	teŋ31	teŋ31	teŋ33	tᴇŋ31	ɗeŋ35	ɗen35
3274	的目～	梗開四端錫入	tek055	tek055	ɗek055	ɗet044	tek055	tek055	tek055	tek055	tᴇk055	ɗek055	ɗek055
3275	滴	梗開四端錫入	tek022	tek055	ɗek033	ɗet022	tek055	tek055	tek055	tek055	tᴇk055	ɗek055	ɗek055
3276	嫡	梗開四端錫入	tek055	tek055		ɗet022	tek055	tek055	tek055	tek055	tᴇk055	ɗek055	ɗek055

（续上表）

序号	字项	中古音	湛江赤坎	廉江廉城	吴川梅菉	吴川吴阳	遂溪北坡	茂名茂南区	高州潘州街	信宜东镇	电白羊角	化州河西街	化州长岐
3277	聽～见	梗開四透青平	tʰeŋ33（文） tʰiaŋ55（白）	tʰeŋ33（文） tʰiaŋ55（白）	tʰeŋ33	tʰen11	tʰiaŋ33	tʰeŋ33	tʰeŋ33	tʰeŋ33	tʰᴇŋ44	tʰeŋ33	tʰen33
3278	廳	梗開四透青平	tʰiaŋ55	tʰiaŋ55	tʰeŋ55	tʰen55	tʰiaŋ33	tʰeŋ553	tʰeŋ553	tʰeŋ453	tʰᴇŋ445	tʰeŋ53	tʰen53
3279	汀	梗開四透青平	teŋ55	teŋ55			teŋ33	teŋ553	teŋ553	teŋ453	tᴇŋ44		
3280	聽～任	梗開四透青去	tʰeŋ33	tʰeŋ33	tʰeŋ33	tʰen11	tʰiaŋ33	tʰeŋ33	tʰeŋ33	tʰeŋ33	tʰᴇŋ33	tʰeŋ33	tʰen33
3281	踢	梗開四透錫入	tʰiaʔ033	tʰiak033	tʰek055	tʰet044	tʰiaʔ033	tʰek055	tʰek055（文） tʰiak033（白）	tʰek055	tʰᴇk055（文） tʰiak033（白）	tʰek055	tʰek055
3282	剔	梗開四透錫入	tʰek055	tʰek055	tʰek055	tʰet044	ɬiaʔ033	tʰek055	tʰek055	tʰek055	tʰᴇk055（文） tʰiak033（白）	tʰek055	tʰek055
3283	亭	梗開四定青平	tʰeŋ21	tʰeŋ21	tʰeŋ31	tʰen44	tʰeŋ11	tʰeŋ21	tʰeŋ11	tʰeŋ13	tʰᴇŋ11	tʰeŋ23	ten121
3284	停	梗開四定青平	tʰeŋ21	tʰeŋ21	tʰeŋ31	tʰen44	tʰeŋ11	tʰeŋ21	tʰeŋ11	tʰeŋ13	tʰᴇŋ11	tʰeŋ23	ten121
3285	廷	梗開四定青平	tʰeŋ21	tʰeŋ21	tʰeŋ31	tʰen44	tʰeŋ11	tʰeŋ21	tʰeŋ11	tʰeŋ13	tʰᴇŋ11	tʰeŋ23	ten13

（续上表）

序号	字项	中古音	湛江赤坎	廉江廉城	吴川梅菉	吴川吴阳	遂溪北坡	茂名茂南区	高州潘州街	信宜东镇	电白羊角	化州河西街	化州长岐
3286	庭	梗開四定青平	tʰeŋ21	tʰeŋ21	tʰeŋ31	tʰen44	tʰeŋ11	tʰeŋ21	tʰeŋ11	tʰeŋ13	tʰᴇŋ11	tʰeŋ23	ten121
3287	蜓	梗開四定青平	tʰeŋ21	tʰeŋ21	tʰeŋ31	tʰen44	tʰeŋ11	tʰeŋ21	tʰeŋ11	tʰeŋ13	tʰᴇŋ11	tʰeŋ23	ten13
3288	艇	梗開四定青上	tʰeŋ13（文） tʰiaŋ35（白）	tʰeŋ13	tʰeŋ223	tʰen33	tʰiaŋ13	tʰeŋ113	tʰeŋ35	tʰeŋ13	tʰiaŋ223	tʰeŋ23	ten13
3289	挺	梗開四定青上	tʰeŋ13	tʰeŋ13	tʰeŋ35	tʰen33	tʰeŋ13	tʰeŋ113	tʰeŋ35	tʰeŋ35	tʰᴇŋ224	tʰeŋ23	ten13
3290	錠	梗開四定青上	teŋ21	teŋ21	ɗeŋ31		teŋ31	teŋ31	teŋ31	teŋ31	tᴇŋ31		ten211
3291	定	梗開四定青去	teŋ21	teŋ21	ɗeŋ31	tʰen22	teŋ31	teŋ31	teŋ31	teŋ31	tᴇŋ31	ɗeŋ31	ten211
3292	笛	梗開四定錫入	tiaʔ022	tiak022	ɗek031	tʰet022	tiaʔ021	tek022	tek021	tek022	tiak021	ɗek022	tek022
3293	敵	梗開四定錫入	tek022	tek022	ɗek031	tʰet022	tek021	tek022	tek021	tek022	tᴇk021	ɗek022	tek022
3294	狄	梗開四定錫入	tek022	tek022	ɗek031	tʰet022	tek021	tek022	tek021	tek022	tᴇk021	ɗek022	tek022
3295	糴	梗開四定錫入	tiaʔ022	tiak022	ɗek031	tʰet022	tiaʔ021	tek022	tek021	tek022	tiak021	ɗek022	tek022
3296	寧安~	梗開四泥青平	leŋ21	neŋ21	neŋ31	nen44	neŋ11	neŋ21	neŋ11	neŋ13	nᴇŋ11	neŋ23	nen121

（续上表）

序号	字项	中古音	湛江赤坎	廉江廉城	吴川梅菉	吴川吴阳	遂溪北坡	茂名茂南区	高州潘州街	信宜东镇	电白羊角	化州河西街	化州长岐
3297	寧~可	梗開四泥青去	leŋ21	neŋ21	neŋ31	nen44	neŋ11	neŋ21	neŋ11	neŋ13	nᴇŋ11	neŋ23	nen121
3298	溺	梗開四泥錫入	iøk022	iak022		net033	nek021	nek022	ȵiak021	nek022	niak021	nek055	ȵiak022
3299	靈	梗開四來青平	leŋ21	leŋ21	leŋ31	len44	leŋ11	leŋ21	leŋ11	leŋ31	lᴇŋ11	leŋ23	len121
3300	零	梗開四來青平	leŋ21	leŋ21（文） liaŋ21（白）	leŋ31	len44	leŋ11（文） liaŋ11（白）	leŋ21	leŋ11	leŋ31	lᴇŋ11	leŋ31	len121
3301	鈴	梗開四來青平	leŋ21	leŋ21	leŋ31	len44	leŋ11	leŋ21	leŋ11	leŋ453	lᴇŋ11	leŋ53	len121
3302	伶	梗開四來青平	leŋ21	leŋ21	leŋ31	len44	leŋ11	leŋ21	leŋ11	leŋ31	lᴇŋ11	leŋ31	len121
3303	拎	梗開四來青平	neŋ55	niaŋ55	neŋ55		neŋ33	neŋ553	neŋ553	neŋ453	nᴇŋ44	neŋ53	nen53
3304	翎	梗開四來青平	leŋ21	leŋ21		len44	leŋ33			leŋ31			
3305	另	梗開四來青去	leŋ21	leŋ21	leŋ31	len22	leŋ31	leŋ31	leŋ31	leŋ31	lᴇŋ31	leŋ31	len211
3306	歷	梗開四來錫入	lek022	lek022	lek031	let022	lek021	lek022	lek021	lek022	nᴇk021	lek022	lek022

（续上表）

序号	字项	中古音	湛江赤坎	廉江廉城	吴川梅菉	吴川吴阳	遂溪北坡	茂名茂南区	高州潘州街	信宜东镇	电白羊角	化州河西街	化州长岐
3307	曆	梗開四來錫入	lek022	lek022（文） liak022（白）	lek031	let022	lek021	lek022	lek021	lek022	nᴇk021	lek022	lek022
3308	礫	梗開四來錫入	lek055			let022	lek055	lek055	lek055	lek055		lek055	lek055
3309	績	梗開四精錫入	ʧek055	ʧek055	ʧek033	tet044	ʧek055	ʧek055	ʧek055	ʧek055	ʧᴇk055	tek055	tek055
3310	青	梗開四清青平	ʧ^{h}eŋ55（文） ʧ^{h}iaŋ55（白）	ʧ^{h}eŋ55（文） ʧ^{h}iaŋ55（白）	ʧ^{h}eŋ55	t^{h}en55	ʧ^{h}eŋ55（文） ʧ^{h}iaŋ55（白）	ʧ^{h}eŋ553	ʧ^{h}eŋ553	ʧ^{h}eŋ453	ʧ^{h}ᴇŋ44	t^{h}eŋ53	t^{h}en53
3311	蜻	梗開四清青平	ʧ^{h}eŋ55	ʧ^{h}eŋ55	ʧ^{h}eŋ55	t^{h}en55	ʧ^{h}eŋ33	ʧ^{h}eŋ553	ʧ^{h}eŋ553	ʧ^{h}eŋ453	ʧ^{h}ᴇŋ44	t^{h}eŋ53	t^{h}en53
3312	戚	梗開四清錫入	ʧ^{h}ek055	ʧ^{h}ek055	ʧ^{h}ek033	t^{h}et044	ʧ^{h}ek055	ʧ^{h}ek055	ʧ^{h}ek055	ʧ^{h}ek055	ʧ^{h}ᴇk055	t^{h}ek055	t^{h}ek055
3313	寂	梗開四從錫入	ʧek022	ʧek022	ʧek031	t^{h}et044	ʧek021	ʧek022	ʧek021	ʧek022	ʧᴇk021	t^{h}ek022	t^{h}ek022
3314	星	梗開四心青平	ʃeŋ55	ɬeŋ55	ɬeŋ55	ɬen55	ɬeŋ33	ɬeŋ553	ɬeŋ553	ɬeŋ453	ɬᴇŋ445	ɬeŋ53	ɬen53
3315	腥	梗開四心青平	ʃeŋ55（文） ʃiaŋ55（白）	ɬeŋ55（文） ɬiaŋ55（白）	ɬeŋ55	ɬen55	ɬiaŋ33	ɬeŋ553	ɬeŋ553	ɬeŋ453	ɬᴇŋ44	ɬeŋ53	ɬen53

（续上表）

序号	字项	中古音	湛江赤坎	廉江廉城	吴川梅菉	吴川吴阳	遂溪北坡	茂名茂南区	高州潘州街	信宜东镇	电白羊角	化州河西街	化州长岐
3316	醒	梗開四心青上	ʃeŋ35	ɬeŋ35	ɬeŋ35	ɬen24	ɬeŋ35（文） ɬiaŋ35（白）	ɬeŋ335	ɬeŋ35	ɬeŋ35	ɬᴇŋ224	ɬeŋ35	ɬen35
3317	錫	梗開四心錫入	ʃek055（文） ʃiaʔ033（白）	ɬek055（文） ɬiak033（白）	ɬek033	ɬet044	ɬiaʔ033	ɬek055	ɬek055	ɬek055	ɬᴇk055	ɬek055	ɬek055
3318	析	梗開四心錫入	ʃek055	ɬek055	ɬek033	ɬet044	ʃek055	ɬek055	ɬek055	ɬek055	ɬᴇk055	ɬek055	ɬek055
3319	經～过	梗開四見青平	keŋ55	keŋ55	keŋ55	ken55	keŋ33	keŋ553	keŋ553	keŋ453	kᴇŋ44	keŋ53	ken53
3320	徑	梗開四見青去	keŋ33	keŋ33	keŋ33	ken24	keŋ44	keŋ33	keŋ33	keŋ33	kᴇŋ33	keŋ33	ken33
3321	經～纬	梗開四見青去	keŋ55	keŋ55	keŋ55	ken55	keŋ33	keŋ553	keŋ553	keŋ453	kᴇŋ44	keŋ53	ken53
3322	擊	梗開四見錫入	kek055	kek055	kek055	ket044	kek055	kek055	kek055	kek055	kᴇk055	kek055	kek055
3323	激	梗開四見錫入	kek055	kek055	kek055	ket044	kek055	kek055	kek055	kek055	kᴇk055	kek055	kek055
3324	喫	梗開四溪錫入	hiaʔ033	hɐt055	hɐʔ033	hɐt044	hiaʔ033		hek055/ hɐt055	hek055	hᴇk055	hek055	hɐt055
3325	馨	梗開四曉青平	heŋ55	heŋ55	heŋ55	hen55	heŋ33	heŋ553	heŋ553	heŋ453	hiaŋ44	heŋ53	hen53

（续上表）

序号	字项	中古音	湛江赤坎	廉江廉城	吴川梅菉	吴川吴阳	遂溪北坡	茂名茂南区	高州潘州街	信宜东镇	电白羊角	化州河西街	化州长岐
3326	形	梗開四匣青平	ieŋ21	ieŋ21	ieŋ31	ien44	ieŋ11	ieŋ21	ieŋ11	ieŋ31	iᴇŋ11	jieŋ23	ᶻjen121
3327	型	梗開四匣青平	ieŋ21	ieŋ21	ieŋ31	ien44	ieŋ11	ieŋ21	ieŋ11	ieŋ35	iᴇŋ11	jieŋ23	ᶻjen121
3328	刑	梗開四匣青平	ieŋ21	ieŋ21	ieŋ31	ien44	ieŋ11	ieŋ21	ieŋ11	ieŋ31	iᴇŋ11	jieŋ23	ᶻjen121
3329	礦	梗合二見庚上	kʰɔŋ33	kʰɔŋ33	kʰɔŋ33	kʰᵘɔŋ11	kʰɔŋ44	kʰᵘɔŋ33	kʰᵘɔŋ33	kʰɔŋ33	kʰᵘɔŋ33	kʰᵘɔŋ33	kʰᵘɔᵆŋ33
3330	横~竖	梗合二匣庚平	ʋaŋ21	ʋaŋ21	ʋaŋ31	ʋaŋ44	ʋaŋ11	ʋaŋ21	waŋ11	waŋ13	ʋaŋ11	ʋaŋ23	ʋaŋ121
3331	横蛮~	梗合二匣庚去	ʋaŋ21	ʋaŋ21	ʋaŋ31	ʋaŋ44	ʋaŋ11	ʋaŋ21	waŋ11	waŋ13	ʋaŋ11	ʋaŋ23	ʋaŋ121
3332	轟	梗合二曉耕平	kwɐŋ55	ʋɐŋ55	kwʰaŋ55	kʋʰaŋ55	kwɐŋ44	kwʰɐŋ553	kwʰɐŋ553	kwʰɐŋ453	kʋʰɐŋ44	kwʰɐŋ53	kwʰaŋ53
3333	宏	梗合二匣耕平	hoŋ21	hoŋ21	hoŋ31	hoŋ44	hoŋ11	hoŋ21	hoŋ11	hoŋ31	hoŋ11	hoŋ31	hoŋ121
3334	獲	梗合二匣麥入	ʋɔk022	ʋak022	ʋaʔ031	ʋaʔ022	ʋaʔ021	ʋak022	wak021	wak022	ʋak021	ʋaʔ022	ʋᵘɔᵆk022/ʋak022
3335	劃计~	梗合二匣麥入	ʋaʔ022	ʋak022	ʋaʔ031	ʋaʔ033	ʋaʔ021	ʋak022	wak021	wak022	ʋak021	ʋaʔ022	ʋak022
3336	兄	梗合三曉庚平	heŋ55	heŋ55	heŋ55	fen55	heŋ33	heŋ553	heŋ553	heŋ453	hᴇŋ44	feŋ53	hen53
3337	榮	梗合三云庚平	ʋeŋ21	ioŋ21	ʋeŋ31	ʋen44	ioŋ11	ieŋ21	ieŋ11	weŋ13	iᴇŋ11	ʋeŋ23	ʋen121

（续上表）

序号	字项	中古音	湛江赤坎	廉江廉城	吴川梅菉	吴川吴阳	遂溪北坡	茂名茂南区	高州潘州街	信宜东镇	电白羊角	化州河西街	化州长岐
3338	永	梗合三云庚上	ʋeŋ13	ʋeŋ13	ʋeŋ223	ʋen33	ʋeŋ13	ʋeŋ113	ʋeŋ223	weŋ13	ʋɛŋ223	ʋeŋ23	ʋen13
3339	泳	梗合三云庚去	ʋeŋ13/ʋeŋ21	ʋeŋ13	ʋeŋ31	ʋen22	ʋeŋ13	ʋeŋ31	ʋeŋ31	weŋ31	ʋɛŋ31	ʋeŋ23	ʋen211
3340	咏	梗合三云庚去	ʋeŋ21	ʋeŋ13	ʋeŋ31	ʋen22	ʋeŋ13	ʋeŋ31	ʋeŋ31	weŋ31	ʋɛŋ31	ʋeŋ23	ʋen211
3341	傾	梗合三溪清平	k^heŋ55	k^heŋ55	k^heŋ55	$kʋ^h$en55	k^heŋ33	k^heŋ553	k^heŋ553	k^heŋ453	k^hɛŋ44	k^heŋ53	k^hen53
3342	頃	梗合三溪清上	k^heŋ55	k^heŋ35	k^heŋ55	$kʋ^h$en24	k^heŋ35	k^heŋ553	k^heŋ35	k^heŋ35	k^hɛŋ33	k^heŋ35	k^hen35
3343	瓊	梗合三羣清平	k^heŋ21	k^heŋ21	k^heŋ31	$kʋ^h$en44	k^heŋ11	k^heŋ21	k^heŋ11	k^heŋ31	k^hɛŋ11	k^heŋ31	k^hen211
3344	營	梗合三以清平	ieŋ21	ieŋ21	ieŋ31	ʋen44	ieŋ11	ieŋ21	ieŋ11	ieŋ31	iɛŋ11	jieŋ23	ʋen211
3345	穎	梗合三以清上	ʋeŋ13	ʋeŋ21	ʋeŋ31	ien44	ʋeŋ31	ʋeŋ31	ʋeŋ31	weŋ31	ʋɛŋ31	jieŋ23	^{z}jen121
3346	疫	梗合三以昔入	iek022	ʋek022	ʋek031	ʋet022	ʋek021	iek022	iek021	wek022	iɛk021	ʋek022	ʋek022
3347	役	梗合三以昔入	iek022/ʋek022	ʋek022	ʋek031	ʋet022	ʋek021	iek022	iek021	wek022	iɛk021	ʋek022	ʋek022
3348	螢	梗合四匣青平	ieŋ21	ieŋ21	ieŋ31	ʋen44	ieŋ11	ieŋ21	ieŋ11	ieŋ31	iɛŋ11	jieŋ23	ʋen211
3349	滎	梗合四匣青平	ieŋ21	ieŋ21			ieŋ11	ieŋ21	ieŋ11		iɛŋ11		

（续上表）

序号	字项	中古音	湛江赤坎	廉江廉城	吴川梅菉	吴川吴阳	遂溪北坡	茂名茂南区	高州潘州街	信宜东镇	电白羊角	化州河西街	化州长岐
3350	卜占~	通合一幫屋入	pok055	pok055	ɓok055	ɓʊk044	pok055	pʊk055	pʊk055	pok055	pok021	ɓʊk055	ɓʊk055
3351	蔔萝~	通合一幫屋入							pak021	pak033		ɓaʔ022	pak033
3352	撲	通合一滂屋入	p^{h}ɔk033	p^{h}ɔk033	p^{h}ɔʔ033	p^{hu}ɔʔ011	p^{h}ɔk033	p^{hu}ɔk033	p^{hu}ɔk033	p^{hu}ɔk033	p^{hu}ɔk033	p^{hu}ɔʔ033	p^{hu}ɔ^{a}k033
3353	仆倒	通合一滂屋入		p^{h}ɔk033	p^{h}ok055	p^{h}ʊk022	p^{h}ɔk021	p^{hu}ɔk033	p^{h}ʊk055	p^{h}ok055	p^{hu}ɔk033	p^{hu}ɔʔ033	p^{h}ʊk055
3354	篷	通合一並東平	foŋ21	p^{h}oŋ21	p^{h}oŋ31	foŋ44	p^{h}oŋ11	p^{h}oŋ21	p^{h}oŋ11	p^{h}oŋ13	p^{h}oŋ11	p^{h}oŋ23	poŋ121
3355	蓬	通合一並東平	foŋ21	p^{h}oŋ21	p^{h}oŋ31	foŋ44	foŋ11	p^{h}oŋ21	p^{h}oŋ11	p^{h}oŋ13	p^{h}oŋ11	p^{h}oŋ23	poŋ211 ~勃 foŋ211 ~莱
3356	僕	通合一並屋入	fok022	p^{h}ɔk033	ɓok055	p^{h}ʊk022	p^{h}ɔk021	pʊk022	pʊk021	pok022	pok021	ɓʊk022	pʊk022
3357	曝	通合一並屋入	pou21	pou21	ɓou31	p^{hu}ɔu22	pou31	pou31	pou31	pou31	pou31	ɓou31	pou211
3358	瀑	通合一並屋入	pou21	pou21	ɓou31	p^{hu}ɔu22	pou31	pou31	pou31	pou31	pou31	ɓou31	pou211
3359	蒙	通合一明東平	moŋ21	moŋ21	moŋ31	moŋ44	moŋ11	moŋ21	moŋ11	moŋ13	moŋ11	moŋ31	moŋ121
3360	懵	通合一明東上	moŋ35	moŋ35	moŋ35	moŋ24	moŋ35	moŋ335	moŋ35	moŋ35	moŋ224	moŋ35	moŋ35

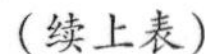

（续上表）

序号	字项	中古音	湛江赤坎	廉江廉城	吴川梅菉	吴川吴阳	遂溪北坡	茂名茂南区	高州潘州街	信宜东镇	电白羊角	化州河西街	化州长岐
3361	木	通合一明屋入	mok022	mok022	mok031	mʊk022	mok021	mʊk022	mʊk021	mok022	mok021	mʊk022	mʊk022
3362	東	通合一端東平	toŋ55	toŋ55	ɗoŋ55	ɗoŋ55	toŋ33	toŋ553	toŋ553	toŋ453	toŋ44	ɗoŋ53	ɗoŋ53
3363	董	通合一端東上	toŋ35	toŋ35	ɗoŋ35	ɗoŋ24	toŋ35	toŋ335	toŋ35	toŋ35	toŋ224	ɗoŋ35	ɗoŋ35
3364	懂	通合一端東上	toŋ35	toŋ35	ɗoŋ35	ɗoŋ24	toŋ35	toŋ335	toŋ35	toŋ35	toŋ224	ɗoŋ35	ɗoŋ35
3365	凍	通合一端東去	toŋ33	toŋ33	ɗoŋ33	ɗoŋ11	toŋ44	toŋ33	toŋ33	toŋ33	toŋ33	ɗoŋ33	ɗoŋ33
3366	棟	通合一端東去	toŋ21	toŋ35	ɗoŋ31	ɗoŋ24	toŋ35	toŋ31	toŋ31	toŋ33	toŋ31	ɗoŋ35	ɗoŋ35
3367	通	通合一透東平	t^hoŋ55	t^hoŋ55	t^hoŋ55	t^hoŋ55	t^hoŋ33	t^hoŋ553	t^hoŋ553	t^hoŋ453	t^hoŋ44	t^hoŋ53	t^hoŋ53
3368	桶	通合一透東上	t^hoŋ35	t^hoŋ35	t^hoŋ223	t^hoŋ24	t^hoŋ35	t^hoŋ335	t^hoŋ35	t^hoŋ35	t^hoŋ224	t^hoŋ35	t^hoŋ35
3369	捅	通合一透東上	t^hoŋ35	t^hoŋ35	t^hoŋ35	t^hoŋ24	t^hoŋ35	t^hoŋ335	t^hoŋ35	t^hoŋ35	t^hoŋ224	t^hoŋ35	t^hoŋ35
3370	痛	通合一透東去	t^hoŋ33	t^hoŋ33	t^hoŋ33	t^hoŋ11	t^hoŋ44	t^hoŋ33	t^hoŋ33	t^hoŋ33	t^hoŋ33	t^hoŋ33	t^hoŋ33
3371	秃	通合一透屋入	t^hok055	t^hok055	t^hok055	t^hʊk044	t^hok055	t^hʊk055	t^hʊk055	t^hok055	t^hok055	t^hʊk055	t^hʊk055
3372	同	通合一定東平	t^hoŋ21	t^hoŋ21	t^hoŋ31	t^hoŋ44	t^hoŋ11	t^hoŋ21	t^hoŋ11	t^hoŋ31	t^hoŋ11	t^hoŋ23	toŋ121

（续上表）

序号	字项	中古音	湛江赤坎	廉江廉城	吴川梅菉	吴川吴阳	遂溪北坡	茂名茂南区	高州潘州街	信宜东镇	电白羊角	化州河西街	化州长岐
3373	銅	通合一定東平	tʰoŋ21	tʰoŋ21	tʰoŋ31	tʰoŋ44	tʰoŋ11	tʰoŋ21	tʰoŋ11	tʰoŋ13	tʰoŋ11	tʰoŋ23	toŋ121
3374	桐	通合一定東平	tʰoŋ21	tʰoŋ21	tʰoŋ31	tʰoŋ44	tʰoŋ11	tʰoŋ21	tʰoŋ11	tʰoŋ13	tʰoŋ11	tʰoŋ23	toŋ121
3375	筒	通合一定東平	tʰoŋ21	tʰoŋ21	tʰoŋ31	tʰoŋ44	tʰoŋ11	tʰoŋ21	tʰoŋ11	tʰoŋ13	tʰoŋ11	tʰoŋ23	toŋ121
3376	童	通合一定東平	tʰoŋ21	tʰoŋ21	tʰoŋ31	tʰoŋ44	tʰoŋ11	tʰoŋ21	tʰoŋ11	tʰoŋ13	tʰoŋ11	tʰoŋ23	toŋ121
3377	瞳	通合一定東平	tʰoŋ21	tʰoŋ21	tʰoŋ31	tʰoŋ44	tʰoŋ11	tʰoŋ21	tʰoŋ11	tʰoŋ31	tʰoŋ11	tʰoŋ23	toŋ121
3378	動	通合一定東上	toŋ21	toŋ21	ɗoŋ31	tʰoŋ22	toŋ31	toŋ31	toŋ31	toŋ31	toŋ31	ɗoŋ31	toŋ211
3379	洞	通合一定東去	toŋ21	toŋ21	ɗoŋ31	tʰoŋ22	toŋ31	toŋ31	toŋ31	toŋ31	toŋ31	ɗoŋ31	toŋ211
3380	獨	通合一定屋入	tok022	tok022	ɗok033	tʰʊk033	tok021	tʊk022	tʊk021	tok022	tok021	ɗʊk022	tʊk022
3381	讀	通合一定屋入	tok022	tok022	ɗok033	tʰʊk033	tok021	tʊk022	tʊk021	tok022	tok021	ɗʊk022	tʊk022
3382	犢	通合一定屋入							tʊk021	tok022			tʰʊk022
3383	籠	通合一來東平	loŋ21	loŋ21	loŋ31	loŋ44	loŋ11	loŋ21	loŋ11	loŋ13	loŋ11	loŋ23	loŋ121
3384	聾	通合一來東平	loŋ21	loŋ21	loŋ31	loŋ44	loŋ11	loŋ21	loŋ11	loŋ13	loŋ11	loŋ23	loŋ121

（续上表）

序号	字项	中古音	湛江赤坎	廉江廉城	吴川梅菉	吴川吴阳	遂溪北坡	茂名茂南区	高州潘州街	信宜东镇	电白羊角	化州河西街	化州长岐
3385	嚨	通合一來東平	loŋ21	loŋ21	loŋ31	loŋ44	loŋ11	loŋ21	loŋ11	loŋ13	loŋ11	loŋ23	loŋ121
3386	攏	通合一來東上	loŋ35	loŋ35	loŋ35	loŋ24	loŋ35	loŋ335	loŋ35	loŋ35	loŋ223	loŋ35	loŋ35
3387	弄	通合一來東去	loŋ21	loŋ35	loŋ31	loŋ22	loŋ31	loŋ31	noŋ31	loŋ31	loŋ31	loŋ31	loŋ211
3388	鹿	通合一來屋入	lok022	lok033	lok033	lʊk022	lok021	lʊk022	lʊk021	lok022	lok021	lʊk022	lʊk022
3389	禄	通合一來屋入	lok022	lok022	lok033	lʊk022	lok021	lʊk022	lʊk021	lok022	lok021	lʊk022	lʊk022
3390	棕	通合一精東平	ʧoŋ55	ʧoŋ55	ʧoŋ55	toŋ55	ʧoŋ33	ʧoŋ553	ʧoŋ553	ʧoŋ453	ʧoŋ44	toŋ53	toŋ53
3391	鬃	通合一精東平	ʧoŋ55	ʧoŋ55	ʧoŋ55	toŋ55	ʧoŋ33	ʧoŋ553	ʧoŋ553	ʧoŋ453	ʧoŋ44	toŋ53	toŋ53
3392	總	通合一精東上	ʧoŋ35	ʧoŋ35	ʧoŋ35	toŋ24	ʧoŋ35	ʧoŋ335	ʧoŋ35	ʧoŋ35	ʧoŋ224	toŋ35	toŋ35
3393	粽	通合一精東去	ʧoŋ33	ʧoŋ33	ʧoŋ55	toŋ11	ʧoŋ44	ʧoŋ33	ʧoŋ33	ʧoŋ453	ʧoŋ33	toŋ33	toŋ121
3394	聰	通合一清東平	$ʧ^h$oŋ55	$ʧ^h$oŋ55	$ʧ^h$oŋ55	t^hoŋ55	$ʧ^h$oŋ33	$ʧ^h$oŋ553	$ʧ^h$oŋ553	$ʧ^h$oŋ453	$ʧ^h$oŋ44	t^hoŋ53	t^hoŋ53
3395	匆	通合一清東平	$ʧ^h$oŋ55	$ʧ^h$oŋ55	$ʧ^h$oŋ55	t^hoŋ55	$ʧ^h$oŋ33	$ʧ^h$oŋ553	$ʧ^h$oŋ553	$ʧ^h$oŋ453	$ʧ^h$oŋ44	t^hoŋ53	$ʧ^h$oŋ53
3396	葱	通合一清東平	$ʧ^h$oŋ55	$ʧ^h$oŋ55	$ʧ^h$oŋ55	t^hoŋ55	$ʧ^h$oŋ33	$ʧ^h$oŋ553	$ʧ^h$oŋ553	$ʧ^h$oŋ453	$ʧ^h$oŋ445	t^hoŋ53	t^hoŋ53

（续上表）

序号	字项	中古音	湛江赤坎	廉江廉城	吴川梅菉	吴川吴阳	遂溪北坡	茂名茂南区	高州潘州街	信宜东镇	电白羊角	化州河西街	化州长岐
3397	囱	通合一清東平		ʧʰoŋ55	tʰoŋ55	tʰoŋ55	ʧʰɔŋ33		ʧʰoŋ553	tʰoŋ453	ʧʰoŋ445	tʰoŋ53	tʰoŋ53
3398	叢	通合一從東平	ʧʰoŋ21		ʧʰoŋ31	ɬoŋ44	ɬoŋ33	ʧʰoŋ21	ʧʰoŋ11	ʧʰoŋ31		ɬoŋ53	ɬoŋ53
3399	族	通合一從屋入	ʧok022	ʧok022	ʧok031	tʰʊk022	ʧok021	ʧʊk022	ʧʊk021	ʧok022	ʧok021	tʰʊk022	tʰʊk022
3400	送	通合一心東去	ʃoŋ33	ɬoŋ33	ɬoŋ33	ɬoŋ11	ɬoŋ44	ɬoŋ33	ɬoŋ33	ɬoŋ33	ɬoŋ33	ɬoŋ33	ɬoŋ33
3401	速	通合一心屋入	ʧʰok055	ʧʰok055	ʧʰok055	ɬʊk044	ʧʰok055	ɬʊk055	ɬʊk055	ʧʰok055	ʧʰok055	ɬʊk055	ɬʊk055
3402	公	通合一見東平	koŋ55	koŋ55	koŋ55	koŋ55	koŋ33	koŋ553	koŋ553	koŋ453	koŋ44	koŋ53	koŋ53
3403	蚣	通合一見東平	koŋ55	koŋ55	koŋ55	koŋ55	koŋ33	koŋ553	koŋ553	koŋ453	koŋ44	koŋ53	koŋ53
3404	工	通合一見東平	koŋ55	koŋ55	koŋ55	koŋ55	koŋ33	koŋ553	koŋ553	koŋ453	koŋ44	koŋ53	koŋ53
3405	功	通合一見東平	koŋ55	koŋ55	koŋ55	koŋ55	koŋ33	koŋ553	koŋ553	koŋ453	koŋ44	koŋ53	koŋ53
3406	攻	通合一見東平	koŋ55	koŋ55	koŋ55	koŋ55	koŋ33	koŋ553	koŋ553	koŋ453	koŋ44	koŋ53	koŋ53
3407	貢	通合一見東去	koŋ33	koŋ33	koŋ33	koŋ11	koŋ44	koŋ33	koŋ33	koŋ33	koŋ33	koŋ33	koŋ33
3408	穀	通合一見屋入	kok055	kok055	kok055	kʊk044	kok055	kʊk055	kʊk055	kok055	kok055	kʊk055	kʊk055

（续上表）

序号	字项	中古音	湛江赤坎	廉江廉城	吴川梅菉	吴川吴阳	遂溪北坡	茂名茂南区	高州潘州街	信宜东镇	电白羊角	化州河西街	化州长岐
3409	谷	通合一見屋入	kok055	kok055	kok055	kʊk044	kok055	kʊk055	kʊk055	kok055	kok055	kʊk055	kʊk055
3410	空~虚	通合一溪東平	hoŋ55	hoŋ55	hoŋ55	hoŋ55	hoŋ33	hoŋ553	hoŋ553	hoŋ453	hoŋ44	hoŋ53	hoŋ53
3411	孔	通合一溪東上	k^hoŋ35	k^hoŋ35	hoŋ35	hoŋ24	k^hoŋ35	k^hoŋ335	k^hoŋ35	hoŋ35	k^hoŋ224	hoŋ35	hoŋ35
3412	控	通合一溪東去	hoŋ33	hoŋ33	hoŋ33	hoŋ11	hoŋ44	hoŋ33	hoŋ33	hoŋ33	hoŋ33	hoŋ33	hoŋ33
3413	空~缺	通合一溪東去	hoŋ55/hoŋ33	hoŋ55	hoŋ55	hoŋ55	hoŋ33	hoŋ553	hoŋ553	hoŋ453	hoŋ44	hoŋ53	hoŋ53
3414	哭	通合一溪屋入	hok055	hok055	hok055	hʊk044	hok055	hʊk055	hʊk055	hok055	hok055	hʊk055	hʊk055
3415	烘	通合一曉東平	hoŋ33	hɔŋ33	hoŋ33	hoŋ24	hɔŋ33	hoŋ33	hoŋ33	hoŋ31	hoŋ33	hoŋ33	hoŋ33
3416	哄~骗	通合一曉東上	hoŋ33	hoŋ33	hoŋ35	hoŋ24	hoŋ33	hoŋ335	hoŋ33	hoŋ31	hoŋ33	hoŋ33	hoŋ33
3417	紅	通合一匣東平	hoŋ21	hoŋ21	hoŋ31	hoŋ44	hoŋ11	hoŋ21	hoŋ11	hoŋ13	hoŋ11	hoŋ23	hoŋ121
3418	洪	通合一匣東平	hoŋ21	hoŋ21	hoŋ31	hoŋ44	hoŋ11	hoŋ21	hoŋ11	hoŋ31	hoŋ11	hoŋ23	hoŋ121
3419	鴻	通合一匣東平	hoŋ21	hoŋ21	hoŋ31	hoŋ44	hoŋ11	hoŋ21	hoŋ11	hoŋ31	hoŋ11	hoŋ23	hoŋ121

（续上表）

序号	字项	中古音	湛江赤坎	廉江廉城	吴川梅菉	吴川吴阳	遂溪北坡	茂名茂南区	高州潘州街	信宜东镇	电白羊角	化州河西街	化州长岐
3420	虹	通合一匣東平	hoŋ21	hoŋ21	hoŋ31	hoŋ44	hoŋ11（文） hoŋ35（白）	hoŋ21	hoŋ11	hoŋ13	hoŋ11	hoŋ23	hoŋ121
3421	汞	通合一匣東上	koŋ33	koŋ33		hoŋ33	koŋ44	koŋ33	hoŋ33	kʰoŋ33	kᵘɔŋ44	hoŋ23	hoŋ121
3422	閧内~	通合一匣東去	hoŋ33	hoŋ33	hoŋ33	hoŋ24	hoŋ11	hoŋ33	hoŋ33	hoŋ31	hoŋ33	hoŋ33	hoŋ33
3423	斛	通合一匣屋入	kɔk033	fok022	fok031	fʊk022	kiok055	kᵘɔk033		hok022	kᵘɔk033	hʊk022	hap022
3424	翁	通合一影東平	ioŋ55	ioŋ55	ioŋ55	ʔoŋ55	ioŋ33	ioŋ553	ioŋ553	ioŋ453	ioŋ44	jioŋ53	ᶻjioŋ53
3425	瓮	通合一影東去	ioŋ55	aŋ55	ʔaŋ55	ʔoŋ11	ioŋ33	ʔoŋ33	oŋ33	ʔoŋ33	ʔoŋ33	ʔoŋ33	ᶻjioŋ53
3426	屋	通合一影屋入	ok055	ok055	ʔok055	ʔʊk044	ok055	ʔʊk055	ʊk055	ʔok055	ʔok055	ʔʊk055	ʔʊk055
3427	冬	通合一端冬平	toŋ55	toŋ55	ɗoŋ55	ɗoŋ55	toŋ33	toŋ553	toŋ553	toŋ453	toŋ44	ɗoŋ53	ɗoŋ53
3428	篤	通合一端沃入	tok055	tiak033		ɗʊk044	tok055	tʊk055	tʊk055	tok055		ɗʊk055	ɗʊk055
3429	督	通合一端沃入	tok055	tok055	ɗok055	ɗʊk044	tok055	tʊk055	tʊk055	tok055	tok055	ɗʊk055	ɗʊk055
3430	統	通合一透冬去	tʰoŋ35	tʰoŋ35	tʰoŋ35	tʰoŋ24	tʰoŋ35	tʰoŋ335	tʰoŋ35	tʰoŋ35	tʰoŋ224	tʰoŋ35	tʰoŋ35

（续上表）

序号	字项	中古音	湛江赤坎	廉江廉城	吴川梅菉	吴川吴阳	遂溪北坡	茂名茂南区	高州潘州街	信宜东镇	电白羊角	化州河西街	化州长岐
3431	毒	通合一定沃入	tok022	tok022	ɗok033	tʰʊk022	tok021	tʊk022	tʊk021	tok022	tok021	ɗʊk022	tʊk022
3432	農	通合一泥冬平	noŋ21	noŋ21	noŋ31	noŋ44	noŋ11	noŋ21	noŋ11	noŋ31	noŋ11	noŋ23	noŋ121
3433	膿	通合一泥冬平	noŋ21	noŋ21	noŋ31	noŋ44	noŋ11	noŋ21	noŋ11	noŋ13	noŋ11	noŋ23	noŋ121
3434	宗	通合一精冬平	ʧoŋ55	ʧoŋ55	ʧoŋ55	toŋ55	ʧoŋ33	ʧoŋ553	ʧoŋ553	ʧoŋ453	ʧoŋ44	toŋ53	toŋ53
3435	綜	通合一精冬去	ʧoŋ55	ʧoŋ55	ʧoŋ55	toŋ55	ʧoŋ33	ʧoŋ553	ʧoŋ553	ʧoŋ453	ʧoŋ44	toŋ53	toŋ53
3436	鬆	通合一心東去	ʃoŋ55	ɬoŋ55	ɬoŋ55	ɬoŋ55	ɬoŋ33	ɬoŋ553	ɬoŋ553	ɬoŋ453	ɬoŋ44	ɬoŋ53	ɬoŋ53
3437	宋	通合一心冬去	ʃoŋ33	ɬoŋ33	ɬoŋ33	ɬoŋ11	ɬoŋ44	ɬoŋ33	ɬoŋ33	ɬoŋ33	ɬoŋ33	ɬoŋ33	ɬoŋ33
3438	酷	通合一溪沃入	hou21	hou21	hou31	kʊk044	hou31	hou31	hou31	hok022	hou31	hou31	hʊk022
3439	沃	通合一影沃入	iok055	iok055	iok055	iʊk044	iok055	iʊk055	iʊk055	iok055	iok055	jiʊk055	ᶻjiʊk055
3440	風	通合三非東平	foŋ55	foŋ55	foŋ55	foŋ55	foŋ33	foŋ553	foŋ553	foŋ453	foŋ44	foŋ53	foŋ53
3441	楓	通合三非東平	foŋ55	foŋ55	foŋ55	foŋ55	foŋ33	foŋ553	foŋ553	foŋ453	foŋ44	foŋ53	
3442	瘋	通合三非東平	foŋ55	foŋ55	foŋ55	foŋ55	foŋ33	foŋ553	foŋ553	foŋ453	foŋ44	foŋ53	foŋ53

（续上表）

序号	字项	中古音	湛江赤坎	廉江廉城	吴川梅菉	吴川吴阳	遂溪北坡	茂名茂南区	高州潘州街	信宜东镇	电白羊角	化州河西街	化州长岐
3443	諷	通合三非東去	foŋ35	foŋ35	foŋ35	foŋ24	foŋ35	foŋ335	foŋ35	foŋ35	foŋ224	foŋ35	foŋ35
3444	福	通合三非屋入	fok055	fok055	fok055	fʊk044	fok055	fʊk055	fʊk055	fok055	fok055	fʊk055	fʊk055
3445	幅	通合三非屋入	fok055	fok055	fok055	fʊk044	fok055	fʊk055	fʊk055	fok055	fok055	fʊk055	fʊk055
3446	蝠	通合三非屋入	fok055	fok055	fok055	fʊk044	fok055	fʊk055	fʊk055	fok055	fok055	fʊk055	fʊk055
3447	複重~	通合三非屋入	fok055	fok055	fok055	fʊk044	fok055	fʊk055	fʊk055	fok055	fok055	fʊk055	fʊk055
3448	腹	通合三非屋入	fok055	fok055	fok055	fʊk044	fok055	fʊk055	fʊk055	fok055	fok055	fʊk055	fʊk055
3449	豐	通合三敷東平	foŋ55	foŋ55	foŋ55	foŋ55	foŋ33	foŋ553	foŋ553	foŋ453	foŋ44	foŋ53	foŋ53
3450	覆	通合三敷屋入	fok055/fok022	fok055	fok055	fʊk044	fok055	fʊk055	fʊk055	fok055	fok055	fʊk055	fʊk055
3451	馮	通合三奉東平	foŋ21	foŋ21	foŋ31	foŋ44	foŋ11	foŋ21	foŋ11	foŋ13	foŋ11	foŋ23	foŋ211
3452	鳳	通合三奉東去	foŋ21	foŋ21	foŋ31	foŋ22	foŋ31	foŋ31	foŋ31	foŋ31	foŋ31	foŋ31	foŋ211
3453	服	通合三奉屋入	fok022	fok022	fok031	fʊk022	fok021	fʊk022	fʊk021	fok022	fok021	fʊk022	fʊk022
3454	伏	通合三奉屋入	fok022	fok022	fok031	fʊk022	fok021	fʊk022	fʊk021	fok022	fok021	fʊk022	fʊk022

（续上表）

序号	字项	中古音	湛江赤坎	廉江廉城	吴川梅菉	吴川吴阳	遂溪北坡	茂名茂南区	高州潘州街	信宜东镇	电白羊角	化州河西街	化州长岐
3455	復恢~	通合三奉屋入	fok055/fok022	fok055	fok055	fʊk044	fok055	fʊk055	fʊk055	fok055	fok021	fʊk055	fʊk055
3456	袱	通合三奉屋入	fok022	fok055	fok031	fʊk022	fok021	fʊk022	fʊk021	fok022	fok021	fʊk022	fʊk022
3457	夢	通合三明東去	moŋ21	moŋ21	moŋ31	moŋ22	moŋ31	moŋ31	moŋ31	moŋ31	moŋ31	moŋ31	moŋ211
3458	目	通合三明屋入	mok022	mok022	mok031	mʊk022	mok021	mʊk022	mʊk021	mok022	mok021	mʊk022	mʊk022
3459	穆	通合三明屋入	mok022	mok022	mok031	mʊk022	mok021	mʊk022	mʊk021	mok022	mok021	mʊk022	mʊk022
3460	牧	通合三明屋入	mok022	mok022	mok031	mʊk022	mok021	mʊk022	mʊk021	mok022	mok021	mʊk022	mʊk022
3461	隆	通合三來東平	loŋ21	loŋ21	loŋ31	loŋ44	loŋ11	loŋ21	loŋ11	loŋ31	loŋ11	loŋ23	loŋ121
3462	六	通合三來屋入	lok022	lok022	lok031	lʊk022	lok021	lʊk022	lʊk021	lok022	lok021	lʊk022	lʊk022
3463	陸	通合三來屋入	lok022	lok022	lok031	lʊk022	lok021	lʊk022	lʊk021	lok022	lok021	lʊk022	lʊk022
3464	嵩	通合三心東平	ʃoŋ55	ɬoŋ55	ɬoŋ55	ɬoŋ55	ɬoŋ33	ɬoŋ553	ɬoŋ553	ɬoŋ453	ɬoŋ44	ɬoŋ53	ɬoŋ53
3465	肅	通合三心屋入	ʃok055	ɬok055	ɬok055	ɬʊk044	ɬok055	ɬʊk055	ɬʊk055	ɬok055	ɬok055	ɬʊk055	ɬʊk055
3466	宿~舍	通合三心屋入	ʃok055	ɬok055	ɬok055	ɬʊk044	ɬok055	ɬʊk055	ɬʊk055	ɬok055	ɬok055	ɬʊk055	ɬʊk055

（续上表）

序号	字项	中古音	湛江赤坎	廉江廉城	吴川梅菉	吴川吴阳	遂溪北坡	茂名茂南区	高州潘州街	信宜东镇	电白羊角	化州河西街	化州长岐
3467	中～秋	通合三知東平	ʧoŋ55	ʧoŋ55	ʧoŋ55	tsoŋ55	ʧoŋ33	ʧoŋ553	ʧoŋ553	ʧoŋ453	ʧoŋ44	ʧoŋ53	ʧoŋ53
3468	忠	通合三知東平	ʧoŋ55	ʧoŋ55	ʧoŋ55	tsoŋ55	ʧoŋ33	ʧoŋ553	ʧoŋ553	ʧoŋ453	ʧoŋ44	ʧoŋ53	ʧoŋ53
3469	衷	通合三知東平	ʧ^{h}oŋ55	ʧ^{h}oŋ55	ʧ^{h}oŋ55	ts^{h}oŋ55	ʧ^{h}oŋ33	ʧ^{h}oŋ553	ʧoŋ553	ʧ^{h}oŋ453	ʧ^{h}oŋ44	ʧ^{h}oŋ53	ʧ^{h}oŋ53
3470	中～奖	通合三知東去	ʧoŋ33	ʧoŋ33	ʧoŋ33	tsoŋ11	ʧoŋ44	ʧoŋ33	ʧoŋ33	ʧoŋ33	ʧoŋ33	ʧoŋ33	ʧoŋ33
3471	竹	通合三知屋入	ʧok055	ʧok055	ʧok055	tsʊk044	ʧok055	ʧʊk055	ʧʊk055	ʧok055	ʧok055	ʧʊk055	ʧʊk055
3472	築	通合三知屋入	ʧ^{h}ok055	ʧ^{h}ok055	ʧ^{h}ok055	ts^{h}ʊk044	ʧ^{h}ok055	ʧ^{h}ʊk055	ʧ^{h}ʊk055	ʧ^{h}ok055	ʧ^{h}ok055	ʧ^{h}ʊk055	ʧ^{h}ʊk055
3473	畜～牲	通合三徹屋入	ʧ^{h}ok055	ʧ^{h}ok055	ʧ^{h}ok055	ts^{h}ʊk044	ʧ^{h}ok055	ʧ^{h}ʊk055	ʧ^{h}ʊk055	ʧ^{h}ok055	ʧ^{h}ok055	ʧ^{h}ʊk055	ʧ^{h}ʊk055
3474	蟲	通合三澄東平	ʧ^{h}oŋ21	ʧ^{h}oŋ21	ʧ^{h}oŋ31	ts^{h}oŋ44	ʧ^{h}oŋ11	ʧ^{h}oŋ21	ʧ^{h}oŋ11	ʧ^{h}oŋ13	ʧ^{h}oŋ11	ʧ^{h}oŋ23	ʧ^{h}oŋ121
3475	仲	通合三澄東去	ʧoŋ21	ʧoŋ21	ʧoŋ31	ts^{h}oŋ22	ʧoŋ31	ʧon31	ʧoŋ31	ʧoŋ31	ʧoŋ31	ʧ^{h}oŋ31	ʧ^{h}oŋ211
3476	逐	通合三澄屋入	ʧok022	ʧok022	ʧok031	t^{h}ʊk022	ʧok021	ʧʊk022	ʧʊk021	ʧok022	ʧok021	t^{h}ʊk022	t^{h}ʊk022
3477	軸	通合三澄屋入	ʧok022	ʧok022	ʧok031	ts^{h}ʊk033	ʧok021	ʧʊk022	ʧʊk021	ʧok022	ʧok021	ʧ^{h}ʊk022	ʧ^{h}ʊk022
3478	崇	通合三崇東平	ʃɵn21	ʃoŋ21	ʃoŋ31	soŋ44	ʃoŋ11	soŋ21	ʃoŋ11	ʃoŋ31	ʃoŋ11	ʃoŋ23	ʃoŋ121

（续上表）

序号	字项	中古音	湛江赤坎	廉江廉城	吴川梅菉	吴川吴阳	遂溪北坡	茂名茂南区	高州潘州街	信宜东镇	电白羊角	化州河西街	化州长岐
3479	縮	通合三生屋入	ʃok055	ɬok055	ʃok055	ɬʊk044	ɬok055	ɬʊk055	ɬʊk055	ʃok055	ɬok055	ɬʊk055	ɬʊk055
3480	終	通合三章東平	ʧoŋ55	ʧoŋ55	ʧoŋ55	tsoŋ55	ʧoŋ33	ʧoŋ553	ʧoŋ553	ʧoŋ453	ʧoŋ44	ʧoŋ53	ʧoŋ53
3481	衆	通合三章東去	ʧoŋ33	ʧoŋ33	ʧoŋ33	tsoŋ11	ʧoŋ44	ʧoŋ33	ʧoŋ33	ʧoŋ33	ʧoŋ33	ʧoŋ33	ʧoŋ33
3482	祝	通合三章屋入	ʧok055	ʧok055	ʧok055	tsʊk044	ʧok055	ʧʊk055	ʧʊk055	ʧok055	ʧok055	ʧʊk055	ʧʊk055
3483	粥	通合三章屋入	ʧok055	ʧok055	ʧok055	tsʊk044	ʧok055	ʧʊk055	ʧʊk055	ʧok055	ʧok055	ʧʊk055	ʧʊk055
3484	充	通合三昌東平	ʧ^{h}oŋ55	ʧ^{h}oŋ55	ʧ^{h}oŋ55	ts^{h}oŋ55	ʧ^{h}oŋ33	ʧ^{h}oŋ553	ʧ^{h}oŋ553	ʧ^{h}oŋ453	ʧ^{h}oŋ44	ʧ^{h}oŋ53	ʧ^{h}oŋ53
3485	叔	通合三書屋入	ʃok055	ʃok055	ʃok055	sʊk044	ʃok055	sʊk055	ʃʊk055	ʃok055	ʃok055	ʃʊk055	ʃʊk055
3486	熟	通合三禪屋入	ʃok022	ʃok022	ʃok031	sʊk033	ʃok021	sʊk022	ʃʊk021	ʃok022	ʃok021	ʃʊk022	ʃʊk022
3487	淑	通合三禪屋入	ʃok022	ʃok022	ʃok031	sʊk044	ʃok021	sʊk022	ʃʊk021 ~女 ʃʊk055 人名	ʃok022	ʃok021	ʃʊk055	ʃʊk022
3488	戎	通合三日東平	ioŋ21	ioŋ55	ioŋ31	ioŋ44	ioŋ11	ioŋ21	ioŋ11	ioŋ31		ȵioŋ23	^{z}jioŋ121
3489	絨	通合三日東平	ioŋ21	ioŋ21	ioŋ31	ioŋ44	ioŋ11	ioŋ21	ioŋ11	ioŋ13	ioŋ11	ȵioŋ23	^{z}jioŋ121

（续上表）

序号	字项	中古音	湛江赤坎	廉江廉城	吴川梅菉	吴川吴阳	遂溪北坡	茂名茂南区	高州潘州街	信宜东镇	电白羊角	化州河西街	化州长岐
3490	肉	通合三日屋入	iok022	ȵiok022	ȵiok031	ȵiʊk033	ȵiok021	ȵiʊk022	ȵiʊk021	ȵiok022	ȵiok021	ȵiʊk022	ȵiʊk022
3491	弓	通合三見東平	koŋ55	koŋ55	koŋ55	koŋ55	koŋ33	koŋ553	koŋ553	koŋ453	koŋ44	koŋ53	koŋ53
3492	躬	通合三見東平	koŋ55	koŋ55	koŋ55	koŋ55	koŋ33	koŋ553	koŋ553	koŋ453	koŋ44	koŋ53	koŋ53
3493	宫	通合三見東平	koŋ55	koŋ55	koŋ55	koŋ55	koŋ33	koŋ553	koŋ553	koŋ453	koŋ44	koŋ53	koŋ53
3494	菊	通合三見屋入	k^{h}ok055	k^{h}ok055	kok055	kʊk044	k^{h}ok055	kʊk055	kʊk055	kok055	kok055	kʊk055	kʊk055
3495	麴	通合三溪屋入		k^{h}ok055	k^{h}ok055	k^{h}ʊk044	k^{h}ok055	k^{h}ʊk055	k^{h}ʊk055	k^{h}ok055	k^{h}ok055		k^{h}ʊk055
3496	窮	通合三羣東平	k^{h}oŋ21	k^{h}oŋ21	k^{h}oŋ31	k^{h}oŋ44	k^{h}oŋ11	k^{h}oŋ21	k^{h}oŋ11	k^{h}oŋ13	k^{h}oŋ11	k^{h}oŋ23	k^{h}oŋ121
3497	畜~牧	通合三曉屋入	ʧ^{h}ok055	ʧ^{h}ok055	ʧ^{h}ok055	ts^{h}ʊk044	ʧ^{h}ok055	ʧ^{h}ʊk055	ʧ^{h}ʊk055	ʧ^{h}ok055	ʧ^{h}ok055	ʧ^{h}ʊk055	ʧ^{h}ʊk055
3498	蓄储~	通合三曉屋入	ʧ^{h}ok055	ʧ^{h}ok055	ʧ^{h}ok055	ts^{h}ʊk044	ʧ^{h}ok055	ʧ^{h}ʊk055	ʧ^{h}ʊk055	ʧ^{h}ok055	ʧ^{h}ok055	ʧ^{h}ʊk055	ʧ^{h}ʊk055
3499	郁	通合三影屋入	ʋɐʔ055	iok055（文） ʋɐt055（白）	ʋɐʔ055	ʋaʔ044	iok055	iʊk055	iʊk055	iok055（文） wat055（白）	ʋɐt055	jiʊk055（文） ʋɐt055（白）	jiʊk055（文） ʋɐt055（白）
3500	熊	通合三云東平	hoŋ21/ioŋ21	ioŋ21	ioŋ31	ioŋ44	ioŋ11	ioŋ21	ioŋ11	ioŋ13	ioŋ11	jioŋ23	^{z}jioŋ121

（续上表）

序号	字项	中古音	湛江赤坎	廉江廉城	吴川梅菉	吴川吴阳	遂溪北坡	茂名茂南区	高州潘州街	信宜东镇	电白羊角	化州河西街	化州长岐
3501	雄	通合三云東平	hoŋ21	hoŋ21	hoŋ31	hoŋ44	hoŋ11	hoŋ21	hoŋ11	hoŋ13	hoŋ11	hoŋ23	hoŋ121
3502	融	通合三以東平	ioŋ21	ioŋ21	ioŋ31	ioŋ44	ioŋ11	ioŋ21	ioŋ11	ioŋ13	ioŋ11	jioŋ23	ᶻjioŋ121
3503	育	通合三以屋入	iok022	iok022	iok031	iʊk022	ȵiok021	iʊk022	iʊk021	iok022	iok021	jiʊk022	ᶻjiʊk022
3504	封	通合三非鍾平	foŋ55	foŋ55	foŋ55	foŋ55	foŋ33	foŋ553	foŋ553	foŋ453	foŋ44	foŋ53	foŋ53
3505	峰	通合三敷鍾平	foŋ55	foŋ55	foŋ55	foŋ55	foŋ33	foŋ553	foŋ553	foŋ453	foŋ44	foŋ53	foŋ53
3506	蜂	通合三敷鍾平	foŋ55	foŋ55	foŋ55	foŋ55	foŋ33	foŋ553	foŋ553	foŋ453	foŋ44	foŋ53	foŋ53
3507	鋒	通合三敷鍾平	foŋ55	foŋ55	foŋ55	foŋ55	foŋ33	foŋ553	foŋ553	foŋ453	foŋ44	foŋ53	foŋ53
3508	捧	通合三敷鍾上	pʰaŋ13	poŋ35	ɓoŋ35	ɓoŋ24	pʰoŋ35	poŋ335	poŋ35	poŋ35	poŋ224	ɓoŋ35	poŋ35
3509	逢	通合三奉鍾平	foŋ21	foŋ21	foŋ31	foŋ44	foŋ11	foŋ21	foŋ11	foŋ31	foŋ11	foŋ23	foŋ121
3510	縫	通合三奉鍾平	foŋ21	foŋ21	foŋ31	foŋ44	foŋ11	foŋ21	foŋ11	foŋ13	foŋ11	foŋ23	foŋ121
3511	奉	通合三奉鍾上	foŋ21	foŋ21	foŋ31	foŋ22	foŋ31	foŋ31	foŋ31	foŋ31	foŋ31	foŋ31	foŋ211
3512	俸	通合三奉鍾去	foŋ35	foŋ35	foŋ35	foŋ24	foŋ35	foŋ335	foŋ35	foŋ35	foŋ224	foŋ35	foŋ35

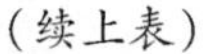

（续上表）

序号	字项	中古音	湛江赤坎	廉江廉城	吴川梅菉	吴川吴阳	遂溪北坡	茂名茂南区	高州潘州街	信宜东镇	电白羊角	化州河西街	化州长岐
3513	濃	通合三娘鍾平	noŋ21	ȵioŋ21	noŋ31	noŋ44	noŋ11	ȵioŋ21	ȵioŋ11	ȵioŋ13	noŋ11	noŋ23	noŋ121
3514	龍	通合三來鍾平	loŋ21	loŋ21	loŋ31	loŋ44	loŋ11	loŋ21	loŋ11	loŋ13	loŋ11	loŋ23	loŋ121
3515	隴	通合三來鍾上	loŋ13	loŋ21			loŋ35	loŋ335	loŋ223	loŋ31	loŋ11	loŋ23	
3516	壟	通合三來鍾上	loŋ35	loŋ35	loŋ35	loŋ24	loŋ35	loŋ335	loŋ35	loŋ31	loŋ31	loŋ35	loŋ35
3517	緑	通合三來燭入	lok022	lok022	lok031	lʊk022	lok021	lʊk022	lʊk021	lok022	lok021	lʊk022	lʊk022
3518	録	通合三來燭入	lok022	lok022	lok031	lʊk022	lok021	lʊk022	lʊk021	lok022	lok021	lʊk022	lʊk022
3519	踪	通合三精鍾平	ʧoŋ55	ʧoŋ55	ʧoŋ55	toŋ55	ʧoŋ33	ʧoŋ553	ʧoŋ553	ʧoŋ453	ʧoŋ44	toŋ53	toŋ53
3520	縱~横	通合三精鍾平	ʧoŋ55	ʧoŋ55	ʧoŋ55	toŋ24	ʧoŋ33	ʧoŋ553	ʧoŋ553	ʧoŋ35	ʧoŋ33	toŋ53	toŋ53
3521	縱放~	通合三精鍾去	ʧoŋ33	ʧoŋ33	ʧoŋ33	toŋ24	ʧoŋ33	ʧoŋ33	ʧoŋ33	ʧoŋ35	ʧoŋ33	toŋ53	toŋ53
3522	足	通合三精燭入	ʧok055	ʧok055	ʧok055	tʊk044	ʧok055	ʧʊk055	ʧʊk055	ʧok055	ʧok055	tʊk055	tʊk055
3523	從~容	通合三清鍾平	ʧ^{h}oŋ21	ʧ^{h}oŋ21	ʧ^{h}oŋ31	t^{h}oŋ44	ʧ^{h}oŋ11	ʧ^{h}oŋ21	ʧ^{h}oŋ11	ʧ^{h}oŋ31	ʧ^{h}oŋ11	t^{h}oŋ23	t^{h}oŋ121
3524	促	通合三清燭入	ʧok055	ʧ^{h}ok055	ʧ^{h}ok055	t^{h}ʊk044	ʧ^{h}ok055	ʧ^{h}ʊk055	ʧ^{h}ʊk055	ʧ^{h}ok055	ʧok055	t^{h}ʊk055	t^{h}ʊk055

（续上表）

序号	字项	中古音	湛江赤坎	廉江廉城	吴川梅菉	吴川吴阳	遂溪北坡	茂名茂南区	高州潘州街	信宜东镇	电白羊角	化州河西街	化州长岐
3525	從跟～	通合三從鍾平	ʧʰoŋ21	ʧʰoŋ21	ʧʰoŋ31	tʰoŋ44	ʧʰoŋ11	ʧʰoŋ21	ʧʰoŋ11	ʧʰoŋ13	ʧʰoŋ11	tʰoŋ23	tʰoŋ121
3526	慫	通合三心鍾上	ʃoŋ35	ʧoŋ55	ʃoŋ35	toŋ24	ʧoŋ44	ʧʰoŋ21	ɬoŋ35	ɬoŋ35		ɬoŋ35	ɬoŋ35
3527	粟	通合三心燭入	ʃok055	ɬok055	ɬok055	ɬʊk044	ɬok055	ɬʊk055	ɬʊk055	ɬok055	ɬok055	ɬʊk055	ɬʊk055
3528	松～树	通合三邪鍾平	ʧʰoŋ21	ʧʰoŋ21	ʧʰoŋ31	tʰoŋ44	ʧʰoŋ11	ʧʰoŋ21	ʧʰoŋ11	ʧʰoŋ31	ʧʰoŋ11	tʰoŋ23	tʰoŋ121
3529	誦	通合三邪鍾去	ʧoŋ21	ʧoŋ21	ʧoŋ31	tʰoŋ22	ʧoŋ31	ʧoŋ31	ʧoŋ31	ʧoŋ31	ʧoŋ31	tʰoŋ31	ʧʰoŋ211
3530	頌	通合三邪鍾去	ʧoŋ21	ʧoŋ21	ʧoŋ31	tʰoŋ22	ʧoŋ31	ʧoŋ31	ʧoŋ31	ʧoŋ31	ʧoŋ31	tʰoŋ31	ʧʰoŋ211
3531	訟	通合三邪鍾去	ʧoŋ21	ʧoŋ21	ʧoŋ31	tʰoŋ22	ʧoŋ31	ʧoŋ31	ʧoŋ31	ʧoŋ31	ʧoŋ31	tʰoŋ31	ʧʰoŋ211
3532	俗	通合三邪燭入	ʧok022	ʃok022	ʧok031	tʰʊk022	ʃok021	ʧʊk022	ʧʊk021	ʧok022	ʧok021	tʰʊk022	tʰʊk022
3533	續	通合三邪燭入	ʧok022	ʧok022	ʧok031	tʰʊk033	ʧok021	ʧʊk022	ʧʊk021	ʧok022	ʧok021	tʰʊk022	tʰʊk022
3534	冢	通合三知鍾上		ʧʰoŋ35			ʧʰoŋ35	ʧʰoŋ335	ʧʰoŋ35	ʧʰoŋ35		ʧʰoŋ35	ʧʰoŋ35
3535	寵	通合三徹鍾上	ʧʰoŋ35	ʧʰoŋ35	ʧʰoŋ223	tsʰoŋ24	ʧʰoŋ35	ʧʰoŋ335	ʧʰoŋ35	ʧʰoŋ35	ʧʰoŋ224	ʧʰoŋ35	ʧʰoŋ35
3536	重～复	通合三澄鍾平	ʧʰoŋ21	ʧʰoŋ21	ʧʰoŋ31	tsʰoŋ44	ʧʰoŋ11	ʧʰoŋ21	ʧʰoŋ11	ʧʰoŋ31	ʧʰoŋ11	ʧʰoŋ31	ʧʰoŋ211

（续上表）

序号	字项	中古音	湛江赤坎	廉江廉城	吴川梅菉	吴川吴阳	遂溪北坡	茂名茂南区	高州潘州街	信宜东镇	电白羊角	化州河西街	化州长岐
3537	重轻~	通合三澄鍾上	ʧʰoŋ13	ʧʰoŋ13	ʧʰoŋ223	tsʰoŋ33	ʧʰoŋ13		ʧʰoŋ223	ʧʰoŋ13	ʧʰoŋ224	ʧʰoŋ23	ʧʰoŋ13
3538	重~要	通合三澄鍾去	ʧoŋ21	ʧʰoŋ13	ʧʰoŋ223	tsʰoŋ33	ʧoŋ31	ʧʰoŋ113					
3539	鐘~表	通合三章鍾平	ʧoŋ55	ʧoŋ55	ʧoŋ55	tsoŋ55	ʧoŋ33	ʧoŋ553	ʧoŋ553	ʧoŋ453	ʧoŋ445	ʧoŋ53	ʧoŋ53
3540	鍾~爱	通合三章鍾平	ʧoŋ55	ʧoŋ55	ʧoŋ55	tsoŋ55	ʧoŋ33	ʧoŋ553	ʧoŋ553	ʧoŋ453	ʧoŋ44	ʧoŋ53	ʧoŋ53
3541	盅	通合三徹東平	ʧoŋ55	ʧoŋ55	ʧoŋ55	tsoŋ55	ʧoŋ33	ʧoŋ553	ʧoŋ553	ʧoŋ453	ʧoŋ445	ʧoŋ53	ʧoŋ53
3542	種~类	通合三章鍾上	ʧoŋ35	ʧoŋ35	ʧoŋ35	tsoŋ24	ʧoŋ35	ʧoŋ335	ʧoŋ35	ʧoŋ35	ʧoŋ224	ʧoŋ35	ʧoŋ35
3543	腫	通合三章鍾上	ʧoŋ35	ʧoŋ35	ʧoŋ35	tsoŋ24	ʧoŋ35	ʧoŋ335	ʧoŋ35	ʧoŋ35	ʧoŋ224	ʧoŋ35	ʧoŋ35
3544	種~树	通合三章鍾去	ʧoŋ33	ʧoŋ33	ʧoŋ33	tsoŋ11	ʧoŋ44	ʧoŋ33	ʧoŋ33	ʧoŋ33	ʧoŋ33	ʧoŋ33	ʧoŋ33
3545	燭	通合三章燭入	ʧok055	ʧok055	ʧok055	tsʊk044	ʧok055	ʧʊk055	ʧʊk055	ʧok055	ʧok055	ʧʊk055	ʧʊk055
3546	囑	通合三章燭入	ʧok055	ʧok055	ʧok055	tsʊk044	ʧok055	ʧʊk055	ʧʊk055	ʧok055	ʧok055	ʧʊk055	ʧʊk055
3547	衝	通合三昌鍾平	ʧʰoŋ55	ʧʰoŋ55	ʧʰoŋ55	tsʰoŋ55	ʧʰoŋ33	ʧʰoŋ553	ʧʰoŋ553	ʧʰoŋ453	ʧʰoŋ44	ʧʰoŋ53	ʧʰoŋ53
3548	觸	通合三昌燭入	ʧʰok055	ʧʰok055	ʧʰok055	tʰʊk044	ʧʰok055	ʧʰʊk055	ʧʰʊk055	ʧʰok055	ʧʰok055	ʧʊk055	ʧʊk055

（续上表）

序号	字项	中古音	湛江赤坎	廉江廉城	吴川梅菉	吴川吴阳	遂溪北坡	茂名茂南区	高州潘州街	信宜东镇	电白羊角	化州河西街	化州长岐
3549	贖	通合三船燭入	ʃok022	ʃok022	ʃok031	sʊk033	ʃok021	sʊk022	ʃʊk021	ʃok022	ʃok021	ʃʊk022	ʃʊk022
3550	舂	通合三書鍾平	ʧoŋ55	ʧoŋ55	ʧoŋ55	tsoŋ55	ʧoŋ33	ʧoŋ553	ʧoŋ553	ʧoŋ453	ʧoŋ44	ʧoŋ53	ʧoŋ53
3551	束	通合三書燭入	ʧ^{h}ok055	ʧ^{h}ok055	ʧ^{h}ok055	ts^{h}ʊk044	ʧ^{h}ok055	ʧ^{h}ʊk055	ʧ^{h}ʊk055	ʧ^{h}ok055	ʧ^{h}ok055	ʧ^{h}ʊk055	ʧ^{h}ʊk055
3552	蜀	通合三禪燭入	ʧok055	ʧok055	ʧok055	tsʊk044	ʧok055	sʊk022	ʧʊk055	ʧok055	ʧ^{h}ok055	ʧʊk055	ʧʊk055
3553	屬	通合三禪燭入	ʃok022	ʃok022	ʃok031	sʊk033	ʃok021	sʊk022	ʃʊk021	ʃok022	ʃok021	ʃʊk022	ʃʊk022
3554	茸	通合三日鍾平	ioŋ21	ioŋ21	ioŋ31	ioŋ44	ioŋ11	ioŋ21	ioŋ11	ioŋ13	ioŋ11	ȵioŋ23	^{z}jioŋ121
3555	辱	通合三日燭入	iok022	iok022	iok031	iʊk022	ȵiok021	iʊk022	iʊk021	iok022	iok021	jiʊk022	^{z}jiʊk022
3556	褥	通合三日燭入	iok022	iok022		iʊk022	iok021	iʊk022	iʊk021	iok022	iok021	jiʊk022	^{z}jiʊk022
3557	恭	通合三見鍾平	koŋ55	koŋ55	koŋ55	koŋ55	koŋ33	koŋ553	koŋ553	koŋ453	koŋ44	koŋ53	koŋ53
3558	供～给	通合三見鍾平	koŋ33	koŋ55	koŋ55	koŋ55	koŋ44	koŋ553	koŋ553	koŋ453	koŋ44	koŋ53	koŋ53
3559	龔	通合三見鍾平	koŋ35	koŋ35			koŋ35	k^{h}oŋ335	koŋ35	koŋ35	koŋ33	koŋ35	koŋ35
3560	拱	通合三見鍾上	koŋ55	koŋ35	koŋ35	koŋ24	koŋ35	k^{h}oŋ335	koŋ35	koŋ35	koŋ224	koŋ35	koŋ35

（续上表）

序号	字项	中古音	湛江赤坎	廉江廉城	吴川梅菉	吴川吴阳	遂溪北坡	茂名茂南区	高州潘州街	信宜东镇	电白羊角	化州河西街	化州长岐
3561	鞏	通合三見鍾上	k^hoŋ35	koŋ35	koŋ35	koŋ24	koŋ35	koŋ335	koŋ35	koŋ35	koŋ224	koŋ35	koŋ35
3562	供上～	通合三見鍾去	koŋ33	koŋ33	koŋ33	koŋ11	koŋ44	koŋ33	koŋ33	koŋ33	koŋ33		
3563	恐	通合三溪鍾上	k^hoŋ35	hoŋ35	hoŋ35	hoŋ24	hoŋ35	hoŋ335	hoŋ35	hoŋ35	k^hoŋ224	hoŋ35	hoŋ35
3564	曲	通合三溪燭入	k^hok055	k^hok055	k^hok055	k^hʊk044	k^hok055	k^hʊk055	k^hʊk055	k^hok055	k^hok055	k^hʊk055	k^hʊk055
3565	共	通合三羣鍾去	koŋ21	koŋ21	koŋ31	k^hoŋ22	koŋ31	koŋ31	koŋ31	koŋ31	koŋ31	k^hoŋ31	k^hoŋ211
3566	局	通合三羣燭入	kok022	kok022	kok031	k^hʊk022	k^hok021	kʊk022	kʊk021	kok022	kok021	k^hʊk022	k^hʊk022
3567	玉	通合三疑燭入	iok022	ȵiok022	ȵiok033	ŋʊk022	ȵiok021	ȵiʊk022	ȵiʊk021	ȵiok022	ȵiok021	ŋʊk022	ŋʊk022
3568	獄	通合三疑燭入	iok022	iok022	ŋok031	ŋʊk022	ȵiok021	iʊk022	iʊk021	ȵiok022	iok021	ŋʊk022	ŋʊk022
3569	胸	通合三曉鍾平	hoŋ55	hoŋ55	hoŋ55	hoŋ55	hoŋ33	hoŋ553	hoŋ553	hoŋ453	hoŋ44	hoŋ53	hoŋ53
3570	凶吉～	通合三曉鍾平	hoŋ55	hoŋ55	hoŋ55	hoŋ55	hoŋ33	hoŋ553	hoŋ553	hoŋ453	hoŋ44	hoŋ53	hoŋ53
3571	兇～恶	通合三曉鍾平	hoŋ55	hoŋ55	hoŋ55	hoŋ55	hoŋ33	hoŋ553	hoŋ553	hoŋ453	hoŋ44	hoŋ53	hoŋ53
3572	旭	通合三曉燭入	iok055	iok055	iok055	iʊk044	iok055	iʊk055	iʊk055	iok055	iok055	jiʊk055	jiʊk055

（续上表）

序号	字项	中古音	湛江赤坎	廉江廉城	吴川梅菉	吴川吴阳	遂溪北坡	茂名茂南区	高州潘州街	信宜东镇	电白羊角	化州河西街	化州长岐
3573	雍	通合三影鍾平	ioŋ55	ioŋ55	ioŋ55	ʔoŋ55	ioŋ33	ioŋ553	ioŋ553	ioŋ453	ioŋ44	ʔoŋ53	^{z}jioŋ53
3574	癰	通合三影鍾平	ioŋ35	ioŋ55	ioŋ35	ʔoŋ55	ioŋ33	ioŋ553	ioŋ553	ioŋ453	ioŋ44	ʔoŋ53	
3575	擁	通合三影鍾上	ioŋ35	ioŋ35	ioŋ35	ʔoŋ24	ioŋ35	ioŋ113	ȵioŋ35	ȵioŋ35	ioŋ224	jioŋ35	jioŋ35
3576	壅	通合三影鍾去	oŋ55	oŋ55	ʔoŋ55	ʔoŋ55	oŋ33		oŋ553	ʔoŋ453	oŋ224	ʔoŋ53	ʔoŋ53
3577	容	通合三以鍾平	ioŋ21	ioŋ21	ioŋ31	ioŋ44	ioŋ11	ioŋ21	ioŋ11	ioŋ31	ioŋ11	jioŋ23	^{z}jioŋ121
3578	蓉	通合三以鍾平	ioŋ21	ioŋ21	ioŋ31	ioŋ44	ioŋ11	ioŋ21	ioŋ11	ioŋ31	ioŋ11	jioŋ23	^{z}jioŋ121
3579	庸	通合三以鍾平	ioŋ21	ioŋ21	ioŋ31	ioŋ44	ioŋ11	ioŋ21	ioŋ11	ioŋ13	ioŋ11	jioŋ23	^{z}jioŋ211
3580	溶	通合三以鍾平	ioŋ21	ioŋ21	ioŋ31	ioŋ44	ioŋ11	ioŋ21	ioŋ11	ioŋ13	ioŋ11	jioŋ23	^{z}jioŋ121
3581	熔	通合三以鍾平	ioŋ21	ioŋ21	ioŋ31	ioŋ44	ioŋ11	ioŋ21	ioŋ11	ioŋ13	ioŋ11	jioŋ23	^{z}jioŋ121
3582	甬	通合三以鍾上	ioŋ13	ioŋ35		ȵioŋ33	ȵioŋ35	ioŋ335	ȵioŋ35		ȵioŋ224		
3583	勇	通合三以鍾上	ioŋ13	ioŋ13	ȵioŋ33	ȵioŋ33	ȵioŋ13	ȵioŋ113	ȵioŋ223	ȵioŋ13	ȵioŋ223	ȵioŋ23	ȵioŋ13
3584	涌	通合三以鍾上	ioŋ35	ioŋ13	ioŋ35	ȵioŋ33	ioŋ35	ioŋ335	ȵioŋ35	ȵioŋ35	ȵioŋ224	ȵioŋ35	ȵioŋ35

（续上表）

序号	字项	中古音	湛江赤坎	廉江廉城	吴川梅菉	吴川吴阳	遂溪北坡	茂名茂南区	高州潘州街	信宜东镇	电白羊角	化州河西街	化州长岐
3585	用	通合三以鍾去	ioŋ21	ioŋ21	ioŋ31	ioŋ22	ioŋ31	ioŋ31	ioŋ31	ioŋ31	ioŋ31	jioŋ31	ᶻjioŋ211
3586	欲	通合三以燭入	iok022	iok022	iok033	iʊk022	iok021	iʊk022	iʊk021	iok022	iok021	jiʊk022	ᶻjiʊk022
3587	慾	通合三以燭入	iok022	iok022	iok033	iʊk022	iok021	iʊk022	iʊk021	iok022	iok021	jiʊk022	ᶻjiʊk022
3588	浴	通合三以燭入	iok022	iok022	iok031	iʊk022	iok021	iʊk022	iʊk021	iok022	iok021	jiʊk022	ᶻjiʊk022

第三章　粤西湛茂地区粤方言语音研究专论

第一节　茂名各地粤方言语音特点比较

一、声母特点的比较

1. 茂名各县市粤语声母大多数是 22 个（包括零声母），最多是 24 个（如化州）。与广州话一样，它们都存在舌根唇化声母 kw、kw^h 和唇化半元音（ʋ 或 w）而没有 u 介音。虽然音系处理时可去掉 kw、kw^h 声母而保留韵母的 u 介音，但不这样做的原因：一是舌根声母的唇化色彩的确比较明显，有些方言甚至进一步演化为唇齿化的 kʋ、kʋ^h；二是从音系结构上使之保持与大部分粤语尤其是广州话的对应。然而，与此不对称的是，茂名各地粤语不能像广州话一样通过设立半元音 j 而取消 i 介音，原因是除了舌面声母 ȵ 和 j 外，还有少数 i 介音韵母分布在其他辅音声母后的情况，不能省略。如：

	尿	扁	裂	姜	脚
茂名	niau^{31}	piɛn^{35}	liɛt^{22}	kiaŋ^{553}	kiak^{33}
高州	niau^{31}	piɛn^{35}	liɛt^{21}	kiaŋ^{553}	kiak^{33}
信宜	niau^{31}	pen^{35}	let^{22}	kiaŋ^{453}	kiak^{33}
电白	niau^{31}	piɛn^{224}	liɛt^{21}	kiaŋ^{44}	kiak^{33}
化州上江	niau^{31}	ɓiaŋ^{35}	lit^{22}	kiaŋ^{53}	kiaʔ^{33}
化州下江	niau^{211}	ɓiaŋ^{35}	liak^{22}	kiaŋ^{53}	kiak^{33} ①

---

① 本书第一章各地音系部分入声调都用下划线标注，此章因论述中牵涉一些文白异读的音节需下划线。为避免混淆，入声调在本章中一律不标下划线，读者可以通过塞音韵尾加以区分。

2. 茂名各县市粤语都有舌面鼻音声母 ȵ 和清边擦音 ɬ，前者主要来自古“日”母、“疑”母和少数“影、喻”母的细音字；后者主要来自古“心”母和“生”母部分字，还有少数古“邪、澄”母字。此二声母为粤西粤语的显著特色，与广府片迥异。如：

	人日	鱼疑	饮喻	新心	释生	旋邪
茂名	ȵiɐn^{21}	ȵi^{21}	ȵiɐm^{335}	ɬɐn^{553}	ɬek^{55}	ɬin^{21}
高州	ȵiɐn^{11}	ȵi^{11}	ȵiɐm^{35}	ɬɐn^{553}	ɬek^{55}	ɬyn^{11}
信宜	ȵiɐn^{13}	ȵy^{13}	ȵiɐm35	ɬɐn^{453}	ɬek^{55}	ɬyn^{31}
电白	ȵiɐn^{11}	ȵi^{11}	ȵiɐm^{224}	ɬɐn^{44}	ɬEk^{55}	ɬin^{11}
化州上江	ȵiɐn^{23}	ɲŋ̍^{23}	ȵiɐm^{35}	ɬɐn^{53}	ʃek^{55}	ɬin^{31}
化州下江	ȵiɐn^{121}	ɲŋ̍^{121}	ȵiɐm^{35}	ɬɐn^{53}	ʃek^{55}	ɬien^{211}

3. 茂名各县市粤语塞擦音声母均有舌叶、舌尖两类变体，且以近舌叶的 ʧ、ʧ^{h}、ʃ 为多。

4. 茂名各县市粤语在非高元音 i、y、u 起头的零声母音节中，往往发音前都带有较明显的喉塞音 ʔ－，与广州话不同。例如化州长岐话的鸦 ʔa^{53}、忆 ʔek^{55}、屋 ʔʊk^{55}。

5. 与茂名各地不同的是，化州市粤语声母系统中，有两个内爆塞音声母 ɓ 和 ɗ。它们与古声母的对应关系在化州分为不同的两种：一是以市区为代表的化州上江话，ɓ、ɗ 主要来自古“帮、端”母和古“並、定”母的仄声，形成 ɓ（帮、並仄）— p^{h}（滂、並平）和 ɗ（端、定仄）— t^{h}（透、定平）塞音两分的局面；二是以长岐镇为代表的化州下江话，古“並、定”二母清化后一律读作不送气清塞音 p 和 t，并未与“帮、端”二母（读 ɓ、ɗ）合流，形成 ɓ（帮）— p^{h}（滂）—p（並）和 ɗ（端）—t^{h}（透）—t（定）塞音三分的格局。如：

	包	品	贫	白	朵	讨	头	洞
化州上江	ɓɑu^{53}	p^{h}ɐn^{35}	p^{h}ɐn^{23}	ɓaʔ^{22}	ɗɔ^{35}	t^{h}ou^{35}	t^{h}ɐu^{23}	ɗoŋ^{31}
化州下江	ɓau^{53}	p^{h}ɐn^{35}	pɐn^{211}	pak^{22}	ɗɔ^{35}	t^{hu}ɒu^{35}	tɐu^{121}	toŋ^{211}

化州上江话的这种对应关系与雷州闽语（如徐城）一致，而下江话的对应关系则与广西勾漏片粤语（如玉林等地）一致。这反映了不同的语音层次。

6. 化州粤语声母系统与茂名其他各地迥然不同的另一个特点是：古精组声母（心母除外）大部分字今读舌尖塞音 t、t^{h}，其中浊音“从、邪”二母清化后无论平仄多读送气 t^{h}，少数读 t，不过精组声母有部分字今已读舌叶声母 ʧ、ʧ^{h}。如：

	左	取	才	在	习	姐	瓷
化州上江	tɔ^{35}	t^{h}ʊi^{35}	t^{hu}ɔi^{23}	t^{hu}ɔi^{31}	t^{h}ɐk^{22}	tɛ^{35}	t^{h}ei^{23}
化州下江	tɔ^{35}	t^{h}øi^{35}	t^{hu}ɔi^{121}	t^{hu}ɔi^{211}	t^{h}ɐp^{22}	tɛ^{35}	t^{h}ei^{211}/ʧ^{h}i^{211}

化州话精组声母的读音与广东境内四邑、吴川及两广交界处的勾漏片粤语有相似之处，而与茂名其他地方不同。

二、韵母特点的比较

1. 茂名各地粤语韵母系统普遍存在介音不平衡的情况：u 介音可以通过设立圆唇舌根声母而省略，而 i 介音则无法通过设立舌面半元音 j 来省略（参考“一、声母特点的比较 · 1. ”）。不过，这并不能改变 i 介音相对弱势的事实：一是 i 介音韵母分布非常有限，主要分布于部分阳声韵和入声韵，阴声韵仅 iau，而且属字数量也较少；二是 i 介音的音色不稳定，除典型的 i 介音外，还有一个略低于 i 的变体 e 介音，且少数字已出现元音高化，接近广州话读音 ɛ，如高州宕开三等与梗开三、四等白读主要读 iaŋ、iak，但“擘”却读 iɛk；三是在相同韵摄的条件下，若同时存在 i 介音韵母与非 i 介音韵母的情况，则前者主要出现于白读音或个别口语字，这也昭示了 i 介音正渐趋消失。如：

	尿	点	夹	片	裂	娘	脚	艇	籴
广州	niu^{22}	tim^{35}	kɛp^{22}（口）	p^{h}in^{33}	lit^{22}	nœŋ^{21}	kœk^{33}	t^{h}ɛŋ^{35}	tɛk^{22}
茂名	niau^{31}	tim^{335}	kap^{22}	p^{h}in^{33}/ p^{h}iɛn^{33}	liɛt^{22}	niaŋ^{21}	kiak^{33}	t^{h}eŋ^{113}	tek^{22}
高州	niau^{31}	tim^{35}	kiap^{21}	p^{h}in^{33}/ p^{h}iɛn^{33}	lit^{21}/ liɛt^{21}	niaŋ^{11}	kiak^{33}	t^{h}eŋ^{35}	tek^{21}
信宜	niau^{31}	tim^{35}	kiap^{22}	p^{h}en^{33}	lit^{22}/ let^{22}	niaŋ^{13}	kiak^{33}	t^{h}eŋ^{13}	tek^{22}
电白	niau^{31}	tim^{224}	kiap^{21}	p^{h}in^{33}/ p^{h}ɛn^{33}	liɛt^{21}	niaŋ^{11}	kiak^{33}	t^{h}iaŋ^{223}	tiak^{21}
化州上江	niau^{31}	ɗim^{35}	k^{h}iaʔ^{22}	p^{h}iaŋ^{33}	lit^{22}	niaŋ^{23}	kiaʔ^{33}	t^{h}eŋ^{23}	ɗek^{22}
化州下江	niau^{211}	ɗi^{ə}m^{35}	k^{h}iap^{22}	p^{h}iaŋ^{33}	liet^{22}/ liak^{22}	niaŋ^{121}	kiak^{33}	ten^{13}	tek^{22}

2. 茂名各地粤语中，信宜、高州有齐齿呼与撮口呼韵母的对立，其他各地则只有齐齿呼而无撮口呼韵母。其中，高州话齐、撮韵与古音开、合的对应已不整齐，个别字甚至齐、撮两读（如“徐、鱼”），显示出其受周边方言影响而产生摇摆的趋势。如：

	书	如	年	弦	结	薛	原	月	全	决
茂名	si^{553}	ȵi^{31}	nin^{21}	hin^{21}	kit^{33}	ɬit^{33}	ȵin^{21}	ȵit^{22}	ʧ^{h}in^{21}	k^{h}it^{33}
高州	ʃy^{553}	ȵi^{11}	nin^{11}	hyn^{11}	kit^{33}	ɬyt^{33}	yn^{11}	ȵyt^{21}	ʧ^{h}in^{11}	k^{h}it^{33}

信宜	ʃy^{453}	ȵy^{13}	nin^{13}	in^{13}	kit^{33}	ɬyt^{33}	ȵyn^{31}	ȵyt^{22}	ʧ^{h}yn^{31}	k^{h}yt^{33}
电白	ʃi^{44}	ȵi^{11}	nin^{11}	hin^{11}	kit^{33}	ɬit^{33}	ȵin^{11}	ȵit^{21}	ʧ^{h}in^{11}	k^{h}it^{33}
化州上江	ʃi^{53}	ɲɲ̍^{31}	nin^{23}	jin^{23}	kit^{33}	ɬit^{33}	ɲin^{23}	ɲit^{22}	t^{h}in^{23}	k^{h}it^{33}
化州下江	ʃi^{53}	ɲɲ̍^{121}	nien^{121}	ʋien^{121}	kiet^{33}	ɬiet^{33}	ɲien^{121}	ɲiet^{22}	t^{h}ʊn^{121}/t^{h}ien^{121}	k^{h}iet^{33}

3. 茂名各地粤语韵母系统都有 -m、-p ~ -n、-t ~ -ŋ、-k 三套韵尾，且分布与广韵系统基本一致；唯化州上江话、下江话已出现对应不整齐的情况。具体来说有两种情况：①主元音 a、ɔ 后面的 -m、-p 和 -n、-t 转读 -ŋ、-k（-ʔ）的为多，且古“山、臻”摄字多于古“咸、深”摄字；②化州下江话古“宕、江、曾、梗、通”5 摄今基本保留 -ŋ/ -ɲ、-k，仅“曾、梗”两摄细韵（元音为 e）的阳声韵尾转入 -n，其相应的入声则读 ek。

4. 茂名各地粤语中普遍缺少以圆唇元音 œ/ ø 为主要元音的系列韵母（如广州话的 œ、œy、øn、øt、œŋ、œk），仅高州市区有 œ 韵（如“朵、螺”），信宜有 œ、øy、œt 3 个（如 œ 韵的“朵、糯、锁”，øy、œt 仅“赘、曰”两个书面语字），化州下江话有 øi 韵母（如“吕、取、遇”），其他各地韵母均不以 œ/ ø 为主元音。如：

	朵	吕	举	赘	水	信	出	酱	削	双
广州	tœ^{35}	lœy^{13}	kœy^{35}	tsœy^{22}	sœy^{35}	søn^{33}	ts^{h}øt^{55}	tsœŋ^{33}	sœk^{33}	sœŋ^{55}
茂名	tɛ^{335}	lʊi^{113}	kʊi^{335}	ʧʊi^{31}	sʊi^{335}	ɬɐn^{33}	ʧ^{h}ɐt^{55}	ʧiaŋ^{33}	ɬiak^{33}	s^{u}ɔŋ^{553}
高州	tœ^{35}	lʊi^{223}	kʊi^{35}	ʧʊi^{31}	ʃʊi^{35}	ɬɐn^{33}	ʧ^{h}ɐt^{55}	ʧiaŋ^{33}	ɬiak^{33}	ʃ^{u}ɔŋ^{553}
信宜	tœ^{35}	lʊi^{35}	kʊi^{35}	ʧøy^{31}	ʃʊi^{35}	ɬɐn^{33}	ʧ^{h}at^{55}	ʧiaŋ^{33}	ɬiak^{33}	ʃ^{u}ɔŋ^{453}
电白	to^{224}	lʊi^{223}	kʊi^{224}	ʧʊi^{31}	ʃʊi^{224}	ɬɐn^{33}	ʧ^{h}ɐt^{55}	ʧiaŋ^{33}	ɬiak^{33}	ʃ^{u}ɔŋ^{44}
化州上江	ɗɔ^{35}	lʊi^{23}	kʊi^{35}	ʧʊi^{31}	ʃʊi^{35}	ɬɐn^{33}	ʧ^{h}ɐt^{55}	tiaŋ^{33}	ɬiak^{33}	ʃ^{u}ɔŋ^{53}
化州下江	ɗɔ^{35}	løi^{13}	køi^{35}	ʧ^{h}ʊi^{211}	ʃʊi^{35}	ɬɐn^{33}	ʧ^{h}ɐt^{55}	tiaŋ^{33}	ɬiak^{33}	ʃ^{u}ɔ^{ɐ}ŋ^{53}

5. 茂名各地粤语与广州话一样，有一系列主元音为长 a 和短 ɐ 的对立韵母，如 ai ~ ɐi、au ~ ɐu、am ~ ɐm、ap ~ ɐp、an ~ ɐn、at ~ ɐt、aŋ ~ ɐŋ、ak ~ ɐk，但信宜粤语的入声韵中的长 a 和短 ɐ 的对应不明显。此外，差异较大的主要集中在咸开一等见系，广州多读 ɐm，个别读 am，与咸开二等见系（多为 am）界限比较清楚；而茂名各地咸开一等见系常用字不少与二等同，主元音均为 a。另外，化州上江话、下江话和信宜白话这批字还有主元音读圆唇 ɔ 的，呈现出元音 ɔ ~ a交替的新老层次。如：

	感覃	鸽合	砍覃	盒合	暗覃	甘谈	敢谈	喊谈	监衔	鸭狎
广州	ɐm	ɐp	ɐm	ɐp	ɐm	ɐm	ɐm	am	am	ap
茂名	am	ap	ɐm	ap	ɐm	am	am	am	am	ap
高州	am	ap	am	ap	am	am	am	am	am	ap
信宜	ɔm	ɔp	ɔm	ɔp	ɔm	ɔm	ɔm	am	am	ap
电白	am	ap	ɐm	ap	ɐm	am	am	am	am	ap
化州上江	aŋ	^{u}ɔʔ	^{u}ɔŋ	^{u}ɔʔ	^{u}ɔŋ	^{u}ɔŋ	^{u}ɔŋ	am	am	aʔ
化州下江	am	^{u}ɔ^{ɐ}k	^{u}ɔm	ɐp	^{u}ɔm	^{u}ɔm/am	^{u}ɔm/am	am	am	ap

6. 广州话果合一等为 ɔ 韵（仅“朵”白读为 œ），果合三等（仅“靴”一字）为 œ 韵，假开三等为 ɛ 韵，少有窜韵的情况。茂名各地粤语则情况参差不齐：电白、化州最接近广州，仅果合一等端系个别字电白读 ɛ，果合三等读 ɛ 和 ɔ，假开三等化州个别精组字读 ɔ；茂名市区次之，主要差异在于果摄合口端系除少数文读为 ɔ 以外，基本读同假开三等的 ɛ；信宜、高州与广州差别较大，果合一等端系有 ɔ/œ/ɛ 三种读音。茂名各地与广州话构成差异的情况主要分布在果合一等端系、果合三等晓母以及少数假开三等精组字上。如：

	朵果合一	糯果合一	螺果合一	坐果合一	锁果合一	靴果合三	写假开三	谢假开三
广州	tɔ^{35}/ tœ^{35}	nɔ^{22}	lɔ^{21}	ʦ^{h}ɔ^{13}	sɔ^{35}	hœ^{55}	sɛ^{35}	ʦɛ^{35}
茂名	tɛ^{335}	nɛ^{31}	lɛ^{21}	ʧ^{h}ɛ^{113}	ɬɛ^{335}	hɛ^{553}	ɬɛ^{335}	ʧɛ^{31}
高州	tœ^{35}	nœ^{31}	lœ^{11}	ʧ^{h}ɛ^{35}	ɬɛ^{35}	hɛ^{553}	ɬɛ^{35}	ʧɛ^{31}
信宜	tœ^{35}	nœ^{31}	lœ^{13}	ʧ^{h}œ^{13}	ɬœ^{35}	hœ^{453}	ɬœ^{35}	ʧɛ^{31}
电白	to^{224}	nɛ^{31}	lo^{11}	ʧ^{h}ɛ^{223}	ɬo^{224}	hɛ^{445}	ɬɛ^{224}	ʧɛ^{31}
化州上江	ɗɔ^{35}	nɔ^{31}	lɔ^{23}	t^{h}ɔ^{23}	ɬɔ^{35}	hɛ^{53}	ɬɔ^{35}	t^{h}ɛ^{31}
化州下江	ɗɔ^{35}	nɔ^{211}	lɔ^{121}	t^{h}ɔ^{13}	ɬɔ^{35}	hɔ^{53}	ɬɛ^{35}	t^{h}ɛ^{211}

7. 茂名各地粤语止开三精、知、庄组部分字以及章组、日母个别字韵母有两读：i（文读或新派音）和 ei（白读或老派音），异读还牵涉声母交替，i 韵声母为 ʧ、ʧ^{h}、ʃ、ɲ，ei 韵声母为 t、t^{h}（化州）、ɬ、n。其中，茂名、信宜、高州、电白读 ei 多限于今擦音声母，只有个别塞擦音和鼻音声母；化州读 ei 的最多，声母分布也较全面。广州话这些字基本读 i，仅个别读 ei，且不存在声母交替。如：

	紫	次	私	四	字	知	狮	事
广州	ʦi^{35}	ʦ^{h}i^{33}	si^{55}	sei^{33}	ʦi^{22}	ʦi^{55}	si^{55}	si^{22}
茂名	ʧi^{335}	ʧ^{h}i^{33}	si^{553}	ɬEi^{33}	ʧi^{31}	ʧi^{553}	si^{553}	si^{31}
高州	ʧi^{35}	ʧ^{h}i^{33}	ʃi^{553}/ ɬei^{553}	ɬei^{33}	ʧi^{31}	ʧi^{553}/ tei^{553}	ʃi^{553}/ ɬei^{553}	ʃi^{31}/ ɬei^{31}

信宜	ʧi^{35}	ʧʰi^{33}	ʃi^{453}/ɬei^{453}	ɬei^{33}	ʧi^{31}	ʧi^{453}/tei^{453}	ʃi^{453}/ɬei^{453}	ʃi^{31}
电白	ʧi^{224}	ʧʰi^{33}	ʃi^{44}	ɬɛi^{33}	ʧɛi^{31}	ʧi^{44}/tɛi^{44}	ʃi^{445}	ʃi^{31}
化州上江	tei^{35}	tʰei^{33}	ɬei^{53}	ɬei^{33}	tʰei^{31}	ʧi^{53}	ɬei^{53}	ʃi^{31}
化州下江	tei^{35}	tʰei^{33}	ɬei^{53}	ɬei^{33}	tʰei^{211}	ʧi^{53}	ɬe^{i53}	ʃi^{211}

8. 茂名各地粤语以 ɔ 为主元音的系列韵母 ɔi、ɔn、ɔt、ɔŋ、ɔk 在与声母结合时带有明显的前滑音ᵘ，其音色颇为特殊，甚至有时音色与介音类似，但是，不处理为 u 介音的理由：一是这些韵母多对应古音的开口一、二等字，且滑音音色明显与否在各地或各属字中并不完全统一，带或不带滑音ᵘ 在本地人的语感中亦无对立；二是高州、信宜、电白粤语中，ᵘɔŋ、ᵘɔk 两韵在见组声母中存在开合对立，如岗≠光、讲≠广、角≠国，合口 kw、kʋ 声母才与 u 介音对应。如：

	菜	干	割	岗	光	角	国
茂名	ʧᵘɔi^{33}	kᵘɔn^{553}	kᵘɔt^{33}	kᵘɔŋ^{553}	kᵘɔŋ^{553}	kᵘɔk^{33}	kᵘɔk^{33}
高州	ʧᵘɔi^{33}	kᵘɔn^{553}	kᵘɔt^{33}	kᵘɔŋ^{553}	kwɔŋ^{553}	kᵘɔk^{33}	kwɔk^{33}
信宜	ʧᵘɔi^{33}	kᵘɔn^{453}	kᵘɔt^{33}	kᵘɔŋ^{453}	kwɔŋ^{453}	kᵘɔk^{33}	kwɔk^{33}
电白	ʧᵘɔi^{33}	kᵘɔn^{44}	kᵘɔt^{33}	kᵘɔŋ^{44}	kʋɔŋ^{44}	kᵘɔk^{33}	kʋɔk^{33}
化州上江	tᵘɔi^{33}	kᵘɔŋ^{53}	kᵘɔʔ^{33}	kᵘɔŋ^{53}	kᵘɔŋ^{53}	kuɔʔ^{33}/kaʔ^{33}	kᵘɔʔ^{33}
化州下江	tᵘɔi^{33}	kᵘɔᵄn^{53}	kᵘɔᵄk^{33}	kᵘɔᵄŋ^{53}	kᵘɔᵄŋ^{53}	kak^{33}	kᵘɔᵄk^{33}

9. 化州上江和下江粤语古江摄不少常用字存在文白异读，文读为 aŋ、ak/aʔ，白读为 ᵘɔŋ、ᵘɔᵄk/ᵘɔʔ；个别梗摄合口字同样存在文白主元音 ɔ～a 的交替，主要集中于“见、晓”组声母。这一现象与广西勾漏片粤语（如玉林、北海等地）和桂南平话（如南宁亭子平话）有相同之处。举例如下（凡文白读不齐全者不标注文读或白读，只是将音放在相应的位置上）：

	江	讲	觉	角	乐音～	壳	项	巷	学	获梗合二
化州上江	kᵘɔŋ^{53}	kᵘɔŋ^{35}	kᵘɔʔ^{33}	kᵘɔʔ^{33}	ŋᵘɔʔ^{22}	hᵘɔʔ^{33}	hᵘɔŋ^{31}	hᵘɔŋ^{31}		
	kaŋ^{53}	kaŋ^{35}	kaʔ^{33}	kaʔ^{33}	ŋaʔ^{22}			haŋ^{31}	haʔ^{22}	ʋaʔ^{22}
化州下江					ŋᵘɔᵄk^{22}		hᵘɔᵄŋ^{13}			ʋᵘɔᵄk^{22}
	kaŋ^{53}	kaŋ^{35}	kak^{33}	kak^{33}	ŋak^{22}	hak^{33}		haŋ^{211}	hak^{22}	ʋak^{22}

由上例可知，上江话文白读对应比较整齐；下江话则较少对应，以白读居多。

10. 茂名各地粤语梗摄开口三、四等字除个别字外普遍没有文白层次的异读，与广州话大不相同（广州话该批字以 eŋ、ek 为文读音，以 ɛŋ、ɛk 为白读音）。如：

	名	领	精	惊	壁	踢	钉铁~
广州	meŋ11/mɛŋ35	leŋ13/lɛŋ13	tʃeŋ55/tʃɛŋ55	keŋ55/kɛŋ55	pek55/pɛk33	tʰɛk33	teŋ55/tɛŋ55
茂名	meŋ21	leŋ113	ʧeŋ553	keŋ553	pek55	tʰek55	teŋ553
高州	meŋ11	leŋ223	ʧeŋ553	keŋ553	pek55	tʰek55/tʰiak33	teŋ553
信宜	meŋ13	leŋ13	ʧeŋ453	keŋ453	pek55	tʰek55	teŋ453
电白	mᴇŋ11	lᴇŋ223	ʧᴇŋ44	kᴇŋ44	pᴇk55	tʰek55/tʰiak33	tᴇŋ44
化州上江	meŋ23	leŋ23	teŋ53	keŋ53	ɓek55	tʰek55	ɗeŋ53
化州下江	men121	len13	ten53	ken53	ɓek55	tʰek55	ɗen53

各地的梗开三、四等文白异读主要出现在高州和电白两地。

三、声调特点的比较

1. 茂名各地粤语声调基本为9个或8个，茂名、高州、电白、化州下江话有9个调，信宜、化州上江话有8个调。前者调类情况与广州话基本一致，平、上、去各分阴阳，入声分上阴入、下阴入和阳入；后者阳平与阳上合为一调，仅余8调。具体调类、调值情况如下：

	阴平	阳平	阴上	阳上	阴去	阳去	上阴入	下阴入	阳入
茂名	553	21	335	113	33	31	55	33	22
高州	553	11	35	223	33	31	55	33	21
信宜	453	13	35	同阳平	33	31	55	33	22
电白	44（445）	11	224	223	33	31	55	33	21
化州上江	53	23	35	同阳平	33	31	55	33	22
化州下江	53	121	35	13	33	211	55	33	22

2. 茂名各地粤语阴平调读单字时，基本以高降为主，但是降的过程较长，信宜的阴平甚至带有升降之势。唯电白阴平调以平为主，且调值偏低为44，但有个别字调值偏高接近55（是否受其他粤语影响暂且存疑），与44不构成调位对立；电白的阴平调还有一个高扬的变体445，调值高于其他所有声调，主要用于日常名词语素，如“猫、窗、孙、芒麦芒”，还有个别来自非古清平字如“爸、五、伍、垫”，属语素变调。

3. 茂名各地粤语声调突出的特点是：阴上和阳上（信宜、化州上江话阳上归阳平）调值区分度比较模糊，不像广州话阴上高升、阳上低升那么界限清楚，阳上普遍起头调值偏高。它们之间的区别主要在于：阴上尾端升势明显，呈直升上扬态势，而阳上通常呈平缓上升的趋势。此外，茂名各地的阴上、阳上调与古清上、浊上字并非完全对应，而是互有交叉，尤其以古浊上字今读阴上调为多，显示出两调因调型相近而逐渐混同的趋势。

4. 茂名各地阳去调在读单字时普遍带有明显降势，为31（化州下江话为211），但在词语环境尤其是在前字位置时，有些变读低平22，信宜、化州阳平（阳上）读低升23，但在词语中尤其是在前字位置时，有些也变读低平22。因此，词语中茂名各地3个阳调类字经常混同，但在日常单字词中还保留较明显的区别。

第二节　从粤西方言论汉语南方方言中的ɓ、ɗ声母

粤西湛茂一带甚至包括海南，其粤方言和闽方言中都有两个比较特殊的声母曾引起人们的广泛关注，那就是对应于中古全清音声母“帮、端”但却带有浊音色彩的ɓ和ɗ。它们虽然并非古“帮、端”二母今读的主流，但在广东西部自北向南延伸至海南岛、向西延伸至广西一带，并且岭南之外的其他汉语南方方言中亦有此二声母，地域分布相当广泛，呈现了跨方言区分布的趋势。

一、声母ɓ、ɗ的语音属性

李方桂早于20世纪40年代做壮侗语调查时已发现声母ɓ和ɗ，并称之为前喉塞音，记作ʔɓ、ʔɗ。[①] 1958年，梁猷刚在描写海口方言时则称之为“由吸入气流造成”的“吸气音”：“发音时一方面在口腔里吸气，一方面在声门挤喉出气，同时并发，造成一种既吸气又呼气的特别的吸气音。这样，一方面在口腔吸气，一方面在喉部呼气的发音方法完全是可能的。只要在吸入气流的时候不要吸得太深，让气流流动到口腔后部即‘适可而止’，那么，深在喉部的声带就完全受不到吸入气流的影响，可以受到从气管呼出的气流的振动而发出浊音。这样，吸入的气流和呼出的气流在口腔、喉部之间互相冲击，再加上声门先紧闭而后裂开引起颤动，就给这一类的吸气音造成了一种特别的音色。”记作ɓ、ɗ。[②]

20世纪80年代，不少方言学者在调查当时上海郊区方言的过程中，在市区周边的一些方言中发现了类似的这两个声母，于是又引发新一轮的讨论。复旦大学游汝杰反对“吸气音”一说，改称“缩气音”：“成阻阶段喉门闭塞、双唇闭合或舌尖和上齿闭合，喉头下降。由于喉头下降，持阻时口腔空间增大，空气变薄，气压降低。除阻时由于声门紧缩，肺部出来的气流太少，不能充满

① 参见李方桂《原始台语声母中前喉塞音系列的假设》（*The Hypothesis of a Preglottalized Series of Consonants in Primitive Tai*），“中央研究院”历史语言研究所《集刊》第11本。

② 参见梁猷刚《海南岛海口方言中的吸气音》，《中国语文》1958年第1期。

因开大而增加的口腔空间，这时就自然吸进口腔外边气压较强的气流，振动声带而发出浊音。这两个音相当于“国际音标表”上的 ɓ 和 ɗ。国内语言学著作大多把这一类音记作 ʔɓ、ʔɗ，称作先喉塞音（pre - glottalized stop）。也有人把它们称作吸气音，这是不对的。吸气音（click）或称作搭嘴音是另一类不同的塞音。本文据《方言》杂志上刊登的《国际音标》译文，将这两个音称作缩气音。写法仍按惯例，作 ʔɓ、ʔɗ。”①

近年，朱晓农通过语音实验手段，进一步阐释了这两个浊塞音的性质，认为它们属于内破音（implosive）。implosive 的上位分类是肺部音和非肺部音，前者由主动呼吸发出，后者则与“呼”或“吸”无关，其动力源“来自升降喉头、扩大口腔容量等生理运动来压缩或稀化上声道空气”。根据语音实验的结果，朱晓农认为内破音具有与一般浊音不同的声学特征：①浊音杠较长；②基频开头处较高；③振幅随时间逐渐增大。内破音和基频的这种关系，使得它能引起一个降、高调头，所以跟高调相容。记作 ɓ、ɗ。②

笔者这几年在做广东粤方言语音数据库时，发现粤西各地如化州、吴川、封开、连山等地粤方言古“帮、端”母也读 ɓ、ɗ，其发音特征基本符合朱晓农的描述：发音前端口腔较紧张，声带颤动，与高调相配。这与笔者在 20 世纪 80 年代末调查上海郊区方言时所接触到的“帮、端”二母读音基本相同。另外，海南闽语的 ɓ、ɗ 母，其声学特征亦属同类。

二、声母 ɓ、ɗ 在汉语方言中的分布类型

（一）ɓ、ɗ 声母出现比较集中的地域

1. 北部吴语：主要见于太湖片苏沪嘉小片原上海市区周边的老本地话，即当时的郊县——金山、松江、浦东、上海县（今闵行区）、奉贤、嘉定、川沙、南汇等地。③

2. 南部吴语：集中分布在浙江省金华地区东部、丽水地区东部和温州地区西部，包括金华地区的东阳、永康，丽水地区的缙云、青田、云和、景宁、庆元、龙泉横坑头以及温州地区的永嘉沙头、文成。④

3. 勾漏片粤语：广东西南部湛江、茂名地区的吴川与化州粤语，西北部封

① 参见游汝杰《老派金山方言中的缩气塞音》，《中国语文》1984 年第 5 期。

② 参见朱晓农《论分域四度标调制》，《音韵研究》，商务印书馆 2006 年版，第 170 ~ 187 页。

③ 参见邵慧君《上海市区与近郊方音的比较研究》，《暨南大学汉语方言博士研究生学术论文集》，暨南大学出版社 2001 年版，第 73 ~ 88 页。

④ 参见曹志耘《南部吴语语音研究》，商务印书馆 2002 年版，第 36 页。

开、连山等地粤语。与广东接壤的广西西南部一带，包括玉林、贵港、兴业、陆川、博白、北流、容县、岑溪、藤县、苍梧、昭平、蒙山、贺州等县市。①

4. 雷州话（闽语）：徐城。②

5. 海南省各种汉语方言：海南闽语、儋州话、迈话。③

应该说，声母 ɓ 和 ɗ 的地域分布绝不止以上这些地方。对其分布地域的补充，还有待于材料的进一步发掘。

（二）ɓ、ɗ 声母的分布类型

1. 吴语型：大部分的吴语（包括北部和南部）都保留古全清、次清、全浊三分的格局，ɓ、ɗ 对应古全清声母“帮、端”，即 ɓ（帮）—p^h（滂）—b（並）和 ɗ（端）—t^h（透）—d（定），此处的 b、d 其实是带气嗓音的清音浊流。

2. 玉林型：主要特点是古全浊声母清化后一律读作不送气清塞音 p 和 t，但与古全清声母的 ɓ 和 ɗ、古次清声母的 p^h 和 t^h 依然构成三分格局，即 ɓ（帮）—p^h（滂）—p（並）和 ɗ（端）—t^h（透）—t（定）。除广西玉林外，还有化州的下江话和南部吴语的庆元、龙泉、泰顺和福建吴语浦城。其中，浦城的古“端”母已变为 l，形成 l（端）—t^h（透）—t（定）的对立。这一类型似乎说明古全清声母读 ɓ、ɗ 发生在古全浊声母清化之前，因为浊声母清化后并未与清声母合流。

3. 徐城型：不再保留古声母的三分，全浊声母“並、定”清化按平声送气、仄声不送气的规律进行，而古浊声母仄声字与全清合流，于是形成 ɓ（帮、並仄）—p^h（滂、並平）、ɗ（端、定仄）—t^h（透、定平）两分的局面。除隶属雷州闽语的徐城话外，还有属粤方言的化州上江话。与玉林型不同的是，徐城型浊声母清化后不再保留与清声母对立的格局，而是按古浊声母清化的规律分别归入相应的清声母中。

4. 海南型：海口话不再保留古声母的三分，全浊声母“並、定”清化后仄声合入全清声母，读 ɓ 和 ɗ；平声清化后多为擦音 f、h，部分字则有擦音和塞音文白两读，如排 ɓai/fai、塘 ɗo/haŋ，且以白读为常。此外，古“非、奉”二母少数字在海口话中有文白两读，白读保留重唇音读 ɓ，文读则为轻唇 f，如冯 ɓaŋ/foŋ；古“知、澄”二母部分字也有文白两读，白读保留塞音读 ɗ，文读则为 ts 或 s，如张 ɗio/tsiaŋ、茶 ɗɛ/sa。从海口话的分化情况可以看出：海南闽语

---

① 参见广西壮族自治区地方志编纂委员会编《广西通志汉语方言志》，广西人民出版社 1998 年版，第 136 ~ 137 页。

② 参见张振兴《广东省雷州半岛的方言分布》，《方言》1986 年第 3 期。

③ 参见海南省地方志办公室编《海南省志 · 方言志》，南海出版公司 1994 年版，第 265 ~ 289 页。

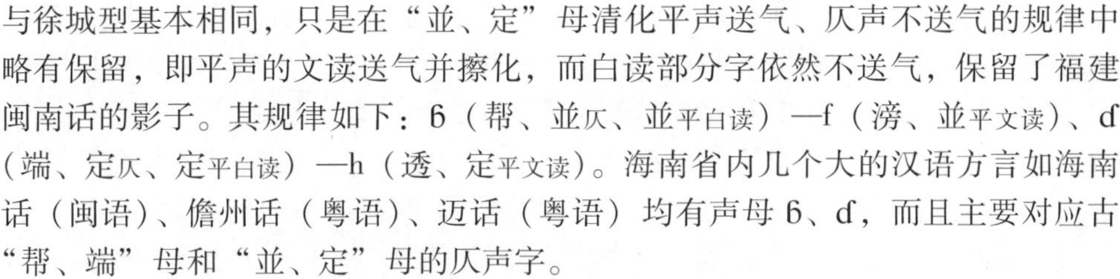
与徐城型基本相同，只是在“並、定”母清化平声送气、仄声不送气的规律中略有保留，即平声的文读送气并擦化，而白读部分字依然不送气，保留了福建闽南话的影子。其规律如下：ɓ（帮、並仄、並平白读）—f（滂、並平文读）、ɗ（端、定仄、定平白读）—h（透、定平文读）。海南省内几个大的汉语方言如海南话（闽语）、儋州话（粤语）、迈话（粤语）均有声母 ɓ、ɗ，而且主要对应古“帮、端”母和“並、定”母的仄声字。

5. 吴阳型：同样不再保留古声母的三分，但分化情况与徐城、海南相反，全浊声母“並、定”清化后归入送气清塞音，于是古次清和全浊声母合并，与古全清声母构成对立，如 ɓ（帮）—p^h（滂、並）以及 ɗ（端）—t^h（透、定）。

（三）ɓ、ɗ 声母分布类型所体现的几个特点

1. 声母 ɓ 和 ɗ 基本与古全清声母对应，声调对应清声母的阴调而非浊音声母的阳调。

2. 声母 ɓ 和 ɗ 与古全浊声母清化有密切关系，浊声母的归类影响到它们与全清、次清声母的分合。主要有两种情况：①古全清、次清、全浊今方言仍保留三分格局，除与古音塞音三分格局（全清—次清—全浊）基本相合的吴语型外，还有玉林型，古全浊声母清化后不论音值如何，始终与全清声母形成对立，有广西玉林、广东化州（下江）、浙江庆元等地。如玉林“帮、端”母今读 ɓ、ɗ。古浊音清化后为保留与清音对立，将“並、定”二母读作 p、t，形成今天这种令人费解的局面：即古清声母今天带浊音，而古浊声母今天反而是清音。②古全清、次清、全浊今方言中不再形成三分格局，而是按照古浊声母不同的清化规律与全清、次清声母合并，如徐城型、海南型和吴阳型。从各地分布类型可见，“帮、端”母读 ɓ、ɗ 似乎发生在古全浊声母清化之前，清化后的“並、定”母有的归同于“帮、端”或“滂、透”（徐城、海南、吴阳），有的在读音上刻意保留着古音全清、全浊声母的对立（玉林），还有的则仍读浊音（吴语）。

3. 凡是今方言中存在声母 ɓ 和 ɗ 的一般均非中心城市方言，它们或因地位卑弱而故步自封（如上海郊区），或因山川阻隔而缺少与外界的沟通（如浙南、粤西、广西、海南等地），因而方言传统保留较为完整。

三、声母 ɓ 和 ɗ 的成因分析

较早解释声母 ɓ 和 ɗ 成因的是游汝杰。他在《方言与中国文化》一书中认为，汉语南方方言中的 ɓ 和 ɗ 是古百越语[①]留下的底层语言成分，不仅汉语方

① “百越”是秦汉时期中原人对长江中下游及以南地区各种民族的泛称，“百越族”由“百越”引申而来，实际并无“百越族”这个民族；“百越语”泛指先秦时期长江以南的各少数民族语。

言有，少数民族语（壮侗语）和东南亚（越南、老挝、泰国、柬埔寨等）都有便是明证。[①] 这个设想基本可靠，只是对于这两个声母产生的时间、使用主体者、产生原因、演变机制等诸多方面，都还只是个笼统的揣测。

声母 ɓ 和 ɗ 主要散见于中国南方长江流域以南，这些地区是古百越族的生活区域。与古百越族关系密切的是今天讲壮侗语族的少数民族，分布在广东、广西、湖南、贵州、海南和云南，并延伸至东南亚一带。李方桂将之分为台语支和侗水语支，马学良的《汉藏语概论》则将壮侗语族分作壮傣语支、侗水语支和黎语支。壮侗语族的多数语言中都有一套带先喉塞的浊塞音声母 ʔɓ、ʔɗ，并大多出现在基数调（阴调类）。[②] 从欧阳觉亚与郑贻青《黎语调查研究》一书中对海南黎语声母 ʔɓ、ʔɗ 的描述中可知，其发音原理与汉语方言的 ɓ 和 ɗ 基本一致。[③] 那么，汉语方言中的 ɓ 和 ɗ 究竟从何而来？我们应该如何看待少数民族语言与汉语方言之间的渊源关系呢？

如前所述，存在声母 ɓ 和 ɗ 的这些地方都是古百越族活跃的地方，随着中国南方地区的不断开发，北方汉人不断南下，当地的百越族居民或向南、向西迁徙，或与汉族不断融合、汉化，他们不仅学习汉族先进的文化技术，出于交流的需要，也学习汉族的语言。有人认为，正是由于古越语中没有声母 p、t，所以越人就用自己语言中的 ɓ 和 ɗ 去对应，随着汉、越人的交融，当地的汉族也把这一语音特征带入汉语中，从而形成不少汉语南方方言古“帮、端”二母读 ɓ 和 ɗ 的格局。[④] 但问题是，汉族作为一个优势民族，会不会习用被他们视作“蛮夷”的语音特征？而且，虽然今天许多壮侗语族的语言存在声母 ɓ 和 ɗ，但这些语言中也同时存在声母 p、t，在欧阳觉亚等的《黎语调查研究》（海南）、马学良的《汉藏语概论》中都有描述，邢公畹在《汉—台语比较手册》中构拟的古台语（包括壮傣语，分布在我国广西、广东、海南、云南、贵州和东南亚的泰国、老挝和缅甸一带，但不涉及侗水语）声母系统也有p、p^h、b、ɓ和t、t^h、d、ɗ各 4 套塞音，并且p、ɓ和t、ɗ同样都只出现于单数调（即阴调类）。[⑤] 若此，古越人为何不用自己的p、t 去对应汉语的全清声母“帮、端”更

---

① 游汝杰：《方言与中国文化》，上海人民出版社 1986 年版，第 215 页。

② 参见马学良主编《汉藏语概论》，北京大学出版社 1991 年版，第 807 ~ 813 页。

③ 参见欧阳觉亚、郑贻青《黎语调查研究》，中国社会科学出版社 1983 年版，第 13 ~ 17 页。

④ 参见郑张尚芳《浙南和上海方言中的紧喉浊塞音声母 ʔb、ʔd 初探》，见《吴语论丛》，上海教育出版社 1988 年版；韦树关《古帮、端、心母在广西汉语方言中的特殊音读》，《广西民族学院学报》（哲学社会科学版）2002 年第 1 期。

⑤ 参见邢公畹《汉—台语比较手册》，商务印书馆 1999 年版，第 45 ~ 91 页。

来得直接呢?①

是否潜藏这样一种可能性，即今天广袤土地上的所谓南方汉人，其祖先就是我们常说的百越族人，声母 ɓ 和 ɗ 原本就是本族人发音习惯的遗留，并不存在古越族先用它们对应于汉语的清声母、后来又被汉人学去的复杂过程?

虽然汉人南下很早，秦代已开发岭南，但可以想见，由于地处偏远、经济落后，与外界交流极不方便，因此很长一段时间里汉人并不是主要的人口来源，也没有主宰当地的文化社会生活，他们虽然可能贵为管理者，却处于广大百越族人民的包围之中，或多或少会受当地原居民的影响，甚至融入其中。最典型的例子就是汉南越王赵佗的“越化”:《史记》《汉书》曾描写汉高祖派陆贾出使岭南规劝赵佗时，赵佗“椎髻箕踞”见贾。《论衡》也说:“南越王赵（他）佗，本汉贤人也，化南夷之俗，背畔王制，椎髻箕坐，好之若性。”② 连君王都越化，何况百姓? 因此，说声母 ɓ 和 ɗ 就是本族人留下的发音习惯或者底层语言成分也说得通。至于吴语的例子，应该与岭南的差不多，本属吴越，而且有声母 ɓ、ɗ 的地方多偏僻卑弱，较少与外界交流，因此才有可能保留一些古吴语的特征，而吴语区的中心城市如苏州、杭州、宁波、绍兴、上海市区等就没有这两个声母了。③

但祖先可能是“蛮夷”并不意味着现在仍然是，经过几千年的历史演变，经历了多次中原汉人大举南下的浪潮，这些古越族已经越来越被汉族同化，从文化到血缘，他们已逐渐淡化作为越人的标志，只在零星的风俗习惯和语言痕迹中才能窥探其远古的印记。随着汉语成分的不断叠加，古越语也逐渐蜕变汉化并遵循汉语的演变规律进行发展。如全浊声母清化，上述这些方言依据各自不同的古浊母分化规律，将来自“並、定”二母的字与“帮、端”合流共读 ɓ 和 ɗ，详见本节“声母 ɓ 和 ɗ 在汉语方言中的分布类型”所描述的徐城型、海南型、吴阳型几种类型。较有意思的是玉林型，其古“帮、端”二母读浊音声母 ɓ 和 ɗ，而“並、定”清化后并不与它合并，反而读清音 p、t。可能的原因是由于当时古声调已经按声母清浊而分阴阳调，虽然古“並、定”二母清化，

---

① 笔者曾就此请教过民族语学者黎意博士（硕士师从邢公畹，博士师从戴庆厦），承蒙其惠告，得知民族语学界认为邢公畹先生一书的古台语构拟之所以系统复杂交错，可能与当时未能较好地厘清所依据的材料有关，即无法清晰判断汉—台语之间的相同究竟是属于同源还是借用的关系。民族语学界现在一般认为，壮侗语中出现于单数调的p、t是早有的，而出现于单数调的ɓ、ɗ则是后起的。可惜由于民族语缺乏文献资料，很难断定后起的真正年代。如果郑张尚芳和韦树关两位先生的假设成立，那么汉语南方方言中的ɓ、ɗ就应该发生在壮侗语已经产生单数调的p、t之后，而且是中古汉语全浊声母清化之前。

② 转引自胡守为《岭南古史》，广东人民出版社 1999 年版，第 33 页。

③ 据笔者儿时的回忆，那时上海市区人对这两个声母仍很敏感，只要一流露，就判定说话者是来自郊县的“乡下人”，当时上海郊县以务农为主。

但由于它们在古阳调类，为了与“帮、端”二母的阴调类字有所区别，故即使出现读音清浊掉转的情况，也仍须保持类别的分立，可见声调阴阳对立的区分度要远高于声母的清浊对立。类似的情形还有南部吴语的不少方言，南部吴语中古“帮、端”二母除读作 ɓ 和 ɗ 外，还因韵母条件（古阳声韵）有一部分往 m 和 n、ȵ演变。这类字与来自古鼻音声母的 m 和 n、ȵ也不合流，前者读阴调，后者却读阳调。①

第三节　从化州上江话、下江话古全浊声母演变看粤方言的浊音清化

一、化州粤方言古“並、定”母清化与内爆声母 ɓ、ɗ

（一）“並、定”母清化规律

化州上江话清化规律大致与广州话相同，即古全浊平声今读送气清音、古全浊去、入声今读不送气清音、古全浊上声白读送气、文读不送气；“並、定”母依据分化条件分别归入“帮、端”和“滂、透”两组声母中去。

下江话则不论平仄“並、定”母今读不送气清音，不与全清声母“帮、端”合并。

（二）化州粤方言内爆声母 ɓ、ɗ 来源及塞音格局

化州上江、下江均存在内爆音声母 ɓ、ɗ，主要来自古“帮、端”母和“並、定”母清化后归入“帮、端”母的那部分字。

上江话塞音呈现两分的格局：ɓ（帮、並仄、上）—p^h（滂、並平、上）；
ɗ（端、定仄、上）—t^h（透、定平、上）。

下江话塞音呈现三分的格局：ɓ（帮）—p^h（滂）—p（並）；
ɗ（端）—t^h（透）—t（定）。

化州上江话、下江话内爆声母来源及塞音格局见表 3 - 1。

---

① 参见曹志耘《南部吴语语音研究》，商务印书馆 2002 年版，第 29 ~ 42 页。

表 3-1 化州上江话、下江话内爆声母来源及塞音格局

例字 声母 方言	包	破	婆	部	刀	讨	桃	道
	帮母	滂母	並母平	並母仄	端母	透母	定母平	定母仄
上江话	ɓau^{53}	p^{h}ɔ^{33}	p^{h}ɔ^{23}	ɓou^{31}	ɗou^{53}	t^{h}ou^{35}	t^{h}ou^{23}	ɗou^{31}
下江话	ɓau^{53}	p^{h}ɔ^{33}	pɔ^{121}	pou^{211}	ɗ^{u}ɒu^{53}	t^{hu}ɒu^{35}	t^{u}ɒu^{121}	t^{u}ɒu^{211}

此外，化州上江话、下江话的古精组声母今读舌尖塞音，因此上江话、下江话的 t 还包括“精”母，t^{h} 还包括“清从邪”母字。即：

上江话：ɗ（端、定仄、上）—t^{h}（透、定平、上／清从邪）—t（精）；

下江话：ɗ（端）—t^{h}（透／清从邪）—t（定／精）。

（三）内爆声母 ɓ、ɗ 与“並、定”母清化的关系

内爆声母 ɓ、ɗ 在汉语南方方言中普遍存在，且呈跨方言分布之势：如北部和南部吴语、粤西一带的勾漏片粤语、雷州话及海南省内多种方言。化州粤方言的“並、定”母清化格局正好代表了勾漏型和徐城型两种不同的类型。

勾漏型：主要特点是古全浊声母清化后一律读作不送气清塞音 p 和 t，但与古全清声母的 ɓ 和 ɗ、古次清声母的 p^{h} 和 t^{h} 依然构成三分格局，即 ɓ（帮）—p^{h}（滂）—p（並）和 ɗ（端）—t^{h}（透）—t（定）。这种类型主要分布在勾漏片粤语如广西玉林地区和贺州部分地区，广东封开、化州（南部）和连山等地，以及浙江西南部吴语的庆元、龙泉、泰顺和福建吴语的浦城。

徐城型：不再保留古声母的三分，全浊声母“並、定”清化按平声送气、仄声不送气的规律进行分流，形成 ɓ（帮、並仄）—p^{h}（滂、並平）、ɗ（端、定仄）—t^{h}（透、定平）两分的局面。除属雷州闽语的徐城话外，还有属粤方言的化州上江话。与勾漏型不同的是，徐城型浊声母清化后不再保留与清声母对立的格局，而是按古浊声母清化的规律分别归入相应的清声母中。

其实，化州下江话“並、定”母 p、t 的实际读音有点像吴语的清音浊流，尤其是同样读 t，“定”母与“精”母字（化州话古精组今读舌尖中音）听起来似有不同，这当然也与“定”母 t 配阳调而“精”母 t 配阴调有关。我们推测，下江话的“帮、端”母读 ɓ、ɗ 应该在古浊声母分化前，原因是“並、定”并未跟着“帮、端”母读 ɓ、ɗ 而是独立成类，今天读 p、t 的“並、定”母，其早期形式很可能就是浊音 b、d，后随着浊音色彩不断弱化就直接变成今天的不送气清音，属于浊音清化的晚期层次，原先清浊声母的区别性特征就被阴阳调位的高低对立所取代。这种情况与北部吴语性质是一致的，即保留类似吴语塞

音三分的格局，浊音声母独立成类不与清声母相混，但后来随着调位的区分声母清浊的特征就淡化了。

至于化州上江话则有两种可能：一是“帮、端”母先读ɓ、ɗ，后浊音清化并受制于粤语清化规律令部分“並、定”母字归入“帮、端”并随之一起读ɓ、ɗ；二是浊音清化在先，然后合并了的“帮並、端定”母共同读ɓ、ɗ；不过笔者更倾向于前一种演变方式。我们发现，浊声母清化归并与否几乎不影响内爆音的存在。内爆音色彩是一种较为顽固的发音特征，以前我们调查肇庆高要白土新村粤方言时也发现“帮、端”母零星读ɓ、ɗ，相信粤语次方言中类似的读音还会陆续被发现。

从时间层次来看，下江话形成应该早于上江话，粤方言在化州境内呈现出典型的沿江流域分布的特色。“江”指鉴江，鉴江北源于茂名地区北部的信宜市，向南流经高州、化州、吴川而入海。化州境内的粤语因此分上江话和下江话两种：上江话分布于化州中部的市区一带及东部南北一线，以化州市区为代表；下江话分布于化州南部长岐、杨梅、同庆3镇和东山镇南部，属化州土地最肥沃（鉴江冲积小平原）、人口密度最大地区。另外，化州南盛、江湖东部讲粤语高州话，西南部与吴川接壤一带讲吴川东莞话，人口相对较少。下江话区域是外地移民最早进入化州的聚居点，在宋元时期，来自福建、江西、浙江、广西四地；上江话区域的外地移民迁入则多在明代，主要来自省内和福建。①

二、古“从、邪、澄、崇、船、禅、群”母清化规律

（一）古“从、邪、澄、崇、船、禅、群”母平声清化规律

化州古全浊“从、邪、澄、崇、船、禅、群”母平声字清化后今多读送气清音，少数读清擦音。在上江话中，它们与“並、定”母平声字清化规律一致。但是，下江话“並、定”母平声清化（今不送气）则与古全浊“从、邪、澄、崇、船、禅、群”母平声清化规律相反，这令我们更有理由揣测下江话“並、定”母其实是从尚未分化的浊声母直接弱化其带音成分转化而来的。同样是古全浊声母，“並、定”母似乎还留在汉语浊音未清化的时代，而“从、邪、澄、崇、船、禅、群”已进入浊音清化后的时间层次，全浊塞音的清化很可能晚于全浊塞擦音、擦音的清化；不过，浊塞音“群”母有点例外，与“並、定”母的清化进程并不一致。

---

① 见李健《化州粤语概说》，天津古籍出版社1996年版，第3、6~7页。

（二）古“从、邪、澄、崇、船、禅、群”母仄声清化规律

化州古全浊“从、邪、澄、崇、船、禅、群”母仄声无论是上江话还是下江话，清化后，“从、邪、澄、群”母字今多读送气清塞音和塞擦音，少数书面语字今读清擦音或不送气清音；“崇、船、禅”则相反，清化后多读清擦音，少数（不一定是书面字）读送气清音。详见表3－2的统计。

表3－2　化州古“从、邪、澄、崇、船、禅、群”母仄声清化读音

方言 / 今读 / 古声	上江话			下江话		
	送气清音	不送气清音	清擦音	送气清音	不送气清音	清擦音
从母仄声	坐座聚在罪自字皂造就杂暂渐捷集辑践贱饯截绝尽疾藏西~脏凿昨匠赠贼静靖净藉籍寂族	载满~嚼		坐座聚在罪自字皂造就杂暂渐捷集辑践贱饯截绝尽疾藏西~脏凿昨赠贼静靖净藉籍寂族	载满~嚼	
邪母仄声	谢序叙似祀巳寺嗣饲袖习袭羡殉象像橡席夕诵颂讼俗续		绪遂隧	谢序叙似祀巳寺嗣饲袖习袭羡殉象像橡席夕诵颂讼俗续		绪
澄母仄声	箸柱住稚痔治赵兆召纣宙赚站传~记阵侄丈杖着睡~撞浊直值泽择宅郑仲逐轴重轻重	坠秩仗掷	篆术白术	箸柱住稚痔治坠赵兆召纣宙赚站传~记阵侄秩丈杖着睡~撞浊直值泽择宅郑掷仲逐轴重轻~	仗	篆术白~
崇母仄声	助闸状镯	骤	寨士仕柿事	助闸	骤	寨士仕柿事状

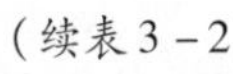

（续表3－2）

方言 今读 古声	上江话			下江话		
	送气清音	不送气清音	清擦音	送气清音	不送气清音	清擦音
船母仄声			射麝舐示舌实顺述术剩食蚀赎			射麝舐示舌实顺述术剩食蚀赎
禅母仄声	恃绍邵什～物植殖	芍蜀	社竖树是氏豉视嗜市侍睡瑞受寿授售涉甚十拾善膳禅单姓～弄折肾慎上尚勺盛石属	恃绍什～物植殖	芍蜀	社竖树是氏豉视嗜市侍睡瑞邵受寿授售涉善膳禅折弄～肾慎上尚勺盛石属
群母仄声	巨距拒具惧徛技妓忌跪柜轿臼舅旧妗及件杰键健倦掘近菌郡倔强勉～极剧～烈、戏～屐共局	咎柩		巨距拒具惧徛技妓忌跪柜轿臼舅旧妗及件杰键健倦掘近菌郡倔强勉～极剧～烈、戏～屐共局	咎柩	

注：

①表中加下划线的“坠、秩、掷、状”等字为上江话、下江话读音不一致。

②“距、拒、剧、屐”四字（“群”母仄声）广州话与上江话同，均读送气清音。

③“近”字广州话有两读，文读不送气，白读送气，上江话只有送气一读。

化州话送气音较广州话为多，不只出现于古全浊声母仄声清化的例字中，甚至还出现于其他非古全浊仄声中，如个别古浊平字广州话读擦音，化州话读送气塞擦音，如“韶、岑”广州读擦音 s、化州读塞擦音 $ʧ^h$。另外，有少数古全清声母字广州话读不送气，化州话却读送气清音，如“蛀”（章母），广州读

ʧ、化州读 $ʧ^h$；“矫、夹、裌、挟”（见母），广州读 k、化州读 k^h。

总体来看，化州话古全浊“从、邪、澄、崇、船、禅、群”母的清化规律与“並、定”母明显不同，“从、邪、澄、崇、船、禅、群”母接近客家型，即不论平仄，清化后以送气为主。“並、定”母清化规律在上江话中属于广州话型，平、上声白读送气，去、入声和上声文读不送气；在下江话中则为存古型，保持全清—次清—全浊三分的格局，再由浊声母弱化带音成分使得清浊对立逐渐变为声调阴阳对立。同属粤方言系统的化州话在古浊声母清化方面与周边方言明显不同（如茂名地区的其他粤语），化州粤语内部本身又还存在不同的时间层次、不同的浊声母清化格局，个中原因需要我们从粤西整个方言格局、方言形成过程中去深入挖掘。

第四节　化州市化州街粤方言（上江话）音韵特点

化州市位于广东省西南部、鉴江中游，南北距离 80 千米，总面积 2354 平方千米，地形狭长，状若坐狮，地势由北向南倾斜。化州属茂名地市，北与广西北流交界，南与广东吴川接壤，东与高州市和茂名市区相连，西与广西陆川及广东廉江毗邻，介于广东茂名、湛江两个地市和广西之间。化州市方言主要有白话（粤语）和𠊎话（客家话）两种，本节所记为化州市府所在地化州街的白话音系，为当地俗称“上江话”的代表。发音人戴志，男，1945 年出生，现住化州市河西街道办樟村村委低山自然村，其家族世居该地已历 22 代。

音系详见第一章各地音系。

一、声母特点

1. 古“帮、端”二母和“並、定”二母仄声（今读送气者除外）化州上江话读内爆音声母 ɓ、ɗ。

2. 古全浊塞音、塞擦音声母今化州上江话已清化，其演变规律大致与广州话相同：古全浊平声今读送气清音，古全浊去、入声（除“並、定”二母外）今读不送气清音，古全浊上声白读送气、文读不送气。如皮 p^hei^{13}、部 $ɓou^{31}$（並母），台 $t^{hu}ɔi^{13}$、袋 $ɗ^uɔi^{31}$（定母），墙 $t^hiaŋ^{13}$、嚼 $tiak^{33}$（从母），长～短 $ʧ^hiaŋ^{13}$、仗 $ʧiaŋ^{33}$（澄母）。

但是，化州上江话古全浊声母今读送气清音的字远多于广州话，以“群、

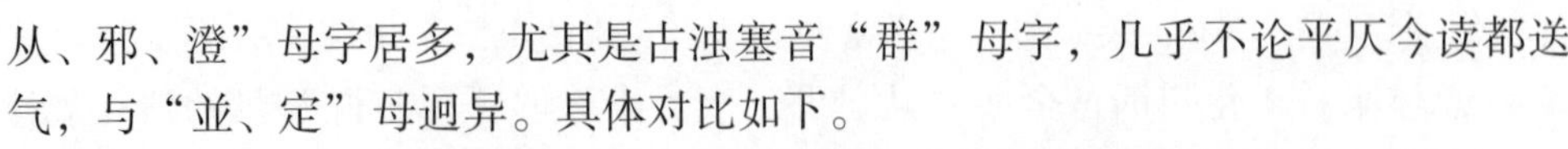

从、邪、澄”母字居多，尤其是古浊塞音“群”母字，几乎不论平仄今读都送气，与“並、定”母迥异。具体对比如下。

（1）广州话古全浊仄声今读不送气清音，化州话却读送气清音，例如：

古浊上字： 巨、弟、罪、技、妓、痔、跪、皂、造、赵、兆、绍、纣、渐、俭、件、键、尽、近（无文白读）、象、像、橡、丈、杖、静、并并且

古浊去字： 座、谢、箸、助、住、具、惧、自、寺、嗣、饲、治、忌、柜、召、轿、就、袖、宙、旧、暂、赚、站、撤、栈、贱、饯、健、倦、阵、劲、郡、藏西~、脏内~、匠、状、撞、赠、竞、净、郑、仲、诵、颂、讼、共

古浊入字： 杂、闸、捷、集、习、袭、蛰、及、铡、杰、截、绝、掘、疾、侄、倔、铎、凿、昨、着~火、睡~、浊、镯、直、值、殖、植、极、泽、宅、籍、藉、席、蓆、夕、寂、族、逐、轴、俗、续、局

特例：“距、拒、剧、屐”4字（“群”母仄声）广州话与化州话同，均读送气清音。

“近”字广州话有两读，文读不送气，白读送气，化州话只有送气一读。

“邵、狭”二字（“禅”母去声、“匣”母入声）广州话读清擦音 s、h，化州话读送气清塞擦音 $ʧ^h$、k^h。

（2）个别古浊平字广州话读擦音，化州话却读送气塞擦音。例如，“韶、岑”二字，广州话读擦音 s，化州话读塞擦音 $ʧ^h$。

（3）此外，个别古全清声母广州话读不送气的字，化州话也读送气音。例如，“蛀”（章母）广州话读 ʧ、化州话读 $ʧ^h$；“矫、夹、裌、挟”（见母）广州话读 k、化州话读 k^h。化州话今读送气声母的字远较广州话为多。

3. 古“精”母化州上江话今读 t，古“清”母则与“定”母平声和“透”母相同，今读 t^h，古“从、邪”二母不论平仄大部分也读 t^h。

4. 化州上江话有清边擦音声母 ɬ，基本来自古“心”母字，个别来自其他声母，如“缩（生母）”ɬʊk^{55}，“绪情~（邪母）”ɬʊi^{31}。

5. 化州上江话有4个鼻音声母，m 主要来自古“明、微”母，n 主要来自古“泥”母，ȵ、ŋ 主要来自古“日、疑”母和部分“影、喻”母字。比较特殊的是，化州舌面后鼻音 ŋ 不仅可拼洪韵，也可拼细韵，拼细韵时实际读音为 ɲ，多来自古“疑”母细韵，个别来自古“日”母（如“软”）；ȵ 只拼细韵，多来自古“日”母、少数来自“影”母细韵和“喻”母字，还有个别“疑”母细韵（如“严、业、孽、疟”）。细韵前 ȵ 和 ɲ 可成对立，如热 ȵit^{22} ≠ 月 ɲit^{22}，壤 ȵiaŋ^{23} ≠ 仰 ɲiaŋ^{23}。

6. 部分古“影”母细韵字不以 j（i）开头且发声前带有喉部紧张，如：衣 ʔei^{53}、因 ʔɐn^{53}、鹰 ʔeŋ^{53}、亿 ʔek^{55}。

7. 化州上江话与广州话音系一样，可设舌根唇化声母 kw、kw^h 和唇化半元音 ʋ 而不设 u 介音。这样做的原因，一是 u 介音更多地体现为声母特征，声母的唇化色彩比较明显，有些甚至进一步演化为唇齿化声母 kʋ、$kʋ^h$、ʋ；二是 u 介音仅出现于 k、k^h 及零声母 Ø 的后面，与广州话无异。

二、韵母特点

1. 化州上江话除了 iau、iam、iaŋ、iak 这 4 个 i 介音韵母可出现于各类辅音声母后之外，其他所有带 i 介音的韵母（iɛ、iʊi、iɐu、iɐm、iɐp、iɐn、iɐt、iɐŋ、ieŋ、ioŋ、iek、iʊk）仅出现于带浊摩擦的半元音声母 j 和舌面声母 ȵ 的后面，由于声母 ȵ 和 j 本身包含 i 的音色，因此，处理音系时也可将这些韵母的 i 介音略去直接写作开口呼韵母。

2. 化州上江话缺少以圆唇元音 œ（ø）为主元音的系列韵母，广州话的 œ、œy、øn、øt、œŋ、œk 在化州话中分别为 ɔ/ɛ、ʊi、ɐn、ɐt、iaŋ、iak。如朵 $ɗɔ^{35}$、靴 $hɛ^{53}$、去 $hʊi^{33}$、水 $ʃʊi^{35}$、春 $ʧ^hɐn^{53}$、出 $ʧ^hɐt^{55}$、良 $liaŋ^{23}$、脚 $kiak^{33}$。

3. 化州上江话无撮口呼韵母，古合口三、四等字今一律为齐齿韵，如余 ji^{23}、劝 hin^{33}、雪 $ɬit^{33}$。

4. 果摄见组开合口同音，如个 = 过 $kɔ^{33}$。

5. 假开三等麻韵基本读 ɛ，仅个别读 ɔ，如写 $ɬɔ^{35}$。

6. 遇摄合口“疑”母字今化州上江话读自成音节的鼻音 ȵ̍（亦可作 ŋ̍，如“鱼”），与止摄开口“日、疑”母字同音。不同的是，遇摄字无两读，而止摄却有部分常用字存在两读的现象，如“二、儿”可 $ȵ̍^{31}$/$ȵi^{31}$ 两读，ȵ̍ 和 ȵi 在发音人语感中无法分辨，不构成对立。这究竟是受周边粤方言的影响所致（周边粤方言止摄开口字读 ȵi），还是化州话内部的时间层次差异，需要进一步深入考察。

7. 遇合三等与蟹合一等的见晓组字化州上江话同读 ʊi，如句 $kʊi^{33}$、佢 $k^hʊi^{23}$、溃 $k^hʊi^{33}$；而广州话前者读 œy、后者读 ui。

8. 遇、蟹、止三摄合口个别字化州上江话读 iʊi 韵。如乳 $ȵiʊi^{23}$、惠慧穗 $jiʊi^{31}$，与广州话不同。

9. 止开三等精组字今多读 ei，少数读 i，如“紫、此、撕、赐、自、死、兹、字、思”等为 ei，读 i 的仅有“雌、疵、知、伺、寺”；同韵的庄组亦有个别读 ei，如“师”作 $ʃi^{53}$，“狮”却作 $ɬei^{53}$；知、照组字则基本读 i。不同韵母读音所配声母也有所不同：i 韵前为 ʧ、$ʧ^h$、ʃ，ei 韵前则为 t、t^h、ɬ。

10. 化州上江话古咸、深摄收 -m、-p 尾的字今很多读 -ŋ、-ʔ/-k 尾，其转化与主元音读音（兼与韵类分布）相关。

（1）当主元音为 a 时（咸开一等帮端知系字、咸开二等、咸合三等非组），广州话读 am、ap 的字化州上江话多读 aŋ、aʔ。其中，舒声韵仍有少数字读 am，如“函、馅、咸、参”等，“咸、参”二字作“咸丰、人参”时读 am，作“咸淡、参加”时却读 aŋ；另有个别字如“三、减”，单念读 am，组词则读 aŋ；还有个别字发音人 am/aŋ 两读，如“耽、惭”。总体而言，在发音人音感中 am、aŋ 并不对立。若从音位归纳角度考虑，可以将 am 归入韵母 aŋ，现在分开是为了更好体现其演变的参差性；与其相配的入声韵 ap 则基本读作 aʔ。

（2）当主元音为 ɔ 时（咸开一等见系），广州话读 ɐm、ɐp 的字化州上江话读^{u}ɔŋ、^{u}ɔk，与宕摄一等、江摄同韵，如甘 = 光 k^{u}ɔŋ^{53}、盒 = 鹤 h^{u}ɔʔ^{22}。

（3）当主元音为 i 时（咸开三、四等），广州话读 im、ip 的字化州上江话也读 im、ip，与 in、it 对立，如帘 lim^{23} ≠ 连 lin^{23}、帖 t^{h}ip^{33} ≠ 铁 t^{h}it^{33}。不过，ip 的 -p 收尾闭口较松，近 iʊʔ。

（4）当主元音为 ɐ 时（深摄），广州话读 ɐm、ɐp 的字化州上江话阳声韵也读 ɐm，入声韵 ɐp 的闭尾则有所弱化：有的读 ɐp，有的不闭口读 ɐk，有的字 ɐp/ɐk 两读，如粒 nɐp^{55}、习 t^{h}ɐk^{22}、立单读为 lɐk^{22}，组词时则读为 lɐp^{22}（立正）。

11. 化州上江话古“山、臻”摄的 -n、-t 尾有部分读 -ŋ、-k 尾，其条件同样与主元音及韵类分布有关。化州话 -n、-t 尾总体上舌位略偏后，并非典型的舌尖前音。具体如下：

（1）当主元音为 a 时（山开一等帮端知系字、山开合二等、山合三等非组），广州话中读 an、at 的字化州上江话多读作 aŋ、aʔ。

（2）当主元音为 ɔ 时（山开一等见系），广州话读 ɔn、ɔt 的字化州上江话读^{u}ɔŋ、^{u}ɔʔ，与咸开一等见系、宕摄一等、江摄同韵，如竿 = 光 k^{u}ɔŋ^{53}、喝 = 壳 h^{u}ɔʔ^{33}。

（3）当主元音为 i 时（山开三、四等，山合一等端系，山合三、四等非组以外，臻合一等泥精组），广州话读 in、it 和 yn、yt 的字化州上江话读 in、it（化州无撮口韵），如劝 hin^{33}、结 kit^{33}。尽管上江话 in、it 与 im、ip 基本对立，但是有不少古山摄字反而收 -m、-p 尾，其中有些与广州话相同，如“蝉、禅、孽、捏”，还有一些与广州话不同，如“垫、迁、羡、舌、笺、夺”，这些字广州话收 -n、-t 尾而化州话却收 -m、-p 尾。

（4）当主元音为 u 时（山合一等帮见系字、臻合一等帮组），广州话读 un、ut 的字化州上江话也读 un、ut，如本 ɓun^{36}、阔 fut^{33}。

（5）当主元音为 ɐ 时（臻开三等帮组、臻摄合口所有字除臻合一等精组以外），广州话读 ɐn、ɐt 和 œn、œt 的字化州上江话都读 ɐn/ɐt，如根 kɐn^{55}、进

tɐn^{33}、骨 kwɐt^{55}、出 ʧ^{h}ɐt^{55}。

12. 宕摄开合口、江摄、曾摄合口见组字同音，声母和韵母之间带有过渡音^{u}，但无开合（k^{u} 与 kw^{u}）对立。例如，“岗、光”均读 k^{u}ɔŋ^{53}，“角、国”均读 k^{u}ɔʔ^{33}。

总体而言，中古阳声韵入声韵韵尾在化州上江话中的演变存在一定的规律，即：主元音开口度越大其韵尾越不稳定，易向 –ŋ、–k 尾转化，反之，主元音开口度越小的则越稳定；在中古韵系的 3 套辅音韵尾中，–ŋ、–k 尾最为稳定，–m、–p 最易变化，–n、–t 尾居中；同韵摄的塞音韵尾比鼻尾更易变化。

13. 古“宕、江、曾、梗、通”诸摄在化州上江话中多收 –ŋ、–k 尾，但个别字收 –n、–t 尾，与前面所述“咸、深、山、臻”诸摄转收 –ŋ、–k 尾的大趋势相逆。如勒肋 lɐt^{22}、塞 ɬɐt^{55}、弘 ʋɐn^{31}、拯 ʧɐn^{35}（曾摄）、浜绷 ɓɐn^{53}、耿 kɐn^{35}。

14. 江摄见系存在文白异读，文读为^{u}ɔŋ、^{u}ɔʔ，白读为 aŋ、aʔ。如讲k^{u}ɔŋ^{35} ~ kaŋ^{35}、觉k^{u}ɔʔ^{33} ~ kaʔ^{33}、巷h^{u}ɔŋ^{31} ~ haŋ^{31}、学haʔ^{22}（无文读）。这种现象与广西勾漏片粤语、广西北海市合浦县海边话（粤语）和桂南平话（如南宁亭子平话）有相同之处。

15. 梗开三、四等字化州上江话与广州话不同，基本无文白异读，所有字除“映”外一律读 eŋ、ek 韵，映读 jiaŋ^{35}，是为特例。

三、声调特点

化州话声调共有 8 个：平、去各分阴阳，古浊上字多归阳平，也有部分归阳去，3 个舒声阳调类部分字有互相窜类的现象。入声与其他粤方言一样有上阴入、下阴入和阳入 3 个调。

综上所述，化州街白话与湛江、茂名地区其他县市粤语相比，较明显的区别主要有：①声母有内爆音 ɓ、ɗ，来自古“帮、端”母和“並、定”母仄声；②古全浊声母除“並、定”外，今读送气清音的较多；③古精组声母今多读 t、t^{h}、ɬ；④鼻音声母 ŋ 可以拼细韵；⑤部分古“影”母细韵字不以高元音 i 开头，并且发声前带有喉塞；⑥止开三等精组今多读 ei 韵；⑦古阳声韵入声韵尾 –m、–p 和 –n、–t 不同程度转收 –ŋ 与 –k/ –ʔ 尾，舌面后塞尾 –k 部分已弱化为喉塞尾 –ʔ；⑧古江摄见系字有文白异读，梗开三、四等则基本无文白异读；⑨只有两个舒声阳调：阳平（阳上）和阳去，古浊上字多归阳平、部分归阳去。

第五节　化州市长岐镇粤方言（下江话）音韵特点

化州市方言主要分白话（粤语）和俚话（客家话）两种。本节所记为化州市长岐镇中塘村白话，当地俗称“下江话”。发音人陈杰钧，男，1958 年出生，籍贯化州市长岐镇中塘村，出生地亦同，世居该地已 30 代；高中文化程度，职业为村干部，会说长岐镇中塘村白话和少量普通话；父母均为长岐镇中塘村人，也讲长岐中塘白话。

音系详见第一章各地音系。

一、声母特点

1. “帮、端”二母今读内爆音声母 ɓ、ɗ，“並、定”母则不论平仄一律清化为不送气清塞音 p、t（有些字带浊流），保持古音全清—次清—全浊三分的格局。如 ɓ（帮）—p^h（滂）—p（並）、ɗ（端）—t^h（透）—t（定）。

2. 除“並、定”以外，其他古全浊声母在化州下江话中有几种情况。

从、邪、澄、群——不论平仄，今多读送气清音，个别读清擦音。

崇、船、禅——今多读清擦音（如崇母字“柿、牀、寨、状”），少数读不送气或送气清塞擦音。

3. 古“精”母今读 t；古“清”母和“透”母相同，今读 t^h；古“从、邪”二母不论平仄，大部分也读 t^h。

4. 有清边擦音声母 ɬ，基本来自古“心”母字，个别来自其他声母（如“生”母）。

5. 有 4 个鼻音声母，m 主要来自古“明、微”母，n 主要来自古“泥”母，ȵ、ŋ 主要来自古“日、疑”母和部分“影、喻”母字。比较特殊的是，化州下江话舌面后鼻音 ŋ 不仅可拼洪韵，也可拼细韵，拼细韵时实际读音为 ɲ，多来自古“疑”母细韵，个别来自古“日”母（如“软、原、月”）；ȵ 只拼细韵，多来自古“日”母、少数“影”母细韵和“喻”母字，还有个别“疑”母细韵（如“业、孽”）。细韵前 ȵ 和 ɲ 可成对立，如热 ȵiet^{22} ≠月 ɲiet^{22}。

6. 山摄合口三、四等和个别山合一等、止合三等见系的“溪、疑、晓、匣、影、喻”母字声母读 f、ʋ，如：

溪母——亏 fɐi^{53}、犬 fien^{35}

疑母——元阮 ʋien^{121}

晓母——毁 fei^{35}、血 fiet^{33}

匣母——悬县眩 ʋien^{211}、穴 ʋiet^{22}

影母——冤渊 ʋien^{53}、宛 ʋien^{35}、怨 ʋien^{33}

喻母——完丸圆员沿铅袁辕园 ʋien^{121}、远 ʋien^{13}、院 ʋien^{211}、悦粤越 ʋiet^{22}、曰 ʋiak^{22}

7. 部分古“影”母细韵字声母为清喉塞音，不读细韵。如：

意 ʔei^{33}、印 ʔɐn^{33}、英 ʔen^{53}、忆 ʔek^{55}。

8. 化州话下江话设舌根唇化声母 kw、kw^{h} 和唇化半元音 ʋ，而不设 u 介音，与广州话同。

二、韵母特点

1. 化州下江话所有带 i 介音的韵母中仅 iau、iam、iap、ien、iet、iaŋ、iak 这 7 个可出现于各类辅音声母后之外，其他各韵（iɛ、iʊi、iɐu、iɐm、iɐp、iɐn、iɐt、ioŋ、iʊk）仅出现于舌面带浊摩擦的半元音^{z}j（j）和鼻音 ȵ 的后面，由于这两个声母本身包含 i 的音色，因此处理音系时，可将这些韵母的 i 介音略去，直接写作开口呼韵母。

2. 果摄见组开合口同音，如个 = 过 kɔ^{33}。

3. 无撮口呼韵母，广州话的 y、yn、yt，下江话分别为 i、ʊn/ien、ʊt/iet。如书 ʃi^{53}、酸 ɬien^{53}、月 ɲiet^{22}、全 t^{h}ʊn^{121}/t^{h}ien^{121}、雪 ɬiet^{33}/ɬʊt^{33}。

4. 下江话只有一个圆唇韵母 øi（多见于遇摄），其他广州话读 œ（果摄）、œy（蟹、止摄合口）、øn、øt（臻摄合口）、œŋ、œk（宕开三等）的在下江话中多读为 ɔ、ʊi、ɐn、ɐt、iaŋ、iak。如靴 hɔ^{53}、去 høi^{33}、水 ʃʊi^{35}、春 ʧ^{h}ɐn^{53}、出 ʧ^{h}ɐt^{55}、良 liaŋ^{121}、脚 kiak^{33}。

5. 遇摄合口端见系与蟹、止摄合口的端知系韵母读音不同，前者为 øi，后者为 ʊi。化州上江话则基本同音，如：徐 t^{h}øi^{211} ≠ 随 t^{h}ʊi^{211}。

6. 遇摄合口“疑”母读自成音节的鼻音 ɲ̍（如“鱼”），与止摄开口“日、疑”母字同音（如“儿、耳”），唯“二”字读 ȵi^{211}。

7. 遇、蟹、止三摄合口个别字读 iʊi 韵，如乳 ȵiʊi^{13}、惠锐穗 ^{z}jiʊi^{211}，与广州话不同。

8. 止开三等精组大部分今读 ei，少数读 i，如“紫、此、撕、自、死、子、字、思”等为 ei，读 i 的有“雌、疵、赐、寺”等；同韵的庄组亦有个别读 ei，如“师”作 ʃi^{53}，“狮”却作 ɬei^{53}。知、照组字则基本读 i 韵。不同韵母读音所配声母也有所不同：i 韵前为 ʧ、ʧ^{h}、ʃ，ei 韵前则为 t、t^{h}、ɬ。

9. 遇摄合口一等模韵字与效摄开口一等豪韵字不同韵，前者读为 ou，后者读为 ^{u}ɒu，不同于其他粤方言，如努 nou^{13} ≠ 脑 n^{u}ɒu^{13}，祖 tou^{35} ≠ 早 t^{u}ɒu^{35}，都 ɗou^{53} ≠ 刀 ɗ^{u}ɒu^{53}。

10. 下江话古咸、深摄字今大部分仍收 -m、-p 尾。具体如下：

（1）咸开一等帮端知系字、咸开二等读 am、ap（如“蓝、凡、搭、腊”）。

（2）咸开一等见系部分读 am、ap（如“感、甲”），部分读^{u}ɔm、^{u}ɔ^{ɐ}k（如“砍、合”），入声^{u}ɔp 已读入^{u}ɔ^{ɐ}k（如“蛤、鸽”）。

（3）咸开三、四等大部分读 i^{ə}m、i^{ə}p（如“甜、叶”），少数字读 iam、iap（如“钳、夹”）。

（4）深摄读 ɐm、ɐp、iɐm、iɐp（如“林、急、任、入”）。

（5）咸合三等非组读 aŋ、ak（如“凡、法”）。

11. 下江话古山摄的 -n、-t 尾有部分读 -ŋ、-k 尾。具体如下：

（1）山开一等帮端知系字、山开合二等、山合三等非组多读作 aŋ、ak，与江摄见系白读、梗摄二等同。aŋ 鼻尾有 -ɲ、-ŋ 两种音色，来自古山摄的韵尾比较偏前，近 aɲ；来自江、梗摄韵尾比较靠后，为 aŋ，但它们在音感上已无对立，如懒 = 冷、蛮 = 盲、山 = 生、艰 = 耕。由此可见，阳声韵 -n/-ŋ 合并之前的痕迹。

（2）山开一等见系读 ^{u}ɔ^{ɐ}n、^{u}ɔ^{ɐ}k，其中山开一见系的 ^{u}ɔ^{ɐ}n 与宕开一的 ^{u}ɔ^{ɐ}ŋ 在音色上有区别，尤其是在组词时鼻尾的前后音色差异较明显（山摄为^{u}ɔ^{ɐ}n，宕摄为^{u}ɔ^{ɐ}ŋ），故从分；但是，发音人的音感对此两个韵母已无对立感，认为两者不区别意义，同样显示 -n/-ŋ 尾的合并趋势，它们相应的入声则已经合并为 ^{u}ɔ^{ɐ}k。

（3）山摄开口细音基本读 ien、iet，少数字读 iaŋ、iak（如“片、扁、裂”）；臻摄开口基本为 ɐn、ɐt、iɐn、iɐt。比较复杂的是山、臻摄合口端、知系中广州话读 yn、yt 的，在下江话中有两种读法：一种是 ien、iet（如“酸、专、孙$_1$、夺、雪”）；另一种是 ʊn、ʊt（如“全、船、孙$_2$、脱、说”），ʊn、ʊt 与山合一等帮见系韵母相同。

12. 宕、江、曾、梗、通五摄大多收 -ŋ、-k 尾，部分转收 -n、-t。具体如下：

（1）宕开一等与宕合一、三等读 ^{u}ɔ^{ɐ}ŋ、^{u}ɔ^{ɐ}k，宕开三等读 iaŋ、iak。江摄多与宕开一同，读作 ^{u}ɔ^{ɐ}ŋ、^{u}ɔ^{ɐ}k，但少数见系字还有读 aŋ、ak 的，如讲 kaŋ^{35}、角 kak^{33}。通摄读 oŋ、ʊk、ioŋ、iʊk。这 3 个摄的阳声、入声韵尾与中古音一致。

（2）曾、梗摄开三等与曾、梗摄开四等基本读 en、ek，其阳声韵尾已由 -ŋ 转入 -n，而入声则保留 -k；另有个别曾开一等入声字收 -t 尾，如“勒、塞”。有趣的是，在 -m、-p ~ -n、-t 尾向 -ŋ、-k 尾演变过程中，阳声韵显得比入声滞后；而在 -ŋ、-k 尾向 -n、-t 演变过程中，却是入声韵显得比阳声韵滞后。

（3）梗开二等读 aŋ、ak；梗开三、四等无文白异读，与广州话不同。曾、梗合口入声字较少，读音也较分散，en、ek、aŋ、ak、ᵘɔᵆŋ、ᵘɔᵆk 都有。

三、声调特点

1. 化州话声调共有 9 个：平、上、去各分阴阳，入声与多数粤方言一样有上阴入、下阴入和阳入 3 个调。

2. 3 个舒声阳调在前字位置常读低平，因此这 3 个调中部分字有互相窜类的现象。

综上所述，化州下江话与湛江、茂名地区其他县市粤语相比，较明显的区别主要有：①声母有内爆音 ɓ、ɗ，来自古“帮、端”母；②古全浊声母“並、定”今读不送气清音，其他古全浊声母今清化后多读送气清音或擦音；③古精组声母今多读 t、tʰ、ɬ；④鼻音声母 ŋ 可以拼细韵读作 ɲ；⑤见系“溪、疑、晓、匣、影、喻”声母拼山摄合口时常读 f、ʋ；⑥部分古“影”母细韵字不以高元音 i 开头，并且发声前带有喉塞；⑦止开三等精组和少数庄组字今多读 ei 韵；⑧模、豪不同韵，前者读为 ou，后者读为 ᵘɒu；⑨古山摄字韵尾 -n、-t 有部分转收 -ŋ、-k，曾、梗两摄开口三、四等字鼻尾则由 -ŋ 转入 -n；⑩古山、臻摄合口端、知系字有两种读法：ien、iet 和 ʊn、ʊt；⑪江摄多读 ᵘɔᵆŋ、ᵘɔᵆk，但少数见系白读字有读 aŋ、ak 的。

第六节　吴川市梅菉镇粤方言音韵特点

吴川市位于广东省西南部，南临南海，东与电白县接壤，北与化州市、茂名市区交界，西与廉江市接界，西南与湛江市相邻。吴川的白话分为两大类，一是以今市区梅菉镇为代表的白话，有梅菉口音、长岐口音（长岐一墟分属吴川、化州两市）和塘缀口音之分；二是以吴阳话为代表的“土白话”，通行于吴阳、黄陂、板桥、振文、樟铺、塘尾等镇，其通行地大致为旧吴川县辖区。本节调查的吴州市梅菉镇粤方言发音人陈志兴，男，1945 年出生于梅菉镇梅菉头村，其家族居住该地达 3 代，现居住于吴川市梅菉镇胜利一街。

音系详见第一章各地音系。

一、声母特点

1. 古“帮、端”二母和“並、定”二母仄声（今读送气者除外）梅菉话读内爆音声母 ɓ、ɗ；不过，梅菉话浊音色彩不如周边吴阳、化州等地明显，语图上表现为声母前端浊音杠较短，个别字甚至读作清声母 p、t。

2. 梅菉粤方言“並、定、从、邪、澄、崇、群”等古全浊声母字，今读平声和上声的字一般为清送气声母，今读去声和入声的字，除“並、定”母外其他为清不送气声母，“並、定”母则读不送气的浊内爆音。

3. 梅菉粤方言声母存在边擦音 ɬ，主要来自古“心”母以及部分古“邪、生”母字。

4. 有鼻音声母 ȵ，主要来源于“日”母和“疑”母细韵，个别来自“泥、影、以”母，如赁泥、饮影、隐影、跃以、阎以。

5. 零声母洪韵字前多带喉塞音 ʔ，不过影母三、四字仍读细韵，与化州、吴阳不同，如“衣 i^{55}、因 iɐŋ^{55}、忆 iek^{55}”等。

6. 存在唇化声母 kw、kw^{h} 和 ʋ。

二、韵母特点

1. 与周边粤方言不同的是，梅菉话 i 介音的韵母非常少，仅 iau、iaŋ 两个，而且严格来讲，iaŋ 是^{i}ɛŋ 的变体，之所以两个都列出是为了强调其可能存在的演变关系。

2. 无撮口呼韵母，广州话的 y、yn、yt，梅菉话分别为 i、in、it。如朱 ʧi^{55}、端 ɗin^{55}、血 hit^{33}。

3. 蟹摄开与合口一、二等以及合口三等部分字以及止摄合口三等部分字（主元音为 a、u、o）不带 -i 韵尾，如外 = 饿 ŋo^{31}、海 = 可 ho^{35}、鞋 = 夏 ha^{31}、拜 = 坝 ɓa^{33}、灰 = 夫 fu^{55}、乳 ȵiu^{35}。

其中，主元音为 e 和 ɐ 的则带 -i 韵尾，如例 lɐi^{31}、碑 ɓei^{55}、举 kei^{35}。

4. 无圆唇元音为主元音的系列韵母，广州话的 œ（果摄）、œy（蟹、止摄合口）、øn、øt（臻摄合口）、œŋ、œk（宕开三等）多为 ɛ、ei、ɐŋ、ɐʔ、^{i}ɛŋ（个别 iaŋ）、^{i}ɛʔ。如靴 hɛ^{55}、吕 lei^{35}、举 kei^{35}、春 ʧ^{h}ɐŋ^{55}、律 lɐʔ^{31}、娘 n^{i}ɛŋ^{31}、脚 k^{i}ɛʔ^{33}。

5. 主元音为 ɔ 的系列韵母仅两个，即 ɔŋ 和 ɔʔ，元音前基本无前滑音^{u} 的音色。如岗 kɔŋ^{55}、各 kɔʔ^{33}。

6. 果摄、宕摄一等见组开合口不分，均为开口韵，与湛江地区以及茂名的化州粤方言相同。如个＝过 ko^{33}、刚＝光 kɔŋ^{55}、各＝郭 kɔʔ^{33}。

7. 文白异读不发达，止开三只有个别异读，如狮ʃi^{55}、ɬei^{55}；江摄和梗开三、四等均无文白异读。

8. 梅菉话古咸、深摄的－m、－p 尾多转读－ŋ、－ʔ尾，主要与主元音及韵类分布有关。

（1）当主元音为 a 时（咸开一等帮端知系字、咸开二等、咸合三等非组），广州话读 am、ap 的字梅菉话读 aŋ、aʔ。

（2）当主元音为 o 时（咸开一等见晓组），广州话读 ɐm、ɐp 的字梅菉话读 oŋ、op，舒声字与通摄字同音，如砍＝孔 hoŋ^{35}、甘＝公 koŋ^{55}。梅菉粤方言咸开一等见组"感"有两读，一为 koŋ^{35}，一为 kɐm^{35}，后者可能是受权威粤方言影响而产生的新变。

（3）当主元音为 i 时（咸开三、四等），广州话读 im、ip 的字梅菉话舒声字部分读 im、部分读 in，但两者只有音色上的差别，发音人并无音位对立感；入声字则均为 it，如渐 ʧin^{31}、炎 jim^{31}、页 jit^{31}。

（4）当主元音为 ɐ 时（咸开一影组和深摄），广州话读 ɐm、ɐp 的字梅菉话阳声韵也读 ɐm，入声韵双唇塞尾则弱化为唇齿合口的 ɐʋʔ，本节记作 ɐʔ，个别入声字的－p 尾还相对较为清晰，但已无语音对立感。此外，深开三帮组，广州话读 ɐn、梅菉话读 ɐŋ。

9. 梅菉话山、臻摄－n、－t 尾多转读－ŋ、－ʔ尾，其条件亦与主元音及韵类分布有关。

（1）当主元音为 a 时（山开一等端系、山开合二等、山合三等非组），广州话中读 an、at 的梅菉话读 aŋ、aʔ，如蛋 ɗaŋ^{31}、杀 ʃaʔ^{33}、反 faŋ^{35}。

（2）当主元音为 ɔ 时（山开一等见系），广州话读 ɔn、ɔt 的梅菉话读 ɔŋ、ɔʔ，与宕摄字同音，如竿＝光 kɔŋ^{55}、喝＝壳 hɔʔ^{33}。

（3）当主元音为 i 时（山开三等/山开四等、山合一等端系、山合三等/山合四等非组以外、臻合一等精组），广州话读 in、it 和 yn、yt 的梅菉话读 in、it（梅菉无撮口韵），如劝 hin^{33}、结 kit^{33}。

（4）当主元音为 u 时（山合一等帮见系字、臻合一等帮组），广州话读 un、ut 的梅菉话读 uŋ、uʔ，如本 ɓuŋ^{35}、阔 fuʔ^{33}。

（5）当主元音为 ɐ 时（臻开合一、三等所有字除合口一等精组），广州话读 ɐn、ɐt 和 œn、œt 的字，梅菉话基本读 ɐŋ、ɐʔ，如根 kɐŋ^{55}、进 ʧɐŋ^{33}、骨 kwɐʔ^{55}、出 ʧʰɐʔ^{55}。

总体而言，梅菉话－m、－p 和－n、－t 尾已大部分归入－ŋ、－k/－ʔ尾，与周边粤语相比，韵母数量较少。其韵类合并情况见表 3－3。

表 3－3　梅菉话阳声韵、入声韵类合并情况

韵读	合并的韵类		
aŋ、aʔ	咸开一帮端知系、咸开二、咸开三非组	山开一端系、山开合二、山合三非组	梗开合二等
oŋ、ok	咸开一见晓组		通摄
ɔŋ、ɔʔ		山开一见系	宕开一、宕开三庄组、宕合一、宕合三、江摄
in、it	咸开三、四	山开三、四和山合三、四（除非组）	
ɐŋ、ɐʔ	咸开一影组、深摄入声	臻摄（除合口一等精组）	曾开一、梗开二部分
uŋ、uŋʔ		山合一等帮见系字、臻合一等帮组	

三、声调特点

1. 梅菉话共 8 个声调，多数粤方言有 9 调（平、上、去各分阴阳，入声分上阴入、下阴入和阳入 3 个调），而梅菉话阳平与阳去合并为一个调。

2. 阳上调起头略高，与阴上较近，因此阳上字有读入阴上调的现象，详见音系声调说明。

综上所述，梅菉话与湛江、茂名地区其他县市粤语相比，较明显的特点主要有：①声母有内爆音 ɓ、ɗ，来自古“帮、端”母和“並、定”母仄声；②古全浊声母清化规律为：今读平、上者送气，读去、入者（“並、定”母除外）不送气；③有边擦音声母 ɬ 和舌面鼻音 ȵ；④无撮口呼韵母；⑤蟹摄开、合口一与二等以及合口三等部分字以及止摄合口三等部分字（周边粤方言读为 ai、ui、ɔi 者）梅菉话无－i 韵尾，分别读 a、u、o；⑥阳声韵、入声韵尾大量合并，古咸、深、山、臻摄的韵尾多转读－ŋ、－ʔ 尾；⑦文白异读不发达，止开三、江摄和梗开三、四等基本无文白异读；⑧只有 8 个声调，阳平与阳去合并为一个调。

第七节　吴川市吴阳镇粤方言（土白话）音韵特点

吴川市粤语分为两大类，一是以今市区梅菉镇为代表的白话，二是以吴阳话为代表的“土白话”，通行于吴阳、黄陂、板桥、振文、樟铺、塘尾等镇，大致为旧吴川县辖区。本节所记为吴阳镇“土白话”。发音人李增韶，男，1934 年出生，籍贯吴川市吴阳镇李屋巷村，出生地亦同，世居该地 18 代以上；中学文化程度，职业为裁缝，会说吴阳白话、梅菉白话；父母均为吴阳镇人，只会讲吴阳话。

音系详见第一章各地音系。

一、声母特点

1. 古帮、端二母今多读内爆音声母 ɓ、ɗ，如比 ɓei^{24}、得 ɗaʔ^{44}。

2. 古全浊塞音、塞擦音声母已清化，不论平仄大多读为送气清音，如爬 p^{h}a^{44}、辨 p^{h}in^{22}、条 t^{h}iu^{44}、但 t^{h}aŋ^{22}、慈 t^{h}ei^{44}、贼 t^{h}aʔ^{33}、习 t^{h}ɐp^{22}、持 ʦ^{h}i^{44}、阵 ʦ^{h}ɐŋ^{22}、逐 t^{h}ʊk^{22}、锄 ʦ^{h}o^{44}、裙 kʋ^{h}ɐŋ^{44}、具 k^{h}ei^{22}、极 k^{h}et^{33}。

3. 古精母今读 t，古清母与透母相同今读 t^{h}，古“从、邪”二母不论平仄也多读 t^{h}（仅个别读 ʦ^{h}），如浸 tɐm^{11}、剪 tin^{24}、次 t^{h}ei^{11}、寸 t^{h}ʊn^{11}、秦 t^{h}ɐŋ^{44}、就 t^{h}ɐu^{22}、惭 t^{h}am^{44}。

4. 有清边擦音声母 ɬ，基本来自古心母字，个别来自其他声母，如虽心 ɬui^{55}、狮生 ɬei^{55}。

5. 吴阳话有 4 个鼻音声母，m 主要来自古“明、微”母，n 主要来自古“泥”母，ȵ 主要来自日“母、疑”母细韵字，ŋ 主要来自疑母洪韵字。舌面声母 ȵ 后 i 介音音色不明显。

6. 吴阳话有舌面后唇齿化声母 kʋ、kʋ^{h}、ŋʋ 和唇齿半元音 ʋ，其唇齿化色彩比较明显，因此吴阳话不设介音 u。声母 ŋʋ 在字表中仅一例：顽 ŋʋaŋ^{44}。

7. 吴阳话 kʋ、kʋ^{h}、f、ʋ 可以拼细韵，主要来自山摄合口三、四等韵的日母和见系字。这个特点与化州下江话相近（但下江话 kʋ、kʋ^{h} 不能拼细韵），与周边粤方言差异显著。例如：

日母——软 ʋin^{33}

见母——绢 kʊin^{55}、卷 kʊin^{24}、眷 kʊin^{11}、决诀 kʊ^{h}iʔ^{11}

溪母——圈 kʊ^{h}in^{55}、劝 fin^{11}、券 kʊin^{11}、犬 fin^{35}、缺 fiʔ^{11}

群母——权拳颧 kʊ^{h}in^{44}、倦 kʊ^{h}in^{22}

疑母——元原源阮 ʊin^{44}、愿 ʊin^{22}、月 ʊiʔ^{22}

晓母——血 fiʔ^{11}

匣母——玄悬 ʊin^{44}、县 ʊin^{22}、穴 ʊiʔ^{22}

影母——冤渊 ʊin^{55}、怨 ʊin^{11}

喻母——完丸圆员缘沿铅袁辕园 ʊin^{44}、远 ʊin^{33}、院 ʊin^{22}、悦阅粤越 ʊiʔ^{22}、曰 ʊiaʔ^{22}、捐 kʊin^{55}

8. 晓、匣、溪母合口字今吴阳话有读 h 的，而广州话则读为 f。例如：

晓母——灰恢 hui^{55}、悔晦贿 hui^{24}、欢婚 hʊn^{55}

匣母——回茴 hui^{44}、汇会 hui^{22}、唤 hʊn^{22}

溪母——宽 hʊn^{55}、款 hʊn^{24}、阔 hʊt^{11}

9. 部分古“影”母细韵字声母为清喉塞音，不读细韵，如意 ʔei^{11}、因 ʔɐŋ^{55}、忆抑 ʔet^{44}。

二、韵母特点

1. 大部分 i 介音韵母只出现在 ȵ 和零声母后面（ȵ 后 i 介音音色并不明显），只有 iau、iam、iaŋ、iaʔ 可在其他辅音声母后面出现。

2. 吴阳话缺少以圆唇元音 œ（ø）为主要元音的系列韵母，广州话的 œ、œy、øn、øt、œŋ、œk，吴阳话分别为 ɛ、ei/ui、ɐŋ/ɵn、aʔ、iaŋ、iaʔ，如朵 ɗɛ^{24}、巨 k^{h}ei^{22}、退 t^{h}ui^{11}、信 ɬɐŋ^{11}、存 t^{h}ʊn^{44}、出 ʦ^{h}aʔ^{44}、亮 liaŋ^{22}、脚 kiaʔ^{11}。

3. 吴阳话无撮口呼韵母，广州话的 y、yn、yt，吴阳话分别为 i、ʊn/in、ʊt/iʔ，如书 si^{55}、全 t^{h}ʊn^{44}、劝 fin^{11}、雪 ɬʊt^{11}、月 ʊiʔ^{22}。

4. 吴阳话果摄、宕摄开合口一等字同韵，如个 = 过 ko^{11}、岗 = 光 k^{u}ɔŋ^{55}、各 = 郭 k^{u}ɔʔ^{11}。

5. 吴阳话果合一等端系字韵母读 ɛ，与假开三等同，如糯 nɛ^{22}、坐 t^{h}ɛ^{33}、锁 ɬɛ^{24}、遮 tsɛ^{55}、些 ɬɛ^{55}、谢 t^{h}ɛ^{22}。

6. 吴阳话无自成音节韵母，遇合一等“疑”母字（广州话读ŋ̍）吴阳话读作 ŋou，如吴 ŋou^{44}、午 ŋou^{33}。

7. 止摄精组字韵母开口多读 ei，如滋 tei^{55}、子 tei^{24}、丝 ɬei^{55}，个别读 i，如雌 ʦ^{h}i^{55}、刺 ʦ^{h}i^{11}；知、庄、章组字韵母开口基本读 i，如知 tsi^{55}、师 si^{55}、翅 ʦ^{h}i^{11}，个别读 ei/ɐi，如狮 ɬei^{55}、驶 sɐi^{24}。不同韵母搭配不同的声母：i 韵前为 ʦ、ʦ^{h}、s、ȵ 声母，ei 韵前则为 t、t^{h}、ɬ。止摄合口读 ui，如醉 tui^{11}、嘴 tui^{24}。

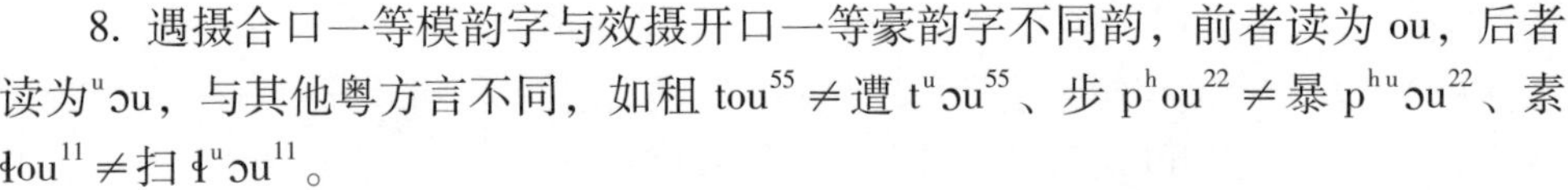

8. 遇摄合口一等模韵字与效摄开口一等豪韵字不同韵，前者读为 ou，后者读为^{u}ɔu，与其他粤方言不同，如租 tou^{55} ≠ 遭 t^{u}ɔu^{55}、步 p^{h}ou^{22} ≠ 暴 p^{hu}ɔu^{22}、素 ɬou^{11} ≠ 扫 ɬ^{u}ɔu^{11}。

9. 吴阳话古咸、深摄字今大部分仍收 - m、 - p 尾。其具体情况如下：古咸开一、二等基本为 am、ap，三、四等基本为 im、ip；咸开一等见组广州话读 ɐm、ɐp 的字吴阳话读 ^{u}ɔm、^{u}ɔp，如感 k^{u}ɔm^{24}、暗 ʔ^{u}ɔm^{11}、盒 h^{u}ɔp^{33}；咸摄合口吴阳话读为 aŋ、aʔ，与广州话 an、at 不同，如凡 faŋ^{44}、法 faʔ^{11}。古深摄字今吴阳话基本读 ɐm、ɐp，与广州话一致。

10. 古山、臻摄的 - n、 - t 尾今吴阳话有不少转读 - ŋ、 - ʔ 尾，其条件与主元音及韵类分布有关。具体如下：

（1）当主元音为 a 时（山开一等帮端知系字、山开合二等、山合三等非组、臻摄入声字），广州话读 an、at、ɐt 的吴阳话多读 aŋ、aʔ，如简 kaŋ^{24}、达 t^{h}aʔ^{22}、吉 kaʔ^{44}。

（2）当主元音为 ɔ 时（山开一等见系），广州话读 ɔn、ɔt 的字吴阳话读^{u}ɔŋ、^{u}ɔʔ，与宕开一等同音，如：干 = 刚 k^{u}ɔŋ^{55}、割 = 各 k^{u}ɔʔ^{11}。

（3）当主元音为 i 时（山开三等帮精组见系及章组部分字、山开四等、山合三等与山合四等非组以外、山合一等个别字），广州话读 in、it 和 yn、yt 的字吴阳话读 in、iʔ，如建 kin^{11}、愿 ʋin^{22}、节 tiʔ^{11}、月 ʋiʔ^{22}。吴阳话 in、iʔ 与 im、ip 基本对立，却有少数古山摄字收 - m、 - p 尾，其中有与广州话相同的，如“蝉、禅、孽”；也有与广州话不同的，即广州话收 - n 尾而吴阳话却收 - m 尾，如“羡”。

（4）当主元音为 ʊ 时（山开三等泥来母知组及章组部分字、山合一等、山合三等端知系、臻合一等帮组精组），广州话读 in、it ~ un、ut ~ yn、yt 的字吴阳话则读 ʊn、ʊt，如连 lʊn^{44}、设 sʊt^{11}、般 ɓʊn^{55}、阔 hʊt^{11}、短 ɗʊn^{24}、说 sʊt^{11}。

（5）当主元音为 ɐ 时（臻开合一、三等除合口一等帮泥精组的大部分字），广州话读 ɐn、ɐt ~ œn、œt 的，吴阳话读 ɐŋ、aʔ，如痕 hɐŋ^{44}、信 ɬɐŋ^{11}、骨 kʋaʔ^{44}、出 ʦ^{h}aʔ^{44}。

11. 宕、江、曾、梗、通五摄大多收 - ŋ、 - k 尾，少数转收 - n、 - t。具体如下：

（1）宕摄开口一等、开口三等庄组字今吴阳话读 ^{u}ɔŋ、^{u}ɔʔ，如装 ʦ^{u}ɔŋ^{55}、创 ʦ^{hu}ɔŋ^{24}、状 s^{u}ɔŋ^{22}、绰 ʦ^{hu}ɔʔ^{11}；宕摄开口三等非庄组字读为 iaŋ、iaʔ，如将 tiaŋ^{55}、削 ɬiaʔ^{11}、让 ȵiaŋ^{22}、若 ȵiaʔ^{22}。

（2）江摄知系字读^{u}ɔŋ、^{u}ɔʔ，如撞 ʦ^{hu}ɔŋ^{11}、浊 ʦ^{hu}ɔʔ^{22}；见系字多数读 aŋ、aʔ，少数读 ^{u}ɔŋ、^{u}ɔʔ，如江 kaŋ^{55}、学 haʔ^{22}、确 k^{hu}ɔʔ^{11}；帮系字则 ^{u}ɔŋ、^{u}ɔʔ ~ aŋ、

aʔ 并存，如邦 $ɓ^{u}ɔŋ^{55}$、驳 $ɓ^{u}ɔʔ^{11}$、棒 $p^{h}aŋ^{33}$、剥 $maʔ^{22}$。

（3）曾摄开口一等今吴阳话为 ɐŋ、aʔ，与臻摄字相同；开口三等大部分读为 en、et，与梗摄开口三、四等同。如等 $ɗɐŋ^{24}$、北 $ɓaʔ^{44}$、蒸 $ʦen^{55}$、食 set^{33}。

（4）梗摄开合二等今吴阳话与山摄开口一等端系精组字以及合口一、二等字韵母相同，读为 aŋ、aʔ，如耕 = 间 $kaŋ^{55}$、生 = 山 $saŋ^{55}$、获 = 滑 $ʋaʔ^{22}$。梗摄开合三、四等吴阳话读为 en、et，且无文白异读，如饼 $ɓen^{24}$、席 $t^{h}et^{22}$。

（5）通摄吴阳话为 oŋ、ʊk 和 ioŋ、iʊk。

三、声调特点

1. 吴阳话声调共有 10 个：平、上、去根据声母清浊各分阴阳，入声有 4 个调，分别为上阴入、下阴入、阳入一、阳入二。需要注意的是，阳入一 22 和阳入二 33 只在 aʔ 韵中构成音位对立，如物 $maʔ^{33}$ ≠ 袜 $maʔ^{22}$、白 $p^{h}aʔ^{33}$ ≠ 拔 $p^{h}aʔ^{22}$、墨 $maʔ^{33}$ ≠ 麦 $maʔ^{22}$；在其他入声韵中只是调位变体，无辨义作用。

2. 吴阳话虽然在声调类型上与其他粤方言差异不算很大，但在调值读音上却与广东境内的很多粤方言迥异，形成自己鲜明的声调特色。详见第一章第三节湛江吴川市吴阳镇粤方言（土白话）音系。

综上所述，吴阳话与湛江、茂名地区其他县市粤语相比，较明显的区别主要有：①声母有内爆音 ɓ、ɗ，来自古“帮、端”母；②古全浊塞音、塞擦音声母清化，不论平仄今基本读送气清音；③古精组声母今多读 t、t^{h}、ɬ；④有唇齿化鼻音声母 ŋʋ；⑤kʋ、$kʋ^{h}$、f、ʋ 可以拼细韵；⑥晓、匣、溪母合口字有部分不读 f 而读为 h 的；⑦部分古“影”母细韵字发声前带有喉塞且不以高元音 i 开头；⑧没有以圆唇元音 œ（ø）为主元音的系列韵母，无撮口呼韵母；⑨无鼻音自成音节韵母，遇合一等“疑”母字读作 ŋou；⑩止开三等精组和少数庄组字今多读 ei 韵；⑪遇合一等模韵与效开一等豪韵不同韵，前者读为 ou，后者读为 $^{u}ɔu$；⑫古山、臻两摄部分字韵尾转收 -ŋ/-ʔ，曾、梗两摄开口三、四等字则转收 -n/-t；⑬江摄见系多读 aŋ/aʔ；⑭声调调值特殊，有 5 个舒声平调，阳入调的两个变体在个别韵母中存在对立。

第八节 廉江市安铺镇粤方言音系及同音字汇

廉江市位于广东省西南部，属湛江地市。安铺镇是廉江市经济、文化较为发达的一个重要城镇，为雷州半岛北部九洲江入海处，是英罗港的主要港口。安铺城镇方言以白话为主，周边农村还有黎话和㑩话。安铺镇自古以来商贸发达，人员往来比较频密，因此其白话与廉江其他镇白话语音差异较大。本节所记为安铺镇白话，发音人李良，男，1953 年出生，大学学历，安铺中学退休教师，无外出工作经历，其家族由河堤镇迁居安铺已历 3 代（1997 年河堤镇并入安铺镇）。

一、音系

（一）声母（21 个）

p 巴帮斧白	pʰ 派旁泼扮	m 买免问剥		f 夫户款凡
t 当特肚纠	tʰ 土唐剔堤	n 女染验粒	l 李良历略	w（ʋ）弯位回活
ʦ 左昼助袭	ʦʰ 菜抄速茶	ȵ 疑勇肉皱	ɬ 修星瑞术	s 闪舒诚石
k 果杞渠及	kʰ 区倾舅菊	ŋ 瓦逆勾呆		h 看吓贺浇
kw 瓜季柜混	kwʰ 夸屈规拐			
ø 暗惹余愚				

说明：

1. 舌尖声母 ʦ－、ʦʰ－、s－和 i－相拼时近舌叶音 ʧ－、ʧʰ－、ʃ－，如：珠 ʧi⁵⁵、池 ʧʰi²¹、树 ʃi²¹。

2. 舌尖鼻音 n 母来自古泥娘母，而舌面鼻音 ȵ 母主要来自古日母、疑母细音和部分影、喻母细音字，n 和 ȵ 在细音前形成对立，如年 nin²¹ ≠ 言 ȵin²¹、聂 nip²¹ ≠ 业 ȵip²¹。

3. 舌根鼻音 ŋ 多拼洪韵，拼细韵时实际音值为舌面中鼻音 ɲ，ɲ 为 ŋ 的音位变体，如碾 ɲiaŋ³⁵。

4. 声母 kw、kwʰ 部分带轻微唇齿化色彩，音值近 kʋ、kʋʰ，半元音 w 则唇齿化更明显，音值接近 ʋ，ʋ 是 w 的音位变体，如回 wui²¹、和 ʋo²¹。

5. 零声母字有 ʔ－、j－的变体。少数零声母字发音前伴有紧喉色彩，如衣 ʔi⁵⁵、穴 ʔit²¹、应 ʔeŋ³³；以 i 开头的零声母字发音时带有一定的浊音摩擦，实际

读音为半元音 j。ʔ－、j－与 Ø 互为变体，三者不构成声母对立。

（二）韵母（59 个）

a 怕加化		ɛ 车借蛇		o 罗坐初苔		i 徐知姨	u 补狮旧菴
ia 也		iɛ 惹野夜				iu 飘扰掉	
ai 大届拉	ɐi 米卫跪	ei 靴知拘			ɔi 台外髓		ui 水辈乳
iai□揉□嚼□踩							iui 锐
au 包巧牡	ɐu 冒浮舅			ou 保袄酷			
iau 撬猫尿	iɐu 柔右幽						
			œy 去				
am 贪监蘸	ɐm 堪林沉					im 镰炎蝉	
iam 尖签舔	iɐm 任音饮						
						in 艳便川	un 搬盆村
aŋ 毯眼棚	ɐŋ 信婚昆	eŋ 冰升兄	øŋ 凉向唱	oŋ 红风胸	ɔŋ 干唐江		
iaŋ 片卷井	iɐŋ 人因孕	ieŋ 认应形	iøŋ 让酿养	ioŋ 荣翁用			
ap 答洽立	ɐp 踏合吸					ip 接摄协	
iap 夹峡撮	iɐp 入						
						it 别舌雪	ut 末脱劣
aʔ 抹画百	ɐʔ 七骨沸	ek 力直释	øʔ 略桌剁	ok 谷六馊	ɔʔ 渴作朴		
iaʔ 剧只笛	iɐʔ 日一逸	iek 翼易液	iøʔ 弱药育	iok 玉肉沃			
m̍/m 唔	ŋ̍ 吴娱						

说明：

1. 韵母 ɔi、ɔŋ、ɔk、ɔʔ 的主元音开口度偏小，介于 o 和 ɔ 之间。
2. 韵母 ei 主元音舌位偏低，介于 e 和 ᴇ 之间。
3. 韵母 yn 与 in 不对立，但少数山合三、四等字发音时略带撮口，近 ^{y}in，如窜 $ʦ^{hy}in^{35}$、全 $ʦ^{hy}in^{21}$、传 $ʦ^{hy}in^{21}$。
4. 韵母 iam、iap、iaŋ 和 iaʔ 的主元音开口度偏小，实际音值有时近 ɛ，对应于广州话主元音为 ɛ 的系列韵母——ɛm、ɛp、ɛŋ、ɛk。
5. 山摄 aŋ 韵字，韵尾的实际发音略前，近 ɲ，如丹 $taɲ^{55}$、餐 $ʦ^{h}aɲ^{55}$。其对应的入声为 aʔ。有个别 aŋ 韵字主元音带有轻微的鼻化色彩，近 ã，如赞 $ʦãŋ^{33}$。
6. 臻摄 ɐŋ 韵有个别见组合口字的韵尾为前鼻 n，读 ɐn，但发音人并无 ɐn～ɐŋ 的音感对立，如菌 $kw^{h}ɐn^{35}$、君 $kwɐn^{55}$、军 $kwɐn^{55}$。

（三）声调（8 个）

阴平˥55　开花辫　　　　阳平（阳去）˨˩21　图渠务住

阴上˧˥35　火补嫂　　　　　　　　　阳上˩˧13　雨旅肚
去声˧33　货富稚
上阴入˥55　笔出福　下阴入˧33　塔裂约　　阳入˨˩21　侄入粤

说明：

（1）阳平21调为低降调，调值和阳去相同。

（2）阴上35调为直升调，而阳上13调为低升调。个别阳上字调值偏高，接近24调，与阴上35调区别不明显。

（3）阳入大多带有降势，为21调，但也有少数为低平22调，两者不构成对立。

二、音韵特点

（一）声母特点

1. 古全浊声母清化，平上声今读送气清音，去入声今读不送气清音。

2. 有清边擦音 ɬ，主要来自古心母字，如"修、苏、线"；少数来自邪母、禅母和生母，如"隧邪、瑞禅、摔生、搜生"。

3. 少数零声母字发音前伴有紧喉色彩，有的读细韵，有的不读细韵，如衣 ʔi⁵⁵、穴 ʔit 21、应 ʔeŋ³³。

（二）韵母特点

1. ȵ 声母后元音 i－介音音色不明显，本音系为了与零声母后面同韵摄的字保持韵类洪细一致，ȵ 声母后处理为 i 介音韵母，如饮 ȵiɐm³⁵、研 ȵieŋ²¹。

2. 果摄见组开合口同音，读 o，如个＝过 ko³³。

3. 安铺话无撮口呼韵母，广州话的 y（遇摄鱼、虞韵）、yn（山合三）、yt（山合三），安铺话分别读 i、in、it，如树 si²¹、元 in²¹、决 kʰit³³。

4. 遇合三等非组读 u，如府 fu³⁵、武 mu³⁵；知章影组读 i，如驻 ʦi²¹、书 si⁵⁵、雨 i³⁵；精见组读 ei，如取 ʦʰei³⁵、居 kei⁵⁵；泥来组部分读 ei，部分读 ui，如旅 lei¹³、屡 lui¹³。

5. 止摄开口字的韵母，今安铺话与广州话同，即：唇牙喉音以读 ei 为主；舌齿音多读 i，安铺话少数舌齿音字存在新旧两种音读，新派读 i，老派读 u，如字 ʦi²¹/ʦu²¹，子 ʦi³⁵/ʦu³⁵。还有些字仅有老派一读，如"赐、寺、似"三字韵母也读 u。

6. 遇合三等、蟹摄合口和止摄合口的端见系字韵母为 ei 和 ui，不同于广州话的圆唇元音 œy，如取 ʦʰei³⁵、句 kei⁵⁵、罪 ʦui²¹、虽 ɬui⁵⁵；唯遇合三鱼韵溪母"去"字例外，安铺话读 hœy³³，与广州话同，疑受广州话影响。

7. 蟹合三等非组，止合三等非、晓组声母今为 f 的字部分读作 ei，与广州话的 ɐi 不同，如“废、肺、费、毁、徽、挥”。

8. 安铺话古咸、深摄基本保留 - m、- p 尾，少数读 - n、- t 和 - ŋ、- ʔ 尾。具体如下：

（1）咸开一等端系字、咸开二等读 am、ap，咸开一等见系读 ɐm、ɐp，如担 tam^{55}、塔 t^{h}ap^{33}、含 hɐm^{21}、盒 hɐp^{21}。

（2）咸开三、四等大部分读 im、ip，如闪 sim^{35}、页 ip^{21}；少数字变为 in、it，如艳 in^{21}、捷 ʦ^{h}it^{33}。

（3）咸合三等凡乏韵读 aŋ、aʔ，如范 faŋ^{21}、乏 faʔ^{21}。

（4）深摄大部分读 ɐm、ɐp，如“心、习”；个别读 ɐŋ、ap，如“品、立”。

9. 安铺话古山、臻摄收 - n、- t 尾字部分转收 - ŋ、- ʔ 尾。具体如下：

（1）山开一端系、山开二、山合二、山合三非组字与梗开二等同，舒声读 aŋ，相对的入声读 aʔ（如“单、擦”），韵母 aŋ 的韵尾偏前，近 aɲ，但 aɲ、aŋ 两种音色发音人在音感上无对立。

（2）山开一见系读 ɔŋ、ɔʔ，如“寒、割”，与宕摄开口一等同。

（3）山摄开口细音基本读 in、it，少数读 iaŋ、iaʔ（如“篇、裂”）；山摄合口端、知系在广州话读 yn、yt 的，在安铺话中有两种读法：一种是山合一读 un、ut，如“段、乱、脱、夺”；另一种是山合三读 in、it，如“宣、专、绝、雪”。

（4）臻摄除合口一、三等少数见晓组字读 ɐn、ɐt（如“昆、骨”）外，其他基本读 ɐŋ、ɐʔ（如“贫、分、匹、物”），与曾开一等同，安铺话 ɐn、ɐt 与 ɐŋ、ɐʔ 并不构成韵母对立；臻摄合口端、知系在广州话读 yn 的，今安铺话舒声读 un，入声仍读 ɐʔ，如“尊 ʦun^{55}、寸 ʦ^{h}un^{33}、突 tɐʔ^{21}、律 lɐʔ^{21}”。

10. 宕江曾梗通五摄基本收 - ŋ、- ʔ 尾。具体如下：

（1）宕开一等与宕合一、三等读 ɔŋ、ɔʔ（如“帮、荒、幕、霍”），江摄与宕摄同（如“窗、江、捉、觉”）；宕摄见系开合口大部分同音，如广 = 讲、郭 = 各，仅个别字 k -、k^{h} - 带唇齿化色彩，如光 kʋɔŋ^{55}、框 kʋ^{h}ɔŋ^{55}。

（2）安铺话中以圆唇元音为主元音的系列韵母只有 øŋ、øk（宕开三），其他广州话读 œy（遇摄合口鱼虞韵、蟹止摄合口）、œn、œt（臻开三齿音、臻合三舌齿音）的，今安铺话分别读 ei、ui、ɐŋ、ɐʔ。

（3）曾开一读 ɐŋ、ɐʔ（如“朋、增、北、特”）；曾开三与梗开三、四基本读 eŋ、ek（如“征、鸣、力、碧”）；梗开三四等存在文白异读，文读音为 eŋ、ek，对应的白读音为 iaŋ、iaʔ，如井 ʦeŋ^{35}、ʦiaŋ^{35}、成 seŋ^{21}、siaŋ^{21}、席 ʦek^{21}、ʦiaʔ^{21}。

（4）通摄字韵母主要为 oŋ、ok，日影组字为 ioŋ、iok，如送 ɬoŋ^{33}、熊

$io\eta^{21}$、竹 $ʦok^{55}$、辱 iok^{21}。

（三）声调特点

1. 安铺话声调共有 8 个调：阴平、阳平（包括阳去）、阴上、阳上、阴去，入声与多数粤方言一样分上阴入、下阴入和阳入 3 个调。

2. 同一调类中，阳调调值均比阴调调值低。

3. 浊平和浊去今调值相同，同为 21 调。

4. 两个舒声阳调在前字有时读低平 22 调，如大舅佬大舅子 $tai^{21}\ k^hɐu^{13-22}\ lou^{35}$、驮仔怀孕 $t^ho^{21-22}ʦai^{35}$。

三、廉江安铺白话同音字汇

本字汇按韵母、声母、声调的顺序排列，主要收录单字音，没有单字音的收连读音或变读音。写不出本字的音节用“□”代替，并加注释。释义、举例用下标表示，举例时用“～”代替该字，下标中冒号前为组词、冒号后为该词释义。组词中无字可写的直接用音代替，如胳～lo⁵⁵：腋窝。有文白异读的，字下带“＿”为白读音，字下带“＝”为文读音。有新老异读的，在该字右下角标明“（新）、（老）”。

a

p ［˥］巴芭爸疤 ［˨˩］罢□稀泥 ［˧˥］把 ［˧］霸坝

p^h ［˨˩］爬杷耙□～船：划船 ［˧］怕豹（新）

m ［˥］妈 ［˨˩］麻痳骂□～底：外面 ［˩˧］马码 ［˧˥］嫲

f ［˥］花 ［˧˥］□量词：堵 ［˧］化

t ［˧˥］打

n ［˥］粘□补～：补衣服 ［˧˥］那拿 ［˩˧］乸雌性动物

ʦ ［˥］楂渣抓 ［˨˩］炸油～鬼：油条 ［˧］詐榨

$ʦ^h$ ［˥］叉杈差岔 ［˨˩］查

s ［˥］沙纱痧 ［˧˥］洒

k ［˥］家加甲～由：蟑螂 ［˨˩］□搬 ［˧˥］假真～，放～ ［˧］架价胳～lo⁵⁵：腋窝

k^h ［˥］痂

ŋ ［˨˩］牙芽 ［˩˧］瓦

h ［˥］虾 ［˨˩］霞夏下

kw ［˥］瓜 ［˧˥］寡 ［˧］卦褂

kw^h ［˥］夸跨 ［˧］挂

w ［˥］蛙 ［˨˩］华话

ø [˥] 鸦椏 [˥] 哑 [˧] 阿~姨亚

ɛ

p [˥] □提
pʰ [˥] □打~：打牌
m [˥] 孖双生孭~镬：背黑锅 [˧] 沕~水：潜水
t [˥] 爹 [˩] □握□捏嗲语气词、动态助词：相当于"了" [˧] □掐
l [˧] 𫚭缝儿 [˨˦] □冷清
ʦ [˥] 遮 [˩] 谢□ʦɐm²¹~：蝉 [˥] 者 [˧] 借蔗
ʦʰ [˥] 车 [˩] 邪斜 [˥] 且扯 [˧] □~坡：斜坡
ɬ [˥] 些 [˥] 写 [˧] 卸
s [˥] 赊 [˩] 蛇射麝 [˥] 舍~得 [˨˦] 社 [˥] 舍宿~
k [˩] □大髀~：胯下
kʰ [˩] 茄
ŋ [˥] □木~：树枝

o

p [˥] 波菠玻 [˧] 播
pʰ [˥] 坡棵 [˩] 婆菩 [˧] 破
m [˥] 魔摸 [˩] 磨
f [˥] 科 [˥] 火伙 [˧] 课货
t [˥] 多 [˥] 朵
tʰ [˥] 拖 [˩] 驼苔 [˥] 土 [˨˦] 舵妥
n [˥] □搓□~柚：柚子 [˩] 糯□~水：浑水 [˨˦] □扭
l [˥] □火潭~：锅底灰 [˩] 罗萝螺啰 [˥] 攞拿
ʦ [˩] 助 [˥] 左阻
ʦʰ [˥] 搓初 [˩] 锄 [˥] 楚 [˨˦] 座坐 [˧] 锉错
ɬ [˥] 唆□抚摸 [˥] 蓑琐锁
s [˥] 梭梳蔬疏
k [˥] 歌哥 [˥] 果裹嗰指示代词，相当于"那"嗰~个：那个 [˧] 个过
kʰ [˥] 颗
ŋ [˥] 鹅 [˩] 蛾饿卧 [˨˦] 我
h [˩] 河何荷贺 [˥] 可
w [˥] 倭窝莴 [˩] 和禾 [˥] 祸
ø [˥] 阿~胶屙

i

p^h　[˩] 琵

t　[˩] □我～：我的　[˧] □～tei^{33}佬：大舌头

ts　[˥] 猪诸蛛朱珠知蜘支枝资姿脂之芝　□～tsiaʔ^{55}：蟋蟀　[˩] 箸驻住自字（新）已治　[˥] 煮主紫纸只指止址子（新）　[˧] 著注铸智致至置志痣

ts^h　[˥] 雎痴　[˩] 徐除厨池瓷迟慈辞持痔　[ʎ] 储柱　[˧] 处刺翅次稚厕

ȵ　[˩] 鱼儿宜仪谊义二而疑□～眼：闭眼　[ʎ] 语耳

s　[˥] 书输撕施私师尸司丝思诗　[˩] 薯殊竖树匙是豉示视士事（新）时侍　[˥] 暑鼠屎史　[ʎ] 市　[˧] 恕柿试

ø　[˥] 淤迂于伊姨医衣依　[˩] 如御余预儒愚愉裕移易饴异　[˥] 椅　[ʎ] 与遇雨羽已以　[˧] 意

u

p　[˥] □～奶：姑妈　[˩] 部簿步埠菢孵　[˥] 补斧　[˧] 布

p^h　[˥] 铺～路　[˩] 浮（老）　[˥] 谱普蒲脯　[˧] 铺店～

m　[˥] 模拇　[˩] 墓募务雾戊　[˥] 抚舞　[ʎ] 武母

f　[˥] 呼夫敷　[˩] 葡胡湖壶乎互护付赴符扶父腐附　[˥] 苦虎府　[ʎ] 户妇　[˧] 库裤库富副

t　[˥] 都　[˩] 杜度渡　[˥] 堵赌　[ʎ] 肚　[˧] 妒

t^h　[˩] 徒途图　[˧] 吐兔

n　[˩] 奴怒　[˥] □～只：那个

l　[˩] 卢炉路露庐　[ʎ] 鲁卤

ts　[˥] 租滋　[˩] 字（老）　[˥] 祖组子（老）　[˧] 做

ts^h　[˥] 粗蛆　[˩] 祠寺　[ʎ] 似　[˧] 醋赐

ɬ　[˥] 苏酥须狮丝　[˩] 事（老）　[˧] 素诉嗉

s　[˧] 数名词、动词

k　[˥] 姑孤估　[˥] 古牯股鼓　[˧] 故固雇顾

k^h　[˥] 箍枯　[˧] 库裤库富副

w　[˥] 乌污坞　[˩] 芋　[˧] 恶厌～

ia

ȵ　[˥] □扇～：扇子　[˩] 廿二十的合音

ø　[˥] □撒　[ʎ] 也

iɛ

ȵ [˨˩] 嘢东西
∅ [˨˩] 爷夜 [˨˩] 惹野

iu

p [˥] 膘標表手~彪 [˧˥] 表~示
p^h [˥] 飘漂 [˨˩] 嫖 [˧] 票
m [˨˩] 苗描庙 [˧˥] 秒妙
t [˥] 刁雕丢 [˨˩] 调 [˧] 钓吊
t^h [˥] 挑粜 [˨˩] 跳~绳条 [˧] 跳~板
n [˨˩] 鸟
l [˨˩] 燎瘵遼寮料廖嫽玩 [˨˩] 了~结
ts [˥] 蕉椒樵朝招 [˨˩] 赵召 [˧˥] 剿沼 [˧] 醮照
ts^h [˥] 超□打乞~：打喷嚏 [˨˩] 朝潮 [˧] 悄俏肖不~
ȵ [˧˥] 绕
ɬ [˥] 消销萧 [˧˥] 小 [˧] 笑
s [˥] 烧 [˨˩] 韶绍邵 [˧˥] 少多~ [˧] 少~年
k [˥] 骄娇 [˨˩] 轿 [˧˥] 矫缴 [˧] 叫
k^h [˨˩] 乔桥荞~头：藠头 [˧] 窍
h [˥] 嚣浇□~嘴：噘嘴 [˧˥] 晓
∅ [˥] 妖邀腰要~求 [˨˩] 摇姚鹞 [˧˥] 饶扰舀 [˧] 要~害

ai

p [˨˩] 败 [˧˥] 摆 [˧] 拜
p^h [˨˩] 排牌 [˧] 派
m [˨˩] 埋卖迈 [˨˩] 买
f [˧] 块快筷
t [˨˩] 大 [˧] 戴带
t^h [˨˩] 舦舵 [˧] 态贷太泰
n [˨˩] 乃奶 [˧] 捺疬累
l [˥] 拉撻手指~：小指 [˧] 赖癞
ts [˥] 斋 [˨˩] 寨 [˧] 债
ts^h [˥] 猜差 [˨˩] 柴 [˧˥] □歪
ɬ [˧˥] 玺

s [˨˩] □嘣~：附近 [˥] 晒

k [˥] 階揩楷街 [˧˥] 解偈倾~：聊天 [˧] 芥尬戒

ŋ [˨˩] 艾捱

h [˨˩] 孩谐械鞋□能~：能干嗤痒 [˩˧] 蟹

kw [˥] 乖闺房 [˧] 怪

kw^h [˧˥] 拐

w [˥] 歪 [˨˩] 怀坏

ø [˥] 埃挨 [˧˥] 矮

ɐi

p [˥] 跛 [˨˩] 稗币毙 [˧] 蔽闭

p^h [˥] 批

m [˥] 捭削 [˨˩] 迷 [˩˧] 米

t [˥] 低 [˨˩] 第递 [˧˥] 底抵 [˧] 帝

t^h [˥] 梯 [˨˩] 堤题提 [˧˥] 体 [˩˧] 弟 [˧] 替涕

n [˥] □嘣~：这里 [˨˩] 泥尼腻

l [˨˩] 例犁黎丽荔 [˧˥] □背~：背后 [˩˧] 礼

ts [˥] 挤剂 [˨˩] 滞 [˧] 祭际制济

ts^h [˥] 妻 [˨˩] 齐 [˧] 砌

ɬ [˥] 西犀荽芫~：芫荽 [˧˥] 洗 [˧] 细婿

s [˥] 筛 [˨˩] 誓 [˧˥] 使大~馆使~用驶 [˧] 世势

k [˥] 鸡 [˧] 计继髻

k^h [˥] 溪 [˧˥] 启 [˧] 契

ŋ [˨˩] 艺倪毅危魏 [˧˥] 伪 [˩˧] 蚁

h [˥] 屄女阴 [˨˩] 系係是

kw [˥] 归龟 [˨˩] 跪柜 [˧˥] 鬼轨 [˧] 桂季贵

kw^h [˥] 盔规亏 [˨˩] 奎携癸葵 [˧] 愧

w [˥] 威 [˨˩] 桅淮卫惠为位维遗唯围胃 [˧˥] 委讳违伟 [˧] 慧慰

ei

p [˥] 蓖碑悲篦 [˨˩] 被~动避备鼻 [˧˥] 比髀腿畀给予
[˧] 臂秘痹滗去掉水或汤使其剩渣

p^h [˥] 披丕 [˨˩] 皮脾枇□热~子：痱子 [˧˥] 彼 [˩˧] 被棉~ [˧] 屁

m [˨˩] 糜眉微味□秤尾低 [˩˧] 美尾

f　[˥] 非飞妃挥徽　[˩] 吠肥 [˦] 毁匪翡　[˧] 废肺费
t　[˥] 知　[˩] 地
n　[˥] □nɐp[55] ～：蜻蜓　[˨˦] 你
l　[˥] 璃　[˩] 虑厉离梨利痢狸吏　[˨˦] 旅李里～面，公～鲤
ts　[˥] □蚜虫　[˩] 序叙聚　[˦] 姐姊
tsʰ　[˥] 趋　[˩] 脐　[˦] 取　[˧] 趣
ɬ　[˦] 死　[˧] 四
k　[˥] 居车～马炮饥肌几茶～、～乎基箕机　[˩] 据渠巨具技妓忌
　[˦] 举矩己纪～律杞几～个　[˧] 锯句寄纪～念记既
kʰ　[˥] 拘区　[˩] 奇骑棋旗祈　[˨˦] 佢距企徛站
h　[˥] 靴虚牺欺嬉熙希稀　[˦] 许起喜岂　[˧] 戏器弃气

ɔi

t　[˩] 待代袋
tʰ　[˥] 胎　[˩] 台抬
n　[˩] 耐奈
l　[˩] 来
ts　[˥] 灾　[˩] 在　[˦] 宰　[˧] 再载
tsʰ　[˩] 才材财豺　[˦] 彩睬　[˧] 菜蔡
ɬ　[˥] 鳃　[˦] 髓　[˧] 赛
k　[˥] 该　[˦] 改　[˧] 盖
kʰ　[˧] 概
ŋ　[˥] 呆　[˩] 碍外
h　[˥] 开　[˩] 亥害　[˦] 凯海
ø　[˥] 哀　[˧] 爱

ui

p　[˥] 杯　[˩] 焙　[˧] 贝辈背～书、后～佩
pʰ　[˥] 坯　[˩] 陪赔　[˨˦] 沛配倍
m　[˩] 梅媒妹霉脢　[˨˦] 每
f　[˥] 恢灰　[˦] 贿悔
t　[˥] 堆　[˩] 队　[˧] 对兑碓
tʰ　[˥] 推　[˦] 腿　[˧] 退蜕
n　[˩] 内　[˨˦] 女乳　[˧] 瘤（老）

l [˨˩] 雷类泪 [˩˧] 吕屡累劳～、积～履蕊垒

ts [˥] 追锥 [˨˩] 罪赘 [˧˥] 嘴 [˧] 最醉

ts^h [˥] 催吹 [˨˩] 随锤 [˧] 脆翠

ɬ [˥] 需虽 [˨˩] 瑞 [˩˧] 隧穗 [˧] 碎岁

s [˥] 衰 [˨˩] 垂睡谁 [˧˥] 水 [˧] 税帅

k [˨˩] 癐（新）

k^h [˨˩] 溃

h [˥] 墟

w [˥] 煨 [˨˩] 回茴汇会～计

iai

ȵ [˥] □～面：揉面 [˧˥] □～单车：踩单车 [˧] □嚼

iui

ø [˨˩] 锐

au

p [˥] 包胞 [˧˥] 饱 [˧] 爆

p^h [˥] 泡抛 [˨˩] 刨 [˧˥] 跑 [˧] 豹（新）炮泡

m [˨˩] 茅锚貌茂矛 [˩˧] 牡

n [˨˩] 闹□骂

l [˥] 捞打～ [˧] □热闹

ts [˥] □干 [˨˩] □牛～：牛笼嘴 [˧˥] 爪找帚 [˧] 罩骤

ts^h [˥] 抄钞 [˨˩] 巢 [˧˥] 炒吵

s [˥] 梢筲～箕 [˧˥] 稍 [˧] 潲哨～牙：龅牙

k [˥] 交胶 [˧˥] 绞狡搞 [˧] 教较觉珓铰

k^h [˥] 靠

ŋ [˨˩] 熬 [˩˧] 咬

h [˥] 烤敲哮 [˨˩] 效校学～ [˧˥] 考巧 [˧] 孝

ø [˥] □～觉：睡觉 [˧] 坳

ɐu

p^h [˥] 剖 [˧] □萝卜失水而中空

m [˥] 踎蹲 [˨˩] 冒贸谋 [˧˥] 卯某亩

f　[˨˩] 浮（新）　[˧˥] 否
t　[˥] 兜　[˨˩] 豆痘逗　[˧˥] 斗量词陡纠　[˧] 窦斗争～□～柄：安装
t^h　[˥] 偷　[˨˩] 头投　[˧˥] 敨　[˧] 透
n　[˥] 嬲恼怒□泥～：泥鳅　[˧˥] 扭纽
l　[˥] 褛□蚊蝇～：苍蝇叮骝马～：猴子　[˨˩] 楼漏流刘留　[˩˧] 篓柳
[˧] □～鸡：唤鸡□滑
ts　[˥] 周州　[˨˩] 就袖宙　[˧˥] 走酒肘　[˧] 奏昼咒
ts^h　[˥] 锹揪秋鳅抽　[˨˩] 囚绸筹愁仇酬　[˧˥] 丑　[˧] 凑臭嗅
ɬ　[˥] 修　[˧˥] 搜扤摇动、甩　[˧] 嗽秀绣
s　[˥] 收　[˨˩] 受寿授　[˧˥] 手守　[˧] 瘦兽
k　[˥] 沟鸠　[˨˩] 旧□块　[˧˥] 狗九久韭　[˧] 够灸救究
k^h　[˥] 阄　[˨˩] 求球　[˩˧] 舅　[˧] 购扣臼□抠鼻屎
ŋ　[˥] 勾钩　[˨˩] 牛　[˩˧] 藕偶
h　[˥] 丘休睺盯紧　[˨˩] 喉后候　[˧˥] 口　[˩˧] 厚
ø　[˥] 欧瓯汤锅　[˧˥] 呕　[˧] 沤□捶（老）

ou

p　[˥] 褒煲　[˨˩] 暴曝　[˧˥] 保宝　[˧] 报
p^h　[˨˩] 袍　[˩˧] 抱
m　[˨˩] 毛帽　[˩˧] 无冇没有、不
t　[˥] 刀 [˨˩] 道稻盗导　[˧˥] 岛捣倒　[˧] 到
t^h　[˥] 滔　[˨˩] 桃陶　[˧˥] 讨　[˧] 套
n　[˩˧] 努脑
l　[˥] 捞～钱　[˨˩] 劳牢涝　[˧˥] 佬　[˧] 老
ts　[˥] 糟遭　[˨˩] 皂造　[˧˥] 早枣　[˧] 灶
ts^h　[˥] 操　[˨˩] 曹槽　[˧˥] 草　[˧] 澡躁糙
ɬ　[˥] 骚臊　[˧˥] 嫂　[˧] 扫
k　[˥] 高糕篙　[˧˥] 稿　[˧] 告
ŋ　[˨˩] 傲□～头：摇头
h　[˥] 毫豪号浩酷　[˧˥] 好～坏　[˧] 好爱～耗
ø　[˧] 袄澳

iau

p^h　[˧] □水泡

m	[˥] 猫	
t	[˥] 屌男阴	
n	[˨˩] 尿	
l	[˥] 嫽	
ȵ	[˥] 挠~嚹：抓痒	[˧˥] □爪（老）
k	[˨˩] 撬	
kʰ	[˥] □抠细小东西	
h	[˥] □浇水	
ø	[˥] 吆叫	

iɐu

ȵ [˧] 皱

ø [˥] 忧优幽 [˨˩] 柔尤邮又右油游□~水：从井里打水 [˩˧] 有友酉柚
[˧] 幼

œy

h [˧] 去

am

t	[˥] 耽担~任	[˨˩] 啖	[˧˥] 胆	[˧] 担挑~
tʰ	[˥] 贪	[˨˩] 潭谭谈痰	[˩˧] 淡	[˧] 探
n	[˨˩] 南男	[˨˦] 醃腩	[˧] 逋~火盆：跨火盆	
l	[˨˩] 蓝篮滥舰	[˧˥] 览榄缆	[˩˧] 揽~手：叉手	
ts	[˨˩] 暂站	[˧˥] 斩		
tsʰ	[˥] 参	[˨˩] 蚕惭	[˧˥] 惨 [˨˦] 杉	[˧] 渗
ɬ	[˥] 三			
s	[˥] 衫			
k	[˥] 甘柑橄监	[˧˥] 感敢减噉指示代词，相当于这样、这么	[˧] 尴鉴	
ŋ	[˥] 啱①正好	[˨˩] 崖岩		
h	[˨˩] 咸	[˧] 喊		

① 啱：在安铺白话中有两种读音，单字音中读为 $\mathrm{ŋaŋ}^{55}$，词汇中读为 $\mathrm{ŋam}^{55}$。

ɐm

t	[˨˩] □~脚：跺脚	[˥] 抌		
tʰ	[˥] 氹水~：水坑	[˧] □哄		
n	[˨˩] 腍	[˥] 谂思考		
l	[˨˩] 林临淋			
ts	[˥] 砧针斟	[˨˩] □~tsɛ^{21}：蝉	[˥] 枕	[˧] 浸
tsʰ	[˨˩] 寻沉	[˥] 寝	[˧] 侵	
ɬ	[˥] 心			
s	[˥] 森参深	[˨˩] 甚	[˥] 沈婶	
k	[˥] 今金	[˨˩] 揿	[˥] 锦	[˧] 禁
kʰ	[˥] 襟妗□~着：耐穿	[˨˩] 岑琴禽蠄	[˩˧] 冚罩、盖	
h	[˥] 堪	[˨˩] 含憾馅衔	[˥] 砍□碓~：碓臼	
Ø	[˥] 庵□捂	[˥] 揞	[˧] 暗	

im

t	[˥] 掂~分量	[˨˩] 掂办妥	[˥] 点	[˧] 店
tʰ	[˥] 添	[˨˩] 甜	[˩˧] 垫	
n	[˥] 黏	[˨˩] 验念	[˩˧] 染	
l	[˥] 镰帘	[˥] 敛	[˩˧] 脸	
ts	[˥] 占~卜拈	[˨˩] 渐	[˧] 占~有	
tsʰ	[˩˧] 潜			
ȵ	[˨˩] 严			
s	[˨˩] 蝉禅	[˥] 陕闪		
k	[˥] 兼	[˨˩] 俭	[˥] 检	[˧] 剑
h	[˥] 谦	[˨˩] 嫌	[˥] 险	[˧] 欠歉
Ø	[˥] 阉	[˨˩] 炎盐芫~茜：芫荽	[˥] 淹掩	[˧] 厌

iam

n	[˥] 拈拿、撮□瓣	[˧] □~车：挤车
l	[˩˧] □舔	
ts	[˥] 尖	
tsʰ	[˥] 签	
kʰ	[˨˩] 钳	[˩˧] 坎门~

iɐm

ȵ　[˩] 赁任壬淫　[˥] 饮　[˧] 泅

Ø　[˥] 音阴　[˩] 檐屋～□掏

in

p　[˥] 鞭边辫　[˩] 辩便　[˧] 变

pʰ　[˥] 编偏蝙　[˧] 骗

m　[˥] 绵棉面眠　[˩˧] 免勉

t　[˥] 颠癫　[˩] 电　[˥] 典

tʰ　[˥] 天　[˩] 田填

n　[˩] 年

l　[˩] 连联怜莲练楝链鲢　[˥] 恋

ʦ　[˥] 煎毡专砖　[˩] 践贱　[˥] 剪展转～送　[˧] 箭战荐转～动

ʦʰ　[˥] 歼迁千川穿　[˩] 钱缠前泉全传　[˥] 浅喘窜□～手：伸手　[˧] 串

ȵ　[˩] 言原愿　[˩˧] 软

ɬ　[˥] 仙鲜先宣喧　[˩] 羡　[˥] 癣选损　[˧] 线

s　[˩] 善船　[˩˧] 鳝　[˧] 扇

k　[˥] 肩坚捐□～饭：拨饭　[˩] 件　[˧] 建键健见眷券

kʰ　[˩] 乾拳权

h　[˥] 轩掀牵　[˩] 贤悬　[˥] 谴显犬　[˧] 宪献劝

Ø　[˥] 烟冤渊　[˩] 阎艳焰苋然燃延砚现完丸圆员院缘沿铅元袁园县

　[˥] 演　[˩˧] 远　[˧] 燕宴怨

un

p　[˥] 般搬　[˥] 本　[˧] 半

pʰ　[˥] 潘　[˩] 盘盆　[˧] 判伴拌叛

m　[˩] 瞒门闷　[˩˧] 满

f　[˥] 宽欢　[˩] 瘓　[˥] 款

t　[˥] 端　[˩] 锻段缎　[˥] 短

tʰ　[˩] 团豚　[˩˧] 断

n　[˩] 嫩　[˩˧] 暖

l　[˩] 乱　[˩˧] 卵

ʦ　[˥] 尊遵樽　[˧] 钻电～

ʦʰ　[˥] 村　[˩] 存　[˧] 寸

ɬ [˥] 酸孙 [˧] 算蒜
k [˥] 官观 [˧˥] 管馆 [˧] 灌罐冠
w [˨˩] 唤缓换 [˧˥] 碗

aŋ

p [˥] 班斑 [˨˩] 办瓣 [˧˥] 板
p^h [˥] 攀烹 [˨˩] 彭棚 [˧] □搧耳光 [˧] 扮盼秕~谷
m [˨˩] 蛮慢馒鳗漫万盲 [˩˧] 晚蜢 [˧] □扶
f [˥] 翻番 [˨˩] 凡帆范犯藩烦繁饭 [˧˥] 反 [˧] 贩
t [˥] 单丹 [˨˩] 弹但蛋 [˧] 旦
t^h [˥] 滩摊 [˨˩] 弹檀 [˧˥] 毯疸坦 [˧] 叹炭
n [˨˩] 难
l [˥] □爬 [˨˩] 兰拦栏烂 [˩˧] 懒冷
ʦ [˥] 争筝踭 [˨˩] 赚栈 [˧˥] 盏 [˧] 赞
$ʦ^h$ [˥] 餐 [˨˩] 残橙锃~眼：刺眼 [˧˥] 铲产 [˧] 灿撑
ɬ [˧] 散伞
s [˥] 山疝生牲甥珊 [˧˥] 省 [˧] 删珊
k [˥] 艰间奸更羹耕 [˧˥] 碱简拣茧趼老茧枧
ŋ [˥] 啱 [˨˩] 颜雁硬 [˧˥] 眼
h [˥] 坑悭 [˨˩] 闲行走
kw [˥] 关 [˧] 惯
kw^h [˧] □绊
w [˥] 湾弯 [˨˩] 幻还环患横 [˧˥] 鲩
ø [˥] 瓮罂 [˧] 晏中午

ɐŋ

p [˥] 宾槟奔崩□~鸠：斑鸠 [˨˩] 笨凭倚靠 [˧] 殡
p^h [˨˩] 贫朋凭文~ [˧˥] 品 [˧] 喷
m [˥] 蚊炆掹拔、扯 [˨˩] 民文闻问萌 [˧˥] □~日：明天□发~tsɐŋ^{35}：撒泼
[˩˧] 敏猛孟
f [˥] 昏婚分芬纷勋 [˨˩] 焚坟份 [˧˥] 粉
[˩˧] 奋愤训 [˧] 粪
t [˥] 登灯□量词，堆 [˨˩] 盾钝邓炖 [˧˥] 墩顿等 [˧] 凳□车颠簸
t^h [˥] 吞饨 [˨˩] 腾藤 [˧] 褪~车：倒车

n [˨˩] 能 [˩˧] 拧

l [˨˩] 邻鳞仑论伦轮

ʦ [˥] 津珍真曾增僧 [˨˩] 尽阵赠 [˧˥] 准 [˧] 进镇振震打冷~：发抖俊圳

ʦʰ [˥] 亲春 [˨˩] 秦陈尘曾层 [˧˥] 诊疹蠢 [˧] 趁衬

ɬ [˥] 辛新 [˨˩] 询旬循巡纯 [˧˥] 笋榫 [˧] 信讯讯擤~鼻：擤鼻涕

s [˥] 身申 [˨˩] 神辰晨慎唇顺 [˩˧] 肾

k [˥] 跟根巾斤筋 [˨˩] □臭~~：臭烘烘 [˧˥] 紧仅谨耿□~係：当然

[˧] 间 [˧] 更清冰

kʰ [˨˩] 勤芹 [˧˥] 哽 [˩˧] 近□跗子

ŋ [˥] 奀个子瘦小 [˨˩] 银

h [˥] 欣 [˨˩] 限痕恨恒衡杏幸 [˧˥] 恳垦很肯 [˧] 衅

kw [˥] 君军 [˧˥] 滚混 [˧] 棍□骗

kwʰ [˥] 昆坤均 [˨˩] 群裙 [˧˥] 菌 [˧] 困

w [˥] 温瘟轰 [˨˩] 魂馄荤云运晕 [˧˥] 稳揾找 [˩˧] 允 [˧] 圂关禁

ø [˥] 莺 [˧˥] □更加

eŋ

p [˥] 冰兵 [˧˥] 禀丙秉 [˧] 迸并合~

pʰ [˨˩] 平~时评瓶屏萍 [˧] 聘拼并~且

m [˨˩] 鸣明命~令名铭冥

t [˥] 丁 [˨˩] 定（新） [˧˥] 顶鼎 [˧] 订椗果实的蒂

tʰ [˨˩] 亭停庭 [˩˧] 挺

n [˥] 拎 [˨˩] 宁

l [˨˩] 棱陵菱令灵零~碎铃另伶蛉蚂~$k^h ɔŋ^{13}$：螳螂 [˩˧] 领~导

ʦ [˥] 征蒸精晶睛贞侦正~月征 [˨˩] 静郑 [˧˥] 拯整井~~有条

[˧] 证症正~直政

ʦʰ [˥] 称~呼清青~年 [˨˩] 惩情晴程 [˧˥] 请 [˧] 秤

ɬ [˥] 星 [˧] 性姓

s [˥] 升声~音 [˨˩] 乘绳剩承成完~城诚 [˧] 胜圣

k [˥] 京鲸经 [˨˩] 竞 [˧˥] 境景 [˧] 敬劲径

kʰ [˥] 倾 [˨˩] 琼□水浑，澄一澄□眼~~：发呆 [˧˥] 顷 [˧] □禾~：稻穗

h [˥] 兴~旺馨兄 [˧] 兴高~庆

w [˨˩] 颖 [˩˧] 永泳

øŋ

n [˨] 娘

l [˨] 良凉量数~，测~梁亮□发~$ts^{h}ɔi^{35}$：癫痫 [˧˥] 两斤~辆 [˩˧] 两~个

ts [˥] 将~来浆张章樟 [˨] 匠象像橡丈量词：一~布杖 [˧˥] 蒋奖长生~掌 [˧] 将大~酱涨账胀帐仗障瘴

ts^{h} [˥] 枪昌娼倡 [˨] 墙详长~短场肠 [˧˥] 抢 [˧] 畅唱 [˩˧] 丈姑~：姑父

ɬ [˥] 相互~厢镶 [˧˥] 想 [˧] 相~貌

s [˥] 商伤 [˨] 常偿尚上~面 [˧˥] 赏 [˩˧] 上动词，~山

k [˥] 疆姜

k^{h} [˨] 强~大 [˩˧] 强勉~

h [˥] 香乡 [˧˥] 饷享响 [˧] 向

oŋ

p [˥] □~仔：抱孩子 [˨] 埲量词，一~墙：一堵墙□量词：丛 [˧˥] 捧

p^{h} [˨] 篷蓬 [˧] 碰

m [˨] 蒙梦 [˧˥] 懵

f [˥] 风疯丰封峰锋□秤尾高 [˨] 冯凤逢缝奉 [˧˥] 棒讽俸

t [˥] 东冬 [˨] 动洞戙竖 [˧˥] 董懂栋 [˧] 冻

t^{h} [˥] 通 [˨] 同铜童筒 [˧˥] 桶统 [˧] 痛

n [˥] 燶饭~：锅巴 [˨] 农脓浓

l [˥] 窿小洞 [˨] 笼咙隆龙聋 [˧˥] 拢弄垄

ts [˥] 棕鬃宗中~间忠终踪纵钟盅舂 [˨] 仲诵颂讼□量词：株 [˧˥] 总种~类肿 [˧] 粽中射~众种~树

ts^{h} [˥] 聪匆葱衷充冲 [˨] 丛虫从松~树重~复□~日：昨天 [˧˥] 宠 [˩˧] 重~量

ɬ [˥] 松轻~嵩 [˧] 送宋

s [˨] 崇□大头~：胖头鱼

k [˥] 肛公工功弓宫恭供提~ [˨] 共 [˧˥] 拱巩 [˧] 贡汞供~品

k^{h} [˨] 穷 [˧˥] 孔□虹

h [˥] 轰空胸凶 [˨] 弘宏红洪虹哄起~雄 [˧˥] 哄~骗恐 [˧] 控□闻

ø [˥] 壅埋 [˧˥] 擁推 [˧] 蕹~菜

ɔŋ

p [˥] 帮邦梆~头：锄头 [˧˥] 榜绑

p^h [˩] 旁傍庞 [˩˧] 蚌

m [˥] 芒麦~虻 [˩] 忙芒~种亡忘望 [˩˧] 莽蟒网

f [˥] 荒慌谎方肪坊芳 [˩] 妨房防 [˥] 仿纺访 [˧] 放

t [˥] 当~时 [˩] 荡 [˥] 党挡档 [˧] 当~铺

t^h [˥] 汤烫水烫劏~猪：杀猪 [˩] 堂唐 [˥] 倘 [˧] 趟

n [˥] 囊裤~：裤裆 [˩] 瓤

l [˩] 廊狼浪晾 [˩˧] 朗哴~口：漱口

ts [˥] 赃庄装桩 [˩] 藏西~脏状撞 [˧] 葬壮

ts^h [˥] 仓舱疮窗 [˩] 藏隐~床 [˥] 闯厂

[˧] 创

ɬ [˥] 桑嗓霜 [˧] 丧婚~、~失

s [˥] 双 [˥] 爽

k [˥] 干~净肝岗缸江扛 [˥] 秆赶广讲港 [˧] 干~部钢杠降下~

k^h [˥] 腔 [˩] 狂 [˩˧] □白屎~：蜣螂 [˧] 抗旷扩况矿

ŋ [˩] 岸玩顽 [˩˧] 昂 [˧] 戆癫~~：傻傻的

h [˥] 康糠筐 [˩] 鼾寒韩焊汗行银~航巷□鸡~：母鸡

[˥] 刊 [˩˧] 罕旱项 [˧] 看~守、~见汉烘炕~衫：烤衣服

kw [˥] 光

kw^h [˥] 框

w [˥] 汪 [˩] 黄簧皇王旺 [˥] 枉

[˩˧] 往

ø [˥] 安 [˧] 按案

iaŋ

p [˩] 病 [˥] 贬扁匾饼 [˧] 柄

p^h [˥] 篇 [˩] 平路很~ [˧] 遍片 [˩˧] □编

m [˩] 命一条~ 名明

t [˥] 钉叮□鸡~：鸡啄米 [˩] 定（老）地方

t^h [˥] 听厅 [˩˧] 艇

n [˩˧] 捻用虎口掐

l [˩] 零十~个：十几个 [˩˧] 领衣~岭 [˥] □淘气 [˧] 靓

ts [˩] 净 [˥] 井一口~ [˧] 正才

ts^h [˥] 青~色

ȵ [˥] □乳房

ɬ [˥] 星腥 [˧˥] 醒 [˧] 鉎铁~：铁锈
s [˩] 成做~ 声出~
k [˥] 惊 [˧˥] 卷~起、试~颈 [˧] 镜
k^h [˥] 圈
ŋ [˧˥] 碾
h [˥] 轻
ø [˩] 羸

iɐŋ

ȵ [˥] 韧老的 [˩] 人仁 [˩˧] 忍
ø [˥] 恩因姻殷 [˩] 寅润闰匀孕 [˧˥] 隐 [˩˧] 引 [˧] 印

ieŋ

ȵ [˩] 研认仍迎
ø [˥] 应~该鹰鹦樱英婴缨 [˩] 蝇盈形型刑营萤 [˧˥] 影映 [˧] 应反~

iøŋ

ȵ [˩] 让 [˩˧] 釀壤仰痒
ø [˥] 央秧 [˩] 养阳疡样 [˩˧] 养

ioŋ

ȵ [˧˥] 拥 [˩˧] 勇
ø [˥] 翁雍 [˩] 荣绒熊融茸容庸溶用

ap

t [˧] 答搭 [˩] 沓
t^h [˧] 塔塌
n [˩] 纳
l [˩] 腊蜡立
ts [˧] 恰 [˩] 杂闸集习袭铡
ts^h [˧] 插
s [˩] 煠清水煮
k [˧] 鸽甲胛佮~钱：凑钱
ø [˧] 鸭

ɐp

t ［˩］踏□丢、扔、摔

tʰ ［˥］錔笔～：笔帽

n ［˥］粒凹□～nei[55]：蜻蜓

l ［˥］笠一～菜：一筐菜

ʦ ［˥］执汁

ʦʰ ［˥］缉

ɬ ［˥］□粗糙□眼～：困了

s ［˥］湿干～湿动物身上的肝 ［˩］十

k ［˥］急蛤青蛙 ［˩］及

kʰ ［˥］级吸扱按

ŋ ［˥］□梯～：台阶 ［˩］岌～头：点头

h ［˩］合盒匣

ip

t ［˩］碟蝶

tʰ ［˧］贴帖

n ［˧］摄～影孽 ［˩］聂

ʦ ［˧］接折

ʦʰ ［˧］妾

ȵ ［˩］业

s ［˩］涉

k ［˧］劫（新）涩

kʰ ［˧］劫（老）

h ［˩］胁协

ø ［˧］腌醃 ［˩］叶页

iap

t ［˥］□～嘴：咂嘴 ［˩］叠量词

tʰ ［˩］叠动词：～起来

ʦ ［˥］摄

ɬ ［˧］摄掖床单

s ［˧］霎～眼：眨眼

k ［˩］夹狭峡挟

iɐp

ø	[˩] 入				

it

p	[˧] 鳖必	[˩] 别			
pʰ	[˧] 撇				
m	[˩] 灭篾				
t	[˥] 啲这些、那些	[˧] 跌	[˩] 秩		
tʰ	[˧] 铁				
l	[˩] 猎列				
ts	[˧] 哲蜇浙折节	[˩] 截绝			
tsʰ	[˧] 彻切撤捷				
ȵ	[˩] 热月				
ɬ	[˧] 薛泄屑雪				
s	[˧] 设说	[˩] 蚀舌			
k	[˧] 结洁	[˩] 杰□稠			
kʰ	[˧] 揭竭蝎决缺				
h	[˧] 歇休息一会血				
ø	[˧] 乙	[˩] 悦阅越粤穴			

ut

p	[˧] 拨				
pʰ	[˧] 泼□搧扇子				
m	[˩] 末沫没				
f	[˧] 阔				
t	[˩] 夺				
tʰ	[˧] 脱				
l	[˥] □滑~~：滑溜溜	[˧] 捋劣			
kʰ	[˧] 括				
w	[˩] 活				

aʔ

p	[˧] 簸八百伯	[˩] 拔白			
pʰ	[˧] 泊柏拍魄				

m [˧] 抹□～口：张嘴 [˨˩] 袜脉①蜜

f [˧] 法发头～，～财 [˨˩] 乏罚

t [˨˩] 达笪晒谷用的竹席

t^h [˧] 遢

n [˧] 焫被火烫伤

l [˧] □酒烈 [˨˩] 辣邋簕植物上的刺

ts [˧] 扎窄责 [˨˩] 泽宅摘掷□涂抹甴甲～：蟑螂笮压

ts^h [˧] 擦察拆策册刷～子 [˨˩] 贼

ɬ [˧] 萨

s [˧] 杀刷牙～□下～：卖力

k [˧] 格革隔嗝打～

k^h [˨˩] □硬～～：硬邦邦

ŋ [˨˩] 额逆

h [˥] 吃 [˧] 客吓 [˨˩] 核～对

kw [˧] 刮□溢出

w [˥] 郁～闷 [˧] 挖齷～齪 [˨˩] 画滑猾或域获划计～

Ø [˥] 握□揿 [˧] 押压轭

ɐʔ

p [˥] 笔毕不北□～垃圾：铲垃圾

p^h [˥] 匹

m [˥] 擘掰开乜 [˨˩] 密物墨默麦脈

f [˥] 沸忽窟朏屎～：屁股 [˨˩] 佛～像

t [˥] 得德□鼻～：鼻涕□用东西塞住 [˨˩] 突凸特□木桩

n [˥] □饭～：饭黏□用食指掐

l [˥] 甩～仔：小产 [˨˩] 栗律率肋勒

ts [˥] 质卒猝则鲫侧窒樽～：瓶塞 [˨˩] 疾侄

ts^h [˥] 七漆出测

ɬ [˥] 捽膝戌蟀塞□曾孙 [˨˩] 术技～、白～述

s [˥] 虱失室 [˨˩] 实

k [˥] 吉橘□用刀或棍捅

k^h [˥] 咳橛砖～：断砖

① "袜、脉"二字读音不稳定，在单字音中读为maʔ^{21}，词汇中读为maʔ^{21}。

ŋ [˥] 呃骗 [˩] 啮啨
h [˥] 乞刻克黑 [˩] 瞎辖
kw [˥] 骨 [˩] 掘倔
kw^h [˥] 屈
w [˥] □~跤：摔跤 [˩] 核果~

ek

p [˥] 逼迫碧璧
p^h [˥] 僻辟
t [˥] 的滴□用肩膀顶 [˩] 敌
t^h [˥] 剔
l [˩] 力历经~、日~□~眼：瞪眼
ʦ [˥] 即织职积迹绩 [˩] 蛰直值殖植籍席酒~寂
$ʦ^h$ [˥] 斥戚
ɬ [˥] 悉恤息熄惜可~昔适释析
s [˥] 色识式饰 [˩] 食蚀
k [˥] 棘击激戟巴~ [˩] 极
w [˥] 疫役□~手：招手
ø [˥] 噎嗝

øʔ

t [˥] 剁 [˧] 啄
l [˩] 略
ʦ [˧] 雀鹊着~衫酌芍 [˩] 着~火
$ʦ^h$ [˧] 焯桌卓
ɬ [˧] 削
k [˧] 脚
k^h [˧] 却

ok

p [˥] 卜 [˩] □蚊虫叮的包
m [˩] 木目牧
f [˥] 福幅复覆 [˩] 斛服伏
t [˥] 督豖用刀或棍捅□碗~：碗底□一~尿：一泡尿 [˩] 独读毒

t^h [˥] 秃

n [˥] □蛤～：蝌蚪

l [˥] 睩转眼珠子辘 [˩] 鹿禄六陆绿录□猪～：猪圈

ts [˥] 竹祝粥足烛嘱蜀 [˩] 浊族逐续

ts^h [˥] 筑畜蓄促触束

ɬ [˥] 馊肃缩粟宿 [˩] 俗

s [˥] 叔 [˩] 熟淑赎属

k [˥] 谷稻～、山～ [˩] 局焗

k^h [˥] 菊曲～折

h [˥] 哭

ø [˥] 屋

ɔʔ

p [˥] □鱼～：鱼鳔 [˧] 博驳 [˩] 薄雹泊缚①量词：束、把

p^h [˧] 朴

m [˧] 幕剥 [˩] 莫

f [˩] 缚～柴：捆柴

t [˩] 度～菜：择菜

t^h [˧] 托

n [˧] 诺

l [˩] 落乐快～

ts [˧] 作捉 [˩] 凿

ts^h [˧] 戳龊龌～

ɬ [˧] 索

s [˧] 啜

k [˧] 割葛各搁郭廓角国

k^h [˥] □敲，用指关节 [˧] 霍藿觉确

ŋ [˩] 鳄岳乐音～

h [˧] 渴呵～斥壳 [˩] 鹤学

w [˩] 镬

ø [˧] 恶

---

① “缚”有两种读音，一种是用作量词时读为 pɔʔ²¹，另一种是用作动词时读为 fɔʔ²¹。

iaʔ

p [˧] 壁

pʰ [˧] 劈擗

t [˧] □驱赶　　[˩] 笛糴

tʰ [˧] 踢

l [˥] 呖厉害　　[˧] 裂　　[˩] 埅□追

ʦ [˥] □ʦi⁵⁵～：蟋蟀　　[˧] 脊只炙　　[˩] 席草～

ʦʰ [˧] 赤尺

ɬ [˧] 锡

s [˧] 惜悭～佬：吝啬的人　　[˩] 石

k [˩] 剧

kʰ [˥] 橛量词：段　　[˧] □～饭：减饭　　[˩] 屐

ø [˧] 粇糯米做的点心□油变味

iɐʔ

ȵ [˩] 日

ø [˥] 一　　[˩] 逸

iek

ø [˥] 忆亿益　　[˩] 曰翼亦易液

iøʔ

ȵ [˩] 弱虐

ø [˩] 若药育　　[˧] 约跃

iok

ȵ [˥] 嘟动　　[˩] 肉玉狱

ø [˥] 沃郁忧～　　[˩] 辱欲浴

m̩

[˩] 唔

ŋ̍

[˩] 吴蜈误娱　　[˩˧] 五午

第九节 论粤方言 i、u 介音韵母

——由粤西方言说起

一、广州话音系的介音有无之争

众所周知，粤方言研究者传统上倾向于将广州话音系定义为无介音的语音系统。黄锡凌（1941 年）、岑麒祥（1946 年）均通过增设圆唇舌根声母 kw-、k^hw-①以及带浊擦的半元音声母 j、w- 以达到取消广州话韵母系统中 i、u 介音之目的。此后，诸多方言专著，如袁家骅等（1960 年）、高华年（1980 年）、詹伯慧（1985 年）、李新魁（1994 年）、李新魁与黄家教等（1995 年）、詹伯慧等（1991 年、2002 年）描写广州音系的著述皆以此为本。而詹伯慧、张日升（1987 年、1990 年）虽然承认广州话"没有介音 i、u 而有半元音性的浊擦音声母 j-、w-，与此同时，有圆唇化的声母 kw- 和 k^hw-"。但为了各地粤方言"比较上的方便，对这类特殊声母在标音上作了特殊的处理，kw-、k^hw- 不列入声母表中，仍以 k-、k^h- 加 u 来表示"。声母 j-、w- 也放在括弧中，后接带 i、u 介音的韵母。② 可见，在粤方言的横向比较中，他们亦发现广州话与其他各地粤方言存在一定的矛盾。

在众多的汉语方言中，为何唯独取消广州话韵母系统中的介音？黄家教（1964 年）认为："从音色的特质和音的组合情况来看，广州话的 i-、u- 与汉语一般的介音不大相同，这就是我们说广州话无介音的基本论据。"具体而言，从音质上讲，广州话的 j-、w- 具半元音性质，而普通话的 i、u 介音则是元音与半元音两可。而且，广州话的 w 还有个唇齿半元音的变体 ʋ，如瓜 $kʋa^{55}$、夸 $kʋ^ha^{55}$、娃 $ʋa^{55}$，发音时嘴唇并不呈圆形，而是相当展唇。所以这套音更确切地应当称为"唇化音"，包括圆唇化和唇齿化两种变体。此外，就组合关系来看，广州话的 j 前面不再出现其他声母，w 要么也是这样，要么只跟 k、k^h 结合。若从近郊以及粤方言的一些次方言的情况来看，早期的粤方言并非如此，广州话的确是粤方言介音逐步消失过程中的一站。从理论上来说，在一定条件下，介音转化为声母并非不可能。就广州话的 j 而言，转化的条件是具备的，因为它

① 早期文献中，圆唇舌根声母常写作 kw-、k‘w-，现为排版之便，统一将送气符号改为 ^{h}。

② 参见詹伯慧、张日升主编《珠江三角洲方言综述》，广东人民出版社 1990 年版，第 6 页。

前面不再出现辅音声母，它本身实际上已起着声母的作用。w 则未走到这一步；但 w 只跟舌根音结合是符合这个音的特质的，kw-、kw^h- 可以视为双发音部位音。①

早对无介音说提出异议的有李荣（1983 年）和施其生（1991 年），李荣认为，广州话介音与北京话无别，之所以不列，主要是组合方式不同，且出于减省韵母数目的需要。施其生则联系广州近郊的音系，认为广州话是粤方言介音从有到无发展过程中的一个环节，介音尚未完全消失。在第十届国际粤方言研讨会上，黄伯荣的《从阳江话音变说到声韵的描写》和伍巍、王媛媛的《广州音系舌根声母 kw、k^hw 讨论》也专门就无介音说提出了反驳。支持介音说的理由主要是：粤语次方言中确实存在 i、u 介音；广州话的 j- 与其他方言的零声母 i 介音韵母无别，广州话的 w-、kw-、k^hw- 和其他方言的 u 介音韵母亦无别。如果出于方言之间的横向比较和寻求方言与古音对应规律的需要，将广州话处理为带 i、u 介音的音系似乎更合理些。

事实上，有介音和无介音说并无本质的区别，正如麦耘（2005 年）在会议的讨论中所言：无介音说可以更好地体现粤方言音系的特殊性；而有介音说则体现汉语方言的一致性和与古音对应的整齐性，方便不同方言间的比较。

二、粤西粤语音系中的介音

如前所述，粤语次方言中的确存在 i、u 介音，不能像广州话一样取消介音。粤西高雷片粤语具有典型性，笔者在撰写《粤西茂名地区粤方言语音特点综论》一文时，对于是否设立介音亦颇费斟酌。当时笔者是这样处理的：像广州话一样设立 kw-、kw^h-、w-、j- 四个声母，取消 u 介音，但保留 i 介音，而舌面声母 j-、ȵ-②后面则不带 i 介音韵母。原文如下：

茂名各县市粤方言声母数量一致，均为 22 个（包括零声母）。与广州话一样，都存在舌根唇化声母 kw、kw^h 和唇化半元音（ʋ 或 w）而没有 u 介音，虽然音系处理时可去掉 kw、kw^h 声母而保留韵母的 u 介音。但不这样做的原因，一是舌根声母的唇化色彩的确比较明显，有些方言甚至进一步演化为唇齿化的 kʋ、$kʋ^h$；二是从音系结构上使之保持与其他粤语尤其是广州话的对应。然而与此不对称的是，茂名各地粤语不能像广州话一样通过设立半元音 j 而合并 i 介音，原因是除了舌面声母 ȵ 和 j 外，还有少数 i 介音韵母分布在其他辅音声母后

① 参见李新魁、黄家教等《广州方言研究》，广东人民出版社 1995 年版，第 42、43 页。此书将早期的 kw-、k^hw-记作 kw-、kw^h-，从这细微变化中亦可见作者更倾向于把 w 看作声母成分而非介音。

② 粤西粤语普遍有两个舌面声母，即 j-和 ȵ-。

的情况，不能省略。如“窍”［$k^{h}iau^{33}$］（高州），“章”［$tʃiaŋ^{55}$］（电白）。①

这样的音系处理看起来似乎不伦不类，游移于介音说和无介音说之间。这并非笔者故弄玄虚，其目的就是既要体现粤语次方言有介音的事实，同时也要揭示整个粤方言在介音问题上的内在一致性。至于具体音系究竟怎样处理和描写，可以各执已见，并不会影响方言语音的本质特征。

三、从粤西粤语看粤方言的 u 介音韵母

从粤西粤语扩展到各地粤方言中的 u 介音韵母②，我们不难发现，它们都有以下非常一致的两个特点：

1. 从音色特质来看，各地粤方言的 u 介音在舌根声母后更多地融合到声母发音中去而不是作为一个清晰的介音元音存在，u 发音又轻又短，与声母的结合很紧凑，甚至出现 kw- 与圆唇元音相拼时，w 的音色被后面的圆唇元音吞没而把“光” kwɔŋ 读同“刚” kɔŋ 的情况。不少的次方言还出现由于半元音 w 唇化色彩明显而令 kw-、kw^{h}- 读作唇齿化的 kʋ-、$kʋ^{h}$-，令零声母的 w- 读作唇齿化的 ʋ- 的情形。“正因为广州话的 w 主要是表声母的圆唇作用，一般都不把它看成是介音。”③

2. 几乎所有的粤方言中，u 介音韵母只出现在舌根塞音声母和零声母后面，亦即 kw-、kw^{h}-、w- 这三种有限的语音环境中④，与汉语其他方言里 u 介音韵母可灵活出现在各类声母后面的情况大相径庭。其中，比较特殊的是粤西和广西勾漏片粤语，“以 ɔ 为主元音的韵母 ɔi、ɔn、ɔt、ɔŋ、ɔk 在与辅音声母结合时带有过渡音 u，从过渡音 u 至主元音 ɔ 具有一定的动程，且主元音舌位略高于 ɔ。如该 $k^{u}ɔi^{55}$，荡 $t^{u}ɔŋ^{31}$。但 ɔŋ、ɔk 两韵中唇化舌根声母与非唇化舌根声母仍存在对立。如冈 $k^{u}ɔŋ^{55}$ ≠ 光 $kw^{u}ɔŋ^{55}$、角 $k^{u}ɔk^{33}$ ≠ 郭 $kw^{u}ɔk^{33}$”。⑤ 虽然有人将此过渡音 u 处理为介音，但笔者并不赞同：从音色讲，它是发音由开始至主元音 ɔ 过程中衍生出来的过渡音，其音色更接近 ʊ 或 o，从 ʊ/o 到 ɔ 形成一个逐渐张开的过程；从来源看，它出现在古开口洪音中，本身不该带 u 介音。更关键的是，来自古开口和合口洪音的字可构成对立，如冈 $k^{u}ɔŋ^{55}$ ≠ 光 $kw^{u}ɔŋ^{55}$、角

---

① 邵慧君：《粤西茂名地区粤方言语音特点综论》，《华南师范大学学报》（社会科学版）2007 年第 1 期。

② 为方便称说，暂且将 w－、kw－、kw^{h} 声母后的韵母一并叫作 u 介音韵母。

③ 李新魁：《广东的方言》，广东人民出版社 1994 年版，第 72 页。

④ 四邑的开平（赤坎）、恩平（牛江）、粤北连山（布田）和粤西封开（南丰）粤语有个别 u 介音韵母出现在其他辅音声母后，待查。

⑤ 邵慧君：《粤西茂名地区粤方言语音特点综论》，《华南师范大学学报》（社会科学版）2007 年第 1 期。原文中“过渡音”写作“流音”，为避免误解为鼻、边音之类，今一律改作“过渡音”。

$k^uɔk^{33}$ ≠ 郭 $kw^uɔk^{33}$。因此，将它视作从声母过渡到圆唇主元音的衍音更为合适。

无独有偶，粤方言中 u 介音韵母的分布环境与广东境内的多数客家方言，尤其是主流客方言①基本相同。客家方言不设 kw-、kw^h-、w- 声母而只有 u 介音韵母，几乎所有 u 介音韵母出现的语音环境都与粤方言一样，仅限于零声母和 k-、k^h- 后面。从目前材料看，唯粤西信宜思贺、钱排和高州新垌的客话中有个别 u 介音韵母出现在其他辅音声母后。不过，调查者亦认为这些 u 介音发音较松，近似 o，详细情况尚待进一步确证。②

综上所述，我们可以清楚地看到：粤方言中的 u 介音韵母所出现的语音环境非常受限制，u 介音韵母在韵母系统中并不发达。并且，u 介音的元音色彩不清晰，更多的是附着在辅音声母的发音上，令辅音带有圆唇甚或唇齿色彩；若前面没有辅音声母，就增加浊音摩擦，变成半元音性的声母。可以这样说，粤方言不论是中心方言还是次方言，其 u 介音韵母中的所谓介音在音色清晰度和语音分布环境上均相当弱势，而这些特点又与广东客家方言有异曲同工之妙。

四、从粤西粤语看粤方言的 i 介音韵母

1. 粤语次方言中最能支持介音说的主要是 i 介音韵母，从广州近郊到珠三角、粤中、粤西、粤北甚至广西，i 介音韵母均有广泛分布。下面以粤西茂名粤语为例试作分析。

茂名各地韵母系统普遍存在介音不平衡的情况：u 介音可以通过设立圆唇声母而省略，而 i 介音则无法通过设立舌面半元音来省略。不过，这并不能改变 i 介音相对弱势的事实：一是这些韵母分布和数量均非常有限，主要出现于中古效、咸、山、宕、梗诸摄开口细韵中，除宕摄外，其他各摄所含字数很少，只有个别白读音；二是 i 介音的音色不稳定，除典型的 i 介音外，还有一个略低于 i 的变体 e 介音，且部分字读音已出现向 ɛ 系列韵母靠拢的趋势；三是在相同韵摄的条件下，若同时存在 i（e）介音韵母与非 i（e）介音韵母的情况，则前者主要出现于少数口语字或白读音，这也昭示了 i（e）介音已渐趋消失。例如：

	屌男阴	点	夹	片	裂	娘	脚	靓	踢
广州	另字	tim^{35}	$kɛp^{22}_{(口)}$	p^hin^{33}	lit^{22}	$nœŋ^{22}$	$kœk^{33}$	$lɛŋ^{33}$	$t^hɛk^{33}$
高州	$tiau^{55}$	$teɐm^{35}_{(老)}$	$keɐp^{22}$	$p^hiɛn^{33}$	$liɛt^{22}$	$nœŋ^{11}$	$kœk^{33}$	$leɐŋ^{33}$	$t^heɐk^{33}$
茂名	$tiau^{55}$	$teɐm^{35}_{(口)}$	$keɐp^{22}$	$p^heɐn^{33}$	$leɐt^{22}$	<u>$neɐŋ^{55}$</u>	$ʁeɐk^{33}$	$leɐŋ^{33}$	t^hek^{55}

① 所谓主流客方言，是指纯客地区的客话，如粤东北的梅州地区和粤北韶关地区的客话。

② 参见李如龙等《粤西客家方言调查报告》，暨南大学出版社 1999 年版。

电白	另字	tiɐm$^{35}_{(口)}$	kiɐp^{33}	pʰiɛn^{33}	liɛt^{22}	niaŋ^{11}	kiak^{33}	liaŋ^{33}	tʰek^{55}
信宜	另字	teɐm^{35}	keɐp^{22}	pʰen^{22}	let^{22}	neɐŋ^{23}	keɐk^{33}	leɐŋ^{33}	tʰek^{55}
化州	ɗiau^{53}	ɗim^{35}	kʰiɐp^{22}	pʰ iɛn^{33}	lⁱɛt^{22}	niaŋ	kiak	另字	tʰek^{55}

在《茂名市志》第二十五编第一章《方言》中，上述韵母分别记作 iau、iam、iap、ian、iat、iaŋ、iak、ik，笔者经核实并与周边方言点比较后改作 iau、eɐm、eɐp、eɐn、eɐt、eɐŋ、eɐk、ek；《信宜方言志》中上述韵母分别记作 ɛm、ɛp、ɛn、ɛt、ɛŋ、ɛk、ek，笔者斟酌后亦改为 eɐm、eɐp、en、et、eɐŋ、eɐk、ek。另外，上例所列化州为笔者记录的化州上江话；根据《化州粤语概说》，化州下江话此系列韵母分别为 ɛm、ɛp、ɛn、ɛt、ɛŋ、ɛk、ik。①

2. 粤语其他次方言也存在丰富的 i 介音韵母，从粤西粤语扩展至所有粤语去考察，我们发现各地的 i 介音韵母都有一些共同之处值得注意。

首先是 i 介音韵母的韵摄分布。粤方言中 i 介音韵母有两种情况：一种是像广州话一样，只出现于零声母后，音节开头的 i 因带有浊音摩擦而成为半元音性的声母 j-（类似于 u 介音之成为 w- 声母），这个 i 严格来讲并非元音性的介音。粤西一带除了零声母，另有一个舌面鼻音声母 ȵ-，其后同样不带元音性的介音 i（或者说 i 的音色几乎被舌面声母 ȵ- 吞食），可以比照广州话一并处理为开口呼韵母，如任 ȵɐm、入 jɐp。当然，若考虑与中古音和方言之间的对应规律，可记作 ȵ（i）ɐm 和 j（i）ɐp。另一种则是分布在除舌面声母（j-、ȵ-）以外的 i 介音，这个 i 介音由于前面有辅音声母而绝对不能省略。但是，它们出现的韵摄环境在各地粤方言中却非常一致，即主要是中古主元音为低元音的韵摄——假、宕摄开口三等以及效、咸、山、梗摄开口三、四等，大致属中古外转系列韵的开口细韵。除了假开三等以及收 -ŋ/-k 尾的宕开三等和梗开三、四等的白读字②较多较整齐外，其他韵摄仅限于少数口语常用字。

其次是 i 介音音色的消变。为什么各地粤方言在 u 介音韵母上出奇一致（虽然各家处理音系不同，本质上无大别），而在 i 介音韵母上却无法达成一致呢？关键在于 i 介音的进一步消变有所不同而已：有些方言 i 介音韵母尚保持最原始的面貌，有些则已处于消变过程之中，还有的已演变至可取消的地步。关于 i 介音韵母的演变过程有多种解释。李新魁将此总结为两种情形：①i 介音主元音化，典型的如 iɛu→ieu→iᵉu→iu. ②i 介音的失落，典型的如 ia→iɛ→ⁱɛ→

① 邵慧君：《粤西茂名地区粤方言语音特点综论》，《华南师范大学学报》（社会科学版）2007 年第 1 期。

② 茂名各地粤语梗摄开口三、四等字基本没有文白异读（广州话该批字文读为 eŋ、ek，白读为 ɛŋ、ɛk），因此梗摄开口三、四等读 eŋ、ek 为多，宕开三等则多为 iaŋ、iak。

ε，iaŋ→iεŋ→ⁱεŋ→εŋ；当主元音是圆唇元音时，则如 iɔŋ→yɔŋ→ʸɔŋ→œŋ。①

对此，侍建国曾提出异议："关于音节主元音在历史演变中弱化以至消失的观点值得商榷。汉语韵母的结构成分从中古以来就一直划分为介音、韵腹、韵尾三个组成部分，其中韵腹是音节的必要成分。根据现代广州话的音节结构，可以说中古的介音在广州话的历史演变过程中逐渐消失了，因为介音不是音节的必要成分。但韵腹（或者主元音）却是音节的必要成分，说这样的结构成分弱化并消失，在音理上无法解释。"他这样解释上文的情形："一方面，它代表两个音变：［i］介音的弱化消失和韵腹元音［e］舌位升高，而且两个音变的结果正好重合。另一方面，在音变次序上，主元音的升高（由介音引起）在先，［i］介音的弱化消失在后，即由前一音变（主元音升高）引发后一音变（介音弱化消失）。"②

3. 根据粤西的方言调查，笔者倾向于认为这是由于高元音介音 i 与低元音主元音 a、ɒ（根据中古音构拟的主元音音值）之间发音距离太远，因此在彼此靠近、协调发音过程中导致介音的逐渐消失和主元音的高化。笔者在文中特意记成 eɐŋ、eɐk 之类，目的就是想说明 i 介音韵母消变过程中，除了主元音要与介音协调高化外，还有介音本身为了适应主元音而发生低化（iaŋ→eɐŋ③→εŋ，iɒŋ→eɔŋ→œŋ）的现象，并最终与低元音融合为单元音 ε 或 œ。其模拟公式为：

声母 +（介音）+ a/ɒ（低元音）+ 韵尾→声母 + ε/œ + 韵尾

五、粤方言介音与古音介音问题的综合考察

1. 以往研究粤方言介音的学者多认为粤方言韵母系统中首先产生了完整的 i、u 介音系统，后来才逐渐消失的。如王力（1985 年）在谈到粤方言的圆唇舌根声母时曾说："这一类字原来是合口呼的字，带来韵头［u］。由于舌根音声母［k］、［kʰ］发音部位和韵头［u］发音部位相同，而且［u］是圆唇元音，所以［k］、［kʰ］受［u］的影响也圆唇化了。［k］、［kʰ］圆唇化以后，韵头［u］也就消失了。"④ 麦耘（1999 年）也说："笔者同意早期粤方言有介音并与中古汉语的介音系统有对应关系；后来的发展是介音趋于消失，而广州话是粤方言中介音消失得比较快的一支。"⑤ 这种观点的出发点是看到广州话与中古音之间整齐的对应关系，因而拿中古音系的介音系统套用到广州话的音系结构上。

---

① 李新魁：《广东的方言》，广东人民出版社 1994 年版，第 151～159 页。

② 侍建国：《从广东境内 i 介音分布看近代粤语音变》，《语言研究》2002 年第 3 期。

③ e 介音在四邑粤语中也有，详见甘于恩《广东四邑方言语法研究》第二章"四邑方言声韵调"博士学位论文，暨南大学（未刊），2002 年。

④ 王力：《汉语语音史》，中国社会科学出版社 1985 年版，第 560 页。

⑤ 麦耘：《广州话介音问题商榷》，《中山大学学报》（社会科学版）1999 年第 4 期。

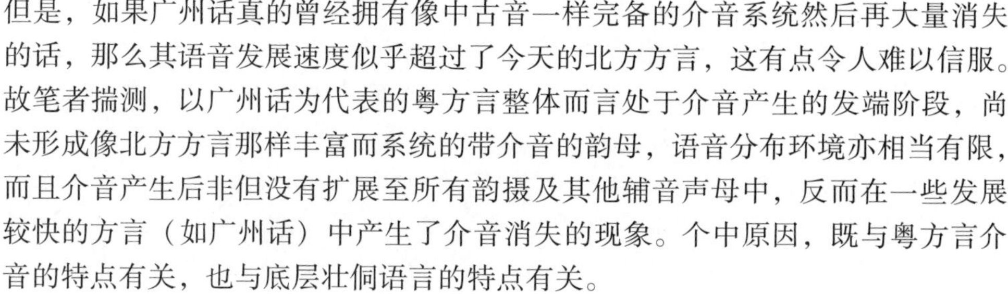

但是，如果广州话真的曾经拥有像中古音一样完备的介音系统然后再大量消失的话，那么其语音发展速度似乎超过了今天的北方方言，这有点令人难以信服。故笔者揣测，以广州话为代表的粤方言整体而言处于介音产生的发端阶段，尚未形成像北方方言那样丰富而系统的带介音的韵母，语音分布环境亦相当有限，而且介音产生后非但没有扩展至所有韵摄及其他辅音声母中，反而在一些发展较快的方言（如广州话）中产生了介音消失的现象。个中原因，既与粤方言介音的特点有关，也与底层壮侗语言的特点有关。

2. 早期的上古音构拟其韵母系统非常复杂，光介音就有三四个。随着上古音研究材料的不断增多，研究手段的不断更新，对汉语古音的认识也不断深入和发展，汉语古音问题被扩展至汉藏语系亲属语言之间甚至汉藏语系与其他语系之间比较研究的广阔视野中来考察。关于上古音的声韵系统，现在比较一致的看法是：有复辅音声母，而且分为前加式和后加式，性质不同；声母后加的垫音有 j、w、r、l 4 种（由有古文字的藏文、缅文、泰文、傣文可见）。韵母系统比较简单，没有任何元音性的介音，元音性介音都是后起的。[①] 显然，上古音系中尚未产生元音介音，那么中古的 i、u 介音又是如何产生的呢？

（1）关于 u 介音起源的问题。雅洪托夫（1960 年）认为，上古不存在 u 介音，后来凡舌根声母后的 u 介音其实来自于圆唇舌根声母，舌齿音声母后的 u 介音来自圆唇主元音，之后圆唇主元音分裂复化为 u 介音韵母。[②] 20 世纪六七十年代，蒲立本、李方桂构拟古音声母时就另外构拟了一套圆唇化的牙喉音，并且限定早期汉语中后垫音 w 仅在牙喉系列声母。李新魁亦认为，粤语保留了中古前的这种圆唇化声母，粤方言中的元音性 u 介音尚未出现[③]，而不是像王力（1985 年）所言："由于舌根音声母［k］、［k^h］发音部位和韵头［u］发音部位相同，而且［u］是圆唇元音，所以［k］、［k^h］受［u］的影响也圆唇化了。［k］、［k^h］圆唇化以后，韵头［u］也就消失了。"本节前面也提到，这种现象不仅粤方言有，广东另一大方言客家方言同样存在，甚至不少汉语南方方言都有类似的情况，如吴语、赣语、湘语等。若方言材料确凿无误，那么似乎印证了这样一个假设——元音性 u 介音的出现在某些南方方言中非常滞后。

（2）关于 i 介音起源的问题。粤方言的 i 介音韵母，无论从分布范围还是从语音形式上都要比 u 介音韵母复杂。从各地粤方言的 i 介音音色来看，似乎

---

① 参见郑张尚芳《上古音研究的新近动态》，《温州师范学院学报》2000 年第 4 期；《上古音系》，上海教育出版社 2003 年版。

② 参见谢·叶·雅洪托夫《汉语史论集》（《上古汉语的唇化元音》），北京大学出版社 1986 年版，第 53 ~ 77 页。

③ 参见李新魁《广东的方言》，广东人民出版社 1994 年版，第 151 页。

也不是十分清晰，例如，粤西粤语中，有时 i 介音显现为低化的 e；有时 i 介音与后面的主元音结合很紧，仅稍微感觉到舌位由高至低的动程而已；还有的 i 介音融入主元音中，倾向 ɛ（或 œ）的音色。李新魁（1994 年）也提到，广州北郊白云区的村镇，i 介音常常似有似无，即使同一发音人，也是一下子有一下子又没有的。关于粤语中 i 介音的来源，李新魁认为是由上古的舌面化声母促生而来，即后带垫音 j 的辅音声母。[①] 不过，郑张尚芳（2003 年）认为，“垫音 j 属于辅音成分，与中古三等介音 i 不是一回事”，凡带垫音 j 的上古声母，不管舌音、牙喉音、唇音，大多数到中古都腭化变为章组，因此带垫音 j 的辅音声母实际关涉的是古音声母的腭化问题。[②]

现代古音学者通过大量的汉语内部以及汉语和亲属语之间的对比研究发现：上古没有介音，《切韵》时代腭介音产生还不久，从汉语与南部其他语言（泰语、壮语、汉越语）的材料看，三等字带介音的不多，主要在鱼、阳、药三韵，而这三韵的主元音古音均为低元音。[③] 这与各地粤方言中的 i 介音分布极其相似，即主元音为低元音的韵摄。因此，笔者臆测粤方言中 i 介音可能只是处于产生发端阶段，并未像北方汉语一样充分发展到其他主元音的韵摄。关于三等 i 介音在南北汉语方言中发展的不平衡，郑张尚芳早在 1996 年就指出：三等介音的增生最初只见于北方，唐释玄应《一切经音义》有时兼记南北音，常常北音为三等，南音为一、二、四等，如晒：北土霜智反，江南所隘反。髯：江南而甘反，关中如廉反。[④]

由此看来，南方粤方言中元音性 i 介音发展不仅比北方汉语滞后，而且其产生后似乎就停滞不前了，并没有再充分衍生到其他韵摄中去，甚至还发生像广州话那样介音脱落与主要元音融合或者直接成为带浊音摩擦的半元音声母j-的现象；粤西粤语甚至还将 i- 介音融入舌面鼻音声母 ȵ- 中。

六、粤方言介音与少数民族语介音问题的综合考察

究竟是什么原因阻滞了粤方言 i、u 介音的产生与发展，恐怕与其底层语言环境壮侗语有一定的关系。现代侗台语族（也称“壮侗语族”）大都没有介音，以高元音 i、u、ɯ 起头的音节，i、u、ɯ 是主元音而非介音[⑤]，与广州话 iu、ui

---

① 参见李新魁：《广东的方言》，广东人民出版社 1994 年版，第 150 页。

② 郑张尚芳：《上古音系》，上海教育出版社 2003 年版，第 124 页。

③ 参见潘悟云《汉语历史音韵学》，上海教育出版社 2000 年版，第 142 ~ 146 页。

④ 郑张尚芳《汉语介音的来源分析》，《语言研究》1996 年增刊；转引自潘悟云：《汉语历史音韵学》，上海教育出版社 2000 年版，第 143 页。

⑤ 参见马学良、罗季光《我国汉藏语系语言元音的长短》，《中国语文》1962 年第 5 期；转引自郑张尚芳《上古音研究的新近动态》，《温州师范学院学报》2000 年第 4 期。

韵母性质相同。从现代侗台语族语音的共同特征来看，我们发现它与现代粤方言的语音结构非常相似：①声母简单，韵母复杂，音节带声调，声韵调之间有相互制约的关系；②侗台语许多语言有带喉塞音的浊塞音声母 ʔb、ʔd，水语和毛南语有带轻微鼻冠的塞音声母，它们多半与单数调相配（即与汉语的清声母对应）；③缺少韵头 i、u、y，但大部分有腭化声母和唇化声母；④韵母有复杂的韵尾，（元音韵尾和辅音韵尾），辅音韵尾基本都有双唇、舌尖和舌根部位的鼻音和塞音；⑤元音分长短，其中黎语长短元音最全，低元音 a 分长短最常见；⑥声调分舒促两类，促声调调值和舒声调调值相同；部分语言促声调因元音长短而调值有所不同。[①] 正因为这种相似性，我们可以想象粤方言介音系统发展的局限很可能是受到了底层侗台语语音特征的影响。

尽管侗台语和汉语粤方言有着许多相近之处，然而自 20 世纪 40 年代白保罗起，就不断有学者怀疑汉—台语之间存在亲属关系，因为汉台诸语言之间几乎找不到同源词。马学良（1991 年）认为，汉—台语之间的相同特征往往是后期表面的“类型特征”，而不是亲属语言间本质的“谱系特征”。[②] 当然，也有人怀疑这只限于晚期的事实，若追溯到上古，仍可发现两种语言之间的某种联系。姑且不论汉—台语在远古或近古某个时期是否存在亲属关系，光是凭借现代侗台语与汉语粤方言之间从语音系统到词汇甚至语法结构等诸多的相似性，我们就无法否认这两种语言存在长期密切接触的历史事实，就有理由相信粤方言是一种很特殊的汉语方言，它是底层的南方少数民族语在汉语的长期侵蚀、浸润下逐渐蜕化其原始面貌而嬗变为一种汉语方言的。这种现象正如桥本万太郎所说的“农耕民型语言”，原先并不相同的语言逐渐被文明中心地的语言同化。[③] 而汉语南方方言去土著化的时间可能比我们想象的要晚得多，底层语对汉语的逆向能动性也比我们想象的要大得多，以至于使粤方言看起来更像是混合语。粤方言介音的不发达或许正体现出其原始面貌。

综上所述，各地粤方言虽然有表现形式不同的介音模式，但若从深层挖掘其音色特征和分布的语音环境，仍可以找到它们之间存在的内在联系，这些内在联系正好体现了粤方言介音韵母的特殊性及其演变的阶段性。参照汉语史介音产生的研究，我们推测粤方言处于介音发端期并停滞不前，并未进入类似北方方言的介音完备期，其原因可能与粤方言地处岭南侗台语文化圈有一定关系。

---

① 参见中央民族学院少数民族语言研究所《中国少数民族语言》，四川民族出版社 1987 年版，第 266～267 页；陈其光：《中国语文概要》，中央民族学院出版社 1990 年版，第 79～83 页。

② 参见马学良主编《汉藏语概论》，北京大学出版社 1991 年版，第 900 页。

③ 参见桥本万太郎《语言地理类型学》，余志鸿译，北京大学出版社 1985 年版，第 22 页。

第十节　论粤语“吴化片”语音的一致性和差异性

——兼与周边方言比较

一、粤语吴化片概念的提出与界定

粤语吴化片概念的提出，最早见于熊正辉 1987 年文：“广东的粤语可以分为广府片、四邑片、高阳片、勾漏片、吴化片等五片。画分（划分，下同，不再标注）广东粤语的片，首先是看古全浊声母字今读塞音塞擦音时的送气情况。勾漏片一般都不送气。吴化片一般都送气。广府、四邑、高阳三片一般今读阳平阳上的字送气，今读阳去阳入的字不送气。根据这一条语音特点，可以把勾漏片和吴化片画分出来。画分广府、四邑、高阳三片，先看古透母字今是否读［h］声母。四邑片一般读［h］，广府片、高阳片一般不读［h］。根据这一条，可以把四邑片画分出来。画分广府、高阳两片则根据古心母字今是否读［ɬ］声母。高阳片一般读［ɬ］，广府片一般不读［ɬ］。”① 该文没有具体界定吴化片的范围，只是模糊指出：“高阳片分布在阳江、阳春、高州、茂名、信宜、廉江、湛江、化州、吴川等九个市县境内，人口五百二十多万人。吴化片分布在吴川、化州、湛江等三个市县境内，人口约一百万人。”②

何科根 1997 年文将吴化片粤语分布地域具体化：“所谓吴化片，具体指广东粤西鉴江中下游地区，该区通行粤语，人口 10 万左右。片内又可分为两个区域：一是吴川县南部、西部地区（下称吴阳片），含吴阳、塘尾、樟铺、振文、板桥、塘㙍、黄坡等区。……吴阳话系该片的代表，俗称吴川话。一是化州县下江片（又称化南），含同庆、长岐、杨梅等区，所操粤语称下江话。”③ 伍巍 2007 年、2008 年亦基本沿用此观点，指出吴化片包括湛江市坡头区南三、乾塘诸乡镇，吴川市黄坡、中山、吴阳、塘㙍诸乡镇，化州市同庆、长岐、杨梅、良光、笪桥诸镇，使用人口 128 万。④

---

① 熊正辉：《广东方言的分区》，《方言》1987 年第 3 期。

② 熊正辉：《广东方言的分区》，《方言》1987 年第 3 期。

③ 何科根：《吴化片粤语的语音特点》，《语文研究》1997 年第 3 期。

④ 参见伍巍《粤语》，《方言》2007 年第 2 期（该文说明吴化片的有关材料由陈云龙、李健先生提供）；伍魏、詹伯慧《广东省的汉语方言》，《方言》2008 年第 2 期。

不过也有不少粤方言论著中并不设吴化片。例如，李新魁《广东的方言》将广东粤语分为广府、高廉、罗广、四邑 4 片[①]；詹伯慧主编《广东粤方言概要》则分五片："1. 粤海片：又称'广府片'，主要分布在以广州为中心的珠江三角洲、粤中以及粤北部分地区。2. 四邑片：主要分布在台山、开平、恩平、新会四邑以及邻近的斗门县（属珠海市）、江门市。3. 高雷片：主要分布在粤西南茂名市、湛江市所辖各县（市）。……这一片的粤方言各地大同小异，尚未形成具有权威性的代表点。4. 莞宝片：分布在珠江口东岸东莞市及深圳市的宝安区沿珠江一带。5. 香山片：通行于珠江口西岸的中山市、珠海市（不包括属四邑片的斗门话）。……此外，粤西南阳江、阳春等地的'两阳粤语'与高雷片粤语地理上相毗邻，但语言特色自成一格，跟高雷粤语有相当距离，一般把两阳粤语笼统归入粤语的'高雷片'，或称'高阳片'。我们在后面第三章介绍广东粤方言的差异时，从语言实际出发，将两阳粤语与广州话的差异单列一节加以叙述。"[②]

对吴化片直接提出质疑的是张双庆、庄初升（2008 年），他们将广东粤语分为广府、四邑、两阳、高化、勾漏 5 片，其质疑吴化独立成片的理由是："①真正属于上述'一般都送气'的是吴川土白话，如吴阳话；而根据李健《化州粤语概说》，化州粤语并非古全浊声母字今读塞音塞擦音时一般都送气，而是並、定母多有今读不送气的表现。②吴川、化州、湛江的粤语分属于两片缺乏事实依据，李健（1996 年）明确指出：'鉴江源出粤西信宜市北部山区，南流经信宜、高州、化州、吴川四市入海。……整个流域粤语不但极为相似，而且南北渐变的痕迹也十分明显'。"[③] 此外，该文还提出应独立"两阳片"，认为两阳片不仅语言特色自成一格（据《广东粤方言概要》），"特别是考虑漠阳江流域不单在地理上是相对独立的小单元，而且在两宋的行政区划上属于南恩州，因此我们还是倾向于把两阳的粤语独立画分为一片，称为'两阳片'；信宜、高州以南、以西的粤语主要分布在旧高州、化州辖域内，通称为'高化片'"[④]。

此外，广西学者韦树关曾主张将粤西的吴川、化州粤语与广西的勾漏片粤语划成一片：广西勾漏话及广东四邑话、吴川话、化州话既不属于粤方言，也不属

---

① 参见李新魁《广东的方言》，广东人民出版社 1994 年，第 26 ~ 27 页。

② 詹伯慧主编：《广东粤方言概要》，暨南大学出版社 2002 年版，第 5 页。

③ 张双庆、庄初升：《广东方言的地理格局与自然地理及历史地理的关系》，见《广东汉语方言研究的理论和实践》，世界图书出版公司 2010 年版，第 37 ~ 38 页。（该文曾发表于香港中文大学《中国文化研究所学报》2008 年第 48 期。）

④ 张双庆、庄初升：《广东方言的地理格局与自然地理及历史地理的关系》，见《广东汉语方言研究的理论和实践》，世界图书出版公司 2010 年版，第 38 页。（该文曾发表于香港中文大学《中国文化研究所学报》2008 年第 48 期。）

于平话方言，我们完全可以将之视为一个独立的汉语方言，根据其历史来源可以称之为“广信方言”。其中，语音方面，韦树关认为广西勾漏话及广东四邑话、吴川话、化州话的古帮端母今都读b、d，古精组（除心母）今都读t、t^h或d。[①]

综上所述，我们可知关于吴化片粤语主要存在两种分歧：一种是不独立为粤语次方言，将其归入高雷片（高阳片）或勾漏片；另一种是与广府片、四邑片、勾漏片一样，独立为粤方言下位的一个次方言。

二、吴化片语音的共同特征

为更好阐释吴化片粤语的语音特点，本节在前人研究的基础上，结合自己的调查数据，将吴化片粤语中最具代表性的吴川市吴阳镇吴阳话和化州市长岐镇下江话进行详细描写和对比，所有字音均配备录音材料。吴阳话发音人为李增韶，1934年出生，湛江吴川市吴阳镇李屋巷村人，家族世居该地18代以上；下江话发音人为陈杰钧，1958年出生，茂名化州市长岐镇中塘村委中塘边自然村人，家族世居该地已历30代。

吴化片粤语之所以被一些学者独立为粤语次方言，就因为其语音存在一些不同于其他粤语（尤其是粤语代表广州话）的共同特征，包括声韵调各个方面。

（一）声母一致性

1. 有内爆音ɓ、ɗ，均来自古全清“帮、端”二母。如：

	菠	本	八	朵	店	得
吴阳	ɓo⁵⁵	ɓʊn²⁴	ɓaʔ¹¹	ɗɛ²⁴	ɗim¹¹	ɗaʔ⁴⁴
长岐	ɓɔ⁵³	ɓʊn³⁵	ɓak³³	ɗɔ³⁵	ɗiᵊm³³	ɗɐk⁵⁵

2. 古“精、清”母读t、t^h，不读塞擦音声母。如：

	做	酱	足	醋	侵	切
吴阳	tou¹¹	tiaŋ¹¹	tʊk⁴⁴	tʰou¹¹	tʰɐm⁵⁵	tʰʊt¹¹
长岐	tou³³	tiaŋ³³	tʊk⁵⁵	tʰou³³	tʰɐm⁵³	tʰiet³³

此外，个别“庄、初”母字也有读同“精、清”母的。例如，“邹、簪、窗”，吴阳话分别读t-、t-、t^h-，而长岐话仅“窗”读t^h-，“邹、簪”读

① 参见韦树关《广西勾漏话及广东四邑、吴川话、化州话的归属问题》，见《广西语言研究》（第三辑），广西师范大学出版社2004年版。

ʦ- 。

3. 古“从、邪”母多同音，无论平仄今多读送气塞音 t^{h}，其中部分文读或书面语字则读作送气塞擦音声母 ʦ^{h}。如：

	财从	瓷邪	泉从	座从	匠从	俗邪
吴阳	t^{hu}ɔi^{44}	t^{h}ei^{44}	ts^{h}ʊn^{44}	t^{h}ɛ^{22}	t^{h}iaŋ^{22}	t^{h}ʊk^{22}
长岐	t^{hu}ɔi^{121}	t^{h}ei^{211}/ʦ^{h}i^{211}	ts^{h}ʊn^{121}	t^{h}ɔ^{211}	t^{h}iaŋ^{211}	t^{h}ʊk^{22}

4. 有边擦音声母，主要来自古“心”母和少数“生”母字。如：

	需心	心心	选心	雪心	狮生	缩生
吴阳	ɬei^{55}	ɬɐm^{55}	ɬʊn^{24}	ɬʊt^{11}	ɬei^{55}	ɬʊk^{44}
长岐	ɬøi^{53}	ɬɐm^{53}	ɬʊn^{35}/ɬien^{35}	ɬʊt^{33}/ɬiet^{33}	ɬei^{53}	ɬʊk^{55}

5. 少数“崇、生”母字，广州话读 ʧ^{h}，吴化粤语读 ʃ。如：

	柴崇	床崇	柿崇	产生	刷生
吴阳	sai^{44}	s^{u}ɔŋ^{44}	si^{33}	saŋ^{24}	siaʔ^{11}
长岐	sai^{121}	s^{u}ɔ^{ɐ}ŋ^{121}	si^{33}	saŋ^{35}/ʦ^{h}aŋ^{35}	sak^{33}

6. 有舌面鼻音声母，主要来自古“日”母和“疑、喻”母部分细音字。如：

	二	人	热	牛	鱼	勇
吴阳	ȵi^{22}	ȵiɐŋ^{44}	ȵiʔ^{22}	ȵiɐu^{44}	ȵi^{33}	ȵioŋ^{33}
长岐	ȵi^{221}	ȵiɐŋ^{121}	ȵiet^{22}	ȵiɐu^{121}	ȵ̍^{121}	ȵioŋ^{13}

7. 见系“溪、疑、晓、匣、影、喻”母在山摄合口字中有读 f-、ʋ-的。如：

	犬	元	血	穴	怨	越
吴阳	fin^{24}	ʋin^{44}	fiʔ^{33}	ʋiʔ^{22}	ʋin^{11}	ʋiʔ^{22}
长岐	fien^{35}	ʋien^{121}	fiet^{33}	ʋiet^{22}	ʋien^{33}	ʋiet^{22}

8. 古“影”母逢洪韵发音多带有前喉塞音 ʔ-，尤以吴阳话更明显。如：

	爱	欧	鸦	衣	鸭	亿
吴阳	$ʔ^{u}ɔi^{11}$	$ʔɐu^{55}$	$ʔa^{55}$	$ʔei^{55}$	$ʔap^{11}$	$ʔet^{44}$
长岐	$ʔ^{u}ɔi^{33}$	$ʔɐu^{53}$	a^{53}	$ʔei^{33}$	ap^{33}	$ʔek^{55}$

（二）韵母一致性

1. 与广州话不同，吴化片粤语存在 i 介音韵母。其中，iau、iam、iaŋ、iak（下江话为 iak、吴阳话为 iaʔ）以及下江话的 iap、ien、iet 可出现于各类辅音声母后之外，其他各韵如下江话的 iɛ、iʊi、iɐu、iɐm、iɐp、iɐn、iɐt、ioŋ、iʊk 以及吴阳话的 iɛ、iɐi、iʊi、iɐu、iɐm、iɐp、ien、iet、iɐŋ、ioŋ、iok 仅出现于舌面带浊摩擦的半元音 ^{ʑ}j（j）或零声母，以及舌面鼻音 ȵ 的后面。由于这两个声母本身包含 i 的音色，因此，处理音系时也可将其 i 介音略去直接写作开口呼韵母。

2. 有舌面后唇化声母，下江话为 kw、kw^{h}、ʋ，吴阳话为 kʋ、kʋ^{h}、ŋʋ、ʋ，韵母系统不设 u 介音，与广州话同。

3. 无撮口呼韵母，广州话的 y、yn、yt，下江话、吴阳话均不读撮口呼。如：

	书	余	酸	粤	全	说
吴阳	si^{55}	i^{44}	$ɬʊn^{55}$	$ʋiʔ^{22}$	$t^{h}ʊn^{44}$	$sʊt^{11}$
长岐	si^{53}	$^{ʑ}ji^{121}$	$ɬien^{53}$	$ʋiet^{22}$	$t^{h}ʊn^{121}$/$t^{h}ien^{121}$	$sʊt^{33}$/$siet^{33}$

4. 缺少圆唇主元音的系列韵母。仅下江话有一个圆唇韵母 øi（多见于遇摄），其他广州话读 œ、œy、øn、øt、œŋ、œk 的系列韵母则基本不存在。如：

	靴	去	水	春	出	良	脚
吴阳	$hɛ^{55}$	hei^{11}	sui^{24}	$ʦ^{h}ɐŋ^{55}$	$ʦ^{h}aʔ^{44}$	$liaŋ^{44}$	$kiaʔ^{11}$
长岐	$hɔ^{53}$	$høi^{33}$	$sʊi^{35}$	$ʦ^{h}ɐn^{53}$	$ʦ^{h}ɐt^{55}$	$liaŋ^{121}$	$kiak^{33}$

5. 主元音为 ɔ 的系列韵母，其前面大多带有前滑音^{u}。如：^{u}ɔi、^{u}ɔm、^{u}ɔp、^{u}ɔŋ、^{u}ɔʔ

6. 果摄见系字开合口同音。如：

长岐　“个” = “过” kɔ^{33}　　　吴阳“个” = “过” ko^{11}

7. 止开三等精组大部分口语字今读 ei，少数文读字今读 i；知、照组字基本读 i 韵（唯庄组的“狮”例外）。不同韵母读音所配声母也有所不同，i 韵前为 ʦ、ʦ^{h}、s 或 ʧ、ʧ^{h}、ʃ，ei 韵前则为 t、t^{h}、ɬ。如：

	紫	此	自	思	雌	厕	狮
吴阳	tei^{24}	t^{h}ei^{24}	t^{h}ei^{22}	ɬei^{55}	ʦ^{h}i^{55}	ʦ^{h}i^{11}	ɬei^{55}
长岐	tei^{35}	t^{h}ei^{35}	t^{h}ei^{211}	ɬei^{53}	ʦ^{h}i^{53}	ʦ^{h}i^{33}	ɬei^{53}

8. 效摄一等读音特殊，与遇合一等模韵 ou 明显不同（广州话豪、模同韵），这是吴化片当地人音感中有较强认同感的特点，其中下江话读^{u}ɒu，吴阳话读 ^{u}ɔu，开口度大小稍异。如吴阳：

租 tou^{55} ≠ 遭 t^{u}ɔu^{55}　　努 nou^{33} ≠ 脑 n^{u}ɔu^{33}　　素 ɬou^{11} ≠ 扫 ɬ^{u}ɔu^{11}

9. 古咸、深摄韵尾基本保留 -m、-p 尾，唯咸开三、四等音色有异：吴阳话读 im/ip，下江话带后滑音读 i^{ə}m/i^{ə}p。另外，咸开三、四等均有个别白读字元音开口度较大，读 iam/iap（吴阳话无 iap），如：

	嵌	签	钳	夹	挟	狭
吴阳	k^{h}iam^{55}	t^{h}im^{55}	k^{h}iam^{44}	kap^{11}	kap^{11}	hap^{22}
长岐	无	t^{h}iam^{53}	k^{h}iam^{121}	k^{h}iap^{22}	k^{h}iap^{22}	k^{h}iap^{22}

10. 山、臻摄 -n、-t 尾在开口度较大的主元音后大多转为 -ŋ、-ʔ 尾，有两种情况。

（1）主元音为 a：山开一等帮端知系字、山开合二等、山合三等非组，下江话和吴阳话都读作 aŋ、ak/aʔ，与江摄见系白读、梗摄二等同。

（2）主元音为 ɔ：山开一等见系读 ^{u}ɔŋ、^{u}ɔʔ，其中下江话山开一见系的 ^{u}ɔ^{ɐ}n 与宕开一的 ^{u}ɔ^{ɐ}ŋ 在音色上有区别，但是在音感上发音人已无对立感，认为两者无区别意义，似乎可见 -n、-ŋ 合并之前的痕迹；其对应的入声则已经合并为 ^{u}ɔ^{ɐ}k。吴阳话山、宕开口一等见系已不分，均作 ^{u}ɔŋ 和 ^{u}ɔʔ。如吴阳：

艰 = 耕 kaŋ^{55}　　袜 = 麦 maʔ^{22}　　干 = 刚 kᵘɔŋ^{55}　　割 = 各 hᵘɔʔ^{11}

11. 山、臻摄 -n、 -t 尾在开口度较小的主元音则多保留舌尖鼻尾 -n、 -t/-ʔ 尾，也分两种情况。

（1）主元音为 i：山开三、四等大部分，山合三、四等非组和端知系以外的大部分，今吴阳话读 in 和 iʔ，下江话读 ien 和 iet（e 舌位略高，亦可视作后滑音）。其中，帮、端系有个别白读字元音开口度较大读 iaŋ、iak（吴阳话白读属字数量略有消减）。如：

	扁	匾	篇	片	裂
吴阳	ɓiaŋ^{24}	ɓin^{24}	pʰin^{55}	pʰiaŋ^{11}	lʊt^{22}
长岐	ɓiaŋ^{35}	ɓiaŋ^{35}	pʰiaŋ^{53}	pʰiaŋ^{33}	liak^{22}/ liet^{22}

（2）主元音为 u/ʊ：山合一、三等端知系，臻合一等帮精组中广州话读 yn、yt 的，在吴阳话中多读 ʊn、ʊt，在下江话中则有两种读法。下江话中的两种读法为：一种是 ien、iet（如“酸、专、孙1、夺、雪”），另一种是 ʊn、ʊt（如“全、船、孙2、脱、说”）。

12. 宕摄一等见组开合不分，如岗 = 光、各 = 郭。宕开三等（庄组声母除外）韵母为 iaŋ、iak/iaʔ。如：

	抢	良	姜	略	削	脚
吴阳	tʰiaŋ^{24}	liaŋ^{44}	kiaŋ^{55}	liaʔ^{22}	ɬiaʔ^{11}	kiaʔ^{11}
长岐	tʰiaŋ^{35}	liaŋ^{121}	kiaŋ^{53}	liak^{22}	ɬiaʔ^{33}	kiak^{33}

13. 江摄见系字白读为 aŋ、aʔ/ak，文读为ᵘɔᵄŋ、ᵘɔᵄk，吴阳话无文读。如：

	江	讲	项	角	学	岳
吴阳	kaŋ^{55}	kaŋ^{24}	haŋ^{33}	kaʔ^{11}	haʔ^{22}	ŋaʔ^{33}
长岐	kaŋ^{53}	kaŋ^{35}	hᵘɔᵄŋ^{13}	kak^{33}	haʔ^{22}	ŋak^{22}/ŋᵘɔᵄk^{22}

14. 梗开三、四等无文白异读，与曾开三等同音，均以短元音 e 为韵腹，吴阳为 en、et，长岐为 en、ek，没有广州话白读的 ɛŋ、ɛk。如：

	冰曾	力曾	井梗	镜梗	石梗	糴梗
吴阳	ɓen^{55}	let^{22}	ten^{24}	ken^{11}	set^{33}	t^{h}et^{22}
长岐	ɓen^{53}	lek^{22}	ten^{35}	ken^{33}	sek^{22}	tek^{22}

（三）声调一致性

与大多数粤方言一样，吴化片粤语平、上、去、入各分阴阳，阴入又依据长短分上、下、阴、入，其长短元音与古韵摄的对应（除了梗开三、四等无白读层外）与广州话基本一致。

三、吴化片语音的内部差异

吴化片虽然所占地域不广，下属乡镇数目亦不多，但是其内部语音特点并非具有高度一致性。本节以吴化片内两个最具代表性的吴阳话和下江话为例，着重分析它们内部的语音差异。

（一）声母的差异

1. 古全浊声母清化规律不同：吴阳话“並、定、群、从、邪、澄”不论平仄今清化后大多读送气清塞音、塞擦音；“崇、船、禅”清化后多读清擦音。下江话比较复杂，“並、定”母不论平仄今读不送气清音 p、t，不与“帮、端”的 ɓ、ɗ 合并（下江话 p、t 来自“並、定”母，配阳调，因此，有些字音色上略带浊流，与来自“精”母配阴调的 t 稍有不同）；其他全浊声母清化规律与吴阳话相同，即“群、从、邪、澄”今多读送气清音，“崇、船、禅”今多读清擦音。如：

	爬	办	条	蛋	裙	局
吴阳	p^{h}a^{44}	p^{h}aŋ^{22}	t^{h}iu^{44}	t^{h}aŋ^{22}	kʊ^{h}ɐŋ^{44}	k^{h}ʊk^{22}
长岐	pa^{121}	paŋ^{211}	tiu^{121}	taŋ^{211}	kw^{h}ɐn^{121}	k^{h}ʊk^{22}
	慈	贼	词	习	持	阵
吴阳	t^{h}ei^{44}	t^{h}aʔ^{33}	t^{h}ei^{44}	t^{h}ɐp^{22}	ʦ^{h}iː^{44}	ʦ^{h}ɐŋ^{22}
长岐	t^{h}ei^{211}/ʦ^{h}iː^{211}	t^{h}ak^{22}	ʦ^{h}iː^{121}	t^{h}ɐp^{22}	ʦ^{h}iː^{121}	ʦ^{h}ɐn^{211}
	锄	状	船	食	仇	石
吴阳	ts^{h}o^{44}	s^{u}ɔŋ^{22}	sʊn^{44}	set^{33}	sɐu^{44}	set^{33}
长岐	ʦ^{h}ɔ^{121}	s^{u}ɔ^{ɐ}ŋ^{211}	sʊn^{121}/sien^{121}	sek^{22}	sɐu^{121}	sek^{22}

2. 吴阳话声母 k、k^h、ŋ 在合口韵前唇齿化色彩明显，有 kʋ、$kʋ^h$、ŋʋ 声母，唇齿 ʋ 与舌面后声母 k、k^h 结合很紧，如同合为一体的双发音部位音。① 但吴阳话唇齿声母 kʋ、$kʋ^h$、ŋʋ、ʋ 与其他粤方言唇化声母有显著不同。第一是拼合关系上，大部分粤方言中的唇化声母来自合口呼韵母的 u 介音，因此，把 u 介音处理为声母圆唇音（如 kw、kw^h）后其所带均为开口呼韵母，而吴阳话的唇化声母可以带齐齿呼韵母，如拳 $kʋ^hin^{44}$、卷 $kʋin^{24}$、腕 $ʋin^{24}$；第二是舌面后鼻音也可以唇齿化，如顽 $ŋʋaŋ^{44}$。另有“月”字，何科根（1997 年）归$ŋ^w$-②，我们调查时鼻音已脱落读作 $ʋiʔ^{22}$。下江话与其他粤方言一样，唇化声母不具备上述两个特点。

3. 下江话舌面后鼻音 ŋ- 多拼洪韵，少数可拼细韵。拼细韵时舌位略前为 ɲ-，如言 $ɲien^{121}$、软 $ɲien^{13}$、月 $ɲiet^{22}$。吴阳话 ŋ- 只拼洪韵。

4. 零声母字音色差异：吴阳话零声母洪韵字包括少数细韵字发音时往往带紧喉 ʔ-，其紧喉音色较周边粤语更为明显；以 i 开头的韵母在配低调时有些带浊音摩擦 j。下江话零声母洪韵字发音前也常伴有紧喉色彩但不及吴阳话明显；另外，下江话零声母细韵字有非常明显的浊擦声母 ^zj，其有两个变体：一个是带有明显舌尖浊擦音的 z^j-，另一个是浊擦色彩较弱的^zj-（或 j-）。一般情况下两者不对立，但在韵母 en ~ ien 中不可互换，z^j- 配 en，^zj-（或 j-）配 ien，区分显著。

（二）韵母的差异

1. 果合一等端、泥、精组字吴阳话今主要读作 ɛ，下江话则主要读作 ɔ。如：

	朵	糯	螺	坐	锁
吴阳	$ɗɛ^{24}$	$nɛ^{22}$	$lɛ^{44}$	$t^hɛ^{33}$	$ɬɛ^{24}$
长岐	$ɗɔ^{35}$	$nɔ^{211}$	$lɔ^{121}$	$t^hɔ^{13}$	$ɬɔ^{35}$

2. 遇摄合口三等端见系与蟹、止摄合口三等的端知系韵母读音不同：下江话前者为 øi，后者为 ʊi；吴阳话前者为 ei，后者为 ui。遇合三等和蟹、止摄合口三等在广州话及化州上江话中基本同音，广州话读 øy，上江话读 ʊi。如：

	女遇	巨遇	脆蟹	岁蟹	虽止	睡止
吴阳	nei^{33}	k^hei^{33}	t^hui^{11}	$ɬui^{11}$	$ɬui^{55}$	sui^{22}

① 双部音说法见李新魁、黄家教等《广州方言研究》，广东人民出版社 1995 年版，第 43 页。

② 参见何科根《吴化片粤语的语音特点》，《语文研究》1997 年第 3 期，第 47 页。

长岐	nøi^{13}	k^høi^{13}	t^hʊi^{33}	ɬʊi^{33}	ɬøi^{53}	sʊi^{211}

3．吴阳话无鼻音自成音节韵母，遇合一等“疑”母字吴阳话读 ŋou，不同于遇合三等“疑”母和止开三等“日、疑”母的 ȵi；下江话遇摄合口一、三等“疑”母与止开三等“日、疑”母字同音，均为自成音节的ȵ̍，仅“二”读 ȵi。如：

	吴	五	鱼	语	儿	疑	二
吴阳	ŋou^{44}	ŋou^{33}	ȵi^{44}	ȵi^{33}	ȵi^{44}	ȵi^{44}	ȵi^{22}
长岐	ȵ̍^{211}	ȵ̍^{13}	ȵ̍^{121}	ȵ̍^{13}	ȵ̍^{121}	ȵ̍^{121}	ȵi^{211}

4．咸开一等见系有圆唇 ^{u}ɔm、^{u}ɔp 的读法，但吴阳话比较整齐，下江话则较乱，有的读 am、ɐp（感、盒），有的读^{u}ɔm、^{u}ɔ^{ɐ}k（砍、鸽、蛤、合）。如：

	感	含	暗	甘	鸽	合	盒
吴阳	k^{u}ɔm^{24}	h^{u}ɔm^{44}	ʔ^{u}ɔm^{11}	k^{u}ɔm^{55}	k^{u}ɔp^{11}	h^{u}ɔp^{33}/k^{u}ɔp^{11}量词	h^{u}ɔp^{33}
长岐	kam^{35}	h^{u}ɔm^{121}	ʔ^{u}ɔm^{33}	k^{u}ɔm^{53}/kam^{53}	k^{u}ɔ^{ɐ}k^{33}	h^{u}ɔ^{ɐ}k^{22}	hɐp^{22}

5．臻摄开口、臻摄合口非端知系字韵尾，吴阳话读 ɐŋ、aʔ，与曾开一等同，下江话读 ɐn、ɐt，与曾开一等不同。如：

	恩	信	君	七	灯	北
吴阳	ʔɐŋ^{55}	ɬɐŋ^{11}	kʊɐŋ^{55}	t^haʔ^{44}	ɗɐŋ^{55}	ɓaʔ^{44}
长岐	ʔɐn^{53}	ɬɐn^{33}	kwɐn^{53}	t^hɐt^{55}	ɗɐŋ^{53}	ɓɐk^{55}

6．曾开三等和梗开三、四等的阳声韵尾由 -ŋ 转入 -n，读 en；其对应的入声韵尾下江话保留 -k（读 ek），吴阳话则由 -k 转入 -t（读 et）。如：

	冰	食	京	剧	厅	锡
吴阳	ɓen^{55}	set^{33}	ken^{55}	k^het^{22}	t^hen^{55}	ɬet^{44}
长岐	ɓen^{53}	sek^{22}	ken^{53}	k^hek^{22}	t^hen^{53}	ɬek^{55}

7．吴阳话只在鼻尾 -ŋ 前有 a ~ ɐ 对立，aŋ 来自山梗摄，ɐŋ 来自臻曾摄（下江话臻摄读 ɐn、ɐt）；但入声韵尾 -ʔ 前主元音的 a ~ ɐ 对立则相对模糊（虽然有些字听起来似乎长短有别，然而并无严格的音位对立，与古音韵摄的对应

亦不整齐）。由于这些入声韵主元音在吴阳话中不分长短减省合并为 aʔ，因此，其古音韵摄来源的不同唯有依靠声调加以区分：臻、曾摄多读上阴入 44（广州话主元音为 ɐ），山、梗摄多读下阴入 11（广州话主元音为 a）；阳入大多无上下阳入的对立，仅个别字组存在高低对立（详见声调部分举例）。如：

	山	生	刷	拆	很	肯	质	则
吴阳	saŋ^{55}	saŋ^{55}	siaʔ^{11}	ʦʰaʔ^{11}	hɐŋ^{24}	hɐŋ^{24}	ʦaʔ^{44}	taʔ^{44}
长岐	saŋ^{53}	saŋ^{53}	sak^{33}	ʦʰak^{33}	hɐn^{35}	hɐŋ^{35}	ʦɐt^{55}	tɐk^{55}

（三）声调的差异

吴阳话声调系统

阴平 55　魔西葱桥	阳平 44　何才拳冯
阴上 24　果准跑乳	阳上 33　我被弟扩
阴去 11　过菜变算	阳去 22　部地竞爷
上阴入 44　笔出踢乜	阳入一 22　习列学六
下阴入 11　答杀脚劣	（阳入二 33　合突石墨）

下江话声调系统

阴平 53　天开爸姨1		阳平 121　鞋残赵耐
阴上 35　果顶妖榄		阳上 13　女弟舅断
阴去 33　贝笑喊断		阳去 211　夜蛋在徐
上阴入 55　笔尺谷	下阴入 33　法雪脚	阳入 22　叶袜食

由此可见，下江话声调系统与大多数的粤方言比较接近，共 9 个调类，平、上、去、入各分阴阳，阴入又分上阴入和下阴入，而且调值也与多数粤方言一致。吴阳话虽然在调类划分上与粤方言一致（多出一个局部区分的阳入调，详见下文），但是调值上相距甚远。具体表现为：

1. 舒声调的差异：吴阳话 6 个舒声调中，除阴上 24 外，其余均以平调为主：最高为阴平 55，其次是阳平 44，然后是阳上 33、阳去 22，最低为阴去 11，吴阳话的阴去因调值过低常伴有喉部肌肉的紧张颤抖。其中调值差异最大的是阳平 44、阳上 33 和阴去 11 的读法：一般粤方言阳平多为低调（低平或低降）；阳上多低升，33 通常是阴去的调值。

2. 入声调的差异：吴阳话上阴入较广州话的 55 略低，记作 44；下阴入

读 11，与阴去一样调值极低而伴有喉部紧张的嘎裂声。阳入有两个高低稍异的调值 22 和 33，以 22 居多。下面列出所有声韵相同但高低略有差异的阳入字组：

乏、伐、筏、罚 faʔ^{22}——佛~佛、~像 faʔ^{33}
辣、律、率 laʔ^{22}——栗、勒、肋 laʔ^{33}
达 t^{h}aʔ^{22}——疾、突、凸、特、贼 t^{h}aʔ^{33}
篾、袜、勿、剥、麦、脉 maʔ^{22}——蜜、密、物、墨、默、擘 maʔ^{33}
滑、猾、获 ʋaʔ^{22}——核、划 ʋaʔ^{33}
白 p^{h}aʔ^{22}——帛 p^{h}aʔ^{33}
实 saʔ^{22}——术、述 saʔ^{33}
杂 t^{h}ap^{22}——踏、沓 t^{h}ap^{33}
铡 ʦ^{h}ap^{22}——闸 ʦ^{h}ap^{33}
怯、歉、协、侠 hip^{22}——峡、胁 hip^{33}
孽 ȵip^{22}——业 ȵip^{33}
昧、末、沫、没 mʊt^{22}——抹 mʊt^{33}
蚀 set^{22}——食、石 set^{33}
亦、译、易交~、液、腋 iet^{22}——翼 iet^{33}
剧、屐 k^{h}et^{22}——极 k^{h}et^{33}
族、毒、逐、俗 t^{h}ʊk^{22}——独、读、续 t^{h}ʊk^{33}
局 k^{h}ʊk^{22}——焗 k^{h}ʊk^{33}

以上大部分 22 和 33 的差异只是调位变体，并不具有调位对立价值，唯有在 aʔ 韵中少数字组发音人明确指出构成对立，如袜 maʔ^{22}≠物 maʔ^{33}、辣 laʔ^{22}≠勒 laʔ^{33}、麦 maʔ^{22}≠墨 maʔ^{33}、滑 ʋaʔ^{22}≠核 ʋaʔ^{33}、达 t^{h}aʔ^{22}≠特t^{h}aʔ^{33}、罚 fat^{22}≠佛 ʋat^{33}，这些阳入调对立似乎与广州话长短元音的区别有关。笔者推测，还可能是由于吴阳话入声中 aʔ ~ ɐʔ 混同为 aʔ，其原本的韵母主元音长短对立就转而以调值差异代偿，阴入已因长短而衍生高低之分，因此，阳入调也以高低加以区别。除了这些少数高低辨义的情况以外，绝大多数的阳入二实际只是阳入一的变体而已，并无严格的调位对立。

四、吴化片语音与周边方言的比较

从上述两节语音特点分析的数量来看，吴化片内部一致性特征要多于差异性特征，但是，若将它们置于整个粤西方言环境中来推敲，我们几乎很难真正

厘清吴化片得以成立的区别性特点。为此，我们选择茂名、湛江地区的另10个方言点与吴阳、长岐进行比较。这10个方言点是茂名市区新坡镇、茂名高州市区南关街、茂名电白县羊角镇、茂名化州市区化州街（上江话）、茂名信宜市东镇镇；湛江市赤坎区寸金街、湛江廉江市区廉城镇、湛江廉江市安铺镇、湛江吴川市梅菉镇、湛江遂溪县北坡镇。由于篇幅所限，在此不再详列各地读音，仅通过表格形式将各点的语音特点呈现出来。

（一）声母比较

从表3－4可知，吴化片声母特点中真正内部一致而又不同于周边粤语的只有少数"崇、生"母读擦音（其他大部分读送气塞擦音）和个别见系"溪、疑、晓、匣、影、喻"母在山摄合口字中有读 f－、ʋ－的（其他大部分读 h－、j－）这两条，但是因属字少而不具显著性。而学界一致认定为吴化片声母特征的条目则在各具体方言中或多或少存在交叉。如：

（1）有内爆音 ɓ－、ɗ－。内爆音不仅吴阳、下江有，梅菉和上江话也有，还是勾漏片粤语的特点。

（2）古全浊声母清化后读送气清音。全浊声母清化规律吴阳话和下江话本身存在分歧，吴阳送气，下江话属字最多的"並、定"母读不送气清音，其他全浊声母读送气清音；周边其他方言清化规律则与广州话同，即平上送气，去入不送气。

（3）"精、清"母读 t－、t^h－。这条特征除吴阳、下江话以外还包括上江话，同样也是勾漏片粤语的特点。

（4）有声母 ɬ－、ȵ－。这条特征几乎涵盖了整个粤西南粤语（除湛江市区）的范围。

表3－4　各地声母特征比较

方言	有内爆音 ɓ、ɗ	古全浊声母清化规律	精、清读 t、t^h	有鼻音 ȵ	有边擦音 ɬ	"柴床柿产刷"读擦音	"犬血穴元越怨"等读 f、ʋ
下江	＋	"並、定"母不送气，其他大多送气	＋	＋	＋	＋	＋
吴阳	＋	基本送气	＋	＋	＋	＋	＋
上江	＋	平上送气，去入不送气	＋	＋	＋	—／＋①（"刷"读擦音）	—／＋（"穴、曰"读ʋ）

① "—／＋"表示基本无此情况，但有少数例外，后面括号中列出例外字。下表同，不再注释。

(续表 3 - 4)

方言	有内爆音 ɓ、ɗ	古全浊声母清化规律	精、清读 t、t^h	有鼻音 ȵ	有边擦音 ɬ	“柴床柿产刷”读擦音	“犬血穴元越怨”等读 f、ʋ
梅菉	+	平上送气，去入不送气	—	+	+	—	—
廉城	—	平上送气，去入不送气	—	+	+	—	—
安铺	—	平上送气，去入不送气	—	+	+	—	—
北坡	—	平上送气，去入不送气	—	+	+	—	—
赤坎	—	平上送气，去入不送气	—	—	—	—/+（“柿”读擦音）	—
新坡	—	平上送气，去入不送气	—	+	+	—/+（“刷”读擦音）	—
高州	—	平上送气，去入不送气	—	+	+	—	—
信宜	—	平上送气，去入不送气	—	+	+	—/+（“刷”读擦音）	—
电白	—	平上送气，去入不送气	—	+	+	—/+（“刷”读擦音）	—

（二）韵母比较

由表 3 - 5 和表 3 - 6 可知，韵母上真正属于吴化片独有的特征有四个。

（1）豪韵的读音主元音开口度较大，与周边方言读音明显不同，并且豪、模两韵分立。

（2）吴阳话遇合一等疑母读 ou，而周边各地包括下江话均读 ŋ̍。

（3）曾、梗摄逢细韵韵尾转收 - n、 - t 尾，其中吴阳话阳声、入声均转入 - n、 - t 读 en、et，下江话则阳声转为入声不转读 en、ek，周边各地无此现象均读作 eŋ、ek。

（4）江摄见系字有主元音读 a 的，其中化州上江话和下江话分文白读，文

读为 ᵘɔŋ、ᵘɔk、白读为 aŋ、aʔ/ak，吴阳话只有白读，无文读。这种现象与广西勾漏片粤语、广西北海市合浦县海边话（粤语）和桂南平话（如南宁亭子平话）有相同之处，但周边湛江、茂名地区其他方言则江摄与宕开一等同，主元音均为 ɔ。

表 3-5　各点阴声韵母比较

方言	有无 i 介音韵母（除 ȵ-、j- 声母之外）	有无撮口呼韵母	有无系列圆唇韵（主元音为 ø/œ）	遇合一疑母字读音	主元音为 ɔ 的系列韵母有无前滑音ᵘ	遇摄合口三等端见系韵母（女、巨）	蟹止摄合口端知系韵母（岁吹）	果摄见组开合口是否同音：个＝过	豪韵读音
下江	+	—	—/+（有 øi）	ȵ̍	+	øi	ʊi	+	ᵘɒu
吴阳	+	—	—	ŋou	+	ei	ui	+	ᵘɔu
上江	+	—	—	ȵ̍	+	ʊi	ʊi	+	ou
梅菉	+	—	—	ŋ̍	—	ei	u	+	ou
廉城	+	—	—	ŋ̍	—	ui	ui	+	ou
安铺	+	—	+（宕开三，“去” œy）	ŋ̍	—	ui	ui	+	ou
北坡	+	—	—	ŋ̍	—	oi	ui	+	ou
赤坎	+	—	+	ŋ̍	—	øi/ui	ui/øi	+	ou
新坡	+	—	—	ŋ̍	+	ʊi	ʊi	+	ou
高州	+	+	+	ŋ̍	+	ʊi	ʊi	—	ou
信宜	+	+	+（个别例字：朵糯赘）	ŋ̍	+	ʊi	ʊi	—	ou
电白	+	—	—	ŋ̍	+	ʊi	ʊi	—	ou

表 3-6　各点阳—入声韵母比较

方言	咸、深摄韵尾 -m/-p	山、臻摄韵尾 -n/-t	宕、江、曾、梗通摄韵尾 -ŋ/-k	咸、开一等见系有无圆唇主元音的 ɔm/ɔp	咸山开口三、四等有无白读（钳、片）	宕开三等读音	江摄见系有读 aŋ、ak/aʔ	梗开三、四等是否有文白异读
下江	多数保留，仅主元音为 ɔ 的入声韵尾转入 -k	元音 a、ɔ 后转入 -ŋ/-k（但ᵘɔᵊn 保留）；元音 ɐ、i、u 后保留 -n/-t	保留 -ŋ（-ɲ）/-k，仅元音 e 后阳声韵尾转入 -n	+（ᵘɔm、ᵘɔᵊk）	+	iaŋ、iak	+	—

（续表 3－6）

方言	咸、深摄韵尾 －m/－p	山、臻摄韵尾 －n/－t	宕、江、曾、梗通摄韵尾 －ŋ/－k	咸、开一等见系有无圆唇主元音的 ɔm/ɔp	咸山开口三、四等有无白读（钳、片）	宕开三等读音	江摄见系有读 aŋ、ak/aʔ	梗开三、四等是否有文白异读
吴阳	保留	元音 a、ɔ、ɐ 后转入－ŋ（－ɲ）/－k（－ʔ）；元音 i、u 后保留 －n/－t	保留－ŋ（－ɲ）/－k（－ʔ），仅元音 e 后转入 en、et	+（ᵘɔm、ᵘɔp）	+	iaŋ、iaʔ	+	—
上江	多数保留，仅元音 a、ɔ 后转入 －ŋ/－ʔ（但 am 保留）	元音 a、ɔ 后转入－ŋ/－ʔ；元音 ɐ、i、u 后保留－n/－t	保留	+（ᵘɔŋ、ᵘɔʔ）	+	iaŋ、iaʔ	+	—
梅菉	转入－ŋ/－k（仅有 ɐm、op）	多转入－ŋ/－ʔ；只在元音 i 后保留－n/－t	保留	+（oŋ、op）	+	ⁱɛŋ、ⁱɛʔ	—	—
廉城	保留	基本保留，仅个别字读 aŋ、ɔŋ	保留	—	+	iaŋ、iak	—	+
安铺	保留	多转入－ŋ/－ʔ；只在元音 i、u 后保留－n/－t	保留	—	+	iøŋ、iøʔ	—	+
北坡	保留	元音 a、ɐ 后转入－ŋ/－ʔ；元音 i、ie、u 后保留－n/－t	保留	—	+	ioŋ、iok	—	+
赤坎	保留	元音 a、ɔ、ɐ、u 后转入－ŋ/－k（－ʔ）；元音 i、ɵ 后保留－n/－t	保留	—	仅“钳”	iøŋ、iøk	—	+
新坡	保留	保留	保留	—	+	iaŋ、iak	—	—
高州	保留	保留	保留	—	+	iaŋ、iak	—	+（个别）
信宜	保留	保留	保留	+（ɔm、ɔp）	+	iaŋ、iak	—	—
电白	保留	保留	保留	—	+	iaŋ、iak	—	+（个别）

（三）声调比较

由表3－7可知，各地粤语的声调大同小异，其中差异较大的体现在四个方面。

（1）吴阳话的声调调值，尤其是阳平、阳上、阴去与各地差异很大；

（2）吴阳话阳入调存在局部的分调对立；

（3）遂溪北坡的大种白话阴平调调值偏低，读中平33，低于阴去调44；

（4）茂名各地的阴上、阳上高低对立较模糊，不少字还有窜类现象，但是从化州上江、下江一直延伸至湛江各地（廉江、安铺、赤坎、北坡、梅菉），其阴上、阳上调值区分比较明显。

表3－7　各点声调特征比较

方言	声调个数	舒声的分合	入声调数量	阴平调值	阳平调值	阳上调值	阴去调值
下江	9	平上去各分阴阳	3	53	121	13	33
吴阳	10	平上去各分阴阳	4	55	44	33	11
上江	8	阳平与阳上合并	3	53	23	23	33
梅菉	8	阳平与阳去合并	3	55	31	223	33
廉城	8	阳平与阳去合并	3	55	21	13	33
安铺	8	阳平与阳去合并	3	55	21	13	33
北坡	9	平上去各分阴阳	3	33	11	13	44
赤坎	8	阳平与阳去合并	3	55	21	13	33
新坡	9	平上去各分阴阳	3	553	211	113	33
高州	9	平上去各分阴阳	3	55/53	11	13	33
信宜	8	阳平与阳上合并	3	453	13	13	33
电白	9	平上去各分阴阳	3	44	11	223	33

由前文分析可以看出，吴化片粤语从共时平面语音特点而言尚不足独立成片。其原因有二：第一，其内部的一致性不够典型突出，最典型的吴化片方言点内部（如化州下江话和吴阳话）仍存在不少差异，若将化州上江话和吴川梅菉话算在内的话，其内部更是歧异纷出；第二，其对外的排他性亦不足，与周边高阳片粤语、勾漏片粤语、广西桂南平话都存在一定的特征交叉，难以勾勒清晰的区划边界。虽然在历史行政区划和方言区人群自我语言定位上吴化有非常密切的关系，但由于该区域方言复杂的生长环境和生长过程，吴化粤语至今仍与周边粤方言有着错综复杂的关系。

后　记

《粤西湛茂地区粤语语音研究》终于成稿付梓了！原本很早就有出版的计划，但后来因故搁置了。如果可能，希望能将项目成果“广东粤语语音数据库”60余个粤方言点的详细字音材料逐批出版，既不负当年项目组成员前后五六年的辛勤劳动、艰苦调研，也为其他研究者提供较为详细的语音资料做进一步挖掘研究，亦算是两全其美、得偿心愿。

选择首先出版湛茂地区的材料，原因有二：一是笔者从2006年开始至2011年曾经三次赴该地区进行不同项目的方言田野调查，对这片粤西红土地及其文化风俗充满感情，从不曾有地处偏远的生疏感；对红土地上热心帮助过我们的地方干部、发音人、朋友、同学更是欠下满怀的情债，有些发音人在笔者再一次去探望时已经谢世，却因笔者个人的懒惰始终未能见到自己参与合作的成果！二是广东省内的粤方言，历经詹师伯慧、张日升教授领衔的几个大项目的调查研究与出版成果——《珠江三角洲方言调查报告》三卷［字音对照（1987年）、词汇对照（1988年）、综述（1990年）］，《粤北十县市粤方言调查报告》（1994年），《粤西十县市粤方言调查报告》（1998年），大部分已有比较详细的方言资料。虽然材料有瑕疵，但凡是做方言研究的学人都有此体会：当你真正想查找具体的字音、词汇去做理论研究时，才发现总是难以凑齐所需的材料，难以展开独立的、基于材料的深入研究。而省内粤方言材料最缺的就是粤西阳江、湛江和茂名地区，因篇幅所限，本次先将湛茂地区的语音资料整理出版，阳江地区的按照余霭芹先生的观点（虽然分区概念不一定正确），可以与江门四邑地区的一并出版，这是后话。

当初，我们第一次接触到上海师范大学E语言研究所潘悟云教授领衔团队所研发的田野调查软件TFW（后期改为斐风软件）时，可以说是欣喜若狂，以为从此就找到了一个能更科学、更准确记录方言资料，也更节省田野调查和归纳整理时间的工具。可是，当我们真正开始使用它进行田野调查时，才发现比传统的纸笔记录、归纳整理更为复杂困难。其原因有三：①录音的环境要求很高，需要一定的环境噪音分贝值和信号采样值区间，这对于还经常停电跳闸的城镇住宿条件来说，要求非常苛刻。②逐字录音似乎速度很快，无须当场记录，

然而为了尽量保证材料的准确性，我们仍然需要边录音边不停地询问，以免发音人看错或误读，一些重要的语音特点也需要当场比字核对。晚上，发音人回家休息，我们还需要校听和输入音标，看看是否有误读或录音质量不好的，挑出来，第二天重录。这样的工作量令我们调查时除了睡觉几乎整天处于神经紧绷的工作状态，幸好同学、老师互相督促，互相鼓励，互相支持，大家才能苦中作乐。③审音要求更高更细。传统的纸笔调查，字音整理完只要不是太违背语音规则就不再深究了，而现在有录音、语图为证，我们必须尽量使用严式记音以与录音相符。加上每一位发音人的发音不可能自始至终都是恒一稳定的，这就使得我们对语音标注小心翼翼，生怕读音与注音有太大差距，有时候一个点的材料反复多次听音核对、同音校验，自己感觉比传统的纸笔记录更累更难。

书稿的完成离不开团队的合作，在此我要感谢历届的研究生们，没有他们无私的相陪相伴，我就不可能有勇气带着一堆仪器走遍各地。田野调查不仅条件简陋，工作强度大，而且要牺牲寒暑假和节假日时间，甚至还要应付安全问题或风雨灾害，个中辛苦只有做过田野调查的人才能体悟。如果没有我们这些勇敢、可爱的学生，没有当地干部、发音人的热情帮助，没有朋友们关键时刻伸出援手，为我们奔波，我们是不可能完成调查工作的。在此，特别要感谢我早年华师中文系的同仁、时任茂名市长秘书的莫敏秋同志，湛江师院中文系的同好学友及其家属（陈云龙、张令吾、朱诚等各位老师和赵越、李利君夫妇），为此书搜集方志材料、辛苦排列字音表并反复修改的张健雅同学，还有各县市的发音人（详见绪论部分），以及无怨无悔默默支持我的先生甘于恩和女儿甘悦闻。谨以此书作为感谢的见证！

邵慧君　2016年1月12日于华师高教村